ZHONGGUO JIAOYUSHI
中国教育史

主　编　赵国权
副主编　吕旭峰　张建东　刘晓筝

河南大学出版社
·郑州·

图书在版编目(CIP)数据

中国教育史/赵国权主编.—郑州:河南大学出版社,2014.8
ISBN 978-7-5649-1644-2

Ⅰ.①中… Ⅱ.①赵… Ⅲ.①教育史－中国 Ⅳ.①G529

中国版本图书馆 CIP 数据核字(2014)第 182026 号

责任编辑	王亚辉
责任校对	赵海霞
封面设计	王四朋

出　版	河南大学出版社		
	地址:郑州市郑东新区商务外环中华大厦 2401 号　邮编:450046		
	电话:0371－86059712(高等教育出版分社)		
	0371－86059713(营销部)　　网址:www.hupress.com		
排　版	郑州市今日文教印制有限公司		
印　刷	开封智圣印务有限公司		
版　次	2015 年 3 月第 1 版	印　次	2015 年 3 月第 1 次印刷
开　本	787mm×1092mm　1/16	印　张	33.25
字　数	748 千字	印　数	1－2000 册
定　价	60.00 元		

(本书如有印装质量问题,请与河南大学出版社营销部联系调换)

总　序

《新世纪教育类专业与教师教育精品系列教材》是为了适应教育类本科专业教学质量标准的实施和贯彻教师教育课程标准的需要,组织一批教学经验丰富、长期致力于教育类专业主干课程教学和教师教育课程改革的高等院校教师和专家编写的系列丛书,以体现教育类专业发展的时代性要求和教师教育课程改革的迫切需要。本套教材力求面向现代化、面向世界、面向未来,反映当代教育转型发展的趋势;力求体现教育类专业的基础性,同时结合教师教育课程改革的实践性;力求根据教师教育课程以人文本、实践取向、终身学习的要求,既科学地安排通识知识和专业知识,又加强实践导向,重视教师职业技能训练和职业能力的培养。

教育学是以教育现象、教育问题为研究对象,归纳总结人类教育活动的科学理论与实践,探索教育活动产生、发展过程中遇到的实际问题,揭示一般教育规律的一门社会科学。教育类学科旨在深化人们对教育的认识,更新人们的教育观念,为教育的发展和改进提供决策依据,为提高教育管理水平和教学水平提供理论选择。教育类专业主干课程应该与其他人文社会学科及自然科学密切结合,培养集广博教育学知识与深厚人文素养为一体,融强烈时代意识和宽阔国际视野于一身的教育类创新型人才。

教师教育课程标准体现国家对教师教育课程的基本要求,是制定教师教育课程方案、开发教材与课程资源、开展教学与评价以及认定教师资格的重要依据。教师教育课程应该反映社会主义核心价值观,吸收研究新成果,体现社会进步对中小学学生发展的新要求,引导未来教师树立正确的学生观、教师观与教育观,掌握必备的教育知识与能力,参与教育实践,引导教师因材施教,帮助中小学学生逐步树立正确的价值观,培养社会责任感、创新精神和实践能力。

《新世纪教育类专业与教师教育精品系列教材》是高等院校教育类专业教育、教师教育和通识教育的系列教材,主要供教育类专业本科或研究生教育、各级各类教师教育和大学通识教育课程教学之用。本书编写主要遵循三项原则:第一,重视教育类专业教育、教师教育和通识教育相结合。教育类专业和教师教育课程的基础性地位已被普遍认可,是培养合格专业人才和教师不可或缺的主干课程和必修课程,受教者通过学习教育类专业课程和教师教育课程可以形成合理的专业知识结构和良好的教育素养。同时,教育类专业和教师教育课程所蕴含的人文精神、理性训练和人格陶冶,对塑造全面和谐发展的高水平人才具有无可比拟的引领提高和潜移默化的陶冶作用。第二,重视教育理论与实践的结合。教育类专业和教师教育课程均以教育理论为基础。然而,当代教育观强调教师不仅是知识的传授者,更是反思性实践者,他们在研究自身经验和改进教育教学行为的过程中实现专业发展。因此,教育类专业和教师教育课程应强化实践意识,关注现实问题,体现教育改革与发展对教师的新要求。教师教育课程应引导未来教师参与和研究基础教育改革,主动建构教育知识,发展实践能力;引导未来教师发现和解决实际问题,创新教育教学模式,形成个人的教学风格和实践智慧。第三,重视教育理论经典内容与学术研究成果的有机结合。教育类专业包容各种教育理论,内容丰富,为教师教育提供了理论研究与实践指导的滋养,也为教育研究铺垫了扎实的思想基础。近年来教育理论研究者不断运用新的思想理论和研究方法,阐释不同视角的认识和理解,涌现出许多新观点、新方法和新成果。将教育理论和教师教育研究新成果、新发现融入教材之中无疑是培养学生理解教育本质和掌握正确思想方法的一种有效途径,也是教师具有教育基本理论素养、具备实际教学工作和理论研究基本能力的必由之路。

刘志军

前 言

世界四大文明古国,唯独中国至今仍屹立在世界民族之林,个中缘由甚是复杂,然最不可忽略的关键因素就是文化传承,教育则在文化传承中扮演着不可或缺的重要角色。自从有了人类,教育便开始了它的发展历程,自从有了教育,历代统治者无不将其作为治国安民的重要工具并且常抓不懈,以至于贵族教育与庶民教育并存,社会教化与家庭教养并重,官学教育与私学教育并进,人才培养与人才选拔并驱,教育制度与教育理论同辉。历经数千年的教育实践与积累,造就了无比灿烂的教育文化,也成就了"中国教育史"这一重要的教育学和历史学的交叉学科。

历史事实证明,教育具有继承性,昨日之教育即今日教育之基础,今日之教育又即昨日教育之发展。因此,历史不能割断,历史更是一面镜子,从中可以窥视以往教育之得失,亦可探寻未来教育发展之方向。作为教育工作者,不能不了解中国教育的过去,大至教育改革决策,小至课堂艺术、教育子女,均需从古人教育智慧中汲取精华为我所用,如此,既可以少走许多弯路,又可以弘扬光大教育传统,为中国教育的文明与进步增砖添瓦。

自从1910年黄绍箕、柳诒徵的第一本《中国教育史》问世以后,冠以"中国教育史"字样的专著或教材颇多,内地连同台湾、香港以及日本学者编著的不下50部,且各具特色,各领风骚,为本教材编写提供了诸多范例、思路和参考,但要想写出自己的特色或者是有所创新,真的是难上加难。然迫于教学的需要,只能是硬着头皮往前走,根据多年的教学经验和感悟,在充分参阅前辈编写成果的基础上,对写作体例进行了适当的调整,诸如封建社会的教育,依据史学界分期的思路,也根据整个教育发展的趋势,分为封建社会初期、中期和后期教育三章;近代和现代教育部分,依据并存的几种主流教育来划分章节,近代分为传统教育、新教育改革运动和教会教育三章,现代教育部分则分为新民主主义教育、革命根据地教育和国统区教育三章。再如,教育理论部分,较之前的教材,追加了各个时期的、具有重要影响的学者型或官员型教育家,诸如古代的伊尹、姬旦、管仲、王通、孔颖达、吕祖谦、耶律楚材等,近现代的曾国藩、孙中山、陈独秀、胡适等,借以充分展示各个时期教育理论发展的水平和成果。还有,每章之前都有内容提要、学习目标和核心概念等内容,中间开设有小专栏,就教育史中某些有争议的问题引发学习者的思考,之后有本章结语、讨论与思考、阅读导航等总结性内容,便于引导学习者自学。

在写作过程中,我们始终坚持以历史唯物主义为指导,将教育制度及教育思想放在一定的历史背景及条件下进行考察,以便揭示其内在联系和规律,对历史事实和教育人物,实事求是地加以解读和评价,以便做到古为今用。同时,还充分参阅前辈的研究智慧,尽可能将最新的学者研究成果充实进来，在此，对前辈所提供的研究成果表示崇高的敬意和感谢！河南大学副校长刘志军教授、教育科学学院副院长杨捷教授对本书的编写提出诸多中肯的建议。河南大学出版社的赵海霞女士为本书的出版付出了许多心血，在此一并致以衷心的感谢！

  参加本书编写的人员，除主编外，都是近年间从河南大学教育史专业毕业的硕士研究生，且又在北京师范大学、华东师范大学、华中师范大学、西南大学及河南大学等高校进一步深造的博士，分工如下：赵国权（教授，河南大学）承担第一章、第二章，于书娟（博士，江南大学）承担第十一章，张雪红（博士，上海海事大学）承担第十章，吕旭峰（博士，浙江大学）承担第七章，黄宝权（博士，周口师范学院）承担第四章第一节、第二节，张建东（博士，河南大学）承担第三章，叶晋晋（西南大学在读博士）承担第六章，毛少华（讲师，开封大学）承担第八章、第九章，刘晓筝（硕士，河南省财专）承担第四章第四节、第五章。河南大学教育史专业在读研究生黄艳娜、闫慈等参与了部分章节的资料收集与整理工作。全书由赵国权拟订提纲及统稿，在统稿过程中，力求使各个部分的体例和文风保持一致，并对诸多章节做了重要补充。

  由于编写人员经验不足，能力有限，错误在所难免，敬请读者批评斧正。

编 者
2013 年 9 月于开封

目 录

上编 古代教育

第一章 原始时期教育的起步 （3）
 第一节 中国教育的起源 （4）
  一、最早出现的人类 （4）
  二、教育的起源 （5）
 第二节 氏族公社时期的教育活动 （8）
  一、生产劳动教育 （8）
  二、生活习俗教育 （9）
  三、原始宗教教育 （10）
  四、原始艺术教育 （12）
 第三节 氏族公社末期学校的产生 （14）
  一、学校产生的条件 （14）
  二、传说中的学校 （15）

第二章 奴隶制时期教育的奠基 （18）
 第一节 夏商西周的教育 （19）
  一、夏代的教育 （19）
  二、商代的教育 （20）
  三、西周的教育 （23）
 第二节 春秋战国时期的教育 （29）
  一、官学衰败与私学兴起 （30）
  二、养士之风与百家争鸣 （33）
 第三节 奴隶制时期诸学派的教育思想 （35）
  一、帝王之师的教育思想 （35）
  二、儒家学派的教育思想 （42）
  三、墨家学派的教育思想 （64）
  四、道家学派的教育思想 （68）
  五、法家学派的教育思想 （72）

第三章 封建制初期教育的定型……………………………………………………（78）
第一节 秦代的教育……………………………………………………………（79）
一、秦代的文教政策………………………………………………………（79）
二、秦代的教育制度………………………………………………………（82）
第二节 汉代的教育……………………………………………………………（84）
一、汉代的文教政策………………………………………………………（84）
二、汉代的教育制度………………………………………………………（88）
三、汉代的选士制度………………………………………………………（96）
四、汉代经学家的教育思想………………………………………………（98）
第三节 魏晋南北朝时期的教育………………………………………………（107）
一、魏晋南北朝的文教政策………………………………………………（108）
二、魏晋南北朝的官学教育………………………………………………（111）
三、魏晋南北朝的私学与家庭教育………………………………………（114）
四、魏晋南北朝的选士制度………………………………………………（116）
五、魏晋南北朝玄儒派的教育思想………………………………………（117）

第四章 封建制中期教育的强盛…………………………………………………（128）
第一节 隋代的教育……………………………………………………………（129）
一、隋代官学教育改革……………………………………………………（129）
二、隋代科举制度的创立…………………………………………………（130）
三、隋代儒学家的教育思想………………………………………………（131）
第二节 唐代的教育……………………………………………………………（134）
一、唐代的文教政策………………………………………………………（134）
二、唐代的教育制度………………………………………………………（137）
三、唐代的科举制度………………………………………………………（143）
四、唐代儒学家的教育思想………………………………………………（147）
第三节 宋代的教育……………………………………………………………（156）
一、宋代的文教政策………………………………………………………（157）
二、宋代的教育制度………………………………………………………（159）
三、宋代的科举制度………………………………………………………（174）
四、宋代理学家的教育思想………………………………………………（176）
第四节 辽金元的教育…………………………………………………………（207）
一、辽代的教育……………………………………………………………（208）
二、金代的教育……………………………………………………………（209）
三、元代的教育……………………………………………………………（211）
四、辽金元儒学家的教育思想……………………………………………（217）

第五章 封建制后期教育的弱化…………………………………………………（225）

第一节　明代的教育……………………………………………………（226）
　　　一、明代的文教政策………………………………………………（226）
　　　二、明代的教育制度………………………………………………（229）
　　　三、明代的科举制度………………………………………………（236）
　　　四、明代哲学家的教育思想………………………………………（237）
　　第二节　清中叶前的教育………………………………………………（246）
　　　一、清代的文教政策………………………………………………（246）
　　　二、清代的教育制度………………………………………………（250）
　　　三、清代的科举制度………………………………………………（258）
　　　四、清代实学派的教育思想………………………………………（261）

中编　近代教育

第六章　传统教育的转型……………………………………………………（281）
　　第一节　传统教育的式微………………………………………………（282）
　　　一、高压与笼络兼施的文教政策…………………………………（282）
　　　二、学校教育有名无实……………………………………………（283）
　　　三、科举制度弊端百出……………………………………………（284）
　　第二节　对传统教育的改革……………………………………………（286）
　　　一、科举的改革与终结……………………………………………（287）
　　　二、书院的改革与改制……………………………………………（291）
　　　三、学塾的改革与武训行乞办学…………………………………（294）
　　　四、创办新型普通学校……………………………………………（298）
　　第三节　确立新的教育制度……………………………………………（300）
　　　一、制定新学制……………………………………………………（301）
　　　二、建立新的教育行政机构………………………………………（307）
　　　三、颁布新的教育宗旨……………………………………………（308）

第七章　新教育改革运动的嬗变……………………………………………（312）
　　第一节　鸦片战争时期改革派的教育主张……………………………（313）
　　　一、龚自珍…………………………………………………………（313）
　　　二、林则徐…………………………………………………………（315）
　　　三、魏源……………………………………………………………（318）
　　第二节　太平天国时期的教育改革……………………………………（320）
　　　一、制定教育方针与政策…………………………………………（320）
　　　二、全面实施文教改革……………………………………………（322）
　　　三、《资政新篇》中的教育主张……………………………………（325）
　　第三节　洋务运动时期的教育改革……………………………………（326）

一、洋务学堂的创办……………………………………………………（327）
　　　二、公费留学教育………………………………………………………（331）
　　　三、洋务派代表人物的教育思想………………………………………（335）
　第四节　维新运动时期的教育改革……………………………………………（340）
　　　一、早期资产阶级改良主义教育思潮…………………………………（341）
　　　二、维新运动期间的教育改革…………………………………………（344）
　　　三、维新派代表人物的教育思想………………………………………（349）
　第五节　资产阶级革命时期的教育改革………………………………………（359）
　　　一、资产阶级革命派的教育活动………………………………………（359）
　　　二、南京临时政府的教育改革…………………………………………（361）
　　　三、资产阶级革命派的教育思想………………………………………（363）
　第六节　北洋政府执政时期的教育改革………………………………………（371）
　　　一、北洋政府初期教育政策的调整……………………………………（372）
　　　二、新文化运动时期的教育改革………………………………………（374）
　　　三、民初知名人士的办学活动…………………………………………（383）

第八章　教会文教的渗透与扩张………………………………………………（391）
　第一节　教会文教渗透的法律约定……………………………………………（392）
　　　一、南京条约……………………………………………………………（392）
　　　二、望厦条约……………………………………………………………（392）
　　　三、黄埔条约……………………………………………………………（393）
　　　四、天津条约和北京条约………………………………………………（393）
　　　五、"弛教"……………………………………………………………（394）
　第二节　教会文教渗透的基本途径……………………………………………（394）
　　　一、传教…………………………………………………………………（395）
　　　二、办学校………………………………………………………………（395）
　　　三、办医院………………………………………………………………（397）
　　　四、办新闻事业…………………………………………………………（397）
　　　五、吸收留学生…………………………………………………………（398）
　第三节　教会教育的发展与扩张………………………………………………（399）
　　　一、早期教会教育的发展………………………………………………（399）
　　　二、后期教会教育的扩张………………………………………………（401）
　　　三、中国人民的反洋教斗争……………………………………………（404）

下编　现代教育

第九章　新民主主义教育的开端………………………………………………（411）
　第一节　马克思主义教育思想在中国的传播及实践…………………………（412）

一、马克思主义教育思想在中国的传播……………………………(412)
　　二、早期马克思主义者的教育实践…………………………………(414)
第二节　新民主主义教育纲领的确立及实践……………………………(416)
　　一、新民主主义教育纲领的确立……………………………………(416)
　　二、工农教育运动的开展……………………………………………(417)
　　三、革命干部学校的办理……………………………………………(420)
第三节　新教育改革家的教育思想………………………………………(423)
　　一、陈独秀……………………………………………………………(424)
　　二、胡适………………………………………………………………(428)
　　三、恽代英……………………………………………………………(431)

第十章　革命根据地的教育改革………………………………………(436)
第一节　中央苏区的教育…………………………………………………(437)
　　一、苏区教育的方针、任务与政策…………………………………(437)
　　二、苏区教育制度……………………………………………………(438)
　　三、苏区各级各类教育的实施………………………………………(439)
第二节　抗日民主根据地与解放区的教育………………………………(445)
　　一、抗战教育方针和政策……………………………………………(445)
　　二、新民主主义教育方针的确立……………………………………(446)
　　三、抗日民主根据地各级各类教育的实施…………………………(447)
　　四、解放区教育的大发展……………………………………………(451)
第三节　革命根据地教育的基本经验……………………………………(454)
　　一、教育必须为革命战争和阶级斗争服务…………………………(454)
　　二、教育必须与生产劳动相结合……………………………………(455)
　　三、积极发动群众，坚持勤俭办学…………………………………(455)
　　四、发展教育事业必须坚持党的领导………………………………(456)
　　五、建设一支高素质的教师队伍是办好教育的重要条件…………(457)

第十一章　国统区的教育变革…………………………………………(460)
第一节　国统区教育方针和政策…………………………………………(461)
　　一、三民主义教育方针的制定………………………………………(461)
　　二、抗战教育方针与政策……………………………………………(462)
　　三、《中华民国宪法》中的教育设想…………………………………(463)
第二节　国统区的教育制度………………………………………………(464)
　　一、教育行政制度……………………………………………………(464)
　　二、学校教育制度……………………………………………………(466)
第三节　国民政府强化对教育的调控……………………………………(471)
　　一、整顿学风及训育制度……………………………………………(471)

二、童子军及军训制度 …………………………………………(472)
三、课程标准及教科书审查制度 …………………………………(473)
四、毕业会考制度 …………………………………………………(475)
五、特种区域实施特种教育 ………………………………………(476)
第四节 国统区的乡村教育运动 …………………………………(477)
一、黄炎培主持的中华职业教育社的农村改进实验 ……………(477)
二、陶行知的乡村教育改造实验 …………………………………(478)
三、晏阳初主持的中华平民教育促进会的定县试验 ……………(480)
四、梁漱溟的乡村建设实验 ………………………………………(481)
五、其他乡村教育实验 ……………………………………………(483)
第五节 日伪占领区的教育 ………………………………………(487)
一、教育目的 ………………………………………………………(487)
二、教育制度 ………………………………………………………(488)
三、课程与教材 ……………………………………………………(489)
四、中国人民反日伪奴化教育的斗争 ……………………………(490)
第六节 民国学人的教育思想 ……………………………………(492)
一、杨贤江 …………………………………………………………(492)
二、晏阳初 …………………………………………………………(497)
三、梁漱溟 …………………………………………………………(501)
四、陶行知 …………………………………………………………(503)
五、黄炎培 …………………………………………………………(510)
六、陈鹤琴 …………………………………………………………(513)

上编　古代教育

　　依照史学界对中国历史的分期,我们将远古至鸦片战争前的教育归为古代教育。随着生产力的发展及生产关系的变迁,先后出现原始社会、奴隶社会及封建社会三种不同的社会形态,每种社会形态也必然会伴随着与之相适应的教育。尤其是在封建社会,伴随着秦汉时期封建制度的确立与稳定,具有封建特质的教育获得快速发展,至唐宋时期呈现出强盛之势,在当时世界上所有的国家中都是最发达的。明清时期随着封建制度的衰落,教育也出现僵化及衰微之势。根据古代教育发展的走势,我们将其划分为原始社会教育、奴隶社会教育及封建社会教育三大部分,鉴于封建社会教育发展趋向、教育制度的发达与完善以及教育理论的博杂精深,我们又将封建教育分为定型、强盛和弱化三章。这样,上编就由五章组成,通过对各个历史时期教育制度与教育理论的阐释,借以全面系统地展示中国古代教育发展的历史进程及其规律。

第一章 原始时期教育的起步

【内容提要】

依据马列主义的教育观,教育是人类社会特有的一种社会现象。因而,伴随着人类的出现,教育也基于人类传授生产劳动及社会生活经验的需要而随之产生,教育活动丰富多彩,教育手段简单原始,只是教育活动还没有从生产和生活当中脱离出来,教育的资源供所有成员来分享,没有等级性,也没有阶级性。在原始社会后期,随着社会生产力的发展及社会对专门人员的需求,教育开始从生产和生活中剥离出来,学校也便应运而生,出现了诸如成均、庠等专门培养管理及实用人才的学校,由此开启了中国学校教育发展的序幕。

【学习目标】

1. 理解关于教育产生的各种理论;
2. 了解氏族公社时期的教育活动内容;
3. 重点把握教育及学校产生的历史条件;
4. 理会原始社会教育的基本特征。

【核心术语】

许昌人　北京人　蓝田人　元谋猿人　巫山人　生物起源论　心理起源论　劳动起源论　成丁礼　成均　庠

自远古至公元前21世纪夏王朝建立,属于原始社会时期,是中国人类社会发展的第一阶段。中国的原始社会经历了一个极其漫长的发展历程,大致可以分为原始人群和氏族公社两个历史阶段。原始人群大约从200万年前的旧石器时代早期算起,至大约5万年前的旧石器时代晚期,以"巫山人"、"元谋人"、"蓝田人"、"北京人"和"金牛人"为代表,教育就起源于这个阶段。氏族公社又经历了母系氏族和父系氏族两个时期:母系氏族公社是以母系血缘关系为纽带而组成的社会生产和生活单位,在考古学上属于新石器时代前期,时间上大约从五万年前至六七千年前,已发现遗址大约有7000处,以"山顶洞人"和"仰韶文化"为代表,为研究当时教育发展状况提供了重要的物证。这一时期的生产资料是公有制,人人劳动,共同消费,教育活动能充分体现原始社会教育的基本特点。

大约在5000年前,我国进入父系氏族公社时期,至公元前21世纪夏王朝的建立为止,以"龙山文化"为代表,这一时期在考古学上称为新石器时代后期。父系氏族是以父系血缘关系为纽带所组成的社会集团,教育活动依然是在生产和生活之中进行的。但到原始社会末期,随着生产力的发展及对专门人才的需求,教育也便从生产和生活中剥离出来,出现了学校的萌芽,教育开始进入文明时代。

第一节　中国教育的起源

教育是何时产生的?又是如何发展的?这是教育史研究的一个重要话题。依据马列主义的教育观,教育是人类社会特有的一种社会现象,自有人类便有教育。这就告诉我们,人类是在什么时候出现的,教育也就是在什么时候产生的,教育产生的原初动因是基于人类对知识与技能的需求,基于人类自身提升战胜大自然能力的需求,更是人类社会文明进步的必然选择和结果。

一、最早出现的人类

中国人类出现在什么时候?用一种很模糊的语言来表述,那就是"很久很久以前"。如果依据考古发现,人类出现的时间也在不断地发生着变化。

自 20 世纪 20 年代以后,中国考古工作者已在北京、陕西、云南、山西、河南及重庆等地不断地发现人类遗骸化石,经过科学测定,获得不少重大成果。距今最近的人类是 2001 年北京市田园林场工作人员在寻找水源的过程中,在周口店以南发现一个山洞(已被命名为"田园洞"),洞内发现疑似成年男性的包括下颌骨(附多枚牙齿)、锁骨、肱骨、桡骨、脊椎骨、股骨、腓骨、跟骨和趾骨等化石,经中国科学院古脊椎与古人类研究所专家初步鉴定,这些人类化石在形态上属解剖学上现代的智人,距今 2.5 万年左右,专家称之为"田园洞人"。也就是说,中国至少在 2.5 万年前就有人类生存,教育也至少有 2.5 万年的历史。

其次是 2007 年年底,河南省文物考古研究所在许昌市西北约 15 千米的灵井镇西侧遗址发现的人类头骨及枕骨、颞骨化石,共计 16 件。据科学测定,距今 8 万～10 万年,考古学家已正式将其命名为"许昌人"。这一发现,不仅填补了中国古人类进化的空白,还有力地验证了人类起源"多地区进化说"。目前,国际学术界关于现代人类起源有两种观点:一是"非洲起源说",中国发现的北京猿人等在距今约 20 万年前已经消失,现代的中国人都是来自非洲人类的后代;二是"多地区进化说","中国古人类连续进化学说"便是其一,唯一的缺憾就是没有发现距今 5 万～10 万年间的人类化石。恰恰就在这一时期,正是"非洲起源说"推断非洲智人走向世界取代各地早期智人的关键时期。有意思的是,距今 8 万～10 万年的"许昌人"头盖骨正处在这个非常关键的时间段。因此,专家们表示:"许昌人"头盖骨不但是中国考古学和古人类学领域的一次重大发现,而且对研究东亚古人类演化和中国现代人起源,乃至教育的起源都具有重大的学术价值。

再就是辽宁"金牛人",1984年发现于辽宁营口金牛山,化石为一个头骨、五个脊椎、两根肋骨以及其他部位的骨头,系一位成年女性个体,年龄为30~40岁,其头部既有原始的特征,也有接近智人的进步特征,脑量约为1390毫升。经专家鉴定,"金牛人"距今约28万年,有些学者将其判定为直立人,也有学者认为当属早期智人,它的发现填补了这一时期中国人类发展的空白。

除外,距今发现的比较久远的人类遗骸化石主要有:(1)1927年在北京市西南的周口店龙骨山发现的猿人遗骸化石,科学测定距今四五十万年,专家称之为"北京人";(2)1964年在陕西蓝田县公王岭发现的猿人头骨化石,为一位30多岁女性的头骨,系旧石器时代早期人类,属早期直立人,科学测定距今五六十万年,专家称之为"蓝田人";(3)1965年在云南元谋县城东南的大那乌村发现的猿人牙齿化石,系旧石器时代早期的古人类,科学测定距今170万年,专家称之为"元谋猿人"。

截至目前,考古发现的最为久远的中国人类化石,当是1985年在重庆巫山县庙宇镇龙坪村龙骨坡发现的下颌骨化石,科学测定距今200万年,专家称之为"巫山人"。这一发现不仅填补了中国早期人类化石的空白,且证明"巫山人"是中国迄今发现的最早的直立人,将中国人类发展的历程又提前了30多万年。至此,我们可以自豪地说,中国在200多万年前就有人类生存,中国教育也已有200多万年的历史。但这也不是最终的结论,今后随着考古技术的进步及考古工作的推进,也许还会发现比"巫山人"更早的人类遗骸化石,那么教育的历史还要往前延伸。

二、教育的起源

那么,教育到底是如何产生的?对此学术界争论颇多,主要是西方学者接连提出许多论点,主要有:

(1)生物起源论。法国哲学家、社会学家利托尔诺(Charles Letourneau,1831~1902)从生物学的角度来解释教育是如何起源,他通过对动物生活的观察,认为在动物世界里存在着如大猫教小猫捕鼠、大鸭教小鸭游水之类的教育,人类教育只不过是继承了业已存在的教育形式而已,因此说教育是一种在人类社会范围以外,且远在人类出现之前就已产生的现象。在他看来,教育就是从生物进化而来的,生存竞争的本能就是教育的基础。持此类观点的还有英国教育家沛西·能和斯宾塞。沛西·能在他的《教育原理》一书中,认为教育是一个"生物学的过程",不仅一切人类社会有教育,甚至在高等动物中间也有低级形式的教育。这种生物起源论,忽略了人与动物的本质区别,因而在理论上存在着缺陷和偏颇,不足以说明教育起源的根本原因。

(2)心理起源论,或称模仿论。美国教育家孟禄(Paul Monroe,1869~1947)否认生物进化论,认为利托尔诺没有揭示人的心理与动物心理的本质区别,于是他从心理学的角度来解释教育的起源问题,认为原始社会没有任何教育设施,也没有文字和读物,儿童对知识的学习主要是通过对成人举止的无意识模仿来实现的,也就是说,模仿才是教育的基础。这种理论也是有缺陷的,"显然只见内因不见外因,只见个体不见社会整体的需要和只见人的无意识的模仿,而不懂得人之所以成为人是有意识的自我规定,有意识的能动活动,这种活动使他能够从大自然给他规定的范围之内超越出来,从而成为历史发展的基础"①。所以,心理起源论也是不能成立的。

(3) 劳动起源论。20世纪30年代,前苏联学者以恩格斯的《家庭、私有制和国家的起源》及《劳动在从猿到人转变过程中的作用》等著作为理论武器,充分肯定教育是人类特有的一种社会现象,从猿转变为人的根本原因是劳动,因为"劳动创造了人本身",因此劳动也必然是教育产生的最初的本源。诸如教育史专家麦丁斯基在其1950年中文版《世界教育史》一书中,谈及教育起源问题时称:只有从恩格斯"劳动创造了人本身"这个著名原则出发,才能了解教育的起源,教育也是在劳动过程中产生出来的。教育学家巴拉诺夫等在1976年编写的《教育学》一书中,对生物起源论及心理起源论进行了批判,认为他们无视教育的历史性和社会性,力图用历史唯物主义观点来阐明教育的起源问题,并明确指出:

苏维埃教育学是站在恩格斯在《家庭、私有制和国家的起源》和《劳动在从猿到人转变过程中的作用》等著作中所阐述的教育起源于劳动这一理论的立场上。马列主义教育学认为,只有当人认为在自己和自然界之间需要劳动工具和劳动手段的任务时,只有当人学会使用它们时,只有当人面临着制作劳动工具和劳动手段的任务时,只有在这时才会在人类社会中产生老一辈向晚一辈传授劳动经验、知识和技巧的需要。为了使年青一代在大自然的可怕威力斗争中不致牺牲,为了使人不变为野兽,便产生了进行教育的必要性。

劳动起源论有其合理的一面,但却忽略了人们赖以生存的物质和精神生活,因而也不免失之偏颇。

马列主义教育理论家杨贤江用历史唯物主义的观点,对教育起源问题进行了深刻的阐释。他在所著《新教育大纲》一书中明确指出:

教育怎样起源的? 是根据于什么人性吗? 是根据于教育者的意识吗? 或是根据于什么天命吗? ——即所谓"作之君,作之师",都不是的。教育的起源并不在于这样玄妙的处所。教育只是一件"日用品",是与社会的生活过程、物质的生产关系有密切联系的;而且是以这种现实的社会经济生活为基础的,只要是现实的经济关系变了,它是必然地跟着变的。若说教育是与现实的经济生活无关,单凭某个人头脑中的思索所得决定,从来就没这样一回事。

浅言之,教育的发生就只根于当时当地的人民实际生活的需要,它是帮助人营造社会生活的一种手段。这所谓生活,一方面是衣食住的充分获得,他方面是知识才能的自由发展;还有,这种生活是集体的社会的,决不是孤立的个人的。所以教育的定义应是社会所需要的劳动领域之一,是给予社会的劳动力以一种特殊的资格的。自有人生,便有教育。因为自有人生,便有实际生活的需要。不过人生的需要,随时随

---

① 胡德海:《教育起源问题刍议》,载《华东师大学报》(教科版)1985年第2期。

地有不同；教育的资料与方法也跟着需要有变迁。这种变迁的根源，就存于社会的经济构造的转易。①

从这段话可以看出，教育起源于人类的两种需要：一是传授生产经验的需要；二是传授社会生活经验的需要。

首先是教育源于传授生产经验的需要。面对来自自然界个体无法抗拒的外力，原始人不仅长期过着群居生活，而且还要不断地制造和更新简陋的劳动工具与自然力进行斗争，以求得生存和发展的机会与空间。考古工作者在对陕西蓝田遗址发掘过程中，发现有大量的石制品，包括砍砸器、刮削器、大尖状器和石球，还有一些石核和石片，其中最有特色的是大尖状器，断面呈三角形，又称"三棱大尖状器"。这些石制品多半用石英岩砾石和脉石英碎块制成，有单面加工和交互加工的，只是加工技术粗糙，器形多不规整，对原材料的利用率也较低。在对重庆巫山人遗址发掘中，同样出土了大量的、有人工打击痕迹的石器。同时在遗址附近发现了大量的动物化石，有象、牛、鹿、羊和现代大熊猫的祖先小种大熊猫等动物化石，经考证全是动物的前后腿骨，无疑是巫山人劳动成果所得，并食用后所遗留下来的骨骸。这足以说明，以最古老的"巫山人"为代表的原始人群，为了集体生存，也为了劳动更有成效，必然要制造适合不同工种所需的劳动工具，在长期的劳动过程中他们也积累了一定的智慧和经验，虽然他们的劳动工具极其简单粗糙，劳动经验也很浅薄有限，但为使年青一代少走弯路，更快更好地适应当时的自然环境和不同的劳动分工，就有必要将劳动工具制造技术及劳动经验、基本要求等传授给他们，教育就是在这种基于部落成员成长与成熟的情况下产生的。这时候的教育活动是在生产劳动过程中进行的，与生产劳动的各个环节、各个领域紧密联系在一起的，虽谈不上严密的计划性，但却是一种有意识、有目的的社会活动。

其次是教育源于传授社会生活经验的需要。原始人群在长期的群居或集体生活中，为了人类自身生产的需要，为了种族的延续和繁荣，形成了诸多需要大家共同遵守的生活规范和行为准则，内容涉及两性婚姻、生育及教育下一代、衣着饮食、语言的使用以及如何与部族成员交往相处等问题，这对每个社会成员来说都是必须熟悉的，而且是必须通过教育才可以获得的。年青一代如果不通过有意识的教育活动，不经过年长者对自己的示范、影响和传授，就难以融入群体，难以适应人类社会特有的正常生活。如果代代如此，社会生活不仅会停滞不前，而且与动物的自然生活也几乎没有什么大的差别。于是，便有了传授社会生活经验的教育。这种教育活动是在日常生活中，在社会成员彼此相处的过程中来进行的，通过观察模仿和口耳相传来实现的。

事实上，当时生产劳动和社会生活知识经验的教育是浑然一体的，没有截然的分界线，一切都是为了生活和生存。但由于各个部落所处的自然环境以及生产力发展水平等有所不同，因此"原始人群处在什么样的环境下，过什么样的社会生活，便受什么样的教

---

① 中央教育科学研究所、厦门大学合编：《杨贤江教育文集》，教育科学出版社1982年版，第413～414页。

育,这是一种名副其实的'生活教育'"①。

> **专栏 1—1:关于动物中是否存在教育的探讨**
>
> 目前存在着两种争论:一是以利托尔诺、斯宾塞、厄斯皮那斯、沛西·能等人为代表的生物起源理论,认为动物中间存在教育,只是形式及水平高低问题;二是马列主义的教育观,认为动物中长辈教晚辈躲避危险及捕获猎物等只是一种本能行为,不存在有意识的教育活动,教育是人类特有的一种社会现象。问题是:(1)人也是动物,虽在所有动物中属最高等动物,但在教育后代方面动物与人有诸多相似之处,该不该属于一种较为低级的教育活动;(2)在没有完全进化为人类之前,或者说在类人猿阶段有没有教育活动,如果说有,类人猿毕竟不是人,也能称之为教育活动吗?对此,需要作进一步的思考和探索。

第二节 氏族公社时期的教育活动

氏族公社时期的教育活动是丰富多彩的,教育内容涉及人类生活的方方面面,大致归纳为生产劳动教育、生活习俗教育、原始宗教教育和原始艺术教育四个方面。

一、生产劳动教育

在原始社会,劳动是人类的第一需要,或者说个体为了生存,就要想法解决吃穿住等生活资料,而这些生活资料必须靠劳动才能获得,不参加劳动,个体也就无法生存下去,因此劳动教育在教育活动中占有十分重要的地位。

氏族公社时期劳动教育的内容十分丰富,首先是劳动工具的制造和使用。原始人群时期所使用的劳动工具属于打制石器,比较粗糙,专家称之为"旧石器时代"。氏族公社时期的石器以磨制为主,不仅种类多、类型明显,且形状对称、刃部锋利,因而更加实用,可以说在石器制造技术上有了较大的改进,专家们称之为"新石器时代"。尤其是在石器制作技术的基础上,又出现用兽骨制造劳动工具的技术。最有代表性的是北京"山顶洞人"所制造的一枚骨针,发现时骨针保存尚好,针眼上缘稍有残缺,下缘至针尖保存完好,长 82 毫米,直径 31~33 毫米,针身浑圆,针尖如芒,针眼是挖刮而成的。"山顶洞人"用骨针缝缀起来的兽皮既可搭盖住所、抵御风寒,也可掩护身体及御寒。这表明骨器制造及使用

---

① 孙培青主编:《中国教育史》,华东师大出版社 2000 年版,第 2 页。

技术已相当熟练。劳动工具的不断更新和使用,所积累起来的制造技术及使用经验,自然要不断地传授给年青一代。

其次是耕作技术教育。据《周易·系辞》载:"神农氏制耒耜,教民农作。"班固在《白虎通义》中解释道:"古之人民,皆食禽兽肉,至于神农,人民众多,禽兽不足。于是神农因天之时,分地之利,制耒耜,教民农作。神而化之,使民宜之,故谓之神农也。"《孟子·滕文公上》也提到过"后稷教民稼穑,树艺五谷"。这些记载虽系传说,但也不是无中生有,至少说明人类从以采集野外植物为生过渡到以人工栽培农作物为主,证明当时的农耕技术有了快速的发展,这些耕作技术也是需要通过教育来传承的。

再次是渔猎技术教育。渔猎是氏族公社时期一项重要的生产事业,一些居住在濒山临水之地的氏族部落,主要是靠打鱼和狩猎为生,为此就会制造出诸如木矛、标枪乃至弓箭等渔猎工具。尤其是当捕获的猎物享用不完时,活体动物就会被圈养起来,于是饲养家畜业得以兴起。无论是渔猎技术还是圈养技术,同样要通过教育传给年青一代。正因为这样,《尸子》中才会有"伏羲之世,天下多兽,故教民以猎"的记载。

最后是人工取火及用火技术教育。从人类遗址中发现的烧骨和炭屑,可以推断远在类人猿阶段已开始对自然火的利用,到"北京人"时已达到比较熟练的程度,在其洞穴中发现有用火的痕迹和烧过的炭块,说明"北京人"有管理火种的能力。尤其是"金牛人",在其居住的洞穴里共发现 11 个灰堆,灰堆的平面和剖面都比较规整,显然是为控制火候而精心准备的。他们在生火之前先在地面用石头垒起一个圆形的石头圈,以控制篝火的范围,类似后来的"灶",然后在"灶"里烧烤食物。从遗迹可看出,灰烬分布于石圈内,灰烬层在剖面上首尾相连,灰烬层的顶部、中部和底部分布许多石块,表面因长时间烧烤而层层剥落呈粉末状,可以推断当时的火种基本上没有熄灭过,专家称这种保存火种的方法为"土石封火"法。当时的人类不仅仅用火烧烤食物,还用于驱赶及围攻野兽、烧制陶具、取暖以及加工工具等。同样,取火及用火技术的传承离不开教育,所谓"钻木燧取火,教民熟食,养人利性,避臭去毒"①。

《淮南子》一书对尧治理天下时如何设官分工,教民劳作有明确记载,称:

> 尧之治天下也,舜为司徒,契为司马,禹为司空,后稷为大田师,奚仲为工。其导万民也,水处者渔,山处者木,谷处者牧,陆处者农。地宜其事,事宜其械,械宜其用,用宜其人,泽皋织网,陵阪耕田,得以所有易所无,以所工易所拙。②

可见,当时的劳动教育内容与氏族生存的自然环境是密切相关的。

二、生活习俗教育

由于生产力极其落后,氏族成员需要靠群居才能生存下去,因而在共同抵御自然力的

---

① 班固:《白虎通义》卷一。
② 《淮南子》卷十一《齐俗训》。

前提下，氏族成员能否遵守约定俗成的生活规范和行为准则，不仅关系到氏族群体的稳定和繁荣，还关系到氏族成员自身的切身利益，因而生活习俗教育也就具有特别重要的意义，氏族内部也很重视对年青一代的生活习俗教育。西安半坡遗址是一个典型的氏族村落，发掘面积约5万平方米，四五十座房屋排列有序，其中有一座160多平方米的大房子，显然是公共活动场所，也是氏族首领对氏族成员进行社会教化的地方。

在当时，生活习俗教育涉及婚姻、尊老、人伦、饮食、营造住所及"成丁礼"等社会生活的方方面面。诸如婚姻制度，进入氏族公社后，人们认识到族内婚对后代智力和体力的危害，所谓"男女同姓，其生不蕃"。于是就由血缘群婚发展为族外婚和对偶婚，族外婚导致氏族社会的形成，对偶婚则诞生了母系社会，妇女在社会中享有崇高的地位。因而，就需要对年青一代进行婚姻及尊敬母亲的教育。

进入父系氏族社会后，婚姻上出现一夫一妻制，"与之相适应的人伦道德教育也产生了变化，开始着重培养父权思想，宣扬男尊女卑的道德观念以及维护一夫一妻制习俗"①。如"成丁礼"，这是氏族社会为承认年轻人具有进入社会的能力和资格而举行的人生仪礼，也是一种重要的传统习俗。当时氏族中的未成年者可以不参加生产及狩猎活动，也不必参加战争，氏族对他们有哺育和保护的责任。但到成人的年龄后，则要举行"成丁礼"仪式，用各种方式测验其体质与生产、战争技能，以确定其能否取得氏族正式成员的资格。各氏族对成人的年龄界定不一，早则13岁，迟至20岁。步入成人阶段后，就可以参加社会活动，承担繁重的社会事务，可以结婚生育后代等。还有"三纲"、"六纪"等人伦教育，伏羲氏为让氏族成员告别"茹毛饮血"的生活，立"人道"以教化天下。诚如班固在《白虎通义》中说：

> 古之时未有三纲、六纪，民人但知其母，不知其父，能覆前而不能覆后，卧之詓詓，起之吁吁，饥即求食，饱即弃余，茹毛饮血而衣皮革。于是，伏羲仰观象于天，俯察法于地，因夫妇正五行，始定人道，画八卦以治下。治下伏而化之，故谓之伏羲也。

三、原始宗教教育

人类一开始并无任何宗教，只是到旧石器时代晚期及氏族公社产生后，人类形成诸多比较稳定的氏族社会集团，伴随人的体质与思维能力的发展，氏族内部开始出现某些禁忌和规范。尤其是在同大自然界作斗争的过程中，人们逐步认识到生产、生活与某些自然现象的联系，然对千姿百态、千变万化的自然现象无法予以合理的解释，迫于强大的、无法抗拒和征服的自然力，希望与恐惧交织在一起，于是便对许多自然力做出歪曲、颠倒的反映，将自然物及自然现象加以神化，使得人们不得不带着恐惧与侥幸的心态去崇拜、去信仰，原始宗教便得以产生。正如恩格斯在《反杜林论》中所说：

> 一切宗教都不过是支配着人们日常生活的外部力量在人们头脑中的幻想的反

---

① 李国钧、王炳照总主编：《中国教育制度通史》第一卷，山东教育出版社2000年版，第29页。

映,在这种反映中,人间的力量采取了超人间的力量的形式。

原始宗教的表现形态多为植物崇拜、动物崇拜、天体崇拜等自然崇拜,另外还有与氏族社会生活密切相关的生殖崇拜、图腾崇拜和祖先崇拜等。无论是何种崇拜,对氏族成员来说都是神圣的,不容冒犯的,需要通过教化向他们灌输相关的礼仪和禁忌。

对大自然的崇拜是原始宗教中最早的一种崇拜形式。自然崇拜物丰富多彩,上至日月星辰、风雨雷电,下至飞禽走兽、山川土地等。原始人类很早就认识到太阳与日常生活的联系最为密切,于是就有了祭日活动。在仰韶文化遗址所发掘出的陶器上,发现绘有太阳升起以及将太阳与禾苗绘在一起的图像,专家考证这是祭日的礼器,告诉人们太阳能给人们带来光明和温暖,能够促使农作物生长等。通过祭日活动,自然就将太阳与农作物生长的关系、如何用太阳取暖以及辨别方向、识别时间等常识灌输给年青一代。此外,在以农业生产为主的氏族居住区,会有对龙神、土地神的崇拜;以渔猎为生的氏族,会有对山神、河神以及某种动物的崇拜等。

图腾崇拜一般表现为对某种自然物或动物的崇拜,其实也是祖先崇拜的一部分。每个氏族都相信自己是起源于龙、凤、熊、虎、雕、蛇、狗、鹰、鸟等某种自然物或动物的,并将此作为本氏族的祖先或保护神,成为本氏族的标志或象征。《史记》载"天命玄鸟,降而生商"。于是,玄鸟便成为商族的图腾。氏族的图腾一旦确立,不仅在旗帜、衣饰、纹身、族徽、雕刻、绘画、舞蹈、建筑及器皿上都会有图腾的标志,而且还制定一套严格的祭拜仪式和禁忌,如同一图腾的氏族成员不能通婚、忌杀食等。

祖先崇拜,或敬祖,是在母系氏族向父系氏族发展的过程中由图腾崇拜过渡而来的。最初始于原始人对同族死者的某种追思和怀念,进入父权制后,原始家庭制度趋向明朗、稳定和完善,人们逐渐萌生氏族前辈中长者的灵魂可以庇佑本族成员、赐福儿孙后代的观念,由此开始严格意义上的祖先崇拜。通过祭祖,既可以明确上下辈分,强化血缘关系,又可以宣扬祖先功德,激励后人建功立业。

鬼神崇拜是氏族社会普遍存在的一种宗教活动。由于当时对生老病死缺乏科学的认识,以为人的死亡只是肉体的死亡,灵魂离开肉体后还依然存在,在这种灵魂不死观念左右下,就对死亡者制定了一套丧葬、祭祀仪式,包括随葬品、供奉品以及墓地选择、祭祀程序和时辰等都颇有讲究,总之要为死者安排好阴间生活,既是对死者的怀念和崇敬,又教育后代莫忘前辈教诲,与祖先崇拜有些类似,或者说是祖先崇拜的一种泛化,几乎可以泛化到每位死亡长者身上。

伴随宗教活动而生的就是巫术和巫师这些副产品,巫术是原始宗教信仰的技术或表现形式,诸如祈求、诅咒、灵符、占卜等。

> 按巫术的性质可以区分为两大类:一类是对于善神的,利用尊敬、屈服、供献、讨好等手段,希望免灾降福,保护康宁;一类是对于恶鬼的,通过斥责、咒骂、威胁、驱赶等手段,以达到辟邪驱魔,保持太平。[①]

---

① 孙培青主编:《中国教育史》,华东师大出版社2000年版,第5页。

巫师则是原始宗教的解释者、宣传者和执行者,他们通过严格的专门训练,深谙巫术,自称介于人与神之间,能通神去鬼,预知吉凶祸福,能为人治病送魂。为配合宗教活动,这些巫师还掌握大量的天文、地理、医药以及历史文化知识,可称得上古代文化知识的传承者。

尤其是随着宗教活动的盛行,还出现了专门用于祭祀的祭坛,将祭祀与教化融为一体。如:史书中所记载的"明堂",清末学者黄绍箕在其所著《中国教育史》中指出:"明堂始于神农,祭祀教民合于一室……后世明堂制度,详于神农,然其以明堂为教民之所,始由神农开之。"如果史书所载只是一种传说或推理的话,那么大量的考古发现则足以证明祭坛的存在,除比较典型的浙江良渚文化祭坛遗址、西安半坡遗址、甘肃大地湾遗址外,还有如辽宁的牛河梁遗址,这是一处距今5000多年的大型祭坛,包括女神庙和积石冢群址,其布局和性质与北京的天坛、太庙和十三陵颇为相似。女神庙由一个多室和一个单室两组建筑构成。多室部分南北长约18米,东西宽约7米;单室部分南北长约2米,东西宽约6米,为土木结构。庙内有女神、动物的塑像。女神塑像形体有大有小,或与真人相当,或大于真人若干倍。其中一尊基本接近真人大小的彩塑女神头像,头高22.5厘米、面宽16.5厘米,耳长圆,鼻梁低,眼内嵌圆形玉片为睛,颧骨高耸,嘴大,面涂红彩,出土时仍很鲜艳。在女神庙中还发现一些祭祀用的陶器,说明当时女神庙中曾经有过较大规模的祭祀活动。又如,辽宁的东山嘴遗址,这是一组以南北轴线布局的石砌建筑群址,遗址面积15000余平方米,包括北部的一座大型方形基址,南部的一座小型圆形台址和两座较早的圆形台址。方形基址东西长11.8米,南北宽9.5米,四边均砌石墙基。圆形台基用石片镶砌,边缘平整,直径约2.5米。出土的文物有女性陶塑像残件、孕妇陶塑像残件、双龙首玉璜饰件、绿松石岛形饰件以及彩陶祭器等。专家们称,这是继牛河梁遗址外又一处具有代表性的红山文化晚期大型祭祀性遗址,圆形祭坛遗迹是国内最早的古代祭坛之一,主要是祭祀生育神、农神和土地神等。可以说,每一处祭坛都是当时对民众进行教化的重要场所。

四、原始艺术教育

原始艺术包括音乐、歌舞以及绘画、雕刻等。氏族成员为活跃身心、欢庆丰收以及从事祭祀活动等,往往会用歌舞的形式来表达。同时为丰富社会生活,在日常生活及祭祀器皿上也往往附加上精美的绘画和雕刻艺术。无论是何种艺术形式,都与当时的社会生活息息相关,所反映出的内容也都涉及社会生活的方方面面,通过这些活动,既能传授相关的知识,又能宣扬生活习俗。

据考证,原始人类已发明有多种乐器,其中发掘出最早的乐器是骨笛和编磬。中国最早的骨笛是属于新石器时期的河南省舞阳县贾湖遗址骨笛,距今有8000多年的历史。发掘出的贾湖骨笛有20多支,长约20公分,上有五孔、六孔、七孔和八孔之分,经专家研究已具备四声、五声、六声和七声音阶,把中国七声音阶的历史提前到8000年前。专家们认为,贾湖骨笛是世界上最早的吹奏乐器,比古埃及出现的笛子还要早2000多年。编磬是一组石制打击乐器,由劳动工具演变而来,主要用于宗教活动。在山西夏县东下冯夏代文化遗址曾发现一石磬,形状像耕田用的石犁,有一圆孔用于悬挂,整体打制虽比较粗糙,有的棱角还十分锐利,但敲击时仍能发出清脆的声音。据考证,编磬属于新石器时代的器物,因而在夏代之前的尧舜禹时代,人们就已学会使用编磬演奏音乐。无论是骨笛还是编磬,其制作及使用技术都是比较复杂的,使用者必须经过专门的教育训练才可以担当此任。

歌舞是当时比较大众化的一种艺术形式。歌唱最初源于人类集体劳动时,为协调大家的劳动动作、提高劳动效率而创作的劳动号子,而今人们颇为熟悉的诸如"船工号子"等就是当时劳动号子的活化石。后来,随着社会的发展与进步,人们的社会生活愈加丰富,劳动号子便被赋予更多的内容和含义,从最初简单的、有节奏的呼号,逐渐演变为歌唱这种人人喜欢、人人均可参与的一种艺术形式。舞蹈则是用形体动作来反映人们生产和生活、表达一定思想感情的一种艺术形式。最初只是模仿男女劳动时的不同动作以及飞禽走兽的不同姿态,随着人们审美意识的不断增强以及表达愉悦心情时的强烈渴望,便逐渐演变为舞蹈这种大众艺术形式。无论是反映农耕的,还是体现渔猎的舞蹈,都是当时人们生活的再现。如今人们能够看到的我国南方少数民族地区的喜鹊舞、孔雀舞以及割麦舞、插秧舞等,都能体现出远古时期舞蹈的遗风。尤其是,当时的舞蹈往往与歌唱或音乐紧密地结合在一起,就形成了歌舞这种综合的艺术形式,在庆丰收、庆胜利、祭祀等活动中被广泛地运用着。

从西安半坡人所使用的陶器,可以看出当时人们已有了自己独特的绘画艺术追求,有自己的精神生活世界。在出土的陶器上,画着奔驰的鹿、游动的鱼等,这是当时他们渔猎生活的真实写照。陶器外壁,还有图案逼真的抽象画,笔画流利疏朗,显然具有装饰的作用。他们还在陶器上刻画上自己崇拜的图案,诸如人面鱼纹、人面涂彩、口部衔鱼、三角头饰等,或许这就是半坡氏族的图腾或族徽。

除此之外,还有体格和军事训练。由于生产力的原始和落后,人的体质在生产劳动和生活中有着举足轻重的作用,甚至在一定程度上是靠体力来维持生存并与大自然作斗争的,因而体力训练也是当时教育的重要内容。《吕氏春秋·仲夏纪第五》中曾载:"昔陶唐氏之始,阴多,滞伏而湛积,水道壅塞,不行其原,民气郁阏而滞着,筋骨瑟缩不达,故作为舞以宣导之。"说明在尧执政时,人们就意识到用舞蹈的方式来强身健体。与此同时,氏族部落之间不断发生战争,作为氏族成员不仅身体要强壮,还要懂得如何制造及使用武器,因而军事训练也是各氏族都很重视的一项教育活动。据史所载:"黄帝教熊罴貔虎以与炎帝战于阪泉之野,三战,然后得行其志。蚩尤作乱,不用帝命。黄帝乃征师诸侯,与蚩尤战于涿鹿之野,遂擒蚩尤。"[①]这说明,黄帝在与炎帝决战之前,就先对以熊、罴、貔虎为图腾的四个氏族进行军事训练,对蚩尤的征讨也取决于诸侯的合作与军事训练。

尤其是在氏族公社末期的尧舜时期。据《尚书》载,尧舜时曾设置三类职官来主管教

---

① 李昉:《太平御览》卷三百八《兵部三十九·战上》。

化：一是司徒，由契负责，主持父义、母慈、兄友、弟恭、子孝五教；二是秩宗，由伯益负责，主祭天神、人鬼和地祇三礼；三是典乐，由夔负责，专掌乐教。致使尧舜时的教育活动更加有声有色。

第三节　氏族公社末期学校的产生

如果说教育是人类社会特有的一种社会活动，那么学校则是社会和教育发展到一定阶段的产物，是人类社会文明进步的必然选择和结果。

一、学校产生的条件

学校的产生如同教育的产生一样，是基于一定的社会需要和历史条件的。

首先是社会生产力发展的结果。在氏族社会中后期，由于劳动工具的不断改进和更新，生产能力大大提高，劳动产品有了剩余，甚至还把捕获到的吃不完的活体动物圈养起来，以至于不需要所有成员每天都外出寻找食物。在这种情况下，有两部分人便可以直接从生产劳动中脱离出来：一是年迈体衰的老年人；二是体力稚嫩的儿童。他们本已不能承受繁重的体力劳动，脱离生产劳动之后便可以从事一些相对简单的社会性事务，诸如看管食物、饲养动物等，同时老人还肩负着看管儿童的重任，儿童也需要系统学习一些生产和生活知识。这样，老人就成了教育者，儿童自然就成了受教育者，他们所共同活动的场所也就成了学校。

其次是社会分工的结果。伴随着生产力的发展，社会分工也越来越细，诸如饲养业、制陶业、工具制造业等均从原始社会生活中分化出来，同时社会事务也越来越繁杂，诸如祭祀、歌舞、教化以及日常生活管理等，各种事务的管理还依照老经验老办法显然是不够的，反而对专门人员的需求则越来越强烈。而专门人员又必须通过专门的教育和训练才能培养出来，于是学校作为专门的人才培养机构也便应运而生。

最后是文字的出现。文字是社会发展到一定历史阶段的必然产物。在没有文字之前，原始人类基于记事和传递信息的需要，很早就创造了结绳、刻木等记事方法。至氏族社会末期，因为社会事务的繁杂及交往的频繁，文字作为新的记事方法便被制造出来。据《淮南子·本经》载："昔者仓颉作书。"许慎《说文解字·序》亦称："仓颉之初作书，盖依类象形，故谓之文；其后形声相益，即谓之字。"仓颉是黄帝时期造字的史官，可见在黄帝时期就出现了最初的文字，虽然造字是一项长期的、复杂的、浩大的文化工程，不是仓颉一人所为，但仓颉所发挥的开山作用是不可磨灭的。

文字首先是记录知识、经验和信息的工具，这种记录越多，可供传授及下一代学习的内容也就越多。同时，文字更是人们交流思想感情的工具，有了文字，长辈的口授及彼此沟通互动也就成为可能。但是，文字的学习及通过文字来获得知识也不是一件很容易的事情，必须有掌握文字的专门施教者以及专门的施教场所，因而文字的出现大大促进了学校的萌芽。

二、传说中的学校

古籍中关于氏族时期学校的记载有多种说法，主要涉及"成均"和"庠"这两个不同时期、不同性质的学校。

成均，最早的记载是《周礼·春官》中称"大司乐掌成均之法，以治建国之学政，而合国之子弟焉"。据此，西汉学者董仲舒将成均考证为唐虞以前五帝时期的大学。东汉经学家郑玄在注《礼记·文王世子》中"成均"一说时，便引用董仲舒的说法，注曰"董仲舒曰：五帝名大学曰成均"。唐代经学家孔颖达注疏《周礼·春官》中的"大司乐"时也持此说，称远古时学校名称不一，只是无文字记载，"但五帝总名成均"。南宋学者王应麟在所著《玉海》中，也引用《春秋繁露》称"成均，均为五帝之学"。只因董仲舒的《春秋繁露》现存本为残缺本，无"成均"考证文字，故无法得知确凿证据。

至于为何称之为"成均"，郑玄考证说"均，调也，乐师主调其音"；"成均之法者，其遗礼可法者"。可见，成均之学着重的是乐教，这一传统并为后世所传承。近代学者刘师培则考证说："均字，即韵字之古文。古代教民，口耳相传，故重声教。而以声感人，莫善于乐。"[①]可以说，成均的出现，无论是教育内容还是受教者和施教者的角色，均表明当时的教育已经出现专门化的倾向。河姆渡等多处考古发现的吹奏、敲击乐器，也足以证明我国五帝时代的原始音乐已具备一定的水平，若没有专门的音乐教育和训练是不可能达到的。

庠，为虞舜时代的学校。据《礼记·明堂位》载："米廪，有虞氏之庠也。"郑玄称米廪为"藏养人之物"。可见"米廪"与"庠"是一回事。从"庠"的字面上讲，庠首先是一处藏米之所。《说文解字》称，庠"从广羊声"。"广"为"库"字部首，即房舍、仓库之意，因而庠实际上也就是有虞氏时储藏公共劳动成果的一个仓库，由脱离生产劳动的老者来看管。其次，庠是一处老人聚集活动的场所，也是氏族敬老养老行礼之地。因为"羊"为家畜，是原始社会的一种美味佳肴，只有老者才有资格来享用，食用羊肉的居处就是"庠"。所以，孟子说："庠者，养也。"尤其是，庠还是教育的场所，老者不仅要看管劳动果实及被敬养着，还肩负着教育下一代的重任。但因老者的社会地位有别，做过部族领导职位、德高望重及有特殊贡献的老者被称为国老，一般老者则为庶老，因而庠也有上庠和下庠之分。如《礼记·王制》所称："有虞氏养国老于上庠，养庶老于下庠。"郑玄注曰："上庠，右学，大学也，在西郊。下庠，左学，小学也，在国中王宫之东。"可见，老者社会地位不一样，也带来了教育和学校的等级之别，甚至是依此划分出不具有现代意义上的小学和大学，形成一种颇为奇特的中国教育文化。

---

① 刘师培：《刘申叔先生遗书》卷十九《学校原始论》。

本章结语：原始时期的教育大致分为三个阶段：一是原始人群的教育，这是中国教育的起步和发育期，虽时代久远，历程漫长，教育发展极其缓慢，却为后期教育奠定了基础；二是氏族公社时期的教育，因为生产力的快速发展以及人类对社会生活需求的增多，教育获得长足发展，且最能代表原始社会教育发展的水平；三是氏族社会末期的教育，属于学校萌芽期，但因人们社会地位有别也带来了教育及学校的等级性，为向阶级社会教育的过渡做好了充分的准备。那么，就足以代表原始社会教育发展水平的氏族社会教育来说，其教育表现出如下特征：

第一，教育权利均等。氏族社会是以生产资料公有制为基础的，不存在阶级和阶级对抗，人与人之间除了性别、年龄和社会分工带来的差别外，大家都是平等的，没有等级之别。因而，凡是氏族成员均有享受社会生活资源的权利，包括受教育权。受教育不仅是维系个人生存的必备经历，也是社会对所有成员提出的基本要求，因而教育显示出明显的社会公众性。

第二，教育是与生产劳动和社会生活融为一体的，没有专门的人员和机构。在氏族社会没有出现学校之前，教育还不是一项独立的社会活动，总是在生产劳动和社会生活中进行的。也就是说，长者对年青一代的教育是随时随处随地进行的，所谓"遇物则诲，相机而教"，属于真正的"生活教育"。

第三，教育的内容丰富多样，切合生产和生活实际。氏族社会时期的教育活动内容涉及社会生产和社会生活的方方面面，诸如生产劳动教育、生活习俗教育、原始宗教教育、原始艺术教育以及原始军事教育等，旨在提升氏族成员的智力与体力以及社会适应能力，没有明显的功利色彩，可称得上原始时期社会成员的"素质教育"。

第四，教育手段简单原始。在没有文字的情况下，主要是通过口耳相传、观察模仿、潜移默化的方式来进行的。虽然手段简单原始，但因合乎当时的社会实际及人类的教育需求，效果还是比较明显的。

【讨论与思考】

1. 教育是如何产生的？
2. 试述氏族公社时期教育活动的内容。
3. 学校产生的历史条件有哪些？
4. 试析原始社会教育的特点。

【阅读导航】

1. 李国钧、王炳照总主编：《中国教育制度通史》第一卷，山东教育出版社2000年版。

本书在第一编"先秦教育制度"中专门设置一章"中国教育的起源"，下分四节：第一节谈及"中国教育起源的社会背景"，包括社会生产力、社会经济及社会生活背景等；第二节探讨"早期的生产劳动教育",包括人工取火活动及其教育、工具制造及其教育、采集狩猎技术及其教育、农业畜牧业及其教育等;第三节探讨"早期的社会生活教育",包括婚姻家庭制度及其教育、生活习惯和生活能力教育、原始艺术教育、原始宗教活动中的教育等;第四节探讨"学校教育的萌芽"。

2. 毛礼锐、沈灌群主编:《中国教育通史》第一卷,山东教育出版社1985年版。

本书第一章专门探讨"远古教育",分为三节,内容为"从我国原始人群的历史看教育的起源"、"氏族公社时期的教育活动"和"氏族公社末期学校的萌芽"。

3. 孙培青主编:《中国教育史》,华东师大出版社2000年版。

本书第一章探讨"原始时期的教育",分为三节:第一节谈及"中国教育的起源";第二节研究"氏族公社时期的教育",涉及当时的生产劳动教育、生活习俗教育、原始宗教教育、原始艺术教育、体格及军事训练等;第三节谈论"氏族公社末期学校的萌芽",涉及部落显贵世袭引起教育的变化、文字的产生提出新的教育需要、学校萌芽的传说等问题。

4. 王炳照等编:《简明中国教育史》,北京师范大学出版社2010年版。

本书第一章"原始社会和夏、商、西周的教育"中的第一节涉及"教育的起源和古代学校的萌芽"问题。

5. 范文澜主编,蔡美彪续编:《中国通史》(10卷本),人民出版社1994年版。白寿彝主编:《中国通史》(12卷本),上海人民出版社1989~1999年版。

这两部书对中国历代政治、经济、文化、军事、教育等问题进行了全面、系统及深刻的剖析,引用大量的第一手资料,所得出的结论颇具权威性。因此,在学习教育史各个章节内容时,可以适当阅览《中国通史》中相关章节的内容,借以加深对各个时期教育发展背景的理解。

第二章 奴隶制时期教育的奠基

【内容提要】

中国有文字记载的教育史,确切来说应该是从夏王朝建立开始的。夏朝不仅有国立学校"序",还建有地方学校"校"。商朝的文字趋向成熟,甲骨文中有多处兴学记载,统治者在夏朝的基础上建有国立的"学"和"瞽宗"及地方性学校"序",教育内容上尤重"孝"的教育。西周的教育进一步制度化,中央有国学,地方有乡学,还规定有入学年龄、修业年限、教学科目、考核与奖惩措施以及天子视学制度等。春秋战国时期,伴随官学的衰败,"学在官府"的局面被打破,私学应运而起,替代官学继续发挥培育人才的功能。私学大师们不仅授徒讲学,且还著书立说,标新立异,致使学派丛生,学术思想异常活跃,尤其所蕴含的教育思想奠定了中国古代教育的理论基础,至今仍在影响着中国的教育理论研究。

【学习目标】

1. 了解夏商两代教育的基本情况;
2. 全面把握西周的教育制度及其特点;
3. 领会私学兴起的原因及其对古代教育的贡献;
4. 理解私学、养士与百家争鸣的联系;
5. 重点把握孔子、墨子、孟子、荀子和法家学派的教育主张以及《学记》、《大学》、《中庸》中的教育基本理论。

【核心术语】

序　瞽宗　辟雍　泮宫　六艺　学在官府　国学　乡学　视学　私学　百家争鸣　稷下之学　德无常师　以人为本　终身之计莫如树人　有教无类　大丈夫　性善论　性恶论　礼记　三纲领八条目　尊德性道问学　学记　教学相长　强说人　行不言之教

在原始社会末期,随着生产力的发展,劳动效率获得较大提高,剩余产品的大量出现不仅为学校的产生提供了重要的物质基础和人力资源,更为私有制的产生准备了充分的条件。随着私有制的产生,社会上便出现了剥削阶级和被剥削阶级,原始社会开始解体,奴隶制度逐渐形成,我国人类社会开始步入一个崭新的社会形态即奴隶制社会。

依据史学界的一般共识,自前21世纪夏王朝建立至前221年秦建立中国历史上第一个封建集权制国家,属于中国的奴隶制社会发展时期。期间,因为文字的出现,使得中国步入了一个有文字记载的文明时代,教育也因文字的出现获得了快速发展,不仅学校类型有所增加,教育内容和方式也更加丰富。西周时期的教育改革,基本上奠定了中国古代官学教育制度的基础。接着,春秋时期私学的出现,又打破了西周及之前"学在官府"的局面,使教育开始由贵族化走向平民化,开启了中国普及教育的序幕。尤其是私学的发展及养士之风的盛行,直接推动了学术思想的繁荣,形成了我国历史上第一个百家争鸣的局面。以孔子、老子、墨子、孟子及荀子为代表的私学大师们,均以私学为阵地,打着治国安邦的旗帜,纷纷授徒讲学,著书立说。尤其是在他们的思想中,还包含着博杂精深的教育思想,由此奠定了中国古代教育的理论基础,对后世教育发展的影响极为深远。

第一节　夏商西周的教育

夏代自前21世纪至前16世纪,历时400多年,为中国奴隶制发展初期。商代自前16世纪至前11世纪,历时600多年,为奴隶制发展期。西周自前1066年至前771年,历时300多年,为奴隶制全盛期。史书中学者常提到的"三代"虽指的是夏商周三代,不过这里的"周"更多的是指西周。孟子所谓的"夏曰校,殷曰序,周曰庠,学则三代共之,皆所以明人伦也",也是对西周教育的一种认可和赞美。自夏至西周的1300多年内,伴随政治经济及生产力的发展,教育不仅获得较快发展,且呈现出与当时社会发展水平相应的不同特点。

一、夏代的教育

夏部落首领禹在执政期间,曾推举皋陶、伯益为继承人,皋陶不幸早死,伯益谦让(一说被启所攻杀)未就,启顺利取得王位,禅让制被世袭制所取代。启夺得政权后,开始修筑城池,建立军队,对外掠夺,对内镇压奴隶及平民的反抗,从此步入奴隶制时期。

根据史书记载及考古发现,夏代已经进入有文字记载的文明时代。《国语》及《左传》中都曾引用过《夏书》上面的材料。如《左传》昭公十七年(前525年)载:"故《夏书》曰:辰不集于房,瞽奏鼓,啬夫驰,庶人走。""瞽"是指乐师,"啬夫"是指管理农事的官员,"庶人"指百姓。当时人们对日食还缺乏科学的认识,因而会发生鸣鼓奔走的现象,这可以说是世界上关于日食的最早记录。《礼记·礼运》曾引用孔子的一段话:"我欲观夏道,是故之杞,而不足征也。吾得夏时焉。"据郑玄考证,《夏时》即"夏四时之书","其书存者有《小正》"。由此可知,《夏时》即为夏代的历书,其内容被收入《夏小正》一书。

文字的发展,使得夏代的教育事业也发生了明显的变化。教育已经成为当时国家的一项重要事务,不仅设置有专门管理教化的政务官司徒,且所设置的学校也有明确记载,大致可以分为中央和地方两级。

中央一级的学校称为"序"。据《礼记·明堂位》载:"序,夏后氏之序也。"何谓"序"?《孟子·滕文公上》曰:"序者,射也。"有学者从文字学的角度加以考释,认为序字从"广",

甲古文中的"广"类似起脊房屋的侧面形状,金文中的"序"似是人在屋中射箭的样子,表示这是一处射箭之所。尤其是要求在射箭时,射者和观者都要遵守长幼先后的次序,说明军事教育是夏序的主要教育内容,在注重射箭技术提高的同时,还进行职业道德教育。如《礼记·射义》所载:"故射者,进退周还必中礼,内志正,外体直,然后持弓矢审固,持弓矢审固,然后可以言中,此可以观德行矣。"故《文献通考·学校考》有"夏后氏以射造士"之称。

夏序不仅是教育的场所,也同样是社会敬老之所。如《礼记·王制》所称:"夏后氏养国老于东序,养庶老于西序。"且养老的礼节比之有虞氏时代有所发展。《礼记·王制》说:"凡养老,有虞氏以燕礼,夏后氏以飨礼。"据《毛诗传》解释说:"燕,安也。其礼最轻,升堂行一献礼毕而说(脱)履,升堂坐饮,以致醉也。"夏代则不然,其养老礼为飨礼,要求"体荐而不食,爵盈而不饮,依尊卑而为献取数毕而已"。很显然,尊卑等级观念已成为夏代学校伦理道德教育的重要内容。不仅如此,鉴于老者的社会地位有尊卑之别,序作为一种教育机构也有等级之别,郑玄在为《礼记·王制》作注时,称:"东序,东胶,亦大学,在国中王宫之东;西序,虞庠,亦小学也,西序在西郊。"

地方一级的学校称之为"校"。孟子在谈到三代学校时,称"夏曰校"。《说文解字》认为校"从木,交声"。而古代的交声字多含有教的意思,"校"字可解释为木囚,即用木棍或竹子围成兰格以为驯马之所,后来逐渐演变为习武或比武之地,故孟子称"校者,教也"。依据《史记·儒林列传》所载:"乡里有教,夏曰校。"可以判定"校"为地方一级的学校。朱熹在《四书集注》中也持此观点,以为是乡里教化之所,所谓"校,以教民为义"。"伦,序也。父子有亲,君臣有义,夫妇有别,长幼有序,朋友有信,此人之大伦也。庠序学校,皆以明此而已"。

总的来说,夏代奴隶制学校的创办是中国步入文明时代的重要标志,在中国教育发展史上有着特殊而深远的意义。

二、商代的教育

自公元前约 16 世纪商汤灭夏建立商王朝,至前 11 世纪又被周武王所灭,历经 17 世 31 王,历时 650 年左右,处于中国奴隶制的发展期。商部落主要活动领域是在黄河中下游地区,工农业生产获得较大发展,重达 875 千克的"司母戊大方鼎"(现改称为"后母戊大方鼎")便是当时制铜技术的一个重要标志。文教方面的变化,主要体现在文字、学校设置及教育内容等方面。

首先是文字进一步成熟。从安阳出土的 16 万多片甲骨文来看,卜辞记录就有 160 多万字。据孙海波的《甲骨文编》考证,所用字单字数量达到 4672 个。另据高明的《古文字类编》考证,能够识别出的甲骨文仅有 1072 个字。就文字结构而言,已经具备象形、会意、指事、形声和假借等造字方法,形声字约占 27%,表明文字已经相当成熟。尤其是甲骨文所记载的内容极为丰富,涉及商代社会生活的诸多方面,包括天文、历法、医药等科学技术。用文字记载的典籍，自然就成为学校教育的重要教材。

其次是学校设置的规模有所扩大。由于文字的成熟，无论是古籍还是甲骨文中，对商代学校的记载都比较详细。如《礼记·王制》载曰："殷人养国老于右学，养庶老于左学。"《礼记·明堂位》载曰："瞽宗，殷学也。"《史记·儒林列传》称"殷曰序"。《汉书·儒林传》称"殷曰庠"。甲骨文中也有关于大学、庠的记载。据此可以说，商代的学校除沿袭夏代的用于养老和习射的庠、序之外，还出现了"学"和"瞽宗"这两种新的学校形式。

商代的"学"为国立学校，分右学和左学，且有大、小学之分。据郑玄所注曰："右学，大学，在西郊；左学，小学，在国中王宫之东。"清代学者金鹗在《求古录礼说·学制考》中谈到商代学校时亦称："所谓大学在郊者，即郊学，对小学而言大矣。"无论大学还是小学，受教对象都是奴隶主贵族子弟。从考古学上讲，甲骨文中的"学"有多种写法，最简单的写法为"爻"。爻，作为一种算筹交错的形式，所表示的是"数"这个概念。《易经》卦"爻"就是用数表示"爻"的性质及其在某卦中所处的地位，今日所见的甲骨、铜器上一种用数字组成的符号，被认为就是古老的八卦。① 由于儿童教育是从学数开始的，即教认数字、方位名称、天干地支等，所谓"六年教之数与方名"，"九年教之数日"，因而把"爻"转义为"学"。以后，又在"爻"的两边增加了形似的双手，表示持"爻"以教；下面增加了形似的房屋，房屋里面是"子"字，表明学必须有一定的场合以及学习的对象。可知，"学"主要指学习科学文化知识。在甲骨文中也有一些关于建校、上学的卜辞，有的是问建学校于某处是否吉祥，有的是问送孩子上学是在丁日还是在乙日、丙日吉利，还有的是占卜上学时的天气情况，诸如"丙子卜，贞：多子其延学，版不遘大雨？"这是问上学时会不会遇到大雨，说明学校距离居住区还有一段距离。尤其是还发现了占卜"于大学"祭祀的卜辞，证明商代的学校还有祭祀学礼的职能。

瞽宗是商代学校特有的名称，与右学均属于大学性质，置于国度南郊明堂西门之外，也称为"西学"。在教学上主要是以礼乐教育为主，传授宗教祭祀等方面的礼仪知识，故《江陵项氏松滋县学记》称殷人"以乐造士，其学为瞽宗"。又因瞽宗是依附于乐师宗庙之侧的，是乐师宗庙的组成部分。据《周礼·大司乐》称："凡有道者、有德者，使教焉。死则以为乐祖，祭于瞽宗。"三国时学者韦昭注《国语》中"神瞽"亦称："古乐正，知天道者也，死以为乐祖，祭于瞽宗，谓之'神瞽'。"可知，瞽宗也是一处宗教祭祀的场所，以教导贵族子弟在实践中学习礼乐及祭祀知识。

商代的地方学校主要是庠和序。据史书记载，商代均设置有庠、序等教育机构，且都是承袭前代的做法。据朱熹对《孟子》所注称："庠以养老为义，校以教民为义，序以习射为义，皆乡学也。"

最后是商代的教育内容更加丰富。商代学校由奴隶主国家管理，主要是培养尊神重孝、勇敢善战的未来统治者，据此要对受学弟子进行多方面的教育和训练，主要内容有以下四个方面。

---

① 张政烺：《试释周初青铜器铭文中的易卦》，载《考古学报》，1980年第4期。

一是伦理教育。单凭甲骨文的卜辞记录就有160万字,可以看得出殷人是崇尚宗教迷信的,并把本族的祖先作为至高无上的神,因而尊神孝祖便成为殷人基本的行为准则,尤其是"孝"更成为奴隶主贵族最为强调的道德准则。从文字上讲,"孝"字从"教"。甲骨文中的"教",左边的"孝"上部写成"父"字,象征"子曲伏于父";右边的"攵"写成"支",篆体像以手持杖或执鞭。表明当时在棍棒的威胁下,教育下一代对长辈要尽"孝"。而对商代帝王来说,必须"孝"为天下先,只有守孝道才可以永葆王位,诸如武丁为父守孝三年,其子孝己也以孝名闻天下。如不守孝道,便要受到政治上的制裁。《史记·殷本纪》记载,商汤之孙太甲即位三年后,便不守孝道,"暴虐,不遵汤法,乱德"。于是,大臣伊尹与群臣一起将他"放之于桐宫"。即让他吃住于商汤的墓地,反省三年后,视其已知错悔改,才迎回宫中,因知民间疾苦,于是励精图治,"诸侯咸归殷,百姓以宁"。

二是军事教育。自有商以后,战事比较频繁,除对内镇压外,还要对外用兵,以便占有更多的领土和财物。据甲骨文中所记,用兵规模多至3万人。在这支庞大的军队里,大大小小的头目都是由奴隶主贵族来担当的。如:当时曾统帅上万人军队的一位女将军,就是商代第23位商王武丁的妻子妇好。这些将官以及士兵的作战本领,都是需要通过军事训练来获得的。军事训练的主要内容就是驾车和射箭,甲骨文的卜辞中有许多是关于习射技术方面的,其中涉及的"射"、"三百射"都是当时教习射的武官。除外,邻国也派子弟前往殷商去学习军事技术,此事见于郭沫若《殷契粹编》所载:"丁酉卜,其呼以多方小子小臣其教戒。"许慎《说文解字》认为"戒,警也,从廾,持戈以戒不虞"。甲骨文象形字"戒"为一人双手执戈备戒待敌之意,故殷商的"教戒"应为传授武艺之事。

三是礼乐教育。殷人经常举行祭祀活动,因而礼乐的学习显得尤为重要。甲骨文卜辞中发现有习礼乐的内容,主要是学习祭祀和乐歌。据甲骨《续存下》126记载,商王占问辛亥这天,到学宫学习祭祀礼仪会不会下雨的问题。尤其是重视音乐教育,内容涉及歌诗、舞蹈及奏乐等。据甲骨《摭续》193记载,有一个叫"万"的人要去学习乐舞,占卜问一下会不会遇到大雨等。因而,"以乐造士"是殷人教育的一个重要特点。

四是书数教育。书,主要是文字练习。商代文字已非常成熟,《尚书·多士》称"惟殷先人,有册有典"。甲骨文中的"册"字,就像诸多书写材料穿在一起状,表明文字材料十分丰富。因而,如何准确地使用文字,如何正确地阅读文字,这是对年青一代的一项基本要求。在甲骨文中已发现不少练习写字的骨片,选用笔画简单且经常使用的文字做练习。其中一片甲骨上刻有五行字,重复地刻着从"甲子"到"辛酉"十个干支。尤其是第一行刻得十分工整精美,其余四行的字迹则歪歪斜斜,中间也夹杂着两三个刻得整齐的,但显得极不协调。专家考证认为,首行整齐精美的字为教师所刻范字,其余四行为学生所写,中间夹杂工整的字为老师手把手所刻,这是商代学校练习写字的教学物证。

数,主要是天文历法教学。商代的天文历法有了较大的进步,它们都离不开数学。当时的数学已经采用10进位法,在甲骨文里已出现十、百、千、万等数字,最大的数字是3万。用数进行运算自然就成为学校进行教学的一项重要内容。据考古发现,商代已能进行简单的算术运算,能绘制较为复杂的几何图形等。除外,商代还采用阴阳历,有闰月,月有大小,并用干支纪日,在出土的商代文物中有完整的干支表。甲骨卜辞中还有月食、日食等天文记录。这些天文历法知识,自然也就成为商代学校的主要教学内容。

三、西周的教育

西周进入奴隶制全盛期,在政治上实行分封制,全国的土地和人民名义上归周王所有,所谓"溥天之下,莫非王土;率土之滨,莫非王臣"。实际上周王将土地和人民分封给诸侯,形成大大小小的71个诸侯国。诸侯又在自己的领地将土地和人民分封给卿、大夫,卿和大夫在自己的采邑里委派士来管理,从而形成上下等级森严的管理制度。在农业上实施井田制,由奴隶主以贡税的方式支配奴隶来耕种。在此基础上,为稳定统治者内部秩序,实行宗法世袭禄位制,所有财产都由嫡长子继承。尤其是在意识形态领域,除承袭殷商的做法,利用宗教迷信强化天命宣传外,还制作出包括人伦、风俗以及政治、军事、法律等一整套凸显上下尊卑关系的礼制,不同的等级阶层都有不同的做法,以致出现"刑不上大夫"、"礼不下庶人"的社会现实。统治者还极力宣扬礼制源于天命,遵守礼制就是"敬德",只有敬德才能保民,才能巩固统治地位。反映在教育上,首先是奴隶主贵族对教育的高度垄断,再就是建立了比较完备的学校教育制度,还有就是奠定了封建社会"六艺"教育的基础。

(一)西周的教育制度

西周集前代学校之大成,建立了比较完备的学校教育制度。根据各种史料所载,这时期的学校可分为国学与乡学两种。

1. 国学

国学,亦即后世所谓的中央官学,专为奴隶主贵族所设。据《礼记·王制》所载,国学分为小学和大学两级。

西周的小学设在"公宫南之左"。据《大戴礼记·保傅》载:"及太子少长,知妃色,则入于小学,小者所学之宫也。"铭器金文也有宫廷小学的记载,周康王时的《大盂鼎》有"女妹辰又大服,余佳即朕小学,女勿克余乃辟一人"之语。郭沫若在《西周金文辞大系图录考》中对此语有眉批,称"今案妹与昧通,昧辰谓童蒙知识未开之时也,盂父殆早世,故盂幼年即承继显职,康王曾命其入贵胄小学,有所深造"。周宣王时的铭器金文中也有"师嫠才在昔先王小学"、"在先王小学"之类的说法。这表明西周确实设置有贵胄小学,为蒙昧的儿童学习之处,也正是为方便这些贵族子弟入学才设在王宫附近的。

西周的大学有不同的名称,诸如辟雍、大池及射庐等,这与所处的地理环境有很大关系。辟雍大概是建在四面环水的土丘上,"水旋丘如璧曰辟雍"。因四面有水似池,故曰"大池"。又因是在陆上习射之所,故曰"射庐"。但由于入学对象的政治地位有别,故大学又大致分为天子所设和诸侯所设大学两类。

为周天子所创办的大学,规模较大,分为五学,辟雍居中,又称为太学。辟雍四周环以水,以辟雍为中心的东南西北各有四学,水南取五帝时代学名,曰成均,又称南学,主要是习乐,由大司乐主持;水北取虞舜时学名,曰上庠,又称北学,主要是习书,由诏书者主持;水东取夏代学名,曰东胶,又称东学,主要是习干戈羽籥,由乐师主持;水西取殷商学名,曰瞽宗,又称西学,主要是习礼仪,由礼官主持。可知,五学共同组成一个天子学校组团,学习的内容各有不同,为的是让天子得到全面的、均衡的教育,诚如《大戴礼记·保傅》所言:

> 帝入东学,上亲而贵仁,则亲疏有序,如恩相及矣。帝入南学,上齿而贵信,则长幼有差,如民不诬矣。帝入西学,上贤而贵德,则圣智在位,而功不匮矣。帝入北学,上贵而尊爵,则贵贱有等,而下不逾矣。帝入太学,承师问道,退习而端于太傅,太傅罚其不则,而达其不及,则德智长而理道得矣。

关于辟雍的建制,学术界仍有不同的解释,主要是围绕着分建还是组建、是一学还是五学而展开的,主要观点是认为五学并非分别所建,而是并建于一丘之上的,中间高地建筑辟雍,东南西北四学皆堂式相对,组成四合式大院。如:近人胡士莹认为"周代大学,原只一所,其名有五者,犹之今日大学中有文哲学院、美术学院之设立,初非有尊卑之别也"①。毛礼锐认为,东西南北学以明堂或辟雍为中心而组合在一起,实际上是一所大学,并非有好几所独立的大学。②《中国教育制度通史》更是推测认为,"西周的王都大学可能按教学重点的不同,如乐教、礼教、习射等,分成了几所'学',如'成均'、'东序'、'辟雍'等"③。如果这种推测成立的话,那么西周便开启中国古代大学分科教学之风。

为诸侯所设置的大学,规模比较简单,仅有一学,因半环以水,故称为"泮宫"。《诗·泮水》中有"明明鲁侯,克明其德。既作泮宫,淮夷攸服"之说。《汉书·郊祀志上》亦载曰:"周公相成王,王道大洽,制礼作乐,天子曰明堂、辟雍,诸侯曰泮宫。"

2. 乡学

西周的乡学实际上也就是地方官学,是根据王都之外的地方行政区划而为一般奴隶主贵族子弟而设置的。据《周礼·地官司徒》载,西周的地方区划及行政职能,在王都郊区为:"令五家为比,使之相保;五比为闾,使之相受;四闾为族,使之相葬;五族为党,使之相救;五党为州,使之相赒;五州为乡,使之相宾。"可见,乡为最高一级的行政组织,其下依次为州、党、族、闾、比,家则为最基本的社会结构和功能单位。至于学校设置,文献有多处记载,如《礼记·王制》称:"命乡简不帅教者以告,耆老皆朝于庠,元日,习射上功,习乡上齿,大司徒帅国之俊士与执事焉。"《学记》称:"家有塾,党有庠,术有序。"《周礼·地官司徒》中有州长"以礼会民而射于州序"及党正"以礼属民而饮酒于序,以正齿位"等记载。经清代学者毛奇龄考证,西周郊区的地方学校应有四学,即:乡曰校,州曰序,党曰庠,家曰塾。

王都郊区之外的地方机构称为"野",最高级别为"遂"。据《周礼·地官司徒》载:

> 遂人掌邦之野,以土地之图经田野,造县鄙,形体之法。五家为邻,五邻为里,四里为酂,五酂为鄙,五鄙为县,五县为遂,皆有地域,沟树之。使各掌其政令刑禁,以岁

---

① 胡士莹:《周代教育之研究》,载《史地学报》第3卷,1924年第1~2期合刊。
② 毛礼锐:《虞夏商周学校传说初释》,载《北京师范大学学报》(社科版),1961年第4期。
③ 李国钧、王炳照总主编:《中国教育制度通史》第一卷,山东教育出版社2000年版,第69页。

时稽其人民,而授之田野,简其兵器,教之稼穑。里有序而乡有庠,序以明教,庠则行礼而视化焉。

可见,六遂中的"里"也设有学校"序",并且设置比较普遍,属于民众教化机构。

（二）教育内容

西周学校是以培养"修己治人"的治术人才为总体目标的,因而其教育内容涉及社会生活的方方面面,尤其是强调道德教化,如《孟子·滕文公上》所言:"设为庠序学校以教之。庠者,养也。校者,教也。序者,射也。夏曰校,殷曰序,周曰庠,学则三代共之,皆所以明人伦也。"在强调道德教化的前提下,特别着重学生综合素质的培养,这从学校所开设的科目中就可以看得出来。

国学所开设的科目主要有:

一是乐教,由大司乐主持,具体包括乐德、乐语、乐舞等内容。如《周礼·春官宗伯》所载:

大司乐掌成均之法,以治建国之学政,而合国之子弟焉……以乐德教国子,中、和、祗庸、孝、友;以乐语教国子,兴、道、讽、诵、言、语;以乐舞教国子,舞《云门》、《大卷》、《大咸》、《大韶》、《大夏》、《大濩》、《大武》。

二是三德、三行,由师氏主持,如《周礼·地官司徒》所言:

师氏掌以媺诏王,以三德教国子:一曰至德,以为道本;二曰敏德,以为行本;三曰孝德,以知逆恶。教三行:一曰孝行,以亲父母;二曰友行,以尊贤良;三曰顺行,以事师长。

三是六艺、六仪,由保氏主持,如《周礼·地官司徒》所载:

保氏掌谏王恶,而养国子以道。乃教之六艺,一曰五礼,二曰六乐,三曰五射,四曰五驭,五曰六书,六曰九数。乃教之六仪,一曰祭祀之容,二曰宾客之容,三曰朝廷之容,四曰丧纪之容,五曰军旅之容,六曰车马之容。

四是小舞,由乐师掌教,如《周礼·春官宗伯》所载:

乐师掌国学之政,以教国子小舞。凡舞,有帔舞,有羽舞,有皇舞,有旄舞,有干舞,有人舞。

乡学所开设的科目与国学多有类似,主要有:（1）六礼,即冠、婚、丧、祭、飨、相见;（2）七教,即父子、兄弟、夫妇、君臣、长幼、朋友、宾客;（3）八政,即饮食、衣服、事为、异别、度、量、数、制;（4）乡三物,即六德、六行和六艺的合称,六德包括知、仁、圣、义、忠、和,六行包括孝、友、睦、姻、任、恤,六艺即礼、乐、射、御、书、数。

就以上所述,西周的教育内容可以总称为"六艺"教育。其中,礼、乐、射、御又称之为"大艺",为贵族从政必具之术,要在大学阶段深入学习;书、数又称之为"小艺",为民生日用之所需,要在小学阶段加以传授。当时,庶民子弟只给予"小艺"教育,唯贵族子弟才能受到从"小艺"到"大艺"的完整教育。

"礼"类似政治伦理课程,包括宗法制度、道德规范以及各种礼节。而在大学中所教之礼主要是贵族生活中所必需的"五礼",即"吉礼"、"凶礼"、"宾礼"、"军礼"和"嘉礼",要求学生必须做到"以吉礼事邦国之鬼神祇"、"以凶礼哀邦国之忧"、"以宾礼亲邦国"、"以军礼同邦国"和"以嘉礼亲万民"①。之所以如此重视"礼"的学习，是因为"礼，经国家，定社稷，序人民，利后嗣者也"。可见，"礼"乃是立国的准绳，关乎国家的长久治安，"五礼"含有36目，皆为邦国重大典礼，因而也是贵族子弟从政所必须熟知的礼节，不仅要知礼、行礼，且仪容方面还要做到规范，包括祭祀之容、宾客之容、朝廷之容、丧纪之容、军旅之容和车马之容"六仪"，目的在于维护贵族的尊严，并示范天下。

"乐"类似综合艺术课，内容包括歌诗、音乐、舞蹈等，郑玄注曰："古者教以诗乐，诵之、歌之、弦之、舞之。"如果说"礼"的作用在于"修外"，那么"乐"则"所以修内也"。只有礼、乐相互为用，才能达到最佳效果。如《礼记·文王世子》所称："凡三王教世子，必以礼、乐。乐，所以修内也；礼，所以修外也。礼乐交错于中，发形于外，是故其成也怿，恭敬而温文。"不仅如此，"乐"还有助于社会的教化和稳定，如《孝经》所言："移风易俗，莫善于乐。安上治民，莫善于礼。"

"射"即指射箭训练，也是贵族子弟不可或缺的军事训练课。鉴于"射者，男子之事也"，所以，贵族门庭添加男丁后，门的左边要悬挂弓器，出生后第三天就要背着男婴举行射的仪式，以示男子对保家卫国责任的担当。到了入学年龄，就要接受正规的射箭训练，"射"也自然成为国学和乡学的重要教学内容。为此，还设置有专门的教练场馆"射宫"，并且射箭水平还决定着在贵族中的地位以及是否会被选为武士或参与祭祀大典等。如据《礼记·射义》载：

  古者天子以射选诸侯、卿、大夫、士。射者，男子之事也，因而饰之以礼乐也。

  古者天子之制，诸侯岁献，贡士于天子，天子试之于射宫。其容体比于礼，其节比于乐，而中多者，得与于祭。其容体不比于礼，其节不比于乐，而中少者，不得与于祭。

"御"即驾车，西周的军事装备主要是战车，作为武士也必须具备驾驭战车的技术，因而与"射"一样都属于军事训练课程，要求贵族子弟到了一定年龄后就要接受训练，并且以能否"御"来区分长幼，如《礼记·曲礼下》称："问大夫之子，长，曰能御矣；幼，曰未能御也。"

"书"是指文字练习，西周时文字应用比较广泛，字体为大篆，书写工具为刀笔和竹木，且已出现用于文字教学的字书。据《汉书·艺文志》载，《史籀篇》为周宣王时太史籀所作，此乃"周时史官教学童书也"，这是史书所记载的最早的儿童识字课本。至于如何进行文字教学，《周礼·地官》中有"六书"一说，但没有释其内容，有学者考证认为是六种字形结构及使用方式。如刘歆在《七略》中说："古者八岁入小学，故周官保氏掌养国子，教之六书，谓象形、象事、象意、象声、转注、假借，造字之本也。"许慎受刘歆的影响，他在《说文解字·序》中解释说：

  周礼八岁入小学，保氏教国子先以六书：一曰指事，指事者视而可识，察而见意，上下是也；二曰象形，象形者画成其物，随体诘诎，日月是也；三曰形声，形声者以事为

---

① 《周礼·春官宗伯第三》。

名,取譬相成,江河是也;四曰会意,会意者比类合谊,以见指伪,武信是也;五曰转注,转注者建类一首,同意相受,考老是也;六曰假借,假借者本无其字,依声托事,令长是也。

"数"与"书"一样也属于文化知识的学习,一般先从1~10数数开始,进而学习"数日",即学习记日法,从甲子记日学起。接着学"书计",即学习基本的计数和计算方法。《周礼·地官》有"九数"一说,郑玄在注解时提出"九数"之目,即"方田、粟米、差分、少广、商功、均输、方程、赢不足、旁要"。这可以说是九种比较复杂的计算方法,经后人不断加以补充和整理,到汉末三国时才编成《九章算术》。

"六艺"教育是西周教育的重要标志,"它既重视思想道德,也重视文化知识;既注意传统文化,也注意实用技能;既重视文事,也重视武备;既要符合礼仪规范,也要求内心情感修养"[①]。可以说,有其诸多合理的因素,合乎教育的基本规律,因而也对后世教育理论和教育实践产生了巨大的影响。

(三)教育管理

西周的教育在管理上也是别有特色的,不仅政府高度垄断教育,而且在入学年龄、修业年限、考核与奖惩以及对家庭教育和女子教育的关注等方面,都开了一个先例。

1. 学在官府

在西周时期,虽然社会分工有了进一步的发展,但是教师这一职业还没有从社会活动中完全独立出来,而是由职官来兼任的,即所谓的官师合一。诸如西周的国学是由大司乐及乐师等职官来主持的,《周礼·春官》载曰:"大司乐掌成均之法,以治建国之学政,而合国之子弟焉。凡有道者,有德者,使教焉……乐师掌国学之政,以教国子小舞。"乡学是由司徒、乡师、乡大夫等职官来掌管的,《周礼·春官》载曰:"大司徒之职,掌建邦之土地之图与其人民之数,以佐王安扰邦国……以乡三物教万民而宾兴之:一曰六德:知、仁、圣、义、忠、和;二曰六行:孝、友、睦、姻、任、恤;三曰六艺:礼、乐、射、御、书、数。""小司徒之职,掌建邦之教法。""乡师之职,各掌其所治乡之教,而听其治"以及"乡大夫之职,各掌其乡之政教禁令"等。

为了便于对学校的管理,无论是国学还是乡学,均设在政府机构之内,又由于制造及刻印技术的不甚发达,国家有关文字记录的法规、典籍文献以及祭祀典礼所用的礼器等都不可能得到普及,且全部都集中在官学之内,这样就出现了唯官有书而民无书、唯官有器而民无器、唯官有学而民无学的局面,这种官师合一、政教一体的现象被称之为"学在官府"或"学术官守",受教育者基本上都是贵族子弟,体现了统治者对教育的高度垄断,这是西周教育制度的典型特征。在政局稳定的情况下,"学在官府"有利于教育事业的发展,而一旦政局动荡,将会使学校教育遭受重挫,所谓"官既失守,故专门之学废"。

2. 入学年龄及修业年限

关于入学年龄,古籍记载不尽一致。一般来说是8岁入小学,15岁入大学。如《大戴

[①] 孙培青主编:《中国教育史》,华东师范大学出版社2000年版,第25页。

礼记·保傅》载:"古者年八岁而出就外舍,学小艺焉,履小节焉。束发而就大学,学大艺焉,履大节焉。"但《尚书大传》中则有"十有三年始入小学"及"年十五始入小学"等记载。入学年龄记载不一致,可能与入学者的社会地位相关。诸如,王侯子弟是8岁入小学、15岁入大学,卿、大夫、士子弟是13岁入小学、20岁入大学,平民子弟应是15岁入小学。另外,《礼记》中还有"人生十年曰幼学"和"十年出就外傅"的记载,说明10岁之前尚幼,离不开家庭成员的照顾,而到10岁就能独立外出拜师学习了。

根据入学年龄推算,西周小学修业年限为7年,大学为9年。

3. 考查与奖惩

按《礼记》所载,西周已有一套分年考查的办法,称:"比年入学,中年考校。一年视离经辨志,三年视敬业乐群,五年视博习亲师,七年视论学取友,谓之小成。九年知类通达,强立而不反,谓之大成。"这里的"比年",为每一年的意思,"中年"即隔一年之意。

对国学生的考查是由大乐正来主持的,对于合格者,大乐正报告给司马,曰"进士"。司马主持答辩,优者上报于王,视其德才给予相应待遇。如《礼记·王制》所载:"司马辨论官材,论进士之贤者,以告于王,而定其论。论定,然后官之。任官,然后爵之。位定,然后禄之。"而对于"不帅教者"亦有惩罚措施,史载"大乐正告于王。王命三公九卿、大夫、元士皆入学。不变,王亲视学。不变,王三日不举,屏之远方,西方曰棘,东方曰寄,终身不齿"。

对乡学生的考查是由乡大夫来主持的,选"秀士"报于司徒,称为"选士"。司徒择优使之升入国学深造,称为"俊士"。对于"不帅教者",通过乡射礼、乡饮酒礼以及转学等多种方式加以感化,仍不知改悔的,依然是"终身不齿"。如《礼记·王制》所载:

> 命乡简不帅教育以告,耆老皆朝于庠,元日习射上功,习乡上齿。大司徒帅国之俊士与执事焉。不变,命国之右乡,简不帅教者移之左。命国之左乡,简不帅教者移之右,如初礼。不变,移之郊,如初礼。不变,移之遂,如初礼。不变,屏之远方,终身不齿。

4. 养老与视学

自老年人脱离生产劳动后,养老便成为社会生活中的一项重要内容。在原始社会中后期便设置有养老之所,也就是融养老、仓库及学校为一体的"庠"、"学"等机构。同时,从西周开始还制定有养老典礼,是在天子及诸侯视察学校时来进行的,可以说养老之礼与视学是连为一体的,目的在于实施道德教化。

在国学举办的养老典礼称之为"三老五更礼",所谓"三老",即熟悉天、地、人事的老者,"五更"即深谙金、木、水、火、土五行更替的老者。均是指德高望重、学识渊博的老年人。据《礼记·祭义》载:"食三老五更于大学,天子袒而割牲,执酱而馈,执爵而酳,冕而总干,所以教诸侯之弟也。"又据《白虎通义·乡射》云:"王者父事三老,兄事五更者何?欲陈孝弟之德,以示天下也。"可见,设置"三老五更礼"的目的在于教化诸侯子弟,同时彰显统治者"尊年敬德"、"尊教重道"之意。又据《礼记·文王世子》载:"天子视学,大昕鼓徵,所以警众也。众至,然后天子至,乃命有司行事,兴秩节,祭先师先圣焉……适东序,释奠于先老,遂设三老五更群老之席位焉。"按礼制,天子每年都要到太学视学,多则春夏秋冬四次,少则春秋两次。每次视学时,清晨击鼓集众,天子率王公大臣至国学,行祭奠之礼,主要是祭"先师先圣"。次日行养老之礼,先是"释奠先老",然后宴请众老,设三老五更之席位,席间歌诗作乐,舞文弄武,并向众老"乞言"。

在乡学举办的养老典礼称之为"乡饮酒礼",由乡大夫来主持,仿效天子视学的惯例来进行。据《礼记·射义》载:"乡饮酒之礼者,所以明长幼之序也。"《礼记·乡饮酒义》记载更明确:

> 乡饮酒之礼,六十者坐,五十者立侍,以听政役,所以明尊长也。六十者三豆,七十者四豆,八十者五豆,九十者六豆,所以明养老也。民之尊长养老,而后乃能入孝弟。民入孝弟,出尊长养老,而后成教,成教而后国可安也。君子之所谓孝者,非家至而日见之也,合诸乡射,教之乡饮酒之礼,而孝弟之行立矣。

5. 关注家庭教育及女子教育

西周的贵族很重视家庭教育,单就对王子实施胎教的记载就有两次。《列女传》载曰:周文王之母大任"及其有娠,目不视恶色,耳不听淫声,口不出敖言,能以胎教……君子谓大任为能胎教"①。《大戴礼记·保傅》载曰:"周后妃任成王于身,立而不跂,坐而不差,独处而不倨,虽怒而不詈,胎教之谓也。"同时,更重视孩子出生后的早期教育,《礼记·内则》中就记载了幼儿从出生到入学之前的家庭教育内容,称:"子能食食,教以右手。能言,男唯女俞。男鞶革,女鞶丝。六年,教之数与方名。七年,男女不同席,不共食。八年,出入门户及即席饮食,必后长者,始教之让。九年,教之数日。"可见,学龄前家庭教育的内容既有知识教育,又重视道德及日常行为习惯的培养。

这时的家庭教育也包括女子教育,且女子也只能在家庭接受教育,教育的内容和男子有所不同,男女有别的思想比较严重。《礼记》所载9岁之前的"男唯女俞"、"男女不同席,不共食"就足以说明问题。男孩子10岁以后可以"出就外傅",女孩子则不行,如《礼记·内则》所言:"女子十年不出,姆教婉娩听从,执麻枲,治丝茧,织纴组紃,学女事以共衣服,观于祭祀,纳酒浆笾豆菹醢,礼相助奠。十有五年而笄,二十而嫁。"可见,女子所受的教育实际上就是家政教育,对于"治学"及"从政"之事是无权过问的,后世由此演绎出"女子无才便是德"的谬论。

第二节 春秋战国时期的教育

周代实际上分为西周和东周两个时期。东周自前770年周平王迁都洛邑(今洛阳)开始,至前256年为秦所灭,共传25王,历时515年。期间,中国社会发生剧烈震荡,历史学家又将东周分为春秋(前770~前476)和战国(前475~前221)两个发展阶段。春秋时期

---

① 刘向:《列女传》卷一《母仪传》。

诸侯争相称霸200多年,为奴隶社会的瓦解时期,因孔子修订《春秋》而得名。经过长期激烈的争霸之后,大国兼并小国,诸侯国数目逐渐减少,至战国时主要有齐、楚、燕、韩、赵、魏、秦等七国,史称"战国七雄",为中国君主集权制的开始,因刘向将有关这段历史的各种资料编成《战国策》而得名。

可以说,春秋战国时期是中国社会大动荡、大变革时期,政治经济上的剧烈变革必然会反映在教育上,从而引起教育上的大变革,其主要标志是"学在官府"的局面被打破,教育视野下移,民间私人讲学之风应运而起,形成"诸子蜂起,百家争鸣"的局面,开辟了中国教育发展的一个新时代。以孔子、孟子、荀子为代表的儒家学派,以墨子为代表的墨家学派,以老子、庄子为代表的道家学派,以商鞅、韩非、李斯为代表的法家学派,纷纷以私学为阵地授徒讲学、著书立说,所创立的包括《礼记》中所蕴含的教育理论,不仅对当时,更对后世教育的发展产生了极为深远的影响。

一、官学衰败与私学兴起

春秋战国时期是中国由奴隶制向封建制的过渡时期,由于铁制工具、牛耕及灌溉技术的进步与推广,既提高了农业生产力,又促使中小贵族及自由民竞相开荒,迫使各国诸侯在法律上承认土地私有,逐渐以派遣劳役改为向土地拥有者征收实物地租,加速了封建制生产关系的形成,同时也加速了上层建筑的除旧更新,以致出现"礼乐征伐自诸侯出"及"礼乐崩坏"的局面。由此也引发教育的大革新,主要标志是官学衰败和私学兴起。

(一) 官学衰败

据考证,春秋时期持续200多年,官学见于史载的却不多。据黄绍箕考证,只有两次:一是《毛诗》称鲁僖公"尊贤禄士,修泮宫,守礼教疏","僖公修泮宫,而鲁人颂之";二是《左传》襄公三十一年(前542年)子产不毁乡校,称:"郑人游于乡校,以论执政。然明谓子产曰:'毁乡校,何如?'子产曰:'何为?夫人朝夕退而游焉,以议执政之善否。其所善者,吾则行之;其所恶者,吾则改之,是吾师也,若之何毁之?'"也有学者认为,春秋战国时期的学校不只是泮宫和乡校,还有"公堂"等教育机构,如《毛传》云:"公堂,学校也。"之所以史书记载少之又少,大概是无事可记之故,由此可以看出官学衰败甚为严重。

造成官学衰败的原因是多方面的:一是世袭制度带来的学业荒废,作为贵族子弟,命中注定为统治者,即便是不入校学习、没有文化知识,也不会失去权力、富贵和财产,因而他们养尊处优,不求上进,缺乏求学动力。甚至周大夫原伯鲁还声称"可以无学,无学不害"。二是王权没落导致学校荒废,孔子称春秋时期处于"天下无道"状态,王权没落,"礼乐崩坏",旧的礼制完全被打破,再去潜心研习"礼乐"已无多大用处,以致国学及乡学难以再闻"弦诵之声"。诚如黄绍箕所说:"周室东迁,王纲解钮,学校庠序废坠无闻。"[①]三是战

---

① 黄绍箕著:《中国教育史》,商务印书馆1925年版,第35页。

事频繁,统治者无暇顾及学校,《毛诗》所谓"乱世,则学校不修"。"学校不修,学子既无所归宿,故亦无相见之所,此之谓学校废"①。郑玄注曰:"国乱,人废学业。"

(二) 私学兴起

官学的衰败,并不意味着民众不需要教育或社会不需要教育,也不意味着教育这根链条从此就断裂了。事实上,在官学衰败之际,另一种教育的力量也在孕育着,这就是私学教育。私学在官学颓废之际应运而生,取官学而代之,继续发挥为社会培育人才的功能。

私学始于何时,则无从考起。有学者称,"学在官府"局面被打破后,一批文化官员流散在民间,"他们中的一部分人最有可能是私学的首创者,是他们促成了由官学向私学转变的进程"②。比如柳下惠、蘧伯玉等,都是由官学转入私学的代表人物,只是史书无明确记载而已。史书所载的,早期办私学有一定影响度的有邓析、少正卯、孔子及墨子等人。

邓析(前545~前501)为法家的先驱者,著有《竹刑》,与子产是同时代的,也是子产的一位政敌。他在郑国办私学,传授诉讼、辩论之法,并且还要收取一定的学费,这令子产感到不安,遂将其杀害。如《吕氏春秋·离谓》所载:

> 子产治郑,邓析务难之,与民之有狱者约:大狱一衣,小狱襦袴。民之献衣襦袴而学讼者,不可胜数。以非为是,以是为非,是非无度,而可与不可日变。所欲胜因胜,所欲罪因罪。郑国大乱,民口谨哗。子产患之,于是杀邓析而戮之,民心乃服,是非乃定,法律乃行。

鲁国的少正卯(? ~前498)与孔子同时代,史书称其与孔子存在政治分歧,还有私学生源之争,刚刚上任鲁国司寇的孔子,便利用手中的司法大权而治罪于他。如《荀子·宥坐》载:

> 孔子为鲁摄相,朝七日而诛少正卯。门人进问曰:"夫少正卯鲁之闻人也,夫子为政而始诛之,得无失乎?"孔子曰:居,吾语女其故。人有恶者五,而盗窃不与焉:一曰心达而险,二曰行辟而坚,三曰言伪而辩,四曰记丑而博,五曰顺非而泽。此五者有一于人,则不得免于君子之诛,而少正卯兼有之。故居处足以聚徒成群,言谈足饰邪营众,强足以反是独立,此小人之桀雄也,不可不诛也。

另据王充的《论衡·讲瑞篇》所载,"少正卯在鲁,与孔子并。孔子之门,三盈三虚,唯颜渊不去,颜渊独知孔子圣也"。可见,少正卯的私学还是有较大影响的,且能够与孔门私学相抗衡。遗憾的是史书记载甚少。

春秋时期所办私学影响最大的,当属孔子(前551~前479)的儒家私学。据《史记·孔子世家》载:"孔子以诗书礼乐教,弟子盖三千焉,身通六艺者七十有二人。如颜浊邹之徒,颇受业者甚众。"综合各种史料所载,孔子所办的私学,时间之长、规模之大、经验之丰富、影响之深远,在中外教育史上都是无人可比的。

---

① 范处义:《诗补传》卷七。
② 李国钧、王炳照总主编:《中国教育制度通史》第一卷,山东教育出版社2000年版,第108页。

比孔子稍晚的墨子,早年曾"学儒者之业,受孔子之术",后叛逆儒学而自立门派,成为继孔子之后又一位私学大师。《吕氏春秋·当染》载曰:"孔、墨之后学,显荣于天下者众矣。"《淮南子·泰族训》亦载:"墨子服役者百八十人,皆可使赴火蹈刃、死不还踵,化之所致也。"可见,墨家私学也是有较大影响力的,故能与儒家私学并称为"显学"。

私学的兴起及发展有其复杂的社会背景,究其原因,主要有以下几点:一是官学衰败促成文化下移。由于社会剧烈动荡,官学无以为继,在官学执教的文化人为了继续生存,被迫带着文献资料以及器皿流散到民间。如《论语·微子》所载:"大师挚适齐,亚饭干适楚,三饭缭适蔡,四饭缺适秦,鼓方叔入于河,播鼗武入于汉,少师阳、击磬襄入于海。"这些文化人流散到民间后,为私学的兴起准备了教师和教学手段,他们便以办学授徒为生。孔子所言"天子失官,学在四夷",确实反映了当时私学的兴起情形。二是生产力的发展与土地私有为私学的兴起奠定了物质基础,当个人没有一定经济基础的情况下是无法撑起一家私学的,因为办私学需要一定量的文献资料和基本的设施,这都需要经济做保障。三是迎合了社会各层人士对知识和读书的需求。官学虽然衰败,但"学者相与切磋之意未尝废也",民众对知识的渴望未曾熄灭,更有不少人为求得在经济及政治上的发展,要求接受教育的愿望也越来越强烈。同时,私学创办人又以各种治国治民方案相标榜,对世人具有极大的吸引力。于是,当一些文化人倾心办学时,社会各层民众渴望教育的热情再次被点燃,情形甚是可观。如《韩非子·外储说左上》所言:"中牟之人,弃其田耘,卖宅圃,而随文学者邑之半。"①

春秋战国时期的私学,对中国古代教育的发展可谓贡献巨大,主要表现在:第一,完成了学校的独立化过程。以往官学是依附于政治活动的,所谓"学在官府"。私学的创办则打破了"天子命之教,然后为学"的传统,破解了学校对政治活动的依赖,使学校从政治活动中脱离了出来,教师不再是官吏,而是一个独立的社会职业,可以随处讲学,学生也可以自由择师,推动了学术及教育的发展,也为社会培育了诸多治术之才。第二,扩大了教育的对象。孔子"有教无类"的提出,打破了统治者对教育权的垄断,使教育由贵族化走向平民化,开启了平民教育及普及教育的先例。第三,奠定了封建社会教育实践及教育理论的基础。各家私学的办理积累了丰富的实践经验,并为后世私学发展所借鉴。尤其是私学大师们所撰写的《论语》、《老子》、《墨子》、《孟子》、《荀子》等经典之作,都含有丰富的教育思想,还出现了诸如《大学》、《中庸》、《学记》以及《弟子职》等教育论著,为封建社会教育的发展奠定了理论基础。第四,私学是官学的重要补充,当官学不景气乃至衰败时,社会特别需要私学来满足对民众素质及各类人才的需求。事实上,在封建社会里,当官学兴盛之时,私学同样发达,且启蒙教育几乎都是由私学来承担的。

---

① 范处义:《诗补传》卷七。

二、养士之风与百家争鸣

所谓的"士",本来是指奴隶主政权机构中的最低一级官吏,位于"大夫"之下。又为"四民之首","四民"即"士农工商",位于"农"之上。春秋以后,多把社会上一批不狩不猎、不农不工、不贾不商,亦即脱离了生产劳动的人称之为"士"。他们拥有一技之长,四处游说,寻求进身之阶,形成一股异常活跃的势力。在诸侯争霸称雄的时代,各诸侯及公卿大夫,为稳固及壮大自己的势力,纷纷争相养士,于是养士之风开始盛行。

养士有公室养士与私室养士之分,以诸侯国的名义养士的称之为公室养士,以个人名义养士的称之为私室养士。春秋前期多为公室养士,末期出现私室养士。战国时期,无论是公室养士或者是私室养士,都十分盛行。

就公室养士来说,诸如鲁穆公、魏文侯、齐威王、齐宣王、梁惠王以及燕昭王等,都能做到"礼贤下士"。如魏文侯,与孔子的弟子段干木见面时,"立倦而不敢息"。据说,段干木辞官不就,隐居在家,魏文侯每当坐车路过段家门前时,总要起身以示恭敬。因而,他们都能吸引大量的士人为其服务。对公室养士贡献最大的,当属齐国所创办的一所养士、育士学校,即稷下学宫或称稷下之学,因其址在齐国国都临淄的稷门附近而得名,是当时公室养士的典型代表。稷下学宫的创办时间难以考究,据东汉学者徐干《中论》所言"齐桓公立稷下之官",后历六代约150年。由于其宽松自由的学术氛围和优厚的礼遇,吸引了各国学者纷纷前来著述讲学,开展学术辩论和交流,"不治而议论"是当时学术研讨的主要特点。齐宣王时,邹衍、淳于髡、田骈、接子、慎到、环渊等被赐为"上大夫"的学者就有76人。来自赵国的荀子,不仅被尊称为"卿",在齐襄王时还"最为老师","三为祭酒"[①]。

就私室养士而言,影响较大的就是齐国的孟尝君、楚国的春申君、赵国的平原君、魏国的信陵君和秦相吕不韦,均动辄"食客三千",且对士人礼遇有加。如信陵君,为了交结侯嬴,不仅上门亲迎,还为之执辔。平原君因爱妾嘲笑一跛脚食客,竟杀爱妾,上门谢罪以挽留。还有吕不韦,目睹孟尝君、春申君、平原君和信陵君争相养士,他"以秦之彊,羞不如,亦招致士,厚遇之,至食客三千人"。又看到"是时诸侯多辩士,如荀卿之徒,著书布天下",吕不韦亦使其食客"人人著所闻,集论以为八览、六论、十二纪,二十余万言。以为备天地万物古今之事,号曰《吕氏春秋》。布咸阳市门,悬千金其上,延诸侯游士宾客,有能增损一字者予千金"[②]。

由于争相养士,又礼贤下士,无形之中也提高了士的身价,甚至是所谓的"鸡鸣狗盗之徒"也以士自诩。这就使得社会上许多人纷纷以"士"为晋身的捷径,争学为士,于是就纷纷投师求学,在一定程度上推动了私学的发展。而养士与私学的发展,又在一定程度上推动了各学派的发展,以至于形成了诸子蜂起、百家争鸣的局面。

---

① 司马迁:《史记》卷七十四《孟子荀卿列传》。
② 司马迁:《史记》卷八十五《吕不韦列传》。

百家争鸣实际发端于春秋时期，当时主要有儒、道、墨三家，儒墨之争比较明显。战国时趋向纷争之势，当时有多少家私学就有多少家学派，就有多少家学派参与争鸣，以至于后世用"百家争鸣"来赞誉。所谓"百家"，其实就是一个虚指。汉初司马谈总括为儒、墨、道、法、名、阴阳六家。西汉末年，刘歆在《七略·诸子略》中，将先秦诸子学派分为儒、道、阴阳、法、名、墨、纵横、杂、农、小说家十家，鉴于小说家属于艺文，故去掉小说家称为"九流"，遂有"九流十家"之说。东汉班固撰写《汉书·艺文志》时，即据刘歆之说著录各家著作与人物，称：

  诸子十家，其可观者九家而已。皆起于王道既微，诸侯力政，时君世主，好恶殊方，是以九家之术，蜂出并作，各引一端，崇其所善，以此驰说，取合诸侯。其言虽殊，辟犹水火，相灭亦相生也。仁之与义，敬之与和，相反而皆相成也。

可见，各家学派从各自的立场出发，代表着不同的阶级或阶层，提出各种治国安邦之策，进行多方面的学术探讨和交流，彼此之间虽有争论，甚至是"辟犹水火"，但也存在着微妙的相互吸纳和借鉴，彼此之间的关系是相生相灭和相反相成的。

在百家中，纵横家代表人物有鬼谷子（约前400～前313）、苏秦（？～前317）、张仪（？～前309）等，以从事政治外交活动为主，军事上主张合纵连横。名家代表人物惠施（前390～前317），即惠子，合纵抗秦策略的主要发起者，主张"名实之辨"和"正名"。农家代表人物许行（约前372～前289），为农民立言，主张"播百谷，劝耕桑，以足衣食"。要求"贤者与民并耕而食，饔飧而治"。阴阳家代表人物邹衍（约前324～前250），稷下学宫著名学者，因其"尽言天事"，时人称其"谈天衍"，提出"五德终始说"和"大九州说"。杂家代表人物吕不韦（？～前235），主张"兼儒墨，合名法"。小说家以记录民间街谈巷语为主，虽自成一家，但被视为不入流者。《汉书·艺文志》称："小说家者流，盖出于稗官。街谈巷语，道听途说者之所造也。"

但在当时影响最大，且与教育关系最为密切的则是儒、墨、道、法四大家。

儒家学派创始人为孔子，孔子之后，儒家内部分为八派，其中最有影响的是以孟子为代表的"孟氏之儒"和以荀子为代表的"荀氏之儒"或称"孙氏之儒"。儒家学派以六艺为法，崇尚"礼乐"和"仁义"，提倡"忠恕"和"中庸"之道，主张"德治"和"仁政"，重视道德伦理教育和人的自身修养，汉武帝时奉儒学为官方哲学，一统中国封建社会两千多年。

墨家学派创始人为墨子，以"兼相爱，交相利"为其立论依据，政治上主张尚贤、尚同和非攻，经济上主张强本节用和强力从事。出于培养"兼士"的需要，墨家学派有严密的组织、严肃的纪律和严格的教育与训练。墨子死后，分裂为三派。至战国后期，汇合成两支：一支注重学科研究，是谓"墨家后学"（亦称"后期墨家"），另一支则转化为秦汉社会的游侠。

道家学派的代表人物主要是老子和庄子，以老子关于"道"的学说作为理论基础，以"道"说明宇宙万物的本质、本源、构成和变化，主张道法自然，顺其自然，提倡清静无为。政治理想是"小国寡民"和"无为而治"。老子之后，道家内部分化为不同的派别，著名的有庄子学派、杨朱学派、宋尹学派和黄老学派。

法家学派可以说是由早期儒家陶冶出来的,孔子之后,其高足子夏到魏国西河讲学,有弟子数百,其中就有被称为法家真正创造人的李悝及吴起等人。商鞅的出现,意味着法家的成熟,其重"耕战"和"燔诗书而明法令"的主张,指导秦国变法并取得成效。荀子的高足韩非,综合商鞅的"法"、慎到的"势"和申不害的"术",以集法家思想学说之大成。荀子另一位高足李斯,则是将法家理论引向实践道路的人。法家在经济上主张废井田,重农抑商、奖励耕战;政治上主张废分封,设郡县,以严刑峻法进行统治;思想及教育方面,则主张禁断诸子百家学说,以法为教,以吏为师。其学说为君主专制的大一统秦王朝的建立,提供了理论根据和行动方略。

秦王朝的建立,意味着百家争鸣之势走向终结,但并不意味着他们的智慧会付诸东流。相反,各个学派的理论自汉以后尤为世人所关注、所研究、所改造,且产生了广泛而深远的社会影响和效益。

第三节 奴隶制时期诸学派的教育思想

在中国教育思想史上,奴隶制时期可以说是思想最活跃、成就最显著的一个时期。无论是帝王教育,还是民众教化;无论是对教育功能的认识,还是教育目的和教育内容的确立;无论是学制及课程体系的构建,还是对教育教学原则与方法的探索,都为封建社会教育奠定了理论基础和实践上的引领。而为之努力,并作出过巨大贡献的既有帝王之师伊尹、姬旦和管仲,又有各家学派的代表人物诸如孔子、老子、庄子、墨子、荀子以及商鞅、韩非等。

一、帝王之师的教育思想

以往教育史教材中,过多关注各家学派代表人物的教育思想,而忽略了诸如伊尹、姬旦以及管仲等帝王之师对教育理论的贡献。事实上,各家学派的诸多教育论点都可以在伊尹等帝王之师的教育思想中找到根源,即便是目前非常强调的"以人为本"、"十年树木百年树人"理念也是这一时期帝王之师的杰作,因而这是一支不可忽略的教育团队。既然是帝王之师,那么他们的教育活动主要是围绕着帝王之教展开的,几乎是不涉及在民间的办学授徒活动,史书也不见其载,他们对教育的主要贡献是在教育理论方面。

(一)伊尹

伊尹名挚,一说名伊,生卒年月不详,夏末商初人,其出生地有多种说法,史学界多倾向于河南嵩县莘乐沟之说。

相传,伊尹自幼为宫廷厨师所养育,故烹饪技术高超,被烹饪界奉为鼻祖。同时,好学上进的他又深谙治国之道,担任贵族子弟的"师仆",可谓中国历史上第一位见之于文字记载的家庭教师,后人尊其为"元圣",即第一位圣人之意,孔子则被称之为"至圣",即圣中之最。嵩县"元圣祠"有副对联说:"志耕莘野三春雨,乐读尼山一卷书。"可见,古人亦将伊尹与孔子等量齐观。伊尹被商汤破格提拔为相后,他为商汤出谋划策,尽心竭力,不仅帮助商汤打败夏桀,建立商王朝,还辅佐四代帝王,奠定了商朝 600 年基业,成为中国历史上第一位名相。

伊尹不仅是一位卓越的政治家,还是一位有远见卓识的教育家,虽没有著述流传后世,但通过《尚书》、《孟子》、《吕氏春秋》、《史记》等史书中的一些零星记载,可以感受到他的教育智慧。需要说明的是,伊尹的教育对象都是贵族子弟,尤其是帝王之子,因而其教育主张多是围绕着贵族子弟如何做人做事来展开的,对后世儒家影响甚大。

1. "习于性成"与"慎终于始"

伊尹认为,人的性格、品质都是在日常生活中逐渐形成的,即"习于性成"所致。但因生活环境比较复杂,有善恶好坏之分,习于善则善,习于恶则恶,故幼时的教育尤为重要,所谓"慎终于始",即要想有好的结果,必须先有个好的开始。

2. "德无常师,主善为师"

伊尹很重视道德教育,尤其是重视帝王的道德修养,因为这关系到国家的存亡和兴衰。他常用明德则天下存、失德则天下亡的历史教训来告诫太甲,说:"惟上帝不常,作善降之百祥;作不善降之百殃。"①说明奖善罚恶是一种天意,是不可违背的。作为帝王来说,只能是不断地加强自身的道德修养,所谓"天作孽,犹可违;自作孽,不可逭"。他说:"惟天无亲,克敬惟亲";"天难谌,命靡常;常厥德,保厥位。厥德匪常,九有以亡。"②意即上天是靠不住的,只有自己克敬、克明、克诚,才能取得臣民的忠和亲,也只有常于有德,才能保住王位。否则,将会失去对九州的统治权。

太甲即位三年后,"暴虐,不遵汤法,乱德"。伊尹大胆地将其"放之于桐宫",即让其在商汤的墓地附近居住反省。太甲"居桐宫三年,悔过自责,反善"。于是,伊尹将其迎回宫中继续执政,因其"修德,诸侯咸归殷,百姓以宁"。伊尹"嘉之,乃作《太甲训》三篇,褒帝太甲,称太宗"③。这就是历史上著名的"以臣放君"的故事。

那么,帝王保位的唯一有效的办法就是"眷求一德",具体来说:一是要"惟亲厥德,终始维一,时乃日新"。即要与时俱进,不断用高尚的品德来完善自己,做到始终如一;二是要以有善德之人为师,见贤思齐,所谓"德无常师,主善为师";三是要严于律己,宽以待人,尤其是要经常检点不及他人之处,做到自我完善,所谓"与人不求备,检身若不及";四是要尊贤、用贤,"任官惟贤材,左右惟其人"。使所用官员"为上为德,为下为民",即上对天子负责,下保庶民安定。

---

① 《尚书·伊训》。
② 《尚书·咸有一德》。
③ 司马迁:《史记》卷三《殷本纪》。

（二）姬旦

姬旦，姬姓名旦，亦称叔旦，周文王姬昌第四子，周武王之弟。生卒年不详。因封地在周（今陕西岐山），又因其为太傅，系三公（即太师、太傅、太保）之一，故尊称为周公或周公旦。

姬旦曾先后辅助周武王灭商、周成王治国。《尚书大传》将其政绩概括为："一年救乱，二年克殷，三年践奄，四年建侯卫，五年营成周，六年制礼乐，七年致政成王。"尤其是在周成王年幼、威不压众之时，他临危摄政，在武装镇压商纣王子武庚、成王叔父管叔、蔡叔、霍叔以及东方各国武装反叛后，"制礼作乐"，完善宗法、分封等各种制度，完成了武王未竟之事业，成为周王朝基业的奠基人。

不仅如此，姬旦还被尊为儒学的奠基人，故自春秋以后，历代统治者和学者视其为圣人。孔子推崇周公，盛赞周公"之才之美"，"久矣吾不复梦见周公"。孟子首称姬旦为"古圣人"，将姬旦与孔子并论。荀子亦以姬旦为"圣人"或"大儒"，在《儒效》篇中大赞姬旦的德才。汉代刘歆、王莽将《周官》改名《周礼》，认为是姬旦所作。韩愈为辟佛老之说，大力宣扬儒家道统，提出尧、舜、禹、汤、文、武、周公、孔子、孟子的统序。自此以后，人们常以周孔并称，并有"周孔之教"一说。"如果说孔子是我国古代教育的奠基人，那么姬旦则是我国古代教育开创时期的代表"①。

姬旦不仅是一位伟大的政治家，同时还是中国古代教育开创时期的杰出代表，其教育言论散见于《尚书》中的《大诰》、《多士》、《无逸》、《立政》等。其教育主张如同伊尹一样，也是围绕着贵族子弟的教育而提出来的，大致归纳为以下几点。

1."制礼作乐"与"敬德保民"

姬旦为巩固周王朝统治，维护宗法制及等级制，在充分借鉴夏商礼乐制度的基础上，又"制礼作乐"，内容涉及政治及社会生活的各个方面。所作之"礼"，即为西周时的一系列典章制度，涉及政治、宗教、文教及日常生活等方面的规范，所谓"礼仪三百，威仪三千"，旨在"明君臣之义"、"明长幼之序"，使人"亲亲"、"尊尊"。所作之"乐"，包括乐曲、诗歌和舞蹈等内容。"礼乐"制度的颁行，使民众教化有章可循，对维护家庭及社会的稳定发挥了巨大作用。

"敬德保民"是在总结历史经验及教训的基础上提出来的。姬旦认为夏桀、商纣的覆灭，实乃"不敬其德"所致，不"敬德"便会失去民心，失民心便会失天下。从武王伐纣、殷人倒戈等历史事实，可以看出"民情"之重要，那就是顺之则昌，逆之则亡。在此，"民情"的作用高于"天命"。"敬德"目的就在于"保民"，"保民"也是为了保国保位。这一思想对后世影响很大，孔子的"为政以德"以及"修己以安百姓"的主张也实出于此。

既然君权如此重要，姬旦利用祖先崇拜的习俗，制作出"以祖配天"之礼制，故自西周开始便有"天子"的称呼。姬旦认为，天子是上帝的化身，皆在替天行道，于是"敬天"与"尊

---

① 毛礼锐、沈灌群主编：《中国教育通史》第一卷，山东教育出版社1985年版，第142页。

君"便紧密地联系在一起,从此,中国的神权开始依附于君权,祭天祭神的目的在于教育民众如何"事君",以至于中国始终没能成为一个宗教国家,教育也没有像西方那样沦为宗教的附庸,姬旦之功可谓大也。

2. "德行"、"德治"与"德性"

姬旦最早将教育与政治、与社会、与个人发展相联系,把教育看作治国治民及个人修养的重要工具,主要表现在"德行"、"德治"和"德性"三个方面。

"德行"要求统治者勤于国事,关爱子民,不断检点言行,以不断加强自身的道德修养,使具备较高的"德行",这是实施"德治"的前提。

"德治"要求统治者察明事实,用贤去奸,慎于刑罚,主以教化。姬旦尤其强调用人和教化。关于用人,周公提出"三宅考吏法",要求对不同官职的人,从不同的角度和不同的要求来考察其德与能,所谓"宅乃事,宅乃牧,宅乃准"①。他反对以貌取人,即所谓"谋面",要多选用"吉士"而远"佞人"。为实施教化,姬旦制礼,以规范大夫以上官吏的行为。而对大夫以下庶民,姬旦提出"彝教"主张,通过孝、义之教,来化民成俗,旨在"同天下,齐风俗","一民心"。

关于"德性",据《国语·晋语四》载,五帝时代有"异姓则异德,异德则异类"之观念,认为"德"为人之生性,为氏族成员所共有。姬旦重人事,认为"德性"并非先天就有,乃后天所得,因教育及个人努力所致,故要通过教育的力量来完善人的"德性"。后来,"德"与"性"分化为两个范畴,"德"逐渐政治伦理化,"性"则指人性。依此,引发后世学者的人性善恶之争。

3. 重"师保"之教

"师保"即辅弼帝王和教导王室子弟的官员,有师有保,统称"师保"。姬旦作为帝王之师,深深懂得"师保"之教对帝王修养的重要,他在对历史事实做简要分析之后说:

> 昔成汤既受命,时则有若伊尹,格于皇天。在太甲,时则有若保衡。在太戊,时则有若伊陟、臣扈,格于上帝;巫咸乂王家。在祖乙,时则有若巫贤。在武丁,时则有若甘盘。率惟兹有陈,保乂有殷,故殷礼陟配天,多历年所。②

为江山稳固之计,他要求秉承"师保"之教的传统,克尽师保之责,充分发挥对帝王的德行教化作用。他规定,"师"主要是教以"三德"、"三行",所谓"三德教国子:一曰至德,以为道本;二曰敏德,以为行本;三曰孝德,以知逆恶。教三行:一曰孝行,以亲父母;二曰友行,以尊贤良;三曰顺行,以事师长"。"保"主要是教以"六艺"和"六仪",即:

> 保氏掌谏王恶,而养国子以道。乃教之六艺,一曰五礼,二曰六乐,三曰五射,四曰五驭,五曰六书,六曰九数。乃教之六仪,一曰祭祀之容,二曰宾客之容,三曰朝廷之容,四曰丧纪之容,五曰军旅之容,六曰车马之容。凡祭祀、宾客、会同、丧纪、军旅,

---

① 《尚书·立政》。
② 《尚书·君奭》。

王举则从。听治,亦如之。①

另外,姬旦对"六经"、"六艺"有着特殊的贡献。"六经"即《诗》、《书》、《礼》、《易》、《乐》、《春秋》,据考证许多内容为姬旦所创作或选集,诸如《诗》中的《周颂》、《礼》中的《周礼》、《书》中的《周书》等。"六艺"即礼、乐、射、御、书、数,相传亦多为姬旦所作。至孔子时,本着"述而不作"的态度,对"六经"及"六艺"加以适当删订和完善,便得以保存下来,成为后世教育的主要教材和内容。

(三) 管仲

管仲(? ~前645),名夷吾,字仲,颍上(今安徽颍上)人。春秋时期齐国政治家、哲学家,在学术上与儒、道、法诸学派均有渊源关系,学界多将其归为法家之鼻祖。

管仲少时丧父,生活贫苦,为维持生计,与鲍叔牙合伙经商。后从政到齐国,与鲍叔牙分别辅佐齐僖公的两个儿子公子纠和公子小白。齐襄公十二年(前686年),齐国发生内乱,管仲助公子纠与公子小白争夺君位,不料公子小白得胜,即位为齐桓公,管仲因此被囚。但齐桓公不计前嫌,经鲍叔牙保举,任其为卿。他辅佐齐桓公,对内政外交政策进行全面的改革,确立了一系列富国强兵的方针策略,被齐桓公任为上卿,尊称"仲父"。

管仲在齐执政40年,对内因势制宜,分设各级官吏,选拔士子,赏勤罚惰,征赋税,统一铸造、管理钱币,制定捕鱼、煮盐之法;对外采取"尊王攘夷"的外交策略,使齐桓公成为春秋时代的第一个霸主。其言论散见于《国语》、《史记》、《左传》及《汉书》之中。后人将其收集汇编成《管子》一书,共24卷,85篇,今存76篇,内容涉及政治、哲学、伦理、天文、舆地、经济和农业等方面的知识,为研究管仲教育思想的主要文献资料。

1. 最早倡导"以人为本"理念

管仲作为卓有成就的政治家,深深懂得"民心"之重要,他说:"政之所兴,在顺民心;政之所废,在逆民心。"②故主张统治者要"以百姓为天",所谓"君人者以百姓为天,百姓与之则安,辅之则强,非之则危,背之则亡"③。进而,管仲对齐桓公提出了"以人为本"的执政与教育理念,他说:"霸王之所始也,以人为本。本治则国固,本乱则国危。故上明则下敬,政平则人安,士教和则兵胜敌,使能则百事理,亲仁则上不危,任贤则诸侯服。"④齐桓公正是听从管仲所言,才成为"春秋五霸"之首的。

2. 教育具有安邦与"树人"的长效功能

基于"以人为本"理念,管仲对教育的作用有着特殊的认识。

管仲认为,国家的治乱兴废,在很大程度上与对民众教化的好坏是分不开的,所谓"四维不张,国乃灭亡"⑤。因此,管仲强调要对民众进行"四维"即礼、义、廉、耻的教育,以此

---

① 《周礼·地官司徒》。
② 《管子·牧民》。
③ 刘向:《说苑》卷三《建本》。
④ 《管子·霸言》。
⑤ 司马迁:《史记》卷六十二《管晏列传》。

来提高民众的素养。

在管仲看来,经济是礼仪教化的物质基础,所谓"仓廪实则知礼节,衣食足则知荣辱"。因而,需要先发展经济,让民众富裕起来之后再行教化就比较容易了。他说:

> 凡治国之道,必先富民,民富则易治也,民贫则难治也。奚以知其然也?民富则安乡重家,安乡重家则敬上畏罪,敬上畏罪则易治也。民贫则危乡轻家,危,谓不安其所居也。危乡轻家则敢陵上犯禁,凌上犯禁则难治也。故治国常富,而乱国必贫,是以善为国者,必先富民,然后治之。昔者七十九代之君,法制不一,号令不同,然俱王天下者,何也?必国富而粟多也。①

孔子在此基础上便提出了"庶富教"的主张。

依管仲之见,只有先对民众施以礼义廉耻等道德规范教育,他们才会趋向好的风化,所谓"必先顺教,万民乡风"。诚然,社会上的"邪行"和"淫事"也就会大大减少。为此,管仲主张由"乡师"来主管民众教化,所谓"劝勉百姓,使力作毋偷,怀乐家室,重去乡里,乡师之事也"②。由"人啬夫"向民众具体实施教化,所谓"人啬夫任教,教在百姓,论在不挠,赏在信诚,体之以君臣,其诚也以守战。如此,则人啬夫之事究矣"③。

教育对人的个性发展也有着不可低估的积极影响,教育就好像"秋云"、"夏之静云"、"皛月"、"流水"一般激励并感化着人的内心世界,促人向善。管仲说:

> 若夫教者,标然若秋云之远,动人心之悲;蔼然若夏之静云,乃及人之体;窎然若皛之静,动人意以怨;荡荡若流水,使人思之,人所生往。教之始也,身必备之。辟之若秋云之始见,贤者不肖者化焉。④

尤其是,管仲还提出"树人"的理念,所谓"一年之计,莫如树谷;十年之计,莫如树木;终身之计,莫如树人。一树一获者,谷也;一树十获者,木也;一树百获者,人也"⑤。"十年树木,百年树人"一语即源于此,至今还常为人所乐道。

3. 论"四民"分居、分业和分教

当齐桓公问:"定民之居,成民之事奈何?"管仲则借机提出"四民"主张,即将民众分为四个阶层,分别从事四种不同的职业,且要分别择处而居,所谓"士、农、工、商四民者,国之石民也,不可使杂处,杂处则其言哤,其事乱"。至于如何择处而居,他提出:"处士必于闲燕,处农必就田野,处工必就官府,处商必就市井。"⑥之所以要这样分居,从教育角度上讲,更有利于其子弟形成良好的职业观,可谓中国古代职业教育的鼻祖。他说:

> 今夫士群萃而州处,闲燕则父与父言义,子与子言孝,其事君者言敬,长者言爱,

---

① 《管子·治国》。
② 《管子·立政》。
③ 《管子·君臣上》。
④ 《管子·侈靡》。
⑤ 《管子·权修》。
⑥ 《管子·小匡》。

幼者言弟。旦昔从事于此,以教其子弟,少而习焉,其心安焉,不见异物而迁焉。是故其父兄之教不肃而成;其子弟之学不劳而能。夫是,故士之子常为士。

同样可以做到"农之子常为农"、"工之子常为工"及"商之子常为商"。进而,管仲论及对"四民"要实施不同的教育。

管仲特别重视"士"的教育。他认为,"士"为四民之首,又有文士和军士之分,但需要经过选拔之后才能为"士",于是管仲提出"三选"法,即由乡长、官长、君主的三级人才选拔制度。乡长将"居处为义好学、聪明质仁、慈孝于父母、长悌闻于乡里者"选为文士,不举荐者其罪为"蔽贤";将"有拳勇、股肱之力、筋骨秀出于众者"使应征入伍成为军士,不举者其罪为"蔽才"。就所选文士中,有特别优异者,再由各级行政长官用书面材料上报给君主,是为二选。君主就下属举荐而来的人才加以面试和考察,若可举用便待时而聘,是为三选。"三选"法可谓中国历史上关于取士制度的比较可靠的最早文献记载。尤其是一选分出文、军之士后,要分别进行教育。对文士的教育,主要内容是"义"、"孝"、"敬"、"弟"等,使其"处靖,敬老与贵,交不失礼"。对军士的教育,主要内容是"政教"与"服习","政教"即管理与思想教育,主要是对士兵进行爱国、爱家乡父老乡亲的教育,使官兵从内心里保持一个强大的精神支柱和奋勇杀敌的力量源泉。"服习"即军事训练,具体内容有"十号"、"九章"、"九器"、"五教"、"三官"等。诸如"无教"为:"一曰教其目以形色之旗,二曰教其身以号令之数,三曰教其足以进退之度,四曰教其手以长短之利,五曰教其心以赏罚之诚。"①他还提出要"因便而教"、"教无常"的原则,即要根据实际情况而灵活施教,不可拘于成法,与孔子的"因材施教"主张可以相提并论。

关于"农"的教育,管仲将农业视为"本",就自然劝农教化,不仅要引导农民"务在四时",还要进行"四维"教化,使之"知礼节"、"知荣辱"。并主张设置"虞师"、"司空"、"司田"、"乡师"等官职,来具体负责向农民实施农事教育。由此引发后世的"劝民农桑"制度。

"工"即手工业者或工匠,管仲提出要引导其"相良材,审其四时,辨其功苦,权节其用,论比,计制,断器,尚完利"。即能制造出各种精致的手工产品,以满足社会的需要。

"商"在四民中虽为"末",但只是社会分工不同,管仲主张要引导其"观凶饥,审国变,察其四时而监其乡之货,以知其市之贾。负任担荷,服牛辂马,以周四方;料多少,计贵贱,以其所有,易其所无,买贱鬻贵"。

4.《弟子职》中的教育观

《弟子职》出自《管子》第59篇,全文共计9章,系塾师教育弟子之法则。据郭沫若等考证,认为是战国时代稷下学宫的学则而被收入《管子》一书。显然,《弟子职》与管仲似乎没有任何关系,但既然出自《管子》一书,有必要在此一提。

《弟子职》首章兼言学业与德行,可视为总则,称:

先生施教,弟子是则。温恭自虚,所受是极。见善从之,闻义则服。温柔孝悌,毋骄恃力。志毋虚邪,行必正直。游居有常,必就有德。颜色整齐,中心必式。夙兴夜

---

① 《管子·兵法》。

寐,衣带必饰;朝益暮习,小心翼翼。一此不解,是谓学则。

其余 8 章,分言早作执事、受业应客、侍食、就餐、洒扫、执烛、服侍先生寝息与复习功课诸项规则,都是具体要求。如:"先生将息,弟子皆起。敬奉枕席,问所何趾。俶衽则请,有常则否。先生既息,各就其友。相切相磋,各长其仪。"

《弟子职》可谓中国古代的一部内容最全面、篇章最完整、记述最明晰、年代也最久远的校规学则,不仅具有珍贵的史料价值,且其中诸如注重童蒙,提倡质疑讨论,主张寓教于日常行为之中,使习与性成等教育观点与教学方法,至今仍有借鉴价值。

二、儒家学派的教育思想

在先秦诸子百家中,儒家可谓最重要的、影响最大的一个学派,表现为:一是阵容强大,包括孔子及其七十二大弟子、子思及孟子门徒、荀子及其门徒等;二是派生其他学派,诸如墨子早年从儒,后弃儒另立墨学,法家中的主要人物李悝、吴起、韩非和李斯均是儒家弟子等;三是著述丰厚,除《论语》、《孟子》、《荀子》外,还有孔子删定的"六经"以及后人汇编而成的儒家论礼著作《礼记》等;四是思想博大精深,影响深远,可以说百家争鸣之后,儒家是最大的一个赢家,影响中国封建社会两千多年,这是其他学派所不可比拟的。

(一)孔子

孔子为儒家学派的创始人,后世誉为"万世师表"。他所缔造的儒家思想,自汉以后被推为官方哲学,对封建社会的政治、经济、科技、文化及教育都产生了极为深远的影响,不愧为中国古代最伟大的思想家和教育家。

1. 生平及教育活动

孔子(前 551～前 479),名丘,字仲尼。祖籍河南夏邑,先祖为宋国贵族,至八世祖木金父为避难逃到鲁国,故又为鲁国陬邑(今山东曲阜)人,但其家族从此衰落。父亲叔梁纥曾为鲁国武士,在孔子 3 岁时去世,知书达理的母亲颜征在便担当起了教育孔子的重任。

孔子幼年时,虽家境贫寒,自称"吾少也贱"。但他勤奋好学,与同伴做游戏时"常陈俎豆,设礼容",即用祭祀所用物品做道具,来练习礼仪。20 岁以后,曾在季氏门下做过两次吏事:一是管理仓库的"委吏";二是负责畜牧牛羊的"乘田"。故自称"多能鄙事",且十分敬业。30 岁左右时,开始私人讲学,并多次还乡(到河南夏邑)祭祖,还曾到杞国(今河南杞县)考察"夏礼",到宋国(今河南商丘)考察"殷礼",到周都(今河南洛阳)考察"周礼"。尤其是在鲁昭公二十四年(前 518 年),孔子入周向老子"问礼",向苌弘问"乐",还参观了周天子召见诸侯和举行国家大典的明堂、祭祀祖先的太庙、祭天地的社坛等场馆,从而对周礼及周礼的制定者周公甚是推崇。

鲁定公九年(前 501 年),51 岁的孔子被任命为中都宰,因政绩卓著,不久升为小司空。鲁定公十三年(前 497 年),孔子任大司寇,因不满季氏专权,三个月之后便离开"父母之邦",带领部分弟子,开始了长达 14 年之久的周游列国生活。孔子先后到过齐、宋、卫、郑、陈、蔡、楚等国,主要是向各诸侯国君宣传自己的"仁政"学说,希望能得到重用,"苟有用我者,期月而已可也,三年有成"①。同时,每到一处都收徒讲学。虽其学说不为诸侯国君所用,甚至受到冷遇、威胁和围困,但依然讲学不止,弦歌不衰。

鲁哀公十一年(前484年),68岁的孔子返回鲁国,被尊为国老,但不再倾心从政事宜,而是专心于著述讲学和整理古代文献,直到去世。他在自述人生经历时说:

> 吾十有五而志于学,三十而立,四十而不惑,五十而知天命,六十而耳顺,七十而从心所欲,不逾矩。②

孔子一生大部分时间和精力用于聚徒讲学和整理古代文献,他"开创私人讲学之风,积累了丰富的教育经验,成为我国古代教育思想的奠基人"③。且培育了一大批弟子,所谓"弟子盖三千焉,身通六艺者七十有二人"。他所整理的《诗》、《书》、《礼》、《乐》、《易》、《春秋》,不仅保存了大量的古代文化典籍,且成为后世学校教材。

《论语》一书为孔门弟子及再传弟子编撰而成,以语录体和对话文体为主,为孔子及其弟子的言行录,与《大学》、《中庸》、《孟子》并称"四书"。通行本《论语》共20篇,成为汉以后官定教材,更是研究孔子教育思想的主要参考文献。

2."庶富教"与"习相远"的教育作用论

孔子很重视教育对社会发展的作用,把教育看作治理国家的重要手段。当有人问他为何不从政时,他说"《书》云:'孝乎惟孝,友于兄弟,施于有政。'是亦为政,奚其为为政?"可见,传播伦理之道,引领社会风气,虽不是直接从政,但却大有助于政治。尤其是,他提出了著名的"庶富教"理论。据《论语·子路》篇中载:

> 子适卫,冉有仆。子曰:"庶矣哉!"冉有曰:"既庶矣,又何加焉?"曰:"富之。"曰:"既富矣,又何加焉?"曰:"教之。"

在他看来,人口、经济和教育是立国的三大要素,要治理好一个国家首先需要足够的人口,然后努力发展经济使民众富裕起来,接着就需要对民众进行教育,使之明理知耻。

孔子也很重视教育对个人发展的重要作用。他用发展、辨证的眼光,提出了"性相近也,习相远也"这一著名论断。他认为,人与人彼此之间刚出生时的本性是很接近的,后来之所以有较大的差别,是学习和教育的结果。诚然,孔子也曾将人分为上、中、下三等。他说:"生而知之者,上也;学而知之者,次也;困而学之,又其次也。困而不学,民斯为下矣。"④还说:"中人以上,可以语上也;中人以下,不可以语上也。"⑤可见,孔子承认"生而知之"的存在,甚至武断地认为"唯上智与下愚不移"。对此,后世学者褒贬不一,多以"唯心"论之。不过,孔子从未认为自己是"生而知之"者,倒觉得自己是"学而知之"。他说:

---

① 《论语·子路》。
② 《论语·为政》。
③ 王炳照等编:《简明中国教育史》,北京师范大学出版社2010年版,第24页。
④ 《论语·季氏》。
⑤ 《论语·雍也》。

"我非生而知之者,好古敏以求之者也。"①这就为教育的实施提供了重要的理论依据。

3. 扩大教育对象的"有教无类"论

在孔子创立私学之前,学校教育为官府所垄断,即所谓"学在官府",入学者皆为少数有钱有势的统治阶级子弟。孔子则一反常态,极力主张扩大教育对象,明确提出"有教无类"主张。他认为,应该打破少数奴隶主贵族对学校教育的垄断,扩大受教育的对象,使那些愿意学习而在时间及经济条件上许可的人,无论贫富、贵贱、年龄及国别,都可有享受教育的权利和机会。他说:"自行束脩以上,吾未尝无诲焉。"②即便是有过错、有污点的人,只要是诚心求学,都一视同仁,力加教诲,所谓"人洁己以进,与其洁也,不保其往也"。

正因为这样,孔子弟子成分甚是复杂,诸如有鲁国当政贵族子弟孟懿子、南宫敬叔及宋国贵族司马耕,又有被称为"贱人"的仲弓父和"鄙家"的子张;有家累千金的子贡,又有蓬户瓮牖、捉襟见肘的原思和穷居陋巷、箪食瓢饮的颜回;有北方卫人子夏、陈人子张,又有南国吴人子游。南郭惠子曾问子贡:"夫子之门何其杂也?"子贡答曰:"君子正身以俟,欲来者不拒,欲去者不止。且夫良医之门多病人,檃括之侧多枉木,是以杂也。"③

"有教无类"主张的提出开了中国教育民主化、大众化和平等化的先河,在中国教育史上不失为一次重大的体制变革。

4. 教育旨在培养"士"和"君子"

孔子从"为政在人"的政治立场出发,教育就要培养出"士"和"君子"。

所谓"士",即为德才兼备的,能够处理实际政务的贤能之士。当子路问其"何如斯可谓之士矣?"孔子回答说:"行己有耻,使于四方,不辱君命,可谓士矣。"④不过,孔子更看重的是"君子"的培养,《论语》中谈到"君子"的就有107处,如《宪问》篇载:

> 子路问君子。子曰:"修己以敬。"曰:"如斯而已乎?"曰:"修己以安人。"曰:"如斯而已乎?"曰:"修己以安百姓。修己以安百姓,尧、舜其犹病诸。"

可见,孔子对"君子"的要求更高,首先要做好"修己"亦即"修身"的功夫,以做到"仁者不忧,知者不惑,勇者不惧"。"修己"的目的在于"安人"和"安百姓"。"君子"实际上就是安邦治国之才。正因为这样,孔子鼓励弟子从政,所谓"学而优则仕",这与其任人唯贤主张是一致的,且对后世学校教育及科举制度产生了深刻的影响。

5. 基于"六艺"的教育内容主张

根据既定的教育目标,孔子将教育内容锁定为道德和知识两个方面。

孔子特别重视道德教育,在教育内容中有关这方面的安排占有相当大的比例。《论语·述而》篇载:"子以四教:文、行、忠、信。"又"志于道,据于德,依于仁,游于艺"。在《论语·学而》篇讲得更明确:"弟子入则孝,出则弟,谨而信,泛爱众而亲仁,行有余力则以学

---

① 《论语·述而》。
② 《论语·述而》。
③ 《荀子·法行》。
④ 《论语·子路》。

文。"可见,在孔子安排的教育内容中,道德教育是占第一位的,要占据整个教育内容的四分之三,从而奠定了中国历代重道德教育的传统。同时,孔子又重视知识教育,一再强调要"博学于文","不学诗无以言","不学礼无以立",要求弟子要"多闻"、"多见"、"每事问"、"不耻下问"以及多识"鸟兽草木之名"等。

无论是道德教育还是知识教育,都要具体化为"六艺"即礼、乐、射、御、书、数六个科目的教学来实施,既向学生传授道德礼仪常识,又使学生获取大量的政治、经济、法律、历史、军事、艺术等方面的知识和技能。尤其是,孔子以其编订的"六经",即《诗》、《书》、《礼》、《易》、《乐》、《春秋》为教材,开了后世学校以"六经"为教材的先例。

值得一提的是,在教育内容中,孔子极力排除天命、鬼、神等宣传宗教迷信方面的内容。据《论语·述而》:"子不语怪、力、乱、神。"季路问何以"事鬼神",孔子说:"未能事人,焉能事鬼?"季路又问"死",孔子说:"未知生,焉知死?"孔子这种不宣传封建迷信,不把宗教列为教学内容,强调学生要认识社会、熟悉人事、明确人生的做法是非常明智的,成为中国古代非宗教性教育传统的开端。鲁迅先生谈及此事,曾大加赞扬道:"孔丘先生确是伟大,生在巫鬼势力如此旺盛的时代,偏不肯随俗谈鬼神。"

但由于教育目的的定位,使孔子在教学中几乎不涉及科学与生产知识的教育。甚至当弟子樊迟请教如何种菜种田时,孔子不仅不回答,背后还说樊迟为"小人"。个中缘由是可以理解的,却造成教育与劳动的长期分离,这是历史的局限,无可厚非。

6. 基于"学而知之"的教学主张

在如何教的问题上,孔子进行了长期的思考和实践,以"学而知之"为出发点,将学生的学习过程总结为学、思、行三个阶段,由此提出了一系列教学原则和方法,可归纳为以下几点。

第一,因材施教。孔子主张根据学生的兴趣、爱好及个性差异来实施教育。因材施教的关键是了解学生,对此,孔子特别注意观察学生的言行,随时跟学生谈话以了解其真实想法和志愿,以至于能够运用精练的语言十分准确地概括出学生的特征。如:"柴也愚,参也鲁,师也辟,由也喭。"①"由也果,赐也达,求也艺。"②然后,孔子根据学生的个别差异分别施以不同的教育。弟子同样问"仁"、"政"、"孝"等问题,而他回答问题的角度、难易、繁简却有所不同,有时甚至是相反。如子路和冉有都问:"闻斯行诸?"他对子路说:"有父兄在,如之何其闻斯行之?"而对冉有却说:"闻斯行之。"弟子公西华不解,孔子释然曰:"求也退,故进之;由也兼人,故退之。"③

正因这样,孔子弟子的能力和特长各有不同。就能力而言,有的"千乘之国,可使治其赋";有的"千室之邑,百乘之家,可使为之宰";有的"束带立于朝,可使与宾客言"。就特长来说,颜渊、闵子骞、冉伯牛、仲弓长于德行,宰我、子贡长于言语,冉有、子路长于政事,子

---

① 《论语·先进》。
② 《论语·雍也》。
③ 《论语·先进》。

游、子夏长于文学等。对此,宋代学者程颐、朱熹大加赞赏,称"孔子教人,各因其材"。

第二,启发诱导。孔子是最早提出和阐释启发式教学的教育家,比苏格拉底的"助产术"还要早几十年。孔子在《论语·述而》中说:"不愤不启,不悱不发,举一隅不以三隅反,则不复也。"依朱熹《论语集注》所言:"愤者,心求通而未得之意;悱者,口欲言而未能之貌。启,谓开其意;发,谓达其词。"也就是说,只有当学生专注于某一个问题并积极进行思考但仍未得其要领时,或已得要领却不能正确表述时,教师应适时地加以诱导引发,帮助学生端正思维的方向以求得真知。如果讲明一个问题,学生不能由此类推出其他类似的问题,说明学生尚未进入积极思维状态或接受能力不够,此时则不可强行施教新的知识。

启发式教学的核心是最大限度地激发和调动学生学习的主动性和创新性,但前提是要把握好学生的认知规律,以做到适时施教。如孔子所说:"可与言而不与之言,失人;不可与言而与之言,失言。知者,不失人,亦不失言。"①又说:"言未及之而言,谓之躁;言及之而不言,谓之隐;未见颜色而言,谓之瞽。"②要求教师做一个不失人、不失言的"知者",而不能成为躁者、隐者和瞽者。同时,在教学中要注意"当其可",使难易适当不失度,要善于"能近取譬",运用学生比较熟悉的浅近事物来阐述较深刻的道理,更要注意培养、引导、激发学生对学习的爱好,达到"欲罢不能"状态,并始终感到有一种紧迫感、危机感,"学如不及,犹恐失之"。如此,才能使学生"闻一以知二"、"闻一以知十",也才能"告诸往而知来者"。

第三,学思并重。孔子基于长期的教学实践经验,精辟地阐释了二者之间的辩证关系。他在《论语·为政》中说:"学而不思则罔,思而不学则殆。"即只学习不加思考就会迷乱而不明,只思考而不学习就会空乏而不实。因而,他强调学思结合,二者不可偏废,并首次提出"学思并重"这一教学原则。

孔子非常重视"学"的重要性。《韩诗外传六》引孔子的话说:"不学而好思,虽知不广也。"孔子还常以自身体会告诫弟子说:"吾尝终日不食,终夜不寝,以思,无益,不如学也。"③依孔子之见,所谓"学":一是向书本学习,他将自己修订的"六经"作为学生的必读之书,指出"不学礼无以立","不学诗无以言"。"温柔敦厚,诗教也;疏通知远,书教也;广博易良,乐教也;洁静精微,易教也;恭俭庄敬,礼教也;属辞比事,春秋教也。"④二是向周围的人学习,认为"三人行必有我师"。三是向具有仁德的古贤人学习,做到"见贤思齐"。四是向生活学习,做到"每事问","多见而识之"。

在"学"的同时,孔子又十分强调"思"的重要性:一是对学过的知识要加以思考、分析和综合,"一以贯之",使之上升到一定的理论高度,并内化于心;二是在学习中要敢于"质疑",提出问题,并积极寻求解决办法;三是在日常行动中要处处三思而后行,并提出君子

---

① 《论语·卫灵公》。
② 《论语·季氏》。
③ 《论语·卫灵公》。
④ 《礼记·经解》。

要有九思,即"视思明,听思聪,色思温,貌思恭,言思忠,事思敬,疑思问,忿思难,见得思义"。还提出"叩其两端"的思维方法,从考察事物的不同方面来辨明是非,以至于解决问题。孔子反对那种"饱食终日,无所用心"之人。

第四,由博返约。针对学习中的深度与广度、博与专的问题,孔子主张"博学于文,约之以礼"。孔子首先主张要博学,即广泛广博地学习知识,要做到:一是好学乐学,他说:"君子食无求饱,居无求安,敏于事而慎于言,就有道而正焉,可谓好学也已。"①又说"知之者不如好之者,好之者不如乐之者"②。二是要不耻下问,所谓"敏而好学,不耻下问","以能问于不能,以多问于寡"。三是要实事求是,所谓"知之为知之,不知为不知,是知也"。看问题时,还要避免"四绝",即"毋意,毋必,毋固,毋我"。进而,孔子认为要在博学的基础上做到专精,即朝着某一发展方向去努力,如此才能学业有成。颜渊深有感触地说:"夫子循循然善诱人,博我以文,约我以礼,欲罢不能。"③

7. 以仁礼为核心、以孝为基础的道德教育论

道德教育是孔子教育思想的重要组成部分,"甚至可以说,他的全部教育活动和整个教学工作都是对学生进行道德教育"④。道德教育的内容是以"仁"和"礼"为核心的,以"孝"为基础的。孔子认为,"仁"为最高道德准则,也是做人的最高精神境界。在《论语》中,"仁"出现109次,基本含义为"爱人",且能爱憎分明地去"爱人",所谓"唯仁者为能爱人,能恶人"。"仁"还表现为"忠恕",曾参称"夫子之道,忠恕而已矣!"朱熹解释道:"尽己之谓忠,推己之谓恕。"在孔子看来,"尽己"就是"己欲立而立人,己欲达而达人";"推己"就是"己所不欲勿施于人"。作为君子而言,必须"仁德",做到"无终食之间违仁,造次必于是,颠沛必于是"。"礼"即道德规范,或协调一切社会关系的行为准则,是"仁"的外在表现形式。由于君臣、父子、兄弟、朋友之间均有其礼,因而人人必须知礼守礼,"不学礼无以立"。只有人人守礼,社会才会有序和长治久安,所谓"安上治民,莫善于礼"。

孔子认为,在所有礼节之中,父子之礼是最为重要的,因为父子关系是所有社会关系中最直接、最亲近的,子女对父母的"孝"又是维系宗法制社会所必需的最基本要素。因此,要培养具有仁德的人,必须从"孝"开始。所谓"君子务本,本立而道生。孝弟也者,其为仁之本与!"⑤

进而,孔子还总结出来一套有效的道德教育的原则和方法,大致归纳为以下几点。

一是立志乐道。孔子认为,为学者应该有长远的考虑,所谓"人无远虑,必有近忧"。要无"近忧",就必须学会立志。孔子很重视立志,称"三军可夺帅也,匹夫不可夺志也"。那么立何等志向,孔子提出要"志于道",实际上就是志于"仁道",因此主张君子要以"仁

---

① 《礼记·经解》。
② 《论语·公冶长》。
③ 《论语·子罕》。
④ 王炳照等编:《简明中国教育史》,北京师范大学出版社2010年版,第35页。
⑤ 《论语·学而》。

道"为终身追求的目标,甚至是"朝闻道,夕可死矣"。"志士仁人,无求生以害仁,有杀身以成仁";君子还要淡泊名利和物质享受,所谓"谋道不谋食","忧道不忧贫"。如果"士志于道,而耻恶衣恶食者,未足与议也"。君子的生活方式应该是:"饭疏食饮水,曲肱而枕之,乐亦在其中矣。不义而富且贵,于我如浮云。"①对此,孔子还很赞赏颜回的做法:"一箪食,一瓢饮,在陋巷,人不堪其忧,回也不改其乐。贤哉回也!"另外,还要经受长期的培养和磨砺,做到"磨而不磷"、"涅而不缁","岁寒然后知松柏之后凋也"。

二是自省自克。自省,即对日常所做之事进行自我检查,看看是否合乎道德规范。如其弟子曾参所言:"吾日三省吾身,为人谋而不忠乎?与朋友交而不信乎?传不习乎?"②孔子也经常教导子弟要善于自我省察,遇到问题要"求诸己",做到"见贤思齐焉,见不贤而内自省也";"择其善者而从之,其不善者而改之"。自克,即约束和克制自己的言行,使之合乎道德规范。对此,孔子要求严以责己,宽以待人,所谓"躬自厚而薄责于人"。只有克己,才能达到"仁"的境界,即"克己复礼为仁"。自省自克实际上就是要培养一种道德自觉。

三是改过迁善。孔子认为人无完人,缺点或过失在所难免,关键是如何对待自己的过失。孔子主张要勇于改过迁善,他说:"君子之过也,如日月之食焉。过也,人皆见之;更也,人皆仰之。"③还主张改过之后,不再去犯同样的错误,即"不贰过"。有了过错如果认识不到,甚至是加以掩饰,将是错上加错,"过而不改,是谓过矣"。对此,孔子表示非常担忧,他说:"德之不修,学之不讲,闻义不能徙,不善不能改,是吾忧也。"④

四是身体力行。孔子非常重视知与行,主张要知行统一、言行一致,所谓"言必信,行必果","言忠信,行笃敬,虽蛮貊之邦行矣。言不忠信,行不笃敬,虽州里行乎哉"⑤。他尤其强调要少说多做,要"敏于事而慎于言","讷于言而敏于行"。孔子反对"言过其行"之人,认为"巧言令色"之人是很少有仁德的,提倡"力行近乎仁"。

8. "学而不厌,诲人不倦"的教师论

康熙称孔子为"万世师表",这是当之无愧的。孔子不仅用自身言行为后世树立了典范,而且还依据自己的经验和体会,对教师的品质提出了诸多方面的要求,主要有以下几点。

一是学而不厌,诲人不倦。孔子认为,"学而不厌,诲人不倦"是教师应该具备的首要条件。道理很简单,教师要教好必须要学好,学好是教好的基础和前提。要学好,必须做到好学、乐学,不厌倦学习。孔子本身就是一个好学者,一生也从未停止过学习。他说:"我非生而知之者,好古,敏以求之者也。"⑥又说:"十邑之室,必有忠信如丘者也,不如丘之好学也。"⑦据史书载,孔子学起来常常是如痴如醉,"韦编三绝",乃至"发愤忘食,乐以

---

① 《论语·述而》。
② 《论语·学而》。
③ 《论语·子张》。
④ 《论语·述而》。
⑤ 《论语·卫灵公》。
⑥ 《论语·述而》。
⑦ 《论语·公冶长》。

忘忧,不知老之将至矣"。他无论走到哪里,就学到哪里,且能做到"三人行必有我师"、"每事问"、"不耻下问"。弟子子贡深有感触地说:"夫子焉不学,而亦何常师之有。"直到晚年,孔子仍好学有加,自称:"加我数年,五十以学《易》,可以无大过矣。"①只有"学而不厌",才能做到"诲人不倦",这也是教师的最高境界,所谓"教不倦,仁也"。孔子也正是这样,无论何人向其请教,也无论遭遇何种挫折或身处何种困境,即便是在陈绝粮多日,他依然与弟子"讲诵弦歌不衰"。

二是以身作则,为人师表。孔子看到榜样的力量,常教育弟子要"见贤思齐"、"择善而从",甚至提出"里仁为美",即要选择有仁德的人做邻居。那么对于弟子而言,教师就要为人师表,为人师表的前提是以身作则。孔子说:"其身正,不令而行;其身不正,虽令不从。""不能正其身,如正人何?"②可见,身教是重于言教的。孔子这两段话虽然是对从政者所说的,但用在教师身上也是非常贴切的。

三是关爱学生,无隐无私。孔子不仅主张"仁爱",还将自己博大的爱倾洒在学生身上。诸如对坐过牢狱的公冶长不存偏见,对生病的冉伯牛亲自去探望,为病逝的颜回而哀伤不已,"子哭之恸",还不断地说"天丧予!天丧予!",又"回也视予犹父也!"可见,孔子与弟子之间的关系情同父子。这一点还体现在教学上,孔子视弟子如同儿子一样来施教。当孔子得知几位弟子想证实一下自己所学与孔鲤所学是否一样时,便有些生气地说:"二三子以我为隐乎?吾无隐乎尔。吾无行而不与二三子者,是丘也。"③这就是孔子,一个真实的孔子,一个大爱无疆的孔子。

专栏2—1:儒学能否影响或改变全世界

自汉武帝"独尊儒术"之后,儒学便一统天下,极度影响中国封建社会两千多年,其作用发挥得淋漓尽致。清朝灭亡后,儒学几遭灭顶之灾,诸如五四时期的"打倒孔家店"、文革时期的彻底反孔批孔等,但给人的感觉是越批越香,且其影响不但没有消失,反而引起全世界的普遍关注,由最初的"东亚孔子文化圈"到"亚洲孔子文化圈"再到"世界孔子文化圈"便是佐证。20世纪80年代初,时任美国总统里根在发给加州祭孔大典的一份电报中说:"孔子精神不独影响全中国,而且影响全世界。"1988年1月,74位诺贝尔奖获得者在法国巴黎聚会,在会议的16条宣言中,其中有一条这样写道:"如果人类想继续生存,那么它将不得不在时间上退回2500年去领受孔子的智慧。"澳大利亚学者李瑞智称:"21世纪,无论是政治、经济、文化等诸方面,都是儒家文化圈的世纪","儒家文化将成为21世纪世界文化的中心","21世纪儒家文化将不战而胜"。儒家文化真的会影响或改变全世界吗?这是很值得思考的一个话题。

---

① 《论语·述而》。
② 《论语·子路》。
③ 《论语·述而》。

（二）孟子

孔子之后，对儒学传承有着巨大贡献的当首推孟子，被视为儒学之嫡传，后世尊其为"亚圣"，其思想体系亦与孔子并称为"孔孟之道"。但他又是孔子之孙孔汲（子思）弟子的门徒，因而他既是战国时期儒家的主要代表人物，又是"思孟学派"的核心成员。

1. 生平及教育活动

孟子（约前372～前289），名轲，字子舆，邹国（今山东邹城）人。相传为鲁国贵族孟孙氏的后裔，后家道衰微，从鲁国迁居邹国。

孟子幼年丧父，家庭贫困。母亲仉氏知书达礼，教子有方，其三迁其居和断机教子的故事被编入《三字经》广为流传，所谓"昔孟母，择邻处；子不学，断机杼"。良好的受教环境，使孟子自幼受到传统礼仪的熏陶，甚至是玩游戏也会"设俎豆，揖让进退"。尤其是崇拜孔子，自称"乃所愿，则学孔子也"。

孟子少长，便"受业子思之门人"。学成后也与孔子一样授徒讲学，并以士的身份带领弟子到处游历和游说，曾到过梁、齐、宋、滕、鲁等国，主要是劝说统治者实行"仁政"，其核心是"重民"，诸如要"省刑罚，薄税敛"，为民"制产"使有"恒产"，还要"与民同乐"，甚至是提出"民为贵，社稷次之，君为轻"的思想。如周显王扁三十四年（前335年），孟子到大梁（今开封）游说梁惠王。梁惠王见面就问："叟！不远千里而来，亦将有以利吾国乎？"孟子对曰："王！何必曰利？亦有仁义而已矣。"① 虽然所到之处均受到礼遇，但其说教始终没有得到各国君王的认可，原因有两点：一是当时各诸侯国都在起用法家、兵家士人，通过变法和战争来雄踞一方，"仁政"之说不合时宜，且被视为"迂远而阔于事情"；二是孟子的自恃清高和倨傲，以为"如欲平治天下，当今之世，舍我其谁"，自然会让一些国君"敬而远之"。

如同孔子一样，孟子在得不到各诸侯国重用的情况下，不得已退居著述讲学，与弟子一起"序《诗》、《书》，述仲尼之意，作为《孟子》七篇"。程颐将《孟子》列为"四书"，朱熹作注后开始刊行，成为封建社会后期学校必备教材和科举必考内容。

孟子一生热爱教育事业，以"得天下英才而教育之"为人生三大乐趣之一，培养了万章、公孙丑、乐正子、孟仲子、公都子等一大批著名弟子。尤其是其所留下的《孟子》一书，是万章等弟子对其言行的记述，也有认为是孟子所著，所蕴含的教育智慧和丰富的教育理论至今仍熠熠生辉。

2. 提出"性善论"的命题

孔子认为"性相近"，没有涉及人性善恶问题。战国时期的学术争鸣，就直接触及人性善恶。当时，有主张"性无善无不善"的，有认为"性可以为善，可以为不善"的，还有提出"有性善，有性不善"的。孟子则明确提出人性生来就是善的，有不学而能的"良能"和不虑而知的"良知"，"人之所不学而能者，其良能也；所不虑而知者，其良知也"。具体表现为四

---

① 《孟子·梁惠王上》。

种善端,即:恻隐之心、羞恶之心、恭敬之心和是非之心。经扩充之后,四种善端分别表现为仁、义、礼、智四种品质。他在《告子》篇中说:

> 恻隐之心,人皆有之;羞恶之心,人皆有之;恭敬之心,人皆有之;是非之心,人皆有之。恻隐之心,仁也;羞恶之心,义也;恭敬之心,礼也;是非之心,智也。仁义礼智,非由外铄我也,我固有之也,弗思耳矣。

孟子还以小孩掉进井里,会诱发人的"恻隐之心"为例,来说明人人皆有"善端","皆有不忍人之心",人与动物的本质区别就在于人有此"善端"。他说:

> 今人乍见孺子将入于井,皆有怵惕恻隐之心,非所以内交于孺子之父母也,非所以要誉于乡党朋友也,非恶其声而然也。由是观之,无恻隐之心,非人也;无羞恶之心,非人也;无辞让之心,非人也;无是非之心,非人也。①

在孟子看来,人之有四端,"犹其有四体也"。人与人之间的区别,就在于保存还是失去这种"善端",所谓"庶民去之,君子存之"。这是孟子论述教育问题的基本出发点和哲学基础。

3. 教育的作用在"得民心"和"求放心"

孟子从其"施仁政"的政治主张和"性善论"的哲学思想两个方面来阐释教育的作用。

孟子认为教育的社会作用在于"得民心","施仁政"的目的在于"得民心",相对于政治手段而言,教育又是"得民心"的最有效手段。他说:"善政不如善教之得民也。善政,民畏之;善教,民爱之。善政得民财,善教得民心。"②何以至此呢?孟子进一步解释说:"以力服人者,非心服也,力不赡也;以德服人者,中心悦而诚服也,如七十子之服孔子也。"③可见,善政在于"以力服人",善教在于"以德服人",所走路径不一,结果也就有所不同。

进而,孟子认为教育在个人成长中的作用在于"求放心"。虽然人人具有先天的"善端",但有的人会存而养之,扩而充之,于是成为"君子"。而有的人自暴自弃,"善端"就会丢失,于是成为"小人"或近于禽兽。教育的作用就在于帮助那些失去"善端"的人,找回或恢复先天的善性,所以他说:"学问之道无它,求其放心而已矣。"只要用心"学问","人皆可为尧舜",充分证明人是可以接受教育的。

当然,孟子没有忽视外部环境对人的影响,所谓"富岁子弟多赖,凶岁子弟多暴。非天之降才尔殊也,其所以陷溺其心者然也"。他还以楚人学齐语为例,说:"一齐人傅之,众楚人咻之,虽日挞而求其齐也,不可得矣。引而置之庄岳之间数年,虽日挞而求其楚,亦不可得矣。"④这便是著名的"置之庄岳"说。

4. 教育目的旨在"明人伦"

根据对教育作用的认识以及古代教育经验,孟子认为教育的目的就是"明人伦"。他

---

① 《孟子·公孙丑上》。
② 《孟子·尽心上》。
③ 《孟子·公孙丑上》。
④ 《孟子·滕文公下》。

说："设为庠序学校以教之。庠者,养也;校者,教也;序者,射也。夏曰校,殷曰序,周曰庠,学则三代共之,皆所以明人伦也。人伦明于上,小民亲于下。"①"人伦",即做人之道,表现为"父子有亲,君臣有义,夫妇有别,长幼有叙,朋友有信",是为"五伦"。"五伦"之中,尤重父子和长幼的关系,也就是重视"孝悌"之道,要求"入以事其父兄,出以事其长上",依次建立了一套道德规范体系,即仁、义、礼、智、信,是为"五常"。所谓"仁之实,事亲是也;义之实,从兄是也。智之实,知斯二者弗去是也;礼之实,节文斯二者是也"。至于"信",则是守信用,老老实实地做事。无论是"五伦"还是"五常",都是为了维护宗法制社会和上下尊卑社会秩序的需要。

5. "大丈夫"理想人格的培养

孟子特别重视道德教育,以塑造理想的人格"大丈夫"。何谓"大丈夫",他说:

> 居天下之广居,立天下之正位,行天下之大道。得志,与民由之;不得志,独行其道。富贵不能淫,贫贱不能移,威武不能屈,此之谓大丈夫。②

至于如何培养"大丈夫",孟子提出了诸多道德修养的方法,归纳为以下几点:

一是持志养气。孟子重视"持志"、"尚志",何谓"志",他说:"夫志,气之帅也。气,体之充也。夫志至焉,气次焉。故曰:持其志,无暴其气。"③可见,"志"即志向、理想或追求,一个人有了远大的志向,就会有良好的精神状态即"气"。"志"和"气"之间是互为因果的,所谓"志一则动气,气一则动志也"。至于什么是"气",孟子认为是"浩然之气",其特点是"至大至刚","塞于天地之间"。如"配义与道"便是"养气",如"集义"既久,"浩然之气"便会油然而生。将"持志"与"养气"结合起来,就是我们常说的"志气"。

二是反求诸己。孟子强调道德自觉,要求严于律己,尤其是当自己有所付出,而无所收获时,就要反省自己的言行得失,从自身找原因、找差距。他说:

> 爱人不亲,反其仁;治人不治,反其智;礼人不答,反其敬。行有不得者,皆反求诸己。④

三是改过迁善。孟子承继孔子的改过迁善思想,既鼓励改过自新,所谓"虽有恶人,斋戒沐浴,则可以祀上帝",同时又主张"闻过则喜"、"见善则迁",提倡"与人为善"。他以子路、禹、舜为例,说:

> 子路,人告之以有过则喜。禹,闻善言则拜。大舜有大焉,善与人同,舍己从人,乐取于人以为善。自耕稼、陶、渔以至为帝,无非取于人者。取诸人以为善,是与人为善者也。故君子莫大乎与人为善。⑤

四是磨砺意志。孟子认为,人的道德和才智都是经过艰苦磨砺和严峻考验得来的,诚

---

① 《孟子·滕文公上》。
② 《孟子·滕文公下》。
③ 《孟子·公孙丑上》。
④ 《孟子·离娄上》。
⑤ 《孟子·公孙丑上》。

如其言:"天降大任于是人也,必先苦其心志,劳其筋骨,饿其体肤,空乏其身,行拂乱其所为,所以动心忍性,曾(增)益其所不能。"①同时,孟子还提出大丈夫要有忧患意识,所谓"生于忧患,死于安乐"。甚至在生死面前,要能做到"舍生取义",他说:"生亦我所欲也,义亦我所欲也;二者不可得兼,舍生而取义者也。"②孟子的这一修养方法,成就了诸多志士仁人。

6. "教亦多术"的教学主张

在《尽心上》篇,孟子指出:"君子之所以教者五:有如时雨化之者,有成德者,有达财者,有答问者,有私淑艾者。此五者,君子之所以教也。"可见,教学过程是复杂的,教学方法亦应该是多样的,于是他提出了"教亦多术"的命题。至于如何实施有效教学,孟子提出了如下独到的见解。

一是自求自得。孟子重视发挥学生在学习中的主动精神,要求学生通过自觉主动地学习来获取知识。他说:"君子深造之以道,欲其自得之也。自得之,则居之安。居之安,则资之深。资之深,则取之左右逢其源。故君子欲其自得之也。"③教育者应该教会学生自得的方法即"规矩","梓匠轮舆,能与人规矩,不能使人巧"。还要告诉学生不能死读书,而要能够多思考,能理解大义才能有所得,所谓"心之官则思,思则得之,不思则不得也"。他反对人云亦云、唯书是从,所谓"尽信书,则不如无书"。

二是专心有恒。孟子强调学习时要专心致志,注意力高度集中。他以弈秋教人下棋为例,来说明学习者专心与否其结果也会大相径庭的。他说:

> 今夫弈之为数,小数也。不专心致志,则不得也。弈秋,通国之善弈者也。使弈秋诲二人弈,其一人专心致志,惟弈秋之为听。一人虽听之,一心以为有鸿鹄将至,思援弓缴而射之,虽与之俱学,弗若之矣。为是其智弗若与?曰:非然也。④

同时,孟子还要求持之以恒,反对"一曝十寒"和做事半途而废,他说:"虽有天下易生之物也,一日暴之,十日寒之,未有能生者也。"又说:"有为者辟若掘井,掘井九轫而不及泉,犹为弃井也。"⑤

三是循序渐进。在孟子看来,实施教学与学习知识,如同植物生长一样有自己的规律和次序,因而必须循序渐进。他以流水为例,"流水之为物也,不盈科不行",以此来说明"盈科而后进,放乎四海"的道理,否则,"其进锐者其退速"。他还拿宋人"揠苗助长"的寓言故事,来告诉人们自然规律是不可违背的,必须依规律行事。

四是启发诱导。孟子认为,教育者在教学中要注意启发学生思维,并给学生指出努力的方向。所谓"大匠不为拙工改废绳墨,羿不为拙射变其彀率。君子引而不发,跃如也。

---

① 《孟子·告子下》。
② 《孟子·告子上》。
③ 《孟子·离娄下》。
④ 《孟子·告子上》。
⑤ 《孟子·尽心上》。

中道而立,能者从之"。他以教射箭为例,教育者只是拉满弓,做着跃跃欲试的样子,"中道"是指正确的方向,有能力的学生就会按照教育者所指引的方向努力去做。

(三)荀子

荀子被视为"先秦儒家最后一位大师,也是先秦思想的集大成者"①。更是一位杰出的教育家,其独特新颖的教育理论对后世政治及教育都产生了重要影响。

1. 生平及教育活动

荀子(约前313~前230),名况,字卿,又称孙卿,赵国(今山西临猗)人。年轻时,曾两次到齐国的稷下学宫讲学:第一次是在"齐宣王、威王之时,聚天下贤士稷下。是时,荀卿为秀才,年十五始来游学"②。不久,离开齐国到楚国发展。第二次是在齐襄王时,在列大夫中"最为老师",被尊称为"卿",且"三位祭酒"。但不久为谗言所伤,再次到楚国,春申君以为兰陵(今山东苍山境内)令。后又被谗,离楚后先后到过赵、秦等国。

前264年,荀子前往秦国,拜见了秦昭王,昭王问其"儒无益于人之国?"荀子回答说:"儒者在本朝则美政,在下位则美俗,儒之为人下如是矣。"③他认为王道得天下,霸道强天下,谏言"力术止,义术行","节威反文"以收服人心,但不为秦王所用,以至于秦相范雎问其对秦国印象如何,他以"百姓朴"、"百吏肃然"、"治之至"以及"殆无儒"乃为"秦之所短"来作答。既肯定了秦国治理的成效,又为"殆无儒"感到担忧。由于秦国实行法治,荀子的仁政理论自然就不合时宜,尽管秦昭王对其所言称"善"。最终,荀子与学生韩非、李斯分道扬镳,仍回到楚国出任兰陵令。前238年,春申君被李园杀害后,荀子失官在家,专心著述讲学,著名弟子韩非、李斯等都是法家代表人物。汉初"毛诗"的开创者毛亨以及政治家、科学家张苍亦是其门下高足。

《荀子》一书共32篇,是研究荀子教育思想的主要参考资料。

2. 提出"性恶论"的命题

如果说孟子把孔子的"性相近"主张发展为"性恶论",那么荀子则把孔子的"习相远"思想发展为"性恶论"。

荀子认为,人性就是与生俱来的自然属性,所谓"凡性者,天之就也,不可学,不可事……不可学,不可事,而在人者,谓之性"。具体来说,"饥而欲食,寒而欲暖,劳而欲息,好利而恶害,是人之所生而有也,是无待而然者也,是禹、桀之所同也。目辨白黑美恶,耳辨音声清浊,口辨酸咸甘苦,鼻辨芬芳腥臊,骨体肤理辨寒暑疾养,是又人之所常生而有也,是无待而然者也,是禹、桀之所同也"④。可见,荀子所谓的"性",既包括"饥而欲食,寒而欲暖"等人的生理本能,又包括"目可以见,耳可以听"的感官感知能力,并且人人所具有,包括禹、桀等。

---

① 孙培青主编:《中国教育史》,华东师范大学出版社2000年版,第74页。
② 晁公武:《郡斋读书志》卷十《儒家类》。司马迁撰《史记》时,考证为"年五十始来游学于齐"。
③ 《荀子·儒效》。
④ 《荀子·荣辱》。

但由于人性中不存在道德和理智,所谓"性不知礼义"。如任其发展而不加节制,必然会趋向恶端,故"人之性恶"。他说:

> 今人之性,生而有好利焉,顺是,故争夺生而辞让亡焉;生而有疾恶焉,顺是,故残贼生而忠信亡焉;生而有耳目之欲,有好声色焉,顺是,故淫乱生而礼义文理亡焉。①

3. 教育的作用在于"化性起伪"

荀子从其"性恶论"出发,认为教育的作用在于"化性起伪"。

既然人性为恶,这无论是对个人发展抑或是对社会的稳定都是有害的,必须加以改变,能够让人弃"恶"向善。何况,人人都有向善的可能,所谓"涂之人也,皆有可以知仁义法正之质,皆有可以能仁义法正之具",或"涂之人可以为禹"。也就是说,人人都存在受教育的可能,有弃"恶"向善成为圣人的可能。但只是一种可能而已,所谓"涂之人可以为禹则然,涂之人能为禹,未必然也"。

那么,如何使"则然"变为"必然",即使人弃"恶"向善呢?荀子提出"伪"的问题,他说:"凡所贵尧、禹、君子者,能化性,能起伪,伪起而生礼义。"②这里的"伪"是指后天的人为或教育因素,通过"伪"可以改变人的"恶性",这就是荀子的"化性起伪"理论。要真正"化性起伪",必须注意三个关键问题:

一是"学"。荀子说:"礼义者,圣人之所生也,人之所学而能,所事而成者也……可学而能,可事而成之在人者,谓之伪。"③只要努力向学,就可以改变自己的人生轨迹,就可以让自己富贵而智,"我欲贱而贵,愚而智,贫而富,可乎?曰:其唯学乎"④。

二是"渐"。或称之为"注错",强调环境对人的影响。荀子说:"越人安越,楚人安楚,君子安雅。是非知能材性然也,是注错习俗之节异也。"又"蓬生麻中,不扶而直。兰槐之根是为芷,其渐之滫。君子不近,庶人不服,其质非不美也,所渐者然也"⑤。因此,他要求"君子居必择乡,游必就士,所以防邪僻而近中正也"。

三是"积"。或称之为"积靡"。荀子认为,人性的改变是长期教育和个人努力的结果,所谓"圣可积而至","涂之人"只要能长久地"积靡",那么"皆可为禹"。他在《儒效》篇中说:

> 涂之人百姓,积善而全尽,谓之圣人。彼求之而后得,为之而后成,积之而后高,尽之而后圣。故圣人也者,人之所积也……居楚而楚,居越而越,居夏而夏,是非天性也,积靡使然也。故人知谨注错,慎习俗,大积靡,则为君子矣;纵性情而不足问学,则为小人矣。

如能做到"学"、"渐"、"积",那么人性中的"恶"就能得以摒弃,"善"就能得以张扬。

---

① 《荀子·性恶》。
② 《荀子·性恶》。
③ 《荀子·性恶》。
④ 《荀子·儒效》。
⑤ 《荀子·劝学》。

当然,荀子也注意到教育的社会作用,旨在促进思想的统一。他在《强国》篇中,敬告统治者要"隆礼尊贤"、"重法爱民",对民众要实施"礼义"教化,以求国泰民安。他说:

>不教诲,不调一,则入不可以守,出不可以战。教诲之,调一之,则兵劲城固,敌国不敢婴也。彼国者亦有砥厉,礼义节奏是也。故人之命在天,国之命在礼。人君者,隆礼尊贤而王,重法爱民而霸,好利多诈而危,权谋倾覆幽险而亡。

4. 教育旨在培养"士"和"圣人"

在《劝学》篇中,荀子指出:"学恶乎始,恶乎终……其义则始乎为士,终乎为圣人。"又"若其义则不可须臾舍也。为之,人也;舍之,禽兽也"。可见,教育的目的就是要培养"士"和"圣人"。如果不能为"士"和"圣人",则与"禽兽"无异。

在这里,"士"指的是能推行礼法的"贤能之士",或者说具有儒者身份且擅长治国的各级官吏。进而,荀子将儒者分为三个层次:俗儒、雅儒和大儒。俗儒为最低一级的儒者,"逢衣浅带,解果其冠,略法先王而足乱世术,缪学杂举,不知法后王而一制度,不知隆礼义而杀《诗》、《书》",且衣冠世俗,"不敢有他志"。低于"俗儒"的称之为"俗人",其"不学问,无正义,以富利为隆"。雅儒则能"法后王,一制度,隆礼义而杀《诗》、《书》;其言行已有大法矣,然而明不能齐法教之所不及,闻见之所未至,则知不能类也,知之曰知之,不知曰不知,内不自以诬,外不自以欺,以是尊贤畏法而不敢怠傲"。荀子最推崇大儒,其能"法先王,统礼义,一制度;以浅持博,以古持今,以一持万;苟仁义之类也……则举统类而应之,无所儗作;张法而度之,则晻然若合符节,是大儒者也"①。从俗人到大儒,由于各自修养及能力不同,对社会所起的作用也不同,所谓"人主用俗人,则万乘之国亡;用俗儒,则万乘之国存;用雅儒,则千乘之国安;用大儒,则百里之地久,而后三年天下为一,诸侯为臣"。关于圣人,则是荀子的人格培养的理想,所谓"穷则必有名,达则必有功,仁厚兼覆天下而不闵,明达用天地理万变而不疑,血气和平,志意广大,行义塞于天地之间,仁智之极也。夫是之谓圣人"②。

依据培养"士"这一教育目的,荀子主张以读经为教育内容,所谓"始乎诵经,终乎读礼"。且每部经书,其作用各有不同,他在《劝学》篇中说:

>《书》者,政事之纪也;《诗》者,中声之所止也;《礼》者,法之大分,类之纲纪也,故学至乎《礼》而止矣。夫是之,谓道德之极。《礼》之敬文也,《乐》之中和也,《诗》、《书》之博也,《春秋》之微也,在天地之间者毕矣。

可见,荀子非常重视《礼》的教育,对《易》却有些忽略。

值得一提的是,荀子重视乐教。《荀子》中有《乐论》,其内容与《礼记》中的《乐记》多有雷同,至于孰先孰后,目前尚无定论。只能说这是一部相当早的音乐教育理论著作。荀子认为,音乐能表达人的快乐情感,不可或缺,所谓"乐者,乐也,人情之所必不免也,故人不能无乐。乐则必发于声音,形于动静,而人之道,声音、动静、性术之变尽是矣,故人不能不

---

① 《荀子·儒效》。
② 《荀子·君道》。

乐"。因而,音乐对人有一种潜移默化的教育功能,"声乐之入人也深,其化人也速"。但他强调要注意区别"正声"和"奸声",因为"奸声感人而逆气应之,逆气成象而乱生焉;正声感人而顺气应之,顺气成象而治生焉"。也就是说,要提倡健康向上的"正声",远离消极淫乱的"奸声"。

5. 闻见知行的教学过程论

关于知识和教学,相对于孟子的"内发"而言,荀子则重视"外铄"。因此,在学与思的关系上,孟子强调"思",而荀子则强调"学"。他在《劝学》篇中说:

吾尝终日而思矣,不如须臾之所学也。吾尝跂而望矣,不如登高之博见也。登高而招,臂非加长也,而见者远;顺风而呼,声非加疾也,而闻者彰。假舆马者,非利足也,而致千里;假舟楫者,非能水也,而绝江河。君子生非异也,善假于物也。

在这里,他提出"学"必须"善假于物",即要善于利用外物来丰富自己的智慧。君子之所以为君子,就是"善假于物"的结果。

进而,荀子将教学和知识学习的过程分为闻、见、知、行四个步骤。他在《儒效》中说:

不闻不若闻之,闻之不若见之,见之不若知之,知之不若行之。学至于行之而止矣。行之,明也;明之为圣人……故闻之而不见,虽博必谬;见之而不知,虽识必妄;知之而不行,虽敦必困。不闻不见,则虽当,非仁也。其道百举而百陷也。

可见,闻见是学习的起点,主要是通过感官来获取感性知识,在此基础上来把握事物的内在联系,即做到"知"。行则是学习的终点,所谓"圣人也者,本仁义,当是非,齐言行,不失毫厘,无它道焉,已乎行之矣"。与孔子、孟子以及《中庸》所论相比较而言,荀子只是强调"学",而不重"思"。

至于如何实施知识学习和教学,荀子提出如下看法。

一是积微见著,积善成德。荀子认为,人的知识和道德如同人性的完善一样,都是日积月累的结果,所谓"积土成山,风雨兴焉。积水成渊,蛟龙生焉。积善成德,而神明自得,圣心备焉。故不积跬步,无以至千里;不积小流,无以成江海"。

二是虚壹而静,专心有恒。在回答"心何以知"时,荀子提出要"虚壹而静"。在他看来,"心"是藏与虚、满与一、动和静的统一。他说:"心未尝不藏也,然而有所谓虚;心未尝不两也,然而有所谓壹;心未尝不动也,然而有所谓静。"①在这里,"藏"是指"心"能接受和储存外来的知识,如不以先前所学知识妨碍对新知识的接受,即"不以所已藏害所将受谓之虚",也就是避免先入为主之意。"满"指心能兼知多种事物,如专注于一事时而不受它事所干扰,即"不以夫一害此一谓之壹",也就是要专一,不一心二用之意。荀子反对用心不一和浮躁从事,并以自然界的一些现象来说明要用心专一的道理。他说:"骐骥一跃,不能十步;驽马十驾,功在不舍。锲而舍之,朽木不折;锲而不舍,金石可镂。蚓无爪牙之利,筋骨之强,上食埃土,下饮黄泉,用心一也。蟹六跪而二螯,非蛇鳝之穴无可寄托者,用心躁也。""心"一直在活动着,谓之"动",如"不以梦剧乱知谓之静",即不以毫无根据的猜想

---

① 《荀子·解蔽》。

来扰乱正常的思维活动。

三是解蔽救偏，兼陈中衡。荀子认为，由于客观事物本身的复杂性，人们在学习过程中往往会为事物的表面现象所蒙蔽，以至于无法把握事物的全貌，造成"心术之患"，所谓"凡人之患，蔽于一曲而暗于大理"。"欲为蔽，恶为蔽，始为蔽，终为蔽，远为蔽，近为蔽，博为蔽，浅为蔽，古为蔽，今为蔽。凡万物异则莫不相为蔽，此心术之公患也"。只有解除其"蔽"，才能正确地认识事物和获得真知。那么，如何解蔽？荀子进一步提出"兼陈万物中悬衡"的主张，所谓"圣人知心术之患，见蔽塞之祸，故无欲、无恶、无始、无终、无近、无远、无博、无浅、无古、无今，兼陈万物而中县衡焉"①。所谓"兼陈"，即将事物的方方面面都展示出来；所谓"中悬衡"，即通过比较权衡，来确定事物内在规律和联系。这是对孔子"叩两端"为学方法的发展。

6. "天地君亲师"的教师论

在先秦儒家中，荀子是最重视教师的，并对孔子、孟子的教师观加以发展，形成自己独一无二的教师理论。

第一，荀子提出"天地君亲师"说。孟子曾将君师并称，荀子则将教师提到与天地、先祖同等的位置，所谓"天地者，生之本也；先祖者，类之本也；君师者，治之本也。无天地，恶生？无先祖，恶出？无君师，恶治？三者偏亡，焉无安人"②。从而确立了教师在社会生活中不可或缺的地位。

第二，荀子认为，教师乃礼法、礼义的化身。他说："礼者，所以正身也。师者，所以正礼也。无礼，何以正身？无师，吾安知礼之为是也？"正因为这样，人不能没有"师者"，他说：

人无师无法而知，则必为盗，勇则必为贼，云能则必为乱，察则必为怪，辩则必为诞；人有师有法，而知则速通，勇则速畏；云能则速成，察则速尽，辩则速论。故有师法者，人之大宝也；无师法者，人之大殃也。③

第三，荀子把是否尊师提到关系国家兴亡盛衰的高度，所谓"国将兴，必贵师而重傅，贵师而重傅，则法度存。国将衰，必贱师而轻傅；贱师而轻傅，则人有快；人有快则法度坏"④。

第四，既然教师有如此重要的地位和作用，那么不是人人都可以为师的，于是，荀子提出了择师的四条标准，所谓"尊严而惮，可以为师；耆艾而信，可以为师；诵说而不陵不犯，可以为师；知微而论，可以为师"⑤。

另外，荀子还提出了新型的师友观，所谓"非我而当者，我师也；是我而当者，我友也；

---

① 《荀子·解蔽》。
② 《荀子·礼论》。
③ 《荀子·儒效》。
④ 《荀子·大略》。
⑤ 《荀子·致士》。

谄谀我者,吾贼也"。也就是说,能够指出自己的不当之处及今后努力方向的,才是自己真正的老师。他还认为,学生是可以超越老师的,因而留下了"青,取之于蓝而青于蓝;冰,水为之而寒于水"的千古名言。

(四)《礼记》

经过春秋战国时期的百家争鸣及教育经验的积累,至战国末期,出现了一批集中论述教育问题的教育理论著作,最有代表性的就是《礼记》。

《礼记》是战国末至汉初儒家学者关于"礼"的著作汇编,与《周礼》、《仪礼》合称为"三礼"。由戴德选编而成的,称为《大戴礼记》,共 85 篇。其侄戴圣选编的,称为《小戴礼记》,共 49 篇。《十三经注疏》收入的就是《小戴礼记》,也就是流传至今的《礼记》。其中不少篇章内容都与教育有关系,诸如《礼运》、《王制》、《内则》、《文王世子》等,而与教育关系最为密切的就是《大学》、《中庸》、《学记》和《乐记》。

1.《大学》

《大学》原是《礼记》中的一篇,据郭沫若考证,为孟子弟子乐正克所作。宋代学者程颐将其视为"初学入德之门",从《礼记》中抽出来,为"四书"之一。朱熹作《大学章句》后,自此成为儒家的经典性著作。这是一篇儒家学者论述大学教育的论著,着重探讨了"大学之道",与阐释大学教育之法的《学记》互为表里。

第一,大学教育"三纲领"。《大学》对大学教育目的和做人目标有着纲领性的阐述,即"大学之道,在明明德,在亲民,在止于至善"。在这里,"明明德"、"亲民"和"止于至善"就被称之为"三纲领"。所谓"明明德",就是要将人天性中的善性"明德"发扬光大,这是为人的第一步。在此基础上做"亲民"或"新民",即不同于以前的"我",或不同于一般的民众。朱熹及后世学者解释为"推己及人",即将个人自身的善转化为民众的善。"止于至善"是大学教育的最终目的,做到"为人君止于仁,为人臣止于敬,为人子止于孝,为人父止于慈,与国人交止于信"。"三纲领"是一个递进式的、由低到高、由简单到复杂的整体要求,彼此联系密切,缺一不可。

第二,大学教育程序"八条目"。为实现"三纲领",《大学》将教育的程序和步骤概括为"八条目",即:

> 古之欲明明德于天下者,先治其国;欲治其国者,先齐其家;欲齐其家者,先修其身;欲修其身者,先正其心;欲正其心者,先诚其意;欲诚其意者,先致其知;致知在格物。物格而后知至;知至而后意诚;意诚而后心正;心正而后身修;身修而后家齐;家齐而后国治;国治而后天下平。

在格物、致知、诚意、正心、修身、齐家、治国、平天下这八条目中,"格物"、"致知"被视为"为学入手"或"大学始教",主要是学习和领会儒家的"六德"、"六行"、"六艺"等方面的知识;"诚意"、"正心",着眼于个人道德的完善。"修身",则是八条目中的中心环节,格物、致知及诚意、正心都是为了"修身",只有"修身"才能齐家,然后才能治国平天下,故自天子至庶人"皆以修身为本"。"齐家、治国、平天下"为修身之后造福社会的三大目标,"齐家"是要将个人的知识及道德惠及家族所有成员,只有"家和"才能万事兴;"治国"是齐家的扩充,"平天下"又是治国的进一步深化。这样,《大学》就将个人的知识与道德修养同家庭、国家的命运很自然地联系在一起,以格物致知为起点,以诚意正心为核心,以修身为中心,以齐家、治国、平天下为实践目标,形成了一个完整的、循序渐进的,又具有浓厚伦理及人文色彩的大学教育过程和体系。

2. 《中庸》

《中庸》原是《礼记》中的一篇,司马迁考证为孔子之孙子思所作。宋代学者程颐将其从《礼记》中抽出来,为"四书"之一。朱熹作《中庸章句》后,自此成为儒家的经典性著作。

《中庸》的基本内容主要是阐发儒家的人生哲学及修养问题,即所谓的"中庸之道",意为既无过,也无不及,不偏不倚,"两端执其中"。尤其是还赋予"中庸"以"中和"之义。所谓"中和",即"喜怒哀乐之未发,谓之中;发而皆中节,谓之和。中也者,天下之大本也;和也者,天下之达道也。致中和,天地位焉,万物育焉"。可见,"中和"是天地万物运行的基本法则,因而人的喜怒哀乐等必须"致中和",只有这样才能最终实现"天地位焉,万物育焉"。

当然,《中庸》中也包含着许多教育理论问题,主要有以下几点。

第一,教育有"修道"之功能。《中庸》指出:"天命之为性,率性之为道,修道之为教。"可知,天所赋予人的称之为"性",循"性"而行称之为"道",教育的作用就在于通过"修道",使人保持先天的善"性",使天赋的道德观念、道德意识充分地体现出来。

第二,将教学过程分为五个步骤,即"博学之,审问之,慎思之,明辨之,笃行之"。"博学"即广博地学习,"审问"即对所学习的内容要详加问其真伪,"慎思"即对所迷惑或质疑的问题要加以分析思考,"明辨"即通过思考来解决所存在的问题,"笃行"即将获得的道德观念及知识付诸行动。这是一个完整的、前后相续的、缺一不可的教学或学习过程,体现了中国古代教学思想的基本特征,朱熹将其视之为"为学之序"列入《白鹿洞书院揭示》。

第三,个人修养之道在于诚与明、尊德性与道问学。《中庸》指出:"自诚明,谓之性。自明诚,谓之教。诚则明矣,明则诚矣。"可知,培养个人修养有两条途径:一是充分发掘人的内在天性,达到对外部世界的体认,继而彰显和发明一切道德,即所谓的"自诚明",因其是在本心所做的修养功夫,故又称"尊德性";二是通过对外部世界的求知,使内在的本性得以张扬,进而明白万物之理,从而达到能够化育万物的最高境界"诚",即"自明诚"。因其是在外部做学习的功夫,故又称"道问学"。两条途径是相辅相成的,"故君子尊德性而道问学,致广大而尽精微,极高明而道中庸"。

在如何外部求知的问题上,《中庸》很重视个人主观能动性的发挥,虽然人的天赋及能力存在差异,但只要努力学习,同样可以取得成功。"或生而知之,或学而知之,或困而知之,及其知之,一也。或安而行之,或利而行之,或勉强而行之,及其成功,一也"。又"人一能之,已百之;人十能之,已千之。果能此道矣,虽愚必明,虽柔必强"。

3. 《学记》

《学记》是《礼记》中的一篇,一般认为是思孟学派的作品,为孟子的弟子乐正克所作。全文仅1200多字,但对教育的诸多问题均有论述,被称之为中国古代最早的一篇专门论述教育教学问题的论著,亦有"教育学的雏形"①之美誉。《学记》主要反映了儒家教育思想的成果,但不单纯是儒家某一派的思想,同时它也吸取了儒家之外其他学派的一些观点。

第一,教育的作用在于"建国君民"与"化民成俗"。《学记》重视教育的作用,认为教育的社会作用在于"建国君民",所谓"建国君民,教学为先"。同时,教育对个体发展也有重要作用,认为"君子如欲化民成俗,其必由学乎!""玉不琢,不成器;人不学,不知道",把教育的过程比喻成一种对人性进行加工、雕饰的过程。

第二,论学制、考核与视学。《学记》记述了古代从中央到地方一个理想的学制系统,即"古之教者,家有塾,党有庠,术有序,国有学"。同时,又以大学为例,提出了一个完整的教学日程和考核标准,认为大学的年限为九年,分两个阶段,前阶段七年谓之"小成",后阶段两年谓之"大成"。对不同的年级有不同的学业和品德要求,每隔一年进行一次全面考查,即:

> 比年入学,中年考校。一年视离经辨志;三年视敬业乐群;五年视博习亲师;七年视论学取友;谓之小成。九年知类通达,强立而不反,谓之大成。夫然后足以化民易俗,近者说服而远者怀之。此大学之道也。

大学还要举行隆重的开学典礼,所谓"大学始教,皮弁祭菜,示敬道也"。天子不仅要率百官莅临学宫参加开学典礼,且定期到学宫视学,祭祀"先圣先师",以励后学,体现出国家或统治者对教育的高度重视。

第三,论教学原则。《学记》最突出的贡献就在于它总结了先秦时期学校教育的实践经验,揭示了教与学的辩证关系,从教的角度提出一系列的教学原则,这是先秦诸子所不及的,但又是先秦诸子教学经验的结晶。

一是教学相长。《学记》提出:"虽有嘉肴,弗食不知其旨也;虽有至道,弗学不知其善也。是故学然后知不足,教然后知困。知不足,然后能自反也;知困,然后能自强也。故曰教学相长也。""教学相长"的本意并非指"教"与"学"双方的相互促进,而是仅指"教"这一方的以教为学,说明教师教导他人的过程也是一种学习的过程。后人将"教学相长"作了引申,将其视为教学过程中教师、学生双方的互相促进、共同提高的过程。

二是藏息相辅。《学记》认为课内学习和课外学习必须兼顾,相互补充,相互促进。所谓:

> 大学之教也,时教必有正业,退息必有居学。不学操缦,不能安弦;不学博依,不能安诗;不学杂服,不能安礼;不兴其艺,不能乐学。故君子之于学也,藏焉修焉,息焉游焉。

这里所谓的"藏",即指正课学习,即"正业"。所谓的"息",即指课余学习,即"居学"。可见,课外学习是课内学习的重要补充和继续,可以提高课内学习的兴趣,而课内学习又可以深化课外学习的内容。

---

① 毛礼锐主编:《中国教育史简编》,教育科学出版社1985年版,第247页。

三是启发诱导。《学记》将启发诱导的原则称之为"喻",所谓"君子之教,喻也"。"喻"包含三层意思:"道而弗牵,强而弗抑,开而弗达。道而弗牵则和,强而弗抑则易,开而弗达则思。和、易以思,可谓善喻矣。"即引导而不牵着学生走,勉励而不强迫,启发而不是直接告诉学生答案,让学生有思考的余地,只有做到这些,才能称之为"善喻"。

四是豫时孙摩。《学记》总结了教学成功和失败的经验与教训,概括出教学中"兴"与"废"的重要规律,指出:

> 大学之法,禁于未发之谓豫,当其可之谓时,不陵节而施之谓孙,相观而善之谓摩,此四者教之所由兴也。发然后禁,则扞格而不胜;时过然后学,则勤苦而难成;杂施而不孙,则坏乱而不修;独学而无友,则孤陋而寡闻;燕朋逆其师;燕辟废其学。此六者,教之所由废也。

这段话包含四层意思:(1)"预",《学记》称"禁于未发之谓预",强调教师对学生在学习过程中或者品德形成过程中可能发生的不良行为应有预见性,防患于未然,尽量避免不良现象的产生。(2)"时",《学记》称"当其可之谓时",要求掌握学习的最佳时机,适时而学,适时而教。否则,"时过然后学,则勤劳而难成"。(3)"孙",《学记》称"不陵节而施之谓孙",这里的"节"主要指教学内容的先后次序,要求教师在实施教学时要符合知识本身的难易程度和逻辑结构,做到"不陵节"也就做到了"孙",即循序渐进。不然,"杂施而不孙,则坏乱而不修"。(4)"摩",《学记》认为"相观而善之谓摩",强调学习过程中同学之间的相互切磋研究,共同提高。否则,"独学而无友,则孤陋而寡闻"。

五是长善救失。《学记》认为:"学者有四失,教者必知之。人之学也,或失则多,或失则寡,或失则易,或失则止。此四者,心之莫同也。知其心,然后能救其失也。"在这段话中,《学记》指出学生学习中存在着四种不良的心理倾向:(1)"多",即贪多务得;(2)"寡",即求精而所习太少;(3)"易",即过分自信,把学习看得过分容易;(4)"止",即自信心不强,畏难而止。教师应该了解不同学生的不同心理倾向,帮助学生克服缺点。难能可贵的是,《学记》辩证地看待这四种心理倾向,认为这其中也蕴含着积极的因素。"教也者,长善而救其失者也"。即要努力发扬学生品格特征中的积极因素,克服其消极因素。

第四,论教学方法。《学记》对教学方法也有精当的阐述,主要有:

一是讲解法。《学记》认为教师讲解要简明扼要,言简意赅,通俗易懂,富有启发性,即所谓"约而达"、"微而臧"及"罕譬而喻"等。

二是问答法。《学记》要求教师必须掌握问答法教学的技巧,并以"攻坚木"、"撞钟"为例指出:

> 善问者如攻坚木,先其易者,后其节目,及其久也,相说以解。不善问者反此。善待问者如撞钟,叩之以小者则小鸣,叩之以大者则大鸣,待其从容,然后尽其声。不善问者反此。

三是练习法。《学记》中关于练习方法强调要有针对性,即对不同的教学内容提供不同的练习方法,并且练习的方式要适当多样化,以提高学生练习的兴趣和效果。并以铁匠、弓匠之子与小马学驾车为例,强调要从基础练习开始做起:

良冶之子,必学为裘。良弓之子,必学为箕。始驾马者反之,车在马前。君子察于此三者,可以有志于学矣。

四是类比法。即由此及彼,将一类事物的相同点进行比较,从而达到对更多事物的认识,所谓"古之学者,比物丑类"。

除外,《学记》还谈到体罚问题,所谓"夏楚二物,收其威也"。

4.《乐记》

《乐记》是《礼记》中的一篇,先秦儒家专门论述乐教的论著。一般认为是孔子的再传弟子、战国初期的公孙尼所作,现保存下来的《乐记》基本上是其原作,但也经过汉儒的整理。西汉刘向整理古籍时,曾得《乐记》全本,共23篇。今见《乐记》仅存前11篇,内容主要是乐教理论,诸如音乐的起源和教育作用等。孔子整理的《六经》中原有《乐》,但据说失传于秦始皇焚书坑儒。因此《乐记》就成为我们研究和了解先秦儒家乐教思想的重要材料。

古代"乐"的内涵十分丰富,不仅是指音乐,还包括诸如绘画、雕刻、建筑等造型艺术,甚至还包括仪仗、田猎、肴馔、劳动号子等使人快乐的活动。《诗经》分为风、雅、颂三部分,实际上也是音乐上的分类。《墨子》一书也曾谈到《诗经》有"诵诗三百,弦诗三百,歌诗三百,舞诗三百",精练地概括了《诗经》可诵、可奏、可歌、可舞的音乐性质。《乐记》中的"乐"则兼指诗、歌、舞三者,但主要以论述"音"乐为主。儒家的乐教主要是教授音乐,尤其是把"乐"作为行教化、理邦家的手段。因此儒家的乐教既是艺术教育,更是道德和思想政治教育,《乐记》就反映了这一基本特点。

关于"乐"的来源,《乐记》认为,音乐是通过声音来表现情的,情则来自人对现实生活的反映,所谓:"凡音之起,由人心生也。人心之动,物使之然也。感于物而动,故形于声。""凡音者,生人心者也。情动于中,故形于声。声成文,谓之音。""乐者,音之所由生也,其本在人心之感于物也。"进而,《乐记》认为感于外物而发的声音并不就是"乐",声音要能按照一定的规律排列变化,形成高低抑扬、有节奏的音调才能称之为"乐",且按照一定的音调歌唱、演奏、舞蹈才能称之为"乐",故"声相应,故生变;变成方,谓之音。比音而乐之,及干戚羽旄,谓之乐"。

关于音乐的教化作用,首先表现为促进政治清明。《乐记》认为,音乐所表达的思想感情在一定程度上是当时人们所处的社会政治状况的真实写照,"治世之音安以乐,其政和;乱世之音怨以怒,其政乖;亡国之音哀以思,其民困。声音之道,与政通矣"。可知,音乐能反映出一个国家社会政治风俗的盛衰得失,可以说是现实生活的一面镜子。同时,"乐"还可以"善民心,其感人深,其移风易俗,故先王著其教焉",因此希望统治者关心"乐",通过"乐"观风俗、知盛衰,所谓"是故审声以知音,审音以知乐,审乐以知政,而治道备矣"。同时,还要防范与禁止出现乱世之音、亡国之音,使"暴民不作,诸侯宾服,兵革不试,五刑不用,百姓无患,天子不怒,如此则乐达矣"。

进而,《乐记》认为"乐者,通伦理者也"。故从礼、乐二者相辅相成、互相补充的角度,来论证"乐"对社会秩序稳定的功能。《乐记》认为,"乐"重内在感化,"礼"重外在约束,一个强调同,一个强调异,所谓"乐者为同,礼者为异。同则相亲,异则相敬"。同时,乐讲"和",礼讲"序",所谓"乐者,天地之和也;礼者,天地之序也。和,故百物皆化;序,故群物皆别"。由于礼、乐二者作用不同,因此对社会秩序的影响也不同,所谓"礼义立,则贵贱等矣;乐文同,则上下和矣"。"乐至则无怨,礼至则不争"。"乐极和,礼极顺,内和而外顺,则民瞻其颜色而弗与争也,望其容貌而民不生易慢焉。故德辉动于内,而民莫不承听,理发诸外,而民莫不承顺"。礼、乐应该兼重,不可偏废,因为"乐胜则流,礼胜则离";"乐极则忧,礼粗则偏"。意思即过于偏重于乐则使人放荡不羁,若超过极限则会招致扰乱,过于偏重于礼则使人离而不亲,若没有节制则会产生邪恶。

"乐"对个人的成长具有重要的教化作用。《乐记》认为,人的天性是宁静平和的,但因惑于物而生"欲",故有好恶之性,如"好恶无节于内,知诱于外,不能反躬,天理灭矣。夫物之感人无穷,而人之好恶无节,则是物至而人化物也。人化物也者,灭天理而穷人欲者也。于是有悖逆诈伪之心,有淫泆作乱之事"。《乐记》首次将人欲和天理并提,且对立起来,为防止"天理灭"而人欲横流,就需要发挥"乐"的教化作用。《乐记》认为,"唯乐不可以为伪","乐"能"教民平好恶而反人道之正也"。因而"乐"有助于个人的道德素养,所谓"德者,性之端也;乐者,德之华也"。"乐者,所以象德也。""观其舞,知其德"。至于如何实施"乐"教,《乐记》指出:"听其雅颂之声,志意得广焉;执其干戚,习其俯仰诎伸,容貌得庄焉;行其缀兆,要其节奏,行列得正焉,进退得齐焉。"还提出要倡"正声"而避"奸声","凡奸声感人,而逆气应之;逆气成象,而淫乐兴焉。正声感人,而顺气应之;顺气成象,而和乐兴焉"。

《大学》、《中庸》、《学记》、《乐记》等都是对先秦教育理论的高度概括和总结,从不同侧面阐述了儒家学者对人、对政治、对社会尤其是对教育的理解,构成先秦教育思想中不可或缺的重要组成部分,从某种意义上可视为先秦教育思想发展水平的重要标志,而且给儒学和中国古代教育思想的发展提供了丰富而重要的思想材料。

三、墨家学派的教育思想

在春秋时期,能与儒家相提并论的或相抗衡的就是墨家,因而与儒学并列为"显学"。《韩非子·显学》有载:"世之显学,儒墨也。儒之所至,孔丘也;墨之所至,墨翟也。"

墨家学派代表着小生产者利益,集团的成员多为有知识的劳动者,他们团结性强,有强烈的社会实践精神,将维护公理与道义看作义不容辞的责任。因此,墨家学派既是教学团体,也是带有宗教色彩的政治团体。据《淮南子·泰族训》记载:"墨子服役者百八十人,皆可使赴火蹈刃,死不还踵,化之所致也。"可见,墨家有领袖,有众徒,人数虽然不多,却是一个很顽强的集团。

墨家学派的领袖称巨子,由上代指任,代代相传。据载,墨家后学"以巨子为圣人,皆愿为之尸,冀得为其后世"。田襄子接任孟胜任巨子后,因其无学术实力和感召力,引发天下墨派分化。据《韩非子·显学》载,墨子死后"墨离为三",即"相里氏之墨"、"相夫氏之墨"和"邓陵氏之墨"。

墨子为墨家私学的创始人、墨家学派的第一代巨子和主要代表人物,因而其教育思想最能代表墨家学派的教育价值取向。

1. 生平及教育活动

墨子(约前468~前376),名翟。据《史记·孟子荀卿列传》载:"盖墨翟,宋之大夫,善守御,为节用。或曰并孔子时,或曰在其后。"这是墨子生平最早的文献记录,从中可知他做过宋国的大夫。孙诒让的《墨子传略》考证,墨翟生于鲁而仕于宋,晚年客居楚国的鲁阳(今河南鲁山)。因而其出生地有河南商丘、河南鲁山和山东滕州之说。

墨子先祖是宋国贵族,至墨子出生时已沦为平民,故常称自己为"北方之鄙人"。少年时做过牧童,学过木工,其技艺不在鲁班之下,据说他还制作过木鸢(类似滑翔机)飞翔于天空。为了大众的利益,他"日夜不休,以自苦为极"。可以说,墨子的思想基本上代表着"农与工肆之人"的利益。

墨子早年还"学儒者之业,受孔子之术",可谓孔子的一个后学。但后来发觉儒者"其礼烦扰而不说,厚葬靡财而贫民,久服伤生而害事",于是弃儒学而自立门派。

为宣传自己的学说,墨子一生主要从事两项与教育有关的活动:一是在各地聚徒讲学,先后讲学于齐、卫之间。据《墨子》之《耕柱》、《贵义》、《公输》、《鲁问》等篇记载,墨子曾多次到齐国授徒讲学,故有"北方圣人"之誉;二是游说,像孔子一样,曾率领弟子游说列国,到过卫、齐、楚、越、魏等国家,且已脱离了生产劳动。在墨子看来,从事"耕织"不如"上说下教"更有功于天下。墨子还以自己的声望向各国统治者举荐弟子出仕,借以推行自己的政治理想,在其人格力量感召下,其身边聚集了数百名有才华的弟子,"皆可使赴火蹈刃,死不还踵",形成了一个实力强大的学派。另外,墨子还不遗余力地反对兼并战争,通过游说,他曾阻止鲁阳文君攻郑,说服公输班而止楚攻宋。楚惠王曾打算以书社封墨子,越王也打算以吴之地方五百里以封墨子,一向淡泊名利的墨子都俨然拒绝。

墨子的思想和言论,被其门徒编成《墨子》一书。据《汉书·艺文志》著录《墨子》有71篇,后亡佚18篇,故今本《墨子》仅53篇传世。其内容广博,包括政治、军事、哲学、伦理、逻辑、科技、教育等方面,是研究墨子及其后学教育思想的重要史料。

2. 教育的作用表现为"劝以教人"和"染丝"

墨子很重视教育的社会作用,他希望通过办学和游说来实现自己的政治理想,即"兴天下之利,除天下之害",以使"饥者得食,寒者得衣,乱者得治"。然而,当时的社会长年处在动乱之中,其根源在于人人"不相爱","少知义",所谓"天下有义则治,无义则乱"。人人如能"兼相爱,交相利",那么就会"饥则得食,寒则得衣,乱则得治,此安生生";就会"刑政治,万民和,国家富,财用足,百姓皆得暖衣饱食,便宁无忧"①。那么如何使人"兼相爱,交相利"呢?墨子主张用教育的手段,提出"有道者劝以教人",通过教育引导人人"知义",他

———————
① 《墨子·天志上》。

说：“天下匹夫徒步之士少知义，而教天下以义者功亦多。”①同时，墨子也注意到教育对发展生产力的重要作用，主张人应"赖其力者生，不赖其力者不生"，认为"不与其劳，获其实"也是天下大乱的原因之一，因此教育应该引导世人去"从事"，"教人耕"。

与此同时，墨子也很重视环境对人的影响，他在批判性地接纳孔子的人性论主张后，以素丝和染丝为例，提出了著名的"染丝说"或"素丝说"。他说："染于苍则苍，染于黄则黄，所入者变，其色亦变。五入必，而已则为五色矣。故染不可不慎也。"②墨子由染丝谈及"国亦有染"，即大的社会环境对人之善恶有着重要的影响，所谓"时年岁善，则民仁且良；时年岁凶，则民吝且恶"。进而，墨子又谈到"士亦有染"。他说："其友皆好仁义，淳谨畏令，则家日益，身日安，名日荣，处官得其理矣……其友皆好矜奋，创作比周，则家日损，身日危，名日辱，处官失其理矣。"因此，为士者要能"必择所堪，必谨所堪"，多结交"好仁义"之友，使自己能够"近朱者赤"。

虽然环境对人的成长有着重要影响，但最终决定人的富贵贫贱之命的，更在于个人的主观努力。墨子说："夫岂可以为命哉，故以为其力也。今贤良之人，尊贤而好功道术，故上得其王公大人之赏，下得其万民之誉，遂得光誉令问于天下。亦岂以为其命哉，又以为力也。"③因此，他反复强调人要充分发挥自己的主动性，因为"强必宁，不强必危"；"强必贵，不强必贱。强必荣，不强必辱"。"强必富，不强必贫。强必饱，不强必饥"。"强必暖，不强必寒"。

3. 教育旨在培养"贤士"或"兼士"

墨子重视人才在安邦治国中的重要作用，故提出"尚贤"主张，且认为"尧舜禹汤之道"也贵在"尚贤"。因此，他说："夫尚贤者，政之本也。"④因而，对于贤达之士"不可不举"。那么"贤士"自然要由教育来培养，由于"贤士"的主要品德是"兼爱"，因而又称之为"兼士"，亦即"必兴天下之利，除天下之害"之人。

在墨子看来，"兼士"必须具备以下三个标准。

第一，"厚乎德行"，主要是具备"兼爱"的品质，要具有"兼相爱，交相利"的意识。墨子在《兼爱中》说："夫爱人者，人亦从而爱之；利人者，人亦从而利之；恶人者，人亦从而恶之；害人者，人亦从而害之。"因此，"兼士"当然也理应爱护所有的人，同时利于所有的人。在《兼爱下》墨子又说："吾闻为明君于天下者，必先万民之身，后为其身，然后可以为明君于天下。"具体来说，就是要"退睹其万民，饥即食之，寒即衣之，疾病侍养之，死丧葬埋之。兼君之言若此，行若此"。足见，"兼士"不仅要关爱世人的饥寒病死，且言行始终是一致的。另外，"兼士"还应有顽强的意志，所谓"志不强者智不达"。意志要经过长期的磨炼，否则会衰退，"雄而不修者，其后必惰"。"兼士"更要有简朴意识，墨子提倡勤劳和简朴，反对

---

① 《墨子·鲁问》。
② 《墨子·所染》。
③ 《墨子·非命下》。
④ 《墨子·尚贤上》。

"恶恭俭而好简易,贪饮食而惰从事",这是因为"节俭则昌,淫佚则亡"。

第二,"辩乎言谈",即要具有谈话、论辩的方法与技巧,这是从政、游说之士所必不可少的一项素质。因而,墨子在实践中很重视逻辑思维能力的训练。他认为,人的认识与言谈是否正确需要有衡量的标准,对此他主张"言必立仪",提出"三表法",强调即应该从三个方面来把握立论:一表"有本之者",立论时要"上本之于古者圣王之事",即依据历史经验和教训;二表"有原之者",立论时要"下原察百姓耳目之实",即依据民情民意;三表"有用之者",立论时要"发以为刑政,观其中国家百姓人民之利",即要在实践中来检验立论正确与否。

第三,"博乎道术",即要具备丰富的自然及人文科学知识以及农、工、商、兵等实际技能,如此才能"从事"。《墨子》一书可以说是一部科技书籍,内容涉及数学、几何学、光学、力学、声学、心理学、机械制造、军事等,不少在当时世界上居领先地位。这些知识和技术都是墨子在实践中积累总结出来的,也是墨子常给弟子所传授的主要内容,目的在于使弟子"使各从事其所能"。这与孔门忽视劳动教育形成了鲜明的对比。

4. 不断"且作"的教学主张

关于墨子的教学活动资料不多,但从其点点滴滴的言谈举止中,可以感受到他是一位不满足于现状,不断改进教学理念和方法的教育家。归纳起来,有以下几点:

一是志功合一。墨子在教学中一贯奉行志功合一原则,所谓"合其志功而观焉"。这里的"志",是指出发点或动机,"功"是指归宿或效果。无论是"志"抑或是"功",最根本的一条就是要"利人",所谓"利人乎即为,不利人乎即止"。"利人多,功故又大,是以天赏之"。"利人多,故天福之"。只有志功合一的行为或做法才是正确的,所谓"志功,正也"。在中国教育史上,墨子是最早提出以功利主义的原则作为评判人的道德行为的尺度,为后世事功学派的发展奠定了思想基础。

二是"强说人"和"行说人"。墨子不同意儒家的"叩则鸣,不叩则不鸣"的消极等待态度,主张教师在教学中应该积极主动地施教,积极帮助学生去解决问题,做到"强说人",叩则鸣,不叩亦鸣;问则答,不问则讲。所谓"虽不扣,必鸣者也","今求善者寡,不强说人,人莫之知也"①。假如人们不来请教,墨子又提出要送教上门,即"行说人",所谓"行说人者,其功善亦多,何故不行说人也"。

三是述而且作,或述而又作。墨子不同意儒家"述而不作,信而好古"的保守态度,认为对古代文化中善的东西要很好地加以继承,同时又要创造出新的东西,这样会使善的东西日益增多,所谓"古之善者则述之,今之善者则作之,欲善之益多也"。正是靠这种创新精神,墨子才创造了许多先进的科技文化,才使得墨学能够与儒学并称为"显学"。

四是察类明故。"类"是指事物的类别、分类,"故"是指事物的原因、根据或行动的目的,同时又是另一事物发展的结果。由于事物之间关系非常复杂,所谓"殊类异故",就要求人们在认识事物或辩论时,应当进行合理的分类,"不明于其类,则必困矣"。进而找出

---

① 《墨子·公孟》。

各类事物的异同、因果及其根据,以探索其内在的联系和规律,以"明其故"。所谓"谋而不得,则以往知来,以见知隐。谋若此,可得而知矣"。

五是量力施教。墨子首次明确提出"量力"这一命题,要求施教时要考虑到学生的实际接受能力。当有学生在正业之外请求学射时,他说:"不可,夫知者必量其力所能至而从事焉。国士战且扶人,犹不可及也。今子非国士也,岂能成学又成射哉。"①同时,墨子又提出要根据学生的实际水平,对学生要"深其深,浅其浅,益其益,尊其尊"。即深者教之以深,浅者教之以浅,强者增之,弱者减之,体现出墨子对教学规律的独到见解和把握。

六是言行一致。墨子主张要言行一致,并多次强调"口言之,身必行之";"言若此,行若此";"言必信,行必果。使言行之合,犹合符节也,无言而不行也"。他认为,出言必定要守信用,说过的事情一定要去实践。墨子反对仅停留于言谈而不从事实践者,称"士虽有学,而行为本"。"口言之,而身不行,是子之身乱也"②。

四、道家学派的教育思想

对中国传统文化产生重大影响的除儒家学派外,还有道家学派。以老子和庄子为代表的道家学派,提倡"无为而治",其博大精深的辩证法思想在春秋战国时期的百家争鸣中占有相当重要的位置,且还滋润着中国历代不同的学术流派。其教育实践及教育理论,也对后世教育产生了重要影响。

(一) 老子

老子为道家学派的创始人,伟大的哲学家和思想家,以其不朽之作《道德经》而为历代学者所尊崇。尤其是"在中国两千多年的封建社会中,真正能与儒家教育思想形成互补,对中华民族思想性格的形成和发展产生深远影响的,便是老子所开创的道家的教育理论"③。

1. 生平及教育活动

老子,名耳,字聃,姓李氏。出生于古楚苦县,即今鹿邑县太清宫镇。《史记》称其做过"周守藏室之史",即掌管过周王朝的图书典籍。《汉书·艺文志》载:"道家者流,盖出于史官。"这是有一定根据的。后见周朝日衰,老子乃弃周向西,过灵宝的函谷关而去,晚年过着隐居生活。司马迁称其出关后"莫知其所终"。

虽然史载老子归隐前"未尝聚徒讲学也"。但有两件事是值得关注的:一是孔子入周向老子问礼。这是鲁昭公二十四年(前518年)的事情,史载:

孔子适周,将问礼于老子。老子曰:"子所言者,其人与骨皆已朽矣,独其言在耳。且君子得其时则驾,不得其时则蓬累而行。吾闻之,良贾深藏若虚,君子盛德,容貌若

---

① 《墨子·公孟》。
② 《墨子·公孟》。
③ 赵国权主编:《中原文化大典教育典:私学·书院》,中州古籍出版社2008年版,第31页。

愚。去子之骄气与多欲,态色与淫志,是皆无益于子之身。吾所以告子,若是而已。"孔子去,谓弟子曰:"鸟,吾知其能飞;鱼,吾知其能游;兽,吾知其能走。走者可以为罔,游者可以为纶,飞者可以为矰。至于龙吾不能知,其乘风云而上天。吾今日见老子,其犹龙邪!"①

从孔子对弟子所讲的一番话,可以看出这次问礼确实收获不小。尤其是老子对"骄气与多欲"的看法,体现出老子"无为"的教育原则。二是为函谷关令尹喜著《道德经》。史载:

> 居周之久,见周之衰,乃遂去。至关,关令尹喜曰:"子将隐矣,疆为我著书。"于是,老子乃著书上下篇,言道德之意五千余言而去,莫知其所终。②

老子的代表作为《道德经》或《道德真经》,或称《老子》。与《易经》和《论语》一起被认为是对中国人影响最深远的三部思想巨著。《道德经》分为上下两篇,共 81 章,上篇为"道"经共 37 章,下篇自第 38 章以下为"德"经。全文共计 5000 字左右,却蕴含着丰富的哲理和教育思想。

2. 以崇尚"无为"为教育目的

在中国哲学史上,老子首次提出"道"的命题,将"道"看作一种客观实在,是天地万物的本源,所谓"道生一,一生二,二生三,三生万物"。且"周行而不殆",成为自然界的普遍规律和法则,也是人类活动最高原则和必须遵守的规范。因此,教育也要围绕着"道"来展开,教育人们把"道"当作认识、追求和实现的目标,所谓"人法地,地法天,天法道,道法自然"。

由于"道"的本质特征是"无为",所谓"道恒无为,而无不为"。"无为"还有"好静"、"无事"、"无欲"等方面的意义。他说:"我无为,而民自化;我好静,而民自正;我无事,而民自富;我无欲,而民自朴。"所谓"好静",即强调静心修炼,修成君子之正;所谓"无事",即顺乎自然,不勉强地进行人事干预;所谓"无欲",即根除私心杂念。只有做到这些,才能使"民自化",社会才能安定,民众才能安居乐业。教育就是要培养具有这种"无为"品质的人。

3. 以"不争"、"知足"和"贵柔"为教育内容

依据"无为"的教育目的,老子认为应该对民众进行"不争"、"知足"和"贵柔"等方面的教育。

"不争"即不计名利,这是一种最为完美的品德。老子以水助万物而不与万物相争为例来说明"不争"之美德,"上善若水。水善利万物而不争。处众人之所恶,故几于道"。至于如何做到"不争",老子要求"四不",即"不自见,故明;不自是,故彰;不自伐,故有功;不自矜,故长。夫唯不争,故天下莫能与之争"。还要求处处为"善",即"居善地,心善渊,与善人,言善信,政善治,事善能,动善时。夫唯不争,故无尤"。另外,为人还要恭谦居下,他说:"我有三宝,持而宝之:一曰慈,二曰俭,三曰不敢为天下先。夫慈,故能勇;俭,故能广;

---

① 司马迁:《史记》卷六十三《老子韩非列传》。
② 司马迁:《史记》卷六十三《老子韩非列传》。

不敢为天下先,故能成器长。"

"知足"即要知道满足。老子认为,"罪莫大于可欲,祸莫大于不知足,咎莫大于欲得"。一个人如果不知足,拼命追求个人欲望,必然会招致灾祸。因而,人要"知足",因为"知足不辱,知止不殆,可以长久"。

关于"贵柔",老子依据自然及社会盛衰现象,视"柔"为人生之美德,只有"贵柔"才能居于上位。他亦以水为例,赞美柔德。他说:"天下柔弱莫过于水,而攻坚强者莫之能胜,其无以易之。弱之胜强,柔之胜刚,天下莫不知,莫能行。"进而,老子谈到人和草木,都有"柔弱"之美,他说:"人之生也柔弱,其死也坚强。万物草木之生也柔脆,其死枯槁。故坚强者死之徒,柔弱者生之徒。"可见,凡是"坚强"的东西都是死亡一类的,"柔弱"的都是生长一类的,因而人生在世就要保持"柔弱"的姿态,做到"大成若缺"、"大盈若冲"、"大辩若讷"、"大巧若拙",只有这样才会充满活力。

4. "行不言之教"的教育原则

老子主张"圣人无为",就是要"处无为之事,行不言之教"。这里的"无为",并不是无所作为,而是在教人"为道"时要顺其自然,不加任何人为的干预,做到"无为而无不为"。"不言之教"并不是不说教,而是反对过多的说教和干预,最好是能像流水那样,"以辅万物之自然而不敢为"。当然,"行不言之教"也包含着以自身言行感化他人的哲理,"故善人者,不善人之师;不善人者,善人之资。不贵其师,不爱其资,虽知大迷,是谓要妙"。

在"不言之教"的原则下,老子还提出一些具体的为学方法。

一是闭目塞听。老子认为,人的私欲是万恶的根源,而私欲又是通过人体感官接触外物所引发的,以致让人走向邪恶。为关闭引起私欲的邪恶之门,他主张闭目塞听,即要"塞其兑,闭其门,终身不勤"。这里的"兑"、"门"指的就是耳目等感觉器官。如不关闭,而"开其兑,济其事",则"终身不救"。尤其是,老子认为"为道"是不需要感官参与的,所谓"不出户,知天下;不窥牖,见天道。其出弥远,其知弥少。是以圣人不行而知,不见而名,不为而成"。

二是绝学弃智。老子把"为道"与"为学"对立起来,认为知识和人的私欲一样也是不好的东西,"为学"必然会影响到"为道"。他说:"为学日益,为道日损,损之又损,以至于无为。无为而无不为。""民之难治,以其智多"。因此,为了"道",他主张要"绝圣弃智,绝仁弃义,绝巧弃利",对知识要"损之又损",达到"无知无欲"。所谓"少私寡欲,绝学无忧"。

三是涤除玄鉴。老子认为,"道"无形无名,"玄之又玄"的,单靠感官及理性思维是不能把握的,只有用一种神秘的、静观的、内心的直觉才能感知它,要如此,就必须做到"涤除玄鉴",即将内心打扫干净,杜绝一切外来的干扰,以内心的清静虚寂来静观天地万物的变化,否则,妄自作为,将会祸及自身。他说:

致虚极,守静笃。万物并作,吾以观复。夫物芸芸,各复归其根。归根曰静,是谓复命。复命曰常,知常曰明。不知常,妄作,凶。知常容,容能公,公能王,王能天,天能道,道能久,没身不殆。

（二）庄子

庄子与孟子为同时代学者，道家学派的继承人，伟大的思想家和哲学家，后世将其与老子并称为"老庄"，学术界尊其哲学思想体系为"老庄哲学"。

1. 生平及教育活动

庄子（约前369～前286），姓庄，名周，宋国蒙（今河南民权）人。祖上系出楚国公族，后因楚国内乱，先人避夷宗之罪迁至宋国蒙地。《史记》载其"尝为蒙漆园吏，与梁惠王、齐宣王同时"。因其崇尚自由，而不应同宗楚威王之聘。史称：

> 楚威王闻庄周贤，使使厚币迎之，许以为相。庄周笑谓楚使者曰：千金，重利；卿相，尊位也。子独不见郊祭之牺牛乎？养食之数岁，衣以文绣，以入大庙。当是之时，虽欲为孤豚，岂可得乎？子亟去，无污我。我宁游戏污渎之中自快，无为有国者所羁，终身不仕，以快吾志焉。①

庄子几乎是一生退隐，"其学无所不窥，然其要本归于老子之言"，甚至是"以诋訾孔子之徒，以明老子之术"。其代表作为《庄子》，共33篇，亦称《南华经》，为道家经典著作之一。分"内篇"、"外篇"和"杂篇"三个部分。"内篇"有7篇，为庄子所撰，其中《齐物论》、《逍遥游》、《大宗师》等最能体现庄子的哲学思想；"外篇"有15篇，为庄子的弟子所撰，或与弟子合撰；"杂篇"11篇，当为庄子学派或后世学者所写。其文多采用寓言故事，想象力丰富，有较高的教育理论价值。

2. 教育以培养"至人"或"神人"、"圣人"、"真人"为目标

庄子强调"天人合一"，反对人为地损害人的自然本性，教育要为张扬人的个性服务，使人追求一种神秘的精神自由，达到物我不分、与道合一的理想境界。体现在教育目标上，就是要培养具有"天地与我并生，而万物与我为一"的、无差别境界的理想人格。对于这种理想的人格，庄子有不同的表述，且分为"至人"、"神人"、"圣人"和"真人"几个层次。他在《逍遥游》中说："至人无己，神人无功，圣人无名。"将无己、无功、无名作为理想人格的核心品质，要求超越名利，追求灵魂自由，从而达到绝对的自由精神状态，如此才能"乘云气，御飞龙，而游乎四海之外"。

关于"真人"，他在《刻意》中说："纯素之道，唯神是守；守而勿失，与神为一；一之精通，合于天伦。野语有之曰：众人重利，廉士重名，贤士尚志，圣人贵精。故素也者，谓其无所与杂也；纯也者，谓其不亏其神也。能体纯素，谓之真人。"在《大宗师》中说："不以心捐道，不以人助天。是之谓真人。"可见，"真人"不依赖任何外在力量，足以能把握天地万物以及人世的"道"，可说是最高的理想人格。在庄子心目中，能够成为"真人"的，唯有"关尹、老聃"，称其"古之博大真人哉！"

3. "行不言之教"的教育原则

庄子继承了老子"行不言之教"的思想，认为教条式说教是天下大乱的主要因素。他

---

① 司马迁：《史记》卷六十三《老子韩非列传》。

在《胠箧》中说:"释夫恬淡无为而悦夫啍啍之意,啍啍已乱天下矣。"教育应该是一种内心的自觉和自化,无需强制灌输,因此要在一种超自然的、绝对自由的环境中来进行,只有如此,受教者才会感到轻松愉悦,才会达到"无为"的境界,故主张"行不言之教"。

在"行不言之教"原则下,庄子还谈到一些具体的教育方法。

一是顺乎自然。庄子认为,人之聪明才智为"天之所为",非后天所能增益或减损的,人应该做的,不是强求去增长知识和智慧,而是用智力所能理解的来保养智力所不能理解的,顺乎自然而已。他在《大宗师》中说:"知天之所为,知人之所为者,至矣。知天之所为者,天而生也;知人之所为者,以其知之所知以养其知之所不知,终其天年而不中道夭者,是知之盛也。"可见,如果强求新知,就会导致"终其天年而不中道夭"。

二是心斋坐忘。这是庄子体悟大道的最根本的方法,所谓"心斋",他在《人世间》篇中说:"若一志,无听之以耳而听之以心,无听之以心而听之以气。听止于耳,心止于符。气也者,虚而待物者也。唯道集虚,虚者,心斋也。"心斋的关键是一个"虚"字,"虚"即无思无虑,亦即精神安谧虚静,就是要让精神超然于物外,保持绝对的安宁。心如何"虚",庄子进一步提出要"坐忘",所谓"堕肢体,黜聪明,离形去知,同于大通,此谓坐忘"。简言之,"坐忘"就是要忘却从外部感官直到内心理智活动,与天道合一或与宇宙万物合一,把生死、功名、成败、祸福等置之度外,使自己的精神达到无差别的境界。这与老子"涤除玄监"的方法是一致的,既是超经验的,又是反理性的。

三是缘督为经。庄子在《养生主》篇中说:"为善无近名,为恶无近刑。缘督以为经,可以保身,可以全生,可以养亲,可以尽年。"这里的"督"是中虚之意,"缘督以为经"即要求处事以虚,比如做善事不求名,作恶事不触犯刑法,总是让自己的言行处于善与恶、好与坏之虚隙之间。他还以"庖丁解牛"为例,说明庖丁非常熟悉牛的内部结构,因而心中无"全牛",宰牛时既不会触到骨骼,也不会割断筋络,以至于"游刃必有余",宰牛数千,而"刀刃若新发于硎"。庄子以此故事,来告诉世人要注意乘虚,学会把握事物的客观规律,如此才能让自己对世事应对自如,且还"可以保身,可以全生,可以养亲,可以尽年"。

五、法家学派的教育思想

法家是战国时期重要学派之一,代表着新兴的社会势力,以其有效而坚定的社会政治主张影响到中国社会发展的历史进程。在教育理论方面,虽然没有达到像儒墨那样的造诣,但亦有许多独到之处。

(一)法家教育思想的渊源

法家的渊源最早可追溯到春秋时期郑国的子产(?～前522),在其执政期间,把自己所制定的刑书铸在鼎器上,开创了古代公布成文法的先例,并提出"以宽服民"、"以猛服民"的主张,在教育上以其"不毁乡校"而流传千古。还有,名为管仲所著的《管子》一书,所载多为齐国法家先驱的论著,《明法》篇最早提出"依法治国"主张,所谓"威不两错,政不二门,以法治国,则举错而已"。《霸言》篇最早提出"以人为本"主张,认为"本理则国固,本乱则国危"。《治国》篇则提出"富民"主张,认为"凡治国之道,必先富民。民富则易治也,民贫则难治也"。又"民事农则田垦,田垦则粟多,粟多则国富。国富者兵强,兵强者战胜,战胜者地广",初显"耕战"倾向。另外,从《小匡》、《弟子职》、《牧民》等篇目中,还可以看出与儒家的主张多有一致之处,如《牧民》称:"仓廪实则知礼节,衣食足则知荣辱";"礼、义、廉、耻,国之四维;四维不张,国乃灭亡"。

最早以法理为依据来论法的代表人物是战国时期魏国的李悝(前455~前395),不仅著有中国第一部刑法法典《法经》,还提出要"尽地力之教",从此"重农"成为法家的一贯主张。

而真正使儒法趋于对立的法家人物,则是李悝的弟子商鞅(约前390~前338)。商鞅虽早年受儒家思想的熏陶,但因受李悝、吴起的影响,而"少好刑名之学"。在秦孝公广征"强秦者"之际,商鞅以其"霸道"和"强国之术"得到重用,辅佐秦孝公实施变法,"行之十年,道不拾遗,山无盗贼。家给人足。民勇于公战,怯于私斗,乡邑大治"①。其教育主张集中体现在《商君书》一书。

韩非(约前280~前233)可以说是法家思想的集大成者,他熔商鞅的"法"、申不害的"术"、慎到的"势"于一炉,又兼采儒、墨、道诸家之长,所提出"法后王"及倡"耕战"理论,成为秦始皇完成统一大业的思想武器。韩非虽不善言语,却"善著书",所著《孤愤》、《五蠹》、《内外储》、《说难》、《显学》等,都含有丰富的教育思想。

(二)绝对的"性恶论"

荀子最早提出"人之性恶"的命题,旨在为了强调礼义之教的重要。法家的人性论则表现为绝对的"性恶",旨在强调实施法治的重要性。早在《管子》书中,就提出趋利避害是人之常情,"凡人之情,见利莫能勿就,见害莫能勿避"。商鞅认为,凡人均是贪图名利、好逸恶劳、计较得失的。所谓"民生则计利,死则虑名";"人情好爵禄而恶刑罚"。韩非则更为极端,不仅认为人"不免于欲利之心",且断言人心总是利己而害人的,人与人之间是一种利害关系,甚至常存"计算之心"。比如,做棺材的总是希望人早死多死;行医者热心为病人看病,"非骨肉之亲也,利所加也";君臣之间也是相互利用,"君臣之交,计也"。甚至是父母与子女之间也存在着利害关系,比如"产男则相贺,产女则杀之。此俱出父母之怀妊,然男子受贺,女子杀之者,虑其后便,计之长利也。故父母之于子也,犹用计算之心以相待也,而况无父母之泽乎!"②父母对待子女尚且如此,那么世间还有何善性和爱心可言。

既然人性自私,又极端"性恶",那就无法指望人们自觉为善,只能设法令人不得为非。在韩非看来,用爱心感化是没有多大用处的,所谓"母厚爱处,子多败,推爱也。父薄爱教笞,子多善,用严也"。只有严刑厉法,才可以使人"变其节,易其行矣"。于是,韩非得出一

---

① 司马迁:《史记》卷六十八《商君列传》。
② 《韩非子·六反》。

条结论,即"夫严家无悍虏,而慈母有败子,吾以此知威势之可以禁暴,而德厚之不足以止乱也"。因此,他主张:"夫圣人之治国,不恃人之为吾善也,而用其不得为非也……故不务德而务法。"①在这里,韩非过分强调法制对人性的约束,认为教育的作用在于使人"不得为非",却忽略了自我道德教育的作用。

(三) 教育旨在培养"耕战"、"能法"之士

法家一味地强调"法"及"耕战",自然要通过教育来培养"耕战"及"能法"之士。

在法家看来,战国是一个"争于气力"时代,要想赢得天下必须具有足够的实力,所谓"力多则人朝,力寡则朝于人"。实力,则又来自军事和经济,因而"耕战"就显得尤为重要。那么教育如何促进"耕战",如何使民众乐于"耕战",这是法家学者非常关注的一个话题。对此,商鞅提出要"禁游宦之民而显耕战之士"。他希望通过法制手段,使民众以游宦、学问为耻,所谓"为辩知者不贵,游宦者不任,文学私名不显"。同时,还要设立各种奖赏及官职,鼓励民众以乐于耕战为荣,尤其是要利用民众趋利避害的本性,诱导民众乐于耕战。他说:"民之欲利者,非耕不得;避害者,非战不免。境内之民莫不先务耕战,而后得其所乐。故地少粟多,民少兵强。能行二者于境内,则霸王之道毕矣。"②

进而,韩非将人才培养提到能治理国家的高度,要求培养"智术之士"、"能法之士",他指出:

> 智术之士,必远见而明察,不明察不能烛私;能法之士,必强毅而劲直,不劲直不能矫奸……智术之士,明察听用,且烛重人之阴情;能法之士,劲直听用,且矫重人之奸行。故智术、能法之用,则贵重之臣必在绳之外矣。是智、法之士与当途之人不可两存之仇也。③

法家学者在重"法"及"耕战"的同时,对儒家学说进行了猛烈攻击,商鞅就把儒家所倡导的礼乐、诗书、孝悌、诚信和仁义,比做"六虱"。韩非则把儒家学者比做"五蠹",认为儒家所从事的都是"贫国弱兵之教",应该加以禁止。

(四) 禁"二心私学","以法为教"与"以吏为师"

"二心私学"是法家对其他私家学派的称呼。在法家看来,自春秋以后的私学及养士之风盛行乃是思想混乱及不统一的根源,所谓"儒以文乱法,侠以武犯禁,而人主兼礼之,此所以乱也"。商鞅早已意识到这一问题的存在,提出要"贱游学之人","禁游宦之民",并用"壹教"取而代之,"所谓壹教者,博闻、辩慧、信廉、礼乐、修行、群党、任誉、清浊,不可以富贵,不可以评刑,不可独立私议以陈其上。坚者被,锐者挫"④。即不允许诸如"博闻"之类的人等有言论自由,不允许有私家学说或学派的存在。韩非则认为私家学派的存在就

---

① 《韩非子·显学》。
② 《商君书·慎法》。
③ 《韩非子·孤愤》。
④ 《商君书·赏刑》。

意味着"乱上反世",并将私家学派称之为"二心私学"。他说:"凡乱上反世者,常士有二心私学者也。"他要求对"二心私学"要"禁其行"、"破其群"、"散其党"。而私学真正被禁的是在李斯执政期间,为定法家思想于一尊,李斯向秦始皇建议对私学"禁之便",如不禁私学,必然会"主势降乎上,党与成乎下",于是下令:

  非博士官所职,天下敢有藏诗、书、百家语者,悉诣守、尉杂烧之。有敢偶语诗书者弃市,以古非今者族,吏见知不举者与同罪。令下三十日不烧,黥为城旦。①

为了推行"法治",法家提出要"废先王之教",尤其是要抛弃儒家所提倡的仁义礼智之教,而实施以"耕战"为核心内容的法治教育,如商鞅提出要"更礼以教百姓"、"燔诗书而明法令"以及置官吏"为天下师"。韩非承袭商鞅的观点,明确提出:

  今修文学、习言谈,则无耕之劳而有富之实,无战之危而有贵之尊,则人孰不为也?是以百人事智而一人用力,事智者众则法败,用力者寡则国贫,此世之所以乱也。故明主之国,无书简之文,以法为教;无先王之语,以吏为师。②

在法家看来,"法"是行为准则和依据,百姓知法守法,社会就安定,官员知法执法,就不会残害生灵,只要人人依法行事,国家就会强盛。故商鞅称"法令者,民之命也,为治之本也"。如果说"以法为教"是教育内容,那么"以吏为师"就是一种教育手段,通过官吏来解释法令,并向民众实施法治教化,显然是一种社会教育,而非真正意义上的学校教育。法家强调法治教育有其合理的一面,其弊端在于忽略了知识教育或学校教育。

本章结语:中国的奴隶制社会始于夏王朝的建立,经历了夏、商、周三代,止于公元前221年秦统一。这一时期,因为生产力的发展、私有制及文字的出现,使得中国教育事业步入文明、快速发展期,不仅教育制度初具规模,教育思想更是空前活跃,为封建制教育的孕育奠定了基础。具体来说,这一时期的教育具有以下特点。

第一,教育有了阶级性。自私有财产出现后,社会阶层开始分化,出现了统治阶级和被统治阶级。教育也便有了阶级性,教育及受教育权为统治阶级所垄断。尤其是周朝,统治阶级高度垄断教育的最主要标志便是"学在官府",不仅奴隶主贵族把持学校教育,且其子女才有受教育权,被统治者子女被排斥在学校教育之外,只能是在生产和生活中接受教育。这种教育权的两极分化一直延续到封建社会末期。

第二,教育制度初具规模。经过夏商学校的建制和发展,至西周时教育制度初具规模,中央设置有国学,即所谓的中央官学,地方上按行政区划设置有乡学,也即地方官学。为后世学校的设置提供了依据和经验。

第三,教育内容凸显伦理及六艺教育。无论国学还是乡学,从所设置的教学科目来说,明显倾向于伦理道德教化,"皆所以明人伦也"。尤其是"六艺"教育,包含德智体美等多方面发展的教育元素,形成一种教育传统,对后世产生深远的影响。

---

① 司马迁:《史记》卷六《秦始皇本纪》。
② 《韩非子·五蠹》。

第四,私学的出现使学校教育从政治生活中剥离出来,完成了学校的独立化过程。尤其是孔子提出的"有教无类"主张,在一定程度上打破了奴隶主贵族对教育的高度垄断,扩大了受教育对象,使得学校教育由贵族化开始走向平民化。也使得我国古代学校的类型,由过去单一的官学变为官学与私学并举,为后世所沿袭。

第五,伴随私学的发展及养士之风的盛行,学术思想异常活跃。以孔子为代表的儒家学派,以墨子为代表的墨家学派,以老庄为代表的道家学派以及以商鞅、韩非等为代表的法家学派等,纷纷以私学为阵地,授徒讲学,著书立说,形成了各具特色的教育理论,由此奠定了中国封建社会教育的理论基础。

【讨论与思考】

1. 西周教育制度的基本特点是什么?
2. 私学兴起的原因及其对教育的贡献有哪些?
3. 试述孔子教育思想的基本内容?
4. 试述孟子关于"大丈夫"人格培养的教育主张。
5. 试述《大学》和《学记》中的主要教育主张。
6. 简述墨子教育思想的基本特征。
7. 简述道家及法家学派的主要教育主张。
8. 试析先秦诸学派的人性论主张。
9. 试析先秦诸学派的教师主张。
10. 试比较儒墨两家教育思想的异同。
11. 试比较孟子和荀子的教学主张。

【阅读导航】

1. 李国钧、王炳照总主编:《中国教育制度通史》第一卷,山东教育出版社2000年版。

本书在第一章"中国教育的起源"中介绍了夏商两代的学校教育情况。第二章"西周教育制度",分为宗法制的形成、"学在官府"条件下的西周教育制度、以"六艺"为纲的教学内容和社会教化体制的构建等四节加以阐释西周教育的发展情况。第三章写的是"春秋教育制度",就春秋时期教育剧变的社会背景、学术扩散与士阶层的出现、私学的兴起、孔门教学制度、墨家教学制度等展开讨论。第四章是"战国教育制度",涉及儒家经籍教学体系的形成、百家争鸣与各家私学的发展、养士与稷下学宫等。

2. 毛礼锐、沈灌群主编:《中国教育通史》第一卷,山东教育出版社1985年版。

本书第二章专门探讨"夏商西周的教育",分为三节,其内容分别是三代时期的教育制度、教育内容和周公的教育思想。第三章讨论"春秋战国教育",内容丰富繁杂,分为十三节,第一节至第五节探讨的是这一时期教育发展的基本情况,涉及学术下移和士阶层的崛起、官学衰落与私学兴起、用士养士与百家争鸣、稷下学宫和春秋战国的科技教育。第六节至第十三节论及这一时期所出现的教育理论,包括孔子、墨子、孟子、荀子、老子、庄子、商鞅、韩非的教育思想以及《学记》、《吕氏春秋》中的教育主张。

3. 孙培青主编:《中国教育史》,华东师大出版社2000年版。

本书第二章探讨"夏商周与春秋时期的教育",分为四节,即"夏商的教育"、"西周的教育"、"春秋时期的教育变革"和"孔丘的教育思想"。第三章探讨"战国时期的教育",分为七节,内容为"诸子百家私学的发展"、"齐国的稷下学宫"以及墨子、孟子、荀子和法家的教育理论与实践;最后一节是对战国后期的教育论著,诸如《大学》、《中庸》、《学记》和《乐记》等所蕴含的教育理论加以探析。

4. 王炳照等编:《简明中国教育史》,北京师范大学出版社2010年版。

本书第一章第二节谈到"西周的教育"。第二章"春秋战国时期的教育"分为八节,即"官学的衰落和私学的兴起"以及孔子、孟子、荀子、墨子和道家、法家、《礼记》中的教育思想。

5.《史记》、《论语》、《孟子》、《礼记》等历史文献。

《史记》是由司马迁撰写的中国第一部纪传体通史,记载了上自上古传说中的黄帝时代,下至汉武帝元狩元年间共3000多年的历史。其中的三代本纪、王侯世家及孔子世家、先秦诸子列传以及儒林列传等,均含有相关的教育史料,很值得参阅。

先秦诸子的论著是研究这一时期教育理论的主要参考资料,诸如《论语》、《孟子》、《墨子》、《荀子》、《老子》、《庄子》、《礼记》、《韩非子》、《商君书》、《吕氏春秋》等,要想深入探讨诸子的教育思想,这些原著均值得精读。

第三章 封建制初期教育的定型

【内容提要】

秦汉魏晋南北朝是中国教育发展史上一个重要的历史阶段,它上承先秦下启唐宋,处于中国古代教育各个层面的重大转变和创构期。秦处于中国封建社会的幼年时期,统治者缺乏治国经验,笃信"以刑杀为威",在文化事业上也实行专制高压政策,在教育领域实行禁私学、"以法为教"、"以吏为师"等政策,并出现了"焚书坑儒"等逆历史潮流的严重事件。汉代统治者吸取秦亡教训,积极调整文教政策,董仲舒倡导的以儒为主、杂糅道、法的"罢黜百家、独尊儒术"主张,在汉武帝的强力支持下转变为两汉时期的基本国策,先秦诸子之间的争鸣荡砺也被汉代儒学独尊的局面所替代。学校教育制度的创建与不断完善,强化了儒学的官方地位,推动了儒家伦理道德的重心下移。魏晋以降,战乱频仍,胡汉纷争,佛陀东来,伴随着佛教的中国化、少数民族的汉化以及儒学与各种外来文化的激荡交融,文化教育领域再次出现了丰富多元的局面,教育思想、教育制度与教育活动的多元化趋向孕育了唐宋文化教育的宏大气象。

【学习目标】

1. 了解秦汉魏晋南北朝时期的文教政策及其产生的历史背景;
2. 对秦汉魏晋南北朝时期的官学、私学以及家庭教育的发展脉络有一个清晰把握;
3. 理解察举征辟、九品中正制等选士制度的主要内容及特点;
4. 准确理解焚书坑儒、今古文经学教育、玄学等概念;
5. 重点掌握贾谊、董仲舒、王充、郑玄、颜之推的教育思想。

【核心术语】

书同文　行同伦　三老　吏师制度　博士制度　挟书令　焚书坑儒　独尊儒术　太学　鸿都门学　文翁兴学　经学教育　师法家法　察举制度　玄学　九品中正制　越名教而任自然　千字文　颜氏家训

自秦汉至魏晋南北朝时期,即从公元前221年秦始皇统一六国到公元589年隋灭南陈再度统一,历时810余年,时间跨度可谓不小,期间至少有33个朝代194位帝王登台理政,政权频繁更替,各阶层利益及关系错综复杂,以至于在史学领域颇具权威的"二十五史"中,就有13部史书书写了这段历史的演变,还不包括《史记》和《隋书》对秦汉及南北朝部分历史的记载。给人的印象是,除了两汉近430年的相对稳定外,其余380余年的中国社会一直处于一种剧烈震荡状态,社会经济和社会秩序遭受巨大破坏,文化教育也深受重创,甚至是看不到一缕缕曙光。其实则不尽然,社会的剧烈震荡往往是社会走向文明与进步的征兆,因为阵痛之中便孕育着新的文化格局,事实上阵痛之后也便促成了隋唐盛世,因而有学者认为魏晋南北朝时期有着"继汉开唐"的划时代意义。教育上也是如此,无论是两汉的相对稳定,还是魏晋南北朝的剧烈震荡,教育始终是全社会所关注的一个话题,在尊孔崇儒、重教兴学政策的引领下,无论是官学教育还是私学教育,无论是教育制度还是教育理论,都出现许多新的亮点,基本上奠定了封建教育的基础。

第一节　秦代的教育

秦横扫宇内,统一六合,结束了春秋战国以后诸侯长期纷争的分裂局面,建立了高度集权的专制体制,并揭开了真正意义上的中华文明的历史序幕。由于以秦始皇为首的秦代统治集团尚处于幼年时期,治国理念很不成熟,依然笃信武力和严刑酷法是维系国体的不二法门。为钳制六国残余贵族兴家复国的思想基础,秦以法制思想作为制定国策的主要理论依据,以法为教、焚书禁学成为时代最强音,法家思想遂成为官方法定的唯一意识形态。在崇尚法刑的社会背景下,秦国的文教政策也因而染上了一层铁血色彩。思想文化领域里的专制同统治者的暴虐互为表里,致使秦仅历十五载而速亡。

一、秦代的文教政策

秦是中国历史上第一个统一的中央集权的专制政权。刚在兵戈中淬火新生的秦王朝,对六国旧势力仍深怀警惕,对新归附的六国黔首心存疑虑,因此对议论纷纷、以古非今的思想文化领域,始终采取强硬和专制态度,教育政策也遵循着维护国家统一和君主集权的根本原则。以严酷著称的先秦法家思想因符合统治者的现实要求而跃居秦代教育的官方地位。针对"车途异轨,律令异法,衣冠异制,言语异声,文字异形"[①]的社会现实,秦政权在文教领域主要采取了以下措施。

（一）书同文

春秋战国时期,由于各诸侯国长期割据以及不同地区间文化发展的不平衡,文字的使用也存在较大差异,即使在同一诸侯国内也往往有几种文字并行而用。一般说来,当时流行着古、籀、篆三种字体,这些异形字的交替演变,反映了我国文字的发展趋势,是化繁为简、推陈出新的结果。但这种"文字异形"的现状给政令的颁行与不同地区之间文化的交流造成严重障碍。如:秦统一后,诏书抵达桂林等地区,当地官民基本都无法辨识,更遑论

---

① 许慎:《说文解字·序》。

认真执行了。因此,文字的统一,已成为时代的紧迫要求。为"普施明法、经纬天下",秦统一之时,秦始皇就督促丞相李斯、中车府令赵高、太史令胡母敬着手整理文字,"罢其不与秦文合者",对"大篆"和"古文"两种字体加以改造,创造出笔画更为简单易写的"小篆"字体。如:李斯编写的《仓颉篇》,中车府令赵高编写的《爱历篇》,太史令胡毋敬编写的《博学篇》,均是以简便易识的小篆为字体,它们既是为民众提供的字书范文,同时也是秦代极为重要的童蒙教材,这些作品极大地便利了秦代教育活动的实施,是汉以后童蒙教材的雏形与先声,因此,它们的问世,也是中国古代教育史上的一件大事。随后,狱吏程邈又依据民间流传的字体,整合出更为简便的新书体"隶书",被官方采用、推广。湖北云梦山出土的秦简,证明秦朝的官方文书已广泛使用隶书。先秦各种字体,经过秦政府数次的有效整理,逐渐由繁趋简、由难趋易、由杂乱而趋统一,这对文化传播、教育活动的实施、政令推行,甚至中央集权的巩固和加强都具有重要意义。

(二)行同伦

秦统治者认为:"古者,民各有乡俗,其所利及好恶不同,或不便于民,害于邦。是以圣王作为法度,以矫端民心,去其邪僻,除其恶俗。"①因此,为改变自认为"不便于民、害于邦"的六国恶俗,教化百姓,秦统治者提出"黔首改化,远迩同度",在全国大张旗鼓地推行"行同伦,黜异俗"的文教政策,企图以此来统一思想,巩固统治。

为顺利达到"行同伦"的教化目的,以秦始皇为首的秦统治者采取了一系列措施:其一,以律令作保障。基于"法律未足,民多诈巧"的判断,秦统治集团十分重视律令在"行同伦"中的保障作用,用法律政令"以教导民,去其淫僻,除其恶俗,而使之之于为善也"。如果"法律令已布",而吏民仍"令行不止",各地"私好、乡俗之心不变",那么,令、丞以下的各级官吏,就是"为人臣不忠",普通百姓则被定义为"邪僻之民",都要按"大罪"论处。如此一来,各级官吏均如履薄冰,不敢有丝毫懈怠,普通百姓也不敢越雷池一步,秦始皇倡导的"黔首修絜,人乐同则,嘉保太平"社会理想也得以顺利实施。其二,巡行全国,颂德扬威。秦建立后,秦始皇曾五次巡行全国,每到一处,都刻石以颂扬自身功绩,向各地民众显示自身权威,同时规劝百姓改过迁善,服从秦政权制定的法规律令和道德规范。如:第二次巡行,秦始皇作琅邪刻石,明确规定"端平法度"、"匡饬异俗"的治国理念,即:"尊卑贵贱,不逾次行。奸邪不容,皆务贞良。细大尽力,莫敢怠荒。远迩辟隐,专务肃庄。端直敦忠,事业有常。"②并要求普天之下的吏民"抟心揖志"地遵守和执行。其三,强化官吏的示范作用。秦代主张"吏师合一",因此对官吏的任用和管理十分严格,对其道德行为和行政能力的考察也有明确的标准。在严格要求的同时,秦统治者对官吏在社会教化中的作用也寄予厚望,认为"凡良吏明法律令,事无不能也",将其视为改变各地"私好、乡俗"的中坚力量。

---

① 睡虎地秦墓竹简整理小组编:《睡虎地秦墓竹简》,文物出版社1990年版,第13页。
② 司马迁:《史记》卷六《秦始皇本纪》。

（三）设三老以掌教化

三老是一种执掌教化的乡官，是秦代官僚机构中的基层官职，一般由民间拥有一定文化知识、具有一定威信的人担任。三老"有秩"，"秩"意指俸禄，因此，三老享受国家的公职待遇，属于正式官员序列。三老不仅隶属官僚集团，还充当着地方教师的重要角色，他们根据秦王朝的意图对黎民百姓进行法制教育、耕战教育、尊卑贵贱的思想教化以及匡正民俗的社会教化。"三老掌教化"的政策对于维护秦王朝的统治具有重要意义，基层社会的法治教育、思想教化由此被国家直接控制，这与上述"行同伦"的文教政策是一脉相承的。

（四）颁挟书令，别黑白而定于一尊

秦从商鞅开始就实行法家政治，"燔诗书而明法令"。随着秦大一统专制帝国的建立，思想和学术领域的一统也成为时代的迫切要求。秦初，各学派相互争鸣的状况仍在延续，为争取独尊地位，不同学派纷纷粉墨登场，互相颉颃，学术界纷争迭起。如：儒、法两家曾就中央集权与分封诸侯的问题进行过两次大型的激烈辩论。法家以李斯为代表，他批评儒家曰："今诸生不师今而学古，以非当世，惑乱黔首，"而且，诸生"入则心非，出则巷议，夸主以为名，异取以为高，率群下以造谤"，是造成思想界混乱的主要原因。因此，李斯建议：

> 古者天下散乱，莫之能一，是以诸侯并作，语皆道古以害今，饰虚言以乱实，人善其所私学，以非上之所建立。今皇帝并有天下，别黑白而定一尊……臣请史官，非秦记皆烧之；非博士官所职，天下敢有藏诗书百家语者，悉诣守尉杂烧之；有敢偶语诗书者，弃市；以古非今者，族；吏见知不举者，与同罪；令下三十日不烧，黥为城旦。所不去者，医药、卜筮、种树之书。若欲有学法令，以吏为师。①

秦始皇权衡利弊后深以为然，采纳了李斯的建议，颁布"挟书令"，严禁其他私学流传，奉法家思想为圭臬，同时要求读书人"以吏为师"，由政府统一实施法制教育。这种"以法为教、以吏为师"的教育政策，实际上取消了正规的学校教育活动，即使秦官方唯一的学校教育机构"学室"，教学内容也以习法令为主，且仅允许极少部分人前来学习："非史子也，毋敢学学室，犯令者有罪。"② 史料显示，学室仅仅是掌管文书律令职责的"史"的子弟学习的地方，因为"史"是世代相袭的职业，其子弟必须经受严格的训练才能胜任职责。秦允许极少数人进入官府学习的做法，使受教育面大大缩小，又人为地将官师合并，取消了教师职业，这是教育发展史上的一种倒退行为。

随着上述文教政策的实施，其他学派和法家的矛盾日趋尖锐，以侯生、卢生为代表的儒家学者，对秦政府专用刑狱之吏、专制暴戾的政策大加抨击，激起了秦始皇的愤怒，他下令逮捕审讯诸生，并在秦嬴政三十六年（前 211 年），将被罗致罪名的 460 余名儒生坑之于咸阳，这就是历史上著名的"焚书坑儒"事件。秦始皇焚书坑儒的目的是为了巩固秦王朝的君主专制中央集权，但思想文化领域里的问题，是暴力所无法彻底解决的。焚书的结

---

① 司马迁：《史记》卷六《秦始皇本纪》。
② 睡虎地秦墓竹简整理小组编：《睡虎地秦墓竹简》，文物出版社 1990 年版，第 63 页。

果,不仅钳制了思想,摧残了文化,还加剧了社会矛盾,削弱了秦王朝的统治基础。当然,无论是挟书的禁令,还是焚书的举动,都是秦政权使"道术为天下裂"转向"百川异源而归于海,百家殊业而务于治"的积极尝试,只是因统治经验的不足而过于直白和急功近利,但这些措施也客观上折中、融通了诸子百家,使先秦壁垒森严的各家学说不断分化融合。正如葛兆光所言:"思想的统一往往是以特色的泯灭为代价的,但这是无可奈何的事情,而无可奈何的事情常常就是历史。"①

二、秦代的教育制度

以武力一统天下的秦帝国,为遏制议论纷纷的思想文化领域,防止六国异端思想的重新抬头,巩固高度集权的专制统治,秦政府一直将注意力聚焦在文化专制上,在十五年的统治过程中,很少敦教化、倡学术,更没有建立起完整的学校制度,因此,其值得一提的教育制度仅体现在吏师制度、博士制度两个方面。

(一) 吏师制度

秦在统一六国之前,就有以吏为师、轻视礼乐的传统。如:商鞅变法时,奖励耕战、倡导刑名之学,并强调以吏为天下师:"圣人必为法令,置官也,置吏也,为天下师,所以定名分也。"②后来,韩非在《五蠹》中承袭商鞅思想,薄礼仪之教,指出:"明主之国,无书简之文,以法为教;无先王之语,以吏为师。"③秦国祚初立,关于如何治理国家,儒法两家政见不一,曾有过严重的争论和分歧。为别黑白而定一尊于法治,李斯提出禁私学、行吏师制度,得到秦始皇的支持,"以吏为师"也最终作为秦国的一项重要文教政策被明确下来。

"以吏为师"同秦代"以法为教"的基本国策一脉相承,所谓"以吏为师",就是直接跟随官吏做私从学徒,学习律令,学习期间要受到吏师的役使,学业完成后按规定录用为吏。从文献来看,"以吏为师"制度在秦代实行得还是较为彻底的,如汉初河南守吴公,就曾师事李斯。④ 秦二世胡亥年幼时,"通于狱法"的赵高被任命为中车府令,专门教授胡亥有关律令、诉讼断案之类的知识。而且,政府还专门设置学习法律文书的学校"学室",规定"史子"必须进入学习法律知识,学成后被任命为从事文书工作的刀笔小吏。

总之,"以吏为师"和"以法为教"相辅相成,它严禁私学与游宦,不容许其他思想体系的存在,且重法治轻伦理,缺乏对下层民众的道德教化和人文关怀,因此,这一政策的实施,对秦高度集权的专制统治起到了推波助澜的作用,使春秋以后自由探索学术的精神,遭到了沉重打击,阻断了文化教育的健康发展,加速了秦亡的步伐。

---

① 葛兆光著:《中国思想史》第一卷,复旦大学出版社2001年版,第216页。
② 《商君书·定分》。
③ 《韩非子校注》,江苏人民出版社1982年版,第674页。
④ 班固:《汉书》卷四十八《贾谊传》。

（二）博士制度

博士制度是秦政治体制和教育制度的重要组成部分，它是适应秦朝政治、文化的实际需要而产生的，并不断发展演变，对秦及后世的政治、学术、教育均产生了深刻影响。据《汉书·百官公卿表》记载："博士，秦官。掌通古今，秩比六百石，员多至数十人。"所谓"掌通古今"，意指博士一般都由具有渊博学识的学者担任，并具有参政议政的职责和权利。博士一词在战国时期已经常出现，不过，当时这一词语只是学者的泛称："六国时往往有博士。"①但战国后期，由于统一战争日趋激烈，在山雨欲来的紧张局势下，各国不得不礼贤下士以确保自身安全，进而赢取人心。因此，肇始于稷下学宫，博士官职的设置也成为一时潮流。秦承袭战国传统，将博士制度逐渐固定下来。和六国相比，秦朝博士官不仅常设，而且人数大为增加，甚至多达 70 余人，包括儒家在内的各家学派之中的优秀人物，都有被选拔为博士的资格。当时博士的职责主要有：掌通古今、待问咨询、议礼议政、编撰故籍、充任吏师教授弟子等。

秦初博士制度的设立，无论在政治上还是文化教育领域都具有一定的积极意义。它首先是秦始皇在政治运行模式上的一次重大调整，是适应统一局面的出现而对单一的"以法为尊"局面的反拨，"秦始皇试图把东方六国的政治精华吸纳入行政体系，借此消弭东方的反抗情绪。同时，依靠这些熟悉东方六国社会实际的人士制定针对六国的、符合统治要求的政策措施，加强对六国地区的行政控制"②。而且，博士是由一批素有声望的各家学者组成，他们作为文士进入统治集团，也丰富和扩大了秦王朝的统治基础，有利于归拢人心。直到"焚书坑儒"之前，秦始皇一直优渥博士群体，允许他们参与国家大事的讨论，秦始皇出巡全国也经常有博士陪同。在文化传播和教育方面，秦虽然实行官师合一的吏师制度，但这些精通古今文化及历史掌故、熟谙诗书礼乐的博士群体，也被允许担任吏师，教授弟子。如：曾为汉高祖制朝仪的叔孙通，本是秦博士，在降汉时，"从弟子百余人"③。说明他在秦时就曾聚徒讲学，而秦又明令禁私学，由此可以判断他在秦时承担过吏师职责。

但是，博士制度在实际的运行当中并非一帆风顺，一系列由此造成的矛盾也逐渐浮出水面。如：博士所代表的诸子百家文化与法家文化的尖锐冲突、以军功起家的既得利益集团与文官博士的格格不入等等，尤其是以淳于越为代表的儒家博士群体提出师古、分封等主张，碰触了秦始皇强化君权、担忧重蹈战国分裂割据覆辙的心理底线，引起了他的反感，李斯等法家代表趁机进言，秦始皇遂以"焚书坑儒"的极端方式，重新确定了法家文化独尊的地位，博士逐渐被冷落，作用和地位大大下降，成为可有可无的摆设："博士虽七十人，特备员弗用"。④ 还值得注意的是，自秦嬴政三十一年（前 216 年）开始，秦先后发动了对匈奴和南越的战争，战争的爆发，也为法家文化主导地位的回归创建了良好的外部环境，博

---

① 沈约：《宋书》卷三十九《百官志》。
② 夏增民：《博士制度与秦朝政治转折》，载《南都学坛》（哲学社会科学版），1999 年第 2 期。
③ 班固：《汉书》卷七十六《叔孙通传》。
④ 司马迁：《史记》卷六《秦始皇本纪》。

士制度在上述诸多因素的羁绊下逐渐名存实亡。

总之,秦代博士制度的建立以及在一定时期的良好运行,不仅为秦帝国高度集权的政治体制注入了活力,还在一定程度上推动了秦代文化教育的发展,尽管这一制度逐渐淡出秦政治体制之外,但却作为一种重要的教育制度被后世保留下来。汉代以后,博士逐渐成为学养深厚的教授官的代名词,如汉代太学的五经博士、晋代的国子博士、隋唐以后国子监和太学中的经学博士等。

第二节 汉代的教育

汉立国后,注意总结秦亡教训,在国家政策上一改秦朝的暴虐统治方式,采取了一系列有利于国计民生的措施。汉初黄老无为政治的推行,为民间学术活动和教育活动提供了宽松的社会环境,儒家经学逐渐从秦代的凋敝状态中恢复元气,以传授儒学为主的民间私学日趋活跃。在这种时代背景下,统治者开始肯定和重视儒家文化在育才化民方面的积极作用,并把教育作为巩固"大一统"的重要手段。一些有识之士呼吁推动官方儒学教育的发展,以利于将社会教化的主导权收归中央。如汉高祖时,陆贾主张"设辟雍庠序之教,以正上下之仪,明父子之礼,君臣之义";汉文帝时,贾山提出"定明堂、造太学、修先王之道"的建议。贾谊、晁错等人也提出过上述类似主张。由于汉初国力尚未恢复,政治统治秩序还不稳定,因此,陆贾等人的主张均未付诸实施。汉武帝时期,国力蒸蒸日上,盛世局面出现。随着政治、经济以及思想文化条件的成熟,汉武帝逐渐摒弃了自汉初尊奉近百年的黄老政治,尊崇儒学,设五经博士,创立太学,改革选士制度,确立"罢黜百家、独尊儒术"的文教政策,中国古代教育繁荣的景象由此真正开启。

一、汉代的文教政策

针对秦朝暴政带来的封建帝制的快速崩溃,汉代统治者不断进行政策性反思和调整,从黄老之治到独尊儒术,完成了从崇法到尊儒的过渡,儒术的经世及文教价值得以彰显,尤其是儒学作为官方意识形态开始登上政治舞台而发挥政策引领作用。此时佛教虽已传入,但尚未本土化,道教形成较晚,缺乏一定的政治和社会基础,因而对儒学尚未构成威胁,使得儒学长盛不衰,成为汉代文教政策的灵魂和支柱。

(一)汉初的"黄老之治"

从汉王朝建立到汉武帝即位,历史上称之为汉初。期间,统治者认真反思和总结秦朝灭亡的原因,主要是频繁战争、大兴土木及严刑峻法,致使社会矛盾日益尖锐,生活在水深火热之中的民众不得已揭竿而起。历史的教训使得统治者改变了治国策略,在先秦诸学派的治国理论中,最适合当时社会实际及民众需求的,就是道家的"清静无为",于是依托黄帝而本于老子的"黄老之学"便被汉初统治者所推崇。"黄老之学"不单纯是道家之学，实际上是以道家思想为核心，融合先秦各家学说，提倡"无为而治"，与民休养生息。在文教方面，既有"无为"思想的引领，但更多地带有一定的崇儒倾向，主要采取了如下几项措施。

一是布告民众，废除挟书律。汉惠帝四年（前 191 年）三月"除挟书律"，允许民众自由携带、收藏和讨论诗书。可以说，在法律上为繁荣学术及教育提供了保障。

二是器重知识分子。汉高祖刘邦早年曾有蔑视儒生的举动，《史记·郦生陆贾列传》中称其"不好儒，诸客冠儒冠来者，沛公辄解其冠，溲溺其中。与人言，常大骂。未可以儒生说也"。甚至以"倨床，使两女子洗足"来召见儒生郦食其，以示羞辱。但在领略到郦食其的远见卓识后，还是加以重用，封其为"广野君"。还有一位开国元勋陆贾，常在刘邦面前谈论诗书，刘邦不耐烦地说："乃公居马上而得之，安事诗书！"陆贾则据理以争，说："居马上得之，宁可以马上治之乎？"这一番话让刘邦感受颇深，急忙让陆贾去探究"秦所以失天下，吾所以得之者何"的道理。汉景帝时，善治《诗》的辕固及长于《公羊春秋》的胡毋生也被立为博士等。窦太后还曾对景帝说过："不通经术知古今之大礼，不可以为三公及左右近臣。"①

三是祭孔，据《汉书·高帝纪》载，汉高祖十二年（前 195 年）"十一月，行自淮南还。过鲁，以大牢祠孔子"②。这可以说是汉代帝王祭孔的开始，起到振兴儒学的作用。

四是鼓励民间办学，汉初统治者废除的秦代法令，包括对私学的禁令。这样，在官学未立的情况下私学应运而起，于是，秦时隐匿于民间的儒生学者及其门人弟子，纷纷开办私学讲经授徒。如济南人伏生：

> 故为秦博士……秦时焚书，伏生壁藏之。其后兵大起，流亡。汉定，伏生求其书，亡数十篇，独得二十九篇，即以教于齐鲁之间。学者由是颇能言《尚书》，诸山东大师无不涉《尚书》以教矣。③

还有，就是崇尚黄老之术。自汉惠帝、吕后始，汉初几代帝王对黄老之术推崇有加，如窦太后"好黄帝、老子言，帝及太子诸窦不得不读黄帝、老子，尊其术"，"召辕固生问老子书"等④。淮南王刘安喜欢读书，特好老庄之术，曾"招致宾客方术之士数千人"，诸如苏飞、李尚、左吴、田由、雷被、毛被、伍被、晋昌等号称"八公"，均为黄老学者。在刘安的主持下，集体编撰"《内书》二十一篇，《外书》甚众，又有《中篇》八卷，言神仙黄白之术，亦二十余万言"⑤，合称《淮南子》或《淮南鸿烈》、《刘安子》，是为汉初黄老之学的集大成之作。从内容上看，除主以道家思想外，还兼收儒、法、阴阳家之说，表现出一定的融合倾向，故《汉

---

① 司马迁：《史记》卷五十八《梁孝王世家》。
② 班固：《汉书》卷一下《高帝纪》。
③ 司马迁：《史记》卷一百二十一《儒林列传》。
④ 司马迁：《史记》卷一百二十一《儒林列传》。
⑤ 班固：《汉书》卷四十四《淮南衡山济北王传》。

书·艺文志》将其列为"杂家"。从中可以看出,当时的南方尤其是楚国故地对黄老之学的推崇既普遍又盛行。但也出现"儒老相绌"的情况。如:建元元年(前140年),汉武帝招贤纳士,儒生赵绾、王臧等以文学召为公卿后,谏言立明堂、制礼服。但因窦太后"治黄老言,不好儒术",于是对赵绾、王臧罗织罪名,迫使二人自杀。可见当时的儒老之争不仅是学术层面的,更多的是政治层面的博弈。

(二)确立"独尊儒术"政策

汉初的黄老之治对解决社会经济的恢复及民众的休养生息问题确实发挥了积极作用,曾一度出现"文景之治"之盛世,但毕竟是一种权宜之计,同时也滋生并纵容了诸侯及豪门的骄恣与专横,不仅使阶级矛盾得以激化,尤其是对中央集权的削弱,再加上北方匈奴的不断侵犯,使得雄才大略的汉武帝甚为忧虑。是继续"无为"还是积极"有为",是继续被动地适应社会现实还是积极主动地进行改革,面对如此严峻的形势与挑战,在国家财力日益充足的情况下,汉武帝决然实行"更化",及时采纳董仲舒的谏言,推出独尊儒术、罢黜百家的文教政策,主要表现在儒术独尊、兴学育才和改革选士制度等方面。

1. 儒术独尊

董仲舒利用《春秋》经文简单晦涩、易于穿凿附会的特点,将不合时宜、以古非今的原始儒学改造成夹杂大量迷信成分的神学化儒学。在董仲舒的儒学思想体系里,维护君主集权的"大一统"是首先被强调的,他在《举贤良对策》中说:

> 春秋大一统者,天地之常经,古今之通谊也。今师异道,人异论,百家殊方,指意不同,是以上亡以持一统,法制数变,下不知所守。臣愚以为,诸不在六艺之科,孔子之术者,皆绝其通,勿使并进。邪辟之说灭息,然后统纪可一而法度可明,民知所从矣。

董仲舒的大一统观很适合汉武帝加强中央集权的需要,尤其是董仲舒提出的"君权神授"理论,给皇权披上了一层合法而又神圣的外衣。董仲舒还大力提倡"君君、臣臣、父父、子子"的等级观念,提出了"三纲"、"五常"的儒家伦理规范,并强调这一伦理是上天的安排,人们必须无条件服从,人们服从上天就等于是服从皇权。因而,董仲舒的建议深得汉武帝的称许。自确立"独尊儒术"以后,以孔孟为正宗、经董仲舒重新改造过的新儒学上升为国家政策与文化教育的统一指导思想,统治者据此来培养和选拔人才以及加强对民众的思想教化,经学的广泛传播与繁荣昌盛有力地推动官学和私学教育的发展,教学目的、内容与教材空前统一,经学教育成为学校教育的主线,攻读五经也成为干禄仕进的敲门砖,这是汉代教育的重要特点,且对汉以后历代的文化教育均产生了深远影响。

2. 兴学育才

为改变统治人才短缺的局面,保证政治思想上的高度统一,汉武帝元光元年(前134年),董仲舒在《对贤良策》中反复强调"任德教",谏言汉武帝要实施"礼乐教化",称"治天下莫不以教化为大务"。至于如何实施教化,董仲舒指出:

> 立太学以教于国,设庠序以化于邑,渐民以仁,摩民以谊,节民以礼,故其刑罚甚轻而禁不犯者,教化行而习俗美也。

兴太学,置明师,以养天下之士,数考问以尽其材,则英俊宜可得矣。①

董仲舒这一设学育才的建议同样为汉武帝所采纳,构成文教政策的一个重要组成部分。于是,就在元朔五年(前124年)六月,汉武帝下诏设太学,置博士弟子员,标志着封建社会最高学府创办的开始。同时"令天下郡国皆立学校官",表明封建时代官方主办教育活动的全面展开。此后,汉代历代帝王均重视兴学教化。

3. 改革选士制度

政治上的改弦更张,必然需要大量通晓儒术的吏治人才,因而改革选官制度、创立察举制以招纳贤良之才同样构成文教政策的一个重要组成部分。汉武帝即位之初,即下诏"举贤良方正直言极谏之士",开武帝朝选士之先河,且表明学派限制,除儒学之士外,其他学派都有"乱国政"之嫌疑而不予诏举。元光元年(前134年)五月,汉武帝又诏举贤良,董仲舒、公孙弘等脱颖而出。董仲舒在其《对贤良策》中强调指出:

> 臣愚以为使诸列侯、郡守、二千石各择其吏民之贤者,岁贡各二人以给宿卫,且以观大臣之能;所贡贤者有赏,所贡不肖者有罚。夫如是,诸侯、吏二千石皆尽心于求贤,天下之士可得而官使也。遍得天下之贤人,则三王之盛易为,而尧、舜之名可及也。毋以日月为功,实试贤能为上,量材而授官,录德而定位,则廉耻殊路,贤不肖异处矣。②

根据董仲舒的谏言,汉武帝于是年十一月诏"令郡国举孝廉各一人"。此时的孝廉科属于常科,其设立也就意味着汉代选士制度化的开始。

4. 整理古籍,厘定文字

为抢救被秦所毁之书,汉代统治者"大收篇籍,广开献书之路",还派人专门"求遗书于天下"。尤其是伴随儒经地位的提高,阐释和传抄经书便为士人所追捧,但存在问题也不少,诸如阐释中的曲解及传抄中的纰漏等。故自东汉起,厘定经书文字也便提到日程上来。东汉和帝永元二年(90年),学者许慎鉴于当时俗儒说字解经多与古义不合,便开始起草《说文解字》书稿,历时10年,至和帝永元十二年(100年)始成。许慎从"六书"③入手,分析经籍中的字形和字义,共收单字9353个,归纳出汉字540个部首,保存了大部分先秦字体以及汉以前的不少文字训诂,基本上能反映出上古汉语词汇的基本面貌,成为当时一部重要的识字教材或文字工具书。

尤其是汉灵帝熹平四年(175年)三月,议郎蔡邕等奏求正定六经文字,得到灵帝许可。于是,诏诸儒参校诸体文字经书,以一家本为主而各有校记,备列学官所立诸家异同于后,由蔡邕等书石,将《周易》、《尚书》、《鲁诗》、《仪礼》、《春秋》和《公羊传》、《论语》等经书约200911个字,镌刻在46方石碑上,立于洛阳太学门外,这便是著名的"熹平石经"。这一举措,对纠正俗儒的穿凿附会、臆造别字及维护文字的统一意义重大,同时在汉字字

---

① 班固:《汉书》卷五十六《董仲舒传》。
② 班固:《汉书》卷五十六《董仲舒传》。
③ 六书,是指自汉代始的汉字造字方法,即象形、指事、会意、形声、转注和假借。

体由隶变楷的过渡中也起了桥梁的作用。

二、汉代的教育制度

汉初倡"黄老之学",与民休息,社会处于休养生息阶段。但随着社会政治、经济的不断发展,新的教育手段——帛和纸等书写工具的出现,汉代学校教育发展的社会物质条件基本成熟。自汉武帝始,在"独尊儒术"文教政策的指导下,汉代的官学、私学都得到空前的发展,学制系统已初现端倪(见图3—1)。

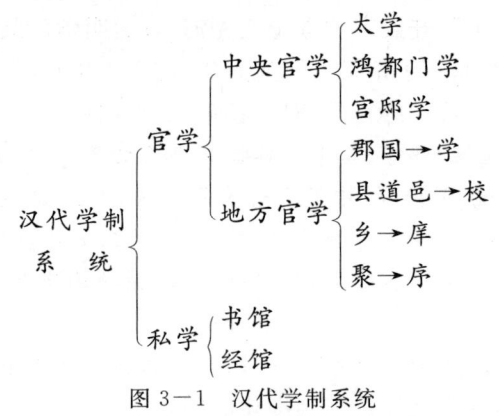

图3—1 汉代学制系统

（一）官学教育

汉代官学很明确地分为中央和地方官学两种,由中央政府创办并管理的学校称之为中央官学,主要有太学、鸿都门学和宫邸学。由地方各级政府创办并管理的学校,通称之为地方官学。

1. 官学的设置

中央官学中以太学为主,汉代太学于汉武帝元朔五年(前124年)创建。在此之前,由于政治、经济与文化等诸多原因的羁绊,学校教育并未引起西汉统治者的重视。及至汉武帝时期,随着经济的繁荣、政治的统一和中央集权的加强,在思想领域开始确立了"独尊儒术"的政策。为了切实贯彻这一政策,迫切需要培养地主阶级的新型知识分子,学校教育也逐渐提上议事日程。在董仲舒、公孙弘等人的屡次建议下,汉武帝下令置博士弟子50人,同时在长安修筑校舍,这标志着太学的正式建立,也标志着中国古代第一所官办大学的诞生。汉武帝以后,由于统治者的重视,太学得到了迅速发展。据《汉书·儒林传》载:"昭帝时举贤良文学,增博士弟子员满百人,宣帝末增倍之。元帝好儒,能通一经者皆复。数年,以用度不足,更为设员千人,郡国置《五经》百石卒史。成帝末年,或言孔子布衣养徒三千人,今天子太学弟子少,于是增弟子员三千人。"平帝时,王莽辅政,于元始四年(4年)为太学扩建校舍,"筑舍万区",规模十分巨大,能容生员万人,史称汉太学"有市有狱"。这是我国历史上大规模修建大学校舍的开始。

东汉建武五年(29年),光武帝新建太学于洛阳。《后汉书·光武帝纪》注引陆机《洛阳记》曰："太学在洛阳城故开阳门外,去宫八里,讲堂长十丈,广三丈。"一时间,各地学子纷纷来太学就读,从而出现了"诸生横巷,为海内所集"的教育盛况。明帝提倡尊师重教,以太学为核心的学校教育发展更为迅猛。永平二年(59年),明帝曾亲临太学行礼和讲经。东汉和帝以后,随着外戚、宦官的交替擅权,政治腐败,教育亦逐渐荒废。顺帝于永建六年(132年)扩建校舍240房,共1850室,同时扩大生源,除太常选择与郡国选送外,又增加了公卿子弟及明经下第两种,且增加了太学生的俸禄,随着以上措施的实行,太学又逐渐恢复了生机。至质帝本初元年(146年),梁太后又下诏要求大将军以下至六百石皆遣子弟入学,太学生一度激增至3万余人,形成了京师太学区,这种情况一直延续到东汉末年。这样规模的大学教育,在1800多年前的中外教育史上是绝无仅有的。

除太学之外,朝廷直接管辖的还有宫邸学和鸿都门学两类学校。宫邸学又称作"四姓小侯学",它创始于东汉明帝永平九年(66年),是太子、诸侯及功臣子弟读书习经之所,由朝廷直接延聘名师执教,教学设施也较为完善,所学以《孝经》为主,兼及《尚书》等儒学内容。由于教育质量较高,连匈奴族也闻讯遣弟子前来留学。鸿都门学创办于东汉灵帝光和元年(178年),当时由于代表皇权的宦官集团在统治上已极其黑暗,太学生们便支持一些名士和外戚反对宦官专权。他们借助舆论,以"清议"的形式公开抨击宦官集团的腐败,因而招致了宦官的嫉恨。宦官集团为了培养听命于自己的知识分子,与太学相抗衡,鸿都门学因此应运而生。鸿都门学讲究文学辞赋、绘画、书法,意在对抗太学的经学教育。鸿都门学是世界上第一所专门的文艺专科学校,作为一种全新的办学形式,它的出现在中国教育发展史上具有十分重要的意义。

汉代地方行政系统一般是以郡和国为单位的,郡国下设若干县或邑、道,县下又设有乡、聚等基层行政单位,根据行政系统的划分,地方官学也相应分学、校、庠、序四级,由郡国县邑兴办的称为"学"和"校",由乡和聚开办的称为"庠"和"序"。在朝廷教育政策的鼓励下,汉代出现了一些热心教育的循吏,在他们的推动下,地方官学得到一定程度的发展,这其中以景帝时期蜀郡太守"文翁兴学"最为著名。

文翁,庐江舒县人,任职蜀守时期,蜀地有"蛮夷之风",文化教育较为落后,他上任后,决心改变这一现状,采取一系列得力措施兴学育才:一是选"开敏有材"的郡县小吏张叔等十余人亲自饬厉,遣诣京师,由政府出资,受业博士,或学律令。学成而归,给予高位。二是修学官①于成都市中,招各县弟子为学官弟子,除其更徭,高者补郡县吏,次为孝悌力田。文翁化蜀,开两汉地方兴办官学的先河。在文翁的影响下,一些深受儒家学说熏陶的地方循吏也开始重视学校教育在化民成俗方面的重要作用,逐渐重视地方官学的创办。如:官历西汉成帝、哀帝、平帝及新朝王莽四代的何武,曾任扬州刺史,于扬州兴学而广为人知,史载其每到一处"必先即学官见诸生,试其诵论,问以得失"②。

东汉时期,地方官学有了较大的发展,连不少文化落后的边远地区也开始建立学校,

---

① 颜师古注云:"学官,学之官舍也。"可知,学官就是学校的代称。
② 班固:《汉书》卷八十六《何武王嘉师丹传》。

如交趾、辽东等地区都曾建立过学校:"光武中兴,锡光为交趾,任延守九真,于是教其耕稼,制为冠履,初设媒聘,始知姻娶,建立学校,导之礼仪。"①汉代地方学校的渐次设立,对儒家思想的宣扬、社会教化的推广、读书风气的形成都产生了一定影响。

总之,汉代官学从无到有,并逐渐制度化、完善化。除太学外,各地官学也有不同程度的发展,不过,地方官学的设立具有很大的不平衡性,呈现出从郡向县延伸、由富庶地区向边远地区发展的趋势。

2. 教师与学生

汉代太学里设有博士,地方上的学、校置经师一名,庠、序置孝经师一名,担任教学工作。太学教师统称为博士,其主要职责是"掌教弟子",以教学为主。但"国有疑事"仍应"掌承问对",即参加朝廷的政治、学术讨论,此外还有"奉使"及巡视地方政教等工作,体现了"通经致用"的原则。众博士之上还设有首席长官,西汉时博士首席称仆射,东汉时改为祭酒。祭酒由太常"差选有聪明威重"的博士担任。博士的挑选相当严格,一般由当时深孚众望的博学鸿儒担任,由于博士人数有限,而生徒众多,难以保证为每位弟子亲自授课,因此他们采取了以下几种变通方法:一是会集诸生作大型学术报告,称为"都授";二是遣高徒代为授课,这些精英弟子称为"都讲生";三是聘请兼职教师前来授课,这些人中既有知名儒者,也有官僚集团内的博学之士。

太学的学生称博士弟子,到东汉时简称"太学生"或"诸生"。太学生的补选办法,两汉时期并无严格规定,最常见的是两种形式:其一是中央教育长官太常直接选送,凡年在18岁以上、学行端正的学生,均有被选入学的资格;其二是郡国、县、道、邑选送,凡遇有"好文学,敬长上,肃政教,顺乡里,出入不悖"②者,都可被选入太学。选送不实的,有关官吏要遭到惩罚。太学生结业后的出路各有不同:有的成为卿相,有的任官为吏,有的收徒为师,但也有人"结童入学,白首空归"③。但总体来说,太学生只要努力研习经术,均有机会出仕为官,其人生结局基本体现了太学"学而优则仕"的办学宗旨。

3. 考试与视学制度

汉代太学没有规定修业年限,考试是督促学业、选拔人才的主要途径,只有通过考试才可以结业和跻身仕途。太学考试,西汉一般为一年一试,东汉为两年一试。考试方法有"射策"和"对策"两种。所谓"射策",犹如后世的抽签考试,内容侧重于对经义的解释、阐发,博士先将儒经中"难问疑义书之于策",加以"密封",由学生投射抽取,进行解答。最初射策根据难易程度分为甲、乙两科,后来还设有丙科,每科有规定的取官名额,甲科任郎中,乙科任太子舍人,丙科任太常掌故。还规定不合格者,留校两年再考。已获得官职的学生,经考验合格则可以提升。所谓"对策",是根据皇帝或学官提出的重大政治、理论问题,撰文以对。对策多用于朝廷的荐举,而后才被授官;射策则多用于太学内的考试,它不

---

① 范晔:《后汉书》卷八十六《南蛮西南夷列传》。
② 班固:《汉书》卷八十八《儒林传》。
③ 范晔:《后汉书》卷九《孝献帝纪》。

仅被用来选拔人才,还有助于督促诸生认真读经,明了经义。

汉代朝廷掌管文教的官员为太常,居九卿之首。太常原名奉常,是秦旧官,汉景帝时更名太常,王莽新朝改秩宗,东汉时期又恢复了太常的名称。太常负责掌管文教,这种教育行政体制,明显地体现着"政教合一"的性质。朝廷对太学的管理,除委任太常总负责之外,皇帝还亲自到太学巡查办学情况,说明中国古代教育行政管理,在肇始之初就受到格外重视。特别是东汉光武帝建武五年(29年),光武帝自东巡归来,令重建太学,且"幸太学,赐博士弟子各有差"①。后来的帝王沿袭这种做法,在一定时间内前往太学省视一次,称为"视学"。在视学过程中太学博士要全程陪同,视学内容主要为听取师生讲论经义和考察诸生学业情况,视学完毕还要与太学师生聚会联欢。为了推广儒学,传达上意,每次视学期间帝王还要亲自宣讲,并允许社会人士旁听。

(二) 私学教育

私学是相对于官学而言的,自春秋战国始,养士之风就开始盛行,在百家争鸣的学术背景下,私学也在一批学派大师的传道授徒过程中兴盛起来,并培养出了大批人才。秦始皇以武力统一天下,为巩固统治、强化政令、统一思想,采取了禁私学、以法为教、焚书坑儒等极端文教政策。但是,由于秦朝国祚不长,禁私学的政策并未得到彻底贯彻,一些重要的先秦文献典籍被保存下来,先秦以后私人讲学之风并未禁绝,一批儒生学者流落民间,继续以私学教育私相传授,尤其是齐鲁一带仍保留着浓郁的私人讲学传统,如刘邦领兵攻鲁时,"鲁中诸儒尚讲诵习礼乐,弦歌之音不绝"②。秦汉之际,私人讲学者不乏其人,如伏生、叔孙通、羊子、浮丘生、陆贾等。汉初,统治者尚无暇顾及兴学设教,所谓"喟然兴于学。然尚有干戈,平定四海,亦未皇庠序之事也"③。因此,文化教育事业更依赖私人教学维持,而汉初在文教事业的恢复和重建中作出重要贡献的许多名儒学者,有不少就是秦朝以后隐匿民间的私人讲学大师及其弟子门生。私学师生成为汉初朝廷中官吏的重要来源之一,因此汉初统治者普遍对私学采取了宽容政策,汉惠帝四年(前191年),秦代的"挟书令"也正式被废除,从而为私学的发展提供了更为宽松的社会环境。文景之世,政通人和,隐贤逸材相继复出,这些人多是长年在民间从事私人教学并颇有建树者,不少人在为官之余仍继续从事私人教学。

汉武帝时期,根据董仲舒等人的建议,立太学、置明师,开始兴办和发展官学。但由于官学体系远未完善,官学数量固然不多,入学门槛也较高,生员名额更是有限,难以满足社会上众多学子的求学热情。私学办学方式灵活,容纳的学生数量也远非官学可比,全国大部分教育任务实际上仍由私学来承担,因此,私学并未因官学发展而陷入困顿,反而在统治阶级尊师重教政策的推动下得到发展壮大。东汉以后,私人设学授徒之风更盛,教师和生徒人数都大为增加,著名私学大师往往有弟子数百上千人,如东汉顺帝时名儒蔡玄:"学

---

① 范晔:《后汉书》卷一上《光武帝纪》。
② 班固:《汉书》卷八十八《儒林传》。
③ 班固:《汉书》卷八十八《儒林传》。

通《五经》，门徒常千人，其著录者万六千人。"①东汉末期，社会黑暗腐朽，许多学者退而讲学，进一步壮大了私学的师资力量。

从秦末到汉初的私学的恢复，再由西汉到东汉的迅速发展，两汉私人讲学之风始终长盛不衰，尤其是东汉以后出现全面繁荣的局面，一直到汉末，教书育人与学术文化的传递始终都靠私学来主要承担。当然，随着汉代独尊儒术文教政策的施行，私学儒学化倾向越来越明显，经学成为私学教育的主要内容。纵观两汉私学的发展历程，我们可以看到，在官学尚未建立之前，私学是汉代主要的教育组织形式，官学兴办后，官学和私学相辅相成，相互促进，二者共同构成了汉代教育制度的框架，并为后世所继承发展。

汉代私学的学生，可分为著录弟子和及门弟子两种。著录弟子即在门下著其名，不必亲来从师授业，此类弟子较多，多则达上万人，这是后世拜门的开始。及门弟子，又称之为及门受教，即直接跟随老师受教的，常有数百或上千人，多采用高业弟子次相传授的方式进行教学。如：汉代大儒马融，"教养诸生，常有千数。涿郡卢植，北海郑玄，皆其徒也"。正因为其门生弟子众多，其本人又"善鼓琴，好吹笛，达生任性，不拘儒者之节。居字器服，多存侈饰"。所以，他讲学"尝坐高堂，施绛纱帐，前授生徒，后列女乐，弟子以次相传，鲜有入其室者"②。卢植是马融的高业弟子，"能通古今学，好研精而不守章句"，他"侍讲积年，未尝转眄"③，深得马融器重。后学终辞归，也设学教授。马融门下"升堂进者五十余生。融素骄贵，玄在门下，三年不得见，乃使高业弟子传授于玄"④。郑玄在马融门下学习三年，没有机会直接聆听其教诲，直至出师拜别时才见了马融一面，这也是古代私学个别教授的弊端之一。

根据生徒学习程度的不同，汉代私学在发展过程中出现了不同类型的教学组织形式，主要包括以书馆为主的蒙学教育，以乡塾为主的一般经学教育及以精舍为主的专经教育。

（1）启蒙教育。汉代启蒙教育的场所主要是书馆，教师称为"书师"，主要由私人教学的蒙师担任。学习的主要内容是识字、习字。汉代的书馆又可分为两种类型：一种是"书师"以家室为授课场所，坐馆施教，附近儿童入馆就学，人数从数名至数百人不等。王充在《论衡·自纪》中，称其"八岁出于书馆，书馆小童百人以上"。对此，王国维解释说："汉时教初学之所名曰书馆，其师名曰书师，其书用《仓颉》、《凡将》、《急就》、《元尚》诸篇，其旨在使学童识字、习字。"⑤一种是富贵人家聘"书师"前来执教，本家或本族学童在家受教，也叫"家馆"。所学内容多为《仓颉篇》、《博学篇》、《凡将篇》、《急就篇》、《元尚篇》等识字、习字教材，通称"字书"。《仓颉篇》、《博学篇》分别为秦人李斯、胡毋敬所作，《凡将篇》为司马相如所编著，元帝时黄门令史游仿《凡将篇》体裁作《急就篇》，《凡将篇》现已遗失，现仅存

---

① 范晔：《后汉书》卷七十九下《儒林传》。
② 范晔：《后汉书》卷六十上《马融列传》。
③ 范晔：《后汉书》卷六十四《吴延史卢赵列传》。
④ 范晔：《后汉书》卷三十五《张曹郑列传》。
⑤ 王国维：《观堂集林》卷四《汉魏博士考》。

《急就篇》，这是我国现存的最早的蒙书，由章句组成，无论三言、四言还是七言都有韵律，共 2144 字，这些用韵语将生活中常用的字词汇编在一起的做法，既实用又便于记忆，《急就篇》作为蒙学教材一直盛行到唐宋，它既是识字课本，又是常识课本。除《急就篇》外，蒙学课本还有班固的《太甲篇》、蔡邕的《黄初篇》，可惜均已失传。

启蒙教育阶段的私学除学习识字、习字为主外，还兼习算术、书法等内容。《九章算术》为书馆的通用教材，如著名私学大师郑玄就精通《九章算术》。汉代蒙师还注重对学童的书法训练，因为选拔官吏的考试中对书法的要求十分严格，字体差的学生还会受到老师的惩罚，如王充所言："书馆小僮百人以上，皆以过失袒谪，或以书丑得鞭。"①启蒙教育重品德伦常和日常行为规范的培养，并且寓书、算教材于教学之中，以收课程简化、重点突出之效。

（2）诵读经书阶段。在识字、习字教育阶段完成后，诵读《论语》、《孝经》等一般经书已成为一个相对独立的教育阶段，这个阶段既是为了巩固识字、习字的成果，又是进入更高学习阶段的准备和过渡，也是进一步深化品德教育的需要。在此阶段，出现了许多专门教授一般经书的私学和一批比较固定的教师，这些教师被称为"塾师"或"孝经师"。《论语》以记言为主，通过言简意赅、含蓄隽永的语言，记述了孔子的言行。《孝经》以孝为中心，比较集中地阐发了儒家伦理思想。这两部著作的内容一方面契合了汉代独尊儒术、推崇孔孟之道、突出孝悌为伦常之本的统治思想，能对学童的道德行为产生重要影响；另一方面其内容和形式都较为接近人们的生活实际，语言简洁流畅，适于教学，所以流传较广。

此外，也有一些生徒选择诵习《尚书》、《诗经》、《春秋》，学生的入学年龄也没有严格的限制，如荀爽，"年十二，能通《春秋》、《论语》"②。通过一定时间的学习，学生对经书已略通大义，一部分人开始进入社会以所掌握的文化知识谋生，另一部分人则通过进入太学或高级私学，继续进行更高层次的经学学习。总之，通过此阶段的学习，学生既强化了蒙学阶段识字和习字的成果，又为专经阶段的学习奠定坚实基础。

（3）专经研习阶段。汉代教育的基本内容是经学教育，只要通一经或数经，就有可能通过荐举或考试而飞黄腾达。因此，精通经术成为广大学子读书求学的主要目标，无论官学还是私学，均概莫能外。识字、习字，诵读《论语》、《孝经》、《诗经》等，都是为通经阶段奠定基础，都要求进入专经研习的阶段。汉代私学大师都是精一经或数经的硕儒，他们以自己的专长传授弟子，吸引大批生徒前来就学。东汉时专经讲授更盛，名师辈出，收徒甚众，逐渐确立了稳定的教学组织形式，建立了治学、讲学的场所，多取名为"精舍"或称"精庐"。精舍的地点，或设在大师家乡，或选择幽胜之地，均带有避世隐居的性质。精舍常筹集一定的办学经费供学子膳宿，不少生徒千里负笈而来，甚至有一些人在精舍附近择地而居，以方便朝夕请益。如：学者张错，精通《严氏春秋》和《古文尚书》，"隐居弘农山中，学者随

---

① 《论衡》卷三十《自纪》。
② 范晔：《后汉书》卷六十二《荀爽传》。

之,所居成市,后华阴山南遂有公超市"①。精舍讲学已初具学术讨论与研究性质,经师边传道授业,边著书立说。这种以专经讲授为特点的私人授徒活动,很类似后世的书院,有研究者甚至把"精舍"或"精庐"视为最早的书院。当然,精舍还不能等同于书院,但它的许多特点对唐宋以后书院的形成和发展产生了深刻的影响。

还需指出的是,西汉时期师法十分严格,加上简册等书写工具的笨重不便,生徒在一生中通一经已非常不易。东汉时新的教学手段不断出现,师法相对松动,尤其是帛书和纸张发明后,书籍的流通加速,数量大增,市场上甚至出现了一些以售书为业的书肆,书籍条件的具备方便了学子自学,导致一人通数经的现象逐渐增多起来。

(三) 今古文经学教育之争

汉武帝接受董仲舒的建议,"罢黜百家"、"独尊儒术",立五经博士,儒学取得了独尊的地位。"独尊儒术"虽然结束了"百家殊方"的局面,但是并未结束思想文化领域里的争鸣激荡。在汉代,儒学内部的学术争鸣,始终十分活跃,并且形成了不同的流派,主要表现在今文经学和古文经学两个学派身上。所谓"今文经",就是用当时流行的隶书书写而成,这种经书,多是凭记忆、背诵、口耳相传下来的六经典籍,汉武帝所尊崇的儒术,就是儒学的今文经学,当时太学里的博士授业,都是以今文经为教材的。汉武帝末年,鲁恭王刘余在孔子宅院的地下或孔壁中,发现了《尚书》、《礼》、《论语》和《孝经》等数十篇,都是用古文(即先秦六国文字)记录下来的传本,称作"古文经"。从事古文经学研究的学者以私学为阵地,积极培育自己的学派。自此,儒学内部开始出现今、古文经学之争。

为进一步统一儒家学说,甘露三年(前51年),汉宣帝诏令臣儒在长安未央宫北的石渠阁讲论"五经"异同。参加会议的有学《礼》的闻人通汉、戴圣,学《诗》的张生、薛广德、韦玄成,学《书》的周堪、林尊、欧阳长宾、张山拊,治《易》的梁丘临、施雠,治《公羊春秋》的严彭祖,治《穀梁春秋》的尹更始、刘向等。会议由梁丘临提问,诸儒回答,太子太傅肖望之平奏其议,汉宣帝亲自裁定评判。讲论的奏疏经过汇集,辑成《石渠议奏》一书,诏"立梁丘《易》、大小夏侯《尚书》、穀梁《春秋》博士"②。汉成帝时,刘歆在协助父亲刘向整理宫廷图书时,发现了用古文书写的《春秋左氏传》、《毛诗》、《逸礼》、《古文尚书》等,读后如"亲见夫子",于是就建议朝廷将这些古书列为学官,但遭到太学博士们的激烈反对,刘歆孤掌难鸣,被迫离开京城。汉平帝时,王莽以大司马身份掌握政权,重用好友刘歆,让其掌管文教,刘歆投桃报李,积极倡导古文经学,为王莽代汉寻找理论根据,王莽后来主要以古文经中的《周礼》作为托古改制的依据。在王莽的大力支持下,《春秋左氏传》、《古文尚书》、《毛诗》等古文经学皆立学官,每一博士领弟子360人,这样,古文经学就在王莽、刘歆的强力推行下取得了合法地位。

东汉建立,今文经与古文经两大学派又重新出现纷争局面,争论的焦点仍在立学官

---

① 范晔:《后汉书》卷三十六《张霸传》。
② 班固:《汉书》卷八《宣帝纪》。

上。为统一两派意见,刊定经文,建初四年(79年),根据议郎杨终的奏议,仿西汉石渠阁故事,汉章帝诏集各地名儒于洛阳白虎观,继续讨论五经异同。章帝亲自主持会议,由五官中郎将魏应秉承皇帝旨意发问,侍中淳于恭代表诸儒作答,章帝亲自裁决。尔后,班固将讨论结果纂辑成《白虎通德论》,又称《白虎通义》,作为官方钦定的经典刊布于世。熹平四年(175年)蔡邕等人篆刻《熹平石经》,就是以《白虎通义》为底本的。

今古文经学之争的焦点集中在学官设立上,实质上是儒家内部的利禄之争,是统治集团内部争权夺利的一种表现形式。虽然两派各立门户,争论不休,但从二者共同颂扬古圣先贤、美化古代政治制度等方面来看,他们在为汉代统治阶级服务的问题上是高度统一的。当然,今古文经学之争还是不同思想体系和学术派别的交锋,二者的区别大致有以下几点:一是今文经学认为六经皆孔子所著,系托古改制之书;古文经学认为六经皆史。二是今文经学尊奉孔子,认为孔子是政治家、哲人;古文经学奉周公,认为孔子仅是一位历史学家。三是今文经学信谶纬之书,讲微言大义;古文经学斥责纬书荒谬,称六经皆史。四是今文经学讽刺古文经为刘歆所伪造,而古文经学嘲笑今文经为秦火残余。事实上,从学术角度来看,今文经学和古文经学各有优劣,今文经注重阐发义理,对当时统治思想观念的形成产生过重要影响,但其缺点是失于空疏,过分关注师法、家法,尤其是其神学化、谶纬化的理路,与儒学本意逐渐疏远。古文经偏重文字训诂,学风朴实严谨,但往往失之于支离、繁琐。二者的互相补充则是儒学发展的必然趋势。白虎会议后,又经过数次大的争论,今古文学派最终出现合流趋势,经贾逵、马融等大师的努力整合,两派互取优长,争论也逐渐平息,古文大师郑玄最终融合了两派,成为集今古文经学之大成者:"郑玄囊括大典,网罗众家,删裁繁诬,刊改漏失,自是学者略有所归。"①

值得一提的是,在经学发展过程中出现的师法与家法。所谓师法,是指老师传授的学问和技术。汉代经学教育多采用章句形式,依经文顺序进行断句和划分章节,逐字逐句讲说,形成章句之学,亦称经说。由于经师之间对经书的理解不同,因而章句之学也就体现出经师治经和讲经的风格,便形成师法。大师弟子对师说有所发展,在不违背师说的前提下形成一家之言,被学术界认可,便成为家法。对此,清代学者皮锡瑞在《经学历史·经学极盛时代》中明确指出:

> 前汉重师法,后汉重家法。先有师法,而后能成一家之言。师法者,溯其源;家法者,衍其流也。师法、家法所以分者:如《易》有施、孟、梁丘之学,是师法;施家有张、彭之学,孟有翟、孟、白之学,梁丘有士孙、邓、衡之学,是家法。

但在今古文经学之争过程中,两派对待师法和家法的态度也有所不同,今文经学的政治化倾向非常明显,为维护经学的权威和思想的稳定,非常重视师法和家法在经学教育中的作用,还批评古文经学"颠倒《五经》,毁师法,令学士疑惑","师徒相传又无其人"等。而古文经学直接源于先秦古籍,政治化色彩较淡,且长期以私学为阵地,学风比较自由,因而不太受师法和家法的约束,事实上诸如扬雄、王充及班固等经学大师,大都是学无常师,又

---

① 范晔:《后汉书》卷三十五《郑玄传》。

学贯百家的,如史载班固:

> 博贯载籍,九流百家之言,无不穷究。所学无常师,不为章句,举大义而已。性宽和容众,不以才能高人,诸儒以此慕之。①

三、汉代的选士制度

为了选拔和培养人才,汉代的学校制度和选士制度相辅相成,董仲舒向汉武帝建议的三大文教政策,试图建构出一个"教育→选士→尊儒"的有效模式,为思想文化领域内的"大一统"服务。汉代的选士制度是先秦以后养士制度的发展,也是隋唐以后科举制度的前身。按规定,汉代太学生完成学业后,即可根据考试的等级名次获得相应的官职,而地方官学和私学出身的人,则通过郡国察举或朝廷直接征召的途径入官。马端临在《文献通考》中说:"汉制,郡国举士,其目大概有三:曰贤良方正也,孝廉也,博士弟子也。然是三者在后世则各自为科目,其与乡举里选又自殊涂矣。"说明举贤良方止和孝廉(察举制最主要的两种方式)、博士弟子课试是汉代选士的主要途径。

(一)察举制度

汉代选士始于汉高祖十一年(前196年),高祖下诏求贤,要求各地郡守劝勉各地高蹈之士应诏,并根据其学识、行状、仪态、年纪等方面给予擢用。随后,汉文帝也下诏"举贤良方正能直言极谏者",皇帝亲自出题策问,这是汉代选举取士的开端。贤良方正虽适合于儒家经学要求的德才兼备之士,但由于举贤良的时间并不固定,且应贤良者只限于上层官僚,故尚未形成一种制度。汉武帝后屡次诏举"贤良方正",并形成定制,凡丞相、列侯、刺史、郡守等推荐,经过严格考核,再任以官职。汉武帝元光元年(前134年),接受董仲舒的建议,诏令郡国各举"孝廉"一人,为汉代孝廉的开始。所谓"孝"是针对民众而言,"廉"是对官吏来说的,因此,举孝廉的目的有两个:一是为选拔一批合格的官吏,以加强中央集权的力量;二是选拔一批孝子以为示范,将儒家伦理教化渗透到地方,以教化民众,化民成俗。汉武帝元封四年(前107年)令诸州每年举"秀才"一人,对有卓异品行者和突出贡献的官吏进行选拔提升,后遂成定制。以贤良方正和孝廉、秀才为主的汉代察举制度,逐渐成为汉代重要的选士制度。

除外,还设置有明经科和童子科。明经科主要察举通晓经学之才,西汉时诸如孔安国、贡禹等皆以明经举为博士,韦贤、韦玄成父子以明经先后官至丞相等,至东汉元和二年(85年)正式诏举明经。童子科主要是选拔15岁以下"博通经典者",最早可追溯到汉初,当时萧何在他起草的吏律中曾提议,学童"能讽书九千字以上,乃能得为史",成绩优异的竟可任尚书、御史等官职。东汉时左雄积极改革察举制,坚持考试,严格选举。他奏请皇帝:召海内名儒为博士,使公卿子弟为诸生,"有志操者,加其俸禄"。他还把聪明通经的汝

---

① 范晔:《后汉书》卷四十上《班彪列传》。

南的谢廉、河南的赵建章亲自推举为童子郎,当时谢廉、赵建章年仅 12 岁。当时在太学中有不少风云一时的"神童"、"奇童"、"圣童"。如:任延"年十二,为诸生,学于长安,明《诗》、《易》、《春秋》,显名太学,学中号为:任圣童"①。张堪"年十六,受业长安,志美行厉,诸儒号曰:圣童"②。黄香年 12 岁时,"博学经典,究精道术,能文章,京师号曰:天下无双江夏黄童"③。

汉代察举制推行近 400 年,在相当一段时间内起着积极作用,造就了两汉人才辈出、功业大盛的局面,汉代之所以能成为中国历史上一个繁荣昌盛的时代,与汉统治者察举得人有密切关系。不过,察举制度也有其固有的缺陷,主要是察举过程中始终被舆论特权笼罩,中央在察举问题上控制力有限。在察举制度下,士人能否入仕,一般取决于能否被举,而能否被举,则主要取决于乡间的舆论,而以社会名声取士的最大弊端,就是造成许多士人为钻营而沽名钓誉的事情。同时,察举大权掌握在州郡各级官吏手中,士人为入仕不得不请托权贵门下,造成士风的每况愈下,所谓"举秀才,不知书;察孝廉,父别居;寒素清白浊如泥,高第良将怯如鸡"④。鉴于此,东汉顺帝阳嘉元年(132 年),根据尚书令左雄的建议,规定年 40 以上者方可察举孝廉,而且,"诸生试家法,文吏课笺奏,副之端门,练其虚实,以观异能,以美风俗"⑤。即察举之人,先在官府初试,后再端门(即皇城正南门)复试。从此以后,察举制由仅关注名声,又加上考试一项,虽不能从根本上改变察举制的弊端,却收到一定的效果,并为后世的科举考试开创了先例。

(二) 征辟制度

征辟制始于秦朝,如叔孙通以文学被征,王次仲以变仓颉旧文为隶书被征。汉代统治者借鉴秦代征召之法,实行定期征辟制度,由皇帝或各级官府直接聘请那些有一定声望和才能而不肯出仕的隐逸之士,根据实际情况量才为用。被皇帝征召者多为德高望重、学识渊博的儒学大师,如汉武帝刚即位,就"遣使者安车蒲轮,束帛加璧,征鲁申公"⑥。据史载,汉代被征召的学者就有贡禹、韦贤、匡衡、尹敏、郑众、李膺等,与"征辟"相配合的还有"公车上书"之制,即允许天下吏民上书言事,如有可取者,以其所长授予官职。

(三) 选用博士弟子

元朔五年(前 124 年),汉武帝采纳公孙弘的建议,为五经博士置弟子员,每年考试,凡能通一经以上者,可补文学掌故的官缺,成绩优异者可得郎官。博士弟子根据朝廷制定的标准、条件和名额,或由太常选拔,或由郡国选送,由太常选送的太学生为正式生,享有俸禄,由其他途径入学的为非正式生,费用自给。家境贫寒而无力经达的博士弟子,可由郡

---

① 范晔:《后汉书》卷七十六《循吏列传》。
② 范晔:《后汉书》卷三十一《郭杜孔张廉王苏羊贾陆列传》。
③ 范晔:《后汉书》卷八十上《文苑列传》。
④ 葛洪:《抱朴子》卷十五《审举》。
⑤ 范晔:《后汉书》卷六十一《左周黄列传》。
⑥ 班固:《汉书》卷六《武帝纪》。

国遣送,至太学后也允许一边求学一边靠劳作为生。王莽以后,太学生的成分逐渐发生变化,起初有"元士之子得受业如弟子"的规定,继而又增加了公卿子弟及明经下弟入学的规定,太学的贵族子弟日渐增多,贵族化的倾向也日益明显。太学考试方式为射策,即抽签考试,这一点前已详述。经过考试,区分高下,根据取官名额,授以相应的官职。考试中发现有不用功或才能低等者或不能通一经的,则要被开除学籍。如:汉武帝时规定,博士弟子"能通五经以上,补文学掌故缺;其高第可以为郎中者,太常籍奏。即有秀才异等,辄以名闻,其不事学若下材,及不能通一艺,辄罢之,而请诸能称者"①。随着太学规模的不断扩大和博士弟子的不断增多,补官名额也相应增加。东汉桓帝时,取消了录取名额的限制,规定每两年考一次,根据通经的多少授予相应官职,通五经者往往重用,已授官职者还可以再试,以获取更高的官职。这种考试制度的重大转变,反映了汉代统治者选拔人才时的通才化导向,不受师法、家法限制,这种选才标准对教育和学术的发展是有利的。

四、汉代经学家的教育思想

自汉武帝"独尊儒术"之后,经学教育便一统天下,且出现今文经学与古文经学两大阵营,今古文经学家们在立足教育实践的同时,纷纷著书立说,来阐释自己的教育主张,以至出现陆贾的《新语》、贾谊的《新书》、董仲舒的《春秋繁露》、韩婴的《韩诗外传》、扬雄的《扬子法言》、刘向的《说苑》、刘歆的《七略》、王充的《论衡》、班固的《白虎通德论》、荀悦的《申鉴》、许慎的《说文解字》等诸多恢弘巨著,对后世经学教育理论的发展有着重要影响。

(一) 贾谊

贾谊是西汉初期真正将儒家学说推到政治前台的一位儒者,他以清醒的历史意识和敏锐的现实眼光,冲破文帝时甚嚣尘上的道家、黄老之学的束缚,不顾当朝元老旧臣的诽谤与排挤,接过陆贾与叔孙通等人的行仁义、法先圣、制礼仪、别尊卑的儒家主张,为汉家王朝制定了仁与礼相结合的政治蓝图,引起了当时最高统治者汉文帝的重视,因而在儒学教育史上可谓贡献颇大。

1. 生平及教育活动

贾谊(前200～前168),洛阳人。自幼苦学,于先秦诸子百家之书无所不读,又跟从荀况高足、秦朝博士张苍研习《春秋左氏传》,还曾注释过《左传》。对道家学说也较有研究,早年曾写过《道德论》、《道术》等论著。他尤其酷爱文学,喜读战国末期诗人屈原的作品。至汉高后五年(前183年),贾谊就以能诵《尚书》、《诗经》及撰述文章而闻名于河南郡,受到河南郡守、李斯高足吴公的关注,收为弟子。

汉文帝前元元年(前179年),经吴公举荐,贾谊被汉文帝召为博士,开始其官学教育生涯,以其卓越的议政才能,不到一年便提为太中大夫。次年,针对种种内忧外患,贾谊撰

---

① 班固:《汉书》卷八十八《儒林传》。

写奏疏《论积贮疏》，规劝文帝重视农业生产，以增加积贮，同时要对民众实施教化，使之明晓"一夫不耕，或受之饥；一女不织，或受之寒"的道理。又撰写《过秦论》，论述秦朝灭亡的教训，规劝文帝要以"仁义"治国。但不久，因遭周勃、灌婴、邓通等群臣嫉恨被贬出京师，为长沙王太傅。

汉文帝前元七年（前173年），贾谊被召回长安，文帝在未央宫祭神的宣室亲自接见他。当时祭祀刚结束，文帝对鬼神之事多有疑惑，当面请教贾谊，并任命贾谊为梁怀王刘揖的太傅。汉文帝前元十一年（前169年），梁怀王刘揖意外坠马而死，贾谊深感没有尽到太傅的职责，次年在心情极度忧郁中病逝。刘向将其作品编纂成《新书》10卷，今存56篇，除前面提到的外，还有《保傅》、《胎教》等有影响的教育篇章，是研究贾谊教育思想的重要参考材料。

2. 教育乃为"政之本"

贾谊和汉初许多思想家一样，都注重总结秦王朝兴亡的经验教训，他在脍炙人口的《过秦论》一文中认为，秦之所以速亡，主要原因在于"仁义不施"，是不施行儒家伦理道德的结果。在《新书》中，贾谊再次强调："以仁义恩厚因而泽之，故德布而天下有慕志。"由此可见贾谊对儒家仁义道德的尊崇，他进一步指出："礼者，所以固国家、定社稷，使君无失其民者也"，"礼"可谓是社会和个人行为规范的准则，"故道德仁义，非礼不成；教训正俗，非礼不备；分争辨讼，非礼不决；君臣、上下、父子、兄弟，非礼不定；宦学事师，非礼不亲"。他在《新书》中专门用一章"礼"来论述礼治的重要性。贾谊重仁义、行礼治的思想，是建立在民本思想基础之上的。针对秦亡教训，他深刻意识到下层民众的巨大力量，对民众的敬畏促使他提出以民为本的政治主张，所谓"夫民者，万世之本也，不可欺"。社稷的安危和君主的荣辱全系于民众的态度，统治者能否正确处理好自身与民众之间的关系，是国家安定繁荣的关键，他说："自古至今，与民有仇者，有迟有速，而民必胜之。"①

"礼"的作用在于未雨绸缪，因此，教化就成为推行礼治的主要手段。贾谊强调："贵绝恶于未萌，而起敬于微眇，使民日迁善远罪而不自知也。"②他以商周尚德治而长久，秦弃德政而速亡为例，纠正了秦人礼义不如法令、教化不如刑罚的错误认识，并指出："民者，诸侯之本也；教者，政之本也；道者，教之本也。有道，然后教也；有教，然后政治也；政治，然后民劝之；民劝之，然后国丰富也。"③当然，贾谊强调礼治教化，并非否定刑法的治国作用，他认为施行礼治，必须要有"权势法制"作为坚强保障，只是仅靠法制是不可取的，因为礼、法各有其功效，二者有机结合国家才能长治久安，他说："夫礼者禁于将然之前，而法者禁于已然之后，是故法之所用易见，而礼之所为生难知也。"④

3. "善不可谓小而无益"的道德修养论

贾谊认为，人有仁、义、礼、智、信，加上乐，合称"六行"，是领悟天地人之道的最高理性

---

① 《新书》卷九《大政上》。
② 班固：《汉书》卷四十八《贾谊传》。
③ 《新书》卷九《大政上》。
④ 班固：《汉书》卷四十八《贾谊传》。

表现,圣人自然具备,但凡人需要学习才能具备,他说:

> 人虽有六行,细微难识,唯先王能审之,凡人弗能自至。是故必待先王之教,乃知所从事。是故先王为天下设教,因人所有,以之为训;道之人情,以之为真。是故内本六法,外体六行,以与《诗》、《书》、《易》、《春秋》、《礼》、《乐》六者为术,以为大义,谓之六艺。令人缘之以自修,修成则得六行矣。①

在贾谊看来,学习儒家经典是人向善的不二法门,但良好品德的形成不是一蹴而就的,应循序渐进,坚持不懈,要及时捕捉人性的闪光点使之发扬光大,而品格中的不良现象要在初露端倪时就及时掐灭,如此才能不断地抑恶向善,所谓"善不可谓小而无益,不善不可谓小而无伤"。还要注重环境因素的影响,认为一般人的性情"似练丝,染之蓝则青,染之缁则黑"②。

4. 论君王的"圣化"教育

贾谊认为,君主教育在西周时期已经形成制度,古代有突出贡献的君王都是"自为赤子,而教固已行矣"。夏商周之所以国祚长久,就是因为"辅翼太子有方",秦之所以二世而亡,并非胡亥天性残暴,只因其在太子位时以赵高为傅,接受的教育全是律令刑法方面的内容,故继位后施行严刑峻法,对民众暴戾残忍,根源在于"彼其所以道之者非其理故也"。可以说,在皇权专制时代,帝王自身的素质在很大程度上决定着国家的生死存亡,因而,君王之教至关重要。

至于如何教育君王,贾谊提出首先要重视胎教。据史料记载,周文王是最早受过胎教的君王,刘向在《列女传·母仪》中,称周文王之母"大任之性,端一诚庄,惟德之行。及其有娠,目不视恶色,耳不听淫声,口不出敖言,能以胎教……文王生而明圣,大任教之,以一而识百,卒为周宗。君子谓大任为能胎教"。《大戴礼记·保傅》亦载:"周后妃任成王于身,立而不跛,坐而不差,独处而不倨,虽怒而不詈,胎教之谓也。"贾谊总结了前人胎教的经验,认为对君王的教育要"慎始敬终","慎始"就是要从胎教开始。他在《新书》中专置"胎教"一目,引用古书所言:"古者胎教之道,王后有身,七月而就蒌室,太师持铜而御户左,太宰持斗而御户右,太卜持蓍龟而御堂下,诸官皆以其职御于门内。比三月者,王后所求声音非礼乐,则太师抚乐而称不习;所求滋味者非正味,则太宰荷斗而不敢煎调,而曰不敢以侍王太子。"并认为"周妃后妊成王于身,立而不跛,坐而不差,独处不倨,虽怒不骂,胎教之谓也。"

其次要"早谕教",即要重视出生之后的教育。他说:"天下之命,悬于太子。太子之善,在于早谕教与选左右。夫心未滥而先谕教,则化易成也;开于道术智谊之旨,则教之力也。若其服习积惯,则左右而已。"③若想培养出一个优秀的君王,应该在"早谕教"和"选左右"两方面狠下功夫。"早谕教"就是及早对太子进行"道术"与"智谊"的培养,为"教之

---

① 《新书》卷八《六术》。
② 《新书》卷五《连语》。
③ 班固:《汉书》卷四十八《贾谊传》。

力";"选左右"就是对太子周围的人要严格挑选,"夫教得而左右正,则太子正矣,太子正而天下定矣"①。

至于若何围绕太子实施教育,贾谊有自己独特的看法,他说:"人主太浅则知暗,太博则业厌;二者异失同败,其伤必至。故师傅之道,既美其施,又慎其齐;适疾徐,任多少;造而勿趣,稍而勿苦,省其所省,而堪其所堪,故力不劳而身大盛,此圣人之化也。"②在这里,他提出了"圣化"教学,主张教育要依太子的认知水平量力而行,教学内容的多寡要以太子的接受能力而定,过博过深,太子不能接受,就会影响学习兴趣。但师傅并不是消极适应太子的接受水平,而是在"省其所省"的同时"堪其所堪",在适度的基础上最大限度地激发太子的潜能,也就是要做到最优化教育。

(二)董仲舒

在儒学发展史上,西汉的董仲舒和南宋的朱熹是两位至关重要的人物,他们对儒家元典进行了两次重大改造并发扬光大。可以说,董仲舒是将儒学正式推向官方哲学的一位经学大师,故有"汉代孔子"之称。

1. 生平及教育活动

董仲舒(前179～前104),广川(今河北景县)人。《史记》载其"少治《春秋》"。汉景帝时,与胡毋生一起担任公羊博士,"下帷讲诵,弟子传以久次相授业,或莫见其面。盖三年不窥园,其精如此。进退容止,非礼不行,学士皆师尊之"③。

元光元年(前134年),汉武帝下诏令郡国举孝廉、策贤良,时为儒生的董仲舒以贤良对策,汉武帝接连发问三策,董仲舒亦连对三策,系统地提出"天人感应"、"大一统"理论和"罢黜百家,独尊儒术"的建议,史称《天人三策》或《贤良对策》,被班固全文收入《汉书》之中。尤其是,每策所答均为汉武帝所想,故被汉武帝所采纳,从此奠定了儒学复兴的政治基础,开两千多年儒学正统之先声。也因此深受汉武帝的器重,令其任江都易王刘非国相。元光五年(前130年)辽东高庙和长陵高园殿发生火灾,喜谈神秘莫测之事、灾异之说的董仲舒便推说其意,撰成《灾异之记》,尚未上书给皇帝,却遭主父偃嫉妒,以其内有讽刺时政之意而告发,被武帝打入大狱。虽不久赦免其罪,复为中大夫,从此再也不敢谈论灾异之事。

元朔四年(前125年)任胶西王刘端国相,四年后辞职回家,"不问家产业,以修学著书为事"④。他的大部分著述都是在辞官后完成的,诸如《玉杯》、《蕃露》、《清明》、《竹林》、《基义》等,后人汇集成长达17卷82篇,计10万余字的《春秋繁露》一书,书名为辑录者所加,隋唐以后才有此书名出现。这部书既是董仲舒治《春秋》的扛鼎之作,也是研究董仲舒政治及教育思想的主要参考资料。

---

① 班固:《汉书》卷四十八《贾谊传》。
② 《新书》卷六《容经》。
③ 班固:《汉书》卷五十六《董仲舒传》。
④ 班固:《汉书》卷五十六《董仲舒传》。

2. 提出三大文教政策的建议

董仲舒为了适应汉武帝的政治需要,在《贤良对策》中提出了三大文教政策的建议。

一是行教化,重礼乐。董仲舒承继儒家重教化的传统,认为古代圣王之所以能够长治久安,都是礼乐教化的功效,因而王者的首要任务就是实施德治和教化。他说:

> 凡以教化不立而万民不正也。夫万民之从利也,如水之走下,不以教化堤防之,不能止也。是故教化立而奸邪皆止者,其堤防完也;教化废而奸邪并出,刑罚不能胜者,其堤防坏也。古之王者明于此,是故南面而治天下,莫不以教化为大务。立太学以教于国,设庠序以化于邑,渐民以仁,摩民以谊,节民以礼,故其刑罚甚轻而禁不犯者,教化行而习俗美也。①

二是兴太学,重选举。针对当时人才不足的情况,董仲舒建议汉武帝不但要"求贤",而且更重要的是要"养士"。他说:"夫不素养士而欲求贤,譬犹不琢玉而求文采也。"至于如何"养士",他说:"养士之大者,莫大乎太学。太学者,贤士之所关也,教化之本原也。"他要求汉武帝"兴太学,置明师,以养天下之士"②。针对当时人才选拔和使用的不当现象,董仲舒又提出要改革选士制度,建议"使诸列侯、郡守、二千石,各择其吏民之贤者,岁贡各二人,以给宿卫",通过试用而"量材而授官,录德而定位。则廉耻殊路,贤不肖异处矣"。

三是罢黜百家,独尊儒术。为改变"师异道,人异论,百家殊方,指意不同"的学术混乱局面,实现思想领域的"大一统"局面,董仲舒又提出罢黜百家、独尊儒术的主张,建议"诸不在六艺之科、孔子之术者,皆绝其道,勿使并进"。如此,才可以收到"邪辟之说灭息,然后统纪可一,而法度可明,民知所从矣"之效果。

董仲舒提出的三大文教政策的建议,在当时的历史条件下,对于巩固政治上的大一统局面,促进文化教育事业的发展以及培养和选拔国家所需人才,都有一定的进步意义。它不仅深刻影响了汉武帝时期文教政策的制定,还对两汉及后来各封建王朝的文教政策的走势具有奠基性作用。

3. "性三品"说与教育作用

董仲舒继承了先秦儒家通过人性来论证教育价值的思想,但其人性论与孟子、荀子最大的不同,则是把人性神学化了。在董仲舒看来,人受命于天,人性是天赋予的。他说:"心之名得人之诚,人之诚有贪、有仁,仁、贪之气两在于身。身之名取诸天,天两,有阴阳之施;身亦两,有贪仁之性。天有阴阳禁,身有情欲栣,与天道一也。"③既然天有阴阳之分,人性中也有"仁气"和"贪气"之别,人性中存在着贪、仁这两种相互对立的素质,就不能简单将人性等同于善,只能是"有善质而未能善",若承认"性已善",则等同于否定了教育的作用:"今谓性已善,不几于无教,而如其自然? 又不顺于为政之道矣。"④正因为"性待

---

① 班固:《汉书》卷五十六《董仲舒传》。
② 班固:《汉书》卷五十六《董仲舒传》。
③ 《春秋繁露》卷三十五《深察名号》。
④ 《春秋繁露》卷三十六《实性》。

教而为善"，所以"为之立王以善之，此天意也"。

进而，董仲舒又提出了"性三品"说。他认为，人性事实上分为三个等级，即"斗筲之性"、"中民之性"和"圣人之性"，教育对不同等级的人所产生的作用是不同的，圣人天生能抑恶扬善，注定向善的方向发展，无需教育；小人命中注定低贱卑微，只能向恶的方向发展，对待他们要刑罚为主；只有占人口大多数的中人是教育的主要对象，经过"教化"逐渐会变善。关于"善"的解释，董仲舒认为，"循三纲五纪，通八端之理，忠信而博爱，敦厚而好礼，乃可谓善"①。因此，董仲舒的"善"实质上是指封建社会的伦理纲常，"性待教而后善"主要对那些"中性之人"而言的，教育对"圣人"与"小人"的作用微乎其微，董仲舒的人性论和教育作用论，虽然较孟子、荀子单纯的性善论、性恶论更为进步，但其维护封建等级制和封建统治的合理性的目的昭然若揭。

4. 以"三纲五常"为核心的道德教育论

在董仲舒的社会政治理想中，虽主张德刑并用，但他更强调道德教化是根本，刑法只是治国的辅助手段。他说："教，政之本也；狱，政之末也。"②同时，他把儒家伦理道德和政治统治秩序都说成是人性生来固有的，是上天赋予的，"人受命于天，有善善恶恶之性"，人性成为道德的唯一来源，而人性又是由天命决定的，这样一来，封建道德就被神圣化，成为超阶级的东西。

基于此，董仲舒极力倡导"三纲五常"教育。他认为，君为臣纲、父为子纲、夫为妻纲以及仁、义、礼、智、信等均出于"天意"，人们应该无条件接受和服从。董仲舒特别强调仁义，如果统治者能够"以仁安人，以义正我"，那么社会秩序就会井然有序。

针对个人如何实施道德修养问题，董仲舒首先提出了"正我"原则，所谓"义之法在正我，不在正人"③。他要求人们在进德修业时，要严于律己，宽以待人。在"正我"的前提下，董仲舒又提出"强勉行道"、"明于性情"、"必仁且智"及重义轻利的修养方法。完善品德首先要"强勉行道"。董仲舒认为，"强勉行道，则德日起而大有功"，只要奋勉地进行德行修养，品德就会一天天完善。"明于性情"就是要"引其天性之所好，而压其情之所憎者"，只要将人们天性中善良美好的一面诱发出来，德行就自然培养了出来。"必仁且智"即要求将德育和智育结合起来，二者不可分割。这是因为"仁而不智，则爱而不别也；智而不仁，则知而不为也"。在董仲舒看来，"义"和"利"并不矛盾，而是各有功用，所谓"天之生人也，使人生义与利。利以养其体，义以养其心。心不得义不能乐，体不得利不能安"。如果论其轻重，董仲舒则强调要"重义轻利"，他说："夫人有义者，虽贫能自乐也；而人无义者，虽富莫能自存。吾以此实义之养生人，大于利而厚于财也。"④甚至提出"夫仁人者，正其谊不谋其利，明其道不计其功"。

---

① 《春秋繁露》卷三十五《深察名号》。
② 《春秋繁露》卷四十一《为人者天》。
③ 《春秋繁露》卷二十九《仁义法》。
④ 《春秋繁露》卷九《身之养重于义》。

5. 论"圣化"教学

董仲舒认为,天道寓于人心,天心与人心是相通的,识得人本心就识得天道,故知识的获得是"内视反听"的结果,"内视"即通过内省体察来感悟天道或体认事物的本质,这与孟子的"万物皆备于我"、学问之道在于"求放心"的主张是一致的。同时,还要"反听",即善于听取他人的意见来获取有关知识。进而,在教学上,董仲舒最为看重的是"六经"的学习,因为"《诗》、《书》序其志,《礼》、《乐》纯其美,《易》、《春秋》明其知"①。同时,他又认为"六经"各有所长,所谓"诗道志,故长于质;礼制节,故长于文;乐咏德,故长于风;书着功,故长于事;易本天地,故长于数;春秋正是非,故长于治人"。所以学者应"兼其所长",不要"偏举其详"。这种"兼其所长"的教学观点是可取的。不过作为治《公羊春秋》的一代大师,董仲舒尤其强调《春秋》的教育意义,他认为《春秋》的精义在于"奉天而法古",是一部"道往而明来"和"以仁义为法"的儒家经典,一部《春秋》不仅能提供治国安邦的历史经验,还能使人通经达用。而对于自然知识,则被排斥在教学之外,他说:

> 能说鸟兽之类者,非圣人所欲说也。圣人所欲说,在于说仁义而理之,知其分科条别,贯所附,明其义之所审,勿使嫌疑,是乃圣人所贵而已矣。不然,传于众辞,观于众物,说不急之言,而以惑后进者,君子之所甚恶也,奚以为哉!②

在教学方法上,董仲舒充分借鉴了贾谊的教学主张,认为教师要遵循"圣化"的原则,他说:"善为师者,既美其道,有慎其行,齐时早晚,任多少,适疾徐,造而勿趋,稽而勿苦,省其所为,而成其所湛,故力不劳而身大成,此之谓圣化,吾取之。"③从要求教师以身作则开始,进而论及教学应该适时,应该注意受教育者的才性,要能从容引导,不急不缓,比较符合教学规律,这是孔子因材施教、循循善诱教学原则的具体发展。对待学习,董仲舒要求学者要"强勉学问",所谓"事在强勉而已矣,强勉学问,则闻见博而知益明"。同时,还要做到专心致志,因为"目不能二视,耳不能二听,手不能二事。一手画方,一手画圆,莫能成"。

(三) 王充

整个东汉200年间,称得上思想家的,仅有三位:王充、王符和仲长统。范晔《后汉书》将三人立为合传,后世学者更誉之为"汉世三杰"。其中,王充最为杰出,对后世影响也最大。尤其是他的论著《论衡》,成为中国历史上一部不朽的无神论著作。梁启超在《中国近三百年学术史》中称:"王充《论衡》实汉代批评哲学第一奇书。"钱穆更是将其视为"开魏晋新思想之先河"者。

1. 生平及教育活动

王充(27~约97)字仲任,祖籍魏郡元城(今河北大名),曾为天下第一家族,祖上因军功昭著被封到会稽阳亭,后落户上虞(今浙江上虞)。6岁开始接受父亲王诵的教诲,史载

---

① 《春秋繁露》卷二《玉杯》。
② 《春秋繁露》卷五《重政》。
③ 《春秋繁露》卷一《楚庄王》。

其:"恭愿仁顺,礼敬具备,矜庄寂寥,有臣人之志。父未尝笞,母未尝非,闾里未尝让。"①8岁后入书馆读书,"书馆小僮百人以上,皆以过失袒谪,或以书丑得鞭。充书日进,又无过失。手书既成,辞师受《论语》、《尚书》,日讽千字"②。

大约在建武二十年(44年),王充不远千里赴京城洛阳,入太学学习,又私下拜学者班彪为师,喜欢博览群书,又与学者诸如贾逵、傅毅、杨终等来往较多,这些学者都曾任职兰台(系东汉的皇家图书馆和国史馆),这也为王充博览群书提供了良好条件。因其家贫,买不起书籍,于是"常游洛阳市肆,阅所卖书,一见辄能诵忆,遂博通众流百家之言"。待学业有成,王充便回到乡里授徒讲学。会稽郡征聘他为功曹,因其擅长辩论,与上级不合而辞职离开。回到家里后,王充谢绝一切庆贺、吊丧等礼节往来,窗户、墙壁都放着刀和笔,边讲学边勤奋著述。

当时统治者独尊儒术,将儒术神秘化的谶纬之说十分盛行。对此,为"冀悟迷惑之心,使知虚实之分",王充于章帝元和三年(86年)撰就《论衡》85篇,20多万字,细说微论,解释世俗之疑,辨明是非之理。尤其是置《儒增》、《书虚》、《问孔》、《刺孟》等篇章,公然挑战经典,质疑圣贤,实冒天下之大不韪,故被诸多学者所口诛笔伐,视之为"异书"。自《隋书》以下,历代目录书都将王充列为无所宗师的"杂家",近代经学大师刘师培甚至说王充是"南方墨者之支派"。

王充一生大部分时间都在研究学术和设学授徒,所作《大儒论》、《讥俗》、《政务》、《论衡》等均含有丰富的教育思想。尤其是《论衡》一书,以疾虚妄、辨是非、抨击儒学谶纬化著称,所提出的"天自然无为"、"天不能故生人"以及神灭无鬼、今胜于古等思想,对后世影响颇为深远,至今在中国思想史和教育史上仍熠熠生辉。

2. 论"在化不在性"

王充的人性论是善恶共有论。他从"气"一元论出发,认为人性具有差异性和可变性,他说:"论人之性,定有善有恶","人之性,善可变为恶,恶可变为善"。这主要是"禀气"不同所致,所谓"禀气有厚薄,故性有善恶……人之善恶,共一元气。气有多少,故性有贤愚"③。按这种"禀气"说,王充将人性分为上中下三等,上等是生来为善的,中等生来善恶相混的,下等是生来为恶的,只是生来就善或恶的人很少,绝大多数是中等人性,既善恶相混,又可善可恶,因此"在化不在性",即通过教育可以使人弃恶向善。他说:"夫中人之性,在所习焉。习善而为善,习恶而为恶也。"又说:"善则养育劝率,无令近恶,恶则辅保禁防,令渐于善。"即便是生来为恶的人性,通过教育也可以得到改变,使之为善,所谓"其善者,固自善矣;其恶者,故可教告率勉,使之为善"④。

进而,王充认为能改变人性的,不只是教育,还有环境的影响。他说:

---

① 《论衡》卷三十《自纪篇第八十》。
② 《论衡》卷三十《自纪篇第八十》。
③ 《论衡》卷二《率性》。
④ 《论衡》卷二《率性》。

逢生麻间,不扶自直;白纱入缁,不练自黑。彼蓬之性不直,纱之质不黑,麻扶缁染,使之直黑。夫人之性犹蓬纱也,在所渐染而善恶变矣。①

3. 以"鸿儒"为理想培养目标

王充出身微贱,一生怀才不遇,因此对当时的人才选拔和任用制度的不合理现象深有感触。汉代无论察举还是征辟的选士制度,无非是选拔两类人才:一类是通经学,具有一定学术能力的儒士;一类是善文牍,在官府从事某种具体事务的文吏。相比较而言,儒士优于文吏,因为"吏事易知而经学难见"②,因此他对"不能言事"而又"空虚无德"的文吏较为反感,这类人一旦居官,只会阿谀奉承和巧取豪夺以满足个人私欲,并结党营私,把持政权,真正德才兼备的儒士却被排斥在官场之外:"儒生无阀阅,所能不能任剧,故陋于选举,佚于朝廷。"③

从社会现实出发,王充提出了教育的培养目标,他指出:"能说一经者为儒生,博览古今者为通人,采掇传书、以上书奏记者为文人,能精思著文、连结篇章者为鸿儒。故儒生过俗人,通人胜儒生,文人逾通人,鸿儒超文人。故夫鸿儒,所谓超之又超者也。"④可见,他的培养目标:第一是"鸿儒",因为"鸿儒"能独立思考、著书立说;第二是"文人",能掌握一定知识、从事文吏工作;第三是"通人",能博览古今;第四是"儒生",仅有一部分知识,只比俗人稍高明一点,既没有"尽才",又不能"成德"。王充推崇读书人应著书立说,他认为只会寻章摘句的"儒生"对社会是无益的,他也不满足于培养只会传授经籍和从事具体事务的"通人"和"文人",而注重培养博通古今、著书立说的"鸿儒"。王充贬低处理政务的文吏以及学习、传授经籍的儒生,有其片面性,但他主张培养道器并行、教学与学术研究能结合在一起的人才,这种培养创造性人才的思路是很有见地的。

4. 论"学之乃知"的教学观

与董仲舒的"内视反听"不同,王充从唯物主义的认识论出发,反对生而知之,反对知识的先验论,认为"不学自知,不问自晓"是不存在的,主张"人才有高下,知物由学。学之乃知,不问不识"。也就是说,人的知识和能力都是后天学习及实践的结果。

关于教学内容,王充作为古文经学的代表,仍把儒家经典作为学校教育的基本内容,他强调"文人宜遵五经六艺为文"。"夫孔子之门,讲习五经,五经皆习,庶几之才也"⑤。但他又反对墨守儒经章句,认为儒生仅学习五经还是不够的,还应兼及文史以及诸子百家学说,因为百家中有"圣人之言,贤者之语,上自黄帝,下至秦汉,治国肥家之术,刺世讥俗之言备矣"。它不仅能"使人通明博见",而且可以改良当时的政治。因此,除"遵五经六艺为文"之外,还应遵"诸子传书为文,造论著说为文,上书奏记为文,文德之操为文。立五文

---

① 《论衡》卷二《率性》。
② 《论衡》卷十二《程材》。
③ 《论衡》卷十二《程材》。
④ 《论衡》卷十三《超奇》。
⑤ 《论衡》卷十三《别通》。

在世,皆当贤也"。

进而,王充将教学过程分为"见闻为"、"开心意"和"效验"三个阶段。首先,他强调人的感性认识的重要性。他指出,"闻见"是圣人积累知识经验的基本手段。闻见有两层含义:一是留心周围事物,注意积累生活经验;二是广闻博览,通过书本或其他间接途径吸收他人的经验和思想,接受间接知识。王充认为,教学中首先要依靠耳闻、目见、口问、手为,直接接触客观事物,这是认识的最根本的条件。其次,王充指出,教学不能停留在"见闻为"的感性认识的阶段,还必须把感性认识加以深化提高,上升到理性阶段。他说:"故是非者,不徒耳目,必开心意。"所谓"开心意",就是要求开动脑筋,进行理性思考。这样才能"知一通二,达左见右",也才能分清是非,判定真假,"订其真伪,辨真虚实"。至于"效验",主要是在实践中来检验知识的真伪过程,通过在实践中实际运用知识,如其符合事实且有效果,那将是正确的。正所谓"凡论事者,违实不引效验,则虽甘义繁说,众不见信",鉴于"事莫明于有效,论莫定于有证",因而必须做到"事有证验,以效实然"。

至于如何教学,王充还提出了许多颇有见地的教学方法:一是要学用一致,王充主张学习知识是为了应用。他说:"凡贵通者,贵其能用之也,即徒诵读,读诗讽术虽千篇以上,鹦鹉能言之类也。"①强调把学到的知识加以融会贯通,运用于实际,解决问题。二是要"距师"与"问难",汉代儒生治学,好"褒古毁今"、"信师是古",造成教育空气沉寂,学术枯萎。尤其是恪守师法家法,造成学者知识面狭窄,思想僵化,"前儒不见本末,空生虚说;后儒信前师之言,随旧述故",结果是以讹传讹,谬种代传。因此王充有针对性地提出"距师"。他说:"凡学问之法,不为无才,难于距师,核道实义,证定是非也。"他主张破除对教师、对古人的迷信,敢于问难求解。即使对孔子、孟子之言也不可盲从。他说:"苟有不晓解之问,追难孔子,何伤于义?诚有传圣业之知,伐孔子之说,何逆于理?"为此,他还写了《问孔》《刺孟》等文章来阐发自己的主张。这种提倡独立思考,反对盲从和迷信的主张,在一定程度上起着思想解放的作用。

第三节 魏晋南北朝时期的教育

自公元220年曹操统一北方,曹丕称帝建国,刘备、孙权也接连建立蜀、吴政权,中国历史进入三国鼎立时期。尔后虽三国归晋,封建帝国再度统一,但"八王之乱"、"五胡乱华"以及北部陆陆续续建立起来的"十六国",使得内外之乱一刻没有平息过。晋室南移后,接连出现南朝的宋、齐、梁、陈和北朝的北魏、东魏、西魏、北齐、北周等多个政权的更替和南北对峙。可以说,这是一个政治和社会剧烈振荡的时期,虽长期"离乱"酿就诸多灾难,但也并非一团漆黑,政治上的多元格局及不均衡发展,给遭受重创的文教事业带来诸

---

① 《论衡》卷十三《超奇》。

多新的气象。尤其是在文教政策引领上,经过一番阵痛和选择,既承袭汉代尊崇儒术之风,又开启唐宋兼用佛道之先,因而这又是一个"继汉开唐"[①]的时代,在中国教育史上留下灿烂的一页。

一、魏晋南北朝的文教政策

以往教育史教材几乎是不涉及魏晋南北朝时期文教政策的,或因情况复杂而不便于总结,或者是不值得一提。事实上,这一时期多元的政治格局,加上佛教、道教的本土化和社会化,致使文教政策的发展出现一个"阵痛"期,也使得文教政策在崇儒的前提下呈现出多元化格局。综合来讲,主要体现在以下几个方面。

(一) 尊孔崇儒

魏晋南北朝时期虽然王朝不断更替,但儒学在民众中的影响以及对政治的作用依然存在,尤其是宗法制社会无法摆脱三纲五常的支撑,对此,历代统治者包括少数民族政权审时度势,继续承袭汉代尊孔崇儒的传统,儒学在一定程度上依然是官方哲学。

有学者称,三国之中"崇儒文教政策恢复得最为得力的是魏国"[②]。据《三国志》载,魏文帝曹丕初在东宫,常"集诸儒于肃城门内,讲论大义,侃侃无倦"。即位后"又使诸儒撰集经传,随类相从,凡千余篇,号曰皇览"[③]。他还诏称孔子为"亿载之师表",要求修葺孔庙,重开祀孔之制。又在太学"制五经课试之法,置《春秋谷梁》博士"。可以说,经学教育继续称霸官学讲坛。

两晋较之三国时期的崇儒倾向更为明显。晋武帝司马炎即位后广开言路,傅玄趁机上疏指陈时务,力主"尊儒尚学"称"夫儒学者,王教之首也"。于是,司马炎诏封孔子后代,"禁星气谶纬之学",还发布崇儒兴教诏令,称儒教为"正典",其余百家因无为而被视为"庸末",这是典型的崇儒举动。东晋时,门阀士族热衷于玄学,而玄学在一定程度上又是反名教的,使儒学所面临的挑战愈加严峻,即便如此,统治者内部还有一批崇儒官员,不断地上疏,强调"风化之本在于正人伦,人伦之正存乎设庠序。庠序设,五教明,德礼洽通,彝伦攸叙,而有耻且格,父子兄弟夫妇长幼之序顺,而君臣之义固矣"[④],极力维护崇儒政策的权威性。统治者不仅亲临太学讲《论语》,还"亲释奠,以太牢祠孔子,以颜回配"[⑤]。

十六国时期的统治者同样有尊孔崇儒倾向,他们自幼接受汉文化熏陶,对儒学了如指掌,这是尊崇儒术的原动力所在。诸如前赵的创立者刘渊,"幼好学,师事上党崔游,习《毛诗》、《京氏易》、《马氏尚书》,尤好《春秋左氏传》、《孙吴兵法》,略皆诵之,《史》、《汉》、诸子,

---

① 范文澜著:《中国通史简编》,人民出版社1965年版,第412页。
② 李国钧、王炳照总主编:《中国教育制度通史》第二卷,山东教育出版社2000年版,第18页。
③ 裴松之注:《三国志》卷二《魏书·文帝纪》。
④ 房玄龄等:《晋书》卷六十五《王导》。
⑤ 房玄龄等:《晋书》卷十九《礼上》。

无不综览"①。后燕王慕容宝,"及为太子,砥砺自修,敦崇儒学,工谈论,善属文"②。前秦建立者苻健,曾与百姓约法三章,其中之一就是"修尚儒学"。后秦王姚兴执政时,常与学者讲儒论道,以至"儒风盛焉"。

南朝寒人势力的兴起,各朝统治者为加强皇权,遏制门阀士族特权,以便建立起一套尊卑贵贱的等级秩序,因而对儒家的纲常礼教多有提倡,在文化教育方面同样体现出崇儒重教的政策性趋向,在立庙、祭孔、讲经等方面多有重要举措。如:"少时学周孔,弱冠穷六经"的梁武帝萧衍,即位后为"大修文教"、"阐扬儒业"。陈世祖陈蒨即位前便"留意经史,举动方雅,造次必遵礼法"。即位后更是崇尚儒术,励精图治。

北朝统治者的尊孔崇儒主要表现为设孔庙、祭孔、褒奖孔子后裔、在国学设置经学博士、讲经及整理儒经、观石经、重用儒士等几个方面。如:北魏开国皇帝拓跋珪,提倡"以经术为先",明定"尚书郎已下悉用文人",可以说是"文治"的开始,尤其是开尊经崇儒之风。北魏孝文帝拓跋宏即位后的第二年,便下诏要求规范祭孔之礼制,称"尼父禀达圣之姿,体生知之量,穷理尽性,道光四海"。甚至在太和九年(485年)还下诏定儒学为"经国之典",并清除图谶、秘纬之学,"立孔子庙于京师"。他亲政后,继续强化崇儒政策,"改谥宣尼曰文圣尼父","幸太学观《石经》","幸鲁城亲祠孔子庙"等。周武帝宇文邕不仅"集群臣亲讲《礼记》",还将释奠定为学成之"恒式",诏曰:"诸胄子入学,但束脩于师,不劳释奠。释奠者,学成之祭,自今即为恒式。"③

（二）重教兴学

崇儒必然重教兴学,因而教育始终是这一时期历代王朝共同关注的一个话题,如建安八年(203年),曹操曾发布兴学令称:"丧乱已来,十有五年,后生者不见仁义礼让之风,吾甚伤之。其令郡国各修文学,县满五百户置校官,选其乡之俊造而教学之,庶几先王之道不废,而有以益于天下。"④吴景帝孙休即位后,于永安元年(258年)发布办学诏令,指出:"古者建国,教学为先,所以道世治性,为时养器也。"⑤兴学的目的在于"以敦王化,以隆风俗"。

晋元帝司马睿即位后,鉴于当时"学校未修"、"学校未立"的状况,骠骑将军王导、散骑常侍戴邈先后上疏强调兴学之重要,司马睿及时采纳二人的建议,就在其即位的当年,"置史官,立太学"。晋孝武帝时,尚书令谢石鉴于"学校陵迟"、儒教不兴问题,上疏力陈崇儒兴学的重要性,孝武帝于是诏令"选公卿二千石子弟为生,增造庙屋一百五十五间"⑥。

十六国统治者在短暂的稳定期间依然积极兴办学校,以传承儒学,培育人才。如:前

---

① 房玄龄等:《晋书》卷一百一《刘元海》。
② 房玄龄等:《晋书》卷一百二十四《慕容宝》。
③ 令狐德等:《周书》卷五《武帝上》。
④ 裴松之注:《三国志》卷一《魏书·武帝纪》。
⑤ 裴松之注:《三国志》卷四十八《吴书·孙休传》。
⑥ 沈约:《宋书》卷十四《志第四·礼一》。

赵王刘曜执政时,"立太学于长乐宫东,小学于未央宫西,简百姓年二十五已下十三已上,神志可教者千五百人,选朝贤宿儒明经笃学以教之。以中书监刘均领国子祭酒。置崇文祭酒,秩次国子。散骑侍郎董景道以明经擢为崇文祭酒"①。石勒称帝后,诏令从事中郎裴宪、参军傅畅、杜嘏并领经学祭酒,参军续咸、庾景为律学祭酒,任播、崔濬为史学祭酒等。他还重视兴办地方官学,"命郡国立学官,每郡置博士祭酒二人,弟子百五十人,三考修成,显升台府"②。

北朝统治者将教育当作能否汉化而久据中原的主要工具,对学校教育予以高度关注,具体表现在设学校、置经学博士及弟子、视学等活动上。如:北魏开国皇帝拓跋珪,"始建都邑,便以经术为先,立太学,置五经博士,生员千有余人。天兴二年春,增国子太学生员至三千……四年春,命乐师入学习舞,释菜于先圣、先师"③。北魏献文帝于天安元年(466年)开始建立地方官学教育制度,要求"立乡学,郡置博士二人、助教二人、学生六十人"④。

南朝各代执政者几乎都颁布有兴学诏,不断强化教育乃立国治国之本意识,进而助推各级各类教育的发展。如:宋武帝刘裕针对当时因战事导致的"学校荒废,讲诵蔑闻"的实际情况,在诏书中称"古之建国,教学为先",要求"选备儒官,弘振国学",由此奠定了宋朝文教政策的基本基调。南齐时曾三次下诏兴学,要求"式遵前准,修建教学,精选儒官,广延国胄"⑤。梁武帝萧衍执政时政局趋于稳定,于天监七年(508年)下诏兴学,提出"建国君民,立教为首"⑥。

(三) 兼容佛道

在尊孔崇儒的同时,对外来佛教及土生土长的道教也为历代王朝所关注,但在看重其社会教化作用外,多与帝王的个人爱好有关,因而发展不甚稳定,时兴时废。

对佛教的包容与接纳自孙权始。来自月支的佛教信徒支谦"博览经籍,莫不谙究,世间伎艺,多所综习,遍学异书,通六国语"。因而引起孙权的注意,就在召见之日"拜为博士,使辅导东宫"。来自西域康居国的僧人康僧会,因其所献舍利十分灵验,孙权为其建塔,"以始有佛寺,故号建初寺"。

东晋统治者对佛教也采取了认可甚至是尊崇的态度,从元、明二帝起,对佛教的尊崇有加。如:晋明帝擅长书画,还亲手画如来像;晋哀帝多次征召高僧讲经;晋孝武帝即位不久,不仅召请高僧竺法义"出都讲说",还"立精舍于殿内,引诸沙门以居之"⑦,甚至是从高僧支昙籥受五戒,"敬以师礼"。

---

① 房玄龄等:《晋书》卷一百三《刘曜》。
② 房玄龄等:《晋书》卷一百五《石勒下》。
③ 魏收:《魏书》卷八十四《儒林序》。
④ 魏收:《魏书》卷六《显祖纪》。
⑤ 萧子显:《南齐书》卷二《高帝下》。
⑥ 姚思廉:《梁书》卷二《武帝中》。
⑦ 房玄龄等:《晋书》卷九《孝武帝》。

十六国统治者虽然倾向于儒学,但对佛道也不完全排斥,甚至还有一种亲和举止。如:前秦王符坚曾有禁老庄之举,但对佛教却网开一面,他出游吴越时,"命沙门道安同辇"。后秦王姚兴也积极提倡佛教,广建寺院,不仅支持法显赴印度等国取经,还到长安的逍遥园与龟兹高僧鸠摩罗什一起讲学译经。而前燕王慕容皝则对道教多有提倡,且"亲造《太上章》以代《急就》,又著《典诫》十五篇,以教胄子"①。可以说是儒道兼重,尤其是向"胄子"加以灌输,有助于汉化进程。

南朝执政者对佛道同样采取兼容的态度,甚至是笃信和尊崇,主要表现在建造寺观、重用僧道、讲经说法等诸项活动上。如:宋文帝刘义隆不仅崇重佛教,一些僧侣也受到重用,诸如曾著《均善论》的慧琳,"朝廷大事皆与议焉。宾客辐凑,门车常有数十辆。四方赠赂相系,势倾一时"②。宋明帝刘彧也信重佛教,曾随僧瑾受五戒,即位后在建康建阳门外建兴皇寺,还将湘东王宫改建为湘宫寺。同时,对道教也多有提倡。道士陆修静原在庐山修行。刘骏慕其名,便在京师为建崇虚馆,欲以"稽古化俗"。南齐对道教的推崇更甚,齐高帝萧道成称帝后,任道士陶弘景为相,并"引为诸王侍读,除奉朝请",他虽在朱门,但"闭影不交外物,唯以披阅为务。朝仪故事,多所取焉"③。梁武帝萧衍早年也因结交陶弘景而信奉道教,其即位后,对陶弘景"恩礼愈笃,书问不绝,冠盖相望"。甚至是"国家每有吉凶征讨大事,无不前以咨询。月中常有数信,时人谓为山中宰相"④。

北朝统治者对佛道也多有提倡。据《魏书》载,北魏太武帝拓跋焘继位的当年,道士寇谦之亲赴魏都平城献道书,拓跋焘赐地建新天师道场,后称"北天师道"。不久又封寇谦之为国师,改年号为"太平真君",成为道士皇帝。北魏孝文帝拓跋宏佛道皆好,所谓"史传百家,无不该涉。善谈《庄》、《老》,尤精释义"⑤。

总而言之,虽然魏晋南北朝时期政治及社会情形十分复杂,但崇儒重教之风未减,基本上保持了两汉时期以儒治国的传统,虽然有来自佛道及玄学的冲击,但儒学始终是占据主流的,未能被取而代之。但兼容及兼用佛道之举,却对唐宋时期的文教政策及学校教育产生了重大影响。

二、魏晋南北朝的官学教育

就总体来说,魏晋南北朝时期的学校教育处于时兴时废的低潮状态,但在某些朝代和个别地区,官学教育曾一度兴盛,并有所发展,这为唐宋官学教育的完善和发展奠定了坚实基础。鉴于这一时期朝代众多,且所设学校多沿用两汉之制,不再逐一解读其学校教育

---

① 房玄龄等:《晋书》卷一百九《慕容皝》。
② 李延寿:《南史》卷七十八《夷貊上》。
③ 李延寿:《南史》卷七十六《陶弘景》。
④ 李延寿:《南史》卷七十六《陶弘景》。
⑤ 魏收:《魏书》卷七下《高祖纪下》。

发展情况,仅就学校教育发展中的亮点部分归纳如下。

（一）制定"五经课试法"

魏文帝曹丕即位后,将兴修太学作为一项重要事业。尤其是在黄初五年(224年)四月,不仅"立太学",还令刘劭参照东汉左雄的考课法,为太学设计制定了"五经课试法",规定：初入学者为"门人"（预备生）,学满两年考试并能通一经者为"弟子"（正式学生）,不通罢遣；"弟子"继续在太学攻读经文,每两年或三年增通一经,即予以考试。通二经者,可补文学掌故的官缺,未能通过考试者,可随下班补考,补考通过二经者,亦得为文学掌故；文学掌故满两年并能通三经者,擢其高第为太子舍人,不得第者,也随下次复试,复试通过者亦为太子舍人；太子舍人学两年并通过四经考试者,擢其高第为郎中,未及格者并听再试,试通亦叙用。① 这项法令,规定了太学生的学习内容,定期考试制度,便于区分学生的学业程度,同时还安排了仕进的阶梯,将育才与选才合二为一,将求学与入仕联系在一起,对于太学的稳定和发展起到了积极的作用。

（二）创立国子学

西晋经过50余年的短暂统一,学校教育得到一定发展。晋武帝泰始八年(272年),西晋太学学生曾达到7000多人,晋武帝下诏用考试的办法精简,最终留下3000余人,其余遣送回各郡国。此时,在统治阶级内部形成了一个特权阶层即门阀贵族,为显示门第优越,区分士庶之别,晋武帝咸宁二年(276年),在太学之外又设国子学,设国子祭酒和国子博士各1人,助教15人。晋惠帝元康元年(291年),又明确规定国子学的入学资格,即五品以上的官员子弟方能入学就读,太学则成为六品官以下的子弟求学之所,这是我国古代在太学之外专门为官宦子弟另设国子学的开始,也是门阀世族享有各种特权在教育上的反映。国子学和太学都设有祭酒一人,博士有国子、太学之分,国子博士的标准是"履行清淳、通明典义",并在世家大族之中来挑选。

北齐建国后,设国子寺,置博士5人,助教10人,学生72人。与西晋国子学不同的是,国子寺不仅是最高学府,还是最高的教育行政机构,此制为后世所因袭。

（三）建立郡国学校制度

北魏由于政局稳定时间较长,因此学校教育也相对发达,尤其是在北魏天安元年(466年),李訢任相州刺史,上疏请求按先典于州郡各立学官,进而为王府培养经艺通明的人才。相州刺史李訢亦上疏请求,仿效前朝"于州郡治所各立学官,使士望之流、冠冕之胄,就而受业,庶必有成。其经艺通明者,贡之王府"②。献文帝便命当时在朝廷参决大政的高允召集中书省、秘书省大臣商议制定具体实施方案,高允在上表中根据各地实施情况,规定了教职生员人数,提出：

大郡立博士二人、助教四人、学生一百人,次郡立博士二人、助教二人、学生八十

---

① 杜佑:《通典》卷五十三《礼十三》。
② 魏收:《魏书》卷四十六《李訢传》。

人,中郡立博士一人、助教二人、学生六十人,下郡立博士一人、助教一人、学生四十人。①

同时还规定了博士和助教的资格为"博士取博关经典,世履忠清,堪为人师者,年限四十以上。助教亦与博士同,年限三十以上。若道业夙成,才任教授,不拘年齿"。学生的资格为"郡中清望,人行修谨,堪循名教者",但又要"先尽高门,次及中第"②。献文帝诏从之,于是年九月诏立乡学,这是北魏为州郡立学所订的第一个学令。在中国古代,由朝廷颁行这样的地方官学学制也是第一次,故学者有称"郡国立学,自此始也"③。

(四) 创建专门学校

专门学校即分专业或分学科而设置的较高层次的官学,这在魏晋南北朝时期开了诸多先例。

一是设置律学。魏明帝元年(227年),尚书卫凯上书刚刚即位的曹睿,认为"百里长吏,皆宜知律",请求置律博士,教授弟子法律知识。曹睿听从其建议,置律博士,此为我国设置法律专科学校的开始,也打破了经学一统官学的局面。魏以后的西晋、东晋、宋、齐、梁、陈、北魏、北齐、北周均设有律博士,此皆发源于魏。

二是设置书学。晋武帝泰始年间,荀勖"立书博士,置弟子教习,以钟、胡为法"④。《大唐六典》记载,书博士"掌教文武官八品以下及庶人子之为生者,以石经、说文、字林为专业。余字书,亦兼习之。石经三体书,限三年业成,说文二年,字林一年"⑤。书博士设立,并置弟子员若干,教授书法,这也是中国古代书法专门学校的最早出现。

三是设置医学。刘宋时官方首开医学教育。史载,录事参军周朗曾针对时事,建议"今太医宜男女习教,在所应遣吏受业"⑥。但未被采纳。《唐六典》卷十四《太常寺》"医博士"条下注的记载,却证实刘宋医学教育的存在,称"宋元嘉二十年,太医令秦承祖奏医学,以广教授"。可见,在宋文帝元嘉二十年(443年)就已设置医学,开医学专科人才培养之先例。

四是设置"四馆"。宋文帝元嘉十五年(438年),名儒雷次宗被宋文帝召至京师,"开儒学馆于京郊鸡笼山,聚徒教授,置生员百余人。会稽朱膺之、颍川庾蔚之并以儒学,监总诸生"。宋文帝"东驾数幸次宗学馆,资给甚丰"。第二年又令丹阳尹何尚之立"玄学"、太子率更令何承天立"史学"、司徒参军谢玄立"文学",四学馆奉命开设,各自聚徒授业。宋文帝使儒学与玄学、史学、文学并立之举,大大突破了两汉儒学独尊的局面,被后世称之为分科教育的开始。

---

① 魏收:《魏书》卷四十八《高允传》。
② 魏收:《魏书》卷四十八《高允传》。
③ 魏收:《魏书》卷四十八《高允传》。
④ 房玄龄等:《晋书》卷三十九《荀勖传》。
⑤ 李隆基:《大唐六典》卷二十一《国子监》。
⑥ 沈约:《宋书》卷八十二《周朗》。

五是设置"总明观"。泰始六年(470年),宋明帝鉴于国学为战争所废,诏令立总明观(又称东观),置祭酒,设儒、道、文、史四科(亦有儒、道、文、史、阴阳五科之说),每科置学士10人,还置有正令史1人、书令史2人、乾1人、门吏1人、典观吏2人。但仅历时15年,从设置到废黜都与国学有关,宋时因为没有国学而建总明观,齐初因建国学而取消总明观。因此,就性质而言,总明观具有国学的性质,同时又有四学馆的特点,也就是在国学内分设四科,一改儒学一统国学的局面。且不是纯粹的教学机构,而是集教学、研究、藏书三位于一体的机关。总明观作为四科的总管机构,在管理上较之四馆分科教学由两位儒学士总管的做法较为完备,且实行分科教授制度,这在中国古代教学史上也是一个进步。

六是设置"五馆"。梁武帝于天监四年(505年)诏开五馆,"总以《五经》教授,置《五经》博士各一人。于是以平原明山宾、吴郡陆琏、吴兴沈峻、建平严植之、会稽贺玚补博士,各主一馆"①。五馆招生只看成绩,不限门第,每馆学员都多达数百人,五馆学生可相互听课,使各馆之间不敢有丝毫的懈怠。例如,严植之,史载"植之馆在潮沟,生徒常百数。讲说有区段次第,析理分明。每当登讲,五馆生毕至,听者千余人"②。五馆学生多出寒门,由官方提供伙食,规定生员射策通明者可委以官任。一时间,好学之士云集京师。可以说,五馆既是梁武帝在中国古代学校制度史上的一项独创,同时也是有别于国子学的一种正式官学。但五馆存在的时间并不长,随着主馆学官的相继谢世或迁任它职,严格意义上的五馆在天监九年(510年)就不复存在。

三、魏晋南北朝的私学与家庭教育

魏晋南北朝时期政局紊乱,改朝换代的事情频繁发生,一些统治者面对复杂多变的政局,无力顾及教育,已有的教育政策也难以延续,导致中央官学和地方官学处于时兴时废的状态,官学教育日渐衰退。在这种情况下,私学教育应运而生,一些知识分子不慕名利,绝意仕途,出于对传播文化的责任感,出于对教育事业的热爱,他们纷纷开设私学讲学授徒,或设学于乡里,或就教于都市,或讲学于山林,或隐身于寺庙、道观,私学教育活动异彩纷呈。例如,魏国的隗禧"就之学者甚多"③。蜀国的向朗"潜心典籍,孜孜不倦……开门接宾,诱纳后进,但讲论古义,不干时事,以是见称。上自执政,下及童冠,皆敬重焉"④。西晋的束晳"博学多闻,与兄璆俱知名",辞官归隐"教授门徒"⑤。南朝的刘瓛"博通《五经》。聚徒教授,常有数十人"。"儒学冠于当时,京师士子贵游莫不下席受业"⑥。北朝的

---

① 李延寿:《南史》卷七十一《儒林》。
② 李延寿:《南史》卷七十一《儒林》。
③ 裴松之注:《三国志》卷十三《魏书·钟繇华歆王朗传》。
④ 裴松之注:《三国志》卷四十一《蜀书·霍王向张杨费传》。
⑤ 房玄龄等:《晋书》卷五十一《束晳》。
⑥ 萧子显:《南齐书》卷三十九《刘瓛》。

马光"少好学,从师数十年,昼夜不息,图书谶纬,莫不毕览。尤明《三礼》,为儒者所宗"。"教授瀛、博间,门徒千数,至是多负笈从入长安"①等等。

私学的教学内容也较两汉更为丰富,如天文学家郭琦,"博学,善五行,作《天文志》、《五行传》,注《穀梁》、《京氏易》百卷,乡人王游等皆就琦学"②。妇女也是私学教育中不能忽视的力量,如韦逞母亲宋氏,是前秦经学家,她承袭家学《周官》音义,在战乱中教学不辍,受到苻坚的高度赞扬,并聘其为太学博士,"隔纱讲礼",时人称赞她为"宣文君"。这些大师们的私学教育活动,在一定程度上推动了魏晋南北朝时期私学教育的发展,且还为各个政权特别是各少数民族政权培养了大批精通儒家经典的治术人才。

周兴嗣任职员外散骑侍郎时,奉命从王羲之书法中选取1000个常用字,以儒学为纲、穿插诸多天文、地理、农业、气象、历史、修养等常识,用四字韵语编纂成文,共250句话,是为《千字文》。诸如,涉及自然常识的"天地玄黄,宇宙洪荒。日月盈昃,辰宿列张。寒来暑往,秋收冬藏。闰馀成岁,律吕调阳。云腾致雨,露结为霜"。涉及个人修养的"恭惟鞠养,岂敢毁伤。女慕贞洁,男效才良。知过必改,得能莫忘。罔谈彼短,靡恃己长。信使可复,器欲难量。墨悲丝染,诗赞羔羊"。涉及做事原则的"资父事君,曰严与敬。孝当竭力,忠则尽命"。谈到教育时,则要求"外受傅训,入奉母仪"等。全文对仗工整,条理清晰,文采斐然,令人称绝,且语句平白如话,易诵易记,很适于儿童诵读。宋明以后,《千字文》与《三字经》、《百家姓》一起被称为"三百千",成为一部有重要影响的儿童启蒙教材。

与私学同样兴盛的是这一时期的家庭教育。官学的时兴时废以及徒具虚名,在一定程度上也被家庭教育所弥补。家庭教育兴盛的原因,主要是在社会剧烈震荡的年代,帝王将相、门阀大族以及平民百姓,都有一种深深的危机感和不安全感,他们深感教育好子女的重要性,竭力教子能够立身处世,避免灾祸,并在"城头变幻大王旗"的年代里力保家学或家门不坠。其主要特点是:

一是帝王家教发达。由于政权更迭频繁,帝王不断涌现,其中一些有远见卓识的帝王(主要是开国君主)总是高度重视对皇族子弟的教育,出现许多生动的教子事迹。一些少数民族帝王也重视家教,如北魏鲜卑族吐谷浑的首领阿豺,他有20个孩子,纬代是其长子。临死前召诸子弟告之曰:"先公车骑舍其子虔,以大业属吾,岂敢忘先公之举而私于纬代!其以慕瓌继事。"阿豺又谓曰:"汝等各奉吾一支箭,将玩之地下。"俄而,命母弟慕利延曰:"汝取一支箭折之。"慕利延折之。曰:"汝取十九只箭折之。"慕利延不能折。阿豺曰:"汝曹知不?单者易折,众则难摧,戮力一心,然后社稷可固。"③这是他对家人进行的最后教训。阿豺通过一支箭容易折断而一捆箭不易折断的事实,教诲子弟要团结一致,以使社稷稳固长久,这个故事成为以后教子团结和睦的典范。

二是门阀士族家教繁荣。门阀士族把持各级政权,是社会的主流阶层。这些家族往

---

① 李延寿:《北史》卷八十二《儒林下》。
② 房玄龄等:《晋书》卷九十四《郭琦传》。
③ 李延寿:《北史》卷九十六《吐谷浑》。

往具备良好的家风,其代表人物一般具备较高的文化素质,所以他们的家教,特别是家学,内容丰富多彩,在因战乱而文教濒于断层之时,起到传承学术、保存文化的重要作用。如:清河崔氏中的代表人物崔鸿,在家学的熏陶下,"少好读书,博通经史","弱冠便有著述之志"①。《晋书·孝友》载刘殷:

> 有七子,五子各授一经,一子授《太史公》,一子授《汉书》,一门之内,七业俱兴。北州之学,殷门为盛。

三是家教思想活跃。社会的动荡不安,对人们思想有剧烈的冲击,各种"异端"思想伺机而动,汉代"独尊儒术"的局面逐渐被打破。特别是以阮籍、嵇康为代表的玄学的兴起,更成为魏晋的时代特征。嵇康等人的家教,在玄学家中有一定的代表性,他在《家诫》中说:"人无志,非人也。但君子用心,所欲准行,自当。量其善者,必拟议而后动。若志之所之,则口与心誓,守死无二。耻躬不逮,期于必济。"教育孩子要立身守志和处世谨慎。此外,诸葛亮、王肃、王羲之、陶渊明、王僧虔、徐勉等名士硕儒,都试图以自己的学识和人生观教育影响子弟,留下了许多值得重视的教育思想。而颜之推的《颜氏家训》更是深刻总结了当时的教子经验,集各种家教思想之大成,并创造了"家训体"这一家教文献形式,在中国古代家庭教育史上具有划时代意义。

四、魏晋南北朝的选士制度

魏晋南北朝时期社会动荡不安,读书人流离失所,乡、聚、里等基层组织遭到严重破坏,导致汉代以后以"乡举里选"为主的选士制度无法正常推行。同时,世家大族把持政权,垄断人才的选拔和任用,形成了势力强大的既得利益集团,他们以门阀的高低来分配政治权利,排斥普通民众和庶族地主知识分子,形成了具有浓重贵族色彩的选士制度"九品中正制",又称"九品官人法"。曹魏时期虽然实行过"唯才是举"的选才制度,但由于这一制度不问门第出身,遭到门阀士族的反对,曹丕时随即废除,并于延康元年(220年)接受尚书陈群的建议,"以天朝选用不尽人才,乃立九品官人之法"②。

九品中正制规定:郡邑设小中正,州置大中正,由司徒选择"贤有识鉴"的现任中央官员兼任,并规定中正必须是本地人,以便于真实了解当地士人情况,且必须是德充才盛者。中正官负责查访与之同籍的士人,了解其家世源流,整理其现实的德才表现,并作出简明扼要的评价。"家世"称为"品","德才"称为"状",中正官注明士人"品状"后评定其等第,等第共分九种:上上、上中、上下、中上、中中、中下、下上、下中、下下。中正官将所掌握的士人的品状造成表册,定期交给司徒,以供吏部选拔人才之用。吏部根据品位分别授以与之相符的官位。

九品中正制施行的初衷"盖以论人才优劣,非为世族高卑",在制度的约束下,中正官

---

① 魏收:《魏书》卷六十七《崔鸿传》。
② 杜佑:《通典》卷十四《历代制中》。

一般也较为负责,品第人物能以才德为主要依据,而不仅仅关注门第家世。这样一来,就在一定程度上扭转了两汉以后州郡地方官和名士操纵舆论、左右荐举和征辟的不良局面,对门生故吏结党营私的风气有所纠正,中央对选举大权的控制得到加强,国家也能经常选到一些优秀人才,这说明九品中正制最初还是起到一定的积极作用的。但魏晋之际,门阀世族势力逐渐壮大,中正官一般从高门贵族、达官显宦之中产生,品第士人的标准渐渐出现忽略德行,突出门第的倾向,直到最后出现"上品无寒门、下品无世族"的局面,九品中正制就成为门阀世族巩固势力,把持政权的工具,寒庶之士向上流动的路径也被堵塞,社会上读书向学的积极性受到抑制,读书人发出"贵胄蹑高位,英俊沉下僚"的哀叹。门阀子弟在制度的关照下,往往不学无术就能做官,所谓"平流进取、坐至公卿",因此他们仅仅崇尚清谈,不思进取,这种现象严重影响了教育的发展。

南北朝时期,由于门阀世族的日益腐朽,尽管其仍是一个特权阶层,但已经开始走下坡路,寒人势力迅速上升。在此消彼长的社会大变动中,寒人通过掌控军权、掌管机要、担任典签等途径①,千方百计挤进统治集团行列,最高统治者为打压门阀世族,加强中央集权,主动扶持寒人,甚至绕开九品中正制,通过考试手段来选拔官吏。如:南朝宋齐设有孝廉、秀才等考试科目,梁陈增设高策科等等。九品中正制在考试制度的冲击下走向衰落,科举的胚胎在寒人与世族之间的尖锐斗争中逐渐发育成熟。门阀世族为维护既得利益,并不甘心退出历史舞台,他们通过严格士庶之别、推行谱学等手段来抑制寒人势力,抬高自身地位,但"病树前头万木春",南朝世族敏感而过分地强调身份地位,正是其走向衰落、心理脆弱的集中体现,大批寒人走向政治舞台中央已不可阻挡。

五、魏晋南北朝玄儒派的教育思想

有学者称,魏晋南北朝时期是中国历史上"精神上极自由、极解放,最富于智慧、最浓于热情的一个时代"②。的确,魏晋南北朝时期儒学独尊的地位严重动摇,士大夫和地方名士把道家的《老子》《庄子》和儒家的《易》合称为"三玄",他们热衷于谈论本与末、有与无、名教与自然、才与性、言尽意与言不尽意等抽象的哲理问题,以理性清谈和反传统为主要特征。玄学在倡导人性解放和反对封建礼教等方面有一定的进步意义,但也滋生了虚无浮夸、作风放荡的不良社会风气。儒学仍是魏晋南北朝时期的官方正统思想,但随着玄学的盛行以及佛、道两教的迅速发展,儒学在与玄、释、道的激荡中形成颇具特色的"魏晋经学"。思想文化领域的上述变化及以嵇康、傅玄、颜之推等为代表的玄儒学派的教育理论建构,对这一时期教育的发展产生了深刻影响。

(一)傅玄

陈青之在《中国教育史》一书中称傅玄,魏晋时期"儒家的纯粹分子,应推他为第一"。

---

① 朱绍侯等主编:《中国古代史》上册,福建人民出版社2000年版,第445页。
② 宗白华著:《美学散步》,上海人民出版社1981年版,第177页。

晋初司空王沈在给傅玄的一封书信中,称其"所著书,言富理济,经纶政体,存重儒教,足以塞杨、墨之流遁,齐孙、孟于往代"①。

1. 生平及教育活动

傅玄(217~278),字休奕,北地泥阳(今陕西耀县)人。出身于官宦之家,祖父傅燮曾任汉阳太守,父亲傅干任扶风太守。史载:"玄少孤贫,博学善属文,解钟律。性刚劲亮直,不能容人之短。"②

魏废帝正始初年,傅玄被州里举为秀才。正始六年(245年)选入著作,因其学问高深,得与"竹林七贤"之一的阮籍共撰《魏书》。

晋武帝即位后,广纳直言,加傅玄为驸马都尉,与散骑常侍皇甫陶共掌谏职。傅玄根据古代先贤治理经验,提出应"举清远有礼之臣,以敦风节"及"尊儒尚学,贵农贱商"的建议,深得晋武帝的赞同,拜为侍中,成为近臣。在从政之余,开始《傅子》一书的写作。

晋元帝泰始四年(268年),傅玄已为御史中丞,针对当时水旱之灾,从重农爱民的政治立场出发,提出有名的劝农"五条政见"。晋元帝称其所陈之事,"诚为国大本,当今急务也",且下令按"五事"办理。泰始五年(269年)加傅玄为太仆,转司隶校尉。

值得一提的是,作为文学家的傅玄,以乐府诗体见长,今存其60余首诗多为乐府诗,也多为社会问题的真实写照,尤以反映妇女问题的作品最为突出。诸如:《豫章行苦相篇》揭示了封建社会重男轻女的现象,《秦女休行》描写了庞烈妇的正义复仇举动,《秋胡行》表现了秋胡妻的贞烈及鞭挞了秋胡的轻薄行径,对研究汉代女性教育具有重要的借鉴价值。

傅玄的主要著作为《傅子》,原作140篇,现存24篇,诸如"贵教"、"戒言"等篇目均含有丰富的教育主张,是研究傅玄教育思想的主要参考文献。

2. "习以性成"与"贵乎人"的教育作用论

傅玄吸收了扬雄人性善恶混合论的观点,认为人身上既有"好善尚德之性",又有"贪荣重利之性",人性的善恶都是上天赋予的,并且善恶两种因素都处于不断变化之中,他以水类比人性,说:"人之性如水焉,置之圆则圆,置之方则方,澄之则淳而清,动之则流而浊。"③然在人性中,是善占主导还是恶的因素居多,他认为取决于后天的环境、教育等因素,所谓"习以性成,故近朱者赤,近墨者黑"。教育的作用在于抑恶扬善,使善性日长,恶性日消。

进而,傅玄还关注到教育对安邦治国的重要作用,提出"兴国家者,莫贵乎人"主张,希望统治者重视对人的教育。但他又认为,人接受教育是受一定物质条件限制的,所谓"民富则安乡重家,敬上而从教;贫则危乡轻家,相聚而犯上;饥寒切身,而不行非者寡矣"④,可见,人只有在基本的生存条件解决后,才有可能接受仁义道德之教,并接受一定的规范

---

① 房玄龄等:《晋书》卷四十七《傅玄》。
② 房玄龄等:《晋书》卷四十七《傅玄》。
③ 《傅子·附录》。
④ 《傅子·补遗上》。

和约束;如果食不果腹,往往会铤而走险。傅玄的这一思想显然是对孔子"庶富教"思想的继承与发展。

3. 教育重在培养九类人才

傅玄认为教育应充分发挥育才的功效,根据社会各行各业的需要培养相应数量的专业人才,国家亦应由此拟订全国士农工商的就业计划,实行分民定业,使"天下若干人为士,足以付在官之吏;若干人为商贾,足以通货而已"。可以说,傅玄已有初步的职业教育的思想。进而,傅玄把学校应培养的人才细分为九个方面:

> 凡品才有九:一曰德才,以立道本;二曰理才,以研事几;三曰政才,以经治体;四曰学才,以综典文;五曰武才,以御军旅;六曰农才,以教耕稼;七曰工才,以作器用;八曰商才,以兴国利;九曰辨才,以长讽议;此以量才者也。①

在傅玄看来,士农工商皆可成才,皆可以在不同领域为社会作出贡献,这些专业人才的培养自然就是学校教育的主要任务,国家应统筹安排,计划行事,办好学校,造就国家所需人才,实际上是提出了一个比较完美的国家教育计划。同时,傅玄还指出,国家选才不能以门第、仕宦来判定优劣,考察人才要公平、公正,不能徇私舞弊。这一点是对"九品中正制"选人不当不平、用人不公的深刻批判,具有强烈的时代气息。在选才过程中还要善于鉴别人才。傅玄认为"知人之难,莫难于别真伪",对此他有自己独特的看法,即"以默者观其行,以语者观其辞,以出者观其治,以处者观其学",只有这样,才能保证所选得人。另外,对贤才要委以重任,使他们得到优厚的待遇,如果"近不足以济其身,远不足以及家室;父母饿于前,妻子馁于后"而让他们奉公守法、不移其志,几乎是不可能的。傅玄在中国历史上第一次提出了养廉的思想。

4. 以"礼义之教"为核心的道德教育论

傅玄同其他儒学家一样,非常重视道德教育,强调要用儒学来统领道德教育,因为"儒学者,王教之首也"。具体来说,就是要用儒家的礼义之教来对民众实施道德教化。他认为,礼教是"与天地并存,与人道俱设"的治国平天下之本,封建社会的统治秩序依靠礼义规范来维持,中国之所以能在各民族中常居优势,立于不败之地,就在于长期以来实行礼义之治。他说:"中国所以常制四夷者,礼义之教行也。失其所以教,则同乎夷矣。失其所以同,则同乎禽兽矣。不惟同乎禽兽,乱将甚焉。何者?禽兽保其性然者也,人以智役力也。以智役力而无教节,是智巧日用,而相残无极也。相残无极,乱孰大焉,不济其善,而惟力是恃,其不大乱几希耳。"②傅玄还从人本性趋利避害的角度出发,认为实行礼教,可消除社会矛盾,理顺人与人之间的利害冲突,免其以力相争的社会动乱的根源。他说:"人之性避害从利。故利出于礼让,则修礼让;利出于力争,则任力争。修礼让,则上安下顺,而无侵夺;任力争,则父子几乎相危,而况于悠悠者乎?"③可见,只要实行礼教,民众便会

---

① 《傅子·阙题》。
② 《傅子·贵教》。
③ 《傅子·贵教》。

安分守己,社会就会安定,政权就会巩固。因而,礼义之教是道德教育的基本内容。

依据道德教育的内容,傅玄还提出了一些有效的道德修养方法。他首先强调要"正心",在《傅子·正心》,从不同角度多次强调"正心"之重要。他认为,"心者,神明之主,万物之统也"。且"古之达治者,知心为万事主,动而无节则乱,故先正其心;其心正于内,而后动静不妄,以率先天下,而后天下履正"。因此,"立德之本,莫尚乎正心。心正而后身正,身正而后左右正,左右正而后朝廷正,朝廷正而后国家正,国家正而后天下正"。"古之大君子,修身治人,先正其心。"①其次,傅玄提出要扬善抑恶,即要做到扬"好善尚德"之性,抑"贪荣重利"之心。另外,还要做到言行一致,所谓"听言不如观事,观事不如观行"。

傅玄还注意到了道德与经济发展的关系,认为提升人的道德素质必须以经济发展为前提,他在《陈要务疏》中说:

> 夫家足食,为子则孝,为父则慈,为兄则友,为弟则悌。天下足食,则仁义之教可不令而行也。②

(二) 嵇康

嵇康是魏晋玄学家之中反对儒家礼法的最有代表性的人物,与阮籍、阮咸、刘伶、王戎、山涛、向秀一起被称为"竹林七贤"。

1. 生平及教育活动

嵇康(225～264),字叔夜,谯郡铚(今安徽宿州)人。他幼年丧父,"有奇才,远迈不群……学不师受,博览无不该通,长好《老》、《庄》"③。成年后娶曹操曾孙女长乐亭主为妻,官拜郎中,后迁中散大夫。然而嵇康并不热衷于当官谋富贵,故没有留下任何官场事迹。他向往出世的生活,隐居于河内郡山阳县(今河南焦作市),与阮籍、山涛等人交游,并创作了大量表达通脱放达思想的作品,受到时人的瞩目。

魏元帝景元二年(261年),"竹林七贤"之一的山涛由大将军从事中郎迁吏部侍郎,于是举荐嵇康代替自己的位置。不愿出仕的嵇康,因此于次年写下有名的《与山巨源绝交书》来表明自己的心志。他在文中称:

> 足下见直木,必不可以为轮;曲者,必不可以为桷。盖不欲以枉其天才,令得其所也。不可自见好章甫,强越人以文冕也。今但原守陋巷,教子孙,时时与亲旧叙阔,陈说平生,浊酒一杯,弹琴一曲,志原毕矣。④

嵇康在晚年因得罪于司马氏政权而被捕入狱,时有"太学生三千人请以为师,弗许"。然司隶校尉钟会向司马昭进言,称"嵇康,卧龙也,不可起。公无忧天下,顾以康为虑耳"。于是,司马昭下令将其处死。临刑前,嵇康还给不满10岁的儿子留下《家诫》一篇,要求儿子要立定志向,"人无志,非人也"。还以忠义勉励儿子,所谓"不须作小小卑恭,当大谦裕

---

① 《傅子·正心》。
② 房玄龄等:《晋书》卷四十七《傅玄》。
③ 房玄龄等:《晋书》卷四十九《嵇康》。
④ 欧阳询:《艺文类聚》卷二十一《人部五·绝交》。

不须作小小廉耻,当全大让。若临朝让官,临义让生,若孔文举求代兄死,此忠臣烈士之节"①。

嵇康在短暂的一生中,写出《养生论》、《释私论》、《琴赋》、《声无哀乐论》、《难自然好学论》、《与山巨源绝交书》、《家诫》及《太师箴》等诸多论著,对教育问题也多有涉足。

2. "越名教而任自然"主张

嵇康认为,儒家提倡的纲常名教与自然是根本对立的,"名教"教育不合乎人的自然本性,反而会压制人的自然发展。而人性又是"好安而恶危,好逸而恶劳"的,因此主张摆脱"名教"的束缚,使受教育者的个性合乎自然的发展。他说:"不扰则其愿得,不逼则其志从。昔洪荒之世,大朴未亏,君无文于上,民无竞于下,物全理顺,莫不自得。饱则安寝,饥则求食,怡然鼓腹,不知为至德之世也。"②由于礼乐教化从各个方面对人的自由进行干涉,又诱使人们争名夺利,这都是违背自然法则的。他说:"及至人不存,大道陵迟,乃始作文墨以传其意,区别群物使有类族,造立仁义以婴其心,制其名分以检其外,劝学讲文以神其教。故六经纷错,百家繁炽,开荣利之涂,故奔骛而不觉,是以贪生之禽,食园池之粱菽;求安之士,乃诡志以从俗。"③他认为人类的文明和教育起源于"自然"破坏和"大道陵迟",这不是社会的进步而是人类走向堕落的开始,儒家伦理教育的作用是消极有害的,因为这种教育干扰了人类的赤子之心,培养出大批虚伪贪生、好逸恶劳的蠹虫,他"轻贱唐虞而笑大禹","非汤武而薄周孔",公开反对名教,认为只有抛弃名教教育,社会才能安定太平,风俗才会美好古朴,人性才能回归自然。他在《释私论》中提出"越名教而任自然"的著名论断。他说:

> 夫称君子者,心不措乎是非,而行不违乎道者也。何以言之?夫气静神虚者,心不存于矜尚;体亮心达者,情不系于所欲。矜尚不存于心,故能越名教而任自然;情不系于所欲,故能审贵贱而通物情。物情顺通,故大道无违;越名任心,故是非无措也。是故言君子则以无措为主,以通物为美;言小人则以匿情为非,以违道为阙。④

3. 视"六经为芜秽"

嵇康既然否定名教,自然要对儒家经典"六经"加以批判。他认为孔子提倡的"六经"教育,鼓励人们修齐治平,追名逐利,这些东西难免压抑人性,所谓"六经以抑引为主……抑引则违其愿",他把名教的主要内容"六经"以及"仁义"视为臭不可闻的垃圾,"以六经为芜秽,以仁义为臭腐"。当时辽东太守张辽叔曾作《自然好学论》,提出"六经为太阳,不学为长夜"主张,认为世人对"六经"都是自然而然好学的。对此,嵇康作《难自然好学论》加以反驳,认为"人性以从欲为欢……从欲则得自然。然则自然之得,不由抑引之六经,全性

---

① 马秋帆主编:《魏晋南北朝教育论著选》,人民教育出版社1988年版,第52页。
② 《嵇康集》卷七《难自然好学论》。
③ 《嵇康集》卷七《难自然好学论》。
④ 房玄龄等:《晋书》卷四十九《嵇康》。

之本,不须犯情之礼律"①。可见,这与其"越名教而任自然"的主张是一致的。嵇康还批评孔子"聚徒三千,口倦谈议,身瘦磐折",但这一切都是徒劳的,因为他诱导人们"神驰于利害之端,心惊于荣辱之涂",孔子的做法与保守真性的自然无为教育背道而驰。

嵇康敢于否定汤武周孔等儒家先圣以及一直处于至尊地位的儒学,并进行无情的嘲讽,这对于打破繁琐的谶纬化的两汉经学的思想禁锢,批判追名逐利、曲意阿世的社会风气,有一定的积极作用。

(三) 颜之推

颜之推以其一部《颜氏家训》而享千秋盛名,开"家训体"之先河。南宋学者陈振孙在《直斋书录解题》中称"古今家训,以此为祖"。范文澜在《中国通史简编》中则称赞颜之推是"南北两朝最通博、最有思想的学者"。日本奈良时代著名学者吉备真备,仿其书体而著《私教类聚》50卷,以教导子弟。

1. 生平及教育活动

颜之推(531~约590以后)字介,颜子第三十五世孙,原籍琅邪临沂(今山东临沂),世居建康(今南京市)。出身官僚士族家庭,世传《左氏春秋》、《周官》,故自幼传习家业。7岁时父亲病故,由兄长照顾其生活。12岁时入梁王府听习老庄之学,但因"虚谈非其所好,还习《礼》、《传》"。

梁正平元年(549年),颜之推被任为国左常侍,加镇西墨曹参军,开始步入仕途。北齐文宣帝天保七年(556年)投奔北齐,先后担任赵州功曹参军、通直散骑常侍、中书舍人、黄门侍郎等官职,主持文林馆事务,实际主持编纂《修文殿御览》、《续文章流别》、《文林馆诗府》等。北齐武平元年(577年),北齐为北周所灭,被征为北周御史上士。因之前三次被俘,对作为儒家学者的颜之推来说,实乃刻骨铭心的痛苦和耻辱,当年就撰写成《听鸣蝉篇》,借以疏泄内心的悲愤。

隋文帝开皇元年(581年)北周灭亡,颜之推又被召为学士,与刘臻等8位学者一起为华夏定正音,还撰写《证俗音字》5卷来阐释自己的思想。开皇二年(582年),为宫廷音乐一事,颜之推上书隋文帝,要求下诏去"胡乐"而用"雅乐"。

颜之推先后为四个王朝效力,对社会和人生有着极为深刻的思考。于是在仕隋期间撰成《颜氏家训》一书,共20篇,观其篇名"教子"、"兄弟"、"后娶"、"治家"、"风操"、"慕贤"、"勉学"、"文章"、"名实"、"涉务"、"省事"、"止足"、"诫兵"、"归心"、"书证"、"音辞"、"杂艺"等,便知涉及社会生活的方方面面,可以说是其一生关于士大夫如何立身、治家、处事、为学经验的经典性总结,并以此来教导子孙,故有学者称这是一部系统完整的家庭教育教科书,也是研究颜之推教育思想的必备参考文献。

2. 教育旨在培养"行道以利世"之人

颜之推从儒家的德治立场出发,指出:"古之学者为人,行道以利世也;今之学者为已,

---

① 马秋帆主编:《魏晋南北朝教育论著选》,人民教育出版社1988年版,第44页。

修身以求进也。"在这里,所谓的"道",自然是儒家的伦常之道,只有"修道",才能更有效地"利世",教育就要培养能够"行道以利世"之人。然而,当时的士大夫教育与社会实际严重脱离,所培养出的人难堪大任,他们手握麈尾,口尚清谈,但"及有试用,多无所堪。居承平之世,不知有丧乱之祸;处庙堂之下,不知有战阵之急;保俸禄之资,不知有耕稼之苦;肆吏民之上,不知有劳役之勤,故难可以应世经务也"①。这些人上不能治国安邦,下不能保全自身,每临战乱危难之际,只能转死沟壑之间,侯景之乱时士大夫的丑陋表现就深刻说明了这一点。

为扭转士风和学风,颜之推提出"实学"教育主张,以替代士大夫腐朽空泛的教育。他认为,实学教育包括两个方面的内容:一是"德",即恢复儒家传统的道德教育,加强孝悌仁义的训导;二是"艺",即恢复儒家的经学教育,并兼及"百家之书"以及社会实际生活所需要的各种知识和技艺,诸如农、工、商等以及琴、棋、书、画、医、射等各种技艺。值得注意的是,颜之推强调士大夫子弟要"知稼穑之艰难",学习一些农业生产知识,这与孔子轻视农业生产知识的态度有所不同。总之,通过实学教育所培养出来的人才,必须是"德艺周厚"的,具有"应世经务"能力的,能够"利世"、"利社稷"的应用型人才。

3. "固须早教"的家庭教育观

颜之推教育思想中最为精彩的就是他的家庭教育主张,并且在古代教育家中也是论述家庭教育最有代表性的。

首先家庭教育应及早实施。具体早到什么时候,颜之推认为有条件的家庭要从胎教开始。他说:"古者圣王有胎教之法,怀子三月,出居别宫,目不邪视,耳不妄听,音声滋味,以礼节之。"如果做不到胎教,也要及早进行,抓紧孩子出生后的教育,所谓"当及婴稚,识人颜色,知人喜怒,便加教诲"②。这是因为"人生小幼,精神专利,长成已后,思虑散逸,固须早教,勿失机也"。所谓"专利",即能精神专一,不像成人那样诸事烦扰,心绪难平。同时,还因为孩子天性纯真,可塑性较大,所谓"少成若天性,习惯成自然",故需要及早施以正确的教育,"使为则为,使止则止。比及数岁,可省笞罚"。并且,还用自己的亲身体验来说明及早施教的重要性,他说:

> 吾七岁时,诵《灵光殿赋》,至于今日,十年一理,犹不遗忘。二十之外,所诵经书,一月废置,便至荒芜矣。③

其次是对子女要有教有爱。爱孩子和教育孩子之间并不矛盾,关键是如何处理好爱和教之间的关系。颜之推反对对孩子"无教而有爱",他说:

> 吾见世间,无教而有爱,每不能然;饮食运为,恣其所欲;宜诫翻奖,应诃反笑,至有识知,谓法当尔。骄慢已习,方复制之,捶挞至死而无威,忿怒日隆而增怨,逮于成

---

① 《颜氏家训·涉务》。
② 《颜氏家训·教子》。
③ 《颜氏家训·勉学》。

长,终为败德。①

因而,他主张教子要严,反对溺爱和偏爱,"贤俊者自可赏爱,顽鲁者亦当矜怜,有偏宠者,虽欲以厚之,更所以祸之"。他还列举梁元帝时一位学士所为加以佐证,说这位学士"聪敏有才,为父所宠,失于教义:一言之是,遍于行路,终年誉之;一行之非,揜藏文饰,冀其自改。年登婚宦,暴慢日滋,竟以言语不择,为周逖抽肠衅鼓"。他主张,对孩子要有教有爱,爱与教有机地结合起来,要爱得其所,教得其法,如此才会"父母威严而有慈,则子女畏慎而生孝矣"。

再次是要注意环境对子女的影响,提醒子弟要"慎交游",严格选择师友,以防误入歧途。他说:

> 人在少年,神情未定,所与款狎,熏渍陶染,言笑举动,无心于学,潜移暗化,自然似之……是以与善人居,如入芝兰之室,久而自芳也;与恶人居,如入鲍鱼之肆,久而自臭也。墨子悲于染丝,是之谓矣。②

最后是要注意对子女的语言教育。由于"九州之人,言语不同",因此要从小教给孩子正确的发音和表达。他说:"吾家儿女,虽在孩稚,便渐以督正之,一言讹替,以为己罪矣。云为物品,未考书记者,不敢辄名,汝曹所知也。"③

专栏 3—1：关于"胎教"问题的探讨

今人对胎教的关注不过30年的时间,然《史记》、《礼记》、《列女传》、《新书》等史书早有记载,多涉及周文王、周成王之母实施胎教的情况,做法大同小异。尤其是《新书》中,还专置"胎教"一目加以论述,所言"凤凰生而有仁义之意,虎狼生而有贪戾之心,两者不等,各以其母"一句,颇有优生的意味。颜之推在《颜氏家训》中更是提出了胎教的具体时间,即从"怀子三月"时开始教起,这与今日狭义的胎教时间基本上是一致的,可见古人是很有超前眼光的。目前学界多数学者认为胎教是有一定科学根据的,大量事实也证明胎教是有一定效果的,但也有部分学者不认可胎教,对此,需要作进一步的思考和探索。

---

4. 论学习态度和方法

针对当时"贵游子弟,多无学术"的情形,颜之推很重视对子女学习的引导:一是要虚心,颜之推认为学习的目的在于"多智明达",故应虚心,不应骄傲自大。他说:"见人读数十卷书,便自高大,凌忽长者,轻慢同列。如此以学自损,不如无学也。"④二是主张要惜

---

① 《颜氏家训·教子》。
② 《颜氏家训·慕贤》。
③ 《颜氏家训·音辞》。
④ 《颜氏家训·勉学》。

时,即要学会珍惜时光,他认为幼年学习"如日出之光",前途无量;而"老而学者",虽然如"秉烛夜行",但总比"瞑目而无见"要好得多。进而他提出"失于盛年,犹当晚学,不可自弃",不可以老废学,这与今日终身学习的理念是一致的。三是强调要"眼学",即用眼睛来获得真实的知识,所谓"谈说制文,援引古昔,必须眼学,勿信耳受"。"谓矜诞为夸毗,呼高年为富有春秋,皆耳学之过也"①。四是要勤勉,他说"自古明王圣帝,犹须勤学,况凡庶乎"。因此要求子女要勤学,"钝学累功,不妨精熟"。五是切磋,提倡师友之间要相互切磋,不可"闭门读书,师心自是"。

本章结语: 处于封建社会初期的秦汉至魏晋南北朝时期的教育,属于封建社会教育的定型期,虽然王朝更替频繁,存在诸多不稳定因素,但教育还是朝着制度化和规范化方向发展的。

首先,开颁行文教政策之先河。足以引领各项教育活动正常进行的文教政策,则是从秦朝开始制定和颁布的,"书同文"、"行同伦"以及禁私学以吏为师等政策的出台,对维护和巩固封建帝制发挥了重要作用,但其尊法黜儒政策也把教育引入步履维艰的境地。汉初统治者充分吸取秦朝灭亡的教训,尝试着"仁政"及"与民休息"的黄老之治,不仅促进了经济发展及社会稳定,尤其是促成了各层次教育活动的恢复。汉武帝即位后,既"独尊儒术"又"表章六经",自此经学教育活动开始一统天下,基本上确定了封建社会文教事业发展的价值趋向。但进入魏晋南北朝时期,多元的政治格局,加上佛教、道教的本土化和社会化,致使文教政策制定时出现一个"阵痛"期,也使得这一时期的文教政策呈现出多元化色彩,在崇儒重教的前提下,从三国时期的尚法,到两晋时期的兼容佛道,再到南北朝时期的兼用佛道,文教政策的多元与实施也必然会带来教育活动的诸多新气象,更奠定了封建社会中后期历代王朝制定文教政策的基调。

其次,官学教育基本定型。秦的统一结束了春秋战国以后官学衰落、私学勃兴、诸子百家争鸣的活跃局面,强调"以法为教"、"以吏为师",形成了一套独具特色的学吏制度,旨在养成事君的官吏,以巩固绝对的专制权威。汉代儒术"独尊"以后,经学教育便一统天下,以经学教育为主的封建官学制度逐步形成,从中央最高学府太学到地方上的郡国学校,从学校的办理到日常事务性管理,从教学内容、教学方式的选择到教师的教、学生的学,都会使人感受到两汉教育的规范化和制度化。魏晋南北朝时期儒学独尊的局面虽已不复存在,但官学教育仍更多地承袭了汉代经学教育的传统,为经学由汉学向唐学乃至宋学的发展架起了桥梁。虽然受政治动荡的影响,官学时兴时废,但在学校建制、教学内容、教学方法上亦有所蜕变、创新和发展,且形成了颇具特色的地方学校教育制度,被认为是中国地方官学教育制度的肇端。

再次,私学教育再度繁荣。秦朝的"禁私学"、"禁游宦"政策,使得春秋以后兴盛多年的私学教育被严重遏制,几无起色。汉初统治者为大力发展教育事业,在人力、财力和物

---

① 《颜氏家训·勉学》。

力举步维艰的情况下,毅然解除了对私学的禁令,鼓励民间兴办私学,于是,诸多隐士及官员都积极参与私学教育活动,使得奄奄一息的私学教育得以快速复兴。魏晋南北朝时期政局的紊乱,为私学家庭教育提供了良好机遇和巨大的空间,众多学者不慕名利,绝意仕途,或设学于乡里,或就教于都市,或讲学于山林,或隐身于寺庙、道观,或自设家学教育子弟,私学教育活动真可谓异彩纷呈。

最后,教育思想活跃。在教育经受剧烈变革的同时,以董仲舒、王充、嵇康、颜之推等为代表的教育家们,纷纷著书立说,接连推出《春秋繁露》、《论衡》、《千字文》及《颜氏家训》等与教育相关的一系列恢宏论著,构建起自己独具特色的教育理论体系,为当时及封建社会中后期教育的发展奠定了扎实的理论基础。

【讨论与思考】

1. 评述秦朝的文教政策与教育制度。
2. 论述汉代文教政策的形成过程及意义。
3. 试析汉代选士制度的优点和弊端。
4. 概述汉代官学教育的基本情况。
5. 探讨董仲舒教育思想的基本内容和历史意义。
6. 探讨王充教育思想的基本内容和特征。
7. 试论魏晋南北朝教育制度和选士制度的特点。
8. 试析颜之推的教育思想及其意义。

【阅读导航】

1. 李国钧、王炳照总主编:《中国教育制度通史》第一卷、第二卷,山东教育出版社2000年版。

本书在第一编"秦汉教育制度"及第二编"魏晋南北朝教育制度"中共设十二章来探讨魏晋南北朝时期的教育发展历程。分别就秦代教育制度、汉代独尊儒术的文教政策、汉代的经学教育、汉代教育行政和中央官学、汉代地方官学与社会教化、汉代的私学与家庭教育、汉代的选士制度、魏晋南北朝文教政策的调整、魏晋南北朝私学与宫廷教育、魏晋南北朝选士制度等方面进行详尽论述,体例完备,内容翔实丰富。

2. 毛礼锐、沈灌群主编:《中国教育通史》第二卷,山东教育出版社1985年版。

本书在第四章探讨了"秦汉教育",分为十二节,对秦代的文教政策、汉初黄老之学、汉代独尊儒术的文教政策、汉代经学教育、汉代官学制度、汉代私学教育、察举取士制度以及董仲舒、扬雄、王充、郑玄的教育思想进行了简明扼要的探讨和总结;第五章"魏晋南北朝的教育",分为十节,对魏晋南北朝时兴时废的官学、昌盛发达的私学、九品中正制、佛教教育以及傅玄、嵇康、葛洪、颜之推的教育思想进行评述,文字凝练,观点得当。

3. 孙培青主编:《中国教育史》,华东师大出版社2000年版。

本书第四章探讨了"秦汉时期的教育",分为六节,内容分别为"秦朝的教育政策及措施"、"汉代的文教政策"、"汉代学校教育的发展和经学教育的特点"、"贾谊的教育思想"、"董仲舒的教育思想"、"王充的教育思想";第五章探讨"魏晋南北朝时期的教育",分为五节,内容为"魏晋的学校教育"、"南朝的学校教育"、"北朝的学校教育"、"傅玄的教育思想"、"颜之推的教育思想",该书是普通高等教育"九五"国家级重点教材,具有重要的参考价值。

4. 王炳照等编:《简明中国教育史》,北京师范大学出版社1994年版。

本书第三章探讨"秦汉的教育",分为六节,内容为"秦代的教育"、"汉代的文教政策"、"汉代的教育制度"以及"汉代的选士制度"、"董仲舒的教育思想"、"王充的教育思想"等。第四章探讨了"魏晋南北朝的教育",分为五节,内容为"魏晋的学校教育"、"南朝的学校教育"、"北朝的学校教育"、"傅玄的教育思想"以及"颜之推的教育思想"等。

第四章　封建制中期教育的强盛

【内容提要】

封建制中期自开皇元年(581年)隋朝建立到至正二十八年(1368年)元朝灭亡,历经隋、唐、宋、元几个朝代,计787年,无论是在政治、经济、科技、文学及教育等方面多有建树,甚至是灿烂无比,为史学界所公认的封建制强盛期。隋朝在革新政治制度的同时,创立了影响深远的科举制度。唐王朝在"重振儒术"政策引领下,不仅完善了科举制度,且确立了相当完备的教育制度,私学及家庭教育也获得较快发展。两宋时期,"重文"的政策环境,不仅带来官学及科举制度的改革,还催生出理学这一新兴哲学思潮及众多理学流派。尤其是理学家们秉承"为天地立心,为生民立命,为往圣继绝学,为万世开太平"的历史使命,以书院为阵地纷纷授徒讲学、著书立说,不仅他们的教育思想中充满着爱国情结,而且又带来书院这一特殊教育组织形式的大发展。

与两宋相伴而存的还有辽、金以及元三个重要的朝代。这三个王朝具有一个共同的特点,都是由中国境内的少数民族,即由契丹、女真和蒙古族的统治者分别建立起来的。为了巩固政权,维护统治,各个少数民族的统治者都大力推行"汉化"政策,从政治、经济、文化教育等各个方面广泛地吸收先进的汉文化,不断进行社会变革,加速了本民族封建化的进程,促进了各民族文化的大融合。他们在对传统教育进行改革的同时,还建立起了比较完整的民族教育体系,推动了本民族教育事业的发展,在中国教育史及中国民族教育史上可以说是大放异彩的。

【学习目标】

1. 了解隋代教育改革的主要举措;
2. 理会隋唐宋元各朝代的文教政策及形成的历史背景;
3. 理解书院兴起的原因及其与理学的关系;
4. 把握隋唐宋元私学发展的特点及蒙养教材编写情况;
5. 重点把握科举制度及其影响和作用,唐代教育制度及其特点,宋初三次兴学及韩愈、二程、王安石、朱熹的教育主张。

【核心术语】

国子祭酒　科举制度　重振儒术　六学二馆　重文　庆历兴学　苏湖教法　熙宁元丰兴学　崇宁兴学　三舍法　书院　嵩阳书院　岳麓书院　白鹿洞书院　睢阳书院　尊用汉法　升斋积分法　贡生制　社学　五经正义　师说　顺天致性　横渠四句　三经新义　四书集注　大学与小学教育　朱子读书法

史学界一般都将隋、唐、宋、元定位为中国封建社会中期,明显的特点是封建制得以巩固和加强,政治及社会环境相对稳定,经济、科技、文化及教育等各项事业获得快速发展,且成就斐然,灿烂无比。隋代是中国历史上,上承南北朝、下启唐朝的一个重要的朝代,史学家常把它和唐代合称隋唐。虽然隋代存在时间不长,但亦曾出现"开皇之治",在教育管理及人才选拔制度建设方面颇有建树。唐代是中国封建社会中统一时间最长,国力最强盛的朝代之一。"贞观之治"、"开元盛世"将各项事业推向鼎盛,尤其是建立了一套在当时世界上最完备的学校教育制度,且私学教育、家庭教育、女子教育、留学教育等都颇有成就。唐之后的五代十国使中国再次出现短暂的社会及政局剧烈动荡之势,教育上几乎是无所作为,故本章不做单独阐述。宋代是一个上承五代十国、下启元之大帝国的时代,分北宋和南宋。虽然面临诸多内忧外患,但在320年的时间内,社会与经济发展成就不可小觑,学术界称宋代是中国古代历史上经济、文化教育与科学创新最繁荣的时代,西方与日本史学界多认为宋代是中国历史上的"文艺复兴"与"经济革命"。与宋几乎同时及稍后的辽金元三代,虽然是少数民族统治,在尊重并传承汉文化的前提下,极力发展本民族的教育,大大推进了本民族的汉化及封建化进程,值得大书特书。

第一节 隋代的教育

开皇元年(581年),隋文帝杨坚灭北周而建立隋朝,结束了长达300多年的社会分裂状态,重新建立起了统一的多民族的中央集权封建国家,为教育的发展提供了有利条件。隋代在继承前代教育传统的基础上,对官学教育及选士制度进行了重大改革,对唐代及以后封建王朝的教育产生了深刻影响。

一、隋代官学教育改革

隋代教育并不完全独立,中央官学作为国家礼制的组成部分,隶属于九寺之一的太常寺。太常寺下属的国子寺是专门掌管教育事业的行政部门,统管各官学。

国子寺设国子祭酒一人,主簿一人,录事一人。后来因国子寺规模扩大,学生增多,事务日益繁杂,不利于国子寺教育事务的顺利开展,促使国子寺与太常寺的分离和独立。于是,大业三年(607年)朝廷下令改国子寺为国子监,设国子祭酒一人,专门负责管理学校教育工作,同时增设司业一人,丞三人,分工明确,各司其职,国子监的设立标志着我国历史上专门设立教育行政部门管理教育的开始。史载:国子寺"统国子、太学、四门、书、算学,各置博士、助教、学生等员"[①]。

---

① 魏徵等:《隋书》卷二十八《百官下》。

国子学，原本是为"殊其士庶，异其贵贱"而特设的，专门招收贵族及官僚子弟。设国子博士（正五品）5人，负责分经教授；助教（从七品）5人，协助博士分经教授；国子生140人，有缺则补。

太学的学生来源和学习要求与国子学不同，"国子以教胄，太学以选贤良"，太学以教授五经为主要教育内容。设博士（从七品）5人，分经教授；助教（正九品）5人，协助太学博士分经教授；太学生360人，其门第品级要求均低于国子学。

四门学，以传授五经为主要教育内容。设四门博士（从八品）5人，分经教授；四门助教（从九品）5人，协助四门博士分经教授；四门学生360人，从地方州县选送，多为庶族优秀弟子。

书学，为隋代创设，主要教授汉字"六书"的构造原则和文字"八体"的不同写法，培养书法专门人才。设书学博士（从九品）2人，助教2人；书学生40人，选自庶族子弟。

算学，亦为隋代创设，主要培养天文、历法、财务、工程等方面的专门计算人才，以算学专书为主要教育内容。设算学博士（从九品）2人，助教2人，算学生80人。

此外，在大理寺下还设置了律学，是专门学习法律的学校；在太常寺下的太医署设置医学，置有医博士、按摩博士、太卜博士、相博士、咒禁博士等；在太仆寺设有兽医博士等。

隋代地方官学基本沿袭前代，所设州、县学也得到了快速发展，在隋文帝时代出现了学者"负笈追师，不远千里，讲诵之声，道路不绝。中州儒雅之盛，自汉、魏以来，一时而已"①的可喜局面。隋炀帝即位之初，亦着重兴办学校，"复开庠序，国子郡县之学，盛于开皇之初。征辟儒生，远近毕至，使相与讲论得失于东都之下，纳言定其差次，一以闻奏焉"。后来则"空有建学之名，而无弘道之实"②。

二、隋代科举制度的创立

隋代建立起统一的、多民族的封建国家后，为了巩固封建统治，加强对民众的控制，从中央到地方建立了相应的行政机构，要保证这些行政机构的正常运转，就迫切需要大批德才兼备的人才来充实到各个部门中去。于是，隋文帝于开皇二年（582年），下诏举贤良之士。开皇三年（583年）再次下诏，"如有文武才用，未为时知，宜以礼发遣，朕将铨擢"③。随后他又令公卿士庶，"见善必进，有才必举"，以尽快选拔人才，满足封建统治的需要。隋炀帝即位后，也降下了类似的诏书："若有名行显著，操履修洁，及学业才能，一艺可取，咸宜访采，将身入朝。所在州县，以礼发遣。"大业元年（605年），再次降诏曰：

> 诸在家及见入学者，若有笃志好古，耽悦典坟，学行优敏，堪膺时务，所在采访，具

---

① 魏徵等：《隋书》卷七十五《儒林》。
② 魏徵等：《隋书》卷七十五《儒林》。
③ 魏徵等：《隋书》卷一《高祖上》。

以名闻,即当随其器能,擢以不次。①

在积极招贤纳士的同时,魏晋以后九品中正制的弊端也日益凸显,严重妨碍了中下层士人的进身之路。因为在隋代创建的过程中,大批庶族地主得到了升迁,为其参与政治、分享权力奠定了物质基础,他们也强烈要求分享政治权力,改变豪门士族独占统治大权的局面。统治者为了强化中央集权,也要收回旁落于地方长官之手的选士大权。可以说,九品中正制在当时已不能适应隋朝社会发展的要求,迫切需要创立一种新型的选士制度来代替它,科举制度由此应运而生了。

科举制度的产生经历了一个发生发展的过程。隋文帝开始实行的是以荐举为主的选士方式,且不再完全按照门第的高低,而是根据文武才能的高低来决定人才的选拔。其实西魏时期,选士已不全凭门第。而到了北朝末年,九品中正制的作用已大大减弱了。所以,隋代统治者开始在此基础上探索建立新的选士制度,逐步向着科举制迈进。隋文帝开皇十八年(598年),朝廷下令命"京官五品以上、总管、刺史,以志行修谨,清平干济二科举人"②。隋炀帝大业二年(606年)始设进士科。即开始以考试来选拔人才,并以制度的形式将之固定下来。隋炀帝大业三年(607年),诏文武有职事者,以孝悌有闻、德行敦厚、节义可称、操履清洁、弘毅正直、执宪不挠、学业优敏、文才秀美、才堪将略和膂力骁壮定"十科举人"。在这十科举人中,大概"文才秀美"一科即为进士科。进士科后来成为科举的主要甚至唯一科目,所以,进士科的创设成为科举制正式产生的标志。

汉及魏晋时期选拔人才以察举为主,隋唐以后以考试为主,这是古代选士制度的一大分界线。科举制创立后,将读书、应考、做官三者紧密联系起来了,科举成为封建社会知识分子获取高官厚禄、改变人生命运的主要途径和门路,也打破和改变了选士大权长期为门阀士族所把持的局面,为中下等士人进入仕途打开了通道,也将选拔官员的权力集中到中央官府,满足了封建中央集权的需要。

三、隋代儒学家的教育思想

隋代虽然短命,但也是强调以儒治国的,开皇三年(583年)隋文帝在一封诏书中提出要"行仁蹈义,名教所先,厉俗敦风,宜见褒奖"。开皇九年(589年)又诏曰:"丧乱已来,缅将十载,君无君德,臣失臣道,父有不慈,子有不孝,兄弟之情或薄,夫妇之义或违,长幼失序,尊卑错乱。"③仁寿元年(601年),隋文帝又下诏称:"儒学之道,训教生人,识父子君臣之义,知尊卑长幼之序,升之于朝,任之以职,故能赞理时务,弘益风范。"④可以说,是隋文帝承袭了汉以后的尊儒传统,奠定了崇儒兴学的文教政策基调。

---

① 魏徵等:《隋书》卷三《炀帝上》。
② 魏徵等:《隋书》卷二《高祖下》。
③ 魏徵等:《隋书》卷二《高祖下》。
④ 魏徵等:《隋书》卷二《高祖下》。

统治者对儒学尊崇,也带来了思想界和教育界对儒学教育的重视,以至涌现出一大批儒学教育家。据《隋书·儒林》所载,元善"性好学,遂通涉五经,尤明《左氏传》"。开皇初,拜内史侍郎,隋文帝称其"人伦仪表"。后迁国子祭酒,隋文帝到国子学观释奠,命元善讲《孝经》。辛彦之"不交非类,博涉经史",隋文帝时除太常少卿,寻转国子祭酒,又拜礼部尚书。房晖远"世传儒学……幼有志行,治《三礼》、《春秋三传》、《诗》、《书》、《周易》,兼善图纬,恒以教授为务"。隋文帝时为太常博士,后为国子博士。刘焯曾受《诗》于同郡刘轨思,受《左传》于广平郭懋常,问《礼》于阜城熊安生,他在国子学"每升座,论难锋起,皆不能屈,杨素等莫不服其精博"等。在众多儒学教育家中,影响最大的当首推王通。

王通(584～617),字仲淹,绛州龙门(今山西河津通化)人,门下弟子私谥曰"文中子",是倡导振兴儒学并产生重要影响的教育家。他出身于官僚世家,深受传统儒学的影响和熏陶。14 岁就开始离家游学,逐步形成以"王道"为核心的思想学说。仁寿二年(602 年)考中进士。次年,王通怀着救世济民的理想,西游长安,拜见隋文帝,陈述自己的王道治国方略,但"以不投机而返"。从此,王通开始专门著述讲学,门下弟子甚众,先后达千余人,朝廷多次征召不就。

王通治学及讲学以复兴儒学为己任,他说:"吾视千载而下,未有若仲尼焉,其道则一,而述作大明,后之修文者,有所折中矣……千载而下,有绍宣尼之业者,吾不得而让也。"①因此,他花费 9 年时间,仿孔氏而续六经,先后编著完成了《续诗》、《续书》、《礼论》、《乐论》、《元经》、《赞易》等,被后人称为"王氏六经"。他平日答问之语,由门下弟子编为 10 篇,名曰《中说》,共 10 卷。均是研究其教育思想的主要参考文献。

1. "未有不学而成"及"正人心"的教育作用论

王通同其他儒家学者一样,很重视教育的作用。当时社会上对人才的成长缺乏正确的认识,王通的弟子程元也把王通视为天才,称:"夫子之成也,吾侪慕道久矣,未尝不充欲焉。游夫子之门者,未有问而不知,求而不给者也。《诗》云:实获我心。盖天启之,非积学能致也。"王通反对这种"生而知之"的天才论,并批评程元说:"元,汝知乎哉!天下未有不学而成者也。"②王通认为,一切有学问和才能的人,都是后天努力学习的结果,天下不存在不学而成的天才。他指出:"居近识远,处今知古,惟学矣乎!"③

教育的作用不仅体现在培养人方面,而且还体现在实现王道政治理想方面。王通指出:"文武治而幽厉散,文景宁而桓灵失。斯则治乱相易,浇淳有由,兴衰资乎人,得失在乎教。"④他认为,国家兴衰的根源在于人才,政治得失的关键在于教育。而要实行王道,就必须重视教化,以仁德而施教化,这是复兴王道的重要条件。有人曾问王通何为"化人之道",王通答曰:"正其心。"指出要通过"正人心"来达到"化人"的目的。在他看来,教育是

---

① 《中说》卷二《天地篇》。
② 《中说》卷六《礼乐篇》。
③ 《中说》卷六《礼乐篇》。
④ 《中说》卷九《立命篇》。

实现移风易俗、改造社会和政治制度的重要途径。

2. 以培养"君子"为目的的道德教育

王通坚持实行王道政治,主张通过教育来培养为王道政治服务的人才,这种人才就是王通所致力培养的"君子"。《中说》一书中曾 57 次提到"君子"二字,可见对"君子"的关注。在王通培养君子的教育中,道德教育是占据主要地位的,其中心任务是"存道心,防人心"。为实现培养君子的教育目的,王通围绕道德教育对培养君子提出了一些要求。

王通认为,要培养君子做到学道、信道、行道。他认为王道的实行是有条件的,君子不能因为社会未实行王道就废而不学。弟子薛收对王通坚持不断讲论王道感到难以理解:"子非夫子之徒欤! 天子失道,则诸侯修之;诸侯失道,则大夫修之;大夫失道,则士修之;士失道,则庶人修之。此先王之道,所以续而不坠也……如之何以不行而废也。"①王通对此认为,王道不可废,小人和君子的根本区别,就在于求道或求利。君子不能仅仅停留在学习王道上,还要做到笃信道而不动摇,即使环境艰难,穷困潦倒,也不改变信仰、放弃原则。尤其是,君子还应努力行道,推行王道政治,按照王道的要求去行事。

进而,王通认为君子要具有高尚的道德,即儒家所倡导的仁、义、礼、智、信"五常",认为"道"体现于道德规范就是"五常","五常"统一于道。"五常"于君子来说是缺一不可的,其中"仁"是"五常"的开端,更是"五常"的核心。

为了培养君子具有高尚的道德,王通认为必须要进行修德,即从生活的各个方面做起,严格要求自己,做到"三有七无",所谓"三有",就是"有慈,有俭,有不为天下先";所谓"七无",就是"无诺责,无财怨,无专利,无苟说,无伐善,无弃人,无畜憾"②。王通认为,作为学子要能正确对待自己行为中的过错,要思过而预防之,首先要听得进别人的批评,进而承认自己的过错,不应巧言辩解、文过饰非,如此也能成为君子。他说:"过而不文,犯而不校,有功而不伐,君子人哉!"③但最为关键的是要勇于改过,"改过不吝,无咎者,善补过也"。王通还主张在道德教育上,要以道义的精神力量使人从内心信服,而不是滥施强力使人屈服。王通说:"君子服人之心,不服人之言;服人之言,不服人之身;服人之身,力加之也。君子以义,小人以力,难矣夫!"④认为只有小人才会靠强力来使人信服,虽然以道义服人之心不容易做到,但是君子应当坚持选择这种做法。

3. 着重因材施教和"问对"

王通经常与弟子聚集交谈,很注意了解学生的志向和想法,能准确地把握学生的个性特点。如:姚义,"清而庄,善思辨","可与为友,久要不忘";贾琼,"明而毅","可与行事,临难不变";薛收,"旷而肃","可与事君,仁而不佞"⑤等。进而,王通认为虽然每个学生的情

---

① 《中说》卷九《立命篇》。
② 《中说》卷三《事君篇》。
③ 《中说》卷二《天地篇》。
④ 《中说》卷九《立命篇》。
⑤ 《中说》卷六《礼乐篇》。

况不同,只要"加之以笃固,申之以礼乐,可以成人矣"。

在实际教学中,王通也是根据学生的不同特点进行教育的。据《关朗篇》载:"门人窦威、贾琼、姚义受《礼》;温彦博、杜如晦、陈叔达受《乐》;杜淹、房乔、魏征受《书》;李靖、薛方士、裴晞、王珪受《诗》,叔恬受《元经》;董常、仇璋、薛收、程元备闻'六经'之义"。王通还经常采用"问对"的教学方式,如《问易篇》曰:"广仁益智,莫善于问;乘事演道,莫善于对。"① 此外,王通还认为,教学要与生活实际相结合。他以学礼为例,教诲弟子曰:"既冠读冠礼,将婚读婚礼,居丧读丧礼,既葬读祭礼,朝廷读宾礼,军旅读军礼,故君子终身不违礼。"② 这是因为,求知就是为了行,强调"知之者不如行之者","非知之艰,行之惟艰"。可见,王通对行是非常重视的,强调行重于知。

第二节 唐代的教育

唐高祖武德元年(618年),李渊逼隋恭帝禅位,取代隋朝,设京师为长安,后又设东都洛阳,北都太原,历274年的发展,在文化、政治、经济、外交等方面都达到了很高的成就,且新罗、高句丽、百济、渤海国和日本等周边属国在其政治体制与文化等方面都受到唐朝的较大影响。因而,唐代不仅是中国历史上的盛世之一,也是当时世界的强国之一。王夫之称赞说"前有汉,后有宋,皆所不逮"。由于唐代各项制度几乎全部承袭隋代,历代史学家常把唐代和隋代并称为"隋唐"。但也并非承袭不变,而是在逐步完善的基础上,又有所创新。尤其是在教育上,建立了相当完备的学校教育制度和科举制度,与周边国家的文化教育交流日益频繁,还出现了书院的萌芽,对后世教育的影响是巨大而深远的。

一、唐代的文教政策

自西汉实行"罢黜百家,独尊儒术"政策以后,儒家思想成为封建社会的正统思想,儒学占据社会的主流地位。但到了魏晋南北朝时期,社会上"玄学清谈"之风大兴,儒术在很大程度上已经衰微。隋代在统一中国后,虽然重新重用儒学,但儒学地位还远没有得到确立。唐代统治者为了巩固自己的统治地位,在思想文化领域开始重新整顿和统一思想,采取了"重振儒术"而又兼重佛道的文教政策。

(一)重振儒术

首先是尊孔。"颇好儒臣"的唐高祖李渊,在开国不久就开始实行兴化崇儒,下令在国

---

① 《中说》卷五《问易篇》。
② 《中说》卷六《礼乐篇》。

子学中立周公、孔子庙,四时致祭,并礼遇其后代。唐太宗李世民极力提高孔子的地位,下令停祭周公,升孔子为先圣,颜回为先师。至唐玄宗开元二十七年(739年),追赠孔子为文宣王,颜回为兖国公,其余十哲弟子皆为侯。孔子自此开始称"王",这对读书人来说是莫大的荣耀。同时,还加封孔子的后代,如唐德宗建中元年(780年),以孔子三十七代孙孔齐贤为兖州司功,袭文宣公等。

其次是重用儒家学者。喜读经籍而又善交儒生的唐太宗李世民,将儒术视为决定其政权兴衰存亡的根本,因而重视任用儒家学者。他在未登基前就在亲王府开文学馆,网罗了房玄龄、杜如晦、魏徵等名儒,为其出谋划策。武德九年(626年),他即位之后就设立了弘文馆,广泛精选虞世南、姚思廉等天下儒士以共商国是。唐玄宗时,还在当年秦始皇坑儒之地,为遭此劫难的儒生立祠,以示对儒者的尊重。开元十四年(726年),唐玄宗还发布《求儒学诏》,要求荐举精通儒术、具有治国安邦之才的儒生。

再次是重视儒经的研究与整理。唐太宗李世民吸取隋亡的教训,确立了"偃武修文"的指导思想,以儒家之道来治理国家。他说:"朕今所好者,惟在尧、舜之道,周、孔之教,以为如鸟有翼,如鱼依水,失之必死,不可暂无耳。"①为了解决儒学多门、章句繁杂、释义多歧的问题,李世民下令国子祭酒孔颖达负责编撰《五经正义》180卷,还为此下诏曰:"卿等博综古今,义理该洽,考前儒之异说,符圣人之幽旨,实为不朽。"②并令颁行天下,令人传习,定为全国各级各类官学的统一教材,且以此作为科举考试的标准和依据。这一措施统一了儒家学说,提高了儒家的地位,与汉武帝"罢黜百家、独尊儒术"具有同等重要的意义。唐玄宗还命人整顿礼仪,编成《大唐开元礼》150卷,"由是,唐之五礼之文始备,而后世用之,虽时小有损益,不能过也"③。他还于开元二十二年(734年)重注《孝经》,颁行天下,令师生习读。为了进一步统一儒学,唐文宗开成二年(837年),完成《周易》、《尚书》、《毛诗》、《周礼》、《仪礼》、《礼记》、《春秋左氏传》、《公羊传》、《谷梁传》、《孝经》、《论语》、《尔雅》等12部经书刻石工作,共159卷,650252字,两面刻石,制成114方,称之为"开成石经"或"唐石经",与清朝补刻的《孟子》,合称"十三经",现存于西安碑林内。另附张参的《五经文字》和唐元度的《九经字样》。唐代崇尚儒术的举措,基本结束了儒学内部的派别之争,维护了儒术的统治地位。

最后是皇帝亲临国学观释典。唐高祖武德七年(624年),李渊"幸国子学,亲临释奠",检查教学情况,并颁布《兴学敕》,要求"敦本息末,崇尚儒宗"④,鼓励人们学习儒家经典。自李渊之后,历代唐王均遵循亲临国学观释典的惯例。如:贞观十四年(640年),李世民"幸国子学,亲释奠……国子祭酒以下及学生高第勤精者加一级,赐帛有差"⑤。在统

---

① 吴兢:《贞观政要》卷六《慎所好》。
② 刘昫等:《旧唐书》卷七十三《孔颖达》。
③ 欧阳修等:《新唐书》卷十一《礼乐一》。
④ 宋敏求:《唐大诏令集》卷一百五《崇儒》。
⑤ 刘昫等:《旧唐书》卷三《太宗下》。

治者的提倡下,出现了"学者慕响,儒教聿兴"的局面。

(二) 兼重佛道

唐代虽然采取崇儒的文教政策,但并不是独尊儒术,而是在崇儒的基础之上,兼重佛教和道教,也即坚持崇儒为主,佛、道为辅,并不断平衡儒、佛、道三者之间的关系。

佛教自东汉传入中国之后,经过魏晋南北朝时期的本土化,到了隋唐时期获得了高度发展,这与隋唐统治者喜佛的信仰有很大关系。唐高祖从武德三年(620年),开始大建佛寺和佛像。武德七年(624年),唐高祖召集儒生、僧徒和道士同堂辩论。唐高祖认为:"三教虽异,善归一揆。"①认为三教都可以服务于唐朝的统治。唐太宗表示自己的信仰主要在于"尧、舜之道,周、孔之教",但同时也对佛教采取宽容的态度。他支持玄奘西去取经,玄奘取经归来,将所译佛经五部及《西域记》奉表上奏,唐太宗亲自答书以示支持。唐高宗继续支持玄奘翻译佛经,玄奘死后,他为之废朝数日。武则天称帝之后,永昌元年(689年)沙门法明等10人进《大云经》,称武则天是弥勒降生。为了在社会上营造舆论,武则天下令出资两万贯建造龙门奉先寺,并令两京诸州各置大云寺、各藏《大云经》一本,度僧10人,对法明等予以厚待。武则天极力支持佛教的发展,对佛门滥施财物,致使佛教盛行,佛塔、佛寺在各地广泛建立,这样就使大量的钱财和劳动力流入了佛门,严重影响了国家的正常生产和财政收入,以致"天下十分之财,而佛有七八"②。佛教的勃兴必然会导致世俗地主和寺院地主之间产生矛盾,影响社会稳定。为了改变这种不良的局面,唐玄宗继位后,开始抑制佛教势力的增长和扩张,下令强迫一万多僧侣还俗,并禁止民间铸像、写经和创建佛寺,严格加强对僧徒的管理。会昌三年(843年),唐武宗再次打击佛教,焚烧佛经,拆毁佛寺,勒令僧尼还俗。而后来的唐宣宗、唐懿宗和唐僖宗执政时,佛教得以再次复兴。尽管佛教在唐朝屡遭打击,但从整体上来看,佛教在唐朝还是获得了长足的发展。

道教是中国土生土长的宗教,在隋代也得到了一定的重视和发展,但影响远不及佛教。到了唐代,由于唐代是李姓的天下,而道教追尊的教主老子李耳也姓李,因而唐代统治者对道教也非常重视。武德七年(624年),唐高祖亲临老子祠,以示尊祖之意。次年,制定了道教居儒佛之前的政策,确立了唐朝尊奉道教的政策路线。唐太宗也认为李氏江山得力于太上老君的灵佑,因而把道教尊奉为皇教,贞观十一年(637年)规定"道士女冠可在僧尼之前"。唐高宗于乾封元年(666年)封太上老君为玄元皇帝,命各州设置道观,规定道士女冠犯法,依教规处治,而不与民同罪。武则天为了夺取李唐的天下,采取崇佛抑道的政策,废弃了对太上老君的封号,废除了举人习《老子》的规定,把佛教抬高到道教之上。唐中宗复位后,重振道教,恢复了对老子的封号,并令贡举士人依旧习《老子》。唐玄宗执政后期开始迷信道教,尊老子为大圣祖,改长安的玄元皇帝庙为太清宫,朝廷祭祀一律先到太清宫行礼。他还亲注《老子》颁行天下,要求每家收藏一本。每年贡举考试加

---

① 王钦若等:《册府元龟》卷五十《帝王部·崇儒术二》。
② 刘昫等:《旧唐书》卷一百一《辛替否》。

试《老子》,还在京都设置了专门讲习道教的崇玄学,并派人到各地搜集道经进行整理。

在唐代统治者的推动下,"重振儒术"的文教政策得到落实,儒、佛、道三教都得到了一定程度的发展,三教之间互相斗争,互相融合,但三教任何一方都没有取得独尊的地位。且对当时教育制度和教育思想的发展产生了重大的影响,如佛道的教学形式、方法、规章制度等对后来的书院的产生奠定了基础,尤其是三教并存而交融活跃了人们的思想,为宋明理学的形成奠定了基础。

二、唐代的教育制度

在中国教育制度史上,西周可谓教育制度的雏形期,汉代为教育制度的定型期,而唐代则为教育制度的完善和发达期,宋元明清的教育制度多沿袭唐制,在此基础之上又有所发展,因而唐代教育制度是中国封建社会教育制度的典型,在中国教育制度史上占有非常重要的地位。

(一) 官学教育

唐代继承了隋代的教育制度,在管理体制上因袭隋制设最高教育行政机构国子寺,后改国子寺为国子监,设祭酒一人,是为国家最高的教育行政长官,负责中央所设学校的管理,还设司业两人,"掌邦国儒学训导之政令"。在地方上,由长史掌管地方所设学校。

官学包括中央官学和地方官学两级(见图 4—1)。中央官学主干为"六学"、"二馆"。所谓"六学",指的是国子学、太学、四门学、书学、算学和律学,还有设在国子监内的广文馆,统归国子监管辖。在"六学"各学内部,都设有博士、助教、直讲等职事,博士的职责是分经教授诸生,助教的职责是佐博士分经教授,直讲的职责是佐博士、助教与以经术讲授。"六学"中的博士、助教既是学校的教师,又是政府官员。"二馆",是指崇文馆和弘文馆,掌管经籍图书的崇文馆归东宫直辖,校正典籍的弘文馆归门下省直辖。此外,还为皇族及功臣子弟开办的小学,直辖于太医署的医学,隶属于祠部的崇玄学,归中书省管辖的集贤殿书院等。

唐代学制系统	中央官学	儒学	弘文馆	门下省 主办	
			崇文馆	东 宫	
			广文馆	国子监主办管理	合称六学一馆
			国子学		
			太 学		
			四门学		
		其他专门学校	律 学		
			算 学		
			书 学		
			医 学	太医署主办	
			天文学	司天台主办	
			音乐学	太卜署主办	
			兽医学	太仆寺主办	
			崇玄学	尚书省祠部主办	
			……		
	地方官学	州学			
		府学			
		县学			
		乡里学校			

图 4—1 唐代学制系统

地方官学设有州（府）、县学两级，此外还有市学、镇学、医学和崇玄学等。凡地方学校，都属于中小学性质，通过"乡贡"，均可补入四门学深造。

1. 入学制度

唐代官学实行按等级入学的制度，学生按出身门第的高低、父祖官位的品级入相应的学校，贵族与官僚的子弟优先享有入学的特权。如：国子学"掌教文武官三品已上国公子孙，二品已上曾孙为生者"；太学"掌教文武五品已上及郡县公子孙，从三品曾孙之为生者"；四门学"掌教文武七品已上及侯伯子男子之为生者，若庶人子为俊士生者"；律学、书学和算学"掌教文武官八品已下及庶人之子为生者"[①]；广文馆接受将应进士科考试者申请附监读书备考。上述入学制度，充分体现了封建教育的严格等级性。

在入学年龄上，一般规定为14～19岁，学习期限为9年。学生入学时须持"束脩之礼"，按规定初入学，约定时日，穿好制服，隆重举行拜师礼，确立师生关系。学生与老师见面时，要向老师敬献礼物如酒、肉等，以表示对老师的尊敬。

---

① 刘昫等：《旧唐书》卷四十四《职官三》。

2. 课程与教学计划

唐代官学课程设置主要是围绕儒学和道学展开的,尤其是儒经成为各级学校的必修课程。在儒经中,《论语》和《孝经》为公共必修科目,学习一年。其余经书分为大、中、小三类(多以字数为分类依据):《礼记》、《左传》为大经;《诗经》、《周礼》、《仪礼》为中经;《周易》、《尚书》、《春秋公羊传》、《春秋谷梁传》为小经。规定大经和中经为必修科目,要求大经学习三年,中经学习两年。小经为选修科目,其中《周易》、《尚书》学习两年,《春秋公羊传》、《春秋谷梁传》学习一年半。

这样,各级学校课程就由必修课、专修课和选修课三部分来组成。国子学、太学、四门学课程中的必修课为《孝经》和《论语》,专修课为《周易》、《尚书》、《仪礼》、《毛诗》、《礼记》、《春秋左氏传》、《春秋公羊传》、《春秋谷梁传》等,选修课有《史记》、《前汉书》、《后汉书》、《三国志》、《国语》、《说文》、《字体》、《三仓》、《尔雅》等。由于这三所学校的特殊性,学习内容主要是儒家经典,因而小经也属于专修课,儒经之外的《史记》等历史、文学、文字方面的书籍列为选修课。专科学校的课程则有所变革,带有明显的专业色彩,除《论语》和《孝经》为公共必修课外,还开设大量的专业必修课以及实践之类的课程。诸如:律学专修课为唐代的律、令,选修课为格式法例。书学专修课为《石经三体书》、《说文解字》和《字林》,此外还要兼修其他字书。算学主要修习《九章算术》、《海岛算经》、《孙子算经》、《五曹算经》、《张丘建经》、《夏侯阳算经》、《周髀算经》、《缀术》、《缉古算术》、《数术记遗》和《三等数》等。此外,崇玄学作为修习道家经典的学校,课程设置为《道德经》、《庄子》、《文子》、《列子》等。

3. 考试制度

唐代各级学校为了督促学生的课程和检验学习效果,制定了一系列的考试制度。主要的考试有旬考、月考、岁考和毕业考试几种。

旬考在每旬休假前一日举行,主要考查10天内的学习情况,由博士主持进行。考试方式有两种,其一为背诵,每1000字试一帖,帖三个字;其二为讲解,每2000字问大义一条,共问三条。旬考分及格和不及格两种,根据及格决定赏罚。

每月第三次旬试为月考,考一月内所讲习的内容。旬试与月试相结合,循环进行,难免会给博士和学生增加许多负担,后来经过精简,放弃了旬试而保留了月试,考试成绩记录下来作为评定学生优劣的依据。

岁考在每年年终举行,考学生一年内所学课程,问大义十条,通十为上,通六为中,通五为下。下等为不及格,须重新修习。如不及格三次,延长在校学习时间,如延至九年仍不及格,则令其退学。

毕业考试是一次模拟科举考试的考前练习,也是选拔应科举的资格考试,"其试法皆以考功"。毕业考试由博士出题,令那些每年完成学业,能通两经以上的明经或进士而欲求出仕者,登记名册上报国子监,由祭酒、司业、监丞考试其学业,如对明经试帖经(十帖通五)、口试(十通六)、时务策(三道);进士试帖一大经(十帖通四)、试杂文(两道)、时务策(五道)。对不同科目考试有不同的要求。及格者,由国子监上报于尚书礼部,及格考生可出校应省试,也可以由四门学补入太学,由太学补入国子学。这种由考试而升格的做法,并非完全是为了加深考生的学业知识程度,而更重要的是为了让学生通过考试获取较高的入仕资格,以利于以后参加科举考试。

4. 学生管理

唐代在学生管理方面,也采取了诸多有效措施,诸如学生修业期间安排有假日,分为常假和制假两种。常假有旬假、田假和授衣假。旬假为每十天放假一天,旬考之后休假。田假安排在每年五月农忙之际,期限为一个月。授衣假安排在每年九月秋凉之际,期限也是一个月。另外,太学等中央官学在这三个固定假期之外,还可以根据学生的实际情况临时给假,如遇家有特殊情况,诸如父母故去,或发生意外天灾人祸,学生皆可请假,校方不得刁难阻拦。学生在家休假期间,遇有特殊情况亦可以请求延长假期。学校给假时,还根据路途远近酌量期限,一般以距校200里为延长假期的基数,路途越远,时日越长。据《新唐书·选举志》载:"二百里外给程。其不帅教及岁中违程满三十日,事故百日,缘亲病二百日,皆罢归。"由此可见,太学实行严格的销假制度。请假逾期,则作"不帅教"和违程处理,勒令退学。

制假日为唐代法定传统节日,诸如元日为农历正月初一,放假三天;上元日为正月十五,皇帝与民同乐,放假三天;寒食节在农历四月初四,放假三五日等。

另外,唐代对学生违规处罚,多是通过教育立法的形式来完成的。比如《唐律》规定,生徒殴打师长,严惩不贷;一般性的手足殴打,则杖40;若斗殴无品博士,刑罚加凡人二等,合杖60;殴打九品以上博士,合杖80;打伤五品博士,则于本品上累加之;如果把授业教官殴打致死,合斩勿论。《唐律》还规定,国子监生徒在学三年,不回家探望父母,学校必须以"道德训喻……勉之归觐"①。

(二)私学教育

唐代私学一直和官学并存,且非常发达,主要原因有:第一,科举考试的推动和民众的需要。科举制度的盛行刺激了广大士人的求学欲望,由于官学数量有限,唐代科举制度允许社会上普通民众"投牒自进",致使民间大批的普通士人可以根据自己的需要在民间开展讲学和办学活动,刺激了私学在民间的发展。第二,政府对私学采取支持和鼓励的政策,对私学的发展也起到了很大的推动作用。第三,唐代经济的繁荣为私学的发展创造了一定的条件,成为私学发展的基础。因此,私学获得了快速发展的机遇和空间,许多学者边为官边讲学,诸如尹知章、柳宗元、韩愈等;有的隐居乡间授徒讲学,诸如颜师古、孔颖达等。尤其是在中唐之后,由于官学衰微,私学在数量和质量上都呈现出压倒官学之势。

唐代私学按照其教学程度的不同,可分为初级私学和高级私学。凡进行启蒙识字教育和一般的生活与伦理常识教育的为初级私学;凡进行专经传授或其他专业知识技术传授的为高级私学。初级私学存在多种办学主体和办学形式,大体上可分为乡学(乡校)、村

---

① 李肇:《唐国史补》卷中。

学、家塾、私塾、家学、学者授徒、寺院讲学等多种形式。其中乡学是以乡为单位,办在人数较多的地方,大多有官绅或富户提倡并带头捐献办学资金,地方人士响应,延聘教师,从而建立起来的乡一级私学教育机构,主要招收本乡的子弟入学,人数较多。村学或家塾属于启蒙性质的私学,村学是以村为办学主体,不仅招收本村子弟,邻村的儿童也可要求入学,相对于乡学来讲,人数较少,规模较小。私塾由塾师自己招收学生,自主办学教授,私塾一般设在塾师自己家里,也可在异地办私塾。家塾一般以一家或一族为办学主体,多为殷实人家延聘教师教授自家子弟而设的,一般不接受外人,但也有招收外族人的情况。家学也是私学的一种重要形式,既有一般家庭特别是一些经济困难的家庭,因无力聘请师资在家教子的情况,也有学术世传的家庭将所擅长之业传授给子弟的情况。

  初级私学办学形式较为灵活,没有成文的制度可供遵守,但却共同遵守长期形成的习俗。如:对学生入学年龄没有统一的要求和硬性规定,主要根据儿童的成长情况和家长意愿来决定学生何时入学。开学时间一般为每年的春季,多在阴历正月中旬元宵节后入学,到十二月中旬后散学,以年为阶段,没有固定的学习年限。私学一般为单班教学,由一个教师轮流教授不同年龄阶段的学生,个别施教,教学效率较为低下。教学内容一般为读、写、算等方面的知识。尤其是读写最受重视,占用了私学学生大部分的学习时间,有多种教材供学生学习和使用,如《急就篇》、《劝学》、《发蒙记》、《启蒙记》、《开蒙要训》、《千字文》、《训俗文字略》、《兔园册府》、《蒙求》、《太公家教》等。除外,私学还教学生读一些诗歌作为私学的辅助教学内容,如诗人元稹在其《居易集》中记述道:"予常于水平市,见村校诸童竞习歌咏,召而问之,皆对曰:先生教我乐天、微之诗。"私学的教师多为落魄的文人,大都比较清贫,如私塾教师主要靠教授乡里儿童而获得有限的束脩,来维持基本的生活。

  高级私学教师,通常是由那些具备专门知识和广博学问的学者或官员担任的,他们在社会上大多有一定的影响力,具备授徒讲学的资格和条件。高级私学的教师通常为这样几类:学有专长之人;在职官员;退休或贬谪的官员;避世隐居的学者等。而这一类私学的教育对象,通常为那些已受过初级私学教育而具备一定的文化基础、要求进一步深造和提高的青年学生。高级私学的教师,其生活来源也主要是束脩,因为他们的名气和影响力较大,学生较多,学生的层次也较初级私学的高,教师的生活条件大多较为优越,可谓衣食无忧,因此能够做到全身心投入教学工作。高级私学所学内容,大多围绕主讲师儒的专长所展开,也结合当时社会的需要开设一些课程。学习的内容如经学、谱学、《文选》学、文学、科学技术等。由于唐代采取较为开放的政策,佛学较为兴盛,于是当时也就出现了以佛学为教学内容的私学。

（三）中外教育交流

  唐代是中国封建社会的鼎盛时期,文化教育发达,在当时世界上处于领先地位,统治者重视与世界各国的文化教育交流。当时,与唐代有使者往来和通商关系的国家比较多,如安国、康国、史国、曹国、支国、石国、吐火罗、波斯、大食、天竺、尼波罗国、师子国、骠国、堕和罗、真腊、林邑、瞻博、室利佛逝、婆利、盘盘、单单、高丽、新罗、百济、日本等。同时,还存在文化教育之间的交流,主要方式是通过接受外国留学生、留学僧来中国学习先进的文化。京都长安是当时的文化中心,是外国留学生、留学僧向往之圣地,派遣留学人数最多的国家是日本,其次是新罗。

中日之间的教育交流,可谓源远流长。早在西周时期,中国与日本列岛上的人民已有过交往和接触。汉魏时期,中日两国的交往和交流从未中断过。据日本的史书《古事记》和《日本书纪》记载,3世纪末,日本为了学习中国文化,专门从朝鲜半岛的百济聘请博士王仁传授儒学,王仁当时带去了《论语》、《千字文》等经典书籍。从此,日本以儒家经典作为教科书,并有了记录语言的文字。到了6世纪,日本贵族阶层基本掌握了汉字的用法,对儒家文化和思想有了较为系统的认识和了解,儒家的政治伦理思想成为指导日本人的基本准则。尤其是自圣德太子摄政之后,为了满足和适应当时日本政治变革、经济发展和社会进步的需求,需要向他国学习先进的思想和治国经验,于是与唐代进行了更大规模的教育交流活动。

从隋文帝开皇二十年(600年)日本向隋派出了第一批遣隋使开始,到唐昭宗乾宁元年(894年)长达294年间,日本共向中国派遣出4次遣隋使,19次遣唐使。相对于遣隋使来说,遣唐使的组织和规模越来越大,如第9次遣唐使的使船,由原来的2艘增至4艘,人数也增加至500人左右,各色人等齐备。其中,随遣唐使而来的留学生和留学僧,多是日本按专业挑选出来的各类有才华的人,初期人数较少,以后人数逐渐增加,留学生的人数要少于留学僧。这些留学生或留学僧来华负有向唐代学习的重任,他们在中国学习的时间大都比较长,如高向玄理、南渊请安就在中国留学长达32年。又如吉备真备在中国留学18年期间,学习经史、律法,涉猎各种技艺,回国后带回了唐代大量的经史著作,如《唐礼》130卷、《大衍历经》1卷、《大衍历立成》12卷,还带回了其他相关器物,回国后不仅参与制定了各种律令礼仪制度,而且还在大学寮里担任职务,授经讲学,对传播唐朝的先进文化、确立各种律令制度(包括教育制度)作出了重要贡献。留学生菅原梶成在唐朝学习中国医术,回国后担任针博士、侍医等重要职务,推动了日本医学教育的发展。特别值得一提的是,随第八次遣唐使入唐的留学生阿倍仲麻吕,来中国时只有16岁,在太学学习几年后参加了科举考试,而且中进士及第,于是,他一边留学,一边担任秘书监。他深谙唐诗,经常以诗会友,与当时著名的诗人李白、王维、储光羲等结下了深厚的友谊。后来,他改名为晁衡,仕唐终身,对中日文化交流贡献颇大。在留学僧中,主要是空海和尚,唐德宗贞元元年(804年)来到中国,在长安学习佛教密宗。两年后回国,创立佛教真言宗(又称"东密")。

与此同时,还出现了大批为献身中日文化交流事业而东渡的中国人。如袁晋卿,唐玄宗开元二十三年(735年)随遣唐使到日本,由于他"善《文选》、《尔雅》音",到日本后被任命为大学音博士。尤其值得称颂的是鉴真和尚,为了传播佛教文化,接受日本僧人荣睿和普照的邀请,自天宝二年(743年)至天宝十三年(754年),前后11年,历经5次失败,第6次东渡日本成功。在日本,他除了向上至日本天皇,下至平民百姓传教外,还凭着自己的医药知识,用鼻嗅口尝的办法,为日本校正了许多种草药,促进了日本医药事业的发展。他监建的唐昭提寺,把唐代的建筑风格传到了日本。

总之,唐代学校教育制度相对于汉魏来说,具有三个方面的特点:一是建立了从中央到地方完备的封建学制体系,表现为中央设国子监总辖各学,地方设置州县两级官学,专业学校成为定型,办学形式多元化,教学及管理制度日趋健全,官学的等级性也进一步加强等;二是学校与科举的关系极为密切,学校几乎成了科举的附属机构;三是对东西方文化教育的影响巨大,欧洲各国吸纳科举制度的合理因素,法国、英国等开始对文官进行考核等。尤其是对日本的文化教育产生了重大影响。

三、唐代的科举制度

唐代的科举制度承袭隋制,并经过历年发展和调整,至唐高宗时各项制度日趋完善,取士名额有所增多。武则天执政时,十分重视科举考试,要求应试士子都要学习《论语》和《孝经》,还开了殿试、武举以及糊名等先例。唐玄宗时增加道举,以选拔精通道学人才,且各项制度非常完备,为以后历代科举取士奠定了基础。

(一)考生来源

唐代考生来源主要有三个途径:一是中央官学和地方官学的生员,称为"生徒",即从各类官学的学生中选拔出来送至尚书省参加考试的学生。二是"乡贡",即非学校出身,由地方私学或自学者当中选拔出来并送到尚书省参加考试的学生。应试者皆须于本籍报名,按规定经过州、府、县举行的考试,以考试成绩选拔贡士,不同科目订有不同标准,合格者才能被送入尚书省,参加礼部的统一考试。三是由皇帝自诏,称为"制举",考生到京城直接应考。实际上,考生的来源主要是生徒和乡贡。

(二)考录程序

唐代科举分为制举特科与贡举常科两大类,两类考试程序有很大的不同。制举特科程序较为简单,一般不定期,由皇帝临时决定考试科目,应考者到京师长安,在殿廷上直接参加由皇帝主持的考试,考试登科者可直接授官,称为"殿试"。

常科为每年定期举行的考试,考生由生徒和乡贡组成。考试分为三步:

第一步为乡试,由地方长史负责。每年仲冬,先由县一级考试,选取学业已成的生徒参加州、府举行的考试,合格者才能进入下一个阶段的考试。各州录取人数不等,上州岁贡三人,中州二人,下州一人。若有茂才异等,则不受名额限制。府州考试第一名称为解元或解头。乡贡考生可投牒自荐,自由报考,不受贫富贵贱与门第出身的限制。无论是生徒抑或是乡贡,合格者由长史召集地方德高望重的老者与之见面,举行隆重的欢送仪式,随同贡物一起送往中央。

第二步为省试,由尚书省礼部主持(明清时改称为会试),参加者是乡试中的合格者,但要填写三代履历,并结款通保,经户部审查合格后,再将名册送往礼部,礼部再择期命题考试。考试以一日为限,考生要自备饮水、木炭、蜡烛及餐具等,至晚仍未交卷者,允许连燃三支蜡烛,烛尽必须交卷。

第三步为吏部试,省试答卷送往吏部审核,合格者名单张榜公布,取中者称及第,或称登科、登第、擢第,亦有折桂、登蟾宫、登龙门之说。第一名称为"状元"或"状头"。新科进士互称"同年",主考官称为"座主"或"座师",及第者便是主考官的"门生"。中进士后,都要到杏园参加宴会,称之为"探花宴"或"杏园宴",并同游杏园。还要大会于长安第一胜景曲江亭,是日,皇帝会亲临紫云楼垂帘以观。有一次,唐太宗见到新科进士鱼贯而入时,感慨地说:"天下英雄,入吾彀中矣!"公卿王室也多有参加者,甚至从中选取乘龙快婿。曲江会后,新科进士会前往大雁塔下的慈恩寺题名,刻石纪念。家中也会设烧尾宴庆贺中榜。

为了保证考试公平,从开元二十四年(736年)以后,对报考资格要求越来越严,如有过官司的不得举送,否则,举送官免职,考试官贬黜。开成元年(836年)要求参加考试的人须有5人相保,凡有缺孝悌之行、行为不轨、言论出格以及资朋党之势者,均不准就试。甚至是"凡贡举非其人者、废举者、校试不以实者,皆有罚"①。

(三) 考试科目及内容

唐代科举,科目繁多。其中常科的科目主要有秀才科、进士科、明经科、明法科、明书科、明算科六科。除外,还会设置一些很特殊的科目,诸如一史、三史、开元礼、道学、童子等。

制科是由皇帝临时下诏举行的考试,考试科目不固定,科目较多,诸如有贤良方正,直言极谏者;博通坟典,达于教化者;军谋宏远,堪任将帅者;详明政术,可以理人者等。主要是选拔特殊人才,因此考试的时间和科目内容都较为灵活而且不固定,每次录取的人数也较为有限。

秀才科注重博学才高,考试方略策五道,以文理俱优为标准,评定等级分为上上、上中、上下、中上凡四等为及第。秀才上上第可获正八品上阶出身,以下递降一等,至中上第为从八品下。由于秀才科考试要求过严,每年所取不过一二人。贞观时还规定,举而不第者罪其州长,故报考极少,不为士人所重,后逐渐被进士科所取代。

进士科地位在唐初仅次于秀才科,且向平民开放,故常有"白衣公卿"或"一品白衫"之说。后来地位逐渐上升,在各科中受到特别的重视。进士科考试偏重诗赋,唐初主要考时务策,后来又增加了帖经、试杂文,比较注重考查学生的词藻文采。试时务策五道,帖一大经,经策全通为甲第。策通四,帖过四以上为乙第。杂文两篇,即一诗一赋。由于唐代社会普遍重视文学,进士科地位和声望得以不断提高,因此在唐代进士科最受考生的青睐和重视,应考者趋之若鹜。但录取比例不高,每百人中约有一二人及第,最多时四五十人,在唐代270多年中,登进士科者仅有3000人左右,故有"五十少进士"之说。

明经科是以儒家经学为考试内容的科目,主要考试考生对经义的理解。中国封建社会注重儒学治国,普遍重视以经术取士,唐代亦是如此。唐代把儒家九部正经按篇幅分量分为大经、中经和小经三类。明经之别,又分为明二经、三经和五经等。通二经者,须含一

---

① 欧阳修等:《新唐书》卷四十四《选举志上》。

大经一小经,或两中经;通三经者,为大、中、小经各一;通五经者,要求大经并通,其他各经任选。无论通二经、三经、五经,《论语》与《孝经》都得兼习。明经科地位较高,秀才科废绝后,"自是士族所趣向,唯明经、进士二科而已"①。考试分三场进行:先帖经,每经十帖,每帖三字,通六帖以上为及格。然后口试,问经义十条,通十条为上上,通八条为上中,通七条为上下,通六条为中上,皆为及格。再就是答时务策三道,通二策为及格。三试皆及格为及第。每十人有一二人及第,故有"三十老明经"之说。

明法科主要用来选拔法律人才,考生主要来自律学的生徒和州、县的乡贡。考试为律、令各十帖,试策共十条。

明书科也称"书科"、"明字科",考生主要来自书学生员,考试内容以文字学为主,兼及书法,主要墨试《说文》、《字林》二十条,通十八条方可过关,还要精通训诂,兼会杂体。考试方式有帖试、口试和策试三种。

明算科主要选拔数学人才,考生主要来自算学,主要考《九章算术》、《周髀算经》、《海岛》、《五经算》等算经,以明数照术,详明术理为通。

在这六科之中,明法科、明经科、明算科等,因所选人数有限,统治阶级又不太重视,故不常开。受到重视的主要为进士科和明经科,尤以进士科最受重视。

(四)考试方法

唐代科举考试方法主要有帖经、墨义、口试、策问、诗赋五种。

"帖经"是唐代考试的一种重要方法,各科考试均须帖经,以明经科尤甚。史籍载:"帖经者,以所习经掩其两端,中间开唯一行,裁纸为帖,凡帖三字。"②即将书上某行帖上几个字,要求被试者将所帖的字填写出来,类似于今天的"填空",帖经重在考查学生对经文的记诵能力。

"口试"系当场口头回答问题的一种考试方法,最初不做记录,后来为杜绝舞弊行为,强调记录在案。

"墨义"是一种简单的问答法(笔答),考生只要按要求将答案写出来即可,无须解释和发挥,只要熟读经文和注疏一般就能回答上来。如:问"子谓子产有君子之道四焉,所谓者何也?"对此可以准确地回答:"其行己也恭,其事上也敬,其养民也惠,其使民也义。谨对。"

"策问"为一种类似政治论文性质的问答,策问的方法是设题指事,由被试者做文章,题目的范围为方略策和时务策,主要考查考生对形势和政策的分析能力,能够考查出考生的能力高低,对考生来说难度较大,但最后的取舍大多决定于策问。

"诗赋"相当于今天作文形式的考试,对诗赋的格律和题材都有一定的要求,如每篇十二句或十六句,首两句见题,中间八句两两相对,最后两句做结,还要求诗赋语句用词必须

---

① 杜佑:《通典》卷十五《选举三》。
② 杜佑:《通典》卷十五《选举三》。

端庄典雅,堂皇华丽,这样诗赋考试就慢慢演变成为一种禁锢学生思想的形式主义文体,成为八股文的前身。

(五)科举制度的作用和影响

唐代实行科举制度的根本目的在于加强皇权,巩固统治地位。事实证明,科举制度对唐代的政治文明及社会进步产生了重要影响,极大地推动了唐代科技及文化教育事业的发展。

首先,科举制度加强了全国政权的统一和稳定。统治者通过科举制度,将选士的大权从地方官吏手中收归到中央的吏部,按照朝廷的标准通过考试层层选拔出了大批为统治阶级服务的高素质官员,从而加强了皇权和中央集权,也有利于思想的统一。科举制度还打破了士族地主垄断统治权力的局面,给庶族地主乃至平民参政提供了舞台和机会,扩大了统治基础。科举制度公平合理的竞争吸引了大量读书人发愤求学,便于朝廷笼络人心,缓和国内的阶级矛盾,有助于国家的稳定和发展。这也是科举制受到封建社会后期统治者重视的重要原因。

其次,科举制度对教育产生了重要的影响。科举制度以考试作为人才选拔的主要依据,相对于之前的人才选拔方式具有较大的公平性,任何人只要努力向学,就有机会通过科举考试入仕。特别是对普通人来说,科举考试具有极大的吸引力。于是人们把希望寄托在读书向学上来,希望通过读书来改变自己的命运,这样就促使大批的年轻人到学校接受教育,客观上促进了学校教育的发展。《全唐文》称当时"五尺童子耻不言文墨",世人对知识、对求学的关注度于此可见一斑。同时,科举考试内容基本上就是学校教学内容,学校教学内容也是依据科举考试内容来安排的,这样就有利于学校教学内容的统一和标准的一致。还有,科举所开设的科目,包括明算、武举及童子科等,对传统教育中的重文轻武、重经轻算、重成人轻儿童的观念是个有力打击。

但是,科举制将选士制度和育人制度紧密地结合起来,科举考什么,学校就教什么,学校自然成为科举制度的附庸,沦为科举考试的预备场所。由于科举考试的内容仅限于儒家的几部经典著作以及华丽的诗赋,考试的方法也迫使士人以死记硬背为主,这样就使学校教育形成了教条主义和形式主义的学风,败坏了学习风气,致使广大士人整日埋头于经书,丧失了独立思考的能力。另外,由于科举考试录取的名额有限,竞争十分激烈,为了能通过科举出人头地,有的士人甚至不择手段走后门、打通关系、买通人情、作弊,甚至出卖自己的人格和良知。在科举制的影响下,读书人读书少有是为了求知求真,而是为了获取功名利禄,这就使士人读书具有强烈的功利色彩,造成人们学习动机的异化,"万般皆下品,唯有读书高"、"两耳不闻窗外事,一心只读圣贤书"等成为当时士人畸形读书目的的真实写照,严重地毒害了士人的心灵和社会风气。

最后,唐代科举制度对国外也产生了深远的影响。如:朝鲜于738年开始仿照唐代实行以儒学为标准的科举考试制度,直到1893年才废除。越南也于1075年仿照唐代建立了以儒学为标准的科举考试制度,于1919年正式废除。日本的选拔人才制度也深受唐代的影响,日本在676年设立大学寮。大学寮分经、音、书、算四科。入学的资格及手续、科目考试的内容及方法,都与唐代科举考试极为类似。18世纪末到19世纪的欧洲,由于当时任人唯亲的宗法原则已经越来越难以适应维护统治阶级利益的需要,欧洲国家也开始吸取中国科举考试的合理因素,逐步推行文官考核制度。如:1791年法国首先试行文官考核制度,1806年英国开始推行文官考核制。对此美国学者卜德认为,在西方推行的"文官"体制是在精神文明领域里,中国对西方最宝贵的贡献之一。孙中山也在其所著的《五权宪法》中这样说:"现在各国的考试制度,差不多都是学英国的。穷流溯源,英国的考试制度,原来还是从我们中国学过去的。"可见,隋唐开创的科举考试制度,对东西方国家都曾产生过较大的影响。

四、唐代儒学家的教育思想

唐代以儒治国,社会稳定,文化灿烂,教育制度完备,在如此大好形势背景下,相对于经学昌盛的汉代、玄学盛行的魏晋以及理学主导的宋代来说,唐代的教育思想有些逊色,大师级的教育家少之又少,但也有不少的诸如孔颖达、韩愈、柳宗元等经学家和文学家,在长期的政治及教育生涯中积累了丰富的教育经验,其中不少独到之处值得借鉴。

(一)孔颖达

儒学经过汉晋南北朝的发展演变,家法各异,流派众多。汉代有今、古文之争,家法、师法之别。东汉末,郑玄企图统一今古,建立起兼包并采的"郑学"体系。三国两晋时,王肃创立"王学"与郑学为敌。南北朝时期,随着政治的分离而有南学、北学的纷争。而能继承汉学风格,摒弃门户及地域偏见,兼容百氏,融合南北,完成经学统一及集经学之大成的,便是唐初大儒、教育家孔颖达。

1. 生平及教育活动

孔颖达(574~648),字冲远,冀州衡水(今河北冀县)人,孔子32代孙。曾祖孔灵龟曾官拜北魏国子博士;祖父孔硕仕于北魏,为官正直;父孔安仕于北齐,执法公平,志在宽简。孔颖达生于仕宦之家,但无半点纨绔习气。他8岁就学,"日诵千余言。及长,尤明《左氏传》、《郑氏尚书》、《王氏易》、《毛诗》、《礼记》,兼善算历,解属文"[①]。后千里负笈,拜学者刘焯为师,学业大进,后谢绝老师的挽留而"还家,以教授为务"。

隋炀帝大业初,孔颖达"举明经高第,授河内郡博士"。不久,隋炀帝广征天下宿儒,集中于洛阳,由门下省主持,仿当年汉宣帝石渠议经、汉章帝白虎论礼之故事,下令在洛阳举行大规模的儒学讨论大会。孔颖达以明经高第参加了这一盛会。因"颖达为最",以为太学助教。

唐高祖武德四年(621年),秦王李世民特设文学馆招揽天下文士,孔颖达与杜如晦、房玄龄等18人一起被授为文学馆学士,号称"十八学士"。武德九年(626年)玄武门之变

---

① 刘昫等:《旧唐书》卷七十三《孔颖达》。

后,秦府官属皆有封赠,孔颖达则擢授国子博士。贞观元年(627年)李世民即位后,孔颖达以儒业受封曲阜县男,转任给事中,迁国子司业,后又拜为太子右庶子,与左庶子于志宁一道,共同掌教太子李承乾。还曾与魏征、颜师古等修订《隋书》,有"良史"之称。贞观十一年(637年),唐太宗令孔颖达等撰疏《五经》义训,以适应唐政治、思想统一的需要,企图结束诸家对儒学经典注疏不一的局面。此项工作三年后方才完成,奉诏命名为《五经正义》,钦定为全国统一教材。至宋朝确立前,它一直作为标准的经学经典,明经科举考试也以此书注释为准,可见其影响之大。贞观十二年(638年),孔颖达出任国子祭酒。贞观十四年(640年),唐太宗亲临国学观释典,孔颖达主讲《孝经》,他声若洪钟,口若悬河,义理分明。唐太宗令群儒发难辩驳,孔颖达"金汤易固,楼雉难攻",唐太宗赞其为"关西孔子"、西汉伏生,与先圣先师并辉齐明。

孔颖达在注疏《五经》的过程中,既博采众名儒之说,又兼采佛、玄之说为儒学论证,反映了当时儒学思潮的基本特点,孔颖达的教育思想也集中体现在他的五经注疏之中。

2. 教育具有"化民"、"化性"的作用

孔颖达继承了儒家的德治观,强调以德治国。他认为:"所谓德者,惟是善于政也","德能为善政之道"。指出有"德"才能做到"善政",所谓"善政之道"即是以"德"为政,以"德"治民。因此,他认为君臣治理邦国三件大事中的其中一件就是"正身之德",即作为君臣要做到"先正己而后正人"。统治者首先要加强自身的道德修养,然后才能教化天下之人。孔颖达从这一指导思想出发,十分重视教育在治国安邦中的重要作用,提出了"欲教化其民,成其美德,非学不可"的主张,即要通过教育对民众实施封建伦理道德教化。在孔颖达看来,尊卑上下的等级关系是不可逾越的,更是不可轻易乱序的,所谓"若卑不处卑,谓地在上,高不处高,谓天在下。上下既乱,则万物贵贱不得其位矣"①。在此,孔颖达把封建社会的上下尊卑的等级关系说成是自然之理,认为这样的等级关系是合理的,是任何人都不能违背的。孔颖达还从"天即自然"的观点出发,论证了"三纲五常"是天经地义的,认为家庭内部的尊卑上下关系是出于"自然"之理,且可以扩大到整个社会和国家,只要每个人都做到"正位",使君不失君道,臣不失臣道,父不失父道,子不失子道,夫不失夫道,妇不失妇道等等,这样就可以实现身修、家齐、国治、天下平的目的。他指出:"夫妇有别则性纯,子孝故能父子亲也。孝子为臣必忠,故父子亲,则君臣敬;君臣既敬,则朝廷自然严正;朝廷既正,则天下无犯非礼,故王化得成也。"②

由此可见,孔颖达所提出的"自然"之理,并非指的是自然界的客观规律,而是给封建社会人与人之间的关系和纲常伦理披上一层"自然"的外衣,从而证明它是合理的,是不可违背的人间"正道"。他所提出的"王化"和"教化其民",实质上指的是通过教育的手段,来达到维护和巩固封建统治秩序的目的,教育也成为实现政治统治的一种手段和途径。

孔颖达还认为,教育对个人来说还具有"化性"的重要作用。他把人分为上智、下愚、

---

① 《周易正义·系辞上第七》。
② 《毛诗正义·周南·关雎》。

中人三类,教育主要在中人身上发挥作用,所谓"上智不肯为非,下愚戒之无益,故中人之性可上可下"①。孔颖达认为,人生来的天性本来是静的,但当接触外界便产生了动的念头,即产生了"喜怒哀乐"等情感,从而做出动静爱恶的选择。"精粹者虽复凝然不动",而"浮躁者"却"无所不为"了。因此,为了训化人性,节制人的情欲,使之一味向善,就要发挥教育的"堤防"和"衔策"的作用。因为教育可以使人增长才智,"夫学犹殖草木也,令人日长日进,犹草木之生枝叶也。不学则才智日退,将如草木之坠落枝叶也"②。还能增强人的意志,使人做事果敢决断,"人而不学,如面向墙,无所者覩见,以此临事,则惟烦乱,不能治理","惟志意强正业之大者……惟能果敢决断,乃无有后日艰难"③。

3. 学为"君子"的道德修养论

基于对教育作用的认识,孔颖达十分重视思想道德修养,经常劝诫统治者应做到"不自矜夸"、"不自称伐",切莫"声色自娱"和"玩物丧志",必须"考于众言,观其是非,舍己之非,从人之是"。并围绕学为"君子",提出了一些颇有见地的道德修养原则。

第一,立志高远。孔颖达继承了孔子"君子忧道不忧贫"、"守死善道"的思想,强调要做一个成德君子,首先要做到立志高远,树立"守道而死"的道德信念。他说:"君子之人,守道而死,虽遭困厄之世,期于致命丧身,必当遂其高志,不屈挠而移改也。"④意思是说,作为一个君子,不管遇到什么情况,都要对儒家之道坚贞不移,仍要保持为实现儒家之道的积极乐观的精神,所谓"虽居险困之世,不失畅说之心"。孔颖达因而提出了"义者,依分而动,不妄求进"的道德修养方法。所谓"依分而动",即君臣、父子、夫妇、兄弟都要按照自己的身份、地位去行事。所谓"不妄求进",即要求每个人的言行都不能违背封建主义的尊卑贵贱秩序。因此,孔颖达要求每个人都要安分守己,否则便是"犯分乱理"。

第二,"积其小善,成其大名"。孔颖达认为一个人优良品质的形成,不是一朝一夕的事,而是经过从小到大、从微至著的发展和积累。他打比方说:"地中生木,始于毫末,终至于合抱。君子象之,以顺行其德,积其小善,成其大名。"⑤他认为"大名"的成就来自于"小善"的长期积累,因此在思想品德修养方面,孔颖达强调要注意"细微"之小事,不能因为事情之微小而忽视它。他说:"凡所过失,为人所怨,岂在明著大过,皆由小事而起;言小事不防,易致大过。"⑥提醒人们注意平时的小事,因为它们容易致成大祸。

第三,谦虚而不自满。孔颖达把为人谦虚看作一个人进德修业、从政处世所必须具备的品质。他说:"自满者,招其损;谦虚者,受其益,是乃天之常道。"⑦孔颖达认为,进德修业最忌自满,因为学习对于每一个人来说都是无止境的。因此,对待人的态度应当是"有

---

① 《尚书正义·无逸》。
② 《春秋左传正义》昭公十八年。
③ 《尚书正义·周官》。
④ 《周易正义》卷五。
⑤ 《周易正义》卷五。
⑥ 《尚书正义·五子之歌》。
⑦ 《尚书正义·大禹谟》。

若无,实若虚",庶不至拒绝他人之尽言。否则,自矜其能,甚至以不能为能,则拒人于千里之外,虽有欲言者,也不愿或不敢言。孔颖达认为,这样不仅会阻碍自己的进步,甚至会导致败亡。由此,他强调一个人无论是在进德或是在修业上,关键在于自己的主观努力与否。他在《易传》中这样解释"天行健,君子以自强不息"的含义:"天行健者,谓天体之行,昼夜不息,周而复始,无时亏退……君子之人,用此卦象,自强勉力,不有止息。"①一个人只有做到自强不息,才能在德业上有所成就,可谓是至理名言。

4. "随才而与"的教学方法论

孔颖达同其他教育家一样,十分重视启发诱导和因材施教方法的运用,提出教人之法当"随才而与之"的主张。他说:

> 使人晓解之法,但广开道,示语学理而已。若人苟不晓知,亦不逼急牵令速晓也……师当随才而与之,使学者不甚推抑其义而教之……但为学者开发大义头角而已,亦不事事使之通达也。②

所谓"广开道示语学理"和"为学者开发大义头角",即是启发诱导之意。所谓"师当随才而与之",即因材施教之意。

孔颖达认为,教学中注重启发诱导,可以加深人们对事物的理解和认识,培养人的积极思维能力。他说:"但开发义理而不为通达,使学者用意思念,所得必深。"③至于着重因材施教,他认为要从学生的实际出发施以不同的教育,所谓"教人之法,当随其年才。若年长而聪明者,则教以大事,而多与之;若年幼而又顽钝者,当教以小事,又与之少"④。他认为,由于每个人年龄大小的不同,各自的生活经验、阅历、知识水平等都有所不同,教育内容、方法和分量也应有所不同。他说:"童蒙既来求我,我当以初始一理剖决告之……若以广深二义再三之言告之,则童蒙闻之,转亦渎乱,故不如不告也。"⑤如果不按照学生的接受能力,"务欲前进,诵习使多","进而不顾其安",结果将会造成学生负担过重,收效甚微。因此,孔颖达主张既要使学生"学而时习之",又要使学生有"退息"的机会。他说:"教学之道,当以时习之",又必须注意"学者疲倦而暂休息"⑥。

(二) 韩愈

提起韩愈,首先想起的是他是一位杰出的文学家,唐代古文运动的倡导者,被列为"唐宋散文八大家"之首,与柳宗元并称"韩柳",苏轼评价他"文起八代之衰",还有"文章巨公"和"百代文宗"之美称。但他还是一位教育家,不仅做过四门博士、国子博士和国子祭酒,且散文《师说》、《马说》以及《进学解》中还蕴含着丰富的教育思想。

---

① 《周易正义》卷五。
② 《礼记正义·学记》。
③ 《礼记正义·学记》。
④ 《礼记正义·学记》。
⑤ 《周易正义》卷一。
⑥ 《礼记正义·学记》。

1. 生平及教育活动

韩愈（768～824），字退之，河南河阳（今河南孟州）人，因其先祖曾居昌黎，所以世称韩昌黎。史载其"生三岁而孤，养于从父兄。愈自以孤子，幼刻苦学儒，不俟奖励"①。他7岁才开始读书，13岁能文，自言"前古之兴亡，未尝不经于心也；当世之得失，未尝不留于意也"。

唐德宗贞元二年（786年），韩愈赴长安应试，因无门第资荫，三试不第。贞元八年（792年）始中进士，但在参加吏部的博学宏辞科考试时，又三试不中。之后，三次上书宰相希得到荐举，又均无回复。贞元十二年（796年），随宣武军节度使董晋赴任，担任"观察推官"，开始步入仕途。期间，与孟郊相识交游，李翱、张籍等入其门下。贞元十七年（801年），任四门博士，开始其官学教育生涯，期间敢为人师，广授门徒，人称"韩门弟子"。不久晋升为监察御史，但因体恤民情，上书《论天旱人饥状》而遭权臣谗害，贬至连州阳山令。在阳山任上，因"有爱于民，民生子以其姓字之"。尤其是有一大批青年慕名投奔其门下，吟诗论道，见于《韩昌黎全集》中就有古诗20余首，文数篇。并开始构思著述《原道》等篇章，这是唐宋时期新儒学的先声。

唐宪宗元和六年（811年）任国子博士，作《进学解》，受裴度赏识，擢为礼部郎中。元和十年（815年）随裴度征淮西，因功擢任刑部侍郎。元和十四年（819年）正月，唐宪宗将释迦牟尼佛佛骨迎入宫中供养三日，举国若狂，甚至"百姓有废业破产、烧顶灼臂而求供养者"。"素不喜佛"的韩愈不顾个人安危，作《谏迎佛骨表》，阐明"佛不足信"之意，要求将佛骨"投诸水火，永绝根本，断天下之疑，绝后代之惑"。因此被贬为潮州刺史，任内重视文教事业，还作《子产不毁乡校颂》。元和十五年（820年）九月，唐穆宗即位，韩愈奉旨回京，诏为国子祭酒，不久调任兵部侍郎、吏部侍郎、京兆尹兼御史大夫等职。

韩愈著述甚多，流行于世的《韩昌黎全集》是研究其教育思想的主要参考文献。

2. "性情三品"说与教育作用论

韩愈在董仲舒的"性三品"说的基础上，加入了"情"这一因素，形成了"性情三品"说。关于"性"与"情"的关系，韩愈认为，性为情的基础，性是一种本然之物，存在于先天，有生就有性；而情是后天的，由感应而生，即"性也者与生俱生也，情也者接于物而生也"②。同时他认为，人的性与情是一致的，所谓"性之于情视其品，情之于性视其品"，意即，如果某人的性为何种倾向，其情也是何种倾向，反之亦然。进而，韩愈把人之"性"分为三个等级，"性之品有上、中、下三。上焉者，善焉而已矣；中焉者，可导而上下也；下焉者，恶焉而已矣"③。也就是说，人性存在上、中、下三个品级，上品是善的，中品可导而为善、为恶，下品是恶的。关于"性"的表现内容，韩愈指出："其所以为性者五，曰仁、曰礼、曰信、曰义、曰智。"即，仁、礼、信、义、智乃人生下来就具有的五种善性，或者说人生而就具有这五种道

---

① 刘昫等：《旧唐书》卷一百六十《韩愈》。
② 《韩昌黎全集·原性》。
③ 《韩昌黎全集·原性》。

德。而对于和"性"有着密切关系的"情"来说,韩愈指出:"其所以为情者七,曰喜、曰怒、曰哀、曰惧、曰爱、曰恶、曰欲。"在韩愈看来,情和性一样,也是具有品级的,"情"可依性之三品而分为三种,即上品的性可以产生上品的情,七情发作,都合乎中道,无过和不及;中品的性产生中品的情,中等之七情发作,有过与不及的危险,但自知随时求合于中;下品的性产生下品的情,下等之人则纵情所为,漫无节制。

按照韩愈对性的理解和划分,上、中、下三个品级的人,上等人谓之善品,下等人谓之恶品,二者生来都比较固定,唯有中等之人介乎善恶之间,是可以引导而向善,亦可以引导而向恶的。因而,教育在他们身上所起的作用也是不同的。韩愈认为,"上之性,就学而愈明","是故上者可教",也就是说,上品之人虽然具备先天的善行,但是经过后天的学习和教育就能够将这种善行得以继续发扬光大,上品之人也是需要接受教育的。对于中品之人,韩愈认为"中焉者,可导而上下也"。即通过教育的影响,可以将他们引导向上发展成为上品之人,也可以将其引导向下而成为下品之人,因而这一类人是最需要接受教育的。而对于下品之人,韩愈认为"下之性,畏威而寡罪","而下者可制也"。下品之人由于畏惧刑罚的威严而很少犯罪,但其行为总是和封建道德规范相违背,所以只有通过对其施加刑罚才能够避免犯罪,使其威慑刑罚而不敢为恶,所以这一类人基本上是不需要接受教育的。

3. "古之学者必有师"的教师观

韩愈特别强调尊师重道,一方面是出于对儒家道统思想的维护,一方面是出于对中唐以后"耻于为师"流弊的回击。早在盛唐时期,社会上出现了追名逐利、不重从师求学的浮华之风。"安史之乱"后,唐朝国势随之由盛转衰,学校教育也走向衰落,加上佛道势力的膨胀和影响,儒家的师道观日渐淡化。此外,科举制盛行后,士子可以依靠诗赋等文学作品来博取名位,文学的重要性超过了经学。当时的人们竞相显示自己的独创性,不以师传为荣,反以求师为耻,甚至为了虚名不承认师生关系。面对这种耻学于师的不良风气,韩愈顶住当时的压力,挺身而出,率先敢于为师,并作《师说》宣扬师道,号召人们尊师重道。《师说》可以说是中国古代一部专门论述教师的论著,涉及教师的作用、任务、择师标准和师生关系等许多方面的内容,对当时及后世产生了重要影响。

关于教师的作用,韩愈明确指出"古之学者必有师",这是因为"人非生而知之者,孰能无惑?惑而不从师,其为惑也,终不解也"。基于对教师作用的认识,韩愈对当时社会上所出现的轻视教育、不尊重教师,甚至耻于从师的不良风气进行了尖锐的批评,他说:"古之圣人,其出人也远矣,犹且从师而问焉。今之众人,其下圣人也亦远矣,而耻学于师,是故圣益圣,愚益愚。圣人之所以为圣,愚人之所以为愚,其皆出于此乎?"因此,他告诫世人如果爱自己的孩子,就要"择师而教之"。

关于教师的任务,韩愈指出:"师者,所以传道、授业、解惑也。"所谓"传道",即传授儒家仁义之道和政治伦理之道。"授业",就是讲授《诗》、《书》、《礼》、《易》、《春秋》等儒家经典。"解惑",就是解答学生在学习过程中所遇到或所提出的各种疑难问题。其中,传道是教师的首要任务,授业和解惑是传道过程中所采用的手段和途径,既包括对学生进行思想品德方面的教育,也包括文化知识教学和能力的培养,高度概括了教师劳动的特点,可谓精辟而独到。

关于择师标准,韩愈说:

> 生乎吾前,其闻道也,固先乎吾,吾从而师之。生乎吾后,其闻道也,亦先乎吾,吾从而师之。吾师道也,夫庸知其年之先后生于吾乎!是故无贵无贱,无长无少,道之所存,师之所存也。

在此,韩愈提出把"道"作为择师的根本标准,选择老师不在于一个人的年龄、出身门第、地位高低、相貌等,而在于他在"道"上是否早于自己或高于自己。因而,他又提出"圣人无常师",主张人们要广泛地向他人学习,博采众家之长,以增长自己的学识和见闻。

关于师生关系,韩愈认为师生关系是相对的,二者是可以互相转化的,老师和学生可以交相为师,二者之间没有绝对的不可逾越的鸿沟。他说:"圣人无常师……弟子不必不如师,师不必贤于弟子,闻道有先后,术业有专攻,如是而已。"可见,每个人只要闻道在先、术业有专长的,皆可以为人师表。他鼓励学生不要迷信和盲从老师,要敢于发愤图强,敢于向老师挑战,甚至超过老师。他高度赞扬了"巫医乐师百工之人,不耻相师"的做法,号召人们学习孔子的"三人行,必有我师"的虚心向学精神,勉励人们要做到交相为师,互相学习和借鉴,强调师生之间在道业面前要建立平等的关系,这是对传统师道观的批判和否定,也有力地打击了士大夫中所存在的那种耻学于师、耻于为师的不良风气。

4."世有伯乐,然后有千里马"的人才观

针对中唐以后朝廷不重视人才,甚至埋没人才的现象,韩愈上书朝廷要整顿国学,改革招生制度,扩大招生范围,认为如果不重视学校教育,势必会造成人才缺乏的不利局面,封建统治就会出现"四海所以不理,有君无臣"的严重局势,他希望教育培养出"行君之令而致之民者"。韩愈不但重视培育人才,还很重视选拔人才。为此,他在担任国子祭酒期间,严格选拔学官,真正以实际才学作为选任学官的标准。他还建议统治者要爱惜人才,不拘一格地选拔人才。韩愈《马说》一文中,表达了他关于识别和选拔人才的看法,用伯乐与千里马的关系说明了人才之难得。他说:"世有伯乐,然后有千里马。千里马常有,而伯乐不常有。"认为世上不是没有人才,而是缺乏像伯乐那样识别人才的人,也就是说不是"无马",而是统治者"真不知马"。

5."业精于勤,荒于嬉"的学习论

韩愈对学习问题也有自己独到的见解,首先认为治学在勤奋,他在《进学解》一文中说:"业精于勤,荒于嬉,行成于思,毁于随。"至于如何做到"勤",他认为要"口不绝吟于六艺之文,手不停披于百家之编"。他自己也常常是"寝食未尝去书","焚膏油以继晷,恒兀兀以穷年"。这是因为"诗书勤乃有,不勤腹空虚"。其次要做到博而求精,所谓"博",就是要博学,"读书患不多",他要求做到"细大不捐","俱收并蓄,待用无遗"。在博学的基础上要"精",做到"论事者必提其要,纂言者必钩其玄","沉浸浓郁,含英咀华"。最后就是要学会创新,所谓"抒意立言,自成一家新语","能者非他,能自树立,不因循者是也"。

（三）柳宗元

柳宗元与韩愈同为中唐古文运动的倡导者，并称"韩柳"。还与刘禹锡并称"刘柳"，与王维、孟浩然、韦应物并称"王孟韦柳"，与韩愈、欧阳修、苏洵、苏轼、苏辙、王安石和曾巩并称为"唐宋八大家"。同时，他也是一位颇有见地的教育家，对后世教育产生过一定影响。

1. 生平及教育活动

柳宗元（773～819），字子厚，唐代河东解（今山西永济）人，世称柳河东。后迁柳州刺史，又称柳柳州。生于官僚家庭，自幼接受母亲的诗教熏陶，少长随父任到过河南阌乡（今灵宝）、湖北夏口、湖南长沙等地。父亲柳镇曾做过太常博士，对儒学颇有研究，"得《诗》之群，《书》之政，《易》之直、方、大，《春秋》之惩劝，以植于内而文于外，垂声当时"。受父母双重影响，致使其"少聪警绝众，尤精《西汉诗骚》。下笔构思，与古为侔。精裁密致，璨若珠贝。当时流辈咸推之"①。

唐德宗贞元八年（792 年），柳宗元被选为乡贡，得以参加进士科考试，次年中进士及第，名声大振。贞元十二年（796 年），柳宗元赴秘书省任校书郎。贞元十四年（798 年），参加博学宏词科考试，并中榜，授集贤殿书院正字（官阶从九品上）。之后，又历任蓝田尉（正六品）、监察御史里行（即见习御史）。贞元二十一年（805 年）唐顺宗即位，改元永贞，重用王伾、王叔文等人，柳宗元由于与王叔文等政见相同，也被提拔为礼部员外郎，掌管礼仪、享祭和贡举。且与王叔文等人形成了一个政治集团，积极推行革新，史称永贞革新。但此次革新仅持续 180 天，便被反对改革派所剿灭，柳宗元被贬为邵州（今湖南邵阳）刺史，赴任途中被加贬为永州（今湖南永州）司马。在任内生活环境十分艰苦，以"百病所集，痞结伏积，不食自饱。或时寒热，水火互至，内消肌骨"。但在哲学、政治、历史、文学等方面勤奋钻研，写下《永州八记》，《柳河东集》中的 540 多篇诗文，有 317 篇创作于永州。唐宪宗元和十年（815 年）正月，奉诏回京，但未受重用，且遭武元衡等人的排斥，被改贬到柳州（今广西柳州）任刺史，在任内大修孔庙，兴办州学，以期"化民成俗"，深得民众爱戴。

柳宗元著述甚丰，后人汇编为《柳河东集》，是研究其教育思想的主要参考文献。

2. 教育旨在培养"贤者"

受儒家"中人以上，可以语上"、"唯上智与下愚不移"等人性观的影响，柳宗元把人分为圣人、贤人和众人三个层次，他说："若然者，圣自圣，贤自贤，众人自众人，咸任其意，又何以作言语立道理，千百年天下传道之？"②教育就是要把"有贤人之资"的"中人以上"的人，培养成为"内可以守，外可以行其道"的"贤者"。

培养"贤者"是与他的"以德安民"的政治主张密切相关的，当时政界有人重提"天命"论，柳宗元从其唯物主义立场出发，提出应重"人事"，反对重"天命"，他指出："受命不于

---

① 刘昫等：《旧唐书》卷一百六十《柳宗元》。
② 《柳河东集》卷三十三《与杨诲之第二书》。

天,于其人,休符不于祥,于其仁。惟人之仁,匪祥于天;匪祥于天,兹惟贞符哉!"①在他看来,天下之所以动荡不安,主要归咎于官吏的腐败,而治理国家主要靠"贤者",所谓"复其事必由乎贤者",教育就是要培养出既德才兼备又能体察民情民意的贤者,即所谓能"生人之意"、"生人之患"的"贤者"。

3. "文以明道"与"交以为师"的师道观

柳宗元提倡尊师重道,并在《师友箴》、《答韦中立论师道书》、《答严厚舆秀才论为师道书》等文章中提出师道观。

柳宗元赞成和拥护韩愈所提出的"文以载道"主张,在此基础上,他提出了"文以明道"观点。他说:"然圣人之言,期以明道,学者务求诸道而遗其辞,辞之传于世者必由于书。道假辞而明,辞假书而传。要之之道而已耳。"②又说:"文者以明道,是固不苟为炳炳烺烺,务采色,夸声音而以为能也。"③也就是说,文章是为阐明道理服务的,不能片面地追求形式漂亮、文采华丽、音节动听,思想内容重于艺术形式。至于何为"道",柳宗元认为,只有能"当"于"生人之意"的东西才是"道",这里的"道"实际上指的是以"生人"即"生民"为对象的"济世之道",提出不要忘记"生民"之难,要做出一些有益于"生民"的事情。正如他所指出的那样:"圣人之道,不穷异以为神,不引天以为高,利于人,备于事,如斯而已矣。"④

韩愈曾提出"道之所存,师之所存"。在柳宗元看来,教师也是"道"的拥有者,因而主张要"交以为师"。他曾感慨地说:"不师如之何,吾何以成? 不友如之何,吾何以增?"⑤他以自己亲身感受,认识到教师在教学及个人成长过程中的重要作用。柳宗元生活的唐代中期,社会动荡不安,国家财力衰竭,教师待遇低下,加上佛学和玄学的影响,社会上形成了不拜师交友的不良风气,柳宗元对这股歪风进行了批评,并对韩愈作《师说》提倡尊师重道表示赞赏和支持。他说:"由魏、晋以下,人益不事师。今之世,不闻有师,有辄哗笑之,以为狂人。独韩愈奋不顾流俗,犯笑侮,收召后学,作《师说》,因抗颜而为师。"⑥柳宗元进一步指出不尊重教师的危害性,"今之世,为人师者众笑之,举世不师,故道益离"。这样就把"师"和"道"联系在一起,把社会的动荡不安和政治的黑暗腐朽与不尊师重道联系在一起,认为不尊师重道,就不能培养出社会所需要的人才,社会也就难以稳定。同时,他也对上层士大夫那种"耻于相师"的风气感到极为痛心,但考虑到当时自己所面临的处境他虽不愿公开收徒称师,却用实际行动,对前来学习和求教的学子悉心指导。他说:

仆之所拒,拒为师弟子之名,而不敢当其礼者也。若言道、讲古、穷文辞,有来问

---

① 《柳河东集》卷一《贞符》。
② 《柳河东集》卷三十四《报崔黯秀才论为文书》。
③ 《柳河东集》卷三十四《答韦中立论师道书》。
④ 《柳河东集》卷三《时令论》。
⑤ 《柳河东集》卷十九《师友箴》。
⑥ 《柳河东集》卷三十四《答韦中立论师道书》。

我者,吾岂尝瞋目闭口耶……苟去其名,全其实,以其余易其不足,亦可交以为师矣。①

在此提出了"交以为师"的观点,认为师生在学习的过程中可以互相取长补短,共同提高,将传统的师生关系发展成为平等和民主的师友关系,将传统的师道观更向前推进了一步。

4. "顺天致性"的教学观

柳宗元在长安任职时曾写下《种树郭橐驼传》,郭橐驼其人无可考,后世学者多认为这是设事明理之作,文章以老庄学派的无为而治、顺乎自然的思想为出发点,借郭橐驼之口,由种树的经验讲到为官治民的道理。

柳宗元认为,郭橐驼所以能种好树,在于能够顺树之天性,不害其长。不擅长种树者则反之。他说:

橐驼非能使木寿且孳也,能顺木之天以致其性焉尔。凡植木之性,其本欲舒,其培欲平,其土欲故,其筑欲密。既然已,勿动勿虑,去不复顾。其莳也若子,其置也若弃,则其天者全而其性得矣。故吾不害其长而已,非有能硕茂之也;不抑耗其实而已,非有能早而蕃之也。他植者则不然,根拳而土易,其培之也,若不过焉则不及。苟有能反是者,则又爱之太殷,忧之太勤,旦视而暮抚,已去而复顾,甚者爪其肤以验其生枯,摇其本以观其疏密,而木之性日以离矣。虽曰爱之,其实害之;虽曰忧之,其实仇之。

同样,在教导学子或子女时也要顺乎自然,根据受教者的天性来施教,要爱之有方,教之有法,"不害其长"便是最好的教育,也是最好的爱护。

第三节 宋代的教育

自后周显德七年(960年)赵匡胤发动陈桥兵变建立宋朝,到宋祥兴元年(1279年)被蒙古族所灭,共历18帝320年。期间,因为战事和迁都,分为北宋(960~1127)和南宋(1127~1279)两个时期。宋代的建立,使得自安史之乱以后长期分裂割据的局面暂告结束,统一的中央集权的封建制国家再度重建和发展。稳定的政治与社会环境,不仅为农业、手工业和商业的发展创造了有利条件,科学技术更是得到空前发展,在数学、医学、天文、建筑等学科领域都有重要成就,尤其是印刷术、指南针和火药的发明及广泛应用,在当时遥遥领先于世界各国。在文化教育领域,如哲学、文学、史学、艺术等方面亦成就不凡,创始于北宋的新儒学"理学",至南宋被推上政治的舞台,成为封建社会后期的官方哲学。尤其是教育方面,书院与官学、私学一起成为支撑封建教育的三大支柱,以二程、朱熹为代

---

① 《柳河东集》卷三十四《答严厚舆秀才论为师道书》。

表的理学家们纷纷以书院为阵地,授徒讲学,著书立说,形成各自独特的教育思想,对当时及后世教育产生了巨大的影响。可以说,宋代教育起着承前启后的作用,在中国教育史上占有举足轻重的地位。

一、宋代的文教政策

宋初统治者鉴于中晚唐的割据之乱以及五代十国争霸称雄的历史教训,为加强中央集权及重振封建伦常纲纪,及时改变治国策略,完成了从"武功"到"文治"政策调整,所谓"宋一海内,文治日起"。早在乾德四年(966年),宋太祖见蜀人奁具上有"乾德四年铸"字,十分吃惊,身边的宰相赵普"皆不能答",乃召学士陶谷、窦仪问之,窦仪解释说:"此必蜀物,昔伪蜀王衍有此号,当是其岁所铸也。"宋太祖乃感慨曰:"宰相须用读书人。"再加上之前"杯酒释兵权"的一些做法,基本上确立了"文治"的政策基调。太平兴国二年(977年),宋太宗开始实施"兴文教,抑武事"政策。太平兴国七年(982年),他曾对近臣说:

    朕每读《老子》至"佳兵者不祥之器,圣人不得已而用之",未尝不三复以为规戒。王者虽以武功克定,终须用文德致治。朕每退朝,不废观书,意欲酌前世成败而行之,以尽损益也。①

政治上的"文治",必然会带来对文化教育的关注,因而,宋代文教政策的基本特点是"重文"或"右文"的,主要体现在尊孔崇儒、提倡佛道以及推崇理学等几个方面。

(一) 尊孔崇儒

孔子所创立的儒家思想自汉代被推上官方哲学,为后世历代王朝所效仿,宋代也不例外,主要是通过加封孔子及其后代、提倡注经读经及重用儒士等方式来尊孔崇儒的。宋太祖通过"奁具"事件,"由是益重儒臣。赵普初以吏道闻,寡学术,帝每劝以读书,普遂手不释卷"②。赵普每天所看之书无非是一部《论语》,于是便有"半部《论语》治天下"之说。宋太宗推崇"用文德礼治",规定"进士须通经义,尊周孔之礼"。宋真宗时更是大力提倡儒术。大中祥符元年(1008年),宋真宗亲临曲阜孔庙祭孔,加封孔子为"玄圣文宣王",亲撰《玄圣文宣王赞》,称颂孔子为"人伦之表",又撰《崇儒术论》,称儒术为"帝道之纲",均刻石国子监。他还命邢昺、孙奭等人校订《周礼》、《仪礼》、《公羊》、《谷梁》、《孝经》、《论语》、《尔雅》等七经疏义,书成之后大量印刷,赐给各州、县学校及聚徒讲诵之所。随后,邢昺又撰《论语正义》、《尔雅注疏》、《孝经正义》,孙奭撰《孟子正义》,与唐代学人所撰九经正义③合为十三经正义,从此始有"十三经"之说,并成为儒经之正宗。

---

① 毕沅:《续资治通鉴》卷十一,太平兴国七年。
② 毕沅:《续资治通鉴》卷四,乾德四年。
③ 孔颖达的《周易正义》、《尚书正义》、《毛诗正义》、《礼记正义》、《春秋左氏传正义》,贾公彦的《周礼注疏》、《仪礼注疏》,徐彦疏的《春秋公羊传注疏》,杨士勋的《春秋谷梁传注疏》等九经正义,汉魏学者郑玄、何晏等人亦曾对这些经书做过注疏。

宋室南移之后，统治者仍一如既往地尊孔崇儒。绍兴六年(1136年)十二月下诏称："士大夫之学宜以孔、孟为师，庶几言行相称，可济时用。"①这一诏书对举国上下尊孔崇儒有着举足轻重的引导作用。绍兴十年(1140年)，宋高宗诏令"以释奠文宣王为大祀"，即规定祭祀孔子的礼仪与祭祀社稷的大礼相同，均为国家级的重大祀典。从绍兴十三年(1143年)到绍兴十六年(1146年)，宋高宗和宪圣皇后吴氏亲笔御书《周易》、《毛诗》、《尚书》、《左传》及《论语》、《孟子》赐予太学及颁行诸州学，还刻石于太学首善阁及三礼堂廊庑，这便是有名的"光尧石经"。由帝王御抄石经，不仅北宋没有先例，在中国历史上也是绝无仅有的。

（二）提倡佛道

在尊孔崇儒的同时，宋代统治者也大力提倡佛教和道教。宋太祖在位期间，就对佛教采取保护政策，多次诏令修废寺、造佛像以及刻印佛经等。宋太宗认为佛教"有裨政治"，于是在太平兴国七年(982年)诏令设译经院，翌年还赐译经院匾额"传法"，下令选出童子50人入院学习梵文和梵学。宋真宗更重佛教，亲撰《释氏论》，称"释氏戒律之事，与周、孔、孟、荀迹异道同"②。因而，在他执政期间是佛教最盛的时期，全国僧徒达到46万余人，其中女尼近6万人。

道教是宋代第二大宗教，这与统治者的极力提倡是分不开的。早在宋太宗时期，就诏令在开封、苏州等地建立道观，收集并校正道教经典，还亲自接见华山道士陈抟，赐号"希夷先生"。宋真宗甚至伪造天书，封老子为"太上老君混元上德皇帝"，诏告天下遍建天庆观。宋徽宗更是自称教主道君皇帝，用道士参与政治，立先生、处士等道阶36级、道官26等，置道学以培育道教人才，科考时加试《老子》、《庄子》等道教经典。同时还颁布《御注道德经》，刻石神霄宫，道教地位得以在全国提高。

南宋统治者仍继续传承以儒为主、兼用佛道的政策，充分利用佛道的教化功能以稳定社会，巩固皇权。早在南宋初年，宰相李纲在谈到治天下之道时，主张"以儒为主，以道释为辅"，所谓"治之之道，一本于儒，而道释之教，存而勿论，以助教化，以通逍遥"③。基本上确立了南宋时期以儒为主、兼用佛道的政策基调。对于佛教，宋高宗只是不希望其过度发展，所谓"不使其大盛耳"。对于道教，宋高宗不像宋真宗、宋徽宗等帝王那样狂热追捧，且还对之前的崇道流弊加以纠正，诸如下令恢复被万寿宫占用的僧寺，追毁道士原授道阶等。同时，宋高宗还积极营造宫观及诏令大臣为宫观提举，接见道流，书写道经，赐予钱财、封号及爵位等，这些做法为后世帝王所效仿。淳熙八年(1181年)，宋孝宗亲笔《原道辨》一文，提出"以佛修心，以道养生，以儒治世"的观点，致其在位期间佛道徒剧增。宋理宗对道教推崇尤甚，绍定六年(1233年)，他亲为宣扬善恶报应思想为主旨的道书《太上感应篇》御题"诸恶莫作，众善奉行"，理学家真德秀代序和跋，宰相郑清之作赞文，并授意太

---

① 脱脱等：《宋史》卷二十八《高宗五》。
② 毕沅：《续资治通鉴》卷二十一，咸平二年。
③ 《李纲全集》，岳麓书社2004年版，第1362页。

乙宫道士胡莹微负责刊印,致使该书身价倍增,在民间广为流传,影响极大。

(三) 崇尚理学

宋代统治者尊孔崇儒及提倡佛道,意在重振封建伦理纲常,以维护其统治地位,却又造成另外一种客观效果,"使儒、佛、道三家在长期而激烈的斗争中,逐渐走上了融合的道路,最后终于孕育出以儒家思想为主体,糅合佛道思想而成的新的思想体系——理学思想"①。

理学初创于北宋,完成于南宋。有学者认为"宋初三先生"胡瑗、孙复和石介开理学之先,因而有"理学三先生"之誉。但事实上,"北宋五子"周敦颐、邵雍、张载、程颢、程颐才是理学的实际创始人。周敦颐率先提出吸纳佛、道入儒的理论,"把佛、道二教的禁欲主义和服从封建纲常的教条结合起来,要求人们做一个忠臣孝子,又具有安贫乐道、清心寡欲的精神世界,成为理学的开端"②。接着,经过邵雍、张载、程颢和程颐的发展,基本上奠定了理学的基础。至南宋,朱熹从理论上加以总结和提升,集大成为一套比较完整的理学思想体系,后世称之为"程朱理学"。虽朱熹之时,因统治阶级内部"党争",使得理学派遭受重创,但其思想中所蕴含的生命力并没有因此而熄灭。宝庆三年(1227年),宋理宗在诏书中称:"朕观朱熹集注《大学》、《论语》、《孟子》、《中庸》,发挥圣贤蕴奥,有补治道,朕励志讲学,缅怀典刑,可特赠熹太师,追封信国公。"他还曾对时任工部侍郎的朱熹之子朱在说:"先卿《中庸序》言之甚详,朕读之不释手,恨不与同时。"③嘉熙元年(1237年),宋理宗诏"以朱熹《通鉴纲目》下国子监,并进经筵"④。也就意味着,朱熹的思想理论开始占据官学讲坛,并成为皇帝日常学习的主要内容。而将理学正式推上官方哲学地位的标志,则是淳祐元年(1241年)正月宋理宗的一道诏书:

> 朕惟孔子之道,自孟轲后不得其传,至我朝周敦颐、张载、程颢、程颐,真见实践,深探圣域,千载绝学,始有指归。中兴以来,又得朱熹精思明辨,表里浑融,使《大学》、《论》、《孟》、《中庸》之书,本末洞彻,孔子之道,益以大明于世。朕每观五臣论著,启沃良多,今视学有日,其令学官列诸从祀,以示崇奖之意。⑤

二、宋代的教育制度

宋代教育制度基本上是沿袭唐制,并在管理上有所创新和发展。宋初统治者倾心于科举取才,官学被边缘化,自范仲淹庆历兴学以后,官学教育才开始兴盛,制度日趋完备,私学教育也得以快速发展,尤其是具有教育性质的书院开始大量出现,与私学一起成为官学教育的重要补充。宋室南移后,官学教育得以快速恢复,私学与书院的发展更是达到鼎

---

① 孙培青主编:《中国教育史》,华东师范大学出版社2000年版,第191页。
② 王炳照等编:《简明中国教育史》,北京师范大学出版社2010年版,第171~172页。
③ 脱脱等:《宋史》卷四十一《理宗一》。
④ 脱脱等:《宋史》卷四十二《理宗二》。
⑤ 脱脱等:《宋史》卷四十二《理宗二》。

盛状态。

(一)宋初兴学运动

宋初近 80 年间,为满足用人之需,对科举考试重视有加,但其忽略教育的弊端越来越突出。随着时间的推移,一些有识之士在提出政治经济改革的同时,也意识到了兴学育才的重要性,于是自庆历四年(1044 年)以后,出现了三次影响巨大的兴学运动。

1. 范仲淹主持的庆历兴学

范仲淹一向重视教育,每到一处总是热心办学。早年在应天府学执教时,"常宿学中,训督学者,皆有法度,勤劳恭谨,以身先之,夜课诸生读书,寝食皆立时刻。出题使诸生作赋,必先自为之,欲知其难易及所当用意,亦使学者准以为法,由是四方从学者辐辏。宋人以文学有声名于场屋朝廷者,多其所教也"①。期间在《代人奏乞王洙充南京讲书状》中,强调兴学的重要性,称"三代圣王致治天下,必先崇学校,立师资,聚群才,陈正道"。又说"国家崇儒敦古,右文致化,三京五府,多建庠序"。

庆历三年(1043 年),范仲淹任参知政事,积极筹划政治革新,并得到韩琦、宋祁、欧阳修、蔡襄等人的支持。是年 9 月,范仲淹奏呈新政纲领《答手诏条陈十事》,其中前四条"明黜陟"、"抑侥幸"、"精贡举"和"择官长"都涉及改革科举、兴学校问题。宋仁宗将此奏交予近臣讨论,宋祁、欧阳修等合奏称:

> 教不本于学校,士不察于乡里,则不能核名实。有司束以声病,学者专于记诵,则不足尽人材。参考众说,择其便于今者,莫若使士皆土著,而教之于学校,然后州县察其履行,则学者修饬矣。②

庆历四年(1044 年)三月,由欧阳修负责起草的《颁贡举条制敕》,提出要"建学兴善以尊士大夫之行,更制革弊以尽学者之材",得到宋仁宗的批准,第一次兴学全面展开。兴学的主要内容有:一是令州县设学,规定县有士子 200 人以上方可设学,选取宿学硕儒充任教授,还规定士子在学 300 日以上方可参加科举考试。二是改革太学,恢复太学建制,招生 200 人为限,聘请拥护新政的石介、孙复等学者主持太学教习。同时,派人到湖州,将胡瑗在湖州州学的分斋教学法加以取舍,归纳为"苏湖教法",以为太学的改革模式。三是改革科举考试方法,先试策,次试论,再试诗赋,同时罢去帖经、墨义内容。

庆历兴学取得显著成效,欧阳修在《吉州学记》中称"海隅徼塞,四方万里之外,莫不皆有学"。但时隔不久,由于统治集团内部斗争的加剧,范仲淹遭受排挤,保守势力占据上风。庆历五年(1045 年)初,曾慷慨激昂、励精图治的宋仁宗完全退缩,下诏废弃一切新政之举,庆历兴学中途而废。

2. 王安石主持的熙宁、元丰兴学

宋神宗熙宁、元丰期间,王安石两次为相,在其推行新法的过程中,同样把兴学作为政

---

① 《范文正公集》卷一《言行拾遗事录》。
② 脱脱等:《宋史》卷一百五十五《选举一》。

治革新的一种重要手段而加以关注。早在嘉祐五年(1060年),王安石任三司度支判官时,在所撰《上仁宗皇帝言事书》,为兴学做了思想上的准备。熙宁二年(1069年)宋神宗起用王安石"参知政事",主持变法革新,其兴学主张得以实现,直至熙宁九年(1076年)被罢相。元丰元年(1078年)王安石再次被起用为相,任尚书左仆射、门下侍郎,继续其新政改革及兴学运动。

熙宁、元丰兴学的内容主要有以下几个方面:

一是改革太学。熙宁四年(1071年)十月创立"三舍法",把太学生员分为外舍、内舍、上舍三个程度不同、依次递升的等级。初入太学者居外舍,是为外舍生。最初外舍生不限名额,元丰时以2000人为限。外舍生每月考试一次,年终一次大考,只要考试合格,平时没有违背学规,即可升入内舍,是为内舍生。内舍生名额初为200人,元丰时增加到300人。内舍生经过两年的学习,考试达到"优"、"平",再参考平时"行"、"艺"等,即可升入上舍,是为上舍生。上舍生定额100人,经过两年的学习,考试成绩分为上、中、下三等,考列上等者可以直接授予官职。三舍法的实行强化了学校的选士职能,使得学校教育中的课业学习与考试更加规范化。

二是编撰《三经新义》。为了统一经学,熙宁六年(1073年)设经义局,王安石亲自阐释《周礼》,撰成《周官新义》,其子王雱、弟子吕惠卿共同阐释《诗》、《书》,合为《三经新义》。熙宁八年(1075年)由朝廷正式颁行,成为各级官学的必授教材及科举考试用书。

三是设置专科学校。熙宁五年(1072年)复置武学于武成王庙,熙宁六年(1073年)创办律学于集贤院,旨在培养专门人才。

四是整顿地方州县学校。熙宁四年(1071年)诏令京东、京西、河东、河北、陕西五路设置学校,并在五路的州府设置学官,学官任免由中央政府直接控制,以加强对地方学校教育的管理。同时,规定选拔"经术行谊"者任教授,每所学校给学田10倾以充学粮。

五是改革科举制度。熙宁四年(1071年)规定废除明经科,增加进士科名额。进士科考试取消诗赋、帖经和墨义等内容,改为经义和策论。新增加的明法科,试以律令、刑统、大义、断案等。

熙宁、元丰兴学持续了16年,其与庆历兴学的指导思想是一致的,做法也大同小异,影响也极为深远。不幸的是,支持新政的宋神宗病逝,高太后临朝后起用旧党,致使新政之举尽废,兴学运动亦暂告结束。

3. 崇宁兴学

宋徽宗崇宁元年(1102年),曾是王安石新政的有力支持者蔡京,刚刚就任右仆射兼门下侍郎就提出"以学校为今日先务",再次发起兴学运动,史称"崇宁兴学"。

崇宁兴学的内容主要包括以下几个方面:

一是令全国各地设学,推行三舍法。崇宁元年(1102年)规定"天下州县并置学,州置教授二员,县亦置小学。县学生选考升诸州学,州学生每三年贡太学。"崇宁三年(1104

年),又"始定诸路增养县学弟子员,大县五十人,中县四十人,小县三十人"①。

二是扩建太学,在都城南门外创建辟雍,作为太学的外舍。同时扩大太学生规模,上舍生定额200人,内舍生定额600人,外舍生定额为3000人,均比元丰时扩充一倍。

三是恢复创办专科学校,诸如有天文学、医学、武学、算学、律学、书学及画学,种类繁多,历代绝无仅有。尤其是培养绘画人才的画学,在古代教育史上属于首创。

四是改革选士制度,由于从中央官学到地方官学普遍实施三舍法,改由学校直接取士,于是就在崇宁三年(1104年)诏罢科举,每岁考试上舍生如礼部试法,次年赐上舍生35人及第。以后又间行科举,与舍选并行。宣和三年(1121年)恢复科举旧制,但太学仍保留崇宁定制。

相比较而言,崇宁兴学的声势、规模和实际效果都远远超过前两次,只因蔡京的政治形象多为世人所讥,在一定程度上淹没了他在改革教育方面的历史功绩。

宋初的三次兴学运动,并非单纯的兴学运动,而是政治革新的一个重要组成部分。尤其是随着改革者政治地位的变化,兴学运动也大起大落,一些有益的教育改革举措也未能得以有效传承。但三次兴学运动的影响是巨大的,在一定程度上推动了宋代各级各类教育的发展和繁荣。

(二) 官学教育

宋代的官学依然分为中央官学和地方官学两大体系(见图4-2)。在中央官学中,直属于国子监的有国子学、太学、辟雍、四门学、广文馆、武学、律学和国立小学;直属于中央各局的有医学、算学、书学和画学;直属于中央政府的有宗学、诸王宫学及内小学。宋代地方官学有州(府、军、监)学、县学两级。

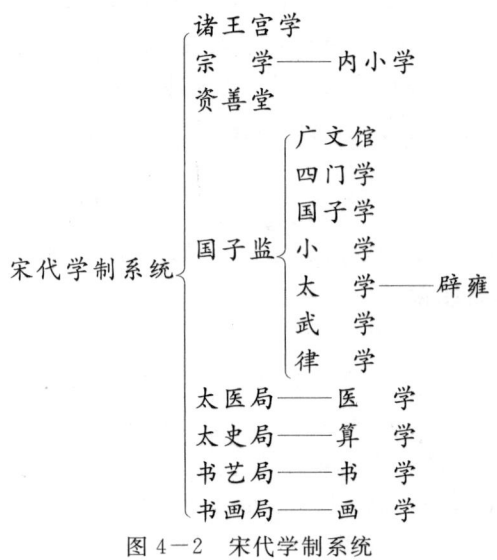

图4-2 宋代学制系统

---

① 脱脱等:《宋史》卷一百五十七《选举三》。

1. 中央官学

国子监,有时亦称国子学,具有教育和行政双重性质,既是宋代最高学府,又是宋代官学的最高管理机构。建隆三年(962年)于后周普利禅院旧址(今河南大学所在地)增修监舍,始"聚生徒讲学"。招收七品以上官员子弟入学就读,初无定员,后以200人为限。景德四年(1007年)置西京国子监于洛阳,庆历三年(1043年)又将应天府学改为南京国子监,由此呈现三监鼎立之势。国子监初设判监事2人,直讲8人。元丰以后,改设祭酒1人总理监事,下设司业、参丞、主簿各1人,分掌各项事务。但办理效果不理想,生员多空挂学籍,"居常听讲者一二十人耳"。

太学,宋代中央官学的主体,隶属国子监,创办于庆历四年(1044年),入学资格为"八品以下子弟若庶人之俊异者"。初招100人,后增至200人,胡瑗"管勾太学"时又增至300人。"及三舍法行,则太学始定置外舍生二千人,内舍生三百人,上舍生百人"①。崇宁兴学时,不仅将三舍法推行于地方官学,还规定州学生每三年选送一次入太学外舍学习,外舍生增加到3000人,内舍生增加到600人,上舍生也扩为200人,总计有3800人,这是宋代太学最盛时期。宋室南迁后,于绍兴十二年(1142年)始增修临安府学为太学,规定凡在州学修满一年,三次考试合格,未犯有过错,或曾两次参加释典及被列于乡饮酒者,得送入太学肄业。孝宗时规定,凡落第举人,取其程度合格者可补入太学,称之为"混补"。后因落第举人太多,又规定各地每百人中选取6人入太学肄业,称之为"待补"。这样,南宋时的太学生人数由最初的300人,至宁宗时增加到720人,其中上舍生30人,内舍生120人,外舍生570人。太学的学官设置各朝均有不同,最初设讲官博士12人分任教授,神宗时规定"正、录、学谕以上舍生为之"。高宗时"置祭酒、司业各一员,博士三员,正、录各一员"等。太学的教学内容均为儒家经典,以《三经新义》为主要教材。太学的考试主要有私试、公试两种。私试每月一次,孟月试经义,仲月试论,季月试策,由学官主持;公试每年一次,初场考经义,次场考策论,北宋时由学官主持,南宋则派遣大臣主持。至南宋时,太学的办理效果日下。对此,朱熹在《学校贡举私议》一文中说:

> 所谓太学者,但为声利之场。而掌其教事者,不过取其善为科举之文,而尝得隽于场屋者耳。士之有志于义理者,既无所求于学,其奔趋辐辏而来者,不过为解额之滥、舍选之私而已。师生相视,漠然如行路之人。间相与言,亦未尝闻之以德行道艺之实,而月书季考者,又祗以促其嗜利苟得、冒昧无耻之心,殊非国家之所以立学教人之本意也。②

武学,为宋代首创,庆历三年(1043年)设置,隶属国子监,以太常丞阮逸为教授,但不久即废。熙宁五年(1072年)重建于武成王庙,以兵部尚书韩缜判学,选文武官知兵者为教授,学员定额100人,主要学习"武经七书",即《孙子》、《吴子》、《尉缭子》、《六韬》、《司马兵》、《三略》和《李公问对》。崇宁兴学时,曾令地方设置武学。绍兴十六年(1146年)重建

---

① 脱脱等:《宋史》卷一百五十七《选举三》。
② 《朱文公文集》卷六十九。

武学于都城临安。庆元五年(1199年)又诏诸路州学置武士斋,选官按其武艺。

律学,宋初仅在国子学中置律学博士,以掌授法律。熙宁六年(1073年)于集贤院单独设置,隶属国子监,置教授4人,凡命官、举人皆可入学,举人入学需要有命官2人保荐。教学上,分断案及律令两科,学习内容主要是古今刑书、新颁发的条令等。元丰六年(1083年)国子司业朱服建议"命官在学,如公试律义、断案俱优,准吏部试法授官"。这对律学的发展无疑是个很大的促进。

书学,崇宁三年(1104年)设置,隶属翰林书艺局,入学资格和生员数额没有明确规定,主要学习篆、隶、草三体,理论课学习书经《说文》、《尔雅》及《方言》等,还要兼习《论语》和《孟子》等。

算学,崇宁三年(1104年)始置,隶属太史局,入学资格有命官和庶人两种,学生定额210人,为唐代的七倍。主要学习"算经十书",即《九章算术》、《周髀算经》、《五曹算经》、《海岛算经》、《五经算经》、《张丘建算经》、《孙子算经》、《夏侯阳算经》、《缉古算经》和《缀术》。还要求学生就《易经》、《书经》、《春秋》及《公穀二传》四小经中兼习一经,愿习大经者自便。

画学,为北宋所独有,崇宁三年(1104年)设置,隶属翰林图画局,无定额,但分为士流和杂流两种,主要学习绘画,内容限于佛道、人物、山水、鸟兽、屋木及花竹六个方面,还要研习《说文》、《尔雅》、《方言》及《释名》四种书,同时兼习儒经,规定"士流"须兼选习一大经一小经,"杂流"则诵小经或读律。

医学,宋初设置,初隶太常寺,宋神宗时改隶提举判局,置教授1人,生员300人,分方脉、针、疡三科进行教学。方脉科要学习大、小医经,以《素问》、《难经》、《脉经》为大经,以《巢氏病源》、《龙树论》、《千金翼方》为小经。针、疡科去《脉经》,增加两部针灸经,且"针灸铜人"为当时非常先进的一种针灸教学用具。宋徽宗时改属国子监,实行三舍法,外舍生200人,内舍生60人,上舍生40人。大观四年(1110年)改属太医局。宋高宗时曾复建医学。

除外,宗学、诸王宫学、内小学、国立小学等,均属于贵胄性质的学校,入学者均为王公贵族子弟。辟雍相当于太学的一个分校或预科,建于崇宁元年(1102年),专处太学外舍生,至南宋罢置,恢复三舍旧观。广文馆系临时性的教育机构,宋初已设,凡各地赴京应试的士子及落第举人均可入读,元祐七年(1092年)生徒增至2400人,绍圣元年(1094年)罢置。四门学建于庆历三年(1043年),专为士子预备科举而设,凡八品以下及庶人子弟皆可入学。值得一提的是道学,正和六年(1116年)从道士林灵素之言而设,赐《道史》,至宣和二年(1120年)罢置,前后存在4年时间,与宋徽宗崇奉道教有关。

2. 地方官学

宋代的地方官学是按照行政区划设置的,当时的地方行政分为三级:第一级为路,第二级为州(府、军、监),第三级为县。各路不直接设学,仅置学官以管辖所属各学,故地方官学只有两级:一是由州、府、军、监设置的,分别称之为州学、府学、军学和监学;二是由县设置的,称之为县学。因府、军、监视各地特殊情况而设,故地方官学常设的是州学和县学。

宋初地方官学如同中央官学一样很少设置,大中祥符二年(1009年)才准许曲阜先圣庙立学,又赐应天府书院额,是为州县设学开始。直到庆历四年(1044年)始诏诸路州立学,生员有200人以上的许置县学,自此诸州县无不有学,所谓"天下之学始克大立"。熙宁四年(1071年),诏置京东、京西、河东、河北、陕西五路学,以陆佃等为诸州学官,"仍令中书采访逐路有经术行谊者各三五人,虽未仕亦给簿尉俸,使权教授。他路州、军,命近日选荐京朝官有学行可为人师者,堂除逐路官,令兼所任州教授,州给田十顷为学粮。仍置小学教授"①。熙宁六年(1073年)规定诸路学官"委中书门下选差"。这样,地方官学在管理、师资及经费等方面有了基本保障,以至"自京师至郡县皆有学"。崇宁元年(1102年),蔡京建议:"天下皆置学,郡小或应书人少,即合二三州共置一学,学悉置教授二员。县亦置学,州、县皆置小学。"②崇宁二年(1103年)设置诸路提举学事司,"掌一路州县学政,岁巡所部,以察师儒之优劣、生员之勤惰,而专举刺之事"③。崇宁三年(1104年),取消科举,由学校升贡取士,故增养县学弟子员,大县50人,中县40人,小县30人。这些举措促使州县学得以迅速发展,据陆游所记:"崇宁间,初兴学校,州郡建学,聚学粮,日不暇给。"④

南宋初亦很重视发展地方官学,绍兴二十一年(1151年)曾诏藉寺观绝产以赡学。以至"南宋地方官学的设置、建制规模和办理情况,都超过了以前任何朝代"⑤。

相对于汉唐而言,宋代的地方官学在管理方面有诸多改进,主要表现在:一是设置主管地方教育的行政长官,即提举学事司,以掌一路州县学校;二是制定学规,自庆历兴学之后,诸如河南府学、大名府学、京兆府学、苏州州学、并州州学、越州州学、寿州州学、蔡州州学、蒲江县学、扶风县学以及京兆府小学等府州县学都制定有学规,其中以皇祐元年(1048年)的扶风县学学规和至和元年(1054年)的京兆府小学学规最为完备,扶风县学学规共9条,主要是对学生思想行为的警戒和提示,但对学校管理的细则没有明文规定。京兆府小学学规是由京兆府学教授蒲宗孟、权府学说书裴湑所制定的,对生徒入学、授课、告假及违规等事项都有详细规定,共有6条⑥:(1)生徒入学须先见教授,呈交家长履历及保证书,然后注册就读。(2)在生员中选举2~4人为学长,负责传授诸生艺业及检查过失。(3)教授每日讲说经书二三页,授诸生所诵经书文句、音义等,并出课诗赋题目,令生员撰答。(4)诸生学课分为三等,第一等:每日抽签问所听经义三道,念书一二百字,学书十行,吟五、七言古律诗一首。三日试赋一首,看赋一首,看史传三五页。第二等:每日念书约100

---

① 马端临:《文献通考》卷四十六《学校考七》。
② 马端临:《文献通考》卷四十六《学校考七》。
③ 脱脱等:《宋史》卷一百六十七《职官七》。
④ 陆游:《老学庵笔记》卷二。
⑤ 苗春德、赵国权著:《南宋教育史》,上海古籍出版社2008年版,第69页。
⑥ 参见王昶:《金石萃编》卷一百三十四《京兆府小学规》。

字,学书十行,吟诗一绝,对属一联,念赋两韵,记故事一件。第三等:每日念书五七十字,学书十行,念诗一首。(5)生徒犯有过错,量其轻重大小予以惩罚,15岁以下的行朴挞之法,15岁以上的罚钱充学内公用,并记入学簿,学官及教授签字。同时,对"行止逾违,盗博斗讼,不告出入,毁弃书籍,画书窗壁,损坏器物,互相往来,课试不了,戏玩喧哗"者,也要依例行罚。(6)生徒每年给假一次,各有期限,如果妄求告假或请假超限,将告知家长,并予以惩罚。三是推行太学三舍法,由此县学生可以升入州学,州学生可以贡入太学。四是拨给学田,如熙宁四年(1071年)诏令诸州"给学田十顷为学粮,原有学田不足者益之,多者听如故",使得学校经费有了保障。五是开地方官学留学教育之风,诸如高丽曾派学生到州县学就读等。

(三)私学教育

宋代的私学甚是发达,办理情形也很复杂,从其程度上讲,可有蒙学和经馆之分,蒙学为启蒙教育阶段,相当于"小学"程度,经馆更多的是治学或为参加科举考试做准备的,相当于"大学"阶段的教育,如宋初戚同文执教的南都学舍"登第者五六十人",但有的经馆也兼有启蒙教育的功能。但从办学主体上看,大致可以分为义塾、私塾和家塾三类。

义塾,或称为义学、村学、乡学、冬学,由地方上出钱或官员、士绅招聘塾师,在家乡开办学校,以教育本族及乡里子弟,承载的是启蒙及普及教育的使命。如:北宋政治家范仲淹,在自己家乡苏州"建义宅,置义田、义庄,以收其宗族,又设义学以教,教养咸备,意最近古……义庄、义学,有补世教"①。据《明道先生行状》记载,程颢在治平二年(1065年)任晋城令时,"诸乡皆有校,暇时亲至,召父老而与之语;儿童所读书,亲为正句读;教者不善,则为易置;择子弟之秀者,聚而教之"。南宋时吉州学者欧阳守道,"里人聘为子弟师……年未三十,翁然以德行为乡郡儒宗"②。村学、冬学等属于季节性的,是在农闲时节举办的。南宋文学家陆游在《冬日郊居》诗中云:"儿童冬学闹比邻,据案愚儒却自珍。授罢村书闭门睡,终年不著面看人。"他自注称:"农家十月,乃遣子弟入学,谓之冬学。所读《杂字》、《百家姓》之类,谓之村书。"当然,在农忙时节蒙童也不会闲着,而是跟随大人在劳动中接触一些农业知识,如南宋学者范成大在《田家》一诗中所言:"昼出耘田夜绩麻,村庄儿女各当家。童孙未解供耕织,也傍桑阴学种瓜。"可以说,宋代义塾的设置是比较普遍的,耐德翁在《都城纪胜》中,谈及两浙及临安等地学校教育情形时说:

都城内外……乡校、家塾、舍馆、书会,每一里巷,须一二所。弦诵之声,往往相闻。

私塾为塾师在自己家中设教授徒,规模一般都不大,生徒往往从十几人到几十人不等,多则上百人。如苏轼所言:"吾八岁入小学,以道士张易简为师,童子几百人。"③塾师多是靠学童所缴纳的学费来维持生活,且生活比较贫困。如:宋初洛阳隐士种放,隐居终

---

① 牟巘:《范氏义塾记》,载宋如林修《苏州府志·学校志》,光绪三年江苏书局刊本。
② 脱脱等:《宋史》卷四百十一《欧阳守道》。
③ 苏轼:《东坡志林》卷二《道士张易简》。

南山"以讲习为业,从学者众,得束脩以养母"。开封名儒王昭素,"常聚徒教授以自给"。两宋之际学者叶梦得在《石林燕语》中,对幼时塾师乐君日常生活的记述可谓经典而生动,称乐君家境贫寒,草庐三间,两间为学堂,一间为妻子居住。平日往往会因束脩不继而忍饥受寒,书曰:

> 一日,过午未饭,妻使跛婢告米竭。乐君曰:少忍,会当有饷者。妻不胜忿,忽自屏间跃出,取案上简击其首。乐君袒走,仆于舍下,群儿环笑,掖起之。已而,先君适送米三斗,乐君徐告其妻曰:果不欺汝!饥甚,幸速炊。俯仰如昨日,几五十年矣,每旦起,外授群儿经,口诵数百过不倦。

家塾可以分为两种情况,一是个别官宦世家为教育其子弟而设学于家内,聘塾师教授,如南宋学者陆九渊、吕祖谦曾设有家塾,按吕氏家塾规定,塾师"每日两膳"。二是家庭长辈对子女的教育,或者是母亲对子女的启蒙教育,如欧阳修之母郑氏"以荻画地,教修书字。稍长,从邻里借书读,或手抄之,抄未竟而成诵"。再如苏轼,"父洵游学四方,母程氏亲授以书,闻古今成败,辄能语其要"。或者是父辈的家传私学,如湖湘学派的代表人物之一胡宏"卒传其父之学"。"东南三贤"之一的吕祖谦更是"本之于家庭,有中原文献之传"。其祖上自吕公著起,被收录于《宋元学案》者就有17人之多。

随着私学的快速发展,私学教材的传承及编写也为私学大师们所关注,尤其是出现了教材编写的专门化倾向,诸如识字类有《百家姓》、《三字经》等;伦理道德类有吕本中的《童蒙训》、吕祖谦的《少仪外传》等;历史类的有王令的《十七史蒙求》、胡寅的《叙千古文》等;诗歌类有朱熹的《训蒙诗》、陈淳的《小学诗礼》等;名物常识类有方逢辰的《名物蒙求》;起居礼仪类有朱熹的《童蒙须知》、《训学斋规》及真德秀的《教子斋规》;家庭训诫类的有司马光的《家范》、袁采的《袁氏世范》及叶梦得的《石林家训》等。在这些教材中,对后世影响最大、流传最广的当是《三字经》和《百家姓》,且能代表古代私学教材编写的最高水平。《百家姓》是一部关于中文姓氏的书,也是一部典型的启蒙识字教材。成书于北宋初年,原收集姓氏411个,后增补到504个,其中单姓444个,复姓60个。由于《百家姓》成于宋朝的吴越钱塘地区,故宋朝皇帝的赵氏、吴越国国王钱氏、吴越国王钱俶正妃孙氏以及南唐国王李氏成为《百家姓》前四位。内容虽无义理可言,但四姓一句,字韵舒畅,便于诵读,切于实用,很受民众和蒙童青睐。

《三字经》作者有多种说法,有认为是宋末的区适子所撰,多认为是宋末的王应麟所撰。这是一部对蒙童进行多学科知识的教材,全书虽1068个字,但内容十分丰富,涉及历史典故、励志名言、人物故事、名物常识等。在编写上,采用三字一句,叶韵成文,读起来朗朗上口。

(四)书院教育

书院是自中唐以后所出现的一种特殊而又重要的教育组织形式,与官学、私学一起成为支撑封建教育的三大支柱。

1. 书院兴起的原因

"书院"之名源自唐代,因为有"书",故有"书院"之称。当时有两种场所被称为书院的：一是官方所设立的，用于收藏、校勘和整理图书的机构，最早可以追溯到唐玄宗开元六年（718年）在长安东宫所设丽正修书院。之后，开元十一年（723年）在长安大明宫光顺门外设置一所丽正书院，开元十二年（724年）又在东都洛阳明福门外设丽正书院，可以说当时有三所异址同名的书院在进行着同样的工作。① 至开元十三年（725年），三所丽正书院均更名为集贤殿书院。二是民间个人设立的，主要用于个人读书治学的地方，此类书院设置要早于官办书院，如瀛洲书院，创建时间在唐高祖武德六年（623年）之前，比之丽正书院早了近100年。在《全唐诗》中所记载的书院有十多所，有的是以个人名字命名，有的是因地而名，如李泌书院、杜中丞书院、李宽中秀才书院、沈彬进士书院、南溪书院等。见于地方志所载的书院有40所，诸如福建的松洲书院、江西的皇寮书院、四川的张九宗书院、江西的义门书院等。具有教学活动的书院最初始于这些民办书院，如义门书院，据同治《九江府志》卷二十二所载："唐义门陈兖即居左建立，聚书千卷，以资学者，子弟弱冠，皆令就学。"又如松洲书院，同治《福建通志》卷六十四记载："唐陈珦与士民讲学处。"

　　书院虽发端于唐代，但只有少数书院存在教学活动。至宋代，具有教学活动的书院开始大量出现，书院教育制度逐渐形成，书院规模日渐扩大。书院之所以在唐宋之际萌芽和快速发展，究其原因主要有以下几点。

　　一是官学衰落与未兴所致。唐末及五代年间，由于"兴干戈，学校废"，士子求学无路。至宋初，虽然海内一统，文风日起，但政府又无暇顾及教育，于是书院应运而生，既满足了读书人的需求，又解决了政府的一大难题。诚如朱熹在《衡州石鼓书院记》中所言：

　　　　前代庠序之教不修，士病无所于学，往往相与择胜地，立精舍，以为群居讲习之所。而为政者，或就而褒表之，若此山，若岳麓，若白鹿洞之类是也。②

　　吕祖谦在《白鹿洞书院记》中亦称：

　　　　国初斯民，新脱五季锋镝之阨，学者尚寡，海内向平，文风日起。儒生往往依山林，即闲旷以讲授，大率多至数十百人。嵩阳、岳麓、睢阳及是洞为尤著，天下所谓四书院者也。③

　　二是受佛教禅林制度的影响。佛教自传入中国，出于僻世遁俗、潜心修行的需要，往往选择环境僻静优美的山林建立寺庙，集藏经、讲经、研经于一体，且制定有详密的讲经规程。这对书院影响很大，五代及宋初的书院也大多建于山林名胜之中，书院的讲会制度也是借鉴了佛教的讲经方式，书院教学所用的"讲义"、"章句"和"语录"等形式也是来源于佛教禅林制度。

　　三是与政府鼓励民间办学有关。宋初提倡文治，虽然无力大量创办官学，但对书院却给予多方面的支持和鼓励。像白鹿洞书院、岳麓书院、应天府书院、嵩阳书院等都得到过朝廷的赐书、赐匾额、赐学田和奖励办学者等不同形式的支持，无疑也是促进宋初书院兴

---

① 参见邓洪波著：《中国书院史》，东方出版中心2004年版，第29页。
② 《晦庵集》卷七十九。
③ 《东莱集》卷六。

盛的直接动因之一。

四是印刷术的应用，使书籍制作的成本大大降低，书籍不再是珍藏品，民间或个人可以拥有一定数量的藏书，书院也才可能拥有丰富的藏书，此乃促成书院兴旺发展的重要基础。

五是名师在书院讲学，对一部分淡泊名利，无意于科举，而倾向于专心读书治学的学子来说，具有巨大的吸引力。

2. 书院的发展与著名书院

宋初书院大有异军突起之势，马端临在《文献通考》中称：

> 是时未有州县之学，先有乡党之学……乡党之学，贤士大夫留意斯文者所建也。故前规后随，皆务兴起。后来所至，书院尤多，而其田土之赐、教养之规，往往过于州县学。①

据不完全统计，至北宋末年，共建有书院73所。尤其是出现了一些著名书院，但史料记载不甚一致。吕祖谦在《白鹿洞书院记》中认为"嵩阳、岳麓、睢阳及是洞为尤著，天下所谓四书院者也"。王应麟在《玉海·天下四书院》及马端临在《文献通考·职官考》中亦持此说。但马端临在《文献通考·学校考》中谈到"天下四大书院"时，则指白鹿洞、石鼓、应天府和岳麓书院。除外，茅山书院也很著名。

宋室南移后，理学中心亦由北方转向南方，且学派林立，以张栻、朱熹、陆九渊、吕祖谦、陈亮、叶适为代表的理学家们，纷纷以书院为阵地授徒讲学，所培养出的高足弟子又到各地创办书院，传递理学薪火。以宋理宗为代表的南宋帝王，对书院情有独钟，通过赐额、赐书、赐田及御书等方式，大力支持书院的发展，得到宋理宗恩赐过的书院多达41所。②据不完全统计，综合各种史料所载，南宋时期存有书院442所。据全祖望所认定的"南宋之四大书院"，除岳麓、白鹿洞之外，还有吕祖谦创办的丽泽书院、陆九渊创办的象山书院。

综合众说，两宋时期的著名书院有如下8所，按书院创办的时间顺序罗列如下。

白鹿洞书院，在江西庐山五老峰南麓的后屏山之阳。唐贞元年间，洛阳人李渤兄弟在此隐居读书，因李渤养有一只白鹿，人称白鹿先生。又因此处山峰回合，形如一洞，故名白鹿洞。五代南唐升元年间，曾在此建"庐山国学"，命国子监九经教授李善道为洞主，教授生徒，是为白鹿洞书院的前身。宋初经扩充改建为书院，并正式定名为"白鹿洞书院"，有生徒数百人。太平兴国二年（977年），知州周述上书朝廷，请赐监本《九经》以供生徒肄习，书院遂闻名天下。南宋淳熙六年（1179年），朱熹知南康军，重修书院，自称洞主，聚徒20多人，讲学其中。尤其是拟定学规《白鹿洞书院揭示》、立四书五经为课程、刊《论孟要义》为教材，为书院的发展奠定了基础，且为天下诸多书院所仿效。吕祖谦应朱熹之邀撰《白鹿洞书院记》述其始末，首次将白鹿洞书院与嵩阳、睢阳和岳麓书院一起并称为四大书院。

岳麓书院，在湖南长沙岳麓山下，故名。开宝九年（976年），潭州太守朱洞在佛寺遗

---

① 马端临：《文献通考》卷四十六《学校考》。
② 苗春德、赵国权著：《南宋教育史》，上海古籍出版社2008年版，第179页。

址上创建为书院,建有讲堂5间,斋舍52间。咸平二年(999年),潭州太守李允加以扩建,置书楼,塑十哲画七十二贤像,还上书朝廷请赐经书。大中祥符八年(1015年),宋真宗亲自召见山长周式,任命其为国子监主簿,仍掌书院,还御书"岳麓书院"匾额。南宋乾道初,湖南安抚使刘珙重建,命郡教授郭颖主其事,张栻与同学彪居正先后主讲其间,各地求学者蜂拥而至,遂成为湖湘学派的重要基地,史称"湖南一派,当时为最盛"。绍熙五年(1194年)朱熹以湖南安抚使的身份重修岳麓书院,还亲临书院讲授,"座不能容"。还将《白鹿洞书院揭示》作为岳麓书院学规,改名为《朱子书院教条》。之后,理学家真德秀以宝谟阁待制兼安抚使知潭州,亲往书院登台讲学。淳祐六年(1246年),宋理宗御书"岳麓书院",这是继宋真宗之后再次得到皇帝的赐额。

石鼓书院,在湖南衡阳石鼓山,故名。唐元和年间,州人李宽因寻真观旧址筑屋读书其中。宋至道三年(997年),李宽族人李士真,就李宽读书旧址,呈请郡守在此创建书院。景祐二年(1035年),衡州知府刘沆请赐"石鼓书院"额并学田。南宋淳熙十二年(1185年),部使者潘畤就原址重建,置房屋数间。淳熙十四年(1187年),提刑宋若水继续扩建,奉祀孔子,广集图书,请朱熹为之作《衡州石鼓书院记》。聘请戴溪为山长,为诸生讲求《论语》,留下《石鼓论语问答》三卷。

应天府书院,即应天书院、睢阳书院,位于河南商丘故城遗址。五代后晋天福六年(941年),商丘人杨悫"力学勤志,不求闻达",创立归德军南都学舍,聚徒讲学。弟子戚同文继承师业,得到将军赵直的帮助,重筑学舍,称之为"睢阳学舍","请益之人不远千里而至"。宋初开科取士,学舍生徒"登第者五六十人,宗度、许骧、陈象舆、高象先、郭成范、王砺、滕涉皆践台阁"①。大中祥符二年(1009年),应天府民曹诚出资三百万,即戚同文旧居建学舍150间,聚书5000余卷,并愿意以学舍入官。宋真宗准奏,并正式赐额为"应天府书院",署曹诚为助教,戚同文之孙戚舜宾主持书院。天圣五年(1027年),范仲淹丁母忧期间,曾在此执教,训督学生皆有法度。景祐二年(1035年),书院改为应天府学(又称南京府学),拨给学田10顷以助。庆历三年(1043年)改为南京(商丘时为北宋陪都,亦称南京)国子监。南宋时废弃。

嵩阳书院,位于河南登封城北峻极峰下,因坐落在嵩山之阳故而得名。北魏时为嵩阳寺,隋朝大业年间更名为嵩阳观,后唐进士庞式曾在此聚徒讲学。后周时改为太室书院。至道二年(996年)宋太宗赐"太室书院"额及印本《九经注疏》。大中祥符三年(1010年),又赐《九经》。景祐二年(1035年)敕修,赐学田一顷,诏名"嵩阳书院"。熙宁五年(1072年),程珦管勾嵩山崇福宫,时书院受制于崇福宫,程珦之子程颢、程颐得以在书院讲学。南宋时停办。

茅山书院,原位于江苏金坛县西茅山,故名。宋仁宗时,处士侯遗所建,在此教授生徒十余年。天圣二年(1024年),江宁知府王随奏请朝廷,拨学田三顷为学粮。后被崇禧观所占。宋理宗端平中,归隐官员刘宰重建于三角山,讲学其中。咸淳七年(1271年)重建

---

① 脱脱等:《宋史》卷四百五十七《戚同文》。

于顾龙山麓，建筑主要有先圣庙、大成殿、先贤祠和明伦堂等。

丽泽书院，位于浙江金华。原名丽泽堂，亦叫丽泽书堂，借用《易经》中"丽泽兑，君子以朋友讲习"之义，故名。南宋孝宗隆兴、乾道间，"婺学"派领袖吕祖谦居家讲学，因前来问学者众多，遂成为书院。吕祖谦对书院管理甚严，多次亲定规约，诸如《乾道四年九月规约》、《乾道五年规约》、《乾道六年规约》以及淳熙八年（1181年）的《宗法条目》等。于是，许多知名人士纷纷前来讲学，诸如永嘉学派的薛季宣、陈傅良、叶适及永康学派的陈亮等。嘉定元年（1208年），经吕氏门人请求，官府出资重修书院，为屋十余楹，前堂扁曰"丽泽书院"。淳祐六年（1246年），知州许应龙将书院迁到双溪之畔，并奏请理宗赐额。咸淳年间，又迁回原址办理。

象山书院，位于江西贵溪，原应天山精舍。孝宗乾道、淳熙间，陆九渊在金溪青田槐堂书屋讲学，"学者辐集"，至不能容。门人彭世昌至贵溪应天山访友，欲在此"结庐以迎"陆九渊前来讲学。淳熙十四年（1187年），应天山精舍建成。淳熙十五年（1188年），陆九渊视山形似象，故改应天山为象山，学馆亦改名为象山精舍，外来求学者上千，"相与讲习"。绍定四年（1231年），江东提刑兼提举袁甫，以书院位于山间交通不便为由，迁建于县城外三峰山徐岩，购置学田，刊刻《陆象山文集》，聘请学者钱时出任堂长，袁甫亦亲至书院讲学。绍定五年（1232年），理宗赐额"象山书院"，遂成为象山学派的活动中心。

3. 书院的管理特色

书院不同于官学，也不同于私学，是介于官学与私学之间、兼有二者之长的一种特殊教育机构，在办理过程中所形成的优良传统，足以与现代大学制度或大学精神相媲美。

书院的日常管理制度比较完备，主要体现在：

第一，书院有私办、公办和私办公助等多种形式，发展的空间较大。

第二，书院的组织结构相对比较简单，书院的主持人通常称之为院长、山长或洞主，负责书院的所有管理事务，个别书院会设有副山长来协助山长管理，有的会选择高足弟子来代管一些事宜。至南宋时，部分书院规模较大，会设置一些职员来分管各项事宜，以江苏的明道书院最为典型，竟设有山长、堂长、堂录、讲书、堂宾、直学、钱粮官、讲宾、司计、掌书、掌祠、斋长、医谕、正供生员和职事生员等15种之多，是南宋书院中设置职事最多的。

第三，书院有常设经费，即院田或称学田，有的是个人捐赠的，也有官方拨充的，还有帝王赐给的，以用于山长束修、生徒膏火费、考课奖赏、祭祀费用以及房舍建设、书本及教学设施的添置等费用开支。

第四，书院负责前来听讲求学院生的膳食费用，所使用的教材及书籍，或个人捐赠，或官方颁发，或自行购买，南宋时自行刻印书籍的书院亦为数不少。

第五，书院日常工作除教学活动外，还有藏书和祭祀。藏书是书院的传统，多设有藏书楼。祭祀则是通过所奉祀的先贤先哲，来表明自己的学术追求和学统，尤其是要对学生进行道德教化，所谓"尊前贤而励后学也"。为此，设置有"孔庙"或"大成殿"、"文昌阁"以及"先贤祠"等来实施祭祀活动。自南宋时，"院中学术大师、有名的山长、关心书院建设的乡贤与地方官，日渐进驻书院的祠堂，书院祭祀走上了独立发展的道路"①。

第六，制定有严格的学规学约，内容涉及书院教育目的、读书、治学、道德修养、考核、起居、祭祀、藏书等方方面面，为书院的健康和长久发展提供了强有力的制度保障。宋代最著名的学规，当是淳熙七年（1180年）朱熹所制定的《白鹿洞书院揭示》，又称《白鹿洞书院教条》《朱子教条》或《白鹿洞书院学规》，明确指出书院教育的目标和发展方向，还提出关于学习、修身、处事、接物的具体原则和方法，成为书院教育的一个纲领性文献和后世书院拟定学规的一个范本。内容如下：

　　父子有亲，君臣有义，夫妇有别，长幼有序，朋友有信。
　　右五教之目。尧舜使契为司徒，敬敷五教，即此是也。学者学此而已。而其所以学之之序，亦有五焉，其列如左。
　　博学之，审问之，慎思之，明辨之，笃行之。
　　右为学之序，学、问、思、辨四者，所以穷理也。若夫笃行之事，则自修身以至于处事接物，亦各有要，其列如左。
　　言忠信，行笃敬，惩忿窒欲，迁善改过。
　　右修身之要。
　　正其义不谋其利，明其道不计其功。
　　右处事之要。
　　己不所欲，勿施于人。行有不得，反求诸己。
　　右接物之要。②

书院的教学活动更具特色，主要表现在以下几点：

一是教学与学术研究相结合。书院院长或主持人多是知名学者，或者是某一学派代表人物，书院又是某一学派教学或学术研究基地，因而书院教学与学术研究是密切结合在一起的，且学者之间也合作进行研究，诸如朱熹与吕祖谦合编《近思录》，尤其是诸多弟子也积极参与编著理学书籍。

二是书院重视学术交流与争辩，允许不同学派的学者莅临书院讲学，且可以自由听讲，不受地域限制，体现出门户开放精神。宋初濂、洛、关诸派学者也时常相与讲学，但尚未出现针锋相对的激烈辩论。南宋时期，则盛行"会讲"制度，常使书院成为地域性的教育和学术活动中心。比较著名的会讲事件主要有三次：第一次是朱张岳麓之会。乾道三年（1167年）八月，朱熹由弟子范伯崇、林择之侍行，从福建崇安启程前往潭州访问张栻，并在城南、岳麓两书院讲学，远道而至听讲者甚多，以至"学徒千余，舆马之众，至饮池水立竭，一时有潇湘洙泗之目焉"。明代学者李东阳在《重建岳麓书院记》中说："孝宗时，二先生实会讲焉。"《岳麓志》称："自南轩、晦庵两先贤讲道于斯，四方学者接踵而至，遂名闻天下。"第二次是朱陆鹅湖之会，淳熙二年（1175年）初夏，朱熹送吕祖谦回浙江途中，行至江

---
① 邓洪波著：《中国书院史》，东方出版中心2004年版，第158页。
② 《晦庵集》卷七十四。

西信州铅山鹅湖寺,吕祖谦约陆九渊、陆九龄兄弟二人前来相会。据《宋元学案》云:"伯恭盖虑朱与陆犹有异同,欲会归于一而定其适从。"其结果,不仅没有"归于一",反而更明确了他们之间的分歧,尤其是在学习方法上争论甚是激烈,终不欢而散。第三次是朱陆白鹿之会,淳熙八年(1181年)二月,陆九渊自金溪至南康来访朱熹,朱熹邀请陆九渊登白鹿洞书堂讲学。陆九渊以《论语》中"君子喻于义,小人喻于利"一章为题发论。据说听讲者"莫不悚然动心",朱熹也认为"切中学者隐微深痼之病"。于是,将其所讲内容刻石为记,即著名的《白鹿洞书堂讲义》。这次会讲,首开书院邀请不同学派讲学之先河。

三是书院教学方式非常灵活,坚持教师讲与学生自学相结合。教师讲称之为"升堂讲说",系书院集体教学活动,也是书院常行的教学方式,一般都由山长或主讲招集生徒升堂讲解经书,听讲者可以当堂质疑问难。有的书院还抽取学生参与讲经,借以考查其对经书的理解程度。据载,朱熹在岳麓书院升堂讲学之余,每斋抽一人出位讲《大学》一章,如所讲"寓意皆不分明",朱熹会立即叫停,说"不理会学问,与蚩蚩横目之氓何异"。同时,由于生徒众多,多数书院会采用弟子次相传授的方式,即由高足弟子代讲,着重学生自学能力的培养。

四是基于宽松自由的学术氛围以及学派自身理论发展与传承的需求,名师在书院教学活动中的原创思想较多,常被弟子以《讲义》或《语录》的形式记载下来,如《朱子语类》140卷,即为99位弟子所记汇集而成。如同诞生于私学的儒学被历代统治者所推崇一样,在书院中形成的博大精深的程朱理学,亦被宋理宗以后的历代帝王当作官方哲学加以尊崇。

值得一提的是,书院在发展初期,便存在官学化的倾向,诸如接受官府或帝王所赐书籍、学田、院额、院名等。尤其是在南宋时,自景定四年(1263年)"诏吏部诸授书院山长者,并视州学教授"后,则出现地方官员或学官兼任山长的情况。如景定五年(1264年),学者何基以婺州州学教授兼领丽泽书院山长。还有,书院的出现虽稍晚于科举,却如同官学、私学一样深受其影响。尤其是,书院的许多创办者、主讲人都是科举出身,或在书院学成后通过科举走上仕途,又应邀赴书院讲学或亲自创办书院,或金榜题名后去办理书院。可以说,书院并不排斥科举,学业与举业也并不矛盾。如南宋时,南剑州知州徐元杰为延平书院所制定的每天课程安排,早上要求读四书,"先《大学》,次《论语》,次《孟子》,次《中庸》";午后则"本经论策",即进行与举业有关的教学;晚上要求读《通鉴纲目》,以拓展知识面。再如浙江象山县的缨溪书院,自宁宗嘉定间赵善晋重修后,"自宋至明,科甲皆出于此"。

> **专栏 4—1：关于书院问题的探讨**
>
> 　　书院是介于私学与官学之间的一种特殊的教育组织形式，与私学一样，是官学教育的重要补充，且承担着相对独立的教育使命，那就是学术研究。在比较宽松自由的氛围内，很容易形成新思想、新文化。事实上，无论是私学抑或是书院，都做到了这一点。如果说被推向官方哲学的儒学是来自民间私学的话，那么封建社会后期的官方哲学即理学，则来自民间书院。无论儒学或理学，均非来自官学。私学或书院的这一学术传统，与西方的大学制度或精神颇为相似。因此，有学者认为古代的书院就是高等教育机构，现代所谓的大学制度或大学精神，应该追溯到中国古代的私学或书院，对此，很值得进一步思考。

三、宋代的科举制度

　　科举制度自隋代创始，唐代加以完善，使之制度化。宋代基本上因袭唐代的做法，但为满足官员不足之需，在管理上尤其是应对考试作弊问题上又有所创新，多为后世所传承。

　　（一）科举考试的种类及科目

　　宋代科举考试主要有贡举、制举、武举和童子试四类。

　　贡举是为正科，或曰常贡，宋初每年一次，宋仁宗时改为二年一次，宋神宗时又改为三年一次，成为定制。考试分为三个步骤：

　　第一步为解试，一般是在秋季举行，又称为秋试。考前要由各县、州长官核实考生身份，然后参加分科考试。进士科由判官主持，其他科由录事、参军负责。官署统一发给试卷，根据成绩逐场决定去取。凡有作弊者，立即遣出，取消考试资格。考试合格者，由主考官署名送至贡院。对于接受贿赂或作弊的考官，一旦查出，按枉法罪论处。

　　第二步是省试，由尚书省的礼部来主持，又称之为礼部试，参试者是由各地解送而来的"贡士"，亦称"举人"，同时解送的还有解试的试卷、评定等第、家状等，一并呈交礼部审核。审核过关即可获得参加省试的资格，便可在春季择时参加省试。关于省试科目，宋初仍分为进士、九经、五经、三礼、三传、开元礼、三史、学究、明法等科。熙宁新政后变动较大，多是围绕着进士科所考内容来展开的。

　　第三步是殿试，又称之为廷试、御试，由皇帝亲自主持考试，一般在省试之后随即进行。太平兴国八年（983年），规定殿试进士以三甲发榜。景德二年（1005年），又分为三甲五等：第一、二等为第一甲，赐以"及第"。第三等为第二甲，赐以"出身"；第四、五等为第三甲，赐以"同出身"。殿试第一名称"状元"。殿试过关后，可以直接授官，步入仕途。与贡举属于同一个层次的还有开封府试、国子监试、锁厅试以及别头试等，均为唐代旧制。

　　制举，又称为"制科"，或"贤良科"，不定期进行考选，所谓"制举无常科，所以待天下之才杰,天子每亲策之"①。常在国家急需用人之时举行,应试者无论有官无官,即便是布衣草泽之士,亦可应诏对策,甚至还可以到京师自荐应试。

武举是以武艺高低取士的一种考试制度,始于天圣七年(1029年)。次年,宋仁宗"亲试武举十二人,先阅其骑射而试之,以策为去留,弓马为高下"②。南宋时,武举与贡举同三舍法并行。

童子举,又称为童子科,是专为儿童应试设置的科目。一般来说,凡15岁以下的童子,能背诵挑试一经或两小经者即可应试,补州县小学生。通五经以上者,则由州官荐入朝廷,由中书省复试,中则免解,成绩优异者亦可拜官,诸如杨亿、晏殊等,都是通过童子试步入仕途的。

(二)科举考试的内容与方法

宋初仍仿唐制,考试诗赋、帖经与墨义。庆历兴学时,罢去帖经、墨义,先试策、论,再试诗赋。王安石新政期间,又取消诗赋,专以《三经新义》取士。大观元年(1107年)诏行"八行科"取士,令州县学以孝、悌、睦、姻、任、恤、忠、和等八行取士,依三舍法升贡。宋徽宗和蔡京又将其归类:孝、悌、忠、和为上,睦、姻为中,任、恤为下。具体选拔方式,《古今图书集成·学校部·汇考六》有载:

上四行,或不全一行而兼中等二行,为州学上舍上等之选;

不全上二行,而兼中等一行,或不全上三行,而兼中二行者,为上舍中等之选;

不全上三行,而兼中等一行,或兼下一行者,为上舍下等之选;

全有中二行,或中等一行,而兼下一行者,为内舍之选,余为外舍之选;

诸士以八行,中选在州县,若太学皆免试,补为诸生之道,选充职事及诸斋长谕;

诸士有犯不忠、不孝、不悌、不和,终身不齿,不得入学。不睦十年,不姻八年,不任五年,不恤三年,能改过自新,不犯罪,而有二行之实,耆邻保伍申县,县令佐审听入学。在学一年,又不犯第三等罚,听齿于诸生之列。

如此单纯以德行取士、忽略学问的做法,自然会带来严重后果。正和六年(1116年)以后,八行取士的资格及出路与一般学生无异,此项制度宣告结束。

南宋时,诗赋与经义兼用。绍兴二十七年(1157年)确定:"自今国学及科举取士,并令兼习经义、诗赋,内第一场大小经各一道,永为定制。"③绍兴三十一年(1161年),礼部侍郎金安节等奏请诗赋、经义分科,遂诏分科,结束了诗赋、经义的长期争斗。

(三)科举考试的主要特点

宋代对科举考试非常关注,并依据实情及需求不断进行改革与完善,其特点主要有:

一是增加取士名额。唐代科举最盛时,每年取士不过50人而已,最多的一次是唐高

---

① 脱脱等:《宋史》卷一百五十六《选举二》。
② 脱脱等:《宋史》卷一百五十七《选举三》。
③ 毕沅:《资治通鉴》卷一百三十一,绍兴二十七年。

宗咸亨四年(673年)取士79人。宋初取士主要是增加常贡名额,尤以进士科为主。开宝六年(973年),李昉知贡举,仅取11人,且所举"进士武济川、《三传》刘睿材质最陋,对问失次",有"用情取舍"之嫌。于是,宋太祖"乃籍终场下第人姓名,得三百六十人,皆召见。择其一百九十五人,并准以下,乃御殿给纸笔,别试诗赋。命殿中侍御史李莹等为考官,得进士二十六人,《五经》四人,《开元礼》七人,《三礼》三十八人,《三传》二十六人,《三史》三人,学究十八人,明法五人,皆赐及第,又赐钱二十万以张宴会"①。这次共录取进士及诸科217人。天平兴国二年(977年)则达到309人。以后每年都有增加,最多的一次是咸平三年(1000年),录取进士科409人,诸科1129人,总计达到1538人。南宋时录取的人数也比较多,如宝庆二年(1226年)达到987人。两宋共科举取士115427人,年均361人,为唐代年均的14倍。录取人数的增加,大大提高了世人读书应试的积极性。

二是开有"特奏名"与"赐出身"的特例。通过正式科试途径被录取的为"正奏名"。"特奏名"属于一种特殊照顾的名额,或者称之为"恩科"。宋太祖时曾规定,凡是参加15次科举而没有被录取的,不再参加科举考试,经皇帝同意后,仍可赐予出身,与正科出身的享受同等待遇,以示皇帝对举子的恩宠和鼓励。

三是考试管理更加严密。为防止科举考试时的舞弊行为以及避免门第势力的泛滥,宋代采取了诸多有效举措,诸如糊名、誊录、别头试、锁院制度等。糊名,或为弥封,即将试卷上考生的信息糊上,以防止考官认出,等评卷结束且定出等第后再开视。此制始于武则天时期,但仅限于吏部试,尚未形成制度。宋代是从殿试开始的,进而扩展到省试和解试。誊录,即试卷弥封后尚不能进入阅卷程序,须先送誊录院,由专人负责抄成副本,再将副本送考官评阅。因原试卷用墨,故称墨卷。誊录人用朱,故副本称朱卷。此制始于景德二年(1005年),后逐渐成为定制,并专置誊录院来负责此事。别头试,或称别试,是别座就试的简称,主要是针对主考官或其他有关官员的子弟、亲戚、门客参试的一种规定,应试时需要到专设的考场内应试,以防利用职权互通作弊,实际上就是一种回避制度。虽始于唐代,但尚未定制。宋初礼部试先行别试,后逐渐延及殿试及解试。

四是及第后待遇优厚,授官后的级别也有所提高,进士高第者被授予高官的不乏其人。

另外,还有确立了三年一大考制度和殿试制度,加强了帝王对人才选拔任用的控制,使科举制度能更好地为封建统治服务。

四、宋代理学家的教育思想

两宋时期是一个学术人才辈出的时代,尤其是理学家这一庞大团队,他们纷纷以私学或书院为阵地,授徒讲学,著书立说,自立一家之言,且学派丛生。北宋主要有以胡瑗为代表的"宋初三先生"、周敦颐的"濂学"、邵雍的"象数学"、张载的"关学"和二程的"洛学"等,

---

① 脱脱等:《宋史》卷一百五十五《选举一》。

以"洛学"影响为最大。南宋主要有朱熹的"闽学"、张栻的"湖湘学"、陆九渊的"象山学"、吕祖谦的"金华学"以及陈亮、叶适的"事功学"等,以"闽学"影响为最大。除外,还有北宋时期改革家王安石的"新学"等。所产生的社会影响,不亚于春秋战国时期的"百家争鸣"。他们的"立说",也不只是在哲学、伦理及政治等方面,更突出表现在教育方面,各自独特的教育思想对当时及后世教育产生深远的影响。

(一) 胡瑗

胡瑗与孙复、石介一起被称之为"宋初三先生"。《宋元学案》称:"宋世学术之盛,安定、泰山为之先河,程朱二先生皆以为然。"陈青之在其《中国教育史》一书中称:"为北宋开通风气,作育人才,而能以身作则,终于教育生活的当推安定胡翼之先生。"

1. 生平及教育活动

胡瑗(993~1059),字翼之,泰州海陵(今江苏如皋)人。因世居陕西路的安定堡,人称安定先生。祖父胡修做过泰州司寇参军,父胡讷曾任宁海节度推官。

胡瑗自幼聪颖好学,"七岁善属文,十三通五经",常以"圣贤自期许"。为避世事干扰,与好友孙复、石介一起隐居山东泰山栖真观求学深造,"攻苦食淡,终夜不寝,一坐十年不归"。每当拆开家书,见有"平安"二字,即投入山涧不再展读。下山后回到家乡,放弃科举意念,以开办私塾为生。景祐元年(1034年),开始到苏州一带设学,"以经术教授吴中"。时值范仲淹因反对废后被贬该地任知事,景祐二年(1035年)在南园开办郡学后,聘胡瑗为教授,还让其子范纯佑拜胡瑗为师,"英才杂遝,自远而至"。自此开始了他的官学教育生涯。景祐三年(1036年),经范仲淹引荐,胡瑗以布衣身份,与杭州知府阮逸同赴京师接受宋仁宗召见,并奉命参定声律,制作钟磬。康定元年(1040年)辟为丹州军事推官,随范仲淹一起移官陕西,期间撰《武学规矩》一书,提倡兴办武学,培育军事技术人才,以抵御外部侵略。

庆历二年(1042年),湖州太守滕宗谅奏请创办湖州州学,胡瑗又以保宁节度推官的身份被聘为州学教授,"四方之士云集受业"。欧阳修称其"弟子去来常数百人,各以其经转相传授"①。著名的"苏湖教法"便是这一时期的杰作。庆历四年(1044年)范仲淹推行新政,创办太学,派人前往湖州,取胡瑗教授弟子之法以为太学改革所用。同时,诏胡瑗为诸王宫教授,辞疾不行。皇祐二年(1050年),朝廷再次更定雅乐,仍诏胡瑗与阮逸进京主持。期间,与阮逸合作撰有《皇祐新乐图记》三卷。

皇祐四年(1052年),胡瑗被任命为国子监直讲,专为太学生讲授《五经正义》。据载,胡瑗初到太学时,"人未信服,谤议蜂起,瑗强力不倦,卒以有立。每公私试罢,掌仪率诸生会于首善,雅乐歌诗,乙夜乃散。士或不远数千里来就师之,皆中心悦服"②。由于学生太多,"太学至不能容,取旁官舍处之"。

---

① 《居士集》卷二十五《胡安定先生墓表》。
② 脱脱等:《宋史》卷一百五十七《选举三》。

嘉祐元年(1056年),胡瑗晋升太子中允暨天章阁侍讲,成为当朝太子的老师,仍掌太学事宜。后经仁宗皇帝钦准,领太常博士衔赴杭州长子胡康任所疗养。病逝后追谥"文昭",明嘉靖九年(1623年)诏祀孔庙,称之为"先儒胡子"。

胡瑗一生著述甚丰,但被保留下来的仅有《春秋口义》、《周易口义》、《洪范口义》、《论语说》等。另外,《宋史》中传记、《宋元学案·安定学案》、《五朝名臣言行录·安定胡先生》以及清末丁宝书汇集的《安定言行录》、胡鸣盛编著的《安定先生年谱》等,都是研究胡瑗教育思想的必备资料。

2. 创立分斋教学制度

胡瑗对教育有着特殊的认识,他说:"致天下之治者在人材,成天下之材者在教化,职教化者在师儒,教化而致之民者在郡邑之任,而教化之所本者在学校。"①可见,天下大治离不开人才,人才离不开教化,教化必本之于学校。为培养经世致用之才,同时鉴于当时教育上"仕进尚文词而遗经业,苟趋禄利"的不良倾向,胡瑗在执教苏湖时进行了分斋教学的大胆尝试。

胡瑗主张经义与实学应该并重,于是主张设经义、治事二斋,对学生实行分斋教学。经义斋旨在培养经术人才,故"择其心性疏通、有器局、可任大事者,使之讲明《六经》"。治事斋,又称"治道斋",旨在培养治术人才,所谓"一人各治一事,又兼摄一事,如治民以安其生,讲武以御其寇,堰水以利田,算历以明数是也"②。《程氏遗书》亦云:胡瑗"在湖州置治道斋,学者有欲明治道者讲之于中,如治民、治兵、水利、算数之类"。可见,治道斋实施的是分科教学,学生要专治一门主科,兼治一门副科。

在胡瑗的指导下,州学生分别被编入经义、治事二斋学习,成效斐然。范仲淹主持庆历新政时,专门派人下湖州,对分斋教学的做法加以总结,形成"苏湖教法",以为改革太学所用。依据分斋教学制度,胡瑗无论是在州学,还是后来掌教于国子监和太学,一直都很重视教学方法的改革。

一是循循善诱。胡瑗讲课时真诚恳切,抓住重点,深入浅出,引古证今,以理服人。据载,胡瑗讲经"至有要义,恳恳为诸生言其所以治己而后治乎人者。学徒千数,日月刮劘,为文章皆传经义,必以理胜。信其师说,敦尚行实"③。《安定言行录》称:"日讲《易》……先生每引当世之事明之。"《安定学案》亦称:"日升堂讲《易》,音韵高朗,旨意明白,众皆大服。"

二是重直观教学。胡瑗将《礼记》、《仪礼》和《周礼》"三礼"中所记载的礼仪器物绘制成图,悬挂于讲堂之上,使"人人得窥三代文物之懿,朝夕对之,皆若素习"。

三是因材施教。胡瑗常常根据学生的兴趣和特长来组织教学,如清代学者陈澧在《东塾读书记》中称胡瑗:

---

① 胡瑗:《松滋县学记》,载《湖广通志》卷一百六《艺文志》。
② 黄宗羲等:《宋元学案》卷一《安定学案》。
③ 朱熹:《宋朝名臣言行录》前集卷十《胡瑗安定先生》。

在太学,有好尚经术者、好谈兵战者、好文艺者、好节义者,使各以类群居讲习……《学记》云:教人能尽其材。如胡安定之教,可谓尽其材者也。

四是游学考察。胡瑗在教学实践中,曾亲自带领学生游览名山大川,让学生开阔视野,增长见识,陶冶情操,使其书本知识与客观实际相结合。他说:

> 学者只守一乡,则滞于一曲,隘吝卑陋。必游四方,尽见人情物态,南北风俗,山川气象,以广其闻见,则为有益于学者矣。①

五是劳逸结合。胡瑗认为,通过运动、游戏、奏乐、唱歌及诵诗等娱乐活动,既可以愉悦身心,解除疲劳,又可以提高学习效率。据《安定言行录》称,胡瑗判国子监时,曾对监生说:"食饱未可据案或久坐,皆于气血有伤,当习射、投壶、游息焉。"《宋史》亦载,胡瑗在课余时间,与学生一起"雅乐歌诗,乙夜乃散"。

六是言传身教。胡瑗在教学中对学生要求严格,制定有详细的规章制度,且常常是要求自己首先做到,以自身的言行来感化学生,故《宋史》称其:"教人有法,科条纤悉备具,以身先之。虽盛暑,必公服坐堂上,严师弟子之礼。"②欧阳修亦称赞其:"先生为人师,言行而身化之,使诚明者达,昏愚者励,而顽傲者革。故其为法严而信,为道久而尊。"③虽然学业上要求严格,但生活中师生关系非常融洽,所谓"视诸生如其子弟,诸生亦信爱如其父兄"。

胡瑗一生倾心于教育,以其精湛的教育艺术为宋王朝培养一大批实学人才,如欧阳修所言:

> 礼部贡举,岁所得士,先生弟子十常居四、五。其高第者知名当时,或取甲科居显仕。其余散在四方,随其人贤愚,皆循循雅饬。其言谈举止,遇之不问,可知为先生弟子;其学者相语称先生,不问可知为胡公也。④

(二)张载

张载与周敦颐、邵雍、程颢、程颐一起合称为"北宋五子",理学支脉"关学"的创始人,也是宋初理学的奠基人之一。

1. 生平及教育活动

张载(1020~1077),又称张子,字子厚,出自《周易·坤卦》"厚德载物"一语。祖籍大梁(今开封),后徙家陕西凤翔郿县横渠镇,世称横渠先生。

张载少孤,但志气不群,于书无所不读,尤其喜谈兵书。康定元年(1040年),范仲淹任陕西经略安抚副使兼知延州(今延安)时,他曾上书范仲淹《边议九条》,商议边防事务,准备组织武装,收复被西夏所侵占的失地以报效朝廷。范仲淹在延州军府召见了张载,认为其可成大器,并规劝他说:"儒者自有名教可乐,何事于兵。"希望张载认真研读《中庸》,

---

① 王铚:《默记》卷下。
② 脱脱等:《宋史》卷四百三十二《儒林二》。
③ 《居士集》卷二十五《胡安定先生墓表》。
④ 《居士集》卷二十五《胡安定先生墓表》。

在儒学上多下功夫。张载谨遵劝告,归读《中庸》。后又涉足释、老之书,自觉无甚长进,又转向儒经学习,尤对《易》钻研极深。经过十多年的攻读,终于悟出儒、佛、道可以互补的道理,逐渐建立起自己的学说体系。期间,文彦博任长安通判时,曾聘请他入长安宫学任教。如《横渠先生行状》所载:"方未第时,文潞公以故相判长安,闻先生名行之美,聘以束帛,延之学宫。"①

嘉祐二年(1057年),张载赴汴京应考,由欧阳修主考,与苏轼、苏辙兄弟同登进士第。在候诏待命之际,得到宰相文彦博的支持,在相国寺设虎皮椅讲《易》,并与表侄二程论《易》。《宋史·张载》有载:

> 坐虎皮讲《易》京师,听从者甚众。一夕,二程至,与论《易》。次日,语人曰:"比见二程,深明《易》道,吾所弗及,汝辈可师之。"撤坐辍讲。与二程语道学之要,涣然自信曰:"吾道自足,何事旁求。"于是尽弃异学,淳如也。

中进士不久,张载先后任祁州司法参军,迁云岩县令。在云岩时,"政事以敦本善俗为先。每月吉,具酒食,召乡人高年会县庭,亲为劝酬。使人知养老事长之义,因问民疾苦,及告所以训诫子弟之意"。

熙宁二年(1069年),御史中丞吕公著举荐张载,称其"学有本原,四方学者皆宗之,可以召对访问"。于是,张载奉诏入朝,得到"思有变更"的宋神宗的亲自召见,任其为崇文院校书,以备咨询。但与王安石在新政问题上多有不合,拒绝参与推行新法,遂引起王安石的反感,于是托疾辞官回到横渠。回到横渠后,张载依靠家中数百亩薄田生活,整日讲学读书。史载其:

> 屏居南山下,终日危坐一室,左右简编,俯而读,仰而思,有得则识之,或中夜起坐,取烛以书。其志道精思,未始须臾息,亦未尝须臾忘也。敝衣蔬食,与诸生讲学,每告以知礼成性、变化气质之道,学必如圣人而后已。②

熙宁九年(1077年),秦凤路守帅吕大防以"张载之学,善法圣人之遗意,其术略可措之以复古"为由,上奏神宗召张载回京任职。张载再次奉召入京,同知太常礼院,但在推行礼仪上,与礼官意见不合,且身染重病,再次辞官西归。过洛阳时,面见二程,讨论诸多学术问题,《二程遗书》中《洛阳议论》即是这次商讨的记录。辞别二程后,行至临潼不幸病逝。南宋嘉定十三年(1220年)赐谥"明公"。淳祐元年(1241年)赐封郿伯,从祀孔庙。明世宗嘉靖九年(1530年)改称"先儒张子"。

张载为官时间不长,大部分时间在从事著书立说和授徒讲学,著述主要有《正蒙》、《易说》、《礼乐说》、《论语说》、《孟子解》以及《张子语录》、《文集》、《经学理窟》等,是研究其教育思想的主要参考资料。另外,朱熹等编著的《近思录》、《伊洛渊源录》中有不少张载的言论,亦有一定的参考价值。

---

① 吕大临:《横渠先生行状》,载《横渠易说》卷三。
② 脱脱等:《宋史》卷四百二十七《张载》。

2. 教育的作用在于"变化气质"

张载从气本论的自然观出发,认为世界上一切有形的物体和无形的"虚空"都是由"气"构成的,人与万物一样都是由气聚集而成,所谓"性者,万物之一源,非有我之得私也"。但因气有清浊、厚薄以及通蔽开塞之分,秉气浊为物,秉气清为人,秉气最清为圣贤,秉气浊些为常人,秉气最浊为恶人或愚人。据此,张载将人性分为"天地之性"和"气质之性"。"天地之性"是人的本然之性,是善的。"气质之性"是后天形成的,所谓"形而后有气质之性",但因秉气不同,故含有某些恶的因素,可以通过后天的学习和教育,即可矫其偏浊而归于正清,恢复其本然之性。也就是说,教育具有"变化气质"的作用。他说:"为学大益,在自能变化气质。""如气质恶者,学即能移。今人所以多为气所使,而不得为贤者,盖为不知学。"①又说:"苟志于学,则可以胜其气与习,此所以偏不害明也。"②

3. 教育目的在于"学所以为人"

既然教育可以变化气质,恢复人的本然之性,那么教育的目标就在于教人懂得如何做人,张载说:"学者当须立人之性,仁者人也,当辨其人之所谓人。学者,学所以为人。"③即要首先知道人和动物之间的区别,做一个有别于动物的、堂堂正正的人,尤其是要做一个至善至仁之人,也就是所谓的"圣人"。他在讲学时,常告知弟子"以知礼成性、变化气质之道,学必如圣人而后已。以为知人而不知天,求为贤人而不求为圣人,此秦汉以来学者大蔽也"。而要想成为圣人,必须克服人性中恶的成分,即个人的私欲或物欲,如"意、我、固、必"就是私欲的表现,与天理是不相容的,只有去此"四绝",做到"立天理"、"无私无我",才可以体认天理,才可以为圣人。

张载之所以要教人学为"圣人",是因为圣人能够充分发挥德性所知,以体认天地之性,即所谓"尽性"。他说:"圣人尽性,不以见闻梏其心,其视天下,无一物非我。"圣人不仅能"尽性",还能"成性",所谓"进德修业,欲成性也。成性,则从心皆天也"。"成性,则谓之圣者。""大人成性则圣也化,化则纯是天德也。"④实际上,张载所谓的"圣人"就是一位既有"为天地立心,为生民立命,为往圣继绝学,为万世开太平"的使命感,又有"治国平天下"的担当意识,还有"民胞物与"如此博大胸怀的封建社会的自觉维护者。

4. 追求创新的教学原则和方法

张载是一位经验丰富的教育家,长期的教育实践使他对教育和教学有了更多更深入的思考。他认为,教和学之间是相辅相成的,所谓"教与学,皆学也"。教师通过教学,也可使自己受益,不断提升自己的专业修养。他说:

> 常人教小童,亦可取益。绊己不出入,一益也;授人数次,己亦了此文义,二益也;

---

① 《张子全书》卷五《气质》。
② 《张子全书》卷十二《语录》。
③ 《张子全书》卷十二《语录》。
④ 《张子全书》卷九《易说上》。

对之必正衣冠,尊瞻视,三益也;尝以因己而坏人之才为之忧,则不敢惰,四益也。①

至于教师如何教,张载提出了如下原则和方法。

第一,养正于蒙。张载继承了《易经》中"蒙以养正,圣功也"的主张,认为在儿童蒙昧无知时就要给予及时的、正确的教育,使之养成良好的思想品质和习惯,做到"蒙以养正"。他说:"教者但观蒙者时之所及则道之,此是以亨行时中也;此时也,正所谓如时雨化之。如既引之中道而不使之通,则是教者之过。当时而道之,使不失其正,则是教者之功。养其蒙使正者,圣人之功也。"②他提醒世人"勿谓小儿无记性,所历事皆不能忘",因此对儿童的要求要前后一致,做到"好恶有常"。他说:

  善养子者,当其婴孩,鞠之使得所养,令其和气,乃至长而性美。教之示以好恶有常,至如不欲犬之升堂,则时其升堂而扑之。若既扑其升堂,又复食之于堂,则使孰适从,虽日挞而求其不升堂,不可得也。③

第二,教人以次。张载认为学问有深浅,教者要据此循序渐进,做到由浅入深,由易到难,不躐等。他说:"教人者必知至学之难易,知人之美恶,当知谁可先传此,谁将后倦此。""教人当以次,守得定,不妄施。"④如果施教内容超越了学生的接受能力,便是徒劳无益的,所谓"教之而不受,虽强告之无益。譬之以水投石,必不纳也。今夫石田虽水润沃,其干可立待者,以其不纳故也"。

第三,尽人之材。张载认为人与人之间存在着资质差异,但都可以有所成就,教者应该据此因材施教,如能尽人之材,则不会贻误人。他说:

  教人至难,必尽人之材乃不误人。观可及处,然后告之。圣人之明,直若庖丁之解牛,皆知其隙,刃投余地,无全牛矣。人之才足以有为,但以其不由于诚,则不尽其才。⑤

第四,教须启发。张载也提倡启发式教学,他在《学记》注中指出:

  善待问者如撞钟,洪钟未尝有声,由叩乃有声。圣人未尝有知,由问有知。答问者必知问之所由,故所答从所问,言各有所当也,大鸣小鸣因所扣也。不必数数告语,待其来问至当,皆实见处,故易以喻,所谓待其从容,然后尽其声。⑥

至于学生如何学,张载也有自己的看法。

一是要立志,即要有明确的学习目标和远大的志向。他说:"有志于学者,都更不论气之美恶,只看志如何。匹夫不可夺志也,惟患学者不能坚勇。"又说:"志小则易足,易足则无由进";"人若志趣不远,心不在焉,虽学无成。"⑦

---

① 《张子全书》卷十三《答范巽之书第一》。
② 《张子全书》卷九《易说上》。
③ 《张子全书》卷七《学大原下》。
④ 《张子全书》卷九《易说上》。
⑤ 《张子全书》卷十二《语录》。
⑥ 卫湜:《礼记集说》卷九十。
⑦ 《张子全书》卷六《义理》。

二是要勤勉,只有勤奋为善,才能养成善良的品性。他说:"所谓勤勉者,谓继之者善也,成之者性也。继继不已,乃善而至于成性也。"也只有持续不断地学习,才能日进不息,所谓"惟知学然后能勉,能勉然后日进而不息可期矣"①。

三是要求是,即要客观地评价自己和对待学问,如孔子所言"知之为知之,不知为不知",只有谦虚不自满才能使人进步。他说:"人之好强者,以其所知少也。所知多,则不自强满。学然后知不足,有若无,实若虚,此颜子之所以进也。"只有不耻下问的人,才有可能胜过别人,有些人所以不肯请教别人,就在于把自己看得太重,缺乏求是精神,"人之有耻于就问,便谓我好胜于人,只是病在不知求是为心,故学者当无我"②。

四是要求疑,张载认为读书的目的,就是要解决疑惑,所谓"观书者,释己之疑,明己之未达"。"义理有疑,则濯去旧见,以来新意"。至于如何提出疑问,他认为既要学会思考,又要实际去做。他说:"不知疑者,只是不便实作,既实作则须有疑,必有不行处是疑也。譬之通身会得一边,或理会一节未全,则须有疑,是问是学处也,无则只是未尝思虑来也。"③进而,张载提出要在"可疑处"有疑和"无疑处有疑",他说:

  学行之乃见,至其疑处,始是实疑,于是有学在。可疑而不疑者不曾学,学则须疑。譬之行道者,将之南山,须问道路之自出,若安坐则何尝有疑。
  于无疑处有疑,方是进矣。④

五是精思,张载认为学与思之间是辩证的关系,读书首先要能诵记,"记得便说得,说得便行得,故始学不可无诵记"。同时,要加以精思,"常游心于义理之间",只有不断思考书中义理,才能理解并不致遗忘。他说:"书须成诵精思,多在夜中或静坐得之,不记则思不起,但通贯得大原后,书亦易记。"⑤

(三) 程颢、程颐

同为"北宋五子"的程颢、程颐为同胞兄弟,后世称之为"二程",北宋时期思想家、教育家,宋代理学的重要奠基人,并创立"洛学"。

1. 生平及教育活动

程颢(1032~1085),字伯淳,后世称之为明道先生。程颐(1033~1107),字正叔,后人称伊川先生。二程出身于一个中等官僚世家,父亲程珦做过多年中央和地方官,母亲好读书史,治家有法,故二程自幼便受到良好的家庭教育。庆历六年(1046 年),程珦代理南安军通判,周敦颐时为南安军司理参军,程珦"视其气貌非常人,与语,知其为学知道,因与为友,使二子颢、颐往受业焉。敦颐每令寻孔、颜乐处,所乐何事,二程之学源流乎此矣。"⑥

---

① 《张子全书》卷二《正蒙一》。
② 《张子全书》卷七《学大原下》。
③ 《张子全书》卷五《气质》。
④ 《张子全书》卷六《义理》。
⑤ 《张子全书》卷六《义理》。
⑥ 脱脱:《宋史》卷四百二十七《道学一》。

嘉祐元年(1056年),程珦为国子博士,二程随父至京师,入国子监读书。时胡瑗任国子监直讲,以"颜子所好何学论"试诸生,程颐畅言"学以至于圣人之道",深得胡瑗的赏识。尤其是,同学吕希哲首以师礼事之,杨国宝、邢恕、吕希纯等皆尊之,四方从游之士日众。此时,张载也在京师坐虎皮讲《易》,二程曾与表叔张载相见论《易》,张载称二程"深明《易》道"。

自嘉祐后,二程开始各自的仕宦及教育活动。

程颢自嘉祐二年(1057年)举进士第后,授鄠县主簿,开始其仕宦生涯,且"以教化为先",并热衷于治学授徒活动。治平二年(1065年)调任晋城令时,设学于诸乡,择子弟之秀者聚而教之,不仅登科者十余人,还一改当地"朴陋"之风。熙宁元年(1068年),由御史中丞吕公著推荐,程颢得授太子中允,因与王安石政见不合,不受重用,发遣京西路提点刑狱。熙宁五年(1072年),程颢请求卸任,返里养亲,与程颐一起讲学乡里,"从容亲庭,日以读书劝学为事。士大夫从游者盈门,自是身益退,位益卑,而名益高于天下"①。期间,曾与程颐一起在嵩阳书院讲学,这是程颢一生讲学最为集中的时期。元丰元年(1078年),出任河南扶沟知县,程颐也随同父亲前往。在扶沟,二程"以倡明道学为己任,设庠序,聚邑人子弟教之"。元丰三年(1080年),改任奉议郎,居颍昌侍养父亲。元丰八年(1085年)哲宗即位,改为承议郎,复召为宗正寺丞,未行而卒。

程颢大部分时间在做官,同时边著述讲学,直接的教育活动较少,其弟程颐则大不一样。

程颐自嘉祐四年(1059年)举进士而廷试不第后,即无意于仕途,专以讲学为务,"化行乡党","士之从学者不绝于馆,有不远千里而至者"。元丰五年(1082年),程颐上书时任河南府通判的文彦博,在龙门附近以求地办学。文彦博慨然回信,将鸣皋镇私属庄园一处、粮地十顷送给程颐,程颐在此创办了伊皋书院以著述讲学。元丰八年(1085年),王安石变法失败,旧党司马光、吕公著得势,极力推荐程颐,称其"力学好古,安贫守节,言必忠信,动遵礼法。年逾五十,不求仕进,真儒者之高蹈,圣世之逸民"②。于是,授程颐为汝州团练推官,充西京国子监教授,但其辞而不就。元祐元年(1086年),程颐奉召入京,授承奉郎,再授宣德郎、秘书省校书郎。但其自以为"布衣被召",仍辞而不受。于是,宋哲宗特召上殿面对,命为崇政殿说书,专为哲宗讲书。在哲宗面前"以师道自居",平日讲学也"议论褒贬,无所顾避",以至引起权臣不悦。尤其是与苏轼意见相左,相互诋毁,形成颇有影响的蜀洛党争,结果以程颐为首的洛党受到排挤,被罢说书之职,管勾西京国子监、嵩山崇福宫,期间讲学于嵩阳书院。绍圣四年(1097年),程颐被贬至四川涪州,开始了长达四年的流放生活。期间,他专心著述讲学,完成了他的重要著作《易传》。元符三年(1100年)被哲宗大赦,许其"任便居住",回到洛阳"权判西京国子监",并继续讲学。可以说,"他的

---

① 黄宗羲等:《宋元学案》卷十四《明道学案下》。
② 脱脱:《宋史》卷四百二十七《道学一》。

一生是在传道授业中度过的,是学者的一生,教育家的一生"①。

二程一生培养了大批弟子,诸如吕希哲、朱光庭、杨时、谢良佐、吕大临、游酢、尹焞等。尤其是杨时,将其学术思想南传,至朱熹集大成为理学,或程朱理学。随着理学地位的提升,二程作为理学的主要奠基人,也日益受到官方的推崇。宋嘉定十三年(1220年)赐谥程颢为"纯公",程颐为"正公"。宋淳祐元年(1241年)追封程颢为"河南伯",程颐为"伊川伯",并"从祀孔子庙庭"。元代加封程颢为"豫国公",程颐为"洛国公"。清康熙时,二程进儒为贤,位列孔子及门下、汉唐诸儒之上,赐两程祠"学达性天"匾额。

二程著述甚丰,后人编成的有《河南程氏遗书》、《河南程氏外书》、《明道先生文集》、《伊川先生文集》、《二程粹言》、《经说》、《易传》等。另有《宋史》中的传记、《宋元学案》中的"明道学案"、"伊川学案"等,均为研究二程教育思想的主要参考资料。

2. 教育具有"治天下"与"变化气质"之功效

二程十分重视教育在社会发展以及个人成长的重要作用。他们首先认为治理天下需要人才,而人才又需要教育和培养。程颢在应神宗对时,提出要以"正心窒欲、求贤育材为先"。在《请修学校尊师儒取士疏》中,程颢又提出:"治天下以正风俗、得贤才为本。"他还对当时"师学废而道德不一,乡射亡而礼义不兴,贡士不本于乡里而行实不修,秀民不养于学校而人才多废"的教育情形深为忧虑。程颐更是提出:

> 善言治者,必以成就人才为急务。人才不足,虽有良法,无与行之矣。欲成就人才者,不患其禀质之不美,患夫师学之不明也。师学不明,虽有美质,无由成之矣。②

另据游定夫所录程颐所讲:"善言治天下者,不患法度之不立,而患人材之不成。善修身者,不患器质之不美,而患师学之不明。人材不成,虽有良法美意,孰与行之?师学不明,虽有受道之质,孰与成?"③可见,对"治天下"而言,"人才"比"法度"更为重要,而人才的成长又离不开"师学",所以教育是"治天下"的重要因素。

进而,二程认为教育在个人成长中有着不可或缺的作用,并归之为"变化气质"。他们在继承孟子的"性善论",吸纳张载的"天地之性"和"气质之性"理论基础上,将"气"引入人性,主要是论证人性是至善的,同时又解决了因何有"恶"、"恶"能否为善的问题。程颐说:"性无不善,而有不善者,才也。性即是理,理则自尧舜至于涂人,一也。才禀于气,气有清浊。禀其清者为贤,禀其浊者为愚。"④针对孔子所言"上智"、"下愚"不移的说法,程颐认为"亦有可移之理。惟自暴自弃者,则不移也……性只一般,岂不可移?却被他自暴自弃,不肯去学,故移不得。使肯学时,亦有可移之理"。可见,人性虽然是至善的,但因气禀不同,故有善恶、智愚之分,但人的善恶、智愚也不是一成不变的,而是皆有可移之理,起关键作用的是教育和学习,"学至气质变方是有功"。对此,程颢也指出:

---

① 苗春德主编:《宋代教育》,河南大学出版社1999年版,第346页。
② 《二程粹言》卷上《论政篇》。
③ 《二程遗书》卷四。
④ 《二程遗书》卷十八。

有自幼而善,有自幼而恶,是气禀有然也……如此,则人不可以不加澄治之功。故用力敏勇则疾清,用力缓怠则迟清;及其清也,则却只是元初水也……此理,天命也。顺而循之,则道也。循此而修之,各得其分,则教也。①

3. 教育目的在于学做"圣人"

二程主张,教育的目的就在于学做"圣人"。程颐说:"君子之学,必至圣人而后已。不至圣人而后已者,皆自弃也。"②又说:"圣人,人伦之至。伦,理也。既通人理之极,更不可以有加。"③在二程看来,圣人无论是内心世界抑或是外部的言谈举止,都是"无私无我"、"大中至正",都是无比崇高和完美无缺的。进而,二程要求学圣人必学"圣人之象",即把握圣人的精神世界,拥有圣人的风度或气质,所谓"学圣人者,必观其气象"。欲学圣人,"须熟玩味圣人之气象,不可只于名上理会"。在二程的心目中,足以称之为圣人的有孔子、颜子和孟子三人。孔子能使人"仰之弥高,钻之弥坚",气象非凡;颜子居陋巷,人不堪其忧,颜子不改其乐,"近圣人气象";孟子着重养"浩然"之气,有"英气"之风范。他们三人的气象,通过"观其言,皆可以见之矣",因而也是世人学习的"标垛"。

4. 率先确立以"四书"为教材

唐代之前的教材主要是"五经",后增至"九经",再后又扩充为"十三经"。二程也是主张"五经"教育的,认为"为学治经最好"。同时,二程又根据政治与社会的需要,最早倡导以《大学》、《中庸》、《论语》、《孟子》这四部书为基础教材,自此始有"四书"之说,并与"五经"并列。在二程看来,《论语》为圣人言论的集锦,《孟子》是"道"演绎为"道学"的渊源,《大学》为修身入德之门序,《中庸》可以探知古人之微妙,由此编织出一个由孔子而曾子、子思传至孟子这样一个儒家道统,且自许为孟子之后儒家道统的发现者和接续者。为了弘扬儒家道统,二程十分重视"四书"的学习,且将其视为学习其他经书的阶梯或基础,如程颐所说:"学者当以《论语》、《孟子》为本。《论语》、《孟子》既治,则六经可不治而明矣。"④后经朱熹对"四书"作注,又得到官方的认可和颁行,成为封建社会后期学校教育的主要教材,乃至科举考试必读之书。

5. 存天理、窒人欲的道德教育观

二程在论及人性时,提出了"道心"和"人心"对立的命题,并解释说:"人心,人欲;道心,天理。""人心,私欲也;道心,正心也。"⑤这样,从"道心"与"人心"的对立,又引出"天理"与"人欲"的对立。所谓"天理",即"父子君臣,天下之定理";"为君尽君道,为臣尽臣道,过此则无理",也就是封建纲常伦理和统治秩序。所谓"人欲",也就是人的物质和生理需求,所谓"目则欲色,耳则欲声,鼻则欲香,口则欲味,体则欲安,此皆有以使之也"。正因

---

① 《二程遗书》卷一。
② 《二程粹言》卷上《论道篇》。
③ 《二程遗书》卷十八。
④ 《二程遗书》卷二十五。
⑤ 《二程遗书》卷十九。

为"天理"和"人欲"是对立的,"天理"又是不可违背的,道德教育的根本目的就在于存天理、窒人欲。程颐说:"视听言动,非理不为,即是理。礼,即是理也。不是天理,便是私欲。人虽有意于为善,亦是非礼,无人欲即皆天理。"①"损人欲以复天理,圣人之教也。"②

为了能够有效地存天理、窒人欲,二程提出了一系列道德修养的方法。

一是正蒙。二程认为幼童单纯,"知思未有所主",可塑性大,因而是道德习惯养成的关键期,道德教育必须自幼抓起,"当以格言至论,日陈于前。虽未晓知,且当薰聒,使盈耳充腹,久自安习。若固有之,虽以他言惑之,不能入也。若为之不豫,及乎稍长,私意偏好生于内,众口辩言铄于外,欲其纯完,不可得也"③。在解释《易经》中"蒙以养正"一语时,程颐说:"未发之谓蒙,以纯一未发之蒙而养其正,乃作圣之功也。发而后禁,则扞格而难胜。养正于蒙,学之至善也。"

二是立志。二程如同其他学者一样,十分重视立志,因为"志立则有本"。而何谓"志"?程颐指出:"志,气之帅。若论浩然之气,则何者为志?志为之主,乃能生浩然之气。志至焉,气次焉,自有先后。"④可见,志乃人生的根本,是不懈追求的目标和理想。至于立何等之志,二程认为当立志于道、至于圣之志,"言学便以道为志,言人便以圣为志";"夫学者,必志于大道,以圣人自期"。

三是存诚。或"反身而诚",在二程看来,"诚"即"真"、"无妄"、"无欺"、"天之道"、"思无邪"之意,也即诚心诚意,这一种基本的修养态度和境界,所谓"古之教人,无一物不使之诚心"。如果做不到"诚",则会为"不诚"所累,"进学不诚则学杂,处事不诚则事败,自谋不诚则欺心而弃己,与人不诚则丧德而增怨"。

四是主敬。二程认为,要想达到"存诚"的境界,必须从"敬"入手,所谓"敬则诚"。这是因为,"敬,为学之大要","入德必自敬始","入道莫如敬,未有能致知而不在敬者"。在这里,"敬"是指内心专注、端庄、恭谨之意,不为私欲所乱。二程说:"欲无外诱之患,惟内有主而后可。主心者,主敬也。主敬者,主一也。不一,则二三矣。苟系心于一事,则他事无自入。"⑤

五是笃行。二程认为,道德教育必须以知为本,以行为终。程颐说:"知之深,则行之必至。无有知之而不能行者。知而不能行,只是知得浅……笃行便是终之。"⑥"穷经,将以致用也。"又"力学而得之,必充广而行之"⑦。也就是说,学者必须将获得的道德理念转化为道德行为,既要明其理,又要行其事,以免学用脱节,因为"学而无所用,学将何为也"。

---

① 《二程遗书》卷十五。
② 《二程粹言》卷上《论道篇》。
③ 朱熹、吕祖谦:《近思录》卷十一《教学》。
④ 《二程遗书》卷十五。
⑤ 《二程粹言》卷上《论道篇》。
⑥ 《二程遗书》卷十五。
⑦ 《二程粹言》卷上《论道篇》。

6. "格物致知以穷理"的教学主张

二程把人的认识过程分为"闻见之知"和"德性之知"两个阶段。"闻见之知"来自后天的生活体验,通过人体感官所得,但又分为"真知"和"常知"两种情况,"真知"为亲身所历,"常知"为间接所得。"德性之知"为先天所固有,具存于"心",如孟子所说的"良知"、"良能"。相比之下,二程更重视"德性之知"。程颐说:"学也者,使人求于内也。不求于内而求于外,非圣人之学也。"但人又不能直接认识内心之知,必须通过"格物"的手段才能充分发现"德性之知"。程颐说:"凡一物上有一理,须是穷致其理。穷理亦多端:或读书,讲明义理;或论古今人物,别其是非;或应接事物而处其当,皆穷理也。"①又说:"格,犹穷也;物,犹理也……穷然后足以致之,不穷则不能致也。"②既然这样,教学就显得非常必要,于是二程提出了许多有价值的教学原则和方法。

第一,因材施教。二程认为,由于"气之厚薄"不同,导致"人材不同",那么施教的方法不可千篇一律,如"君子之教人,或引之,或拒之,或各因所亏者成之而已"。二程还很推崇孔子教人能"因人材性",程颐说:"孔子教人,各因其材。有以文学入者,有以政事入者,有以言语入者,有以德行入者。"③可以说,最早概况孔子因材施教思想的当是程颐,而不是朱熹。

第二,渐进日新。二程认为,学问和道德都是日积月累的结果。程颐说:"君子之学必日新,日新者日进也。不日新者必日退,未有不进而不退者。"又说:"学必激昂自进,不至于成德,不敢安也。"④既然这样,为学既不能"欲速",亦不能"懈怠","学欲速不得,然亦不可息。才有欲速之心,便不是学。学是至广大的事,岂可以迫切之心为之?"

第三,学贵自得。二程传承孟子的"自得"主张,很重视学习的自觉性和主动性,不断劝勉学者"学贵乎自得"。程颐说:"义有至精,理有至奥,能自得之,可谓善学矣。"又说:"学而不自得,则至老而益衰。"⑤

第四,学宜守约。在博与专的问题上,二程是主张学宜守约的,强调专一和精深。程颐说:"所守不约,则泛然而无功。""泛乎其思之,不如守约。""学不贵博,贵于正而已矣。"⑥但"博"也很重要,所谓"学不博者,不能守约"。由于二程把经学当作为学的唯一正道,因而反对经学之外的泛观博览,并将无关于经学的记诵博识称之为"玩物丧志",虽然是针对科举所考及王安石的"异端"之学而言的,却对后世教育带来了消极的影响。

(四)王安石

王安石不仅是一位卓越的政治改革家,也是一位有远见的教育改革家,尤其是他的教

---

① 《二程遗书》卷十八。
② 《二程遗书》卷二十五。
③ 《二程粹言》卷下《圣贤篇》。
④ 《二程粹言》卷上《论学篇》。
⑤ 《二程粹言》卷上《论学篇》。
⑥ 《二程遗书》卷二十五。

育理论和教育实践,始终是同他的政治改革和变法活动交织在一起的,因而在人才教育问题上有其独到的见解。他所创立的"荆公新学",亦属理学思潮中的一个重要学派,强调儒家的"道德性命之学"或"性理之学",在北宋时期可谓盛极一时,对教育影响深远。

1. 生平及教育活动

王安石(1021~1086),字介甫,号半山,江西抚州临川人,人称临川先生。晚年封荆国公,学者称其王荆公。

王安石出身于书香门第,"少好读书,一过目终身不忘。其属文动笔如飞,初若不经意,既成,见者皆服其精妙"①。且其读书,不限于儒家经典,而是"自百家诸子之书,至于《难经》、《素问》、《本草》、诸小说,无所不读",甚至"农夫、女工,无所不问。"

庆历二年(1042年)中进士及第,先后授淮南判官、知鄞县、知常州、提点江东刑狱、殿中丞、三司度支判官等,对复杂的社会矛盾有深切的体会,因而也产生了强烈的忧患意识和高度自觉的社会责任感。嘉祐三年(1058年),他以三司度支判官的身份,奉召入朝,在《上仁宗皇帝言事书》中针砭时弊,要求改革,提出了包括改革科举、兴办学校在内的变法纲领。嘉祐六年(1061年),在《上时政书》中,又进一步提出他的改革"自救"主张。

嘉祐八年(1063年),王安石丁母忧服丧江宁,服丧期满后累诏不受。一方面著书立说,研究社会及教育现实,主张道德性命为学问之本,提倡重教兴学,从而奠定了荆公新学的理论基础。另一方面又聚徒讲学,宣传变法思想,培育变法人才,形成了以其为核心的新学学派。

熙宁元年(1068年),王安石奉诏入朝,任翰林学士兼侍讲。熙宁二年(1069年),拜参知政事,得到宋神宗的支持,开始推行其新政。熙宁三年(1070年),再拜中书门下平章事,继续推行新政。但也遭遇到旧党势力的阻挠,终因其"乱天下"而被两次免职。

熙宁九年(1076年),王安石退居江宁,结束了其叱咤风云的政治生涯。之后的10年间,王安石专注于文学和学术研究,尤其是完成了学术著作《字说》,"学者争传习之"。黄庭坚评价说:"荆公晚年删定《字说》,出入百家,语简而意深,常自以为平生精力尽于此书,好学者从之请问,口讲手画,终席或至千余字。"②

王安石平生著述甚丰,作为"荆公新学"的代表作《三经新义》及《字说》均已失传。《临川先生集》或《王文公文集》,李焘的《续资治通鉴长编》记载有王安石的大量言论以及《永乐大典》中辑出的王安石《周官新义》等,均为研究王安石教育思想的重要资料。

2. 教育旨在培养"国之栋梁"

王安石以政治家的远见和思想家的深邃,意识到人才的重要性,认为人才是国家的栋梁,人才得失事关国家的盛衰荣辱。他说:"夫材之用,国之栋梁也,得之则安以荣,失之则亡以辱。"③又说:"国以任贤使能而兴,弃贤专己而衰。此二者,必然之势,古今之通义,流

---

① 脱脱等:《宋史》卷三百二十七《王安石》。
② 《山谷集》卷二十七《书王荆公骑驴图》。
③ 《临川文集》卷六十四《材论》。

俗所共知耳。"①进而，王安石认为，人才本之于学校，他说："古之取士，皆本于学校。故道德一于上，而习俗成于下，其人材皆足以有为于世。自先王之泽竭，教养之法无所本。士虽有美材，而无学校师友以成就之，议者之所患也。"②在《慈溪县学记》中又说："天下不可一日而无政教，故学不可一日而亡于天下。"

在王安石看来，国家兴学设教的根本目的，在于培养"为天下国家之用"的人才。他在《上仁宗皇帝言事书》中指出："学士所观而习者，皆先王之法言、德行、治天下之意，其材亦可以为天下国家之用。"也就是要培养出具有实际治国才能的各类人才，其"异于人"之处，在于能"遇事而事治，画策而利害得，治国而国安利"。同时，他也对当时学校教育中所存在的弊端提出批评，说：

> 方今州县虽有学，取墙壁具而已，非有教导之官，长育人才之事也。唯太学有教导之官，而亦未尝严其选。朝廷礼乐刑政之事，未尝在于学。学者亦漠然自以礼乐刑政为有司之事，而非己所当知也。学者之所教，讲说章句而已。讲说章句，固非古者教人之道也。近岁乃始教之以课试之文章，夫课试之文章，非博诵强学、穷日之力则不能。及其能工也，大则不足以用天下国家，小则不足以为天下国家之用。故虽白首于庠序，穷日之力以帅上之教，及使之从政，则茫然不知其方者，皆是也。③

在这里，王安石谈到教育的内容问题，为培养"国之栋梁"，必须教之以"为天下国家之用"之学问，所谓"苟不可以为天下国家之用则不教也，苟可以为天下国家之用者，则无不在于学"。依王安石之见，能够为"天下国家之用"的学问，主要包括三个方面的内容：一是经术，王安石认为，提倡儒家经学的目的在于"经世务"，而非用来空谈"性命"。他说："经术正所以经世务，但后世所谓儒者，大抵皆庸人，故世俗皆以为经术不可施于世务尔。"④正因为经术足以"经世务"，所以"国之栋梁"必须谙习儒家经书，这就是其所谓"以经术造士"的思想。二是礼乐政刑之事，针对当时学校重章句、课试而忽视实学的情况，他提出"朝廷礼乐刑政之事，皆在于学"。三是武事，为改变当时"文武异事"、"重文轻武"等倾向，他在《上仁宗皇帝言事书》中指出：

> 先王之时，士之所学者，文武之道也。士之才，有可以为公卿大夫，有可以为士。其才之大小，宜不宜，则有矣。至于武事，则随其才之大小，未有不学者也。故其大者，居则为六官之卿，出则为六军之将也……故古者教士，以射御为急。其他技能，则视其人才之所宜而后教之，其才之所不能则不强也。至于射，则为男子之事，人之生有疾则已，苟无疾，未有去射而不学者也。

3. 教之、养之、取之、任之的人才理论

兴学重教说到底是一个人才问题，王安石基于政治革新的需要，在《上仁宗皇帝言事

---

① 《临川文集》卷六十九《兴贤》。
② 《临川文集》卷二十四《乞改科条制劄子》。
③ 《临川文集》卷三十九《上仁宗皇帝言事书》。
④ 脱脱等：《宋史》卷三百二十七《王安石》。

书》中提出了"教之"、"养之"、"取之"和"任之"的系统人才理论。

首先是"教之之道",即人才培养之道。王安石认为,人才是需要通过教育来培养的,即"皆本于学校",因此在其主持变法期间,力主从中央到地方遍设学校,并严格挑选学官,讲究实学,凡"朝廷礼乐刑政之事,皆在于学",以培养"可以为天下国家之用"的人才。

其次是"养之之道",即人才管理之道。王安石提出三点建议:一是"饶之以财",即给予较高的待遇,"使其足以养廉耻,而离于贪鄙之行";二是"约之以礼",即在衣食住行以及婚丧、祭养等方面给予行为规范,以免其放荡奢侈;三是"裁之以法",即对于违规乱纪者加以处罚,视其情节或"屏弃远方,终身不齿",或处以"流杀之法"。

再次是"取之之道",即人才选拔之道。王安石认为,选拔人才应该自下而上推荐,所谓"必于乡党,必于庠序,使众人推其所谓贤能,出之以告于上而察之"。所谓"察之",就是要察其言观其行,并"试之以事",即在实际工作中加以考察。他说:"欲审知其德,问以行;欲审知其才,问以言。得其言行,则试之以事。"

最后是"任之之道",即人才的使用之道。王安石认为要做到两点:一是要"任其所宜",不能"以一人之身责之以百官之所能备",应该根据其"德之大小,才之高下"授予相应的官职,如"知农者以为后稷,知工者以为共工。其德厚而才高者以为之长,德薄而才下者以为之佐属"。二是要"久其任",即在某一职位上要相对稳定,便于积累经验,充分发挥其作用。如此,才能使"上狃习而知其事,下服驯而安其教,贤者则其功可以至于成,不肖者则其罪可以至于著"。

王安石认为,教之、养之、取之和任之四个环节是相互联系的,任何一个环节出了问题,都会影响到人才的养育和使用,所谓"夫教之、养之、取之、任之,有一非其道,则足以败乱天下之人才,又况兼此四者而有之?则在位不才、苟简、贪鄙之人,至于不可胜数,而草野闾巷之间,亦少可任之才,固不足怪"。

(五)朱熹

朱熹为闽学派代表人物,封建社会最有影响的思想家和教育家。他不仅集学术之大成,还集教育思想之大成,以至在封建社会后期的学校里出现非朱子之说不言、非朱子之书不读的局面,可见其对教育的影响之大是无与伦比的。

1. 生平及教育活动

朱熹(1130～1200),字元晦,号晦庵,祖籍徽州婺源(今江西婺源县),生在福建南剑(今南平)尤溪县,故后人称其为"闽人",称其学派为"闽学"。晚年因迁居建阳考亭,又有"考亭先生"之称。

朱熹出生在一个衰败的官僚家庭,祖辈历代为官,世为"婺源著姓,以儒名家"。5岁始入学读书,8岁始读《孝经》,并立下学做圣人的宏伟大愿。14岁时遵从父亲的遗愿,拜胡原仲、刘志中和刘彦冲三人为师,开始系统研习儒家经典。

绍兴十八年(1148年),朱熹考中进士,授予左迪功郎,任泉州同安县主簿。期间重视学校教育,首先是整顿同安县学,把县学生分为治道、据德、依仁、游艺四斋,各斋设斋长一人,由学生充任。再就是,定县学释典礼,取《周礼》、《仪礼》、《唐开元礼》和《绍兴祀令》相互参照,绘制成礼仪、器用及服饰等挂图,供诸生"朝夕观览"。

乾道三年(1167年)八月,朱熹由范伯崇、林择之侍行,从福建崇安启程前往潭州访问张栻,与张栻研讨学问,不仅开书院会讲之风,更使岳麓书院名闻天下。淳熙二年(1175年),经吕祖谦相约,朱熹与陆九渊、陆九龄兄弟二人在信州铅山鹅湖寺(今江西铅山县境内)相会,就学习方法问题展开激烈辩论,首开不同学派论辩之先,学术界称之为"鹅湖之会"。

淳熙五年(1178年),经宰相史浩的推荐,朱熹差知南康军(今江西星子县)。在南康任内,主持修复白鹿洞书院,亲定《白鹿洞书院揭示》作为书院的教育纲领,也成为后世书院条约制定的范本。淳熙八年(1181年),陆九渊自金溪至南康来访,朱熹趁机邀请陆九渊登堂讲学,陆九渊便以《论语》中"君子喻于义,小人喻于利"一章为题发论,"切中学者隐微深痼之病",听讲者"莫不悚然动心"。朱熹便请人将其所讲刻石为记,这就是著名的《白鹿洞书堂讲义》。淳熙十年(1183年)春,朱熹回到福建,主管台州崇道观,还在武夷山修筑武夷精舍,"四方士友,来者甚重"。

绍熙元年(1190年)四月,朱熹出任漳州知州,尤以崇教化、正风俗为先务,经常带领属僚"下州学视诸生,讲《小学》为正其义","训诱诸生,如南康时"。绍熙五年(1194年)四月,朱熹赴潭州出任荆湖南路安抚使,除兴办州、县学外,更是修复岳麓书院,使其"规制一新焉"。是年十月,就任焕章阁待制兼侍讲之职,为宁宗主讲《大学》,每讲一章必编成讲义,首列经文,次附小注,即对行事苟有所见,亦必编册呈现,《经筵讲义》即为宁宗编写的教材。朱熹还借进讲之机,面陈安邦治国之术,但40日后便被罢免侍讲之职。朱熹回到福建考亭,继续著述讲学,不久便提举南京鸿庆宫,转朝奉大夫。

庆元元年(1195年),统治阶级内部发生反"道学"斗争,朱熹以"伪学罪首"之罪而落职罢祠,朱熹对此却不屑一顾,"日与诸生讲学不休,或劝以谢遣生徒者,笑而不答"①。

庆元六年(1200年)三月,朱熹在考亭沧州精舍病逝。嘉定二年(1209年)谥号为"文",称朱熹"集诸儒之粹","有功于斯文",从此朱熹被尊称为"朱文公"。

朱熹著述甚丰,经史子集都有论著,如《四书章句集注》、《四书或问》、《太极图说解》、《通书解》、《西铭解》、《周易本义》、《易学启蒙》等都有极高的学术价值,后人编辑整理的《朱文公文集》100卷、《朱子语类大全》140卷等都蕴含有博大精深的理学教育思想。

2. 教育目的在于学为"圣人"

朱熹自幼便立下学为"圣人"的宏愿,因而把培养"圣人"看作教育的最终目的,时常教导学生要发愤读书,切己力行,成为像尧舜那样的"圣人"。所谓"始乎为士,终乎为圣人"。

在朱熹看来,圣人所必备的素质就是"明人伦"。他说:"圣贤,只是做得人当为的事尽"。在这里,"人当为的事"不外乎孝弟忠信、仁义礼智、修身齐家之类,能将这些事情做得尽善尽美,可谓"明人伦"了。他说:

---

① 脱脱等:《宋史》卷四百二十九《朱熹》。

先王之学,以明人伦为本。①

父子有亲,君臣有义,夫妇有别,长幼有序,朋友有信,此人之大伦也,庠序学校,皆以明此而已。②

圣贤教人,只是要诚意、正心、修身、齐家、治国平天下,所谓学者,学此而已。③

3. 教育作用在于恢复"本然之性"

朱熹承继二程、张载的人性论观点,从唯心主义的理、气二元论出发,认为"理"是万物的本原,"未有天地之先,毕竟也只是理。有此理便有此天地,若无此理,便亦无天地、无人、无物"。"气"则是构成天地万物的材料,"气则为金木水火土","五行阴阳七者滚合便是生物的材料"。"理"与"气"是不可分离的,因为"天下未有无理之气,亦未有无气之理"。二者虽不可分,但亦有先后,即"先有是理","有是理,方有这物事。如草木有个种子,方生出草木"。

进而,朱熹提出"性即理"主张,他说:"性者,人生所禀之天理也。""性只是理,以其在人所禀,故谓之性。"④基于此,他把人性分为"天地之性"和"气质之性"两等,"论天地之性,则专指理言;论气质之性,则以理与气杂而言之"。既然"理"是至善的,天地之性亦"浑然至善",人所皆同。但是,由于"气"有深浅、厚薄、清浊之殊,而人皆禀之,致使气质之性有善有不善,"人之性皆善,然而有生下来善的,有生下来便恶的,此是气禀不同"。

朱熹认为,人性虽有善恶,但不是一成不变的,通过教育就可使之改变,把人性中恶的成分除掉,善的东西加以保留和弘扬,以恢复人的"本然之性"。所以,他说:"古之圣王,设为学校,以教天下之人……必皆有以去其气质之偏、物欲之蔽,以复其性,以尽其伦而已焉。""资禀既偏,又有所蔽,须是痛加工夫,人一己百,人十己千。"⑤正是因为"为学乃能变化气质耳",因此,"若不读书穷理、主敬存心,而徒切切于昨非今是之间,恐亦劳而无补也"。

4. 论三教一体的教育阶段划分

朱熹提出要对儿童实施胎教、早期家庭教育和学校教育,认为这三个阶段的教育是相互联系的一个整体,由于每个阶段儿童的生理和心理特点不一样,实施教育的内容和方法亦应有所不同。

首先,朱熹主张儿童教育应始于"胎教"。在朱熹看来,周文王所以"卒为周宗",孟子所以为"明圣",与其母亲实施成功的胎教是分不开的。因此,他在《小学》"立教"篇中专置"胎教"一目加以阐述,要求按照《烈女传》上所讲的去做,即"妇人妊子,坐不边,立不跸,不食邪味,割不正不食,席不正不坐,目不视邪色,耳不听淫声"。如此,则"生子形容端正,才

---

① 朱熹、吕祖谦:《近思录》卷九《制度》。
② 朱熹:《孟子集注·滕文公》。
③ 张伯行:《续近思录》卷二。
④ 《朱文公文集》卷五十九。
⑤ 《朱子语类》卷四。

过人矣"。

其次，朱熹更重视出生后的早期教育。他认为，"盖古人之教，自其孩幼而教之"。朱熹称之为"乳母之教"，所谓"乳母之教，所系尤切"。为使儿童自幼受到良好的家庭教育，培养其合乎"天理"的性格和生活习惯，为日后接受小学教育打好基础，朱熹在《小学》一书中慎重地提出四点意见：一是要谨慎地选择乳母，即"必求其宽裕慈惠，温良恭敬，慎而寡言者使为子师"；二是要精心设计家庭环境，使儿童"耳目游处，所见皆善，至长而不见异物"；三是自孩子能食能言时教起，就日用常行处着手，由易到难，由浅入深，由事至理，渐化之以"孝弟诚敬之实"；四是对子女管教要严格，做到有教有爱，倘若娇生惯养，任其所为，致使"骄惰坏了，到长亦凶狠"。

最后，朱熹重视学龄阶段的小学和大学教育，还规定了每个阶段的入学年龄、对象以及教学内容等。

朱熹认为，小学教育是打基础的教育，是大学教育的"基本"，"大学之序特因小学已成之功"。他在《小学书题》中说："古者小学，教人以洒扫应对进退之节、爱亲敬长隆师亲友之道，皆所以为修身齐家治国平天下之本，而必使其讲而习之于幼稚之时，使其习与知长，化与心成，而无扞格不胜之患也。"如果儿童自幼不习之于小学，"则无以收其放心、养其德性而为大学之基本"。朱熹还把小学教育比喻为打"圣贤坯模"的阶段，若"存养已熟，根基已深厚"，那么到大学时只需在上面"点出些精彩"或稍加"光饰"就可以成为圣贤了。在朱熹看来，小学教育的主要特点是"事教"。他说："小学是事，如事君、事父、处友等事，只是教他依此规矩做去。""教小儿只说个义理大概，只眼前事或以洒扫应对之类作段子亦可。"①

朱熹在阐释儿童教育理论的同时，还重视儿童教材的编写。他认为，儿童自幼所要习行的封建纲常之道均蕴藏于圣贤书中，但其内容广博，义理精深，对"智识未开"的儿童来说是难以接受的。因此，朱熹特地为儿童编写了既能完整体现儒家道统又适合儿童特点的课本和读物。他以理学为指导，把古代圣贤名流的"嘉言善行"汇集起来，于淳熙十四年（1187年）编成《小学》一书，分内外两篇，共385章，以立教、明伦、敬身、稽古为纲，以父子、君臣、夫妇、长幼、朋友及心术、威仪、衣服、饮食为目，贯之以封建伦理道德。还有《童蒙须知》一书，就儿童生活中易知易行之事，莫不详细标明。他在《序》中开宗明义地讲："夫童蒙之学，始于衣服冠履，次及言语步趋，次及洒扫清洁，次及读书写文字，及有杂细事宜，皆当所知。"

进而，朱熹认为大学教育是小学教育的深化和扩充，主要特点是"理教"，旨在"明其理"。他说："小学之事，知之浅而行之小者也。大学之道，知之深而行之大者也。""小学者学其事，大学者学其小学所学之事之所以。""大学是发明此事之理，就上面讲究所以事君、事父兄等事是如何。"②朱熹也同样为大学阶段的学子编写了一套教材，即《四书集注》，与

---

① 《朱子语类》卷七。
② 《朱子语类》卷七。

《小学》一样成为封建社会后期重要的学校教科书。

小学和大学既是相互独立的两个教育阶段,同时又有其内在的联系,所谓"不习之于小学,则无以收其放心、养其德性而为大学之基本。及其长也,不进之于大学,则无以察其义理、措之事业而收小学之成功"。

5."存天理,灭人欲"的道德教育论

朱熹和以往的教育家一样,始终坚持把道德教育放在第一位。他在《尤溪县学记》中说:"立学校以教其民……必始于洒扫应对进退之间、礼乐射御书数之际,使之敬恭,朝夕修其孝弟忠信而无违也。然后从而教之格物致知,以尽其道,使知所以自身及家,自家及国而达之天下者,盖无二理。"朱熹心目中的道德教育,核心内容不外乎"三纲五常"等封建伦理道德。因为"三纲五常,礼之本也","君臣父子,定位不易,事之常也。君令臣行,父传子继,道之经也"。朱熹还把这种封建道德提到"天理"的高度,把违背或反对封建道德的言行统统看作"人欲"。因而,道德教育的目的和任务则是"存天理,灭人欲"。他说:"修德之实在乎去人欲,存天理。""圣贤千言万语,只是教人明天理、灭人欲。"①

为实现道德教育目标,朱熹十分重视学生的道德修养,提出了一系列道德修养方法,主要有立志、主敬、存养和省察。

第一,立志。朱熹主张学者为学首先要立定志向,他说:"问为学功夫,以何为先?曰:亦不过如前所说,专在人自立志。既知这道理,办得坚固心,一味向前,何患不进。""书不记,熟读可记。义不精,细思可精。惟有志不立,直是无著力处。"又"立志不定,如何读书"②。至于立何等志向,朱熹认为"只是直截要学尧舜"也就是要立学为圣人之志。为此,朱熹主张立志必须勇猛坚决,如此才会大有进步。他说:"学者立志,须教勇猛,自当有进。""立志不坚,只恁听人言语,看人文字,终是无得于己。"③还要像饥饿之人迫切需要得到饮食那样去立定志向,"立志要如饥渴之于饮食,才有悠悠便是志不立"。

第二,主敬。朱熹说:"敬不是万虑休置之谓,只是随事专一谨畏,不放逸耳。非专是闭目静坐,耳无闻,目无见,不接事物,然后为敬。整齐收敛这身心,不敢放纵,便是敬。尝谓敬字似甚字,却是个畏字。"④从这段话中可以看出,朱熹所谓"主敬",包含有三层意思:一是培养严肃、不放纵的道德态度和自我支配能力。他指出,"敬是不放肆的意思","无事时敬在这里,有事时敬在事上。有事无事,吾之敬未尝间断也。且如应接宾客,敬便在应接上,宾客去后,敬又在这里。若厌苦宾客而为之心烦,此却是自挠乱,非所谓敬也"⑤。二是培养小心谨慎的道德态度,所谓"敬只是一个畏字"。"畏"就是一种警惕的态度。三是培养精神专一或始终一贯的态度。朱熹认为,"主一,只是专一"。"主一,即做这一事,

---

① 《朱子语类》卷十二。
② 《朱子语类》卷十一。
③ 《朱子语类》卷一百十三。
④ 黄宗羲等:《宋元学案》卷四十八《晦翁学案上》。
⑤ 《朱子语类》卷十二。

且做一事,做了这一事,却做那一事"。

第三,存养。"存"即存心,"养"即养心,皆专指心而言。孟子所谓"操者存,舍则亡","养心莫善于寡欲",就是存养的意思。朱熹赞成孟子的说法,主张"存养",要求学者收敛其身心。他说:"人有此心,便知有此身。""心若不存,一身便无主宰。""圣贤千言万语,只要人不失其本心。"①但由于人心中夹杂着物欲和义理,收敛此心的目的就是要把它安顿在义理之上,如此则"无许多胡思乱想,则久久自于物欲上轻,于义理上重"。

第四,省察。即反省、检察言行得失之意,大致分为两种情况:"谓省察于将发之际者,谓谨之于念虑之始萌也。谓省察于已发之后者,谓审之于言动已见之后也。念虑之萌,固不可不谨,言行之著,亦安得而不察。"②可见,"省察"的工夫,就是克制"人欲"的工夫。朱熹认为,"凡人之心,不存则亡,而无不存不亡之时,故一息之顷不加提省之力,则沦于亡而不自觉"。因此,对人的私欲要在"将发之际"和"已发之后"加以反省和检察,把那些违背天理的言行压抑掉,更要窒息那些在头脑中萌发的一切不善的思虑,如能"深察私意之萌多为何事,就其重处痛加惩窒,久之纯熟,自当见效"。

6."教有成法"的教学论

朱熹长期从事教学,经悉心体验和探索后悟出"教有成法"之道,指出:"事必有法,然后可成,师舍是则无以教,弟子舍是则无以学,曲艺且然,况圣人之道乎。"③尤其是,他在借鉴前人教学经验的基础上,结合自己的教学实践,提出一套比较完整的教学法理论。

第一,知行并重论。朱熹认为,做学问最重要的只有两件事情:一是知,二是行。他说:"大抵学问只有两途:致知、力行而已。""夫学问,岂以他求,不过欲明此理而力行耳。"④

"知"即明理穷理,由四个阶段来完成,所谓"学问思辨四者,所以穷理也"。至于"行",即把已经得到的理见于实际行动,"力行其所已知",具体表现在修身处事和接物上,所谓"凡日用之间,动止语默处皆是行"。朱熹很重视"知"的作用,"论先后,知为先"。"义理不明,如何践履?"但朱熹更强调"行"的重要性,所谓"论轻重,行为重"。他说:"学之之博,未若知之之要。知之之要,未若行之之实。""书不可不读,但比之行,实差缓耳。"⑤

朱熹认为,只究明义理,而不践履则不足为学,只躬行践履而不求诸义理,亦不足为行,所以知与行应该是并重的,不可偏重或偏废,"偏过一边,则一边受病"。知与行又是不可分割、相互促进的,"知行常相须,如目无足不行,足无目不见"。"知之愈明则行之愈笃,行之愈笃则知之愈明"。因此,他要求学生"若日讲习渐明,便当痛下克己功夫,以践其实"。

---

① 《朱子语类》卷十二。
② 朱熹:《性理精义》卷七。
③ 朱熹:《孟子集注·告子》。
④ 《朱文公文集》卷五十四。
⑤ 《朱文公文集》卷四十八。

第二，自主与适时启发。朱熹强调做学问要靠个人的主观努力,即主张自主学习。所谓"读书是自家读书,为学是自家为学,不干别人一线事,别人助自家不得"。这好比饮食,"不能安坐等其自至,只待别人理会,来放自家口里",而应该主动地去获取食物。教师的作用在于是一个"引路的人"、"证明的人"。他说:

  师友之功,但能示之于始,而正之于终尔。若中间三十分功夫,自用吃力去做,既有以喻之于始,又自勉之于中,又其后得人商量是正之,则所益厚矣。①

  书用你自去读,道理用你自去穷索,某只是做得个引路的人,做得个证明的人。有疑难处,同商量而已。②

进而,朱熹认为教师在和学生商量疑难问题时,不是要把正确的答案告诉给学生,而是要把握时机,启发诱导,调动学生求知的积极性和主动性。他在注释《论语》中"不愤不启,不悱不发"一章时,说:

  愤者,心求通而未得之意;悱者,口欲言而未能之貌。

  此正所谓时雨之化,譬如种植之物,人力随分已加,但正当那时节,欲发生未发生之际,却欠了些小雨,忽然得这些小雨来,生意岂可御也。

第三,"时习"与"知新"。朱熹认为,"时习"对学者来说是不可忽视的一个重要环节,因为"学而不习,则虽知其理、能其事,然亦生涩危殆,而不能以自安。习而不时,虽曰习之,而其功夫间断,一曝十寒,终不足以成其习之功矣"。因此,朱熹强调"学贵时习",要求弟子"须是心心念念在上,无一事不学,无一时不学,无一处不学"。"只从今日为始,随时提撕,随处收拾,随物体究,随事讨论,则日积月累,自然纯熟,自然光明"③。可见,"时习"即随事、随时、随地复习练习已获得知识的过程,也就是不间断的"温故"的过程。

朱熹进而阐发了孔子"温故而知新"的主张。所谓"新者,只是故中的道理,时习得熟,渐渐发得出来","是就故中见得这道理愈精,胜似旧时所看"。可以看出,"温故"是"知新"的基础,"须是温故方能知新,若不温故,便要求知新,则新不可得而知,亦不可得而求矣"④。

第四,因材与施教。朱熹在注释《孟子·尽心》中"有成德者,有达材者"一章时说:"此各因其所长而教之者也。"又说:"圣贤施教,各因其材,小以成小,大以成大,无弃人也。"针对孔门分德行、政事、言语和文学四科施教的做法,朱熹感慨地说:"孔子教人,各因其材,于此可见。"这表明朱熹对孔子因材施教的肯定,并提倡要对不同个性的学生施以不同的教育。

第五,博学与专精。在朱熹看来,博学即无所不学,凡是与修己治人有关的都要学习,因为博学是做学问的基础。他说:"博学,谓天地万物之理,修己治人之方,皆所当学。""若

---

① 《朱子语类》卷八。
② 《朱子语类》卷十三。
③ 张伯行:《续近思录》卷二。
④ 《朱子语类》卷一。

论为学修己治人有多少事,至如天文、地理、礼乐、制度、军旅、刑法,皆是着实有用之事业,无非自己本分内事。"①还说:"大而天地阴阳,细而昆虫草木,皆当理会,一物不理会,这里便缺少一物之理。"②然而,做学问只是泛泛博学而不专精深入,就难免流于"杂而无统"而毫无收获。"若务贪多,则反不曾读得"。因此,朱熹认为必须将博学与专精结合起来,做到"博而后约","惟先博而后约,然后能不流杂"。

第六,教学有序与不躐等。朱熹指出:"事有大小,理无大小。故教人有序,而不可躐等。""君子教人有序,先传以小者近者,而后教以大者远者。"又"学不可躐等,不可草率,徒费心力。须依次序,如法理会,一经通熟,他书亦易看"③。他认为,教学必须遵循由近及远、由浅入深、由易到难的客观规律,不然,一切所为都将是徒劳的。

7. 论读书六法

朱熹一向重视读书,在他看来,"为学之道莫先于穷理,穷理之要必在于读书"。这是因为,天理精蕴全在圣贤书中,读圣贤书是穷得天理的必由之径。他说:"天下之物莫不有理,而其精蕴则已具于圣贤之书,故必由是以求之。""学固不在乎读书,然不读书则义理无由明……若不读这一个书,便缺了这一件道理。"④正因为这样,朱熹自己读书就颇为用功刻苦,还悉心指导学生读书,规定"先读《大学》以定其规模,次读《论语》以立其根本,次读《孟子》以观其发越,次读《中庸》以求古人之微妙处"⑤。尤其是他对读书方法有过十分精湛的研究和卓越见解。他逝世不久,弟子将其平生读书的言论加以总结,归纳为六条,称为"朱子读书法"。

一要循序渐进。朱熹认为,"读书之法当循序而有常"。所谓"循序",即遵循教材的客观顺序来规定学习的课程或进度,"渐进"即不求速,不计近功,一一做去。朱熹说:"以二书言之,则先《论》而后《孟》,通一书而后及一书。以一书言之,则其篇章文句,首尾次第,亦各有序,而不可乱也。""且如一章三句,先理会上一句,待通透,次理会第二句,第三句待分晓。"⑥进而,朱熹指出读书要量力而行,以免贪多躐等之弊。他说:

  量力所至,约其课程而谨守之,字求其训,句索其旨,未得乎前,则不敢求其后,未通乎此,则不敢志乎彼。如是循序而渐进焉,则意定理明,而无疏易凌躐之患矣。⑦

二要熟读精思。朱熹认为,读书必先熟读,"书易少看,要极熟";"读书无甚巧妙,只是熟读"。只有熟读,才能做到"使其言皆若出于吾之口","击其首则尾应,击其尾则首应"。为提高读书效果,朱熹强调读书时要做到"三到"。他说:"余尝谓读书有三到,心到、眼到、

---

① 张伯行:《续近思录》卷二。
② 《朱子语类》卷二十九。
③ 朱熹:《小学·嘉言》。
④ 《朱子语类》卷一百二十。
⑤ 朱熹:《学规类编》。
⑥ 《朱子语类》卷十一。
⑦ 《朱子语类》卷十。

口到。心不在此,则眼看不仔细,心眼既不专一,却只漫浪诵读,决不能记,记亦不能久也。"①熟读书固然要紧,但精思亦不可忽略。"今有一般人看文字,却只摸得渣滓,到有深意处,却全不识"。这便是不会精思的结果,只有精思,才能做到"使其意皆若出于吾之心"。熟读与精思是不可分的,读得熟自然就思得精,"精熟后理自见得"。只有把熟读与精思结合起来,才能把学得的知识变成己有。朱熹说:

  读书之法,读一遍了,又思量一遍。思量一遍,又读一遍。读诵者,所以助其思量,常教此心在上面流转。若只是口里读,心里不思量,看如何也记不仔细。②

三要虚心涵泳。朱熹认为,读书时要虚心静虑,反复玩味,以求得古人旨意,而不可执著旧见,穿凿附会,所谓"读书须是虚心方得,圣贤说一字是一字,自家只平著心去秤停他,都使不得一毫杜撰"③。但是,虚心并非是让人随声附和、人云亦云、不知变通,而是要弄清义理,判定是非,决定取舍。朱熹指出:

  观书但当虚心平气,以徐观义理之所在,如其可取,虽世俗庸人之言有所不废,如有可疑,虽或传以为圣贤之言亦须更加审择,自然意味和平。道理明白,脚踏实地,动有依据,无笼罩自欺之患矣。④

四要切己体察。朱熹认为,读书不能只在纸上做功夫,必须将书中的道理与自己的经验和生活实践结合起来,加以反省和检讨,从而更深刻地体会书中的道理,即所谓要"切己体察"。他说:

  入道之门,是将自个己身入那道理中去,渐渐相亲,与己为一。而今人,道在这里,自家在外,无不相干。学者读书,须要将圣贤言语体之于身,如克己复礼,如出门如见大宾等事,须就自家身上体着,我实能克己复礼、主敬行恕否?件件如此,方有益。⑤

五要着紧用力。即要以刚毅勇猛的精神去读书,朱熹说:"为学要刚毅果决,悠悠不济事。且如发奋忘食,乐以忘忧。是甚么精神,甚么筋骨。""今之学者,全不曾发愤,直要抖擞精神,如救火治病然。"⑥他还借用生活中的许多事例加以解说,如"读书如战阵厮杀,擂着鼓,只是向前去,有死无二,莫更回头始得"。"读书如炼丹,初时烈火煅熬,然后渐渐慢火养"⑦。同时,还要以坚持到底而不懈怠的精神去读书,如撑上水船,"一篙不可放缓,直须着力撑上,不得一步不紧。放退一步,则船不得上矣"。

六要居敬持志。所谓"居敬",即读书时要求收敛身心,做到精神专一,注意力高度集中,所谓"读书须收敛此心,这便是敬"。他说:

---

① 程端礼:《程氏家塾读书分年日程》。
② 《朱子语类》卷十。
③ 《朱子语类》卷一百四。
④ 朱熹:《学规类编》。
⑤ 程端礼:《程氏家塾读书分年日程》。
⑥ 《朱子语类》卷八。
⑦ 《朱子语类》卷一百十四。

读书须将此心贴在书册上,逐句逐字各有著落,方始好商量。大凡学者,须是收拾此心,令专静纯一,日用动静间,都无驰走散乱,方始看得文字精审,如此方是有本领。

人做功课,若不专一,东看西看,则此心先已散漫了,如何看得道理出。须是看《论语》专只看《论语》,看《孟子》专只看《孟子》。读这一章更不看后章,读这一句更不得看后句。这一字理会未得,更不得看下字。如此,则专一而功可成。若所看不一,泛滥无统,虽卒岁穷年,无有透澈之期。①

所谓"持志",即树立一个具体的目标,或根据一个特殊问题,到书本中收集和整理有关资料,这样才会有大的长进。

朱熹集读书法研究之大成,奠定了我国古代读书法的理论基础,且"朱子读书法"也是朱熹教育思想中最为精彩的部分,体现出读书的量力性、巩固性、客观性、实践性、积极性和目的性原则,是很值得研究和借鉴的。

(六)陆九渊

作为象山学派的代表人物,陆九渊把儒家思孟学派的心学思想同佛教禅宗有机地结合起来,从而创立了与程朱理学相抗衡的理学思想体系"心学",成为宋代杰出的思想家和教育家。

1. 生平及教育活动

陆九渊(1139~1193),字子静,江西抚州金溪人。出身于没落地主兼商人家庭,兄弟六人。其四兄陆九韶喜爱讲学,五兄陆九龄"以礼学继父志,治家有法",他们三人在学术上形成独特的治学风格,世人称之为"江西三陆"。

陆九渊自幼便与众不同,不仅"不戏弄",且4岁时"问其父天地何所穷际,父笑而不答。遂深思,至忘寝食"。5岁入私塾,8岁始读《论语》,9岁"属文能自达"。13岁读古书时,碰到"宇宙"二字,便解释说:"四方上下曰宇,往古来今曰宙。"并提笔写道:"宇宙内事乃已分内事,已分内事乃宇宙内事。"②初步萌发了他的主观唯心主义思想。16岁读三国和六朝史后,便又萌发爱国意识,他说:"曾读《春秋》,知中国夷狄之辨,二圣之雠,岂可不复?所欲有甚于生,所恶有甚于死。今吾人高居无事,优游以食,亦可为耻,乃怀安,非怀义也。"③17岁时作"大人诗",立下要做孔孟之学传人的远大目标。

乾道七年(1171年),陆九渊再次参加乡试,以《易经》再中举。次年中进士第,在行都时从游者颇多,回到金溪侯职期间,更是"远弥闻风而至,求亲炙问道者溢盛"。于是,将其家东偏房"槐堂"辟为讲学场所,就学者有杨简、袁燮、沈焕、舒璘等,后世称"甬上四先生"或"四明四先生"。

淳熙二年(1175年),陆九渊出任靖安县主簿,是年与朱熹在铅山县鹅湖寺进行学术

---

① 《朱子语类》卷十一。
② 脱脱等:《宋史》卷四百三十四《儒林四》。
③ 《象山语录》卷四。

论辩,是为"鹅湖之会"。淳熙八年(1181年)陆九渊出任崇安县主簿,到南康军拜访朱熹,应邀登白鹿洞书院讲席,是为"朱陆白鹿之会"。

淳熙九年(1182年)陆九渊改任国子正,赴国子学讲《春秋》。后在敕局,任删定官,改授承奉郎。淳熙十三年(1186年)在朝中提出任贤、使能、赏功、罚罪为医国"四君子汤",得到孝宗赞许,但当局所为疏驳,以祠禄官主管台州崇道观。闲居期间回故里讲学,"学者辐辏。听者贵贱老少,溢塞涂巷,从游之盛,未有见此"①。淳熙十四年(1187年),陆九渊登贵溪县应天山讲学,目睹应天山形"宛然巨象山",便易应天山为象山,自号象山翁,居所称象山草堂,讲学处设为象山精舍,数千从游之士一边躬耕,一边研读学问,这是陆学发展的最辉煌和鼎盛时期。

绍熙三年(1192年),陆九渊赴任荆门军,"政行令修,民俗为变",受到丞相周必大的赏识。次年病逝于荆门任上,赐谥"文安"。

陆九渊著述不多,只有少量诗文、书札和讲学语录,其子陆持之编辑而成的《象山先生全集》是研究陆九渊教育思想所依据的主要文献资料。

2. 教育宗旨在于明理、立心和做人

陆九渊非常重视教育的作用,认为教育旨在使人明理、立心和做人。

首先是通过教育使人"明理"。他认为,"塞宇宙一理耳,学者所以学,欲明此理耳"。他所谓的"理"皆存在于人心,"未有外乎其心者"。他说:"心,一心也;理,一理也。至当归一,精义无二。此心此理,实不容有二。"又说:"此理本天所以与我,非由外铄。明得此理,即是主宰。"②

其次是使人"立心"。依据其"心即理"主张,在"明理"的基础上要做到"明心"、"立心",即要能体认万事万物之理皆由心所生,通过明理,要能自作"主宰",以保持"本心",不被外物所牵制。他说:"人心至灵,此理至明。人皆有是心,心皆具是理。"故"心不可泊一事,只有立心。人心本来无事,胡乱被事物牵将去"③。

最后是"做人"。陆九渊将"理"更加具体化为"经邦"之理、"达乎天下"之理,也就是所谓的"天理"。因此,"明理"、"立心"的最终目标还是要落实到"做人"上,他说:"人生天地间,为人自当尽人道,学者所以为学,学为人也而已,非有为也。"④那么,通过教育就要使人成为一个"自作主宰"的人,一个顶天立地、堂堂正正的人。他说:"学者所以为学,学为人而已。""上是天,下是地,人居其间。须是做得人,方不枉了。"又说:"今人略有气焰者,多只是附物,无非自立也。若某,则不识一字,亦须还我堂堂地做个人。"⑤也就是孟子所谓的"大丈夫",也即能够"居广居,立正位,行大道"之人,不然"则何以为大丈夫?"至于如

---

① 杨简:《慈湖遗书》卷五《象山先生形状》。
② 《象山集》卷一《与曾宅之》。
③ 《象山语录》卷四。
④ 《象山语录》卷四。
⑤ 《象山语录》卷四。

何"做人",陆九渊也是有具体要求的:

一是做"志于道"之人。他说:"学者在乎志。夫子曰:'吾十有五而志于学。'又曰:'士志于道,而耻恶衣恶食者未足与议也。'孟子曰:'士尚志。'与'志于道'一也。"①他所谓的"道",指的就是君君、臣臣、父父、子子之道。

二是做"明辨义利"之人。他认为,义就是道义、公理,利就是利欲、私意,且"私意与公理,利欲与道义,其势不两立。从其大体与从其小体,亦在人耳"。因此,他说:

  志乎义,则所习者必在于义,所习在义,斯喻于义矣。志乎利,则所习者必在于利,所习在利,斯喻于利矣。故学者之志不可不辨也。②

三是做"无所不知、无所不能的人"。他认为,人与天地并立而为三极,人立于天地之间,不仅主宰天地,也主宰天地之间的万事万物,因此要做一个无所不能之人。他说自己就是这样一个人:"我无事时,只似一个全无知无能底人。乃事至方出来,又却似个无所不知、无所不能的人。"③

3. 道德教育重在"存养"与"剥落"

陆九渊非常重视道德教育,他说:"仁义忠信,乐善不倦……圣贤之所以为圣贤,亦不过充此而已。学者之事,当以此为根本。"④那么,要想学为圣贤,必须学会修养身心。

首先要做到存养"本心",也就是要保存好先天的善性。陆九渊认为,道德教育就是教人"自存本心",因为"苟此心之存,则此理自明"。那么如何存养"本心",他认为关键在于"寡欲",所谓"养心莫善于寡欲","故君子不患乎心之不存,而患夫欲之不寡,欲去则心自存矣"。

其次要学会"剥落"。陆九渊认为,"人心"在没有与外界事物接触之前是纯净、至善的,即所谓"赤子之心",一旦与外界事物发生交接,其本然之心就会被物欲所蒙蔽,所谓"愚不肖者之蔽,在于物欲",此时就应该采取"剥落"的办法来恢复本然之心。如果说存养主要靠自我反省、自我体认、自我完善的自控过程,而剥落则是需要借助外力的助推来完成的。他说:"人资质有美恶,得亲友琢磨,知己之不美而攻之。"如"不得明师良友剖剥,如何得去其浮伪,而归于真实?又如何得能自省、自觉、自剥落?"⑤

4. 读书之法在于"平淡"和求"疑"

陆九渊虽不像朱熹那样重视读书,但也有自己的见解。他认为,读书的目的在于"明物理、揣事情、论事势"。如若"只是解字,更不求血脉",如此读书"只是儿童之学"。至于如何读书,陆九渊强调:一是切忌急功近利、急于求成,而要用一种"平淡"的心态去读书,所谓"读书之法,须是平平淡淡去看,仔细玩味,不可草草。所谓优而柔之,厌而饫之,自然

---

① 《象山集》卷二十一《论语说》。
② 《象山集》卷二十三《白鹿洞书院讲义》。
③ 《象山语录》卷四。
④ 《象山集》卷二《与陶赞仲》。
⑤ 《象山语录》卷四。

有涣然冰释、怡然理顺的道理"①。二是提倡求"疑",即要善于质疑,所谓"为学患无疑,疑则有进";"小疑则小进,大疑而大进"。他还提出,对古人之书"不可以不信,亦不可以必信",而是要以"理"为尺度,"凡事只看其理如何,不要看其人是谁"。只要符合"理",即使"非圣人之经",哪怕是"妇人孺子之言"也应予汲取。这种不以儒经之是非为是非,不以圣人之是非为是非的读书方法是非常可贵的。

（七）吕祖谦

吕祖谦为金华学派代表人物,与朱熹、张栻齐名,人称"东南三贤"。他将北宋南传的中原文献学加以光大,集大成为"金华学",或"吕学"、"婺学",与当时盛极一时的"闽学"和"心学"平分天下,在教育及学术发展史上占有举足轻重的地位。

1. 生平及教育活动

吕祖谦(1137~1181)字伯恭,学者称东莱先生,浙江金华人。自宋开国以后,祖上有吕蒙正、吕夷简、吕公弼、吕公著、吕希哲等出任宰相,封侯受爵,故有"累朝辅相"之称。

自绍兴二十五年(1155年),吕祖谦开始拜师求学,先受教于其祖父的弟子林子奇,后在临安问学于汪应辰和胡宪等学者。隆兴元年(1163年)赐进士及第,旋又中博学鸿词科,被授为左从政郎,任为宗学教授,从此开始了他的教育活动。

乾道二年(1166年)母亲病故,在丁忧期间,吕祖谦创办丽泽讲堂(实为家族式书院),为弟子定有学规,有《乾道四年九月规约》、《乾道五年规约》、《乾道五年十月关诸州在籍人》、《乾道六年规约》、《乾道九年直日须知》以及淳熙八年(1181年)的《宗法条目》等多种,可以说是南宋时期书院学规制定的先行者。

乾道五年(1169年),就任严州州学教授,为州学生员制定有规约及课程,还写有《春秋讲义》。乾道六年(1170年),吕祖谦正式出任太学博士。期间,不仅"日从四方之士游",且后学"争相趋之"。

淳熙二年(1175年),吕祖谦到福建寒泉精舍拜会朱熹,相与研读周程张之书,商讨并共同编著《近思录》一书。十日后,朱熹送吕祖谦回浙江,至信州铅山鹅湖寺(今江西铅山县境内),吕祖谦便安排陆九渊、陆九龄兄弟二人前来与朱熹相会,他们主要就学习方法问题展开激烈辩论,首开不同学派论辩之先,学术界称之为"鹅湖之会"。淳熙三年(1176年),经李焘推荐,吕祖谦升任秘书省校书郎,兼国史院编修官、实录院检讨官等。他参与编修《徽宗皇帝实录》,书成之后升迁为著作郎,但以疾请归。于是,除秘书阁,主管建宁府武夷山冲佑观,继续他的讲学、会友和著述活动,直至病逝。

吕祖谦著述颇丰,主要有《书说》35卷、《吕氏家塾读诗记》32卷、《春秋左氏传说》20卷、《春秋左氏续说》12卷、《丽泽论说集录》10卷、《历代制度详说》12卷以及吕祖俭、吕乔年编辑的《东莱集》等,都是研究其教育思想的重要文献。

2. 教育以培育"实才"为目的

吕祖谦在《大学策问》中明确提出要"讲实理,育实才,而求实用"。也就是说,教育要

---

① 《象山语录》卷三。

培养既明体又达用的"实才"。

所谓明体,即"明天理"。吕祖谦认为,要匡救封建之衰世必须从本源上着手,而救世的本源在于"明帝学",也就是明封建伦理纲常之道。当时人们之所以不能遵循伦理纲常之道以行事,是因为不知其高明才误入歧途的。教育就是要帮助人们从"见之不明"到"见之果明",分清"坦途"与"陷阱"。因此,他在《乾道五年规约》中明确提出"凡与此学者,以讲求经旨,明理躬行为本",这与朱熹所说的"穷天理、明人伦、讲圣言、通世务"的道理是一致的。

所谓达用,即能够学以致用。他从这一角度出发,抨击科举取士的弊病,指出必须"教以国政,使之通达政体",然后才可为他日所用。他说:"今日之子弟,即他日之公卿。故国政之有中者,则教之以为法;不幸而国政之或失,则教之以为戒。又教之以如何整救,如何措画,使之洞晓国家之本末原委,然后用之,他日皆良公卿也。"又"百工治器,必贵于有用,而不可用,工弗为也。学而无所用,学将何为也?"①

3. 教育具有"复善心"和"取民心"的作用

吕祖谦以其人性论为基础,提出教育在个人发展中的作用在于矫正气质以"复善心"。他的人性论主要是承袭孟子的"性善论"主张,也吸取张载和二程的一些观点。他说:"性本善,但气质有偏,故才与性亦流而偏耳。"②吕祖谦和孟子一样,认为人性就其本源来说是善的,之所以有恶,是因为禀受时"气质有偏"之故。如同张载把"性"分为"天地之性"和"气质之性"一样,吕祖谦进而把"心"也区分为"道心"和"人心",人之所以由善变恶,都是由于"外心日炽,内心日消"的缘故。这里的内心,也就是"道心",即具有仁义礼智四端的"本然之心";"外心"也就是"人心",即致恶的"私心"。

在吕祖谦看来,无论是性之"偏",还是外心"日炽",不是固定不变的,通过教育和学习都是可以改变和矫正的。只要努力用封建伦理道德来约束自己,"习其教,渐其俗",那么"或远或近"都是"君子路上人",即人人皆可为君子。

吕祖谦还很重视教育对社会发展的作用,旨在"取民心"。但与一般理学家有所不同的是,他肯定法治的教化作用,认为法与德、刑与仁之间的关系是可以相辅相成的,故主张法德并举、恩威并重。他说:"治刚强而用严刑,正如病深者用猛药,方得适宜,乃所谓中……殊不知以深刻之刑,制强暴之恶,正圣人之中也。"③在重刑法教育的同时,吕祖谦更看重德教,认为在治理政务时,德比法更为重要。他说:"以法服人,其外若密,其中实疏;以德结人,其外虽疏,其中实密。"④尤其是,他从历代封建王朝的兴亡变幻中得出经验,认为民众之中蕴藏着巨大的力量。他说:"盖国之根本,全在小民,其兴其亡,不在大

---

① 《东莱集》卷二十《杂说》。
② 《东莱集》卷二十《杂说》。
③ 《东莱集》卷二十《杂说》。
④ 《东莱集》卷十九《史说》。

族,不在诸侯,不在奸雄、盗贼,止在小民之身。"①进而,他认为国家兴亡在于民心,如果"民心已离,虽甲兵之利,城池之固,皆不足恃"。因此,吕祖谦敬告统治者要广施仁德,以争取民心。

4. 务实有效的治学和教学方法

吕祖谦的教学生涯虽然短暂,但却在治学和教学方面积累了丰富的经验,提出许多有益的看法,概括起来有以下几点。

其一,立定志向,知难而进。吕祖谦认为,学者治学求道是一件很艰苦的事情,因此要率先立定远大的志向,他说:"志不立,一经患难,愈见消沮,所以先要立志。"②既要立定志向,还要有知难而进的精神,否则,为学的志向就会日渐"冰消瓦解"。他说:"今既应物涉事,步步皆是体验处,若知其难而悉力反求,则日益精明。若畏其难而日益偷懒,则向来意思悉冰消瓦解矣。"③

其二,兼容并蓄,求同存异。吕祖谦承袭家学传统,治学上从不囿于门户之见,主张兼容并蓄,求同存异。在他看来,即使是志同道合之人,学术观点也总会有分歧的,甚至是同一个人在不同的时间段思考的结果也会不一样的,所谓"早间思量事,及少间思之,便觉有未尽处"。因此,他要求学者对于不同的观点要认真加以研究,以免仅凭个人的好恶来决定向背,只有探明各家观点的得与失,才能"借人之短,以攻我之短,借人之失而攻我之失"。相互取长补短,求同存异,以利于学业长进,这显然是对孔子"道不同不相谋"观点的一种否定。

其三,循序渐进,不可躐等。吕祖谦认为,知识及学者为学有其内在的规律,因此"问学不可躐等,盈科而进,成章而达,未有陵节杂施而能成者也"。然而"后学读书,未曾识得目前大略,便要说性命,此极害事。为学自有等级,先儒至说性命,不知曾下几年功夫方到"④。至于如何做到渐进学习,吕祖谦说:"学者当先治一经,一经既明,则诸经可触类而长之也。"⑤

其四,因人而教,愤悱而启。吕祖谦很赞赏孔子因材施教的做法,孔子之教"坯冶一陶,不为贤者而增,不为愚者而损",要求为师者像孔子那样注重学生的个别差异,随其长短以抑引,随其性分以诱导,"愤悱而后启"。他说:"某窃谓,学者气质各有利钝,工夫各有深浅,要是不可限以一律,拯须随根性、识时节箴之,中其病发之当其可,乃善。"

其五,不讳过、不自足。吕祖谦认为,学问是无止境的,既要勤学、知难而进,还要有"不讳过、不自足"精神。他说:"学者之患在于讳过而自足,使其不讳过、不自足,则成其

---

① 《东莱书说·召诰》。
② 《东莱集》卷二十《杂说》。
③ 《东莱吕太史别集》卷五《与郭养正》。
④ 《东莱集》卷二十《杂说》。
⑤ 《东莱集》卷二十《杂说》。

德。"①也就是说,在治学过程中要敢于正视自己的不足乃至过错,要"不自足"、不知足地发奋学习,如此方可成就学业。

另外,吕祖谦还强调"务实躬行"和"明理躬行",即要求弟子把学得的知识用于实践,将"致知"和"力行"统一起来,"切不可偏"。他认为知与行的关系如同识路和走路一样,"知犹识路,行犹进步"。知而不致则行必不力,但若知而不行,知也就没有了实际意义,这也是其学以致用思想的具体体现。

(八) 陈亮

在朱熹的"理学"和陆九渊的"心学"昌盛之际,以薛季宣、陈傅良、陈亮和叶适为代表的事功之学悄然兴起,他们在政治上主张抗金、收复失地,学术上反对空谈心性,注重实学、实事,教育上主张培养务实人才。他们在批判朱陆、参议政事及教育实践中所形成的教育思想,对宋以后的学术思想和教育理论影响颇大。其中,陈亮在教育理论上颇有建树。

1. 生平及教育活动

陈亮(1143~1194),字同甫,原名汝能,学者称龙川先生,南宋婺州永康人。事功学派的代表人物,也是永康学派的领军人物,南宋时期思想家、教育家。

受家学的影响,陈亮早年便"为人才气超迈,喜谈兵,论议风生,下笔数千言立就"②。隆兴元年(1163年),陈亮科举落第后,面对宋金再次约和之势,他上书痛言:"海内涂炭四十余载矣。赤子嗷嗷无告,不可以不拯;国家凭陵之耻,不可以不雪;陵寝不可以不还;舆地不可以不复。"③其爱国之举措并未被朝廷所吸纳。他只好"退修于家,学者多归之,益力学著书者十年"。期间,他创办一个类似书院的"保社"授徒讲学,其事功之学也是在这十年中形成的。

淳熙五年(1178年),陈亮看到当世之儒士"低头拱手以谈性命","扬眉伸气以论富强"的状况"不胜愤悱",接连三次上书孝宗皇帝,劝其北上抗金,收复失地,以雪国家之耻。因其在朝野直言不讳,与当权者多有不合,故常遭诽谤,甚至"竟用空言罗织成罪",将其多次下狱。绍熙四年(1193年),陈亮再次应试中第,光宗御笔擢第一,授签书建康军判官公事。他在及第后的《谢恩诗》中写道:"复仇自是平生志,勿谓儒臣鬓发苍。"遗憾的是,未及上任他就离开了人世。所著《龙川集》30卷是研究其教育思想的主要资料。

2. 教育的最高目标在于培养"非常之人"

基于对国家社稷的忧虑以及士人不究治国之本末、当权者不懂富国强兵之术的情况,陈亮提出了具有鲜明时代特色的教育目的主张。他将教育的培养目标分为三个层次,其中最高层次是培养"非常之人",所谓"有非常之人,然后可以建非常之功"④。也就是他常说的"雄伟英豪之士"、"超世迈往之才"。在他看来,只有敢于"言当今之利害"、"斥百家之

---

① 《东莱集》卷二十《杂说》。
② 脱脱等:《宋史》卷四百三十六《儒林六》。
③ 《龙川集》卷二《中兴论》。
④ 《龙川集》卷一《戊申再上孝宗皇帝书》。

异说"以及"力足以当天下之任者"才可以称之为"非常之人",因而不可多得。于是,陈亮又提出了"学为成人"的培养目标,即《论语》所说的"臧武仲之知,公绰之不欲,卞庄子之勇,冉求之艺"这样的"成人",但又认为"圣人,方是成人",因而也不是人人都能达到的。于是,陈亮又提出教育的最低也是最基本的培养目标,即"学为人",就是学会"做个人",所谓"人生只是要做个人……学者,所以学为人也"①。

3. 论终日与终身学习

陈亮把人生分为"童子"、"少壮"和"老成"三个阶段,且各阶段的学习任务也不一样。他说:"童子以记诵为能,少壮以学识为本,老成以德业为重。"②可见,"童子"主要是读背书籍,为以后的学习打下基础。"少壮"则应该博学多识,"所涉愈广,所求愈众"。而"老成"之人阅历丰富,应该做到"穷天地之运,极古今之变"。

关于学习的内容,陈亮认为,除儒经及诸子百家学说外,"着重研究历史上的兴亡成败,考订各代名物制度,把历史文献知识作为最重要的教育内容,这是事功学派教育思想的一个重要特点"③。他说:"能于前史间窃窥英雄之所未及,与夫既已及之而前人未能别白者,乃从而论著之,使得失较然,可以观,可以法,可以戒,大则兴王,小则临敌,皆可以酌乎此也。"④在陈亮看来,学史的目的在于借鉴历史的经验和教训,以改革时弊,这与朱陆所谓的修身养性、独善其身有所不同。

至于如何完成各阶段的学习任务,陈亮提出首先要终日学习,要求从早到晚,贵久贵专,否则将贻误学业。他以耕耘为例说:"士之于学,农之于田,朝斯夕斯,舍是奚安……不虔不力,误我丰年。工贵其久,业贵其专,凡尔君子,相与勉旃!"⑤其次是要终身学习,做到活到老学到老,乃至"死而后已"。他说:

> 君子之道,不以其所已能者为足,而尝以其未能者为歉,一日课一日之功,月异而岁不同,孜孜矻矻,死而后已。⑥

第四节 辽金元的教育

自 10 世纪至 14 世纪,中国历史上先后出现了少数民族统治北方以至全国的辽、金、元三个朝代,分别是由契丹、女真和蒙古族的统治者建立起来的王朝。这三个少数民族在

---

① 《龙川集》卷二十《与朱元晦秘书》。
② 《龙川集》卷十五《赠武川陈童子序》。
③ 王炳照、阎国华主编:《中国教育思想通史》第三卷,湖南教育出版社1994年版,第359页。
④ 《龙川集》卷五《酌古论序》。
⑤ 《龙川集》卷十《耘斋铭》。
⑥ 《龙川集》卷十五《赠武川陈童子序》。

征服中原之前尚处于落后的氏族社会或奴隶制社会发展阶段,在他们运用强大的武力南下征服广袤的中原地区的同时,开始接触以儒家思想为核心的中原文化。虽然他们在军事上经历了一个灭亡中原封建王朝的过程,但在政治、经济和文化方面却又经历了一个逐渐汉化的过程。因而在文教方面,他们在力图保持其本民族文教风俗的前提下,又在不同程度上倡导尊孔崇儒,以儒家思想作为治国和发展文教事业的指导思想,在汉文化的传承及教育传统的弘扬等方面发挥了积极的作用,在中国教育史上写下了重要的一页。

一、辽代的教育

辽代是以契丹族为主体在中国北方建立的一个少数民族政权。辽原系氏族部落社会,神册元年(916年)在辽太祖耶律阿保机的率领下立国,积极推行"汉化"政策。神册三年(918年),诏令建孔庙、佛寺、道观,并于翌年亲谒孔庙,奠定了辽代儒、佛、道并举而尤重儒学的文教政策基调。辽太祖时注意发展文化教育事业,根据汉字创制了契丹大小文字。虽然辽"以国制治契丹,以汉制待汉人"的治国政策使契丹人的汉化不甚彻底,但随着儒学教育的逐渐深入,其汉化步伐明显加快。辽建国后共历9帝,统治210年,诸帝都采取各种具体措施落实尊儒的文教政策,借以笼络汉族士人,并注意对臣民开展以忠孝和三纲五常为主体的儒家伦理道德教育。

辽代中央官学制度先仿唐制,继又仿宋制。统一的管理机构是国子监,且不只是一所国子监。这是因为,辽立国后陆续设置了五个京城,即上京、东京、南京、中京和西京,每个京城都有一套官署,也都设有京学。辽太祖确立尊儒的文教政策后,于神册三年(918年)在上京(今内蒙古赤峰市巴林左旗林东镇)建孔子庙,次年置上京国子监,设祭酒、司业、监丞、主薄等管理职位,这是辽代设置中央教育管理机构之始。东京(今辽宁辽阳)是辽太宗为治理渤海地区而设置的又一个都城,在道宗清宁元年(1055年)创设国子学。太宗会同元年(938年)又设置南京(今北京)为都城,并创设国子学,称南京太学。中京(今内蒙古赤峰市宁城县)为辽圣宗所置,道宗清宁六年(1060年)诏"中京置国子监,命以时祭先圣先师",置祭酒、司业、监丞、主薄诸职,统管太学事宜。西京(今山西大同)为辽兴宗所置,道宗清宁元年(1055年)始设太学,其后又设置了规模较大的西京国子监,亦设祭酒、司业、监丞、主薄等专职管理人员。可见,辽代的中央官学设有国子学和太学,但却分设于五京,故号称五京学。五京学的教学内容以儒家的经典著作为主,学习经传注疏。

辽代地方官学虽没有专门的管理机构,但设置比较普遍,诸如设有黄龙府学、兴中府学等,如王圻的《续文献通考》所言:"时五京,黄龙、兴中二府及诸州县皆有学,其设官并同。"

辽代虽依照唐制设立了科举考试制度,但对科举制度并不重视。辽太祖时曾经有设,以后中断了几十年,至辽圣宗统和六年(988年)才恢复贡举,正式开科取士。当时每年贡举一次,及第者仅一二十人,最多也不过70余人。兴宗重熙元年(1032年)以后,每隔三四年才有一举的做法,渐成惯例。但辽代科举只对汉族士子而设,录取的人数很少,其本族则用任子之制,不需要通过科举而直接进入仕途,可见辽代的科举制度不过是专门用来笼络汉族士人的手段而已。

二、金代的教育

金代是继辽、北宋之后,活动在长白山和黑龙江流域的女真族建立起来的一个少数民族政权。为了有效地统治广大汉族地区,政治制度几经改革,汉化程度比辽代更深。金太宗首先确立尊孔崇儒的文教政策,并创制女真文字,翻译汉族的经史著作,让女真人学习汉族文化。天会十五年(1137年)在上京(今辽宁开原县)建孔子庙,并在各地陆续修复诸州县孔子庙。但金代真正推崇儒学、重视汉文化则是在金中叶以后。皇统元年(1141年),金熙宗祭拜孔子后,对群臣说:"孔子虽无位,其道可尊,使万世景仰。"史书载其"颇读《尚书》、《论语》及《五代》、《辽史》诸书,或以夜继焉"①。金世宗与金章宗两朝,连太子及诸王都"自幼唯习汉人风俗,不知女真纯实之风",故《金史·文艺上》称:"世宗、章宗之世,儒风丕变,庠序日盛。"文教事业的快速发展,有力地推动了女真族的封建化进程。

金代教育行政制度较辽代完备。中央有礼部,掌管祭祀、学校、科举、医卜、僧道等事,学校教育为其所掌职能之一。国子监隶属礼部,它是专管中央官学的教育行政机构,设祭酒一人,正四品;司业一人,正五品,掌学校事务。另设监丞兼管女真学。地方教育虽未设专门的行政管理机构,但在地方行政官署内,府、州、县各级都设有专职的教育管理人员。府学行政,一般由从五品府判负责。州一级的教育行政,诸节镇由正七品观察判官负责,诸防御州由正八品判官负责,诸刺史州由从八品的判官负责。

金代的中央官学沿袭宋制。天德三年(1151年)始设国子监,规定词赋、经义学生100人,招宗室、外戚及三品以上官员子弟,年15以上者入学。大定六年(1166年)又设置太学,初定员160人,后又续加生员名额。所学教材有"九经"、"十七史"及诸子书,皆由国子监印制,分发给各学。学校注重学生的学业考察,实行学生会考制度,三日作策论一道,又三日作赋和诗各一篇。每三个月举行一次季试,先试赋,隔一日试策论。考列前五名者,申报中央补官。大定十一年(1171年)始设太学,学习内容包括经义、词赋与策论三类。大定十三年(1173年),为了培养女真官吏,在中都(今北京)又设立了专门以本民族语言施教的女真国子学与女真太学,以教育女真族子弟,学习内容主要为女真大小字的翻译经史著作,招收策论生百人。考试制度与汉学国子学相同,规定每谋克(氏族单位,每300户为一谋克)取二人。此外,还分设了小学和女真小学,定制各百人,学生取15岁以下者。尤其是,在宫廷内还设置有女学,专以教育宫女,教官称为"宫教",隔青纱帐施教。

金代的地方官学是从大定六年(1166年)开始设立的,分为府学与州县学两级,共17处,学生有千人。府学招生对象主要是宗室子弟、皇家五服之外的远亲及落第举人,学习内容主要是诗赋、策论和经义。除京府学之外,地方上也于大定十三年(1173年)开始设

---

① 脱脱等:《金史》卷四《本纪第四》。

有女真府学,共22处,教学内容与女真国子学大体相同,水平略低。大定二十九年(1189年)地方增置节镇及防御,州学增为60处,增养学生千人。金代的州县学与宋代州县学略同,节镇州学与防御州学由国家统一规定编制并提供经费。刺史州、县级行政区,国家不统一设学,也不提供经费支持,由各地自行办理。此外,地方还设有"京外医学",分十科,学生不足百人,平时试以疑难,每年一试于太医。

在金代,各级官学的学生都由国家供养。自泰和元年(1201年)起规定赡学养士法,凡生员给官田60亩,每年支粟30石。兴定五年(1221年)月给通宝50贯,后又改为给每生田40亩。

在发展官学的同时,金代统治者对科举制可以说是重视有加,多有改革举措。自太宗天会元年(1123年)下令开科,以词赋和经义取士,后又接连开了两次科举,只是此时的科举既无定期又无定额。天会五年(1127年)分设南、北科,在宋朝故地开设南科,号称"南选",主要招考汉族士儒,考试科目采用宋制,以经义取士。在辽朝故地开设北科,号称"北选",主要招考辽朝故地的士儒,考试科目采用辽制,以词赋、经义取士,也是以笼络士人为目的。正隆元年(1156年)始定三年一贡举的制度,考题以五经三史正文为限,科目设有词赋、经义、策论、律科、经童、制举、女真进士等科。规定考试词赋、经义、策论之中选者称进士,律科、经童中选者称举人。凡进士、举人由乡至府,由府至省及殿试,四试皆中选者,则授以官职。如果至廷试五次考试落选者,则赐之及第,称作"恩例"。还规定,凡进士不中者,由大臣举荐称"特恩"。南北科的开设,对平衡南北士人心态及本民族士人出仕发挥了积极的作用。

天德二年(1150年)南北选合一,标志着科举已成为全国统一的取士制度。大定十三年(1173年)设置女真进士科,专门招收女真族子弟,考试内容主要是策论,表明金朝政治制度的进一步汉化。明昌元年(1190年)命科举考试在"六经"、"十七史"以及《孝经》、《论语》、《孟子》、《荀子》、《老子》诸子书内出题。

尤其是科举考试管理更加严格,甚至调动军队巡视考场,规定府、会试时每4名考生安排1名军人,廷试进士则差弩手及随局承应人,皆用不识字者。入场前要"解发袒衣,索及耳鼻",后变为"使就沐浴,官置衣为之更之"①。

---

① 脱脱等:《金史》卷五十一《选举一》。

> 专栏 4—2：关于金代科举作用的探讨
>
> 金朝科举制始于太宗天会元年(1123 年)。从天会七年(1129 年)起，进士科的考试每三年举行一次，后来则是一年一次。最初(即金刚吞并了宋领土的时候)南方与北方的考试有所区别，称为南北选。北选侧重于词赋，而南选偏重于经义。造成南北选差别的一个原因，是想让北选更容易些，因为曾为辽朝遗民的北人，在女真人的眼中要比南人更可信赖。科考内容除五经之外，还要考《论语》、《孟子》、《孝经》、《扬子》以及道教经典《道德经》。尽管金代的上层职位大都由女真人把持，但汉人还是能通过科考找到进入上层社会门槛的，女真人对此也并未制造诸多障碍以阻止汉人入仕。金代一直试图形成一种相对公平的选拔制度，以平衡不同民族的利益，谋求一种妥协。在为汉人开设开科取士途径的同时，也为女真人的入仕升迁提供了种种优先权，这无疑是有助于稳定社会秩序的。金代科举制度在人才选拔上所起的重大作用，是另外两个非汉族政权辽与元所无法比拟的。

三、元代的教育

元代是蒙古族建立的统一的封建大帝国。元代的建立既为各民族文化的交流和边疆地区的开发创造了有利条件，也促进了蒙古族自身文化的发展与进步。元代统治者为了更好地统治政治、经济、文化都比自己进步的广大汉族地区，一方面实行民族歧视政策，按民族(也是按接受统治的先后次序)将国人分为四等，即蒙古人、色目人、汉人和南人，不同等级的人给予不同的社会待遇；另一方面对于占人口绝大多数的汉族，特别是士大夫阶层，采取"遵用汉法"的怀柔政策予以笼络。

(一) 文教政策

蒙古人在建国前长期以武力征伐为主，是一个以游牧业为生的少数民族。建国后面对错综复杂的社会和民族矛盾，尤其是如何治理广大的汉族区域问题，对此，统治者很早就意识到完全依靠军事力量是不能彻底解决问题的，必须像辽金朝一样采用以汉治汉的办法才能达到稳定社会的目的。早在蒙古军队南下伐金之初，契丹族政治家耶律楚材就曾向成吉思汗阐述了以儒治国的道理，他说："制器者必用良工，守成者必用儒臣。儒臣之事业，非积数十年，殆未易成也。"①他的意见得到统治者的赞同和采纳。至元十六年(1279 年)，元世祖忽必烈灭南宋，为了控制反抗的汉族士民，正式颁行"尊用汉法"的文教政策，提倡尊孔崇儒，兴学校，立科举，大力发展文化教育事业。忽必烈之后诸帝，仍坚持尊孔崇儒政策。武宗至大元年(1308 年)，加封孔子为"大成至圣文宣王"，将孟子推崇到

---

① 宋濂：《元史》卷一百四十六《耶律楚材》。

"亚圣"的地位。元武宗还积极推崇忠、孝等儒家伦理道德,称赞《孝经》"此乃孔子之微言,自王公达于庶民,皆当由是而行",且"命中书省刻版模印,诸王而下皆赐之"①。统治者对儒学的崇尚,在一定程度上确实收到了缓和社会矛盾、促进民族和解的实际效果。

在尊孔崇儒的同时,统治者对兴于两宋的程朱理学也备受重视。早在元太宗八年(1236年),中书省杨惟中从征伐宋,广泛搜集伊洛诸书,得赵复等儒学名士数十人集于燕京,并为他们创办一所太极书院讲学之内,开程朱理学北传之先河。元世祖曾令蒙古国子学生徒从许衡习程朱理学。元仁宗是元朝诸帝中最为推崇汉文化的帝王,他早年在太子藩邸,就曾命太子詹事王约等人节译南宋理学名臣真德秀的著作《大学衍义》,并称"治天下,此一书足矣"。他即位之后,恢复了久已停办的科举考试制度,选拔儒学人才。与此同时,采纳程矩夫等人"经学当主程颐朱熹传注,文章宜革唐宋宿弊"的建言,规定科举考试从《大学》、《中庸》、《论语》、《孟子》中出题,并以朱熹《四书章句集注》为解说,其他经书也以程朱之说为准,这实际上也规定了元代各级学校必须以"四书五经"为教材,程朱理学也从此正式登上官方哲学的地位,程朱理学在中国封建社会后期学术文化领域中的统治地位也从此确立。

值得指出的是,由于元诸帝大多是佛教信奉者,故而推崇佛教。此外,道教在元朝统治者的扶持下也出现兴盛局面,与隋唐道教相比,主要不是教理教义上的差异,而是教团组织上的发展态势,新老道派呈现合流的趋势,形成了北方以王重阳创立的全真道为代表,南方以原龙虎山天师道、茅山上清派、阁皂山灵宝派合并为正一道为中心的格局。尤其是,被称为"也里可温教"(元代对基督教各派的总称)的基督教再次传入中国,元代为此设有管领也里可温教的专门机构"崇福司",分布在全国各地的崇福司一度曾达72所,教徒主要是突厥及少数蒙古族人。江南沿海地区为元灭南宋后传入,在杭州及泉州也设有也里可温教堂。可见,元代如同汉以后各朝一样,对宗教文化采取一种包容的态度,且兼而用之。与隋唐宋有所不同的是,对已经灭绝而又再次传入的基督教文化,不是采取拒绝或打击的态度,而是设置专门机构加以管理,说明元代文教政策灵活变通的一面。

(二) 官学教育

元代统治者吸取以往朝代的治国经验,重视官学教育以培养所需的治术人才,官学行政管理权限比较分散,官学设置和唐宋朝一样分为中央官学和地方官学两级,但也因民族关系而独具特色。

1. 教育行政机构

元代中央一级教育行政管理权力比较分散,没有一个高度统一的管理机构。中央最高教育行政机构为独立设置的集贤院,集贤院于至元二十二年(1285年)从翰林国史院分出,其职责是:"提调学校、征求隐逸、召集贤良,凡国子监、玄门道教、阴阳祭祀、占卜祭遁

---

① 宋濂:《元史》卷二十二《武宗一》。

之事,悉隶焉。"①其下属机构有国子监、国子学、兴文署,主要行政官吏有大学士、学士、侍讲学士、侍读学士、直学士、典簿等,大学士往往兼国子监祭酒,总管全国儒学行政及学术事宜。国子监在至元初已有设置,史载:"以许衡为集贤馆大学士、国子祭酒,教国子与蒙古大姓四怯薛人员。选七品以上朝官子孙为国子生,随朝三品以上官得举凡民之俊秀者入学,为陪堂生伴读。"②至元二十四年(1287年)始成为集贤院的一个下属机构,规定:

  置监祭酒一员,从三品,司业二员,正五品,掌国之教令,皆德尊望重者为之。监丞一员,正六品,专领监务。典簿一员,令史二人,译史、知印、典吏各一人。③

  与集贤院不属同一系统而负有教育行政管理之责的机构,还有翰林国史院、蒙古翰林院、医学提举司、司天台等。翰林国史院主要掌管制、诰、诏、令的撰写以及修撰国史,教习"亦思替非文字"(波斯文字)。延祐元年(1314年)设置的回回国子监属其管辖,其主要官吏有翰林学士、侍读学士、侍讲学士、直学士等。蒙古翰林院主要掌管用蒙古新字译写文字及颁降玺书,下属机构有蒙古国子监、蒙古国子学,主要行政官吏有承旨学士、直学士、侍判、修撰等。医学提举司隶属太医院,主要职责为"掌考校诸路医生课义,试验太医教官,校勘名医撰述文字,辨验药材,训诲太医子弟,领各处医学"④,主要行政官吏有提举、副提举。司天台掌管天文历算之事,原为司天监,设有天文、历算、三式、测验、漏刻诸科,诸路阴阳学属其管辖,主要官员有提点、司天监、少监及提学教授等。可见,元代中央教育行政管理属于多元化管理,既没有宋代的划一,也没有辽、金的单纯。

  元代地方教育行政机构比较完备。中统二年(1261年),元统治者在诸行省及江南诸路设地方学校管理机构"儒学提举司",统辖诸路、府、州、县学。据史载:

  儒学提举司,秩从五品。各处行省所署之地,皆置一司,统诸路、府、州、县学校祭祀教养钱粮之事,及考校呈进著述文字。每司提举一员,从五品;副提举一员,从七品;吏目一人,司吏二人。⑤

  元代的儒学提举司直接对朝廷负责,这种地方教育行政体制一直延续到明清两代。至元十八年(1281年),又置蒙古提举学校官。至元二十五年(1288年)置官医提举司。此外,在京城大都,又专设大都路提举学校所,并设提举为行政长官。可见,元代地方教育行政管理系统相当复杂而周密。

2. 中央官学

  元代官学体制自元世祖忽必烈在位时已基本建立起来。在京师设有国子学、蒙古国子学、回回国子学三种。国子学以汉文进行儒学教育,蒙古国子学、回回国子学以少数民族文字进行教学,司天监、太医院等政府专职机构下属的专业学校则进行专业技术教育。

---

① 宋濂:《元史》卷八十七《百官三》。
② 宋濂:《元史》卷八十七《百官三》。
③ 宋濂:《元史》卷八十七《百官三》。
④ 宋濂:《元史》卷八十八《百官四》。
⑤ 宋濂:《元史》卷九十一《百官七》。

元至元六年(1269年)设立的国子学,是为国家的最高学府,隶属于国子监。承袭宋代太学的一些做法,教学上实行"升斋积分法"和"贡生制"。所谓"升斋积分法",就是把生员按学习程度分别编入不同的学斋,初为三斋,后改为六斋,东西相向。程度最低的两斋分别是"游艺"和"依仁",习《小学》;中两斋分别称为"据德"和"志道",习《四书》和诗律;程度最高的上两斋分别为"时习"和"日新",习《五经》,明经义。每季都要考查学生所习,孟月、仲月试经疑、经义,季月试古赋、诏、诰、章、表、策,蒙古、色目人只试明经、策问。词理俱优者计一分,词平理优者计半分,按成绩依次递升学斋。汉人升至上两斋,蒙古、色目人升至中两斋后,只要两年未曾犯过,允许按月参加考试,依其成绩判分,一年内积至八分为及格,可充高等生员。坐斋三年以上即可充贡举,与举人有同等资格,其中最优者六人可直接授官。蒙古人授官六品,色目人授正七品,汉人授从七品。这种选拔优异生员直接授官的制度就是"贡生制",且实行区别对待的政策,汉人考试内容最难,要求最严,蒙古、色目人要求宽松,内容简单,但授官等级却高于汉人。蒙古、色目和汉人出身的学官待遇也不相同,蒙古字学教授也比儒学教授略高一等。至元二十八年(1291年)国子学改为国子监,最初学额仅80人,后增至400人,另设陪堂生20人,学生不分种族,招收宿卫大臣子弟、卫士世家子弟及七品以上朝官子孙,平民中的俊秀者经三品以上朝官保举,可以入学做陪堂生。国子监设祭酒1人,司业2人,博士2人,助教4人,另外还有分管教务和杂务的正录和伴读。

蒙古国子学与回回国子学是与国子学并立的中央官学。蒙古国子学创设于至元八年(1271年),从蒙汉官员的子弟中选拔俊秀者入学,学习蒙古文的《通鉴节要》,成绩优异者量才授官。其学官有博士、助教、教授、学正、学录、典书等。回回国子学创设于至元二十六年(1289年),学习"亦斯替非文"(即突厥语系的波斯文),以培养诸官衙翻译人才为目标,其所招学生为公卿大夫及富民子弟。

除外,医学提举司附设于太医院之下,既是教育机构,又是医疗行政管理机构,同时也负责医学著述的编辑整理和药材实验。司天监,是教授天文历法的专门教育机构,其教职有提学、教授和学正,下设天文科、算历科、三式科、测验科、漏刻科,学生定额75人。

3. 地方官学

元代地方官学分别按路、府、州、县四级行政区划设置相应的儒学,农村尚建有社学。此外,还设有具有民族特色的诸路医学、诸路蒙古字学、诸路阴阳学等,分别与中央官学体系中的蒙古国子学、医学和天文学相对应。元代各类学校都是中央和地方配套,这在中国古代还没有其他朝代能做得到的。地方儒学教职的任免权在政府,教授由朝廷任命,学正、学录等由礼部及行省及宣慰司任命,各级儒学管理由儒学提举司负责。元代地方学校较前代发达,据至元二十五年(1288年)统计,各地建学计有24400多所。

路学创设于至元九年(1272年),设教授、学正、学录等教职各一人,府学及上中州学各设教授一人,县设教谕一人,学习内容同国子学。

诸路医学创设于中统三年(1262年),置教授、学正各一人,州医学设学正一人,县医学置教谕一人。医学受双重领导和管理:一为医学提举司,主要掌管考核诸路医人课义,选试任命医学教官等；二为设于行省或路一级的官医提举司，具体掌管医学的有关事项。学习内容以《素问》、《难经》等医经文字为主，但也需通"四书"，否则不准行医。医学的管理相当严格，若教学不力，课考不严，学校教官和官医提举司正、副提举均要受到相应的惩罚。

诸路蒙古字学创办于至元六年（1269 年），是设在路一级学习蒙古文字的学校，皆在培养使用、教授蒙文的人才。至元十九年（1282 年），蒙古字学的设置推向府、州一级，学官有教授、学正等，主要传授译写成蒙古文的《通鉴节要》，还采用《蒙古字百家姓》、《蒙古字韵》等，学生学成考试合格，可充任学官、译史等职。

诸路阴阳学创设于至元二十八年（1291 年），于各路置阴阳教授，传授天文、历数、卜筮等各种专门知识。元贞元年（1295 年），教学内容定为《占算》、《三命》、《五星》、《周易》、《数学》、《入宅通真论》等。在地方创设培养天文、算历人才的学校是一种创新，对明清教育产生了重要的影响。

值得一提的是，元代还创立了一种基层的教育机构"社学"。至元二十三年（1286 年）颁令各路劝农立社，如史载："县邑所属村疃，凡五十家立一社，择高年晓农事者一人为之长。"① "每社立学校一，择通晓经书者为学师，农隙使子弟入学。如学文有成者，申覆官司照验。"② 是年，地方社学已开办有 20166 所，发展势头相当迅猛，对后世产生了深远的影响。可以说，社学是在农闲时教导农家子弟的一种初等教育形式，但主要任务还是进行封建伦理道德的教化和对政府政策法令的宣传，实际上就是一种政教合一的基层教化形式。

（三）书院教育

元代对书院采取提倡、扶植和加强控制的政策，使书院逐渐趋向官学化。

早在太宗八年（1236 年），行中书省杨惟中在燕京设立太极书院，这是元代创办的第一所书院，后来许多不愿入仕的儒家学者自行修建书院，书院教育由此发展昌盛。诸如理学大师赵复、窦默、姚枢等离开燕京的太极书院后，在河南辉县的苏门山，就宋代学者邵雍讲学之地，开辟为太极书院继续讲学。

随着书院的快速发展，元代统治者因势利导，对日益增多的书院加以强化管理，如在书院教师的任命方面，直接将书院山长列为各地儒学提举司下属官员的编制，对书院山长采取委派制，并授予官衔，发给官俸。规定散府设教授两员，书院山长两员。至元二十四年（1287 年）的中书牒文《学官职俸》规定，书院山长待遇同州学学正相等，山长由行省任免。书院的山长、学正等管理人员的任命、提升都由政府批准。元代设立直学之职，掌管书院钱粮，于是书院财权也由官方掌管。书院学生入仕要经地方官员的推荐和考核，和地方官学学生一样，通过考核也可以直接授官。这样，书院就完全被纳入官方教育体制，成为巩固专制统治的工具。但元代书院仍与官学有一些不同之处。书院是由民间出资捐建

---

① 宋濂：《元史》卷九十三《食货二》。
② 柯劭忞：《新元史》卷六十九《食货二》。

的学校,虽然官方予以认可并委任山长、学正等,但书院并没有生员定额,也不必像一般地方官学一样每个行政区域只能有一所。

虽然元代书院的官学化政策大大促进了书院教育事业的发展,但另一方面,也使书院丧失了自身原有的自由讲学、注重学术、开放办学等传统优势和特点。书院山长不再像宋代书院那样能够根据自己的办学特色聘请著名的学者担任,而成为一些混取资序的无聊文人的仕途台阶,这导致书院学术水平大幅度下降,教学质量不佳也是理所当然的事情。

(四)科举制度

元代科举仿宋制。建国前,太宗九年(1237年)采纳中书令耶律楚材的建议,下诏诸路考试,设经义、词赋、论三科,凡专治一科,不失文义者便可中选,汉族儒生被俘为奴者也可参加考试。此科共录取4030人。蒙古窝阔台汗时又曾开过一次科举,之后科举长期停开,选官主要从蒙古、色目人中挑选,或从现任吏员中提升,只有少量的选士来自学校。直到仁宗皇庆二年(1313年)才重开科举,制定科举条例,要求"斟酌旧制而行之,取士以德行为本,试艺以经术为先"[①]。规定每三年开科考试一次,分乡试、会试和御试三步,第一步的乡试是在8月份举行,分三场进行。次年2月举行第二步的会试,同样分为三场。接着,3月举行御试,由皇帝亲自主持考试。但录取时却分两榜,即将蒙古、色目人分为一榜,汉人、南人分为一榜。两榜考试内容也不同,南人、汉人考试内容较难,蒙古、色目人考试内容比较容易。如史所载:

> 蒙古、色目人,第一场经问五条,《大学》、《论语》、《孟子》、《中庸》内设问,用朱氏章句集注。其义理精明,文辞典雅者为中选。第二场策一道,以时务出题,限五百字以上。汉人、南人,第一场明经、经疑二问,《大学》、《论语》、《孟子》、《中庸》内出题,并用朱氏章句集注,复以己意结之,限三百字以上;经义一道,各治一经,《诗》以朱氏为主,《尚书》以蔡氏为主,《周易》以程氏、朱氏为主,已上三经,兼用古注疏,《春秋》许用《三传》及胡氏《传》,《礼记》用古注疏,限五百字以上,不拘格律。第二场古赋诏诰章表内科一道,古赋诏诰用古体,章表四六,参用古体。第三场策一道,经史时务内出题,不矜浮藻,惟务直述,限一千字以上成。蒙古、色目人,愿试汉人、南人科目,中选者加一等注授。[②]

凡考中者,不分民族均委派官职,但蒙古、色目人待遇显然要比汉人优厚。惠宗至元元年(1335年)科举再次中断,6年后复设,但科举程式稍变。

元代总共举行过15次考试,录取的人数总计有1061人。和其他入仕途径相比,科举所占比重微不足道。元代虽然也有较为开明的统治者,但总的来看,掌权的蒙古贵族对读书人是蔑视并戒备的。当时有一官、二吏、三僧、四道、五工、六卒、七猎、八娼、九儒、十丐之说,其中儒生被排在第九位,其地位仅高于乞丐,这真实地反映了当时儒生社会地位低

---

① 宋濂:《元史》卷八十一《选举一》。
② 宋濂:《元史》卷八十一《选举一》。

下(少数御用文人例外)的情况。元末农民起义爆发,大批知识分子纷纷加入起义队伍,不能不说与这种政策失误有关。

四、辽金元儒学家的教育思想

由于辽金元统治者对汉文化的推崇,程朱理学也被抬到官方哲学的位置,学术思想界理所当然地要围绕着程朱理学进行研究和传承,虽然没有标新立异的学术争论,但也出现了一批有影响的学者,既有契丹皇族的后裔耶律楚材,又有汉族士人元好问、许衡、吴澄、程端礼、郑玉等。他们在长期的从政、从教实践中,对教育问题也有诸多思考和主张,对这一时期教育的发展带来了一定的影响。

(一)耶律楚材

耶律楚材是契丹族杰出的政治改革家,虽没有从事过具体的教育教学工作,但他身居高位,通过影响统治者,对元代文教政策的确立和教育事业的发展有着特殊的贡献,因而也是一位卓有成就的教育家。

1. 生平及教育活动

耶律楚材(1190～1244),字晋卿,法号湛然居士。他出身于皇族之家,父兄均为金元之际的著名学者,但其"三岁而孤,母杨氏教之学"。在母亲的严格教育与熏陶下,他秉承家族传统,自幼学习汉籍,精通汉文,除熟读经史外,还"博极群书,旁通天文、地理、律历、术数及释老、医卜之说,下笔为文,若宿构者"①。因其才学,被金统治者招为开州同知、左右司员外郎。

窝阔台汗三年(1231年)任为中书令,行宰相职权,积极恢复文治,逐步提出并实施"以儒治国"的一系列改革方案,包括定制度、议礼乐、立宗庙、建宫室、创学校、设科举、拔隐逸、访遗老、举贤良、求方正、劝农桑、抑游惰、省刑罚、薄赋敛、尚名节、斥纵横、去冗员、黜酷吏、崇孝悌、赈困穷等重要举措,使新兴的蒙古贵族逐渐摆脱了落后的游牧生活方式,从而走向以儒教来治理中原的发展轨道,使战争不断的乱世转为和平的盛世,使先进的中原封建农业文明得以保存和继续发展,尤其是为忽必烈建立元朝奠定了基础。因病去世后,追封"广宁王",谥"文正"。

耶律楚材一生酷爱诗歌,写过不少诗作,现存于世的有《湛然居士文集》共14卷,不少诗篇都涉及崇儒重教兴学问题。

2. "以儒治国"、"以佛治心"的教育主张

早在元军南下征战攻城之时,耶律楚材就搜集了大量的"奇巧之工"和文儒之士,保护了大量的古今书画、金石、遗文。此举不仅使得元朝能够承继宋、金的文教遗产,而且在他的影响下,统治者还逐渐认识到了文教事业的重要性,意识到加强民众的思想统治是解决

---

① 宋濂:《元史》卷一百四十六《耶律楚材》。

从金戈铁马到安邦守成的关键问题。根据这一需求,耶律楚材鉴古思今,提出了"以儒治国"的重要主张,表明对儒学的尊崇态度。

在他看来,只有儒学才是治国安邦的良策,元朝只有通过继承中原儒学传统,才能开创教育事业,统一民众的思想意识,最终统治中国。他曾举例说,汉武帝确定独尊儒术、罢黜百家、兴立太学的文教政策,将汉朝的发展推向了鼎盛。唐太宗是一代明君,其"所乐惟周公孔子"的做法,为后世帝王所效仿。而"辽家遵汉制,孔教祖宣尼,焕若文章备,康哉政事熙",为其后继的其他少数民族统治者树立了榜样。金朝世宗、章宗之时,重视文教事业,提倡儒学,推动了北方文明的发展与进步,也为金朝统治的完善创造了条件。而秦始皇因焚书坑儒,国祚短暂,未及二代。耶律楚材通过列举前代帝王的统治经验与教训,说明治国安邦必用儒学的道理所在。耶律楚材还明确表示,"殷周礼乐真予事,唐舜规模本素心"。他将光大儒学教育视为己任,认为经历战乱之祸后,要重建儒学的礼仪规范,只有兴学一途,统治者的当务之急就是发展儒学。当成吉思汗因汉人犯贪污罪,对儒教产生怀疑时,便责怪耶律楚材说:"卿言孔子之教可行,儒者为好人,何故乃有此辈?"耶律楚材对曰:

> 君父教臣子,亦不欲令陷不义。三纲五常,圣人之名教,有国家者莫不由之,如天之有日月也。岂得缘一夫之失,使万世常行之道独见废于我朝乎!①

在耶律楚材的倡议和坚持下,元初各地逐渐兴起和修复了一些孔庙,且崇儒兴学也蔚然成风。正如他在《周敬之修夫子庙》一诗中所言:"天皇有意用吾儒,四海钦风尽读书。可爱风流贤太守,天山创起仲尼居。"②

在崇儒的同时,他也充分认识到儒士在安邦治国中的作用,且认为培养儒士又是一项长期的工程。他指出:"制器者必用良工,守成者必用儒臣。儒臣之事业,非积数十年,殆未易成也。"③曾经有一位非常受成吉思汗赏识的制弓匠人叫常八斤,骄横异常,鄙视耶律楚材和儒生,曾向耶律楚材挑衅说:"国家方用武,耶律儒者何用?"耶律楚材针对他的挑衅,明确地说:"治弓尚须用弓匠,为天下者岂可不用治天下匠耶!"④可谓一语中的,深刻揭示了儒者在治国安邦、守成发展中的重要作用,因而也得到成吉思汗的肯定,"帝闻之甚喜,日见亲用"。

为了配合"以儒治国",耶律楚材又提出了"以佛治心"的教育主张。儒学自隋唐以后日益僵化,后经王通、韩愈、柳宗元、皮日休及宋代众多学者的努力,创立了兼容佛道的新儒学"理学"。理学的创立及发展,使儒学重新焕发了活力,能够满足统治者化民俗、治民心的需求。耶律楚材自小博通百家,旁及释老,主要宗法唐朝以后在全国占据统治地位的禅宗学派,还是金末禅宗大师万松的弟子。可以说,他对佛教是深有研究的,认为统治者

---

① 宋濂:《元史》卷一百四十六《耶律楚材》。
② 《湛然居士文集》卷十四。
③ 宋濂:《元史》卷一百四十六《耶律楚材》。
④ 宋濂:《元史》卷一百四十六《耶律楚材》。

在吸收儒学思想治国安民的同时,也应注意利用佛道来加强对民众的思想统治。在这种情况下,耶律楚材提出了"以佛治心"的主张,要求用禅宗的思想方法,用佛教的出世精神来对待现世,进而完成儒家的入世事业。换句话说,就是要在完成儒家所谓的治国平天下大事业时,以佛教忘生死、不逐名利的精神来修身律己,使自身达到一种高尚的境地。可以说,耶律楚材所说的"以佛治心"实际上就是一种自我道德修养的方法。

耶律楚材"以儒治国"、"以佛治心"的主张更多地考虑了元朝少数民族统治的需要,不纠结于儒佛道中的具体学术争议问题,而是兼容了统治者和学者的不同思想,将儒学上升至宏观层面,更具有操作性和实践性,对当时教育政策的确定和教育事业的发展都起到了有效的促进作用。

（二）许衡

许衡为元初杰出的理学家、教育家,金元之际南方理学北传的倡导人物之一,故有称其"继往圣,开来学,功不在文公下"。他通过传道授业,对于汉、蒙文化的融合和交流作出了重要贡献。尤其以"不食无主之梨"成为中华民族道德的楷模。

1. 生平及教育活动

许衡(1209～1281),字仲平,元怀庆路河内(今河南沁阳)人。自幼聪颖,史载其:

> 七岁入学,授章句,问其师曰:"读书何为?"师曰:"取科第耳!"曰:"如斯而已乎?"师大奇之。每授书,又能问其旨义。久之,师谓其父母曰:"儿颖悟不凡,他日必有大过人者,吾非其师也。"遂辞去,父母强之不能止。如是者凡更三师。①

金元交战之际,许衡虽颠沛流离,仍一心向学,废寝忘食。当他求得别人的藏书《书经》疏义时,昼夜抄录。于逃难途中得到《易王辅嗣说》,昼思夜读,手不释卷。他读古人之书,不仅深入钻研经义,而且身体力行,言行皆以书中精神为准则。在逃难路过河阳之时,饥渴难耐,难民们纷纷争抢路旁梨树上的梨子,而许衡却端坐路旁,不为所动。有人就对他说,如今世道已乱,梨树无主,为何不以梨解渴？许衡正色回答曰:"梨无主,吾心独无主乎？"由此事可见其德行操守。

不久,许衡听说弃官归隐的名儒姚枢在苏门(今河南辉县)兴办太极书院,便去拜访,与姚枢、窦默等人早晚论学,共同教授后学。许衡还从姚枢处抄录了赵复北传的《小学》等理学典籍,潜心钻研理学义旨,深感以往所学浅薄,此后将所研习教学的内容转向了理学。元代学者苏天爵在所编《元朝名臣事略》中称其:"始闻进学之序……悉弃前日所学章句之习,从事于小学洒扫应对,以为进德之基。悉取向来简帙焚之,使无大小皆自小学入。"又"自得伊洛之学,冰释理顺,美如刍豢,尝谓终夜以思,不知手之舞、足之蹈"。

元灭金后,许衡被忽必烈诏至京师,出任京兆提学,读书人闻之"莫不喜庆来学"。在其主持下,"郡县皆建学校,民大化之"。中统元年(1260年),忽必烈继位,授其为太子太保,坚辞不就。次年,又改授国子祭酒,许衡欣然接受。不久因国学徒负虚名,辞职返乡。

---

① 宋濂：《元史》卷一百五十八《许衡》。

至元三年(1266年),许衡上疏《时务五事》,提出了一系列行汉法、修德行、用贤才、爱百姓、顺天道的主张,深受忽必烈的赞赏,尤其对元代统治者树立兴学思想,制定一系列符合儒学传统的文教政策以及文教事业的发展有着巨大的推动作用。

至元八年(1271年),忽必烈任命许衡为集贤殿大学士兼国子祭酒,并亲自挑选蒙古族的弟子请许衡教导。这是许衡第二次出任国子祭酒,为完成使命,他将弟子王梓、刘季伟、韩思永、耶律有尚、吕端善、姚燧、高凝、白栋、苏郁、姚敦、孙安、刘安中12人诏至京师做伴读,将他们分处各斋做斋长。许衡在教学中,待蒙古弟子如子,运用侍读(即"小先生")、分斋教学、因材施教、启发诱导、情感联络、以身示教、随机而教等多种教学方法施教。在教授之余,他还带领学生练习礼仪、书法和算学等知识技能,效果显著,如史所载:"久之,诸生人人自得,尊师敬业,下至童子,亦知三纲五常为生人之道。"①至元十年(1273年),许衡辞去教职,其弟子苏郁、耶律有尚等人任国子助教,继续遵行并弘扬许衡的教育理论。至元十三年(1276年),因编制新历又诏许衡入京,仍任集贤大学士兼国子祭酒之职,这是许衡第三次出任国子祭酒。他还教领太史院事,在协助郭守敬完成《授时历》的制定后,以病辞归。病逝后封其为"魏国公",赠谥号"文正"。其著述《许文正公遗书》(或称《鲁斋遗书》)以及《宋元学案》中的《鲁斋学案》,是研究其教育思想的主要参考资料。

2. 教育的作用在于去"昏蔽"、"存天理"

许衡依据唐朝李翱的"复性说",将人性分为本然之性和气质之性。进而认为,人的成长会受到气的清浊不同的影响,使天赋的天理、明德等本然之性受到不同程度的掩蔽,以至世人之性有高低上下之分。教育的作用就是帮助人们去除"昏蔽",恢复其天理、明德的本然之性,使上下各明其位,各守其职,各尽其责,遵行天道,这样天下才能安泰。但许衡并不赞同宋儒"存天理、灭人欲"的禁欲主张,认为教育的主要任务在于教人通达人情,调节人欲,而非禁灭人欲,应重视"情"的合理性和重要性。基于这一认识,许衡认为古之礼法不是专为压抑人性而制定的。在他看来,欲学前贤,欲强国家,不能只在禁欲上想办法,而要发展生产,通过发展经济来消除罪恶产生的根源。

许衡的这一思想不仅有管子"仓廪实而知礼节、衣食足而知荣辱"的印迹,而且有孔子的"庶富教"意蕴,颇有"实学"色彩,在理学教育发展史上占有突出的地位。

3. 教育旨在培养甘于贫贱的志士仁人

既然人是可以接受教育的,那么教育的目的就在于培养甘于贫贱的志士仁人,比之二程以来"学为圣人"的追求降了一格。这与许衡对基层民众素养与国家治安之间关系的深刻认识息息相关,他曾说:

> 天下所以定者,民志定,则士安于士,农安于农,工商安于为工商,则在上之人有可安之理矣。夫民不安于白屋,必求禄仕;仕不安于卑位,必求尊荣。四方万里,辐辏并进,各怀无厌无耻之心,在上之人可不为寒心哉!臣闻取天下者尚勇敢,守天下者

---

① 宋濂:《元史》卷一百五十八《许衡》。

尚退让。取也守也，各有其宜，君人者不可不审也。①

可见，教育的对象主要应放在士农工商阶层，通过教育使他们明白"自古及今，天下国家惟有个三纲五常"，"不听父命者，则为不孝；不听君命者，则为不忠"②。也就是要通过这种教化，使他们成为恪守忠孝之道的良臣顺民。

4. 论宽严适度、施教有序的教学方法

许衡很重视教学方法的改进，以至凡是听过他授课的人，即便是"武人俗士、异端之徒，无不感悟"③。具体来说，他的教学艺术主要体现在以下几个方面。

一是关爱与严教相结合。许衡对学生态度诚恳，关爱有加，史称"其言煦煦，虽与童子语，如恐伤之"。同时，他对学生也提出诸多严格要求，在国子监执教时，与弟子相出入，如同君臣一般，"虽时尚柄凿，不少变其规矩也"。他曾说："人要宽厚包容，却要分限严，分限不严，则事不可立。"④这里所谓"分限"，其实就是指规矩，或纪律，这对学生来说是不可或缺的。

二是在日常生活中进行教化。针对理学家们的高谈阔论，许衡提出"道不远人"的观点，要求着重对学生日常生活中的道德训练。他说："大而君臣父子，小而盐米细事，总谓之文；以其合宜，又谓之义；以其可以日用常行，又谓之道。文也，义也，道也，只是一般。"⑤可见，"道"并非高深玄妙莫测，而就在日用间，且是"众人之所能知能行者"，如果是"高远难行之事，则便不是道了"。既然道不远人，就要借日常生活对学生不间断地进行道德训练。他说：

> 日用间若不自加提策，则怠惰之心生焉。怠惰心生，不止于悠悠无所成，而放僻邪侈随至矣……汲汲焉，毋欲速也；循循焉，毋敢惰也，非止学问如此，日用事为之间皆当如此，乃能有成。⑥

三是着重因材施教。许衡认为，用人当用所长，教人则当教其所短，也就是要根据学生的特点及品德、才识及气质方面的欠缺，进行有针对性的教学，故其学生中"无贵贱贤不肖，皆乐从之。随其才昏明大小，皆有所得，可以为世用"⑦。

四是强调教学要循序渐进。许衡主张教学要有次序，不可躐等。就为学次序而言，他认为应该"以洒扫、应对、进退为始，精义入神为终"。就读书来说，也有个次序，譬如：

> 阅史，必且专意于一家，其余悉屏去。候阅一史毕，历历默记，然后别取一史而阅之。如此有常，不数年，诸史可以备记苟阅。一史未了，杂以他史，纷然交错于前，则

---

① 宋濂：《元史》卷一百五十八《许衡》。
② 《鲁斋遗书·语录上》。
③ 宋濂：《元史》卷一百五十八《许衡》。
④ 《鲁斋遗书·语录下》。
⑤ 《鲁斋遗书·语录上》。
⑥ 《鲁斋遗书·语录上》。
⑦ 宋濂：《元史》卷一百五十八《许衡》。

皓首不能通一史矣。①

本章结语：从隋唐到宋元，在这近800年的历史长河中，无论政局如何更替，社会的稳步发展带来了教育的繁荣。

首先，隋唐教育缔造辉煌。隋代虽然短命，但国子寺及国子祭酒的设置，确是中国历史上设立专门管理教育的政府机构和设置专门教育行政长官的开始，标志着中国古代封建教育已经发展到了独立于其他部门的时代；书学和算学的设置，也是中国古代学校多样化的重要标志；尤其是创立了实行1300多年的科举制度。这一切，在中国教育史上都具有重大意义。唐代更是进入教育发展的鼎盛期，在"重振儒术"政策的引导下，建立了一套从中央到地方完备的封建学制体系，专业学校逐渐定型，官学管理制度日趋完善，私学教育也获得较快发展，还出现了书院的萌芽。与日本、新罗等周边国家的文化教育交流日益频繁。尤其是进一步完善了科举制度，包括报考程序、考试科目、考试内容、考试方法及考试程序等，从而使科举制度取代了以荐举为主的选士制度，这是中国古代选官制度的一次重大改革。隋唐时期的教育思想虽不及魏晋时期那么活跃，但也出现了王通、孔颖达、韩愈及柳宗元等教育大家，对两宋时期的教育理论产生了较大的影响。

其次，宋代书院及理学教育思想异常活跃。宋代在"重文"政策引导下，在隋唐教育体制的基础上进一步加以完善，宋初的三次兴学之举，加快了官学发展的步伐，也为私学及蒙学的发展创造了良机。尤其是书院制度的形成、发展与完善，使得封建社会的学校类型形成官学、私学及书院三足鼎立之势，大大丰富了封建教育的内涵。与此同时，对科举制度的改革也有重要举措，在防范考试作弊方面取得明显成效。在教育理论上，继春秋战国、魏晋南北朝之后，再次上演学派林立、百家争鸣的局面。以周敦颐、二程、张载、朱熹、陆九渊、吕祖谦、陈亮、叶适等为代表的理学家们，纷纷以书院为阵地，通过授徒讲学来形成和宣扬自己的理学教育思想，最终促使理学得到官方的认可，并走向官方哲学。还有以胡瑗为代表的儒学派、王安石为代表的改革派等，也在通过不同的方式张扬自己的教育理论。可以说，两宋时期的学术思想及教育理论精彩纷呈，名家辈出，对后世的影响也是举足轻重的。

最后，少数民族教育颇有特色。辽、金、元是中国封建社会持续发展而又中道衰微的时期，也是中国古代教育发展史上的一个特殊阶段。继魏晋南北朝之后，辽、金、元又一次形成了由汉族和少数民族建立若干割据政权的格局，直接促成了文化教育领域里多元化现象的出现，扩大了各民族区域之间的文化交流与融合。少数民族政权一方面积极推进汉化教育，缩短本民族与汉族之间的文化差距，在教育政策和制度上广泛采用和模仿唐宋政权的做法，使得本朝的教育实际上成为唐宋教育模式的延续；另一方面少数民族政权加强本民族文化教育事业的建设，不仅通过政策法令来维护本民族的文化传统与习俗，更重要的是通过创造本民族的文字，建立本民族的专门学校和科举考试制度，将本民族的文化

---

① 《鲁斋遗书·语录上》。

教育纳入到整个国家教育的体制之中,与汉化教育并行而立,从而形成了多元化的国家教育体制。尤其是程朱理学逐渐并成为官方的统治思想,长期主导当时文教政策的方向、学校课程的设置和科举考试的内容及评分标准,由理学家注解的儒家经典和朱熹的《四书集注》都成为学校教学与科举考试的法定教材。书院在理学家们的倡导下也获得较大发展。总之而言,辽金元三代的教育,虽不及唐宋发达,但也形成了各自的特色,在中国教育史上也占有重要地位。

【讨论与思考】

1. 隋代对我国古代教育的主要贡献。
2. 唐宋元文教政策的主要特点是什么?
3. 谈谈唐代学制的主要特点。
4. 试析韩愈、柳宗元关于教师的主张。
5. 谈谈宋初三次兴学的过程及其历史意义。
6. 宋代书院兴起及发展的原因有哪些?
7. 宋代是如何改革科举制度的?
8. 如何理解朱熹的教育主张?
9. 谈谈元代书院的官学化及其负面影响。

【阅读导航】

1. 李国钧、王炳照总主编:《中国教育制度通史》第二、三卷,山东教育出版社2000年版。

本书第二、三卷所涉及的内容,全部是隋唐宋元时期的教育制度,是了解封建社会中期教育制度的必读之书。其中,第二卷第四编"隋唐五代教育制度",分七章阐述隋唐时期的教育发展情况,内容有"隋代的教育制度"、"唐代崇圣尊儒的文教政策"、"唐代教育体制和管理制度"、"唐代官学内部管理制度"、"唐代私学教育制度"、"唐代科举制度"和"唐代留学生制度"。第三卷第五编"宋辽金元教育制度",分九章阐述宋元时期的教育发展情况,内容有"宋代的文教政策及其措施"、"宋代的历次兴学"、"宋代国家教育体制的建立"、"宋代的官学"、"宋代的书院"、"宋代的私学及其他教育形式"、"宋代的科举"、"辽、金、西夏的教育制度"以及"元代的教育制度"等。

2. 毛礼锐、沈灌群主编:《中国教育通史》第二、三卷,山东教育出版社1985年版。

第二卷第六章"隋、唐的教育",分十节来探讨这一时期的教育制度及教育理论,内容分别是"社会概况和文教政策"、"学校教育制度"、"科举考试制度"、"科学技术教育"、"中外文化教育的交流"以及王通、孔颖达、韩愈、李翱、柳宗元的教育思想等。

第三卷第七章分十二节专门探讨"宋代教育",内容为"社会概况和文教政策"、"官学教育"、"私学和蒙学"、"书院制度"、"科举考试制度"以及胡瑗、张载、二程、王安石、朱熹、陆九渊、陈亮、叶适的教育思想等。第八章分八节专门探讨"辽、金、元的教育",内容分别是"文教政策"、"官学教育制度"、"私学和书院"、"辽金元的科举制度"以及完颜雍、元好问、耶律楚材、许衡、吴澄等学者的教育思想等。

3. 孙培青主编:《中国教育史》,华东师大出版社2000年版。

本书第六章分六节来叙述"隋唐时期的教育",内容主要是隋唐时期的"文教政策"、"学校教育的发展"、"科举制"、"中日教育交流"以及韩愈、柳宗元的教育思想。第七章分七节探讨"宋辽金元时期的教育",内容为"宋朝的文教政策和教育制度"、"辽金元的教育"、"宋元的书院"、"宋元的蒙学"以及王安石、朱熹、陈亮、叶适的教育思想等。

4. 王炳照等编:《简明中国教育史》,北京师范大学出版社2010年版。

第五章内容涉及"隋唐时期的教育",分为五节,即"隋唐文教政策"、"隋唐学校教育制度"、"隋唐科举制度"及韩愈、柳宗元的教育思想。第六章探讨"宋元时期的教育",分为六节,即"宋代的文教政策和教育制度"、"宋代的科举制度"、"宋代的书院"、"辽金的教育"、"元代的教育"以及"朱熹的教育思想"等。

第五章 封建制后期教育的弱化

【内容提要】

在中国历史上,明代是一个介于两个少数民族政权之间的朝代,从1368年正式建国到1644年灭亡,前后存在了270余年。期间,伴随着政治、经济及文化的变化,明代的教育也显现出不同的气象,官学制度不断完善,监生历事之制开教育实习之先,书院在多次禁毁之后获得较快发展,所创八股取士制度将科举进一步推向程式化。尤其是以王阳明为首的心学派,纷纷著书立说,聚徒讲学,使得备受官方推崇的程朱理学遭受重创,所集大成的心学教育理论也对当时及后世教育产生了重要影响。

作为一个少数民族政权的清王朝,为缓和阶级矛盾、稳定封建统治秩序,在治国之策上如同元朝一样尊崇汉学,大力提倡程朱理学。官学制度进一步完善,六等黜陟法以及监规、卧碑文的颁布表明对学校管理的进一步加强,私学获得较大发展,学海堂及诂经精舍的创办为书院改革树立了一代新风,开童试之例同样表明科举制度也在不断地完善。与此同时,学术思想甚是活跃,以黄宗羲、王夫之、颜元等为代表的早期启蒙思想家们,对理学即所谓的宋学进行了猛烈的批判,提出了"经世致用"、"公其是非于学校"等初步的民主教育思想,反映了正在形成中的市民阶级的一些思想倾向,开启了清代学术的新路向,实际上也标志着宋明理学的终结。

就总体情况而言,明清时期的教育在长达470多年的时间内是呈现发展态势的,但因政治上的专制和对思想的禁锢而显得后劲不足,缺乏一种生气与活力,教育的功能也因附属于专制而被弱化。

【学习目标】

1. 了解明清时期的文教政策及其产生的历史背景;
2. 理会明清时期私学教育的主要特点;
3. 理解心学、理学与书院的关系;
4. 重点把握明清官学、书院及科举制度改革的主要内容和特点;
5. 重点把握王守仁、黄宗羲、王夫之、颜元教育理论的基本内涵。

【核心术语】

文字狱 监生历事 监规 卧碑文 禁毁书院 东林书院 洞学科举 八股文 三年大比制度 南北卷制度 心即理 致良知 随人分限所及 圣谕十六条 六等黜陟法 廪生 算学馆 俄罗斯馆 宗学 觉罗学 学海堂 诂经精舍 童试 公其非是于学校 漳南书院 主动习行 劳动教育

史学界一般都将明清定位为中国封建社会后期,加强中央集权制度是这一时期最显著的一个特点。明初,统治者为了巩固政权,在政治和军事方面进行了诸多改革,经济方面也推行了一系列"安养生息"、发展生产的政策,推动了农业、手工业的恢复和发展,促进了商业和城市经济的繁荣。随着商品经济的增长,自明中叶以后,出现了资本主义生产关系的萌芽,封建社会内部出现了新的经济因素。在意识形态领域,明代依然推崇程朱理学,通过多种措施极力稳定程朱理学的政治地位,虽然明中叶以后出现了与之分庭抗礼的"王学",但始终没有动摇程朱理学的官学地位,不过都对明代教育的发展产生了重要影响。

鸦片战争前的清代处于中国封建社会后期,历时197年。统治者在入关定都北京后,经过40多年的时间,平定了各地的反抗势力。同时,为了维护和巩固其封建统治,统治者采取了一系列恢复、发展农业和手工业的措施,商业和城市的繁荣也都超过了明代,资本主义生产关系萌芽也较明代有所增长。在学术思想和文化领域,实学思潮至明末清初达到全盛,实学家们鄙弃理学的空谈心性,极力提倡"崇实",具体表现为针砭时弊的批判精神,锐意社会改革的经世思想,重视自然科学及注重实践、考察、验证、实测的科学精神以及反映市民阶层利益和愿望的启蒙意识。① 上述清代社会在政治、经济、文化和学术诸领域的发展状况,是清代教育制度和教育思想赖以存在和发展的基础。

第一节 明代的教育

明代自建国伊始,为了巩固封建专制统治,竭力强化中央集权,在文教方面采取了一系列控制思想的严苛措施,以至在教育管理上显现出不同的气象和特点,诸如官学制度不断得到完善,书院在几经禁毁之后获得较快发展,私学教育也有新的起色。尤其是在教育理论方面,王阳明所集大成的心学教育理论对当时及后世教育产生了重要的影响。当然,中央集权制度在一定程度上也带来教育的专断和僵化。

一、明代的文教政策

明代统治者借鉴前代的治国经验,充分意识到教育在安邦治国中的重要作用,因而也就确立了"治国以教化为先,教化以学校为本"的文教政策。具体表现在以下几个方面:

首先是尊孔崇儒,推崇程朱理学。儒学自汉以后被历代统治者定位官方哲学,两宋时期被改造成理学后更是受到历代帝王的推崇。明太祖虽然出身贫寒,文化程度多有欠缺,却极具战略眼光,深深懂得以儒治国的重要性。早在元至正十六年(1356年)、至正二十

---

① 陈鼓应等主编:《明清实学思潮史》,齐鲁书社1989年版,第1~6页。

二年(1362年),朱元璋在镇江、龙兴就亲自拜谒孔子庙。朱元璋即位后,于洪武元年(1368年)二月便"以太牢祀先师孔子于国学",十一月袭封孔子56代孙孔希学为衍圣公,并决定"立孔、颜、孟三氏教授司,教授、学录、学司各一人。立尼山、洙泗二书院,各设山长一人。复孔氏子孙及颜、孟大宗子孙徭役"①。借此机会,朱元璋还颁布诏书,称孔子思想可以"垂教万世,为帝者师"。诏曰:

> 古之圣人,自羲、农至于文、武,法天治民,明并日月,德化之盛莫有加焉。然皆随时制宜,世有因革。至于孔子,虽不得其位,会前圣之道而通之,以垂教万世,为帝者师。②

洪武七年(1374年)二月又"修曲阜孔子庙,设孔、颜、孟三氏学"③。洪武十五年(1382年)四月"诏天下通祀孔子",五月"太学成,释奠于先师孔子"④。这基本上奠定了尊孔崇儒的政策基调。

同时对程朱理学也极力提倡。朱元璋即位之初,就曾下令学者要以朱子之学为宗,"非五经、孔孟之书不读,非濂、洛、关、闽之学不讲"⑤,还令儒臣辑录《五经》《四书》及《性理全书》等经典书籍颁行天下,多次表彰程朱后裔及其门人,不断抬高程朱理学的地位。

其次是重用、网罗士人。早在明朝建立之前,朱元璋就特别注意罗致士人,每攻占一地,必访求当地儒士,设法委以重用。如史载:

> 太祖下金陵,辟儒士范祖干、叶仪。克婺州,召儒士许元、胡翰等,日讲经史治道。克处州,征者儒宋濂、刘基、章溢、叶琛至建康,创礼贤馆处之。以濂为江南等处儒学提举,溢、琛为营田佥事,基留帷幄预谋议。⑥

元至正二十四年(1364年),朱元璋为吴王时,曾敕中书省曰:

> 今土宇日广,文武并用。卓荦奇伟之才,世岂无之。或隐于山林,或藏于士伍,非在上者开导引拔之,无以自见。自今有能上书陈言、敷宣治道、武略出众者,参军及都督府具以名闻。或不能文章而识见可取,许诣阙面陈其事。郡县官年五十以上者,虽练达政事,而精力既衰,宜令有司选民间俊秀年二十五以上、资性明敏、有学识才干者辟赴中书,与年老者参用之。十年以后,老者休致,而少者已熟于事。如此则人才不乏,而官使得人。其下有司,宣布此意。⑦

于是,各州县推举不少各类贤才,为明朝立国打下了人才基础,也避免了人才青黄不接的现象。

明初,统治者更重视人才的选拔,措施也更加有力。诸如洪武元年(1368年)十一月,

---

① 张廷玉:《明史》卷二百八十四《儒林三·孔希学》。
② 张廷玉:《明史》卷二百八十四《儒林三·孔希学》。
③ 张廷玉:《明史》卷二《太祖二》。
④ 张廷玉:《明史》卷三《太祖三》。
⑤ 陈鼎:《东林列传》卷二《高攀龙传》。
⑥ 张廷玉:《明史》卷七十一《选举三》。
⑦ 张廷玉:《明史》卷七十一《选举三》。

"遣使分行天下,访求贤才"。洪武三年(1370年)谕廷臣曰:

> 六部总领天下之务,非学问博洽、才德兼美之士,不足以居之。虑有隐居山林,或屈在下僚者,其令有司悉心推访。①

洪武六年(1373年),朱元璋又下诏,再次表明自己求才若渴的心情和愿望,诏曰:

> 贤才,国之宝也。古圣王劳于求贤,若高宗之于傅说,文王之于吕尚……盖贤才不备,不足以为治。鸿鹄之能远举者,为其有羽翼也;蛟龙之能腾跃者,为其有鳞鬣也;人君之能致治者,为其有贤人而为之辅也。山林之士德行文艺可称者,有司采举,备礼遣送至京,朕将任用之,以图至治。②

最后是加强思想控制。明代的中央集权制度在文化教育领域也得以充分体现,主要是对思想的控制进一步加强了,具体措施有:

一是删节《孟子》。朱元璋在读《孟子》一书,看到"君之视臣如草芥,则臣视君如寇仇"之句时,心中不悦,认为这不是臣子待君之道。因此,下令将孟子撤出孔庙,后虽恢复配享,但命儒臣修改《孟子节文》一书,把对专制统治和君主不利的句子统统删去。如《尽心篇》中的"民为贵,社稷次之,君为轻";《离娄篇》中的"桀纣之失天下也,失其民也,失其民者,失其心也";《万章篇》中的"闻诛一夫纣矣,未闻弑君也"等85条全给删节掉,然后重新刊印。

二是颁禁例于学校,严格对学生的管理。针对国子监生,国子祭酒宋讷秉承朱元璋的意志,先后四次参与更定"监规",其中在洪武十五年(1382年)所更定的监规共12条,如前三条的内容分别为:

> 学校之所,礼义为先,各堂生员,每日诵授书史,并在师前立听讲解,其有疑问,必须跪听,毋得傲慢,有乖礼法。

> 在学生员,当以孝悌忠信礼义为本,必先隆师亲友,养成忠厚之心,以为他日之用。敢有毁辱师长及生事告讦者,即系干名犯义,有伤风化,定犯人将杖一百,发云南地面充军。

> 今后诸生,止许本堂讲明肄业,专于为己,日就月将,毋得到于别堂,往来相引,议论他人短长,因而交结为非。违者从绳愆厅究察,严加治罪。③

为使监规能够得到执行,国子监还专门设有"绳愆厅",用于惩治犯规学生。洪武二十七年(1394年),监生赵麟因受不了监规的约束,便发"帖子"以示抗议,结果从重加以处罚,施以斩首之刑,还在国子监门前树一根长竿悬首示众,希望达到杀一儆百的目的。

而对地方学校,同样是在洪武十五年(1382年)颁禁例12条,镌刻卧碑,立于各地学宫之左侧。如第一、三、五条分别规定:

> 今后府州县生员,若有大事干于己家者,许父兄弟姪具状入官辩诉。若非大事,

---

① 张廷玉:《明史》卷七十一《选举三》。
② 张廷玉:《明史》卷七十一《选举三》。
③ 李东阳:《大明会典》卷二百二十《国子监》。

含情忍性,毋轻于至公门。

  军民一切利病,并不许生员建言。果有一切军民利病之事,许当该有司、在野贤人、有志壮士、质朴农夫、商贾技艺皆可言之。

  为学之道,自当尊敬先生。凡有疑问,及听讲说,皆须诚心听受。若先生讲解未明,亦当从容再问,毋恃已长,妄行辩难,或置之不问。①

此条例颁行之后,各地学校都要求生员经常温习和践行,不遵者以违惩治。

三是大兴文字狱。所谓文字狱,即因文字所引起的狱案,主要是皇帝及其周围的人故意从作者的诗文中摘取字句,罗织罪名,严重者会因此引来杀身之祸,甚至所有家人和亲戚都会受到牵连,遭满门抄斩乃至株连九族的重罪,显然这是思想控制的重要手段,是封建社会统治者迫害知识分子的一种冤狱。文字狱历朝皆有,明太祖朱元璋也曾制造多起文字狱案,如杭州府学教授徐一夔为其作贺表,说其"光天之下,天生圣人,为世作则";浙江府学教授林元亮替人作谢恩表,称其"作则垂宪";常州府学训导蒋镇为人写贺表,内有"睿性生知"一句等。这些均因怀疑带有讽刺朱元璋之意,故而遭杀身之祸。因为朱元璋早年曾出家为僧,后又参加农民起义,做帝王后对"光"、"僧"、"贼"等字眼十分敏感,因而要杀一儆百。当然,也有学者考证说洪武年间的文字狱多为虚假,认为是清初一些文人假明太祖之名映射当时统治者的一种发泄。

二、明代的教育制度

明代的教育主要是由官学、私学与书院等教育机构来实施的,其制度相对于前代而言更加完备,在管理上也上升一个水平。

(一) 官学教育

明代的官学有中央官学和地方官学两级(见图5-1),中央官学主要有国子监、宗学和武学。地方官学除府学、州学、县学外,还有都司儒学、行都司儒学、卫儒学以及都转运司儒学等,均统称为儒学。

---

① 李东阳:《大明会典》卷七十六《学规》。

明代学制系统	中央官学	国子监	
		宗学	
		武学	
	地方官学	儒学	府学
			州学
			县学
			都司儒学
			行都司儒学
			卫儒学
			都转运司儒学

并右侧：社学（对应府学、州学、县学）

图5—1 明代学制系统

1. 国子监

国子监为明代最高学府，学生通称为监生。早在至正二十五年（1365年），就曾改位于南京的应天府学为国子学。明初定都南京后，在南京的鸡鸣山下设立国子学，"令品官子弟及民俊秀通文义者，并充学生。选国琦、王璞等十余人，侍太子读书禁中"①。洪武十五年（1382年）改国子学为国子监。明成祖即位后，于永乐元年（1403年）二月在北京创办了北京国子监，南京国子监依然保留，从此有了北监和南监之分。永乐十八年（1420年）明成祖迁都北京之后，北学渐盛，学生最多达到9972人。

国子监设置有多个管理职位，国子监长官为祭酒，副长官为司业，在彝伦堂办公。还设置"五厅"，即为绳愆厅、博士厅、典籍厅、典簿厅和掌馔厅，相应设有监丞、博士、典籍、典簿和掌馔等职。

国子监生根据来源不同，可以分为四类：一是举监，即落第举人由翰林院择优送入国子监肄业；二是贡监，即从各地方学校生员中选送到国子监肄业的，有岁贡、选贡、恩贡和纳贡之别；三是荫监，即三品官以上子弟及勋戚子弟入监肄业，有官生、功生和恩生之别；四是例监，由普通子弟纳资入监肄业的，又称为民生。除外，还有外国来留学的"夷生"以及年少脱颖而出的"幼勋生"等。

国子监的课程内容主要是四书五经、刘向的《说苑》以及律令、书、数、御制大诰等。除外，还要习字与习射，习字每日二百余，以二王、柳公权、颜真卿字体为蓝本；习射在每月朔、望两日举行。每日分辰、午两课，辰课由祭酒主持，午课主要是背书、复讲、论课及会讲。

在教学组织上，国子监生分属于率性、修道、诚心、正义、崇志、广业六堂，其中正义、崇志、广业三堂为初级班，修道、诚心两堂为中级班，率性堂为高级班，学生依据学业成绩依次升级。如史所载：

---

① 张廷玉:《明史》卷六十九《选举一》。

> 凡通《四书》未通经者,居正义、崇志、广业。一年半以上,文理条畅者,升修道、诚心。又一年半,经史兼通、文理俱优者,乃升率性。升至率性,乃积分。其法,孟月试本经义一道,仲月试论一道,诏、诰、表、内科一道,季月试经史策一道,判语二条。每试,文理俱优者与一分,理优文劣者与半分,纰缪者无分。岁内积八分者为及格,与出身。不及者仍坐堂肄业。①

可见,升至率性堂后开始实施积分制,按月考试,一年内积满八分为及格,即可派充官职。

监生在学期间,会享受诸多待遇,诸如实行"会馔"制度,不会馔则发给相应的钱物,且随学家属也有一份;节假日有赏给,提供回家路费,厚待仆从;按时发给冬夏服装、文具纸张及生活用品;有病时由官府给予医治等等。

值得一提的是,洪武五年(1372年)为满足当时官吏不足之需而首创监生历事之制。历事即"历练政事",系实习官吏的制度。规定凡在监十余年者,派到六部诸司实习吏事三个月,考核勤谨者送吏部备案待选,仍令继续历事,遇到官缺,依次补用。表现平常的再令历练,考核下等的取消历练资格,送还国子监读书。

明代国子监在管理上有两点与前代有所不同:一是教育范围扩大,不像唐宋金元那样明文规定以几品以上的子弟为教育对象;二是用钱可以捐买国子监学生的资格或身份,即所谓的例监或捐监。这从另一个方面反映了当时中小地主和有钱工商业者的教育需求,他们以获取监生资格作为改变身份、提高社会地位的途径。②

2. 儒学

明代地方官学设立相当普遍。洪武二年(1369年)朱元璋下诏,称:

> 学校之教,至元其弊极矣。上下之间,波颓风靡,学校虽设,名存实亡。兵变以来,人习战争,惟知干戈,莫识俎豆。朕惟治国以教化为先,教化以学校为本。京师虽有太学,而天下学校未兴。宜令郡县皆立学校,延师儒,授生徒,讲论圣道,使人日渐月化,以复先王之旧。③

在统治者的提倡下,天下府州县皆立学校,且呈现出良好的发展势头,如史所称:"盖无地而不设之学,无人而不纳之教。庠声序音,重规叠矩,无间于下邑荒徼,山陬海涯。此明代学校之盛,唐、宋以来所不及也。"④各级地方官学均配备有专门人员来负责管理,规定府学设教授、州学设学正、县学设教谕各一人来主持一切事务,副职统称训导,府学、州学、县学分别设为4人、3人和2人来协助管理学校事务。

地方官学生统称生员,即秀才,规定府学、州学、县学分别定额40人、30人和20人。生员按其资格,分为三类:一是廪生,享受廪米待遇,为正牌生;二是增生,系扩招生员,于

---

① 张廷玉:《明史》卷六十九《选举一》。
② 王炳照等编:《简明中国教育史》,北京师范大学出版社2010年版,第206~207页。
③ 张廷玉:《明史》卷六十九《选举一》。
④ 张廷玉:《明史》卷六十九《选举一》。

额外加取一倍,无廪米待遇;三是附生,于额外增加若干。规定初入学者为附生,需参加岁、科两次考试来获得相应的待遇,即依次递补。岁试由提学官主持,按成绩分为六等:一等为候补廪生,二等为候补增生,三等为附生,四等挞责,五等廪增附生各降一等(附生降为青衣),六等的"黜革",即开除。此为考核生员的"六等试诸生优劣"法,清代在此基础上发展为"六等黜陟法"。科考在乡试前进行,主要选拔应试人员,凡列一、二等的均取得乡试资格。还规定,优秀生员可通过贡监入国子监肄业。若在学十年无成,或有大过,则罚充吏役,追还廪米。

在教学上,规定"生员专治一经,以礼、乐、射、御、书、数设科分教,务求实才,顽不率者黜之"。中央所颁发的经、史、律、诏、礼仪各书也是生员学习的主要内容,要求学生皆须熟读精通。另外,还设置"射圃"习射,要求每日临摹名人书帖500字等。

3. 社学

在地方官学中,值得一提的是明代在乡村所设置的社学。洪武八年(1375年)朱元璋下诏令天下立社学,"延师以教民间子弟,兼读《御制大诰》及本朝律令"。于是全国各地纷纷设立社学。据明正德七年(1512年)顾清所撰《松江府志》记载:"洪武八年三月,奉礼部符,仰府州县每五十家设社学一所。延有学行秀才教训军民子弟,仍以师生姓名申达,于是本府两县城市乡村皆设社学。"明《姑苏志》亦有记载:"洪武八年,诏府州县每五十家设社学一,本府城市乡村共建七百三十七所。"①

可见,明代社学是设在城镇和乡村地区,以民间子弟为教育对象的一种地方官学。社学招收民间8～15岁的儿童入学,带有某种强制性。据《明史·杨继宗传》记载可知,成化初,他任嘉兴知府,大兴社学,规定"民间子弟八岁不就学者,罚其父兄"。儿童入学后,学习《三字经》、《百家姓》、《千字文》等,稍有基础后,再进一步学习经、史、历、算等。同时,社学对儿童讲习冠、婚、丧、祭之礼,兼习"御制大诰"及律令。万历年间,吕新吾曾著《社学要略》,进一步明确规定了社学的教师选聘、学习活动、学习课程等。要求8岁以下的初学者,先读《三字经》、《百家姓》、《千字文》。社学的教师称社师,挑选地方上有学行的长者担任。在教学活动方面,对儿童念书、看书、作文、记文以及习惯培养、每日活动安排等都有较具体的要求。诸如:

> 教童子,先学爽洁。砚无积垢,笔无宿墨。蘸墨只着水皮,干笔先要水润。书须离身三寸,休令拳揉。手须日洗两番,休污书籍。案上书,休乱堆斜放。书中句,休乱点胡批。学堂日日扫除,桌凳时时擦抹。
>
> 念书初要数字,次要联句,次要一句紧一句。眼瞅定,则字不差。心不走,则书易入。句渐紧,则书易熟。遍数多,则久不忘。
>
> 看书不可就讲。先令童子将注帖经,帖过一番,令之回讲,然后一一细说,巧比再看。复回不知,再讲。庶几有得。
>
> 作文,出极明浅易于发挥题目。作不得题,细讲一遍,仍作此题。一题三作,其思

---

① 王鏊:《姑苏志》卷二十四《学校》。

必尽,其理自通,胜于日易一题也。

记文,须选前辈老程文,极简、极浅、极切、极清者,每体读两篇。作文之日,模仿读过文法者出题,庶易引触。

读书以勤为先,童子不分远近,俱令平明到学,背书完,读新书。吃饭后,略令出门松散一二刻,然后看书、作文、写仿毕,仍读书。午饭后,再令出门松散一二刻,仍读书。日落后,分班对立,出对一个、破题一个,即与讲解,然后放学。盖少年脾弱,饭后不可遽用心力,恐食不消化也。①

社学虽经统治者的大力提倡,但实际上并不曾普遍举办,地方官吏往往借口办社学而劳民伤财,愿意读书而没有钱的人不许入学,无暇读书的却逼令入学,以至在弘治朝之后"其法久废,寖不举行"②。

总之,明代社学是对元朝社学制度的继承和发展,通过培养安分守己的"良善之民",以维护明王朝的社会稳定。

(二) 私学教育

明代虽有较为完备的官学教育体系,但是能够直接在官办学校中学习的人毕竟还是少数的,有限的官学教育资源满足不了普通百姓日益增长的教育需求,再加上官学不承担蒙养教育的任务,于是,私学教育便获得了较大的发展空间。

明代的私学大体可分为两类:一类是教授识字和基本知识的蒙学,或称为乡校、村学,还有宗族设立的义学和富有之家的家塾等,均相当于小学;一类是为年龄较长、程度较高的学生从事学问或学习科举文字所设的场所,如私设经馆和书院等,相当于大学。这两类私学有的分别设置,但多数统一设置于一校之内,阶段划分并不明显。

私学学生入学不受年龄限制,虽以幼儿为多,但也有青年或成年人,一般以个人的学习基础来选择学习阶段。蒙学教育以授书、背书和写字为最基本的教学内容,教学中强调牢固记忆和基本训练以及培养儿童符合封建伦理道德的品质和习惯。经过蒙学识字教育之后,逐渐进入以应科举为目的的、程度较高的经馆教育阶段。经馆的教学内容以攻读儒学经典及注疏文字为主,教材有"四书五经",兼习史书选篇和历代名家散文,同时还要诵读诗赋。这一学习阶段要求学生学做诗赋和八股文章,广泛涉猎科举时文,作为科举应试的预备。

私学教育一般不采用班级制,而是根据所授生徒的学习程度和进度,教师进行个别教授。为便于管理,私学大都定有学规,尤其是规定有非常严格的罚则,除罚站、罚跪之外,还经常使用戒尺"打手心"、鞭挞臀部等体罚形式,在一定程度上会影响到儿童的身心健康。

私学教师的水平相差较为悬殊,他们的旨趣也有很大不同,从教缘由各异。有的是

---

① 陈弘谋:《五种遗规》补编《吕新吾社学要略》。
② 张廷玉:《明史》卷六十九《选举一》。

"不屑仕进","耻事权贵";有的是"不与时俯仰",从而"隐居教授";有的当朝士大夫,以"传道授业"为儒者要务而"教授乡里"。由于从事私学教学者人数众多,教学组织形式较为灵活,因而培养了大批人才,对巩固封建制度所起的作用和影响甚至超过了官学。

尤值得一提的是,明代私学大师们在继承前人教材编写经验的基础上,也推出了一系列有影响的私学教材。诸如吕得胜、吕坤父子编写的《小儿语》、《续小儿语》,吸取流行的格言、谚语编写而成,分四言、六言、杂言等多种形式,主要是宣传一些做人的道理,如《小儿语》中有"一切言动,都要安详,一差九错,只为慌张";"自家过失,不消遮掩,遮掩不得,又添一短";"从小为人,休坏一点,覆水难收,悔恨已晚"之句。《续小儿语》中有"说好话,存好心,行好事,近好人";"君子口里没乱道,不是人伦是世教,君子脚跟没乱行,不是规矩是准绳,君子胸中所常体,不是人情是天理"以及"做第一等人,干第一等事,说第一等话,抱第一等识"之句等等。不仅哲理性强,尤其是语言简明扼要,浅显易懂,读起来也朗朗上口,故此书自问世以后很受民众欢迎。除外,还有萧良有的《龙文鞭影》、李晖吉等续编的《龙文鞭影二集》、赵南星的《史韵》、程登吉的《幼学须知》等等。《成化内乡县志》所载《对类》、《嘉靖威县志》所载《律诗训》等,也都是民间流传的作文、作诗、作对类的私学教材。

(三) 书院教育

明代书院由于受统治阶级文教政策及其政治集团内部矛盾的影响,其发展经历了沉寂到勃兴再到禁毁的曲折过程。

第一,书院沉寂时期。从明立国至弘治十八年(1505年)的近140年间,书院发展处于沉寂状态。当时,统治者重视学校教育,大力发展官学,使明初官学出现了唐宋所未有的盛况。与此相反,统治者对于书院则既不提倡也不修复。如白鹿洞书院,毁于元末兵火后,荒废了87年,至明正统三年(1438年)才得以重建。

具体来说,造成书院沉寂的原因主要有三点:一是统治者在积极发展官学的同时,大力提倡科举,并将科举与学校教育紧密结合,规定"科举必由学校","学校则储才以应科目者"。士人为了获取功名利禄,纷纷趋向官学,书院受到冷落。二是统治者通过官学和科举已满足了对人才的需求,故而也无意再兴办书院。三是书院比较自由的学风,有悖于明初的专制统治。

当然,明初书院的沉寂并不是说没有设置新的书院。洪武元年(1368年),明太祖即"因元之旧",设立了洙泗、尼山两所书院。此后,各地亦时有书院创立。《续文献通考·学校考》记载:"其时各省皆有书院,弗禁也。"

第二,书院勃兴时期。自正德(1506~1521)之后书院开始兴盛起来,至嘉靖年间(1522~1566)达到鼎盛。据曹松叶《宋元明清书院概况》统计,明代书院共有1239所,其中嘉靖年间最多,占总数的37.13%;万历年间其次,占总数的22.71%。吴景贤在《安徽书院沿革考》中统计,明代安徽省共建书院98所,其中在嘉靖年间建39所,约占40%。刘伯骥在《广东书院制度沿革》中统计,正德以后广东创建书院共150所,其中正德年间建8所,嘉靖年间建78所,万历年间(1573~1620)建43所。以上的文献数据清楚地显示,书院自明中叶以后,渐渐兴起,嘉靖年间达到极盛。

这一时期书院之所以兴盛起来,其原因主要有以下三点:一是明统治阶级内部矛盾激化,出现了宦官专权。士大夫与宦官之间的斗争异常尖锐,于是便纷纷设立书院,以书院为阵地,在讲学之余讽议朝政,裁量人物,书院讲学带有政治色彩。二是科举腐败,官学衰落。明代科举考试营私舞弊现象百出,成为贿买钻营的场所;官学已变成科举的附庸,学生"奸惰",视官学为取得应试资格的场所,导致学校有名无实。于是,一些有志于从事学术研究的士大夫纷纷创建书院,授徒讲学。三是在湛若水、王守仁等学者的倡导下,各派学术大师在各地开设书院讲学,讲学之风兴起,推动了书院的快速发展。

第三,书院禁毁时期。明中叶以后书院曾先后四次遭到当权者的禁毁:第一次是在嘉靖十六年(1537年),据《续文献通考》记载,是年二月,御史游居敬疏斥南京吏部尚书湛若水"倡其邪学,广收无赖,私创书院,乞戒谕以正人心。帝慰留若水,而令所司毁其书院"①。于是,湛若水所创立的书院遭到了禁毁。第二次是在嘉靖十七年(1538年),据《皇明大政纪》记载,此次是受上一年禁毁书院的影响,吏部尚书许赞以官学废坏不修,而各地别起书院,不仅耗财,"动费万金",而且还与官学争师,"征取各属师儒,赴院会讲",上书请求"毁天下书院",皇帝诏从其言。第三次是在万历七年(1579年),执政的张居正憎恶书院聚徒讲学,害怕书院"徒侣众盛,异趋为事","摇撼朝廷,爽乱名实"。因此,"不许别创书院,群聚徒党",遂以常州知府施观民科敛民财私创书院为借口,请毁书院。朝廷批准其奏请,是年正月,"诏毁天下书院……尽改各省书院为公廨,凡先后毁应天等府书院六十四处"②。第四次是在天启五年(1625年),当时宦官魏忠贤专权,专横跋扈,坑害异己,朝政极度腐败。顾宪成、高攀龙等在东林书院授徒讲学,在讲习之余,"讽议朝政,裁量人物。朝士慕其风者,多遥相应和。由是东林名大著,而忌者亦多"③。顾宪成为书院所题的对联就是:"风声雨声读书声声声入耳;家事国事天下事事事关心。"魏忠贤党人为打击异己,遂矫旨"毁天下东林讲学书院"。因为当时东林书院的社会影响力很大,人们把天下的书院都同东林联系起来,所以,魏忠贤在禁毁书院时,也就把天下的书院都疑为东林一派。因此,严令一律禁毁。宦官奸党由忌恨东林书院,而殃及了天下所有的书院。

总体来说,明代书院的变化主要有两点:一是书院的官学化比元代更甚,与科举的关系更加密切。诸如院长的指派、课程设置、考核方式等都与官学、与科举无异。甚至明万历年间还出现了"洞学科举"的现象,即分配给书院若干名额参加科举考试,起初为2名,后增加到5名,最多时达到42名。因系江西地方官李应升主持白鹿洞书院时提出来的,要求把科举名额下达到书院,规定书院推荐参加乡试的人数,故曰"洞学科举"。二是官方"禁毁书院",明末四次禁毁书院,虽然具体起因不同,但均与当时统治阶级内部的矛盾斗争密切相关,其实质是为了加强封建专制统治。但书院是禁不住的。嘉靖一朝尽管连续两次禁毁书院,但书院数量反以嘉靖年间为最多。同样,万历、天启两朝两次禁毁书院,但

---

① 王圻:《续文献通考》卷五十《学校考》。
② 夏燮:《明通监》卷六十七。
③ 张廷玉:《明史》卷二百三十一《顾宪成》。

万历年间书院数量最多,仅次于嘉靖时期,天启年间书院亦有发展。由此可见,官方越禁民间越办,越是禁毁越是发展,也许这就是历史的辩证法。

三、明代的科举制度

明代统治者重视科举取士,并对其进行了诸多重要改革,诸如只设进士一科、确立三年大比制度以及八股取士制度等,在一定程度上满足了当时对官员选拔的需求。但科举的形式化较前更严重,规条更烦琐,从而导致思想的僵化和教育的呆板,学校几乎完全成为科举考试的附属品。

自隋唐开考以后,历代科考科目均有进士、九经、开元礼、三史等,而明代却只有进士一科。洪武十七年(1384年)开始确立三年大比制度,即每隔三年举行一次进士科考试,分乡试、会试和殿试三步来进行。

第一步乡试,每逢子、卯、午、酉年的秋季在各省的省城举行,又称为"秋闱",由各省提学使(学政)主持,考场称为贡院。考生为府、州、县学生员,每人在一间号舍里进行全封闭式考试。各省乡试录取有固定的名额,主要是依各省人口多少和文化发达程度而定,从二三十人到七八十人不等。乡试考中者为"举人",发榜称为"乙榜",如果是乡试第一名则称为"解元"。成为举人后,既可以获得参加会试的资格,也可以就任基层官员。

第二步会试,于乡试的第二年,即每逢丑、辰、未、戌年的春季在京城举行,称为"春闱",亦称"省试"或"礼闱"。由礼部主持,皇帝任命正、副总裁,各省的举人及国子监生皆可应考。要考三场,每场考三日。会试取士名额都由皇帝确定,一般每次三四百人,中榜者为"贡士",会试第一名则称为"会元"。

第三步是殿试,会试中选者参加,目的是对会试合格者区别等第。殿试由皇帝亲试,故又称为"御试"或"廷试"。公示中试者称"甲榜",分一、二、三甲,一甲三名,即第一名为"状元",第二名为"榜眼",第三名为"探花",通称进士及第;二甲若干人,称赐进士出身;三甲若干人,称赐同进士出身。进士榜用黄纸书写,故叫黄甲,也称金榜,中进士称金榜题名。凡是通过乙榜中举人,再通过甲榜中进士而做官的人,叫做"两榜出身"。

如果应试举子在乡试、会试和殿试中,连续获得三个第一名的,即连续三年分别获得解元、会元、状元的,叫做"连中三元",这在封建社会是无上的荣宠。明代曾"连中三元"的文状元有黄观(1364~1402,字澜伯,安徽贵池县清江人,官至右侍中)、商辂(1414~1486,字弘载,浙江淳安人,官至吏部尚书)2人。武状元有3人,即明朝嘉靖年间的尹凤(1523~1598,字德辉,江苏南京人,官拜参将、浙江都司)、万历年间的王名世(1567~1646,字史可,浙江永嘉人,官居锦衣卫千户,封明威将军)和明末清初的王玉璧(1617~1706,字楚珩,浙江富阳人,官至总兵)。

科举考试内容,"专取《四子书》及《易》、《书》、《诗》、《礼》、《春秋》、《礼记》命题。其文略仿宋经义,代古人语气为之。体用排偶,谓之八股"①。八股文是朱元璋和大臣刘基首创的一种考试文体,又称八比文、时文、制义、制艺、四书文,题目出自四书五经,行文时要求只能"代圣人立言",不能有自己的见解。全文分为破题、承题、起讲、入手、起股、中股、后股、束股8个部分。"破题"是用两句话将题目的意义破开。诸如"子曰"一题,有位考生开篇写道"匹夫而为天下法,一言而为天下师",前句破"子",后句破"曰",这可谓是最为标准的破题。还有位考生面对"三十而立"一题,称"两当十五之年,虽有椅子板凳而不坐也",前句破"三十",后句破"而立",因对原文不理解,所以也成为笑谈。"承题"是承接破题的意义而加以说明,"起讲"为议论的开始,首二字用"意谓"、"若曰"、"以为"、"且夫"、"尝思"等开端。"入手"为起讲后入手之处。起股、中股、后股、束股才是正式议论,且以中股为全篇重心。每股又必须用两句(即两小股)排偶对比的文字说出,合称为八股,故名八股文。每篇八股文的字数也有限定。明初规定乡试、会试时,解析《五经》义一道为500字,《四书》义一道为300字。由于八股文体规制甚严,在一定程度上对知识分子的思想是一种束缚,因而当时的学术界就颇有微词,明清之际的早期启蒙思想家顾炎武曾说:"文章无定格,立一格而后为文,其文不足言矣……明之取士以经义……皆以程文格式为之,故日趋而下。"②甚至认为"八股之害,等于焚书"③。

值得一提的是,明初会试时出现过"南北卷之争"。洪武三十年(1397年)会试时,主考官刘三吾、白信蹈,所取中的52名贡士都是南方人。为稳定北方考生的情绪,身为南方人的朱元璋又令侍读张信等12人重新审阅会试的全部答卷,结果仍不令朱元璋满意,于是朱元璋就将刘三吾革职充军,张信、白信蹈等人论死。随后,朱元璋又亲自审阅会试答卷,选取北方人任伯安为第一。是年六月廷试时,朱元璋又以韩克忠为状元,所取61人全是北方人,史称"南北榜之争",亦称"春夏榜之争"。为平衡南北士人科考录取的比例,洪熙元年(1425年)大学士杨士奇建议,试卷依例糊名,但在外面写上"南"或"北"二字,如当取100人,则取南方人60名,北方人40名。这一建议得到明仁宗的赞同。宣德二年(1427年)会试时,便分南北卷取士。不久,又将南北卷细分为南、北、中三卷④,如果会试取中100人,则南卷占55名,北卷占35名,中卷占10名。这是有明一代科举取士的定例,依据各地经济及文化教育发展情况来定夺,旨在凝聚士人之心和维护社会的稳定。

四、明代哲学家的教育思想

明代虽然政治专制,但学术思想还是比较活跃的,可以说是名师辈出,既有儒学家陈

---

① 严文豹:《续文献通考辑要》、《选举考》。
② 顾炎武:《日知录》卷十六《程文条》。
③ 顾炎武:《日知录》卷十六《拟题条》。
④ 南卷地域包括南直隶、浙江、江西、湖广、福建和广东等地;北卷地域包括北直隶、山东、山西、河南、陕西等地;中卷地域包括四川、广西、云南、贵州等地。

白沙、朱舜水,又有心学大师湛若水、王守仁,既有唯物主义思想家王廷相,又有启蒙思想家李贽等,他们的思想及实践对当时教育的发展发挥了重要作用。

(一) 王守仁

陆王心学的集大成者王守仁,不仅是明中叶出色的政治家和军事家,还是杰出的哲学家、教育家。因其曾在阳明洞读书讲学,故自称为阳明子,后人因此称其为阳明先生,称其学说为"阳明学"。

1. 生平及教育活动

王守仁(1472~1529),字伯安,浙江余姚人。出身于官僚世家,父亲王华官至南京吏部尚书,因而自幼好学上进,立志"读书学圣贤"。明弘治十二年(1499年),他考取进士,授兵部主事。后因得罪宦官刘瑾,被贬为贵州龙场驿丞。刘瑾死后,他历任江西巡抚、南京兵部尚书、两广总督等官职,期间曾参与镇压农民起义、西南少数民族起义及"平定"宁王反叛活动。通过平乱,他体悟出"破山中贼易、破心中贼难"的道理,因而他在从政的同时,从未放弃过教育活动。可以说,他为官一任必教化一方,诸如在贵州龙场建龙冈书院,后又在贵阳书院主讲;在江西时立社学并修濂溪书院,又集门人于白鹿洞书院讲学;后又在浙江设稽山书院讲学等。尤其是他继承和发展了陆九渊的心学理论,提出了"心即理"、"致良知"、"知行合一"等哲学命题,形成了与程朱理学大相径庭的"阳明学派"(亦称"姚江学派",或称"王学"),在明中叶以后流行甚广,对当时书院的发展有较大的推动作用,还对日本的明治维新发生过积极的影响。其教育著作《传习录》、《答顾东桥书》、《训蒙大意示教读刘伯颂等》、《稽山书院尊经阁记》、《大学问》、《教约》等均收入《王文成公全书》(亦称《阳明全书》、《王阳明集》)一书。他去世后被谥"文成",后又追封为"新建侯",明万历十二年(1584年)从祀于孔庙。

2. 教育具有"去其昏蔽""以明其心"的作用

王守仁从心学的立场出发,重视教育对人发展所起的作用,认为教育的作用就在于"去其昏蔽"、"以明其心"。

王守仁认为宇宙中的万事万物都是靠心的认识而存在的,都在心内,而不在心外。他与好友就自然界中的"岩中花树"的讨论,充分表明了他的主观唯心主义思想。据《传习录》载:先生游南镇,一友指岩中花树问曰:"天下无心外之物,如此花树,在深山中自开自落,于我心亦何相关?"先生曰:"你未看此花时,此花与汝心同归于寂。你来看此花时,则此花颜色一时明白起来,便知此花不在你的心外。"① 进而,王守仁对朱熹的理学观点进行了批判,不同意朱熹将心、理区分为二,认为理即是本心,"心即理",明确提出心外一无所有,理在心,在内而不在外。他说:

万事万物之理,不外于吾心。

心外无物,心外无事,心外无理,心外无善。

---

① 《传习录》卷下《语录三》。

夫物理不外于吾心,外吾心而求物理,无物理矣。遗物理而求吾心,吾心又何物耶?故有孝亲之心,即有孝之理;无孝亲之心,即无孝之理矣。有忠君之心,即有忠之理;无忠君之心,即无忠之理矣。理岂外于吾心耶……理虽散在万事,而实不外乎一人之心。①

在"心即理"思想指导下,王守仁继承和发展了孟子的"良知"理论,认为"良知"即是人们先天固有的是非之心,是"不待虑而知,不待学而能"的、人人皆有的先天善性。"性无不善,故知无不良,良知即是未发之中,即是廓然大公,寂然不动之本体,人人之所同具者也"。实质上就是封建道德的先验观念。他说:"见父自然知孝,见兄自然知弟,见孺子入井自然知恻隐,此便是良知,不假外求。"②

但是,"良知"在与外物接触过程中,易受物欲的引诱而导致"昏蔽",教育的作用就在于去除因物欲所导致的"昏蔽",所谓"不能不昏蔽于物欲,故须学以去其昏蔽"。

当然,去除"昏蔽"是教育的被动之举,目的是为了恢复本心中所固有的"良知",因而教育的积极作用当在于"以明其心"。他说:"君子之学以明其心。其心本无昧也,而欲为之蔽,习为之害。故去蔽与害而明复,匪自外得也。"③但无论是去除"昏蔽"还是"明其心",最终目的都是为了实现"存天理,灭人欲"。所以,他说:

圣人之所以为圣,只是其心纯乎天理,而无人欲之杂。犹精金之所以为精,但以其成色足而无铜铅之杂也。人到纯乎天理方是圣,金到足色方是精……学者学圣人,不过是去人欲而存天理耳,犹炼金而求其足色。

吾辈用功只求日减,不求日增。减得一分人欲,便是复得一分天理。④

在王守仁看来,人人皆有"良知",且"人皆可以为尧舜"。所不同的是,圣人能做到"致良知",而常人则不能,且总会因受物欲所诱而"昏蔽",因而人人都需要受教育,目的在于去除或预防物欲对"良知"的"昏蔽",但又重在"内求",即着重个人主观能动性的发挥。

3. 以"明人伦"为宗旨的道德教育论

王守仁恪守古代重视道德教育的传统,提出教育的根本目的就是明人伦,"三代之学,其要皆所以明人伦"。所谓"人伦",在王守仁看来,即是"父子有亲,君臣有义,夫妇有别,长幼有序,朋友有信"的封建伦理道德。他说:

唐虞三代之世,教者惟以此为教,而学者惟以此为学。当是之时,人无异见,家无异习。安此者谓之圣,勉此者谓之贤。而背此者,虽其启明如朱,亦谓之不肖。下至闾井田野,农工商贾之贱,莫不皆有是学,而惟以成其德行为务。⑤

他甚至认为,除人伦之外无学,所谓"人伦明于上,小民亲于下,家齐国治而天下平矣。

---

① 《传习录》卷中《语录二》。
② 《传习录》卷上《语录一》。
③ 《王文成公全书》卷七《别黄宗贤归天台序》。
④ 《传习录》卷上《语录一》。
⑤ 《传习录》卷中《语录二》。

是故明伦之外无学矣。外此而学者,谓之异端。非此而论者,谓之邪说。假此而行者,谓之伯术。饰此而言者,谓之文辞。背此而驰者,谓之功利之徒,乱世之政"①。在其著名的《训蒙教约》中亦明确提出:"古之教者,教以人伦……今教童子,惟当以孝弟忠信礼义廉耻为专务。"

进而,王守仁把道德教育看作学校的首要任务。他说:"学校之中,惟以成德为事,而才能之异,或有长于礼乐,长于政教,长于水土播植者,则就其成德,而因使益精其能于学校之中。"②然而,由于受科举取士制度的影响,当时的学校教育在一定程度上失去了"明人伦"的立学本意,教师所教,学生所学,都是为了追逐科举功名的"功利"。他指出:"今之学宫皆以'明伦'名堂,则其所以立学者,固未尝非三代意也。然自科举之业盛,士皆驰骛于记诵辞章,而功利得丧分惑其心,于是师之所教,弟子之所学者,遂不复知有明伦之意矣。"③由此可见,在当时士人"皆驰骛于记诵辞章"、重名利而轻修养的社会风气中。因此,王守仁的以"明人伦"为核心的道德教育论,强调道德修养的重要性,则具有一定的进步性。

在如何进行道德修养问题上,王守仁认为应从以下几个方面着手。

一是静处体悟。王守仁认为道德修养的根本任务是"去蔽明心",即去除物欲的蒙蔽,发明本心先天所具有的"良知"。因此,要提高道德修养,不必"外求",只需静处体悟。但他所说的"静处体悟"与佛教的"坐禅入定"并不是一回事。他在《与辰中诸生书》中说:"前在寺中所云静坐者,非欲坐禅入定。盖因吾辈平日为事物纷拏,未知为己,欲以此补小学收放心一段工夫耳。"可见,"静处体悟"实际上是静坐澄心,摈去一切私心杂念,体认本心,是对陆九渊"自存本心"思想的继承和发展。

二是事上磨练。王守仁认识到一味地"静处体悟",会产生各种弊病,容易使人变成"喜静厌动"、"沉空守寂"的"痴呆汉"。因此,他提倡道德修养必须在"事上磨练"。他说:"人须在事上磨练做工夫,乃有益。若只好静,遇事便乱,终无长进。那静时工夫,亦差似收敛,而实放溺也。"④也就是说,要结合具体事物进行道德修炼,"如言学孝,则必服劳奉养,躬行孝道,然后谓之学。岂徒悬空口耳讲说,而遂可以谓之学孝乎!"⑤这种"事上磨练"功夫实际上就是王守仁"知行合一"思想在道德修养问题上的反映。

三是省察克治。王守仁继承并发展了儒家传统的"内省"、"克己"等道德修养方法,主张进行不断地自我反省和检查,自觉地克制各种私欲,强调道德修养的自觉性和主观能动性。他说:

省察克治之功,则无时而可间。如去盗贼,须有个扫除廓清之意,无事时将好色、

---

① 《王文成公全书》卷七《万松书院记》。
② 《传习录》卷中《语录二》。
③ 《王文成公全书》卷七《万松书院记》。
④ 《传习录》卷下《语录三》。
⑤ 《传习录》卷中《语录二》。

好货、好名等私，逐一追究，搜寻出来，定要拔去病根，永不复起，方始为快。常如猫之捕鼠，一眼看着，一耳听着，才有一念萌动，即与克去，斩钉截铁，不可姑容与他方便，不可窝藏，不可放他出路，方是真实用功，方能扫除廓清。①

四是贵于改过。王守仁继承了前人"改过"主张，认为人人都会发生这样或那样的一些违反道德伦理规范的过错，原因在于"不知而误蹈，素无师友之讲习规饬也"。即使是先贤圣人也难以避免过失，问题的关键是要贵于改过。他说："夫过者，自大贤所不免，然不害其卒为大贤者，为其能改也。故不贵于无过，而贵于能改过。"②要改过，就要认识到自己的过错，要有悔悟之心，然后痛下决心改过，所谓"悔悟是去病之药，然以改之为贵"③。他还坦诚地告诫诸生，一旦有了过失，就要认真反省并纠错。他说：

> 固亦不可以不痛自悔咎，然亦不当以此自歉，遂馁于改过从善之心。但能一旦脱然洗涤旧染，虽昔为寇盗，今日不害为君子矣。若曰吾昔已如此，今虽改过而从善，将人不信我，且无赎于前过，反怀羞涩凝沮，而甘心于污浊终焉，则吾亦绝望尔矣。④

4. 以遵循天性为导向的儿童教育论

王守仁十分重视儿童教育，在其《训蒙大意示教读刘伯颂等》一文中有充分的阐述。

首先，王守仁深刻揭露并批判传统儿童教育的弊端。他认为，当时从事儿童教育的教师，每天只是督促儿童读书习字，对待儿童鞭打绳缚，就像对待囚徒一样，而不知道用礼义引导、培养他们。诚如其言："若近世之训蒙稚者，日惟督以句读课仿，责其检束，而不知导之以礼。求其聪明，而不知养之以善。鞭挞绳缚，若持拘囚。"这种不顾儿童身心特点的教育，其结果只能是适得其反，必然会导致儿童：

> 视学舍如囹狱而不肯入，视师长如寇仇而不欲见，窥避掩覆以遂其嬉游，设诈饰诡以肆其顽鄙，偷薄庸劣，日趋下流。是盖驱之于恶而求其为善也，何可得乎？⑤

其次，王守仁提出新的儿童教育必须顺应儿童的性情，鼓舞儿童兴趣。王守仁认为，儿童性情应该是"乐嬉游而惮拘检，如草木之始萌芽，舒畅之则条达，摧挠之则衰萎"。因此，教育者应顺应其天性，根据其身心发展的特点，使他们"趋向鼓舞，中心喜悦，则其进自不能已"。就好比时雨春风滋润草木一样，"莫不萌动发越，自然日长月化；若冰霜剥落，则生意萧索，日就枯槁矣"⑥。

再次，王守仁认为应根据儿童的天性选择合适的教育内容，包括"诱之歌诗"、"导之习礼"和"讽之读书"三大项。"诱之歌诗"不仅可以激发儿童的意志，还能使他们的情感得到正当的宣泄，有助于消除他们内心的忧闷和烦恼，使其"精神宣畅，心气和平"。他要求：

---

① 《传习录》卷上《语录一》。
② 《王文成公全书》卷二十六《教条示龙场诸生》。
③ 《传习录》卷上《语录一》。
④ 《王文成公全书》卷二十六《教条示龙场诸生》。
⑤ 《传习录》卷中《语录二》。
⑥ 《传习录》卷中《语录二》。

"每学量童生多寡,分为四班,每日轮一班歌《诗》,其余皆就席,敛容肃听。每五日则总四班递歌于本学。每朔望,集各学会歌于书院。"①"导之以礼"不仅能使儿童养成威严的仪容和仪表,通过"周旋揖让"、"拜起屈伸"等礼仪动作,还可"动荡其血脉"、"固束其筋骸",锻炼其身体。为此,他要求如同歌诗的做法一样:"每间一日,则轮一班习礼。其余皆就席,敛容肃观。习礼之日,免课仿。每十日则总四班递习于本学。每朔望,则集各学会习于书院。"②"讽之读书"能够增长儿童的知识,开发他们的智力,还能"存其心"、"宣其志",有利于培养儿童的道德观念和理想。对儿童施以"歌诗"、"习礼"、"读书"的教育,是为了培养儿童的意志,调理他们的性情,在潜移默化中使之知礼、行礼,在德、智、体、美等诸方面都得到发展。

最后,王守仁强调对儿童要量力施教。他认为,儿童的身心诸方面都处在发展变化之中,教育者应考虑儿童的身心特点及接受能力,即"随人分限所及",循序渐进地量力施教,就好像小树萌芽一样,"只把这些水去灌溉。萌芽再长,便又加水。自拱把以至合抱,灌溉之功皆是随其分限所及。若些小萌芽,有一桶水在,尽要倾上,便浸坏他了"③。同时,王守仁还认为,对儿童的教学应留有余地,"授书不在徒多,但贵精熟"。要根据每个儿童的天赋进行教学,"量其资禀,能二百字者,止可授以一百字"。这样,会使儿童"精神力量有余,则无厌苦之患,而有自得之美",解决以往儿童因为学习艰苦而退缩、厌学的问题,使他们能够好学、乐学。

王守仁的儿童教育思想包含有自然主义因素,反对体罚,强调要根据儿童的身心特点来施教,具有一定的合理性,也是难能可贵的。

(二) 王廷相

王廷相继承了王充、范缜等学者的唯物主义思想,吸纳孔子、朱熹哲学思想之精华,成为中国哲学史上独放异彩的唯物主义哲学家、教育家,明末清初启蒙思想的先驱之一。

1. 生平及教育活动

王廷相(1474~1544),字子衡,号浚川,河南仪封(今河南兰考县)人。明弘治十五年(1502年)登进士第,选庶吉士,授兵科给事中,历任北畿学政、四川按察司提学佥事、山东提学副使、都察院左都御史,官至兵部尚书,加太子太保。期间,曾因得罪宦官刘瑾,被贬亳州判官;亦曾因制裁贪官而蒙受冤狱,被贬赣榆县丞;晚年因抨击严嵩暴政,因郭勋案受牵连而被"斥为民"。

在其坎坷的仕途生涯中,他一边从政,一边从事教育活动。时人称其"两任郡邑,三督学校,以礼范海内者,四十余年"。在亳州,对前来请教的诸生亲躬教诲;在督北畿学政时,"力课生儒,期于有成。而后果有相继显者"。在四川,严正学术,整顿学校,写下《督学四川条约》。在山东,开门授徒,使豪杰之士多出其门。王廷相不仅教授有方,且学识渊博,

---

① 《传习录》卷中《语录二》。
② 《传习录》卷中《语录二》。
③ 《传习录》卷下《语录三》。

史称其:"博学好议论,以经术称。于星历、舆图、乐律、河图、洛书及周、邵、程、张之书,皆有所论驳,然其说颇乖僻。"①

王廷相在其《家藏集》、《慎言》、《雅述》等著作中,提出了不少有创见性的教育主张,对中国封建社会后期的教育思想发展产生了积极的影响。

2. "无教则不能成"的教育作用论

王廷相并不认同宋代理学家"天地之性"和"气质之性"的两重人性论,他指出人性实际上就是一种精神活动,是"形气"的属性。他认为,人性首先是人的感知、思维器官的功能,"皆人之知觉运动为之而后成也"②。但人性还必须有其社会内容,所谓"天地者,性之先物也。夫妇、父子、君臣,性之后物也。礼义者,性之善也,治教之中也"③。可见,人们之间的伦常关系只有在后天的人际交往中才能体现出来,而遵循礼义正是人性善的表现。

进而,王廷相认为人与生俱来的天性是不完善的。他说:

干将、莫邪始出于型,不足以截茸草而割败肉,及砥砺其铎锷而淬制其神灵,则断蛟龙、刳犀象,如碎荠粉。夫人之生也,使无圣人修道之教、君子变质之学,而惟循其性焉,则礼乐之节无闻,伦义之宜周知,虽禀上智之资,亦寡陋而无能矣,况其下者乎?④

在他看来,人不是生而能、生而善的,只有经过后天的学习教育才能实现人性之善,所谓"凡人之性成于习,生也、性也、道也,皆天命也,无教则不能成"⑤。对此,他也很赞同孔子的观点,说"吾从仲尼焉,性相近也,习相远也而已"⑥。可以说,教育具有改变人性的作用,可以使人弃恶从善,一心向善。

3. 以"圣人"为理想人格的教育目的论

王廷相作为封建官僚,他理想中的人格与其政治理想和道德追求是一致的。他以传统儒家的"道"为准绳,将理想人格分为"圣人"、"亚圣"和"大贤"三个层次,明确主张应以圣人为追求的目标。在王廷相看来,圣人"未尝忘天下","不忍民之失所也,故随其所遇,尽心力而为之"。或者说,圣人不追求个人的私利,"于物也,无喜、无怒、无好、无怨、无得、无丧、无智、无功",有一种"大同于人而不有己"的境界。他要求士人应以圣人为楷模,遵循"自洒扫、应对以至均平天下"、"自格物、致知以至精义入神"、"自悦亲、信友以至造化存神"的顺序⑦,"不躐等"地去做,就可以达到圣人的境界。王廷相还教导弟子,应以高标准来要求自己,静心修身养性,远离功名利禄与好大喜功,所谓"宁学圣人而未至,不欲以一善成名"。

---

① 张廷玉等:《明史》卷一百九十四《王廷相》。
② 《家藏集》卷三十三《横渠理气辩》。
③ 《慎言》卷一《道体篇》。
④ 黄宗羲:《明儒学案》卷五十《肃敏王浚川先生廷相》。
⑤ 《雅述》卷上。
⑥ 《慎言》卷四《问成性篇》。
⑦ 《慎言》卷三《作圣篇》。

王廷相提出的无私、无我、不忘天下百姓的理想人格,是有一定时代和社会背景的。他生活在宦官乱政、权奸篡权的年代,针对官场和社会上的腐败现象,他鼓励人们追求上进,教育弟子以圣人为道德楷模,具有思想启蒙的教育价值。

4. "真知"源于实践的教学认识论

王廷相在认识论方面强调"思与见闻之会"和"接习"。他指出,人的认识活动形式和内容都是对外界刺激的反应,人们先从外界刺激获得见闻,再经过思维对所见所闻进行加工整理,最终形成知识。他概括了知识获得的全过程:第一步是见闻,"物理不见不闻,虽圣哲亦不能索而知之"①。但来自感觉器官的见闻不易驾驭,具有不真实、不正确、不深刻的缺点。他说:"耳目之闻见,善用之足以广其心,不善用之适以狭其心。"②

因此,王廷相提出了获得知识的第二步,对见闻知识必须进行思维加工,要对见闻"善用之","精思研究",以求自得之见,"知之精由于思"。王廷相强调了获得知识要"内外相须",即"思与闻见之会"。

在王廷相看来,只有来自于实践的知识才是"真知"。他说:"讲得一事即行一事,行得一事即知一事,所谓真知矣。"③

王廷相所说的"行"有两层含义:一是通过观察实验获得真正的知识。他本人"每遇春雪,以袖承花观之",多次观察验证的结果证明"冬雪六出(瓣),春雪五出"之言不可信,冬雪和春雪"并皆六出"。王廷相以自己的亲身实验,告诉人们只有通过"观物"、"察验",才能得到正确的知识。他明确指出,学习绝不可"惟前言之是信","贵精心以察之","务得其实而行之"④。二是通过"接习于人间"或"实历",获得真知识。王廷相以学习操舟之术为例,说明获得真知离不开实践。"世有闭户而学操舟之术者",怎样掌舵、怎样摇橹、怎样张帆等,在理论上讲得头头是道,但在实践中,一遇到风浪、漩涡、险滩就不知所措。人们的求知如果"徒泛讲而无实历者,何以异此?"王廷相也认识到,个体的求知与人类整体的认识是有区别的,"传经讨业,致知固其先务矣,然必体察于事会,而后知之真"⑤。个体所习得的知识通常是通过书本和教师传授得来的,是间接知识,所以要得到"真知",必须在"实践处用功,人事上体验"。王廷相的这种"真知"来自实践的思想,是对"一则徒为泛然讲说,一则务为虚静以守其心"的宋明理学教育的尖锐批判,具有科学创造精神和求实态度。

5. "修身兼济物"的学习修养论

"修身兼济物"是王廷相针对学习和修养提出的要求。其中,"修身"是对己而言的,即改变"气质"以达到至善;"济物"是对世而言的,即"学求适用"。二者是相互联系的,修身是为了济世,而济世的过程就是自我完善的过程。因此,王廷相要求诸生读书"务期以治

---

① 《雅述》卷上。
② 《慎言》卷五《见闻》。
③ 《家藏集》卷二十《与薛君采二首之二》。
④ 《慎言》卷五《见闻》。
⑤ 《家藏集》卷三十三《石龙书院学辩》。

事为本,而为有用之学"①。

王廷相将学习方法概括为博学、精思和践履三者的结合。他所说的博学不是"博杂",而是"于古今、常变、因革、治乱、幽明、上下之道"等尽可能地涉猎,并在博的基础上加以"精择",进行精思。王廷相认为,"广识未必皆当,而思之自得者真","记闻而有得者,衰则忘之矣,不出于心悟故也"②。学习必须思考,只有在思考的基础上才能强化对知识的理解和记忆。王廷相在精思之上提出了践履,"养于中而畅于外,斯谓之得"③。他认为只学习不思考,就会无所得,理论知识如果不和实践相结合,就会不完善。王廷相这种学、思、行相结合的学习方法,是针对宋明理学家"枯禅白坐"的治学方法提出来的。

关于修养,王廷相认为要动静结合。他说:"儒者以虚静清冲养心,此固不可无者,若不于义理、德性、人事著实处养之,亦徒然无益于学矣。"④他提出的修养方法具有重实的特点,除了"清心静坐"的"虚养"之外,还应有"实养";不仅应有内在的心灵活动,还应有外在的言行;不仅应有静的状态,还应有动的状态。因此,王廷相主张"动静交养"。他说:"圣人之学有养、有为,合动静而一之……夫动静交养,厥道乃成。"⑤他认为,理学家"主于静"的修养方法是"离物以培其根",失去了修养的本意。而动静结合的修养方法,能够有效克服理学家"主于静"的修养弊端,对明清之际重实学教育具有启发意义。

专栏 5—1:明禁毁东林书院的真实原因

东林书院创建于北宋政和元年(1111 年),是北宋理学家程颢、程颐嫡传高弟、知名学者杨时长期讲学的地方。后废。明万历三十二年(1604 年),由东林学者顾宪成等修复重建,并在此聚众讲学,他们讽议朝政,倡导"读书、讲学、爱国"的精神,所撰写的名联"风声雨声读书声声声入耳,家事国事天下事事事关心"更是家喻户晓,曾引起诸多学者积极响应,一时声名大著,成为江南人文荟萃之地和议论国事的舆论中心,有"天下言书院者,首东林"之赞誉。天启五年(1625 年),东林书院被朝廷禁毁,只存在了短短的 21 年,却在当时激起巨大的社会反响,成为举国关注的焦点。推崇它的将其赞誉为文化盛举,诋毁它的将其斥责为讽议朝政。到了清朝编纂《明史》时,关于它的追述已经不是原先的本来面目,以至影响了今日历史学家对它的判断与定位。实际上,明政府禁毁东林书院的实质原因在于把东林书院定位为"评论时政"的"政治团体",将其与明后期以江南士大夫为主评论时政的政治团体"东林党"之间画上了等号。

---

① 《浚川公移集》卷三《督学四川条约》。
② 《慎言》卷六《潜心》。
③ 《慎言》卷六《潜心》。
④ 《雅述》卷上。
⑤ 《雅述》卷上。

第二节　清中叶前的教育

清王朝在治国之策上,如同北魏及元朝等少数民族政权一样,尊崇儒术,提倡程朱理学,并大力发展学校教育,不仅官学制度日益完善,私学和书院也获得较大的发展空间。与此同时,在学术思想进一步专制的情况下,以黄宗羲、王夫之、颜元等为代表的早期启蒙思想家们,针对宋明理学的空谈心性,予以猛烈的批判,提出了"经世致用"、"公其是非于学校"等初步的民主教育主张,在中国古代教育史上留下了光辉的一页。

一、清代的文教政策

清初几代帝王对汉学都深有研究,对文教事业的重要性也都有充分的认识,因而都十分重视发展文教事业。顺治十二年(1655年),顺治帝在给礼部的谕令中曾明确表示:

> 帝王敷治,文教是先。臣子致君,经术为本。自明季扰乱,日寻干戈,学问之道,缺焉未讲。今天下渐定,朕将兴文教,崇经术,以开太平。①

可以说,这道谕令基本上奠定了清朝文教政策的基调,那就是崇儒重教,具体实施主要表现在以下几个方面。

(一)崇尚儒术,提倡理学

清统治者同以往历代王朝一样,同样把孔子所创立的儒家思想当作治国安邦的精神支柱,因而对儒术崇尚有加。表现为:

一是尊孔。早在入关前,努尔哈赤之子多尔衮就曾"遣官祭先师孔子"。顺治元年(1644年)十月,下令封孔子第六十五代孙孔允植为"衍圣公"。顺治二年(1645年)加封孔子为"大成至圣文宣先师"。顺治九年(1652年)九月,顺治帝亲赴太学观释典,还赐予衍圣公、五经博士、四氏子孙、祭酒、司业等学官衣物,并敕曰:"圣人之道,如日中天,上之赖以至治,下之资以事君。学官诸生当共勉之。"②康熙二十二年(1683年),康熙帝御书"万世师表"的匾额悬于孔庙大成殿。次年,康熙帝亲到曲阜祭拜孔子。"己卯,上诣先师庙,入大成门,行九叩礼。至诗礼堂,讲易经。上大成殿,瞻先圣像,观礼器。至圣迹殿,览图书。至杏坛,观植桧。入承圣门,汲孔井水尝之。顾问鲁壁遗迹,博士孔毓圻占对甚详,赐官助教。诣孔林墓前酹酒。书'万世师表'额"③。康熙二十五年(1686年),康熙帝又再次"诏天下学宫崇祀先儒"。乾隆帝也曾九次到曲阜祭拜孔子,同样对孔子行九叩之礼。

---

① 张廷玉:《皇朝文献通考》卷六十九《学校考七》。
② 赵尔巽:《清史稿》卷五《世祖本纪二》。
③ 赵尔巽:《清史稿》卷七《圣祖本纪二》。

二是提倡读经,宣扬封建伦理纲常。清朝建国之初,顺治帝就明确提出要大小官员注重学习研究经术,认为"天德王道"备载于《六经》,"其万世不易之理也"。雍正帝也有一段非常经典的话,他说:

> 若无孔子之教……势必以小加大,以少凌长,以贱妨贵,尊卑倒置,上下无等,干名犯分,越礼悖义。所谓君不君,臣不臣,父不父,子不子,虽有粟,吾得而食诸？其为世道人心之害,尚可胜言哉！①

在尊崇儒术的同时,统治者对程朱理学也大加提倡。虽然明中叶后,程朱理学逐渐衰落,但清王朝建立后,依然将其作为官方统治思想。在施政过程中,主要表现为:(1)将朱熹升配孔庙,入大成殿配享,列为"十哲之次"。康熙帝还亲书"大儒世泽"悬于考亭书院。(2)加封朱子后裔,如顺治时召朱熹十五世孙朱煌为翰林院五经博士,康熙时召朱熹十六世孙朱坤为翰林院五经博士。(3)编纂理学书籍,如康熙时命熊赐履、李光地等编写《性理精义》、《朱子全书》、《周易折中》等理学书籍,其目的就是为了"正人心",利用理学来控制士子的思想。康熙还亲自为《朱子全书》作序,称:"非先王之法不可用,非先王之道不可为","朕读其书,察其理,非此不能知天人相与之奥,非此不能治万邦于衽席,非此不能仁心仁政施于天下,非此不能内外为一家。"(4)将程朱理学纳入学校教学及科举考试内容等。

可以说,清代统治者崇尚儒术,提倡理学,旨在得到汉族士人及官僚的拥护,缓和满汉间的民族矛盾,最终达到巩固封建秩序,加强专制统治的目的。

(二)笼络、利用汉族文人

清统治者对汉族知识分子极力采取笼络手段,以达到控制、利用的目的。顺治初年,诏令荐举"山林隐逸",要求各地方官"凡境内隐逸贤良,逐一启荐,以凭征擢"。对明朝的某些知名官员,由摄政王多尔衮亲自加以"书征",于是谢升、冯铨、王铎、钱谦益等汉族士人纷纷归顺。康熙时"用儒术以笼汉族",规定士子入仕均需通过科举考试。但仍有不少有民族气节的前明文人,不愿参加科举考试。在这种情况下,清统治者又诏试"博学鸿词科",要求京官和各地衙门荐举有名望的知识分子,强迫他们应征入仕。如康熙十七年(1678年)在诏书中所言:"一代之兴,必有博学鸿儒振起文运,阐发经史,以备顾问。朕万几余暇,思得博通之士,用资典学。其有学行兼优、文词卓越之士,勿论已仕未仕,中外臣工各举所知,朕将亲试焉。"②此举确实笼络了一大批士人,但也有一部分人不愿入朝为官,诸如理学名儒黄宗羲、李颙、孙奇逢等。尤其是孙奇逢,曾多次被征,皆均辞不就,人称"孙征君",与李颙、黄宗羲合称明末清初三大儒。

统治者对笼络到的知识分子逐一加以重用,除担当一定的职位外,还有一项重要任务就是整理文献和编纂书籍。如康熙时编纂有《明史》、《康熙字典》、《佩文韵府》、《古今图书集成》等。乾隆时编纂有《续通志》、《续通典》、《续文献通考》等。其中,所编纂的影响最

---

① 蒋良骐:《东华录》雍正朝,五年七月。
② 赵尔巽:《清史稿》卷六《圣祖本纪一》。

大,也是最重要的两部书籍就是《古今图书集成》和《四库全书》。《古今图书集成》原名《文献汇编》或称《古今图书汇编》,是由侍读陈梦雷等主持编纂的一部大型类书。始纂于康熙四十年(1701年),印制完成于雍正六年(1728年),历时两朝计28年。全书目录40卷,正文10000卷,装订成5020册,1亿6千万字。内容上分为6汇编、32典、6117部,按天、地、人、物、事次序展开,举凡天文地理、人伦规范、文史哲学、自然艺术、经济政治、教育科举、农桑渔牧、医药良方、百家考工等无所不包,图文并茂,成为查找古代文献资料的十分重要的一部百科全书。《四库全书》是乾隆皇帝亲自组织的中国历史上一部规模最大的丛书,自乾隆三十八年(1773年)设立"四库全书馆"开始,由总纂官纪昀(晓岚)穷毕生精力,率360位一流学士历时10年成书,全书分经、史、子、集四部,故名四库。其中,经部包括易、书、诗、礼、春秋、孝经、五经总义、四书、乐、小学等10大类;史部包括正史、编年、纪事本末、杂史、别史、诏令奏议、传记、史钞、载记、时令、地理、职官、政书、目录、史评等15大类;子部包括儒家、兵家、法家、农家、医家、天文算法、术数、艺术、谱录、杂家、类书、小说家、释家、道家等14类;集部包括楚辞、别集、总集、诗文评、词曲等5大类。共收入3503种书目,编成79337卷,装订成36000余册,总字数将近10亿。这两部书,可以说保存了大量的古典文献。

当然,在组织文人学者编纂书籍的同时,也对那些有悖于统治者意志的书籍加以焚毁,目的在于钳制知识分子的思想。据统计,从乾隆三十九年(1774年)到乾隆四十七年(1782年),即到《四库全书》编成,总共焚书24次,共烧毁538种、13862部书籍,实际上销毁的书可能还不止这些数字。有幸的是,康熙时的《古今图书集成》在一定程度上保留了这些书籍的书目及部分内容。

(三)广兴学校,严订"学规"

清初统治者"一仍明旧",在中央和地方普遍设置学校。如史所载:"世祖定鼎燕京,修明北监为太学。顺治元年,置祭酒、司业及监丞、博士、助教、学正、学录、典籍、典簿等官。设六堂为讲肄之所,曰率性、修道、诚心、正义、崇志、广业,一仍明旧。""府、州、县、卫儒学,明制具备,清因之。"①

在力兴学校的同时,统治者也依照明代制定严厉学规的一些做法,且与明代相比,对学生的思想控制更严格,在思想、言论等方面给予诸多限制,尤其是规定不许干预国政,以养成"忠臣清官"。其中,最为著名的学规有两个:

一是顺治九年(1652年)对地方儒学生员所颁行的《训士卧碑文》,要求各地方官"取文理明通者一人充教读以司训督",具体内容如下:

> 朝廷建立学校,选取生员,免其丁粮,厚以廪膳,设学院、学道、学官以教之,各衙门官以礼相待,全要养成贤才,以供朝廷之用。诸生皆当上报国恩,下立人品。所有条教,开列于后:

---

① 赵尔巽:《清史稿》卷一百六《选举一》。

一生员之家，父母贤智者，子当受教。父母愚鲁，或有为非者，子既读书明理，当再三恳告，使父母不陷于危亡；一生员立志，当学为忠臣清官。书史所载忠清事迹，务须互相讲究，凡利国爱民之事，更宜留心；一生员居心忠厚正直，读书方有实用，出仕必作良吏。若心术邪刻，读书必无成就，为官必取祸患，行害人之事者往往自杀其生，常宜思省；一生员不可干求官长，交结势要，希图进身。若果心善德全，上天知之，必加以福；一生员当爱身忍性，凡有司官衙门，不可轻入。即有切已之事，止许家人代告，不许干与他人词讼，他人亦不许牵连生员作证；一为学当尊敬先生，若讲说，皆须诚心听受。如有未明，从容再问，毋妄行辩难。为师亦当尽心教训，勿致怠惰；一军民一切利病，不许生员上书陈言。如有一言建白，以违制论，黜革治罪；一生员不许纠党多人，立盟结社，把持官府，武断乡曲。所作文字，不许妄行刊刻，违者听提调官治罪。①

二是康熙三十九年（1700年）所颁行于"诸省学宫"的《圣谕十六条》，雍正时又演进为"圣谕广训"。其内容如下：

一敦孝弟以重人伦；一笃宗族以昭雍睦；一和乡党以息争讼；一重农桑以足衣食；一尚节俭以惜财用；一隆学校以端士习；一黜异端以崇正学；一讲法律以儆愚顽；一明礼让以厚风俗；一务本业以定民志；一训子弟以禁非为；一息诬告以全良善；一戒窝逃以免株连；一完钱粮以省催科；一联保甲以弭盗贼；一解雠忿以重身命。②

这种以清统治者名义颁发的"圣谕"，其内容虽是封建道德的总目，但实际上也是封建学校训练的标准，是生员的"戒律"，具有特殊的意义。因此，要求地方官每月的初一、十五两日"令儒学教官，传集该学生员宣读，务令遵守。违者，责令教官并地方官详革治罪"。

（四）严禁结社会盟，大兴文字狱

为了钳制舆论，清初统治者对宋明以后的士大夫结社会盟的风气严加禁止。顺治十四年（1657年）谕令"不许大小各官投拜门生"。同年，清王朝以顺天、江南、河南等地科举考试舞弊事件为借口，制造了一起规模巨大的"丁酉科场案"，案件所涉及的主考官、考官、举人等被处以斩、绞和流徙，家产籍没，父母亲友也被株连。顺治十七年（1660年）又发布旨意称："士习不端，结社订盟……著严行禁止，以后再有此等恶习，各该学臣，即行革黜参奏。如学臣循隐，事发，一体治罪。"③为从根本上禁止士人结社会盟，统治者还将此条款纳入《训士卧碑文》，对各级学校生员加以训示教化。

同时，为了打压豪门势力及士人"清议"风气，加强文化专制，清统治者依照明代的做法，曾多次大兴文字狱。尤其是康熙、雍正、乾隆三朝，既是清朝最强盛的时期，但也是文字狱案最厉害的年代，史料记载共引发115件文字狱案。康熙年间有两大文字狱案，一个是庄廷鑨的《明史》案，一个是戴世的《南山集》案。这两部书中均有怀念、眷念明朝的

---

① 张廷玉：《皇朝文献通考》卷六十九《学校考七》。
② 张廷玉：《皇朝文献通考》卷六十九《学校考七》。
③ 张廷玉：《皇朝文献通考》卷六十九《学校考七》。

一种民族感情,却是统治者所不能容忍的。单就"《明史》案",被抓2000余人,其中被杀的70余人,其余被判刑、流放或充军。雍正年间的文字狱案,更多的是和统治集团内部的权力斗争有关,影响较大的是"查廷嗣案"和"吕留良、曾静之狱"。据说,礼部侍郎查廷嗣在担任江西考官时,因所出一道考题"维民所止"而被告发有谋害雍正皇帝之嫌,被革职下狱,家族被流放,其出生地浙江省停止乡试、会试6年。乾隆年间的文字狱案更多的是捕风捉影,任意的联想。比如说,翰林院庶吉士徐骏,因一首诗中有"清风不识字,何故乱翻书"这样的话,被认为是讽议清王朝而斩首示众。湖南学政胡中藻因其《坚磨生诗钞》中有一句"一把心肠论浊清",同样被认为是讽刺清朝的统治,而被处以凌迟处死等等。严酷的文字狱案,致使众多士人埋头于古书堆,不求为国效力,只求保全自身及全家性命。

二、清代的教育制度

清代教育制度基本承袭明代旧制,分为官学、私学和书院三大类。官学又有中央官学和地方官学之分,中央官学设国子监和特殊性质的宗学、旗学、觉罗学,还有算学馆及俄罗斯学馆等。地方官学设有府学、州学和县学等。私学和书院设置普遍,且有较大发展。可以说,这一时期的教育制度是比较完备的,对人才培养和社会进步发挥了积极的作用。但因受科举的影响,许多学校变得有名无实,形同虚设。

(一) 官学教育

在清代所设置的中央官学中,归属有所不同,宗学和觉罗学直属于宗人府,景山官学和咸安宫官学直属于内务府,俄罗斯学馆直属于内阁管辖,太学、算学及八旗官学直属于国子监等(见图5-1)。就办理成效而言,莫过于国子监。

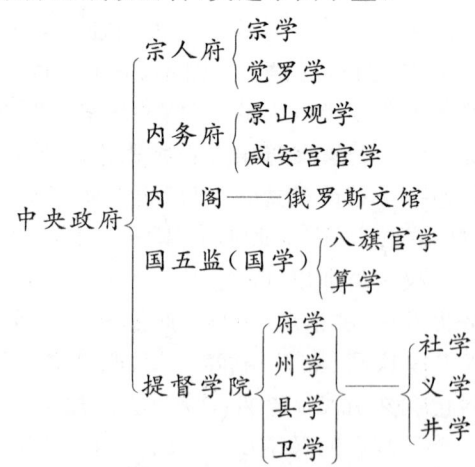

图5-2 清代学制系统

国子监:又称太学,始建于顺治元年(1644年)。在国子监职事设置上,兼顾到满、蒙、汉等族,如史所载:

国子监祭酒,满汉各一人,从四品。司业,满洲、蒙古、汉各一人,正六品。所属监丞，满、汉各一人，正七品。博士，满、汉各一人，从七品。助教，满十有六人，蒙古八人，汉六人，从七品。学正汉四人，学录汉二人，均正八品。典簿，满、汉各一人，从八品。典籍，汉一人，从九品。笔帖式，满四人，蒙古二人，汉军二人。①

祭酒和司业总理监务，监丞负责绳愆厅，博士、助教、学正、学录负责教学，典籍掌图书，典薄掌文牍事务，笔帖式主要是处理文字，包括翻译、起草文件等。

国子监生的成分比较复杂，大致分为贡生和监生两类。贡生来自地方官学，分为六种情况：岁贡、恩贡、拔贡、优贡、副贡和例贡。岁贡，限于地方官学中的廪膳生，即每年由地方官学选拔优秀生员入太学学习，但有名额限制，顺治二年（1645年），规定府学每年贡一名，州学每三年贡二名，县学每两年贡一名。恩贡，系遇国家有吉庆大典时，会下旨让各省选送生员入监学习。拔贡，不限于廪膳生，而是于科试一二等生员中选拔，初定由各省地方官学每隔12年选拔一次，府学二人，州、县学一人，后改为6年，不久又改为12年。优贡与拔贡相似，亦不常举行，或三年一次或五年一次，规定府学二人，州、县学一人。副贡，系乡贡副榜送入监的学生，每三年选举一次。例贡，系通过纳捐而取得监生资格的，系非正途出身，有别于前五种情况。

监生来自特殊阶层，一般为国子监直接录取的学生，但又分为恩监、荫监、优监和例监四种。八旗官学生考取的称为恩监。满汉文官京四品、外三品以上，武官二品以上，可送一子入监，是为荫监。优监与优贡一样，雍正年间始有区分，凡是原为廪膳生和增广生员被选入国子监的为优贡生，如原为附学生员被选入国子监的为优监生。例监与例贡一样，都是通过纳捐而获得监生资格。

除监生与贡生外，国子监也招收外国留学生，如史载：

> 康熙二十七年，琉球国王始遣陪臣子弟梁成楫等随贡使至，入贡肄业。雍正六年，俄罗斯遣官生鲁喀等留学中国，以满、汉助教等教之，月给银米器物，学成遣归，先后络绎。至同治间，琉球官生犹有至者。②

在教学上，将监生分别编入率性、修道、诚心、正义、崇志和广业六堂肄业，其中率性和修道为高级班，诚心和正义为中级班，崇志和广业为初级班。所习学科主要是以四书五经为主，还有政府所颁行的诏、诰、表以及律令、习字等。乾隆二年（1737年）曾诏令模仿宋代学者胡瑗的做法，开设经义斋和治事斋。如史所载：

> 仿宋儒胡瑗经义斋、治事斋法，严课诸生，凡明经者，或一经，或兼经，务取《御纂折中》、《传说》诸书，探其原本，于人伦日用之理，切实讲明。其治事者，如历代典礼、赋役、律令、边防、水利、天官、河渠、算法之类，或专治一事，或兼治数事，务穷其源流，考其利弊。司成考课之时，必以湛深经术，通达时宜，稽古爱民之识。三年期满，即所学分别等第，以示劝惩。③

---

① 允祹等编撰：《钦定大清会典》卷三《官制一》。
② 赵尔巽：《清史稿》卷一百六《选举一》。
③ 张廷玉：《皇朝文献通考》卷六十七《学校考五》。

乾隆六年(1741年)又命方苞选集明清时科举时文，编撰《钦定四书文》，作为"举业指南"分发给太学诸生研习。日常教学活动，《清史稿》有详细记载：

> 课士之法，月朔、望释奠毕，博士厅集诸生，讲解经书。上旬，助教讲义。既望，学正、学录讲书各一次。会讲、覆讲、上书、覆背，月三回，周而复始。所习四书、五经、性理、通鉴诸书，其兼通十三经、二十一史，博极群书者，随资学所诣。日摹晋、唐名帖数百字，立日课册，旬日呈助教等批晰，朔、望呈堂查验。祭酒、司业月望轮课四书文一、诗一，日大课。祭酒季考，司业月课，皆用四书、五经文，并诏、诰、表、策论、判。月朔，博士厅课经文、经解及策论。月三日，助教课，十八日，学正、学录课，各试四书文一、诗一、经文或策一。①

学业考核由祭酒和司业负责，祭酒主持季考，司业负责月考或月课，尤其是对率性、修道两堂监生的考核，凡列一等的给一分，列二等给半分，一年内积够八分为及格，可直接被录用。

另外，国子监还曾效仿明代监生历事之制，实施监生拨历之制，要求"监生坐监期满，拨历部院练习政体。三月考勤，一年期满送廷试"②。这也是选拔官员的一条重要途径，但在康熙以后停止拨历，"自是部院诸司无监生"。

算学馆：康熙五十二年(1713年)始设算学馆于畅春园，选八旗子弟入学学习算法。乾隆四年(1739年)以算学馆隶属国子监，称"国子监算学"，设满、汉算学生各12名，蒙古、汉军算学生各6名。乾隆十年(1740年)又增设天文生24名，在算学馆附学肄业。其中，满、蒙、汉军算学生于八旗官学生中考取，汉人算学生由国子监会同算学馆考取。教学内容主要是"数理精蕴，分线、面、体三部，部限一年通晓。七政限二年"③。

俄罗斯学馆：雍正六年(1728年)俄罗斯派遣其大臣子弟到京，恳请肄业。清政府应其所请，在国子监下设立俄罗斯学馆，选派满、汉教师，教授俄罗斯学生满汉文字及经史典籍。乾隆六年(1741年)又在理藩院设置俄罗斯学堂，聘请在京的俄罗斯人教授满、汉贵族子弟学习俄文。国子监于满、汉助教中选取两人专掌教事。

贵族学校：除国子监外，清政府在京城内还为贵族功臣子弟设立了诸如宗学、觉罗学、旗学等贵族学校，这也是清朝官学制度的一个重要特点。

宗学是专为清宗室子弟设立的学校。顺治十年(1653年)八旗各设宗学，规定凡宗室子弟，年满10岁以上者都要入学接受教育，由满洲生员充当教师。雍正二年(1724年)又规定："左、右两翼设满、汉学各一，王、公、将军及闲散宗室子弟十八岁以下，入学分习清、汉书，兼骑射。以王、公一人总其事……三年期满，分别等第录用。"④

觉罗学是专为清代觉罗氏子弟设立的学校。开设于雍正七年(1729年)，规定"八旗

---

① 赵尔巽：《清史稿》卷一百六《选举一》。
② 赵尔巽：《清史稿》卷一百六《选举一》。
③ 赵尔巽：《清史稿》卷一百六《选举一》。
④ 赵尔巽：《清史稿》卷一百六《选举一》。

觉罗内自八岁以上十八岁以下子弟,俱令入学"。设总管一人,由王公大臣充任,满、汉学均设副管两人,"每日在学行走,稽查勤惰"。学生在学期间,"给与公费银米纸笔墨冰炭等物,俱照宗学之例"①。学成后,与旗人同应岁、科试及乡、会试,并考用中书、笔帖式等官。

旗学包括八旗官学、景山官学和咸安宫官学,均是为八旗子弟设立的。八旗官学设于顺治元年(1644年),据史载:"八旗分为四处,各立官学一所,用伴读十人勤加教习。每十日赴国子监考课一次,春秋演射五日一次。"②八旗官学设满、汉教习,学生按每佐领(300人为一佐领)选送,学习内容为满书、汉书和骑射。乾隆三年(1738年)规定,选拔汉文明通者升入国子监肄业,学习期满择优录用,因此在学制上与国子监是相衔接的,但自嘉庆、道光以后学校日渐废弛。景山官学于康熙二十五年(1686年)设于京师北上门两旁官房内,设满、汉文各三房。每房教习,满文3人,汉文4人。主要招收内府三旗佐领、管领下幼童366人入学,分习满文和汉文。学生肄业三年,考列一等用笔帖式,二等任库使、库守。雍正七年(1729年),因"景山官学生功课未专",于是在咸安宫内另外修理读书房三所,从景山官学生及佐领、管领下招13~23岁的俊秀青少年90人入学,每所额定30人。于翰林院内挑选翰林9人担任教习,每所各3人,"勤加督课"。

清代地方官学依照地方行政区划,设有府学、州学、县学,统称为"儒学",于乡间还设有社学,各省都设有专职学官提学道、提学御史或提学学政,具体负责地方官学的管理。此外,地方上还开设有商学、卫学、土司学等特殊学校。如顺治十一年(1654年)长芦、两淮、山东、陕西盐运司专设商学,山西、河东开设运司学。顺治十五年(1658年)为瑶族土司贵族子弟开设土司学。顺治十六年(1659年)直隶山海、宣府设立卫学等。

儒学的建筑很有讲究,孔庙与学宫往往是并立的,棂星门是学宫外的标志性建筑,泮池则是学宫内特有的设施,学宫的主建筑则为明伦堂。生员学习之地称为"斋",一般是府学四斋、州学三斋、县学二斋。

儒学教官由地方官府配置,府学设教授1人,州学设学正1人,县学设教谕1人,各学还均设训导,人数不定。教官的职责在于"掌训迪学校生徒,课艺业勤惰,评品行优劣,以听于学政"③。还要"严束生徒,按季考课","务立课程,令其时至学宫,面加考试"。对于那些不能整日在校研习学业的生员,即所谓"亲老家贫,势不能在学肄业者,亦必分题考校,每月定期,使无旷业"④。

儒学生徒分为三等,即附学生、增广生、廪膳生。廪膳生是享受廪米待遇的,也就是公费待遇,系计划内生员。增广生是因求学者日多,于是在廪膳生基础上扩招而致,不享受廪米待遇。附学生是在增广生之外又招收的学生,类似旁听生。按规定,"初入学曰附学

---

① 张廷玉:《皇朝文献通考》卷六十三《学校考一》。
② 张廷玉:《皇朝文献通考》卷六十四《学校考二》。
③ 赵尔巽:《清史稿》卷一百十六《职官三》。
④ 程嘉谟等:《钦定大清会典则例》卷六十九《学校二》。

生员。廪、增有定额,以岁、科两试等第高者补充"①。各地儒学生员均有定数,府学、州学和县学分别为 40 人、30 人和 20 人。生员入学前称"童生",童生入学需经县、府、院三级考试,合格者称"秀才"。生员在学并非完全以读书为主业,获取乡试资格也许更为重要。因此,儒学生所习内容除儒家经典、理学著作外,还有应付科举考试的"时文"之类,要求"若非圣贤之书,一家之言,不立于官学者,士子不得诵习"。

尤其是在明朝"六等试诸生优劣"的基础上,进一步发展为"六等黜陟法",用于考核儒学生员。如史所载:

> 考列一等,增、附、青、社俱补廪。无廪缺,附、青、社补增。无增缺,青、社复附,各候廪。原廪、增停降者收复。二等,增补廪,附、青、社补增。无增缺,青、社复附。停廪降增者复廪。增降附者复增,不许补廪。三等,停廪者收复候廪。丁忧起复,病痊考复,缘事辨复,增降附者许收复,青衣发社者复附,廪降增者不许复。四等,廪免责停饩,不作缺,限读书六月送考。停降者不许限考。增、附、青、社俱扑责。五等,廪停作缺。原停廪者降增,增降附,附降青衣,青衣发社,原发社者黜为民。六等,廪膳十年以上发社,六年以上与增十年以上者,发本处充吏,余黜为民。入学未及六年者发社。②

这里的"青衣",是指受处分而不许穿生员法定蓝布长衫者,相当于留校察看。"发社"是指开除出官学,降到社学肄业。可以说,"六等黜陟法"比明朝的做法更为周密、成熟,也更为有效,这是清朝在地方官学管理上的一个重要创新。

清代在乡间还设置有社学,属于"最基层的一种地方官学"③。康熙九年(1670 年)下诏曰:"令各直省置社学、社师,凡府、州、县,每乡置社学一,选择文艺通晓、行谊谨厚者考充社师,免其徭役,给饩廪优膳。"④雍正元年(1723 年)又重申办理社学的有关规定:"旧例,各州、县于大乡巨镇各置社学,凡近乡子弟,年十二以上二十以下有志学文者令入学肄业。至是,复经申定,将学生姓名造册申报。学正按临,时如有能文入学者,社师优赏,若怠于教习、钻营充补者,褫革。"⑤按规定,社学与府州县学之间是有衔接关系的,凡是学业优异,经考试合格者均可以升入府州县学深造,这对社学的发展来说是有一定推动作用的。

(二)私学教育

在清代,由于受科举的左右,诸多官学有名无实,徒具形式。一般士子真正读书受教的地方,还是在私人设立的学塾之中。因此,清代私学教育相当发达,学塾遍布全国城乡各地。

---

① 赵尔巽:《清史稿》卷一百六《选举一》。
② 赵尔巽:《清史稿》卷一百六《选举一》。
③ 孙培青主编:《中国教育史》,华东师范大学出版社 2000 年版,第 259 页。
④ 张廷玉:《皇朝文献通考》卷六十九《学校考七》。
⑤ 张廷玉:《皇朝文献通考》卷七十《学校考八》。

清代学塾按性质可分为三类：一是有钱人聘请教师在家教授子弟的，称之为教馆或坐馆；二是塾师在自家设馆教授生徒的，称之为家塾或私塾；三是地方上出钱聘请塾师，在公众地方设塾教授贫寒子弟的，称之为义学或义塾。雍正元年(1722年)还对云南、四川及湖南等地少数民族聚集区如何办理义学作出明文规定，要求：

> 选延塾师，先令熟番子弟来学，日与汉童相处，宣讲《圣谕广训》。俟熟习后，再令诵习诗书，以六年为期。如果教导有成，塾师准作贡生。三年无成，该生发回，别择文行兼优之士，应需经书日用，令该督抚照例办给。①

各学塾收取的学生并没有年龄限制，自5～20岁都有，人数多寡不定，有少至四五人的，也有多至二十余人的。塾师除教导课业之外，平时不苟言笑，并订有严厉的惩罚条规，包括体罚。学童一旦课业不精或违反学规，轻则罚立、罚跪，重则打手心、鞭挞臀部。

在教学上，基本上是按照循序渐进、由浅入深、由简单到复杂的原则来进行的，大致分为五步：

第一步是识字。多先集中识字，有指物识字、卡片识字、书本识字、对比识字等几种方法。日教10字，以1000字为限。

第二步是写字。又称习字，有字帖。塾师先教以横、直、勾、点及转折、轻重方法，再令学童自书。先从研墨、润墨、持笔、运笔等基础练习起。开始习字时，让儿童在用红边勾出字体轮廓的字帖上描画，俗称"描红"。接着是照着字帖临摹，也可以脱离字帖，上格字为教师所写，下格为空格，让学生依上面的字去仿写，是为"跳格"。可以说，习字也是学塾中的主要功课。

第三步是读书。先从《三字经》、《百家姓》或《小学》读起，然后读《四书》。读书方法，大多是学童立于塾师案旁，先是教师读一句，学生跟着读一句。然后教师大声读，学生同时小声读。再就是学生自己读，读至数百遍成诵后，再至塾师面前背诵，如果背诵无误，再教新课，否则再熟读背诵。大约每半日或一日教一课，日日如此，每日教新课以前，命学童将数日或前数月所读的经书，轮流背诵。由此可知，学塾中的主要功课，是以熟读和背诵为主。如此循环往复，读至相当时期后，塾师开始对所读经书进行逐句讲解。同时注意学生读书习惯的培养，强调"心到、眼到、口到"。

第四步是作对。学童经过读书背诵的练习，能粗通文墨、粗解字义之后，塾师便教他们学习作对，即对给出的字词句配上与其对仗的字词句，为行文作诗做准备。一般从"一字对"练起，进而到"二字对"、"三字对"、"五字对"、"七字对"以至"长句对"。如《声律启蒙》所载：

> 云对雨，雪对风，晚照对晴空。来鸿对去雁，宿鸟对鸣虫。三尺剑，六钧弓，岭北对江东。人间清暑殿，天上广寒宫。两岸晓烟杨柳绿，一园春雨杏花红。
>
> 沿对革，异对同，白叟对黄童。江风对海雾，牧子对渔翁。颜巷陋，阮途穷，冀北对辽东。池中濯足水，门外打头风。梁帝讲经同泰寺，汉皇置酒未央宫。

---

① 张廷玉：《皇朝文献通考》卷七十《学校考八》。

春对夏,秋对冬,暮鼓对晨钟。观山对玩水,绿竹对苍松。冯妇虎,叶公龙,舞蝶对鸣蛩。

也有教读唐诗的,所谓"熟读唐诗三百首,不会吟诗也会吟",形象地刻画了作对和熟读诗书的好处。

第五步是习文。在广泛涉猎经史之作、诸子百家、历代诗文的基础上练习作诗写文章,大多运用"先放后收"原则,即先鼓励学生大胆地写,以增强其兴趣和自信心。有一定基础之后再逐步提高要求,开始学习作文及八股文等,为将来的科举考试做准备。

各地私学所使用的教材比较杂,大致可以分为四类:一是以识字为主的教材,主要是《三字经》、《百家姓》和《千字文》等;二是伦理道德类教材,诸如宋代朱熹的《小学》、吕祖谦的《少仪外传》,明代吕得胜和吕坤父子编的《小儿语》、《续小儿语》,清代李毓秀的《弟子规》等;三是综合知识类教材,如唐代李翰的《蒙求》、宋代方逢辰的《名物蒙求》、明代萧良有的《龙文鞭影》、赵南星的《史韵》、程登吉的《幼学须知》以及清代邹圣脉增订的《幼学琼林》等;四是诗歌类教材,以《千家诗》、《神童诗》、《唐诗三百首》为代表。

(三)书院教育

鉴于定都北京之初,政权尚未稳固,清政府担心民间利用书院讲学宣扬反清复明思想,因而在积极兴办官学的同时,对书院则采取抑制政策,甚至是诏令禁止创办书院。如顺治九年(1652年)诏令称:

> 各提学官督率教官,务令诸生将平日所习经书义理,著意讲求,躬行实践,不许别创书院,群聚徒党,及号召他方游食之徒,空谈废业。①

尽管当时各地也修复或创办一些书院,孙奇逢、黄宗羲、颜元等知名学者纷纷在书院讲学,但书院总的发展趋势是沉寂的。康熙执政后,社会相对稳定,为实施对知识分子的怀柔政策,便通过赐书、赐额的办法来鼓励书院的发展,使书院由沉寂走向复兴。如康熙二十五年(1686年),康熙帝御书"学达性天"匾额,赐予白鹿洞书院和岳麓书院以及周敦颐、张载、二程、邵雍和朱熹祠。之后,又御书"学宗洙泗"、"经术造士"、"学道还淳",分别赐予济南省城书院、胡安国书院和苏州紫阳书院等。

自雍正以后,清政府才改变了对书院的态度,明令在各省省会建一所书院,并赐金一千两作为办学费用。雍正十一年(1733年)的圣谕中说:

> 近见各省大吏渐知崇尚实政,不事沽名邀誉之为;而读书应举者亦颇能屏去嚣浮奔竞之习。则建立书院,择一省文行兼优之士,读书其中,使之朝夕讲诵,整躬励行,有所成就,俾远近士子观感奋发,亦兴贤育才之一道也。督抚驻札之所,为省会之地,着该督抚商酌奉行,各赐帑金一千两。将来士子群聚读书,须预为筹画,资其膏火,以垂永久。其不足者,在于存公银内支用。封疆大臣等并有化导士子之职,各宜殚心奉行,黜浮崇实,以广国家菁莪棫朴之化,则书院之设,于士习文风有裨益,而无流弊,乃

---

① 陈梦雷:《古今图书集成》一百三十六卷《选举典》。

朕之所厚望也。①

此后，各省相继建立书院。但此时，书院实际上多已经成为官学的一种形式。乾隆二年(1737年)各行省所办理的书院进一步演变成为省立"大学"。清廷谕旨中，对书院院长的聘任、学徒的考核以及书院的日常管理、奖罚制度等都有明确规定：

> 古者乡学之秀升于国，然其时诸侯之国皆有学。今府、州、县学并建，而无递升之法。国子监虽设于京师而道里辽远，四方之士不能胥会，则书院即古侯国之学也。居中讲习者，固宜老成宿望，而从游之士，亦必立品勤学，争自濯磨，俾相观而善。庶人材成就，足备朝家佐使，不负教育之意。该部即行文各省督抚学政，凡书院之长，必选经明行修、足为多士模范者，以礼聘请。负笈生徒，必择乡里秀异、沉潜学问者肄业其中。其恃才放诞、佻达不羁之士，不得滥入书院。中酌仿朱子白鹿洞规条，立之仪节以检束其身心。仿分年读书法，予之程课，使贯通乎经史。有不率教者，则摈斥勿留。学臣三年任满，咨访考核，如果教术可观、人材兴起，各加奖励。六年之后，着有成效，奏请酌量议叙。诸生中材器尤异者，准令荐举一二以示鼓舞。②

此时，书院多变为官立，书院与科举的联系也日益紧密。如学者商衍鎏所言："乾隆十年，礼部议准书院每月之课仍以八股文为主。内虽有经史治术留心讲贯，余功可及对偶声律之学，并论策表判酌量兼试等语，但仍属具文。"③

与明代书院相比而言，清代书院有以下几个特点：(1)在教育内容上，明代书院以传习陆王心学为主，清代书院侧重汉学，即考证训诂之学。(2)在空间分布上，明代书院以长江以南为多，且多在山区，清代书院比较均衡，新建书院多在城镇。(3)在类型上，明代书院主要有会讲、考课两种，清代书院则发展为四种类型：一是以讲求理学为主的书院，秉承宋明以后书院的学术传统，办理数量较多；二是以博习经史辞章为主的书院，如学者阮元于嘉庆五年(1800年)在杭州孤山所设的诂经精舍，道光四年(1824年)在广州粤秀山所设的学海堂，教学上不课八股文，而以经史为主，并及小学、天文、地理、算法等科，为书院开创了一种新的学风；三是考课式书院，主要是备战科举考试，设置最为普遍；四是着重"经世致用"之学的书院，如学者颜元所主持的漳南书院，他为书院所书一副对联"聊存孔绪励习行脱去乡愿禅宗训诂帖括之套，恭体天心学经济斡旋人才政事道统气数之机"，很能体现出漳南书院的办学宗旨。尤其是实施分斋教学，将生员分别编入文事斋(课礼乐书数、天文、地理等科)、武备斋(课黄帝、太公及孙吴兵法，攻守、营阵、陆水诸战法，并射御、技击等科)、经史斋(课十三经、历代史、诰制、章奏、诸文等科)、艺能斋(课水学、火学、工学、象数等科)、理学斋(课静坐，编著程朱陆王之学)和帖括斋(课八股举业)学习，这也是其实学教育理论的具体体现。

---

① 张廷玉：《皇朝文献通考》卷七十《学校考八》。
② 张廷玉：《皇朝文献通考》卷七十一《学校考九》。
③ 商衍鎏著：《清代科举考试述录》，三联书店1958年版，第223页。

三、清代的科举制度

清代的科举制度大体因袭明制,顺治时基本定制,康熙时自上而下引起普遍关注,考试方法较之前代更为繁杂而周密,且在考试步骤、考试文体以及考生待遇方面,都有新的规定。

清代科举考试分为初试和正试两种。

初试,即在正式科举之前进行,主要是确定最初的参试资格,获取资格后才能参加正式科举考试。初试分三步进行:

第一步为童试。这既是地方县、州、府学的入学考试,也是获取"秀才"资格的考试。应试者称童生或文童,应试者需到本县礼房填写三代履历、籍贯报名,并以同考五人互结,廪生担保。考试分三场进行:先进行县试,由知县主持,县试第一者称县案首。县试日期多在二月,一般要考五场,每日一场,黎明前点名入场,即日交卷。县试合格者参加府试。府试由本地知府主持,府试第一者称府案首。府试日期多在四月,合格者参加院试。院试由中央派遣的"钦命提督某省学政"主持,合格者称为秀才,可入府州县学为生员。届时,各地政府会通知新生定期穿戴雀顶蓝袍,齐集官署大堂设宴簪花,然后在府、州、县官的带领下前往孔庙谒圣,再至学宫拜谒本学学官,此后即开始入学学习。也只有获得秀才资格,才能有资格参加乡试、会试、殿试的逐级考试,这是清代的首创。

第二步为岁试。各省提学官到任后第一年要按临各地,检查儒学生员的学习情况,府、州、县学的附生、增生、廪生均须参加,称岁试或岁考。实行"六等黜陟法",即将考试成绩评定为六等,根据成绩对生员的身份进行黜陟,如增生、附生补为廪生,廪生降为增生、附生等,最严重的处分是革黜为民。

第三步为科试。提学官到任后的第二年进行,旨在选拔参加乡试人员,经正试和复试,凡廪生列一二等及三等前三名者可取得应试的资格。

科举考试的正试,仍分为乡试、会试、殿试三级。

第一级为乡试。清代规定乡试三年一次,定于子、卯、午、酉年的八月举行,称为正科。如遇国家庆典时会加试一次,称为恩科。乡试在省城举行,凡属本省的府、州、县学生员与贡监生均可应试。考试分三场,每场三日。第一场试以《论语》、《孟子》、《中庸》各一文,五言、八韵一文。第二场试以"五经"各一文。第三场试以策问五道。乡试取中者称为举人,各省名额依据人口多寡、文风优劣、丁赋轻重而有所不同,多者百数十名,少者数十名,大省数十名,小省四五十名不等。当然,乡试亦设有武科,于同年的十月进行。考试分外场、内场,外场试马射、步射、技勇等,内场默写武经。

乡试考场称为贡院,规模较大的贡院主要有四处:一是北京贡院,或称顺天贡院,原系元代礼部衙门旧址,始建于明永乐十三年(1415年)。万历二年(1574年),张居正执政时扩建贡院,并将木质考栅改为砖墙瓦顶的房屋。乾隆二十七年(1762年)又加以改建。拥有号舍9000多间,既是全国会试之地,也是顺天府乡试之地。二是江南贡院,又称南京贡院或建康贡院,位于南京城南秦淮河边,毗邻夫子庙,是中国古代最大的科举考场。始建于南宋乾道四年(1168年),起初为县、府学考试场所。明太祖朱元璋定都南京后,集乡试、会试于江南贡院举行。明、清两代对贡院不断加以改建,拥有号舍20644间,另有主考、监临、监试、巡察以及同考、提调执事等官员的官房1000余间,再加上膳食、仓库、杂役、禁卫等用房,更有水池、花园、桥梁、通道、岗楼的用地,规模之大,占地之广,房舍之多为全国考场之冠。三是河南贡院,顺治十六年(1659年)在明代周王府旧址上修建,院内号舍5000多间。后因贡院四周常年积水,雍正九年(1731年)迁往开封城东北隅的上方寺内(今河南大学所在地),号舍增至11866间,时任河南巡抚的田文镜撰《改建河南贡院碑记》刻石以记。道光二十一年(1841年),黄河水冲击开封城。为了加固城墙,阻止洪水灌城,遂就地取材,拆毁贡院房舍,将砖瓦、材料充作防洪物资。翌年,重修贡院,修葺旧房,新建号舍10009间,凿井5眼,时任河南巡抚的牛鉴撰写碑文《重修河南贡院碑记》,刻石以记。光绪二十九年(1903年)、光绪三十年(1904年)两科会试在此举办。四是广州贡院,始建于康熙二十三年(1684年),有号舍5000间。道光元年(1821年)号舍增至7603间。后毁于战火。咸丰十一年(1861年)由两广总督劳重光重建。到同治六年(1867年),号舍已有11708间。光绪三十一年(1905年)废科举后,广州贡院改建为两广速成师范馆,也即后来广东大学和中山大学前期校址所在地。

关于贡院的内部设施,曾是清末甲辰(1904)科进士出身的商衍鎏,在《清代科举考试述录》中对各省贡院有过详细记述,称各省贡院均建于省城东南,贡院大门上正中悬"贡院"墨字匾额,大门东、西建立两坊,分别书"明经取士"和"为国求贤"。贡院大门外为东、西两座辕门,大门分中、左、右三门。进大门后为龙门,门内又平开四门,取《尚书·虞书》"辟四门"以招贤俊之义。龙门直进为至公堂,是监临和外帘官的办公处所。在龙门和至公堂中间,有一楼高耸,名曰明远楼,居高临下,全闱内外形势一览无余。监临等官员可登楼眺望,稽查士子有无私相往来、执役人员有无代为传递之弊。至公堂再往后有一座飞虹桥,过桥即为内帘门。内帘的后部是正副主考和房官办公阅卷的场所。龙门、明远楼两侧是士子考试的号舍,用《千字文》编列,唯有天、玄、帝、皇等字以及数目字、孟子名之轲字等不用。号舍自南而北若干排,每排数十间乃至近百间,顺天和某些大省贡院的号舍总数可达万余间,中小省也有数千间。贡院四面围墙遍插荆棘,四角各有一楼,以为眺望。考试期间,贡院四周派军队分段驻守巡逻。①

乡试的考官为正、副主考,均由皇帝直接任命,每省各一人,负责命题、阅卷、录取,各省还会安排8~18人不等的"房官",即同考官帮助阅卷。此外,还设监试、提调、帘官等人员负责考场管理。士子用墨笔作答的原卷称墨卷,出场交卷后由弥封人员将卷上姓名籍贯弥封。然后将弥封后的墨卷编号,交誊录人员用朱砂誊录,称朱卷。朱卷誊毕后,经对读人员与墨卷校对无误,分别套封,墨卷存于外帘,将朱卷交内帘阅卷。正副主考批阅各房荐卷,以头场为主,阅后结合第二、三场的情况,互阅商酌,取定中额。放榜之日,按中式

---

① 商衍鎏著:《清代科举考试述录》,三联书店1958年版,第54~56页。

朱卷红号调取墨卷,当众开封,填写榜名,放榜公布。乡试放榜后各省试卷调礼部复查,称磨勘。房官未荐之卷和主考未取之卷,皆曰落卷,也须略加批语,试后发给考生。乡试正榜取中者称举人,此外每正榜五名取副榜一名,亦称副贡。放榜第二天,在各省巡抚衙门举行"鹿鸣宴",由主考、监临、学政内外帘官和新科举人参加。新科举人谒见主考、监临、学政、房官,然后依次入座开宴,演奏《诗经》中的《鹿鸣》之章,作魁星舞。新科举人第一名称解元,第二名称亚元,第三、四、五名称经魁,第六名称亚魁,其余称文魁,均由国家颁给20两牌坊银和顶戴、衣帽、匾额。匾额悬挂住宅大门之上,门前可以树立牌坊。新科举人第二年即可赴京参加礼部会试,会试一科或三科不中,也可以经过吏部的"拣选"或"大挑"就任低级官员。

第二级为会试。会试逢丑、未、辰、戌年举行,即乡试之后的第二年,各省乡试所取的举人入京参加会试,试期多在三月,所以也称春试或春闱,因由礼部主持,也称礼闱。考试内容与乡试大致相同,四月放榜,中者称贡士,其第一名称会元。贡士无定额,每年取300名左右。雍正八年(1730年)所取人数有460名为最多,乾隆五十四年(1789年)只取96名为最少。至于各省名额,均依据考生人数、省之大小、人口多寡而定出比例。

经会试取中的贡士,接着要参加在保和殿举行的复试。清初贡士本不进行复试,只因康熙五十一年(1712年)发生科场案,会试后又加复试,至嘉庆初始成定制。复试考《四书》文一篇,五言八韵诗一首,当日交卷。第二天派阅卷大臣评定成绩,分一、二、三等,列等者即准参加殿试。

会试也设有武科,会试当年的九月举行,各省武举人参加,考试内容与乡试武科相同。会试武科名额不定,以外场应试情况临时请旨定夺。

第三级为殿试。只有会试中举的贡士才有资格参加殿试,最初是在会试放榜一月后举行,乾隆二十六年(1761年)改为会试后第二年的四月二十一日举行,著为定制。地点最初在天安门外,后改在太和殿,乾隆时又改在保和殿。殿试内容为时务策一道,由读卷大臣拟出若干题,送皇帝钦定圈出,作为试题。考试结束后,由皇帝任命8名读卷大臣负责评阅,读卷大臣各自先阅自己所分考卷,然后互相轮看,称转桌。成绩评定后,于二十四日向皇帝进呈前十本卷子,钦定名次并公布引见,称小传胪。二十五日在太和殿公布全部名次,称传胪。殿试名次的排列分为三甲,一甲共三名,第一名称状元,第二名称榜眼,第三名称探花,赐进士及第;二甲若干名,赐进士出身;三甲若干名,赐同进士出身。传胪后颁发上谕,一甲第一名授翰林院修撰,第二、三名授翰林院编修,其余皆授予不同官职。

武科进士亦须经复试后参加殿试。第一日试马步箭,第二日试弓刀石,第三日带领引见,等候钦定甲第。第一甲赐武进士及第,其第一名为武状元,第二名为武榜眼,第三名为武探花。第二甲赐武进士出身,第三甲赐同武进士出身。

清代科举考试,除了上述正科之外,还开设有不定期的特科,称为制科或制举。如康熙十七年(1678年)、乾隆元年(1735年)两次开博学鸿词科,令中央和地方的官员举荐学行兼优、文词卓越之人,不论已仕未仕,均可应考。其试题为诗、赋、判等,成绩列在一、二等者俱授翰林官职。除此之外,每逢皇帝登基之年令各地举孝廉方正、皇帝巡幸召试等,也属于制科。

考试所使用的文体依然是八股文,相对于明代有所改进,全文由破题、承题、起讲、领题、提比、出题、中比、后比和束比九个部分组成。在命题方面,自然要从四书五经中选取,但为了避免题的重复,出题者可以说是绞尽脑汁,以至花样百出,名目繁多。诸如出全章的谓之"通章题",出全节的谓之"通节题",出章节中一句的谓之"单句题",出两句并立的谓之"双扇题",三句或四句并立的谓之"三扇题"或"四扇题",把两章中首句和末句连在一起的谓之"截搭题",仅出末尾一句的谓之"上截题"等。在这种情况下,作为科举预备场所的各级官学亦受科举制度的影响,教学内容以八股文章为务,很少涉及经世致用之学。

除八股文体外,清代还有一种考试文体,谓之"制策",初无定式,后渐成定规,如起首必书"臣对"、"臣闻"等。"钦惟皇帝陛下","钦惟"必须书写到底,"皇帝陛下"必须顶头双写两行。制策比较着重格式和书法。

另外,清朝统治者为照顾八旗以及满、蒙子弟顺利进入仕途,还为其单独举办特殊科目的科举考试,规定每三年考取秀才两次,举人和进士各一次。秀才考试规定,满人初试马、步射,正试则翻译《四书直解》300字为满文;蒙古人只将四书满文翻译成300字的蒙文即可。其乡试及会试,则规定翻译成满文和蒙文,同一考场,同一榜上张贴。

四、清代实学派的教育思想

政治及文化上的专制以及思想上的控制,并没有阻止住学者们对社会、历史、政治及人生等问题,尤其是对教育问题的思考和探索。以黄宗羲、顾炎武、王夫之、颜元等为代表的实学派思想家们,从批判理学教育理论入手,大胆地提出实学教育主张,认为教育旨在培养经世致用的实用人才,因而重视自然科学及技艺的教学,提倡主动和习行的教学方法,还提出了"公其非是于学校"等初步的民主教育主张,使得业已死气沉沉的教育理论界再度活跃起来。

(一)黄宗羲

黄宗羲为明末清初杰出的启蒙思想家、史学家、教育家。与顾炎武、王夫之并称明末清初三大儒,与顾炎武、方以智、王夫之、朱舜水并称为"明末清初五大家",亦有"中国思想启蒙之父"之誉。

1. 生平及教育活动

黄宗羲(1610~1695),字太冲,号南雷,世人尊称为梨洲先生,绍兴府余姚县黄竹浦人。幼年随父亲读书求学,14岁时补仁和县学生员,但对举业"弗甚留意",而"好窥群籍"。史称其:"愤科举之学锢人,思所以变之。既,尽发家藏书读之,不足,则钞之同里世学楼钮氏、澹生堂祁氏,南中则千顷堂黄氏、绛云楼钱氏,且建续钞堂于南雷,以承东发之绪。"①20岁时正式拜学者刘宗周为师,发愤研读二十一史。

顺治二年(1645年),黄宗羲曾变卖家产,在家乡组织600余人的义军,时称"世忠营",参加南明政权在浙东的武装抗清斗争,前后历时8年,期间曾数次遭到清政府的"悬像"搜捕,"濒于十死"。尤其是,在条件十分艰苦的情况下,他仍坚持讲学,史载"日与吴锺峦坐舟中,正襟讲学,暇则注授时、泰西、回回三历而已"。

康熙二年(1663年)四月,黄宗羲应石门学者吕留良之邀,设馆于吕氏祖居友芳园,以教授吕留良的子侄及其好友子弟,从而开始了长期往来于浙东地区的讲学活动。康熙六年(1667年)九月,黄宗羲参与恢复绍兴证人书院的讲学活动,同张应鳌等"共主教事"。康熙七年(1668年)三月,应甬上(今浙江宁波)名士万斯大等邀请,黄宗羲莅甬讲学,创设并主持"甬上证人书院",前后历时8年,所培养的学生有名可考者60余人。期间,黄宗羲最先提到"浙东学派"概念,在其以经学为本、史学为辅,以"经世致用"为宗旨的学风倡导下,形成了以"甬上证人书院"弟子为主力的浙东学派。康熙十五年(1676年)二月,应海宁知县许三礼之邀,黄宗羲主讲正学书院和黄冈书院,又历时5年,对浙西学术文化的发展贡献巨大。

自康熙十七年(1678年)始,清政府开始诏其入仕,是年征为"博学鸿儒",但力辞不就。康熙十九年(1680年),康熙帝令地方官"以礼敦请"其赴京修《明史》,黄宗羲又以年老多病坚辞。随后,康熙帝令地方官抄录其所著明史论著、史料送交史馆,又延请其子黄百家及弟子万斯同参与修史。万斯同入京后,也执意"以布衣参史局,不署衔,不受俸"。是年黄宗羲中断讲学活动,悉力著述。康熙二十二年(1683年),参与修纂《浙江通志》。康熙三十一年(1692年),黄宗羲闻知贾润刊刻其《明儒学案》将成,遂抱病作序,由黄百家手录。临终前,嘱家人丧事从简,要求死后次日,即"用棕棚抬至圹中,一被一褥不得增益",遗体"安放石床,不用棺椁,不作佛事,不做七七,凡鼓吹、巫觋、铭旌、纸幡、纸钱一概不用"。黄宗羲曾自云一生有三变:"初锢之为党人,继指之为游侠,终厕之于儒林。"可以说是其一生的真实写照。

黄宗羲一生致力于教育事业,在坚持讲学活动的同时,还积极开展学术研究,在诸多领域都取得了令人瞩目的成就,著述共有112种,约1300卷,2000多万字。其中,影响最大的有三部:一是《明夷待访录》,成书于康熙二年(1663年),在此书中,黄宗羲猛烈地抨击了封建君主专制制度,提出"天下为主、君为客"的政治主张,认为"为天下之大害者,君而已矣"。因此,该书被称为是"一部划时代的民主主义思想专著",有学者称其为"人权宣言"。二是《明儒学案》,成书于康熙十五年(1676年)以后,对明朝270多年的儒学发展历程做了全面系统地总结,可以说是中国学术史上第一部学术思想史专著,也开了学案体史书编写的先例。三是《宋元学案》,黄宗羲在完成《明儒学案》后续修此书,但仅成17卷并序而卒,其子黄百家又续作8卷,后由弟子全祖望、杨开沅、顾谖等加以补述,他可以说是起了一种重要的引领作用。

---

① 赵尔巽:《清史稿》卷四百八十《儒林一》。

2. "公其非是于学校"的民主教育论

黄宗羲认为,学校的职能不只在于培养人才,还应该有议政参政以及改进社会风俗的功能,从而在中国历史上率先提出了初步的民主教育主张。

首先,黄宗羲主张要"公其非是于学校"。即主张让学校充分发挥议政参政的功能,他在《明夷待访录·学校篇》中说:

> 学校,所以养士也。然古之圣王,其意不仅此也,必使治天下之具皆出于学校,而后设学校之意始备。非谓班朝,布令,养老,恤孤,讯馘,大师旅则会将士,大狱讼则期吏民,大祭祀则享始祖,行之自辟雍也。盖使朝廷之上,闾阎之细,渐摩濡染,莫不有诗书宽大之气,天子之所是未必是,天子之所非未必非,天子亦遂不敢自为非是,而公其非是于学校。

依黄宗羲之见,学校是知识分子汇聚之地,对国家大事可以做到集思广益,使政府决策做到民主化和科学化,避免以天子一人的是非为是非,并逐渐养成上至朝廷官员,下至里巷平民普遍议政的社会风气,绝非要学校像古代辟雍一样承揽政府机构的某些职能,但"其实质已于近代资本主义制度下的议会相近。可以说,黄宗羲'公其非是于学校'的思想,也是近代议会思想的萌芽"①。

进而,黄宗羲也强调学官应该发挥对地方官吏和政事监督的作用,所谓"郡县公议,请名儒主之。自布衣以至宰相之谢事者,皆可当其任,不拘已任未任"。这里的"公议",就是监督的意思。不仅如此,学官还应发挥疏导、引领地方风俗事务的职能。他在《明夷待访录·学校篇》中说:"民间吉凶,一依朱子《家礼》行事。庶民未必通谙,其丧服之制度,木主之尺寸,衣冠之式,宫室之制,在市肆工艺者,学官定而付之。离城聚落,蒙师相其礼以革习俗。"又说:"凡一邑之名迹,及先贤陵墓祠宇,其修饰表章,皆学官之事。"

其次,黄宗羲主张学校讲学应该与议政结合起来,要求太学每朔望讲学,天子、大臣皆应去听讲,且执弟子礼。如涉及朝政得失,"祭酒直言无讳"。对地方官学而言也是如此,他说:

> 郡县朔望,大会一邑之缙绅士子。学官讲学,郡县官就弟子列,北面再拜。师、弟子,各以疑义相质难。其以薄书、期会不至者罚之。郡县官政事缺失,小则纠绳,大则伐鼓号于众。其或僻郡下县,学官不能骤得名儒,而郡县官之学行过之者,则朔望之会,郡县官南面讲学可也。②

另外,黄宗羲主张将各地寺观庵堂改为书院或小学,以使人人都有受教育的机会和权利,此举体现出普及教育的倾向。

3. 以"经世致用"为核心的实学教育论

黄宗羲在批判理学空谈性命的基础上,提出了他的实学教育主张,旨在塑造"仁义与事功合一"、"气节与事功合一"的人格,培养出既要有居仁由义、清高忠贞的民族气节,又

---

① 孙培青主编:《中国教育史》,华东师范大学出版社 2000 年版,第 264 页。
② 《黄宗羲全集》第一册,浙江古籍出版社 1985 年版,第 12 页。

要有经世致用才能的"实学"人才。为此,黄宗羲主张以经学、史学、诗文和自然科学知识等为主要教育内容。

在黄宗羲看来,经学不仅能够经世致用,还能改变明中叶以后"不以六经为根柢"的空疏浅薄的学风。因此,他非常重视经学教育,认为求学者"必先穷经",且必须以经学为根本,所谓"学必原本于经术,而后不为蹈虚"①。但通经的同时,又必须通史,他说:"学者必先穷经,经术所以经世。不为迂儒,必兼读史。"②要想不成为"迂儒"就必须读史,要想"以显来世"也必须读史。黄宗羲本身就是治史大师,《明夷待访录》《明儒学案》以及开其端的《宋元学案》等无不是史学巨著,还开学案体之先。也正因为如此,弟子中才出现了诸如黄百家、万斯同那样的史学大家,也才有浙东书院师生擅长治史的特点。

古人认为诗可以"言志",因而黄宗羲也很重视诗文教育。他认为治诗文首先要基于兴趣,只有"好之",才能"专于是",也才能"聚一生之精力而为之"。还要"去陈言",即不为先辈之诗文所限,要敢于创新,要有真情实感,只有情理交融、"皆自胸中流出"的方是好文章。当然,要做到这些,还必须具有经史之根基,所谓"文必本之六经,始有根本",待根基已固,则"诗不期工而自工"。因此,黄宗羲在甬上证人书院讲学时,就曾取宋、元、明以后百余家诗文编辑成册,教授给院生。在正学书院和黄冈书院讲学时,还向查慎行、查嗣瑮等教授"诗、古文"。

黄宗羲对自然科学知识,诸如天文、数学、地理、乐律等所谓的"绝学"都有很深的造诣,著有《授时历假如》、《西历假如》、《春秋日蚀历》、《大统历推》等天文类著作10种,《勾股图说》、《开方命算》、《圆解》、《割圆八线解》等数学类著作6种,《今水经》、《四明山志》等地理类著作5种以及《律吕新义》乐律类著作1种。但他没有停留在独自研究的层面,还利用在各地讲学的机会向弟子来传授这些"绝学"知识。诸如在甬上证人书院讲学时,经常向弟子讲授"天文、地理、六书、九章至远西测量推步之学"等。在他的教导下,海宁籍弟子陈訏对数学颇有研究,还撰写出数学专著《勾股术》。黄宗羲对自然科学知识教育的关注,既是对中国古代科技教育传统的继承,也是受到当时西方科学知识传入的影响所致,在一定程度上反映了资本主义生产关系萌芽对改造中国传统教育的新要求。因而,黄宗羲不仅开了"清代'浙人研治西洋天算之风气',而且还开清代浙人传授西洋历算之先河"③。

至于如何实施实学教育,黄宗羲还提出了一系列的教学方法。

第一,强调力学求知。黄宗羲认为知识是源于实践的,只有躬行实践才可以求得真知。他通过对前人各种学说的比较,认为无论是"格物穷理"、"静坐澄心"还是"察见端倪",都不能使人成为圣人,而只有"所行所习"才能"去圣不远"。因此,黄宗羲不仅善于引领学生勤奋研读,还以身作则,老而弥坚,史载其:"年逾六十,尚嗜学不止,每寒夜身拥缊

---

① 全祖望:《鲒埼亭集外编》卷十六《甬上证人书院记》。
② 赵尔巽:《清史稿》卷四百八十《儒林一》。
③ 孙培青主编:《中国教育史》,华东师范大学出版社2000年版,第267页。

被,以双足置土炉上,余膏荧荧,执一卷危坐。暑月,则以麻帷蔽体,置小灯帷外,翻书隔光,每至丙夜。"①

第二,提倡学贵适用。针对明中叶以后士人脱离实际、空谈心性以及专注于八股时文而不问国事的不良学风,黄宗羲指出:"道无定体,学贵适用。奈何今之人执一以为道,使学道与事功判为两途。事功而不出于道,则机智用事而流于伪。道不能达之事功,论其学则有,适于用则无。讲一身之行为则似是,救国家之急难则非也,岂真儒哉?"②依其之见,学者求学贵在适于实用,只有将学问与事功,即与社稷民生结合起来,做到学用一致,方是"真儒"。

第三,主张学贵创新。黄宗羲认为,学者治学切忌"墨守一先生之言",主张求学贵在创新。至于如何才能做到创新,他认为首先就是要多读书,即通过"博学"来把握各家学派的"宗旨","学者而不能得其人之宗旨,即读其书,亦犹张骞初至大夏,不能得月氏要领也"。还要"博"而后"精",所谓"学不患不博,患不能精"③。唯有致精,才能奠定独立思考的前提。其次是注意各学派之间的"异同之论",要求"学者于其不同处,正宜著眼理会",这是因为"古之善学者,其得力多在异同之论"④。最后是"能疑"与善思。黄宗羲提倡学者治学要有怀疑精神,认为只有善于质疑才能有所创见。而针对所质疑的问题,更要做到勤于思考、善于思考,只有予以"深湛之思",才能诱发出自己独特的见解。如若"无深湛之思,学之不成"⑤。另外,黄宗羲还主张通过群体讨论辩难,做到互相启发,以至有所创见。他在教学中也常采用讨论辩难的方法,如在甬上证人书院期间,"与同志讨论得失,一义未安,迭互锋起"。

4. 论宽严适度的"取士八法"

黄宗羲在《明夷待访录》中,专设《取士》上、下篇,集中探讨取士问题。

黄宗羲认为当时社会普遍关注的科举制度存在诸多弊病,指出"取士之弊,至今日制科而极矣"。"科举之弊,未有甚于今日矣"。而科举制度的盛行会带来一系列的危害,主要体现在三个方面:一是"科举盛而学术衰"。因为士人在富贵利禄的利诱下,整日以研读时文为上,从而会远离经史、古文及兵、农、礼、乐等"切于民生日用"之学,从而造成学术的衰落;二是"举一先生以废百",由于科举驱使读书人埋头于时文,且在科考时作文也"限以一先生之言,非是则为离经叛道",而不敢独立思考和标新立异;三是"陷溺人心",败坏学风。大凡参加科考之人,为达到自己的目的,多以"偷窃为工夫,浮词为堂奥",学术不端之学风盛行。还有通过各种关系行贿相关官员,寻找中榜捷径。有的一旦侥幸得第,便认为"读书之事毕矣"而不求上进。黄宗羲对科举制度弊端的指责,可谓一语中的,切中时弊,

---

① 李邺嗣:《杲堂诗文集》,浙江古籍出版社1988年版,第463页。
② 《黄梨洲文集》,中华书局1959年版,第77页。
③ 《黄梨洲文集》,中华书局1959年版,第199页。
④ 《黄梨洲文集》,中华书局1959年版,第443页。
⑤ 《黄梨洲文集》,中华书局1959年版,第389页。

这种要求士人学以经世致用、独立思考的主张具有重要的时代意义。

既然传统的科考制度弊端重重，那么如何加以改革才能选拔出具有真才实学的人才，对此，黄宗羲提出应以"宽于取，严于用"为取士之原则，因为"宽于取则无枉才，严于用则少幸进"。至于如何做到"宽"和"严"，他在总结了历史上关于人才选拔的各种方法和经验后，明确提出"取士八法"，他说："吾故宽取士之法，有科举，有荐举，有太学，有任子，有郡邑佐，有辟召，有绝学，有上书，而用之之严附见焉。"

一为科举之法。黄宗羲虽然认为科举制度有诸多弊端，但是经过改革之后仍可作为选拔人才的主要方法。因此，他建议可以效仿朱熹的做法，将考试分为经、子、史、时务策四场，以突出经学、诸子学和史学的地位，评卷时要注意应试者是否有独立见解，而对入仕者要严加考核。

二为荐举之法。要求每年各郡荐举一人，列为待诏，先由宰相、再由廷臣反复诘难，若能自圆其说，有自己的思考和见解，则"量才官之，或假之职事，观其所效而后官之"。如被荐者才能出众，会被破格重用，举荐者也会受到奖赏。如经考核系"庸下之材"，则予以淘汰，举荐者也要连带受罚。黄宗羲希望通过地方推荐和中央考核相结合，以选拔切合时政需要的经世之才。

三为太学之法。可对太学生进行"积岁月累试"，根据成绩分为三等，上等者同进士，可直接分配至中央各部衙门任职；中等者可不经乡试，而直接参加会试；下等者罢归乡里。

四为任子之法。规定凡六品以上官员子弟，年满15岁者皆入州县学，三品以上官员子弟，年满15岁者皆入太学。二者若肄业15年学无所成者，皆退学。这一举措，可以防止一些官员利用特权在人才选拔中的请托舞弊行为，从而改变"公卿之子不论其贤否而仕之"的弊病。

五是郡县佐之法。就郡县学生员中，由各地提学官主持考试，选拔出学行高等者，分别担任各郡县所设置的户、礼、兵、工、刑、吏六曹职务。凡是三次考核均合格者，可升贡太学肄业，才能尤著者可直接补选为中央六部衙门官吏。当然，如果实绩平庸者则罢免。

六为辟召之法。要求凡宰相、六部、方镇及各省巡抚，皆可自辟属吏，"试以职事"，如其才能卓越，则上报朝廷正式委任。

七为绝学之法。所谓的绝学，是指少为人关注的历算、乐律、测望、占候、火器、水利等学科，凡在这些学科领域有特殊成就者，"郡县上之于朝，政府考其果有发明，使之待诏，否则罢归"。

八为上书之法。当国家危难或者朝廷发生重大事件之时，朝廷群臣皆不敢言，如有在野士人敢于上书直言，则"当处于谏职"。另外，凡士人所进览的著作，学术水平高且足以传业的，则"与登第者一体出身"。

5. "未有无师而成者"的教师论

长期的教育生涯，使得黄宗羲对教师职业有着独到的见解。

首先，关于教师的作用。黄宗羲重视教师在文化知识传递及个人成长中的重要作用，认为自古及今，所有成功人士都离不开教师的教诲和引领，所谓"古今学有大小，盖未有无师而成者也"①。鉴于当时诸多士人为"势利所诱",投靠权势者以门生自称,从而导致社会上师道名目泛滥的不良倾向,诸如出现举业之师、主考之师、荐举之师、投拜之师等,黄宗羲及时撰文《广师说》、《续师说》等,呼吁要"慎重师道",指出"道之未闻,业之未精,有惑而不能解,则非师矣"。如:为图虚荣,有人本不能为师,而强以为师,"则是为师者之罪也"。

其次,关于教师的地位。黄宗羲主张要尊师,提高教师的社会地位。对于各级官学生员来说,要"重师弟子之礼"。而对于官员而言,他在《明夷待访录·学校篇》中,提出国子祭酒当与宰相等位,甚至宰相要退其次;祭酒讲学时,前去听讲的王公大臣均要执弟子之礼。郡县学官当与地方官员等位,学官讲学时,前去听讲的地方士绅也要执弟子之礼等。其关于提高教师地位的设想,在中国教育史上是有开创意义的。

再次,关于教师的职责。黄宗羲认为教师除担当传道、授业、解惑职责外,还要参与时政清议,无论是国子祭酒抑或是地方学官,讲学时针对"政有缺失",均可"直言无讳"。

最后,关于教师的选用标准。黄宗羲认为教师不仅要有真才实学,还必须品行端正,"无玷清议"。如果说有碍清议,即使是当朝或当地名儒,亦不能继续充任教师。他说:"其人稍有干于清议,则诸生得共起而易之,曰:是不可以为吾师也。"同时,黄宗羲还提出地方学官不应由政府委任,而应由"郡县公议"产生,且不应拘泥于"已仕未仕",也就是说,即便是没有入仕的士人,只要合乎规定均可担当教师之职。

(二)王夫之

王夫之将中国古代唯物主义思想发展到顶峰,与顾炎武、黄宗羲并称明清之际三大思想家,明末清初进步教育思潮的代表人物。有称其"不愧是中国17世纪又一位伟大的思想家和教育家"②。

1. 生平及教育活动

王夫之(1619~1692),字而农,号姜斋,又号夕堂,或署一瓢道人,晚年隐居于形状如顽石的石船山,自署船山病叟、南岳遗民,学者遂称船山先生。湖南衡阳人。出身于中小地主家庭,自幼聪颖过人,4岁入私塾,7岁便读完十三经,被称为"神童"。10岁跟随父亲王朝聘、叔父王延聘研习五经,广泛涉猎哲学和史学书籍,且注重实际,关心时局,凡江山险要、士马食货、典制沿革等皆极意考究。14岁考中秀才,24岁时与其兄长一同考中举人。

在王夫之求学及应考期间,正值明王朝处于内外交困之时。就在崇祯十二年(1639

---

① 《黄梨洲文集》,中华书局1959年版,第287页。
② 孙培青主编:《中国教育史》,华东师范大学出版社2000年版,第275页。

年),王夫之第三次乡试落第之后,他意识到国家及民族的危急,便以"东林"、"复社"①为楷模,与郭季林等好友组织了"匡社",立志匡弊救国。明亡后,为阻止清兵南下,王夫之便弃笔从戎,与"匡社"同仁一道在衡阳举兵起义,但寡不敌众,"战败军溃",投奔南明政权,担任翰林院庶吉士。后因南明政府腐败无能,朝臣弄权卖国,王夫之又愤然辞职返家。但依然与清政府为敌,不肯剃发,隐姓埋名,一直逃避在湘西一带,经常和湘西少数民族住在一起。康熙十四年(1675年)迁徙到湘西石船山(今湖南衡阳县曲兰),筑草堂而居,称为"湘西草堂"。在这里,王夫之潜心著述,教授生徒,度过了自己的晚年。

王夫之一生著述极丰,但在其生前均未刻印。后人将其著述汇集成《船山遗书》,共72种258卷。虽然没有专门论述教育问题的著作,但在《读四书大全说》、《礼记章句》、《周易外传》、《尚书引义》、《俟解》、《张子正蒙注》、《老子衍》、《庄子通》、《思问录》、《黄书》、《噩梦》及《读通鉴论》等书中,都涉及了教育问题,尤其是在人性论、知行关系、学思关系等教育基本理论问题上均有卓越的见解。

2. "教本"与"日生日成"的教育作用论

作为一位忧国忧民的爱国思想家,王夫之深刻地认识到教育对安邦治国的重要性。他说:"王者之治天下,不外乎政教之二端。语其本末,则教本也,政末也。"②他认为治理国家无外乎政治和教育两大问题,相比较而言,教育显得最为重要。因为他看到,明王朝灭亡的一个重要原因就是"教化日衰",学校教育名存实亡,培养不出合乎国家需要的"有用之士"。其结果自然是以误人子弟开始,以误国误民结束。因而,他告诫统治者,必须吸取这个历史教训,欲要治国平天下,必须以"文教为重"。当然,教育也不是万能的,而在一定程度上也是受制约于政治经济的,所谓"语其先后,则政立而后教可实焉"。他认为,重文兴教必须以政治稳定和经济发展为前提,只有百姓衣食丰足而"天下治"的情况下,才可以使"学校兴"。

教育不仅是治国之本,而且对人的发展也起着十分重要的作用。针对历史上的人性是善是恶之争,王夫之继承了孔子的人性论主张,提出:"性者,生也,日生而日成之也。""夫性者,生理也。日生则日成也……性屡移而异……故善来复而无难,未成可成,已成可革。性也者,岂一受成侀,不受损益也哉?"③由此可以看出,人性不是先天就有的,也不是一成不变的,而是处在不断发展变化之中的,不仅是"日生日成"的,而且还是"继善成性"的。因而,通过教育可以改变人性,使之为善。他说:"道之不息于既生之后,生之不绝于大道之中,绵密相因,始终相洽,芹宣相允,无他,如其继而已矣……滋之无穷之谓恒,充之

---

① "复社"系明末由文人聚结而成的社团。崇祯二年(1629年)成立于江苏吴江,系由浙西闻社、江北南社、江西则社等十几个社团联合而成,主要领导人为张溥、张采,活动内容主要是揣摩八股、切磋学问、砥品励行,但又带有浓烈的政治色彩,以东林后继自任,其成员或被魏忠贤余党迫害致死,或抗清殉难,或入仕清朝,或削发为僧。
② 《礼记章句》卷五。
③ 《尚书引义》卷三。

不谦之谓诚,持之不忘之谓信,敦之不薄之谓仁,承之不昧之谓明,凡此者所以善也,则君子之所以为功于性者,亦此而已矣。继之则善矣,不继则不善矣。"①这种继善成性的过程,就是不断积累的过程,也是不断接受教育的过程。当然,对于因教育缺失而形成的"恶习",也是可以通过教育加以改变的。他说:"教是个大炉,冶与其洁,而不保其往者,无不可施。"②不过,要彻底改变这种"恶习",必须是要花大力气的。"人之不幸而失教,陷入与恶习,耳所闻者非人之言,目所见者非人之事,日渐月渍于里巷村落之中,而有志者欲挽回成人之后,非洗髓伐毛,必不能胜"。

3. "善教"与"自悟"的教学观

王夫之反对"生而知之"的先验论观点,认为人的知识都源自于后天与外界事物的接触,是通过实践活动获得的,其中教育者的"善教"和受教育者的"自悟"显得更为重要。

王夫之重视教学在个人知识获取中的作用,并对教学过程进行了深入的思考,认为教学是师生双边共同活动的过程,其中包含着三层关系:一是"善教"与"善学"。他认为"善学者"必然会"善教",教育者会"善教",受教育者也才会"善学",所谓"善教者必有善学者,而后其教之益大"。二是"乐施"与"乐受"。如果教育者把传授知识当作一种快乐,那么受教育者也会愉快地接受,所谓"施教不吝施,受者乐得其受"。三是"进善"与"自悟"。他认为教育者应该从正面加以引领,授给受教者真善美的知识,至于教学效果如何,关键在于受教者的"自悟",所谓"教者但能示以所进之善,而进之之功,在人之自悟"③。他说:"学,觉也。"④王夫之对教学过程的分析,可谓透彻,富有卓见,能充分说明教学的内在规律和本质。

进而,对于如何做到"善教"和"自悟",王夫之还提出了一系列的教学方法,主要有:

一是"因人而进"。遵循孔夫子因材施教的教诲,王夫之强调教育者必须依据受教育者的特点进行施教。在他看来,每个受教育者都有自己的特点,所谓"质有不齐",且自古"君子之教,因人而进之,有不齐之训也"。因此,教育者要善于"因人而进",首先要了解学生,"必知其人德性之长而利导之,尤必知其人气质之偏而变化之"。然后再依据每个人的个性差异,扬其所长而避其所短。他说:

> 夫智仁各成其德,则其情殊也,其体异也,其效也分也……故教者顺其性之所近以深造之,各如其量而可矣。⑤

> 顺其所易,矫其所难,成其美,变其恶,教非一也,理一也,从人者异耳。⑥

二是"施之有序"。王夫之认为,教学既要合乎受教育者的认知特点,还要遵循知识的

---

① 《周易外传》卷五。
② 《读四书大全说》卷九。
③ 《四书训义》卷五。
④ 《姜斋文集》卷三。
⑤ 《四书训义》卷十。
⑥ 《张子正蒙注》卷四。

内在规律,也就是说要做到"施之有序",所谓"始教之以粗小之事,继教之以粗小之理,继教之以精大之事,继教之以精大之理,终以大小精粗理之合一"①。并且,教学还要做到不间断,他在《礼记章句》中说:"时者,有序而不息之谓也,恒守也。"只要不间断,不躐等,就可以使学习变得比较容易,"因其序则可使之易"。

三是学思"相资"。王夫之认为,知识的获取无非有两种途径,即学与思,且二者之间存在着辩证的、相互促进的关系。他在《四书训义》中说:

> 致知之途有二:曰学曰思。学则不持己之聪明,而一唯先觉之是效,思则不徇于古人之陈迹而任吾警悟之灵。乃二者不可偏废,而必相资以为功……学非有碍于思,而学愈博则思愈远;思正有功于学,而思之困则学必勤。

四是"知行相资"。王夫之对知与行的关系有自己的独特见解,他不赞同朱熹的"知先行后"说和王守仁的"知行合一"说,而是主张"行先知后"。他说:"行可兼知,而知不可兼行……君子之学,未尝离行以为知也。"②进而,他认为知与行各有自己的功效,二者是相互促进、互为所用的。即"知行相资以为用,唯其各有致功,而亦各有其效,故相资以互用。则于其相互,益知其必分矣。同者不相为用,资于异者乃和同而起功,此定理也"③。

五是自勉自得。王夫之强调学习过程中的自觉性培养,因为"教在我,而自得在彼"。那么如何做到"自得"呢,王夫之认为首先要"自勉",即对自己要严格要求,不断上进。他说:"学者不自勉,而欲教者之俯从,终其身于不知不能而已矣。"④其次是要有"自修之心"和"自修之志",他说:"有自修之心则来学,而因以教之。若未能有自修之志而强往学之,则虽教亡益。"⑤

4. 教师负有"正人心"的职责

王夫之非常重视教师的作用,所谓"欲正天下之人心,须顺天下之师受"⑥。在他看来,教师肩负着"正人心"的神圣职责,因此,选择什么样的人为师就自然关系到整个社会的人心道德。

对此,他认为教师必须具备三个方面的条件:一是要热衷教育,"必恒其教事"。二是要博学多识,所谓"欲明人者先自明"。他说:"夫欲使人能悉知之,能决信之,能率行之,必昭昭然知其当然,知其所以然。由来不昧而条理不迷。贤者于此,必先穷理格物以至其知,本末精粗晓然具著于心目,然后垂之为教,随人之深浅而使之率喻于道,所以遵其教,听其言,皆去所疑,而可以见于行……欲明人者先自明,博学详说之功,其可不自勉乎。"⑦三是要以身作则,他认为"立教有本,躬行为起化之原;谨教有义,正道为渐摩之益"。这里

---

① 《读四书大全说》卷九。
② 《尚书引义》卷三。
③ 《礼记章句》卷三十一。
④ 《四书训义》卷三十五。
⑤ 《四书训义》卷三十五。
⑥ 《四书训义》卷三十二。
⑦ 《四书训义》卷三十八。

的"躬行",即指教育者的"身教",即潜移默化的不言之教。只有教育者实施"不言之教",才能使学生"自生其心"。因此,他要求教育者要能以自己的"正言"、"正行"、"正教"来影响和感化学生,所谓"言必正言,行必正行,教必正教,相扶以正"。

（三）颜元

颜元是清初杰出的思想家、教育家,实学教育思潮的代表人物。他所创立的"颜李学派"及其学术论点,对于清代学术思想的发展有着举足轻重的作用,梁启超称其学术精神纯粹为"现代的",钱穆则称其为清代学术思想之"巨擘"。

1. 生平及教育活动

颜元(1635～1704),字易直,又字浑然,号习斋,河北博野人。其父颜昶曾被蠡县一位官吏朱九祚收为养子,故颜元生在朱家,曾名朱邦良。8岁拜师学者吴洞云,接触到骑射剑戟以及医术、术数之学。19岁时又师从学者贾珍,贾珍曾书写一副对联:"内不欺心,外不欺人,学那勿欺君子。说些实话,行些实事,做个老实头儿。"然后,让颜元书此联,悬于中堂,这对颜元萌发"实学"思想产生了较大影响。同年,颜元中秀才,但不久"遂弃举业",开始涉足百科,诸如"究天象、地理及兵略";"阅《通鉴》,忘寝食";"学兵法,究战守机宜,尝彻夜不寐"以及习医术、技击等。

顺治十五年(1658年),24岁的颜元开设私塾,取名"思古斋",自号思古人,开始其教学生涯。他边"训子弟",边行医,边对陆王心学产生了浓厚的兴趣,"始知世有道学一派",信奉陆王所谓的"直见本心、知行合一之说"。两年后,因读朱熹的《性理大全》一书,开始笃信程朱之学,认为比之陆王之说,程朱之学"尤纯粹切实",使其学术思想发生较大变化。康熙七年(1668年),养祖母病故,颜元代父居丧,因恪守"朱子家礼",以至"遇哀至,又不能食,病几殆"。颜元因此对"朱子家礼"产生怀疑,觉得既不合古礼,也"有违于性情",以致深受其害。于是,他认为"宋儒之言性,非孟子本旨,宋儒之为学,非尧舜孔孟之旧"。"周公之六德、六行、六艺,孔子之四教,正学也;静坐读书,乃程朱陆王为禅学、俗学所浸淫,非正务也"①。从此以后,他力主恢复尧舜周孔之道,猛烈抨击程朱、陆王学说,其学术思想再次发生了质的转变。次年,颜元将"思古斋"改为"习斋"。在他看来,"思不如学,而学必以习",表明他开始走上经世致用的"实学"之路。

康熙十二年(1673年),颜元回到老家博野县北杨村,遂改名颜元,"习斋"随之搬迁到北杨村,弟子以颜姓为多。康熙二十五年(1686年),父亲客死辽东,他"觅骨归葬,世称孝子"②。康熙三十年(1691年)颜元南游河南,远至上蔡,一路发现"人人禅子,家家虚文,直与孔门敌对"。对此,他认为"必破一分程朱,始入一分孔孟,乃定以为孔孟与程朱判然两途,不愿作道统中乡愿矣"③。是年,颜元还曾与商水大侠李子青比武,"数合,中子青腕",足见57岁的他仍保持着矫健的身手。

---

① 李塨:《颜习斋先生年谱》卷上。
② 赵尔巽:《清史稿》卷四百八十《儒林一》。
③ 李塨:《颜习斋先生年谱》卷下。

康熙三十五年(1696年)，应郝公函之聘，颜元主持肥乡漳南书院。他亲自规划书院规模，制定了"宁粗而实，勿妄而虚"的办学宗旨，还为书院书写一副中堂："聊存孔绪励习行，脱去乡愿、禅宗、训诂、帖括之套。恭体天心学经济，斡旋人才、政事、道统、气数之机。"比较集中地反映了他的教育主张。后书院为水所淹，"墙垣堂舍悉没"，他叹息道"天不欲行吾道也！"无奈返归故里，卒于家。

颜元一生以教育为务，所培养的学生，有记录可查者达100多人，尤其是弟子李塨，很好地继承和弘扬了颜元的学说，形成了影响较大的一门学派，后人称之为"颜李学派"。但他不以著述为事，因而留下来的著作不多，主要有《四存编》(即《存学编》、《存性编》、《存治编》和《存人编》)、《习斋记余》、《朱子语类评》、《礼文手钞》、《四书正误》、《习斋记余》等，均是研究其实学教育思想的重要参考文献。

2. 批判传统教育坏人才、灭圣学和厄世运

颜元从其唯物主义的世界观及经世致用之立场出发，对束缚人们思想的传统教育进行了深刻的批判，认为传统教育会带来三大恶果，那就是坏人才、灭圣学和厄世运。

所谓坏人才，是因为传统教育脱离实际，一味地强调皆足以"惑世诬民"的"训诂、清谈、禅宗、乡愿"之学，教育只在"文墨世界"中做功夫，而不在习行经济上求实学，如此靠闻见议论得来的知识，"如望梅画饼，靠之饥食渴饮不得"。受此教育的人自以为学识渊博，实际上是"读书愈多愈愚，审事愈无识，办经济愈无力"。或者说"中于心则害心，中于身则害身，中于家国则害家国"。因而也培养不出"经天纬地之略，礼乐兵农之才"。之所以会这样，他认为都是宋人理学所致，所谓"误人才，败天下事者，宋人之学"。甚至是将矛头直接对准朱熹，称"千余年来，率天下人入故纸中，耗尽身心气力，作弱人、病人、无用人者，皆晦庵为之也"。

所谓灭圣学，在于训诂、禅宗之学日盛，而孔孟实事实理之学则日衰，学校无学术可言。他在《存治编·学校》中哀叹说："嗟呼！学校之废久矣！……逮于魏晋学政不修，唐宋诗文是尚，其流毒至今日，国家之取士者，文字而已；贤宰师之劝课者，文字而已；父兄之提示，朋友之切磋，亦文字而已……求天下之治，乌可得哉？"之所以这样，罪在八股取士制度，他说："八股行而天下无学术，无学术则无政事，无政事则无治功，无治功则无升平矣！故八股之害，甚于焚坑。"① 当然，与训诂、禅宗之学也不无关系，他指出："后人为汉儒所诬，从章句上用功，为释氏所惑，从念头上课性。其结果，'道亡学丧'通二千年成一欺局矣！哀哉！"②

所谓厄世运，在于主静读书、不问政事的做法，从而导致社会道德缺失，民风衰败，士风日下。他说：

> 天下皆读作、著述、静坐，则使人减弃士农工商之业，天下之德不惟不正，且将无德；天下之用不惟不利，且将无用；天下之生不惟不厚，且将无生……渐至今日，旷代

---

① 《习斋言行录》卷下。
② 《习斋言行录》卷上。

不见一帝臣王佐之才,千里不见一礼乐和好之家,数乡不见一孝弟忠信之人。徒闻家家程注朱注,人人套文钞策,子午科也,酉卯科也,乾坤全坏于无用老学究。①

3. 教育具有"佐王治"和防"习染"的作用

颜元从社会政治和人性两方面来论述教育的作用。首先,他认为教育是安邦治国之本,即通过教育培养出的人才来"佐王治",他说:"人才者,政事之本也";"无人才则无政事,无政事则无治平,无民命";而"有人才则有政事,有政事则有太平"。人才的培养又依赖于学校,他指出:"昔人言本原之地在朝廷,吾以为本原之地在学校","学校,人才之本也"②。同时,他也看到社会教化对"一风俗"以及社会稳定所应有的作用,主张"一风俗而成治功,莫善于取人以德,其本莫重于谨庠序之教"③。

同时,颜元还十分重视教育在个人成长中的重要作用,这与其人性论主张是分不开的。颜元不同意理学家把人性分为义理之性和气质之性以及认为气质之性是恶的说法,而是主张"人性善",之所以有"恶者",则是因为"引蔽习染"所致,即接触了"蔽"的东西后慢慢"习染"而成。教育的作用就在于使人"习善",预防"引蔽习染",以保持人的先天善性,所谓"使天下相习于善,而预远其引蔽习染"。而一旦"习染"为"恶",还可以通过教育加以去除,以恢复人的善性。这充分说明,人是可以接受教育的,并且通过"习善",人人都可以成为像尧舜一样的圣人。

4. 教育内容以培养"实学"人才为导向

既然人人都可以接受教育,那么学校教育到底要培养出什么样的人才呢?在颜元看来,无非是"实才实德之士",也就是具备经世致用之学的治国之才。他说:"令天下之学校皆实才实德之士,则他日列于朝廷者皆经济臣",若"令天下之学校皆无才无德之士,则他日列之朝廷者皆庸碌臣"④。进而,他提出要依据《大学》中所规定的"明明德"、"亲民"、"止于至善"三个尺度来培养人才,要求生员必须具有仁、义、礼、智等品质,要"学为圣人",即成为一个掌握一定专业技能的"实才实德"之人。他说:

> 人于六艺,但能究心一二端,深之以讨论,重之以体验,使可见之施行,则如禹终身司空,弃终身教稼,皋终身专刑,契终身专教而已,皆成其圣矣。⑤

> 学须做成一件便有用,便是圣贤一流。试观虞廷五臣,只各专一事,终身不改,便是圣;孔门诸贤各专一事,不必多长,便是贤。⑥

依据培养目标以及针对理学和传统教育的虚浮空疏,颜元所主张的教育内容就自然以"实学"或"真学"为导向,"庶几学则真学","救弊之道在实学,不在空言"。至于实学都

---

① 《习斋记余》卷九。
② 《习斋记余》卷九。
③ 《习斋言行录》卷下。
④ 《习斋记余》卷一。
⑤ 《习斋言行录》卷下。
⑥ 《习斋言行录》卷下。

包含哪些具体内容,如其在《删补三字序》中所言:"三事,六府,尧舜之道也;六德,六行,六艺周孔之学也。古者师以是教,弟子以是学,居以养德,出以辅政,朝廷以取士,百官以奉职。"在《上征君孙钟元先生书》中又说:"唐虞之世,学治俱在六府、三事,外六府三事而别有学术,便是异端。周孔之时,学治只有个三物,外三物而别有学术,便是外道。"①这里所说的"三事",是指正德、利用、厚生说;"六府"指金、木、水、火、土、谷说;六德、六行、六艺合为"三物"。其中,"六德"是指智、仁、圣、义、中、和;"六行"是指孝、友、睦、姻、任、卹;"六艺"是指礼、乐、射、御、书、数。其实,三事、六府、三物都是西周时期国学和乡学所开设的科目,当然也是颜元所推崇的"实学"教育内容。不过,相比之下,颜元又以"三物"为重,而在"三物"之中又以"六艺"为重。他说:"先之以六艺,则所以为六行之材具,六德之妙用,艺精则行实,行实则德成。"②康熙十四年(1675年),他在为家乡弟子所定的20则教条中,最看重的就是"六艺"的学习,他说:"凡为吾徒者,当立志学礼、乐、射、御、书、数及兵、农、钱、谷、水、火、工、虞。"③

尤其是,颜元晚年主持漳南书院时,曾为书院拟订一个分斋教学计划,将弟子分别编入六斋,各斋主攻方向以及开设的科目均不相同:

　　一曰文事斋:课礼、乐、书、数、天文、地理等科;

　　二曰武备斋:课黄帝、太公以及孙吴五子兵法,并攻守、营阵、陆水诸战法,射御、技击等科;

　　三曰经史斋:课十三经、历代史、诰制、章奏、诗文等科;

　　四曰艺能斋:课水学、火学、工学、象数学等科;

　　五曰理学斋:课静坐,编著程朱陆王之学;

　　六曰帖括斋:课八股举业。

在这六斋中,除理学斋、帖括斋是为"应时制",以示"吾道之广"的权宜之计外,其余四斋都能充分体现出颜元的实学教育主张。

5. 教学方法皆在"主动"与"习行"

颜元以唯物主义认识论为基础,在批判传统的"主静"和偏重语言文字教学方法的同时,提出了"主动"与"习行"的教学方法。

颜元认为,"主动"与传统的"主静"是相对立的,他说:

　　三皇、五帝、三王、周、孔皆教天下以动之圣人也,皆以动造成世道之圣人也……晋宋之苟安,佛之空,老之无,周程朱邵之静坐,徒事口笔,总之皆不动也。而人才尽矣,圣道亡矣,乾坤降矣。吾尝言一身动则一身强,一家动则一家强,一国动则一国强,天下动则天下强。盖自信其考前圣而不谬,俟后圣而不惑矣。④

---

① 《存学篇》卷一。
② 《四书正误》卷三。
③ 《习斋年谱》卷上。
④ 《习斋言行录》卷下。

可见,动与静二者之间,不仅在理论层面是不相容的,实施的实际效果也是截然不同的,甚至是将二者之间的关系上升到关乎人才培养和国家强弱的高度。

那么,就教学层面来说,所谓的"主动"就是要通过实际活动,通过具体的事物去学去教。在与事物接触的过程中,不仅能够筋骨强固,增进健康,甚至还具有道德涵养和经世致用的价值。他说:"吾用力农事,不遑食寝,邪妄之念,亦自不起。"①教人既然主动,就必须着重"习行",这是颜元教学方法的中心原则。他认为,在教学中只有注意联系实际,坚持练习和躬行实践,才能获得真正的知识。他以学礼、乐为例,说:

> 譬如欲知礼,任读几百遍礼书,讲问几十次,思辨几十层,总不算知。直接跪拜周旋,捧玉爵,持币帛,亲下手一番,方知礼是如此,知礼者斯至也。譬如欲知乐,任读乐谱几百遍,讲问、思辨几十层,总不能知,直须搏拊击吹,口歌身舞,亲下手一番,方知乐是如此,知乐者斯至矣。②

进而,颜元将"格物致知"看作"习行"的主要方法,认为"物"就是客观存在于实际的具体事和物。"格物"就是要亲自去接触、去做这些事和物,只有通过"格物"才能达到"致知",即获得真正的知识。因此,他强调说:"吾辈只向习行上做工夫,不可向言语、文字上著力。"③那种"心中醒、口中说、纸上作,不从身上习过"的教学,则"皆无用也"。

颜元倡导的"主动"和"习行"的教学方法,其本质上是一致的,但其针对性有所不同,主要是针对传统教学中的弊端提出来的,并不排斥通过读书和讲学来获取知识。他强调接触实际,重视练习和实践,对当时死气沉沉的学校教育无疑是打了一针清醒剂。

6. 论劳动教育

颜元长期生活在农村,且从未脱离过农业生产劳动,因而十分重视劳动在人才培育中的作用,这也是颜元教育思想的一个重要特点。

颜元认为劳动具有教育性,可以"正心"、"修身","吾用力农事,不遑食寝,邪妄之念亦自不起"。可以使人勤劳,"人不作事则暇,暇则逆,逆则惰、则疲"。还可以强身健体,"养身莫善于习动,夙兴夜寐,振起精神,寻事去做,行之有常,并不因疲,日益精壮"④。颜元认为经常参加劳动,"筋骨竦,气脉舒",久而久之就"魂魄强"。

正因为劳动具有教育性,所以颜元非常重视劳动观念的树立,强调人人都应该参加生产劳动,所谓"上自天子,下至庶人,皆有所事,早夜勤劳"。且还要乐以劳动,如此才可以无过失,他说:"君子处事也,甘恶衣粗食,甘艰苦劳动,斯可以无失矣。"⑤

再就是劳动教育的内容,主要是农业知识教育,始终把向学生传授农业知识置于重要地位。所谓"以礼乐兵农,心意身世,一致加功,是为正学"。在他亲自制定的"习斋教条"

---

① 《习斋言行录》卷上。
② 《四书正误》卷一。
③ 《习斋言行录》卷下。
④ 《习斋言行录》卷下。
⑤ 《习斋年谱》卷上。

中,规定学生必须学习农学、谷粮、水利等知识,"凡谓吾徒者,当立志学礼、乐、射、御、书、数及兵、农、钱、谷、水、火、工、虞"。另据《习斋年谱》记载,颜元在 35 岁时,曾撰写《农政要务》一书,内容包括耕耘、收获、辨土、酿粪、区田、水利等,并"皆有谟画"。有专家称,此书很可能是颜元向弟子传授农业知识的教科书,可惜已失传。

颜元在解读《论语》中"樊迟请学稼"这件事时,曾说过:

> 小人者,百姓也;学农、学圃,百姓事也。上者,君相也,好礼、好义、好信,君相事也,士学为君相也……后世之士,既不学农圃,作小人事,又不好礼、义、信,作大人事,只好静坐,好说话,好著书,好假圣人操存、慎独,作禅家心头上工夫。①

从中可以看出,"小人"是指普通百姓,"大人"是指国家管理人员,他教育弟子或者做好"小人事",或者做好"大人事",反对只会空谈性命"心头上工夫"。有学者认为"小人者,百姓也"是颜元教育思想的局限性,甚至是对普通百姓的歧视,因而应该受到批判,其实是与其教育所要追求的目标相关。颜元作为少有的既常年参加生产劳动,又在教学中如此重视劳动教育的学者,是不可能歧视劳动者的。

本章结语:明清两代虽属封建社会后期,政治上的专制也必然带来学术文化及教育的僵化,但教育总是处于一种发展状态,并且各项制度更加完备。

首先,明代教育是对唐宋以后教育的继承和发展,是中国古代教育发展历程中的一个重要阶段。统治者重视教育对治国的作用,把教育置于国家发展的重要地位,确立了"治国以教化为先,教化以学校为本"的文教政策,大力发展学校教育事业,中央官学、地方官学及社学发展迅速,在全国形成了比较完备的教育网络。与此同时,统治者也采取种种措施,加强对学校的控制,实行文化专制管理和科举取士制度,使学校进一步成为科举的附庸。与重视官学和科举形成鲜明对照的是,统治者对书院教育没有给予应有的重视,而且受统治阶级内部矛盾斗争的影响,书院的发展经历了从沉寂到勃兴再到禁毁的曲折过程。

其次,清中叶以前的教育已是中国封建社会教育的末期,同时也孕育着近代教育的某些萌芽。统治者在立国之初就制定了"兴文教,崇经术,以开太平"的文教政策,崇尚儒家经术,大力提倡程朱理学,作为封建专制统治的精神支柱和办学的指导思想,在中央和地方广泛设立各类学校,学校教育得到了恢复和较大的发展。在积极发展教育事业的同时,统治者也采取各种措施,制定种种学规,加强对学校的管理和控制,对士人实行笼络利诱和高压手段,屡兴文字狱,以莫须有的罪名残酷迫害知识分子。期间,书院也经历了顺治年间的沉寂、康熙年间的复苏,至雍正十一年以后勃兴的发展过程,其数量之多,"远过前代"。但在政府的控制下,书院官学化现象日趋严重,与官学一样成为准备科举考试的场所。

最后,在学术及教育思想领域,程朱理学在明初占统治地位。明中叶以后,王守仁创立的"心学"教育理论,以反对传统教育的姿态出现,曾盛极一时。以"重实"为特征的王廷

---

① 《四书正误》卷四。

相的教育思想,批判了程朱理学教育脱离实际,空疏无用的倾向,成为明末清初实学教育思潮的先声。清代的教育思想,最值得关注的是实学教育思潮,黄宗羲、王夫之、颜元等是重要的代表人物。这些教育家站在时代的高度,抨击禁锢人身心发展的传统教育,尤其是束缚人性的宋明理学教育,揭露科举考试制度的危害,主张"公其非是于学校",要求培养"实才实德之士",重视学习包括自然科技知识、军事知识和技能在内的经世致用之学,强调"学贵实行"、"学贵适用"、"习行"等贴近实际的教学方法,提倡劳动教育等,都能令人耳目一新,而且对中国近代资产阶级教育思想也曾产生过积极的影响。

【讨论与思考】

1. 试析明清文教政策的主要特点及其表现。
2. 试比较明清书院发展的历程及其特点。
3. 试析明清私学教育的主要特点。
4. 明清对科举制度都做了哪些重要改革?
5. 试析王守仁、王廷相教育思想的基本特点。
6. 试析黄宗羲、王夫之、颜元实学教育思想的基本特征。
7. 如何看待黄宗羲"公其非是于学校"的主张?
8. 如何评价颜元的劳动教育思想?

【阅读导航】

1. 李国钧、王炳照总主编:《中国教育制度通史》第四卷,山东教育出版社2000年版。

本书在第六编"明代的教育制度"中专门设置了七章探讨明代的教育发展历程。第一章"明代教育发展的背景",下分四节,内容为"政治环境与教育"、"社会经济状况与教育"、"思想学术的发展与教育"和"教育政策与教育体系"。第二章"明代的太学",下分四节,内容为"太学教育的基本状况"、"太学的管理"、"太学的学生"和"太学的教学"。第三章"明代的地方儒学",下分五节,内容为"儒学教育的发展状况"、"督学制"、"儒学的学生"、"儒学的教师"和"儒学的教学"。第四章"明代的小学",下分四节,内容为"小学的设置与目的"、"小学的教学"、"小学的教师与学生"和"小学的经费"。第五章"明代的书院",下分四节,内容为"书院发展概述"、"书院的性质"、"书院的教学"和"书院的管理"。第七章"明代的科举制度",下分六节,内容为"科举制度概述"、"乡试"、"会试和殿试"、"八股文"和"武举制度"。可以说是,资料详实,内容丰富。

2. 毛礼锐、沈灌群主编:《中国教育通史》第三卷,山东教育出版社1985年版。

本书第九章专门探讨"明、清的教育",分为十一节。其中,第一节内容是"社会概况和文教政策",涉及当时的社会概况,探讨了明清的文教政策;第二节"官学教育",涉及中央官学和地方官学府、州、县学;第三节"书院制度",主要论述明清书院的发展历程,介绍了东林书院、诂经精舍和学海堂;第四节"社学、义学和私学教育";第五节"科举与八股取士",包括科举定制的确立,科举考试的内容、步骤和方法,取士名额及其出路,八股取士和科举的作用和影响;第六节至第十节,分别为"王守仁的教育思想"、"王廷相的教育思想"、"黄宗羲的教育思想"、"王夫之的教育思想"、"颜元的教育思想"。

3. 孙培青主编:《中国教育史》,华东师大出版社 2000 年版。

本书第八章探讨"明朝的教育",分为五节,内容为"明朝的文教政策"、"明朝的官学制度"、"明朝的书院"、"王守仁的教育思想"和"王廷相的教育思想"。第九章探讨"清朝的教育",分为六节,内容为"清朝的文教政策"、"清朝的官学制度"、"清朝的书院"、"黄宗羲的教育思想"、"王夫之的教育思想"以及"颜元的教育思想"等。

4. 王炳照等编:《简明中国教育史》,北京师范大学出版社 1994 年版。

本书第七章探讨"明代的教育",分为四节,内容为"明代的文教政策和教育制度"、"明代的科举制度"、"宋元明时期的私学"以及"王守仁的教育思想"等。第八章探讨"鸦片战争前的清代教育",分为五节,内容为"清代的文教政策和教育制度"、"清代的科举制度"、"明末清初的进步教育思想"、"王夫之的教育思想"以及"颜元的教育思想"等。

中编　近代教育

近代教育主要讨论的是鸦片战争后80年间清末教育发展的特点及其规律。当然,对近代教育的起止时间,学术界尚存争议,这种争议源自史学界对历史时期的划分。有学者认为近代史应该从1840年起到1949年止,因为在这100多年的时间内,中国社会的性质和中国革命的性质没有发生改变,伴随而生的教育也始终是半封建半殖民地性质的教育。我们也赞同这种说法,但为便于教学内容的安排,我们仍然采取传统的历史时期划分法,将1840年至1919年间发生的教育问题归为近代教育。同时,考虑到相关年代教育政策及实践的连续性,有些内容及史料在时间上与现代部分会有些交叉。虽近代教育仅有80年的历史,但因为西方列强的入侵及西学东渐,导致中国社会发生剧烈变革,教育也遭受强烈的冲击,在"中学为体,西学为用"思想引导下,中国的教育从封闭开始步入近代化进程,开始走向世界。

以往的教育史教材,几乎都是按照近代所发生的重大历史事件来划分章节的,我们则依据近代所出现的传统教育、新教育革新及教会教育等三种教育并存的情况来进行梳理和编写的,共分为传统教育的转型、新教育改革运动的嬗变、教会文教的渗透与扩张三章,系统地展示教育发展的基本脉络及其特点。需要指出的是,新教育革新问题,是相对于传统教育而言的,内容包括鸦片战争时期地主阶级改革派的教育主张,太平天国对教育的改革,洋务运动、维新运动、资产阶级革命以及北洋政府统治时期的教育改革等。每一次改革,都是对传统教育的一次挑战,也使得中国的教育向前迈进了一大步。

第六章 传统教育的转型

【内容提要】

鸦片战争前后的中国教育,由于缺乏对外的文化教育交流,自身也不注意与时俱进,因而仍然沿用传统的教育模式,呈现式微之势,在政策上继续实施高压与笼络兼施的文教政策,学校教育变得有名无实,科举制度更是弊端百出。在这种情况下,统治者不得不对传统教育进行一系列的改革,诸如对科举、书院和学塾的改革,与此同时还出现了诸如天津中西学堂、上海南洋公学、上海经正女学以及通州师范学校等新型学校,为新教育制度的确立奠定了实践基础。尤其是清末新政时期对教育的重大改革,诸如1902年"壬寅学制"、1903年"癸卯学制"的制定,1905年科举制度的废除及全国最高教育行政机构"学部"的建立以及1906年学部颁布的新教育宗旨等,标志着新的教育制度正式确立和封建教育在形式上的彻底瓦解,使得中国教育步入制度化和近代化发展的轨道。

【学习目标】

1. 理解传统教育转型的历史背景;
2. 了解政府对传统教育改革的基本措施;
3. 重点把握新教育制度的内容及其确立的意义。

【核心术语】

义理之学 考据之学 辞章之学 科举制度废除 武训行乞办学 天津中西学堂 上海南洋公学 经元善 上海经正女学 通州师范学校 壬寅学制 癸卯学制 学部 提学使司 劝学所 两类五条教育宗旨

自鸦片战争开始到南京临时政府成立这段时期,中国社会发生了剧烈变化,主要是经受着由封闭的封建制向半封建半殖民地社会转型。期间,伴随着西学东渐以及来自朝野上下改革的呼声,统治阶级也着手对政治经济开始进行改革,诸如办理洋务、实施维新以及清末"新政"改革等。教育也同时成为被革新的对象,也同样经受着从封建教育向半封建半殖民地教育的转型。虽然整个发展趋势是式微的,但在改革书院、学塾以及科举的同时,也出现了诸多具有近代性质的新型学校,这一切都为新教育制度的建立奠定了基础,并最终建立了新的教育制度,拉开了中国教育近代化的序幕。

第一节 传统教育的式微

"式微"一词出自《诗经》,原指黄昏、昏暗,后世学者将其引申为国家或世族衰落,也泛指事物的衰落。用"式微"来形容鸦片战争前后政治、经济,尤其是教育状况是最合适不过的了。这是因为,上层统治者在"四海皆秋气"的情况下,依然"夜郎自大",不思进取,固守旧制,使得当时的中国教育不仅步履维艰,且呈"病态发展的景象"[1],在文教政策、学校教育及科举制度等方面表现得非常明显。

一、高压与笼络兼施的文教政策

作为少数民族入主中原的清代统治者,在治国之策方面,如同元代统治者一样尊重汉族文化,明智并自觉地提倡中国的传统文化,使得传统教育在封建社会晚期出现了回光返照似的一抹光彩。康乾盛世延续了近一个世纪,至乾隆后期,终于由盛转衰。土地兼并加剧,人口急剧增长,吏治败坏,贪污公行,激化了潜伏在盛世之下的社会矛盾。从18世纪后半叶开始,北方白莲教、南方天地会的揭竿而起以及边疆和边远地区少数民族的抗清斗争,风起云涌,此起彼伏。清王朝在盛世之后,已无可奈何地步入"日之将夕,悲风骤至"的颓境。与此相适应的,嘉庆以降,传统封建教育再难重现昔日的辉煌。翻检时人的讨论和后人编撰的史籍,再也找不到诸如"天子右文,群臣躬遇休明,翊赞文化,彬彬称极盛矣"等不无夸张而又大体反映实际情况的充满激情之语,呈现在人们面前的封建社会已千疮百孔。在这种情况下,清代统治者依然没有放松对文化教育的控制,继续沿用建国初期所确定的高压与笼络兼施的文教政策。

首先是提倡"圣谕广训"。在清代,满族立于统治者的地位,蒙族与他们接近被认为是同调的民族,因而对满蒙两族的教育极力以保存国俗为宗旨,而对于汉族则是以笼络为主,以养成御用知识分子及听从呼唤指使的官僚阶级为宗旨。尤其是在康熙时,中原被完全征服后,乃施行一种柔化政策,又颁"圣谕十六条"于各地学校,提倡忠孝节义,教天下学子以敦本例行。雍正即位时,将十六条圣谕演变成"圣谕广训"。鸦片战争后,统治者继续推崇"圣谕广训"。不仅"诏各省宣讲圣谕广训"[2],即便是创办的新型学校,诸如同治五年(1866年)创办的福州船政学堂,"课程除造船、驾驶应习常课外,兼习策论,令读圣谕广训、孝经以明义理"[3]。实际上,这部训示就是近代社会教化的一部"圣经",更是学校教育

---

[1] 孙培青主编:《中国教育史》,华东师大出版社2000年版,第283页。
[2] 赵尔巽:《清史稿》卷二十四《德宗本纪二》。
[3] 赵尔巽:《清史稿》卷一百七《选举二·学校》。

训练的内容和标准。每逢岁科考试,学政必令生员敬谨默写一道。每逢令节或其他机会,地方官吏必要向军民敬谨宣讲一次。对此,学部明定:

> 伏维我圣祖仁宗皇帝御制圣谕十六条,我世宗宪皇帝御制圣谕广训,先后颁行天下,凡士子岁科试敬谨默写著在令甲,久经遵行,而地方官吏敬谨宣讲,以晓军民,亦复垂为故事。①

其次是提倡义理、考据和辞章之学等学术正统。"义理"实际上就是程朱的"性理之学",提倡"存天理,灭人欲"。自南宋之后,义理之学被推上官方哲学的地位而受到推崇。至清代,统治者仍竭力提倡程朱理学,把它定为官方哲学,作为支配人们思想和行动乃至巩固封建统治的精神支柱,以至形成"非朱子之传义不敢言,非朱子之家礼不敢行"的专制学风。考据之学又称为汉学、古文经学或"朴学",针对宋明理学空谈性命、脱离实际所造成的理论偏差,主张从经典出发重新挖掘儒家意蕴,在一定程度上可以说是宋明理学的反动。开山祖为明末清初杰出的思想家、教育家顾炎武(又顾亭林,1613~1682)。最初的考据之学,努力追求古为今用,后因学术专制及文字狱的压力变得为考据而考据,专讲训诂名物、校勘古典经籍,引导学者脱离现实,明哲保身。辞章之学是指当时流行的桐城派古文学,致力于古文复兴。在近代以曾国藩为代表,旨在弘扬程朱理学,行文上有格律限制,但不像八股文那样严格。实际上,义理之学、考据之学和辞章之学都属于传统儒学的范畴,只是传承儒学的途径及方式有别而已。除外,其他学术均被视为异端邪说,禁止研究和传播,这种学术专制在一定程度上束缚或禁锢了人的思想自由,因此严复称之为"无实无用"之学。

最后是采取高压政策,大兴文字狱。统治者在对知识分子实施笼络利用的同时,又继续沿用高压政策,不断地罗织文字狱案。清初仅康熙、雍正、乾隆三朝记录在案的文字狱案就有150多起,而实际上还要远远超过此数,可以说是有史以来文教事业上的最大浩劫。这种钳制思想的文字狱,使士子不敢治史,更不敢轻易放言,只许言论一律,为统治者歌功颂德,否则就有可能招来杀身之祸。故而,龚自珍在《己亥杂诗》中曾云:"避席畏闻文字狱,著书只为稻粱谋。"

统治者实施文字狱的目的在于遏制新思想的生成,进而稳固日益衰败的封建帝制,然未能想到在内部严加防范的同时,却遭受来自西方学术思想的强烈冲击,自由、平等、民主等观念随着西学的日渐渗透而深入人心,最终在辛亥之年促成封建帝制的瓦解。

二、学校教育有名无实

清末的学校在制度上仍一如清初。官学方面,中央设有国子监,它既是全国最高的教育行政机构,又是全国最高学府。除外,还设有觉罗学、宗学、旗学、算学及俄罗斯学馆等。地方上设有府学、州学、县学,还有为补官学之不足而设立的社学、义学等。可以说,晚清

---

① 清廷学部:《奏编国文必读课本分别试行折》,载马邻翼选编《学部奏咨辑要》,1908年铅印本。

的教育制度在形式上仍是十分完备的。

然而,学校教育与科举的关系又是非常密切的,学校教育中所存在的问题基本上都是科举制度带来的。自从科举制度产生以后,官学就为科举所左右。到了晚清,这些学校在本质上则完全成了科举考试的附属品,专为科举应试服务。科举考什么,学校就教学生学什么;科举怎么考,学校也就教学生怎样应考。可以说,官学教育早已空疏不靡,主要表现在:

一是学子求学的目的在于通过科举以求功名,因而往往是空挂学籍,开学时到学校签到注册,然后散归家里,待到科举来临之际,便又聚集学校突击温习功课以备考。时人在描述当时各级官学情形时说:"近年生徒入学,不过轮期画到,查学之日,教习择其在家课读者,背诵数章塞责;该教习亦止于画到,查学时始行到学,间有在学住宿者,并不教读。其宗室、觉罗及咸安宫、景山各官学,亦复如此。"①尤其是身居最高学府的太学亦不理想,如史所载:"其后司教者渐失初恉,廪粟坐拥,皋比荒落。监生一经捐纳,亦得滥厕其间,人遂以太学为丛垢矣。"②

二是学校的教学内容更是空疏无用。自明代开始"八股"取士后,到晚清已经发展成为一套十分呆板、机械的考试格式,在命题上出现了一些十分偏怪的"截答题"、"枯窘题"等,考试题目往往深求隐僻,破碎经文,随意截断句读,使得学者无所依据,从而导致教学内容的空疏无用。如严复所言:

> 自学校之弊既极,所谓教授、训导者,每岁、科两试,典名册、计赀币而已。师无所谓教,弟无所谓学,而国家乃徒存学校之名,不复能望学校之效。③

三是教官昏庸、滥竽充数者不在少数。清代各官学教师,规定由各省的督抚、学政等政府官员负责考核,按其文行及训士勤惰,随时荐黜,确实选拔出一批学识渊博、德行高尚的教师,从而有利于学校教育质量的提高。但随着学校教育的衰败,教师也难以担负起培养人才的重任。尤其是教师的来源,清初确定以资入官体例,但在雍正元年(1723年)即行停止,其原因在于捐纳为教官者大多不通文理,担当不起育人重任。然嘉庆三年(1798年)重又允许捐资为教官,道光年间又推广捐官,不少人不事学习,不晓学问,只要混够年资或者捐钱即可成为官学教师。再加上,很多地方的督抚和学政徇私情,沆瀣一气,几乎不通过考核就直接安排教官之职,致使很多地方的教官甚至成了政府为体恤老怜贫者的职位,这样就加重了学校教育的空疏腐朽。

三、科举制度弊端百出

清代选士承袭明代八股取士制度,是笼络知识分子的一种重要手段。当时,"名公巨

---

① 昆冈等:《钦定大清会典事例》卷三百九十三。
② 刘锦藻:《清续文献通考》卷九十六。
③ 《严复集》第一卷,中华书局1986年版,第89页。

卿"科举出身方为正途,否则尽管"胸藏韬略",不通过科举考试,也被视为"异途",因而到清末,科举取士仍然是大多数知识分子的晋身之阶。

然而,科举制度自唐代兴起以后,历代都有很多弊端遭人诟病,发展到清末更是漏弊百出,腐朽不堪。尽管八股文人以及科举出身的官吏中也有许多聪慧人士,但是"今尽困天下之聪明才力于场屋中,而场屋之士,又尽一生之精力,不为效命宣劳之用,徒用之于八比、小楷、试帖无足用之物,天下贸贸莫闻大道。而其试之也,又第取之于字句点画间,其亦可谓靡靡无谓之术矣"①。科举所取之才,除了精通八股文,其他一切古今治国之体,朝廷礼乐之制以及兵刑、财赋、河渠、边塞之利病,漠不关心,而一旦授之以官,则不知所措。更有甚者,许多士子竟然不知道三通四史是何等文章,汉祖高宗是哪一朝的皇帝。诚如康有为在《请废八股试帖楷法试士改用策论折》中所言:"翰苑清才,而竟有不知司马迁、范仲淹为何代人,汉祖、唐宗为何朝帝者。若问以亚非之舆地、欧美之政学,张口瞠目,不知何语矣。"梁启超在《公车上书请变通科举折》中也有针对性的批判,说:"故自考官及多士,多有不知汉唐为何朝,贞观为何号者?至于中国之舆地不知,外国之名形不识,更不足责也。"

可见,科举考试的导向害了一大批封建士子,不仅无益于国家人才的培养,而且生生剥夺了众多士子的大好青春时光。

更重要的是科举制度导致学风颓败,士风日下。晚清的学校教育以科举为标的,使得官学设立的初衷丧失殆尽。为了应试科举,士子们将先儒经典束之高阁,贪图近功,以求速成之效,造成埋首于时文而弃学问于不顾。为了应对科考以及追求功成名就、荣华富贵,科考中的营私舞弊、请托行贿等不良现象应有尽有,手段集历代之大成,如"通关节"(买通考官)、"顶替"(冒名顶替)、"倩枪"(请同考生员代做)、"联号"(买通编号人,把自己和帮手的号码编成联号)等等,还有夹带、换卷等花样②。甚至是有些考场还出现挖地道、放鸽子等作弊高招。清朝学者曾描述考试送关节、送诗片的情况:

> 考官之于士子,先期约定符号,于试时标明卷中,谓之关节,亦曰关目……每届科场,送关节者,纷纷皆是。或书数虚字,或也欤或也哉或也矣。于诗下加一墨圈者,银一百两,加一黄圈者,金一百两。
>
> 凡进士之朝殿试及京官之考试差时,预揣某官可派阅卷,则先呈字体,以便别认。既出场,即写前四句飞递朝房中所曾托请之人,谓之送诗片。③

科举舞弊之严重超过历代,就连某些名臣对科场夹带也不讳言。

有钱人家的子弟甚至可以不参加科举考试,直接用钱买科举出身头衔和官位。孙中

---

① 黎庶昌:《上穆宗皇帝书》,载《拙尊园丛稿》,清刊本。
② 2005年9月天津曾发现清道光年间藏在鞋内的科举考试夹带作弊工具,共9卷本,每本均长4.5公分,宽3.8公分,厚0.5公分。每本有10多篇文章,共10多万字。文字有1毫米见方,用牛角刻板印制。考生将这些微型抄本藏在鞋内,直接带进考场进行作弊。
③ 徐珂:《清稗类钞》(第五册),商务印书馆1917年版,第5~6页。

山在光绪二十三年(1897年)《双周论坛》所发表的《中国的现在和未来》的文章中,提到当时科举舞弊情况时说:

> 现在由有学问而诡诈的老师冒充"学生"下场顶替考试,已经全然不是什么不平常的事了。这些老师们在各色各样的化名下,一次又一次地去经过考试来赚钱来生活,主考官们受贿的事也不少见。

如果说封建体制下唯一具有相对公平意义的制度就是科举取士制度的话,至此,这唯一的公平被彻底打破和剥夺了。无怪乎太平天国革命者们拿此事大做文章,说:"清朝士习时文,官多捐纳,故空疏贪劣之人夤缘冒进。"① 不仅考试程序如此,考试内容更是空疏无用的义理性命之谈,如前所述。这样的科举取士制度面对外来文化的巨大冲击,自然是毫无招架之力,鸦片战争之后改革科举制度很快成为朝廷上下的普遍共识,为不久后的科举制度的废除做了积极的准备。

第二节 对传统教育的改革

伴随着坚船利炮的冲击而来的是社会的深刻变异,通商口岸的开放及半殖民地化的加深,都必然带来西风外雨的洗礼。在这种情况下,面对日益加剧的内忧外患以及沉疴已久的封建旧教育,上至清廷内部,下至普通民众,都不同程度地发出了亟须革新的呼声。

事实上,从鸦片战争开始,清廷就没有停止过对教育的变革,从对旧式学校和科举的整顿,到支持洋务派、维新派办理新式教育,尤其是到20世纪初的"新政"。光绪二十六年(1901年),清廷发布上谕:

> 世有万古不易之常经,无一成不变之治法。穷通变久,见于大易。损益可知,著于论语。盖不易者,三纲五常,昭然如日星之照世,而可变者,令甲令乙,不妨如琴瑟之改弦……大抵法积则敝,法敝则更,更归于强国利民而已……总之,法令不更,锢习不破。欲求振作,当议更张。

这次所发布的不仅是一项全方位的政治改革令,还是一项教育改革令,要求各级官吏必须"就现在情形,参酌中西政要,举凡朝章国故,吏治民生,学校科举,军政财政,当因当革,当省当并,或取诸人,或求诸己……各举所知,各抒所见,通限两个月详细条议以闻。"②

试图在政治、军事、经济、文化教育方面实施"新政",通过一些局部的除旧布新来力挽狂澜,维护和巩固摇摇欲坠的统治地位。

虽然清末教育新政没有达成最终目的,但清廷对科举、书院、学塾的改革以及所建立

---

① 罗尔纲著:《太平天国史稿》卷十四《志第八·科举》。
② 世续纂修:《清德宗实录》光绪二十六年上谕,宣统刊本。

的新的教育制度还是可圈可点的,在近代教育发展史上有着举足轻重的地位和作用。

一、科举的改革与终结

科举制度关系到官员的选拔和士人的出路问题,清末科举制度中存在的诸多不良现象已经严重影响到了选拔的公平和公正性,并受到广大贫寒士人的抵触,因此关于改革科举的呼声在鸦片战争前就不绝于耳。以龚自珍、林则徐、魏源为首的开明地主阶级改革派,率先对传统科举制度进行了理性的反思。道光十二年(1832年),林则徐在《请定乡试同考官校阅章程并预防士子剿袭诸弊折》①的奏章中,列举了科举制度的六种弊端:一是考官年老,举人居多,不能振作精神,年老荒庸,滥行充数;二是考官极不负责任,评阅考卷时错漏百出,"误分段落者有之,误读破句者有之",甚至未看完考卷就决定取舍;三是士子夹带作弊,弄虚作假;四是抄袭他人,千篇雷同;五是剿袭幸售,肆无忌惮;六是考官写批改卷评选泛而不切,马虎应付。鸦片战争以后,在朝野人士的不断呼吁下掀起了奏议改废科举的高潮。从鸦片战争众议革废到光绪三十一年(1905年)正式废除,大体经历了三个阶段,长达半个多世纪之久。

(一)改革科举考试内容

清末科举沿袭明制,用八股取士,重楷法试贴,考试内容限于儒家的"四书五经",并且独尊程朱理学,甚至断剪经文。尤其是出题方式,既无法扩展范围,亦无法再有新的变化,以至生硬呆板,很难真正考验出一个人的真才实学。于是,在鸦片战争初期,魏源、祁贡等一批开明的官员就曾提出过改革科举考试内容的建议,例如两广总督祁贡于道光二十三年(1843年)奏请开设"制器通算"一科。但是,这些建议并没有在社会上得到响应,更未能被统治者所接纳。

进入19世纪60年代,随着各项新式事业的举办,改革科举考试内容的呼声再起。咸丰十一年(1861年),冯桂芬曾撰文指责科举考试的内容过于单一和简单,要求增加科目的难度,以考量人才。他在《变科举议》一文中说:"所谓难者,要不外功令中之经解、古学、策问三者而已。宜以经解为第一场,经学为主,凡考据在三代上者皆是,而小学、算学附焉。经学宜先汉而后宋,无他,宋空而汉实,宋易而汉难也。以策论为第二场,史学为主,凡考据在三代下者皆是。以古学为第三场,散文、骈体文、赋、各体诗各一首。""中材以下,有度德量力之心,不能不知难而退,而觊幸之人少矣。难则工拙可以众著。中材以上,有实至名归之效,益愿其因难见巧,而奋勉之人多矣。"②冯桂芬在《采西学议》一文中又提出以"西学"激励学童并给予科举出身的建议,主张在广东、上海各设一翻译公所,招生课以诸国语言文字,并择西书之有理者翻译为华文。学生受业"三年之后,诸文童于诸国书应

---

① 《林则徐集》上册,中华书局1962年版,第49页。
② 舒新城编:《中国近代教育史资料》下册,人民教育出版社1985年版,第888页。

口成诵者许补本学诸生,如有神明变化,能实见之行事者由通商大臣请赏给举人"①。贡生黎庶昌于同年请开"绝学"科。四川道监察御史陈廷经提出"请自今乡会武场及学政考试,俱加用火器,以归画一"。但均被保守派阻挠,未得采纳。

19世纪70年代以后,由于李鸿章、沈葆桢等清廷重臣介入科举的讨论,又出现了一个要求科举改革的高潮。同治九年(1870年),闽浙总督英桂奏开算学科。他认为,如果中国废除没有用处的武科考试而增设迫切需要的算学科考试,那么几十年内中国就将有大量技术人才,不再需要依靠外国专家了。但这些建议再次被搁置。同治十三年(1874年),李鸿章在《筹议海防折》中明确表示支持英桂、沈葆桢、丁日昌等大臣关于设置算学和武试改试枪炮的建议。他说,京师同文馆创办和派遣学生到国外留学,似乎已经开辟了西学的门径,取得西学的道路似乎已经打开,但是情况并不乐观。如果在科举考试中增设"洋务进取一格",使那些从事西学研习的人与正途出身无异,就可以鼓励人们研习西学,扭转社会风气,那么20年后自己制造兵器、舰船的功效就有了。李鸿章的奏折在社会上引起较大反响。《万国公报》连发数文称赞李鸿章的见识,礼部亦上奏支持李鸿章的建议。光绪元年(1875年),礼部奏请开"艺学科",奏议着力论证算学本是传统"六艺"之一,不属西洋专利,才得以通过,规定"凡精工制造、通知算学、熟悉舆图者,均准与考"。光绪十年(1884年),官至翰林院侍读学士、浙江督学的潘衍桐请开艺学科(含制造、算学及地理等)。但都没有付诸实施。直到光绪十三年(1887年)御史陈琇莹奏开算学科后,才将明习算学人员归入"正途"考试,给予科举出身,规定每20个算学考生中取1名,最多不超过3名。对此,李鸿章予以支持,建议由各省士子、水师武备学堂等学生及教学人员参加考试。次年,乡试算学报名者32人,照例取中举人1人。光绪二十四年(1898年),严修奏请设"经济专科",其中包括政治、外交、算学、法律、机器制造、工程设计等专门知识。他认为,若能以此取士,自然会是"百才绝艺,咸入彀中,得一人即获一人之用"②。此科专门考取通晓天下利弊、中外交涉、擅长制造测绘等拥有一技之长之士,百日维新期间被朝廷采纳。但这只是在原来的考试内容上稍作增改,八股和诗赋小楷依然如故。

甲午战争以后,维新派对科举八股取士制度进行猛烈攻击,康有为发起的"公车上书",即要求"停止八股试帖,推行经济六科",戊戌变法时期还曾下诏废除八股试帖小楷取士制度,凡乡试、会试和生童岁科一律改试策论。光绪二十六年(1900年)义和团运动失败以后,慈禧太后下罪己诏,随后张之洞和刘坤一第一次会奏变法事宜,在《筹议变通政治人才为先折》中提出要:一设文武学堂,二酌改文科,三停罢武举,四奖励游学。其中,在"酌改文科"这一条中规定:"头场取博学,二场试各国政治、地理、武备、农工、算法之类,三场试四书五经经义。"接着清廷又发布了一系列上谕,停止使用八股程式,停止武生童考试及武科乡、会试,停止捐纳实官等等。

可以说,在西学东渐的影响下,科举考试内容的改革虽历经磨难,且反对声不绝于耳,

---

① 舒新城编:《中国近代教育史资料》上册,人民教育出版社1985年版,第30页。
② 舒新城编:《中国近代教育史资料》上册,人民教育出版社1985年版,第34页。

但改革的潮流一直是向前奔涌的,成效也是比较显著的。

(二) 递减科举取士名额

在改革科举考试内容的同时,尤其是庚子事变以后,要求分年递减科举取士名额的呼声也越来越高,其中起到关键作用的有两次朝廷重臣的建议:一是光绪二十七年(1901年)张之洞和刘坤一在《筹议变通政治人才为先折》中提出的,"兹拟将科举略改旧章,令与学堂并行不悖,以期两无偏废;俟学堂人才渐多,即按科递减科举取士之额,为学堂取士之额"①;二是光绪二十九年(1903年)张百熙、荣庆、张之洞会同直隶总督袁世凯的《奏请递减科举注重学堂折》,建议"从下届丙午科起,每年递减中额三分之一,暂行试办"②。清廷准奏,同意自光绪三十二年(1906年)丙午科始,将会试中额及各省学额逐科递减,俟各省学堂办齐,再将科举额停止,以后均归学堂考取。这种减少科举取士名额旨在为兴学堂制造条件的,也是一种权宜之计,"并非废罢科举,实乃将科举学堂合并为一而已"③。

(三) 废除科举制度

历史的发展总是不因人的意志为转移的。清廷预计于光绪三十二年(1906年)停办科举的计划,终因日俄战争爆发,国内形势严峻,要求废科举、兴学堂以培养实用人才的呼声越来越强烈,停废计划不得已而提前了。

光绪三十一年(1905年),直隶总督袁世凯会同盛京将军赵尔巽、两湖总督张之洞、两江总督周馥、湖南巡抚端方联合上奏:

> 科举一日不停,士人皆有侥幸得第之心,以分其砥砺实修之志。民间更是相率观望,私立学堂者绝少,又断非公家财力所能普及,学堂绝无大兴之望。就目前而论,纵使科举立停,学堂遍设,亦必须十数年后人才始盛。如再迟至十年,甫停科举,学堂有迁延之势,人才非急切可成,又必须二十余年后始得多士之用。强邻环伺,岂能我待……故欲补救时艰,必自推广学校始。而欲推广学校,必自先停科举始。拟请宸衷独断,雷厉风行,立沛纶音,停罢科举。④

他们的建议获得赞同,于是就在光绪三十一年(1905年)八月,光绪皇帝正式发布上谕,宣布停止科举、广兴学堂。上谕称:

> 方今时局多艰,储才为急。朝廷以近日科举每习空文,屡降明诏,饬令各省督抚,广设学堂,将俾全国之人,咸趋实学,以备任使,用意至为深厚。前因管学大臣等议奏,以准将乡、会试中额分三科递减。兹据该督等奏陈,科举不停,民间相率观望,欲推广学堂必先停科举等语,所陈不为无见。著即自丙午科为始,所有乡、会试一律停止;各省岁、科考试,亦即停止。其以前举、贡、生员,分别量予出路,及其余各条,均著

---

① 舒新城编:《中国近代教育史资料》上册,人民教育出版社1985年版,第56页。
② 舒新城编:《中国近代教育史资料》上册,人民教育出版社1985年版,第61页。
③ 舒新城编:《中国近代教育史资料》上册,人民教育出版社1985年版,第60页。
④ 舒新城编:《中国近代教育史资料》上册,人民教育出版社1985年版,第62~63页。

照所请办理。①

科举废除之前的最后一次会试是在河南贡院进行的。原因是顺天贡院在庚子之乱时被焚,当时慈禧、光绪仓皇出逃,他们返回北京之前在开封做了短暂停留,并在开封行宫作出了在河南贡院进行全国会试的决定,分别是光绪二十九年(1903年)的癸卯会试和光绪三十年(1904年)的甲辰会试(为庆贺慈禧太后70大寿增开的一次会试)。由于光绪三十一年(1905年)不是大比之年,因此中国科举史上最后一次科举考试是光绪三十年(1904年)的甲辰科。甲辰会试之时,清廷仍派出中央高级官员来到开封,在东棚板街设立礼部办考公所和会试提调行台,礼部所提请皇帝选派的一正三副4名主考官皆为进士出身的一、二品官员担任。这次考试分为三场来进行:头场为中国政治史论,二场为各国政治艺学策,三场为不用八股文程式的四书义、五经义。18名同考官在河南贡院内的文明堂评阅试卷,最后,刘春霖、朱汝珍、商衍鎏便成为中国科举史上的末代状元、榜眼、探花。这样,位于开封的河南贡院(今河南大学所在地)则成为科举制度的终结地而载入史册。

科举停罢是中国教育史上的一个重大事件,标志着统治中国士人精神长达1300多年之久的科举制度终结了,制约新教育制度发展的最大障碍消除了,最关键的是加速了传统教育观念、人才观念、价值观念的转变,读书只为做官的单向教育模式被彻底打破,从此中国教育进入了一个新的发展阶段。对于科举制度的废除,当时影响较大的教会刊物《万国公报》在是年10月号上发文《中国振兴之新纪元》,给予了充分的肯定和赞扬,称:"中国政府近于改革之事颇有改观。而立废科举一节,取数百年以后败坏中国及近日屡蹶屡起、根深蒂固之附属物一旦拔弃之,是中国历史上之新纪元,而东方大局之转移在此矣。"美国学者罗兹曼在《中国的现代化》一书中认为:光绪三十一年(1905年)废科举使这一年成为新旧中国的分水岭,其划时代的重要性甚至超过辛亥革命,其意义大致相当于1861年沙俄废奴和1868年日本明治维新后不久的废藩。

---

① 世续纂修:《清德宗实录》光绪三十一年上谕,宣统刊本。

> 专栏 6-1：关于废除科举制度的负面影响
>
> 目前，史学界存在着关于科举制度废除的另一种声音：认为科举作为一种选拔官员的制度而非教育制度本身，与科举之前的官员世袭制和分封制相比较，无疑是一种更为公平合理的官员选拔制度。中国传统社会正是以科举制度作为枢纽，在平民和精英之间形成周而复始的循环和对流。一千多年以后，科举制度已然成为一种特殊的社会整合与社会凝聚机制，保持着社会高度的价值一体化。激进地废除科举制度导致两种不良后果：一是原有社会凝聚机制的急剧瓦解，社会成员从原有的生存结构中脱离出来，又无法被新的生存结构所吸纳，从而迅速"游离化"；二是从长远看，使国家丧失了维系儒家意识形态和价值体系的根本手段，这就导致中国历史上传统文化资源与新时代的价值之间的最重大的一次文化断裂；三是科举制度的废除，使得通过科举考试而形成的农村士绅阶级无以为继。这一农村精英阶层长期以来都是农村社会与文化生活的主导与组织者。他们的衰弱，一方面使得更多的年轻人拥往聚集财富和名誉的城市，另一方面不是以科举考试而是以经济至上的近代土豪、地主逐渐取代有文化承载的农村士绅，成为近代农村真正的统治阶层。

二、书院的改革与改制

至清末，书院以考课为主要教学活动，考课的内容自然是以八股文为主，许多士子为利禄所诱惑，追求功名，耗费毕生精力致力于八股之学，学术志向早已荡然无存，他们入读书院往往专为膏火奖赏而来，甚至有头发垂白而不肯去者。可谓院风日下，早已不见了宋明时期讲学清议的传统。诚如潘衍桐所言："今天下书院、义学，有名无实者十居八九。"[①] 时人戴钧衡在其《桐乡书院四议》中也批评道，称：

> 省会书院大府主之，散府书院太守主之，以科第相高，以声气相结，不必尽贤有德之士类，与主之者为通家故旧，或转因通家故旧之请托。降而州县书院，则牧令不能自主，其山长悉由大吏推荐，往往终岁弗得见，以束脩之上官而已。[②]

可知，书院同官学一样完全沦为科举考试的附庸，再加上西学的冲击，因而来自朝野上下改革书院的呼声也非常强烈。在这种情况下，一些志士仁人便开始着手对书院进行全面整顿和改革。

(一) 改造传统书院

针对传统书院中存在的问题以及社会对书院新的要求，一些地方官员率先对传统书

---

① 舒新城编：《中国近代教育史资料》上册，人民教育出版社1985年版，第30页。
② 盛康：《皇朝经世文续编》卷六十五《礼政·学校下》。

院进行整顿和改革,主要是围绕着课程及教学内容来展开的。

同治四年(1865年),广东巡抚郭嵩焘在学海堂增设数学一门课程,可以说是开了近代书院传习自然科学的一代新风。

光绪年间对传统书院改革的力度逐渐加大,改革的内容涉及方方面面。诸如光绪六年(1880年),贵州候补道罗应旒奏请改太学和直省书院为经世书院,弃时文、诗赋之学,设政事、经学、兵学、辞令各门,聘西学教习讲求机器、算学、重学、电学之类。光绪二十一年(1895年),刘光蕡在陕西味经书院增设时务斋,课程包括各国史、西洋文字、各国政治、兵事、算学等。光绪二十二年(1896年),山西巡抚胡聘之等在《请变通书院章程折》中提出"善变书院"的主张。同年,梁启超在给张之洞的书信中,提出变革书院首先要更改课程,他认为"日本变法以学校为最先,而日本学校以政治为最重",中国对于西学"仅袭皮毛,震其技艺之片长,忽其政本之大法",建议书院设立经学、史学、地学、算学课程,而以时务一门课程为诸学之归宿。同年十月,翰林院侍讲学士秦绶章在《请整顿各省书院预储人才折》中奏请"整顿书院预储人才",提出了整顿书院的三条具体措施:一是定课程,建议将书院课程分为经学、史学、掌故之学、舆地之学、算学及译学六门;二是重师道,提出"书院山长必由公举";三是核经费。① 光绪二十三年(1897年),严修主贵州学政,对贵阳的南书院(又名正习书院)进行改革,增设算学、时务、政要课程。光绪二十四年(1898年),张之洞奏请酌照新学堂办法,对两湖书院和经心书院进行改革,改革的重点是严立学规,改定课程。② 首先是确定两所书院的办院宗旨,"皆以中学为体,西学为用,既免迂陋无用之讥,亦杜离经叛道之弊"。其次是改革书院课程,两湖书院课程原只有算学一科,后增加为经学、史学、地舆(附地图)、算学四门,每门各设分教,诸生于四门皆须兼通。经心书院课程亦为外政、天文、格致、制造四门,每门亦各设分教。无论所学何门课程,均兼算学。最后是规定考核办法,他主张用宋代太学的积分法,"每月终核其所业分数之多寡,以为进退之等差"。"学成者择优酌量咨送请奖,学不成遣归,另招新生"。紧接着,翰林院庶吉士熊希龄等以"书院积弊太深",恳请对湖南百余所书院"力加整顿",要求定教法、端师范、裁干修、定期限、勤功课、严监院、速变通等。③

(二)创办新式书院

清廷在重视改造传统书院的同时,又鼓励创办兼习西学的新式书院,诸如上海格致书院、上海正蒙书院、陕西崇实书院、杭州求是书院等。

其中,最具代表性的是同治十三年(1874年)由中国近代科学和教育的先驱徐寿与英国人傅兰雅(John Fryer,1939~1928)等在上海创办的格致书院。课程分为两个部分:一是西方语言文字;二是格致实学,包括算学、化学、光学、矿学、机器之学等。院内设有博物房、书房,内置大量器具和西学书籍,供学生实习和阅览之用。徐寿长期负责院内日常事

---

① 舒新城编:《中国近代教育史资料》上册,人民教育出版社1985年版,第71~74页。
② 舒新城编:《中国近代教育史资料》上册,人民教育出版社1985年版,第76~77页。
③ 舒新城编:《中国近代教育史资料》上册,人民教育出版社1985年版,第77~79页。

务,亲自主讲化学,传授西方科学新知识。光绪十年(1884年),书院还聘请改良派思想家、政论家和新闻记者王韬担任监院。李鸿章、盛宣怀、刘坤一及传教士狄考文等亲临指导教学。可以说,上海格致书院是一所"由中外人士共同管理、以向中国人宣传介绍西方文化科技知识为主旨的兼具西方博物院和中国书院特征的新式文化教育机构"①,也是近代倡西学最早、影响最大的一所书院。

正蒙书院取"蒙以养正"之意,光绪四年(1878年)由张焕纶会同沈成浩、徐德基等在上海创办,课程有国文、地理、经史、时务、格致、数学、诗歌等。最初招生40多人,分大中小三个班级施教,具有现代学堂性质。光绪八年(1882年)扩建校舍,因校址在梅溪,故更名为梅溪书院,增设英文和法文课,声誉日隆,日本亦有学生前来肄业。

陕西的崇实书院,先是光绪二十二年(1896年)陕西举人邢延荚、成安等人联名上奏,称:"呈恳自筹款项,创建格致实学书院。延聘名师,广购古今致用诸书,分门研习,按日程功,不必限定中学、西学,但期有裨实用,如天文、地舆、吏治、兵法、格致、制造等类,互相讲求,久之自能洞彻源流,以上备国家之采择。"②接着,陕西学政赵惟熙会同巡抚张汝梅于是年奏请设立"格致实学书院",光绪二十三年(1897年)巡抚魏光焘奏请易名为"崇实书院",拟设致道、学古、求志、兴艺四斋,于传统经史之学外,开设外语、算学、格致、时务等新式课程。然因经费不足,到光绪二十四年(1898年)仅设语言、算学两科。

杭州的求是书院(浙江大学的前身),是由杭州知府林启恳请,浙江巡抚廖丰奏请于光绪二十三年(1897年)设立的,课程分必修课与选修课,必修课有国文、英文、算学、历史、地理、格致(物理)、化学及体操等,选修课有日文、外国史地、音乐等,肄业以5年为限。杭州知府林启兼任书院总办,聘请美国人E. L. Mattox(中文名字"王令赓")为总教习,并延聘各科教习。

(三) 改书院为学堂

为发展新式学堂,朝野要求书院改制的呼声也在不断地发出。光绪二十二年(1896年),刑部侍郎李端棻在《请推广学校折》中,建议"每省每县各改其一院,推广功课,变通章程,以为学堂"。这一建议,可以说是书院改学堂的先声。光绪二十四年(1898年),康有为在《请饬各省改书院淫祠为学堂折》中提出要彻底改革书院制度,要求将现有之书院、义学、社学、学塾"皆改为兼习中西之学校。省会之大书院为高等学,府州县之书院为中等学,义学、社会为小学"③。光绪皇帝采纳了康有为的意见,谕令内阁即将各省府厅州县现有之大小书院一律改为学堂,要求按照《京师大学堂章程》来办理。各地迅速照旨行动,如山西改令德堂书院为山西省会学堂,江苏改江阴南菁书院为江苏省南菁高等学堂,天津改集贤书院为北洋高等学堂,其他各地的书院也逐步被学堂所代替。但因变法失败,这项举措没有贯彻到底。

---

① 田正平主编:《中国教育史研究·近代分卷》,华东师范大学出版社2001年版,第69页。
② 舒新城编:《中国近代教育史资料》上册,人民教育出版社1985年版,第68页。
③ 舒新城编:《中国近代教育史资料》上册,人民教育出版社1985年版,第80页。

辛丑条约签订后,清政府内外交困,不得不议决恢复新政。张之洞、刘坤一趁机联名上奏,指责"今日书院积习过深,假借姓名,希图膏火,不守规矩,动滋事端,必须正其名曰学,乃可鼓舞人心,荡涤习气"。光绪二十七年(1901年)八月,清政府采纳了张之洞、刘坤一的建议,颁布了作为新政内容之一的《兴学诏书》,鼓励兴办学堂,称"兴学育才,实为当务之急"。要求"除京师大学堂应切实整顿外,着各省所有书院,于省城均改设大学堂,各府、厅、直隶州均设中学堂,各州、县均设小学堂,并多设蒙养学堂。"①

这样,书院改制获得了政策上的大力支持,在中国沿袭一千多年的书院制度从此退出历史的舞台。尤其是之后的"壬寅学制"和"癸卯学制"的颁布,更是进一步助推了书院改学堂的历史进程。

专栏6-2:关于书院改制问题的争论

在史学界,一般都认为书院改制是历史的必然选择,但也有学者持不同的看法。在2011年11月"纪念中国书院改制110周年国际学术研讨会"上,被誉为"邓书院"的、湖南大学岳麓书院的邓洪波强调要慎言书院改制是历史发展的必然。

邓洪波认为,书院是在超高速发展中被强令改制的,与惯常的衰败而亡的情况截然不同。统计数据显示,清同治、光绪两朝40年间,书院以1062所的神速发展,是中国书院1200余年历史上从未有过的辉煌,呈现的是浩然盛大之势,并无半点衰竭濒死之迹。另外,书院此前改革的实践表明,依凭传统的经世致用旗帜,适应时代前进的步伐,书院完全有能力调整自己的教学内容、管理制度,能够从古代走向近现代。改书院为学堂也并非唯一选择,改造旧书院或创建新型书院都有达成引入西学,甚至实施民主管理机制的成功范例。书院与学堂的差异并非不可逾越,通过人为的干预与调节,能够实现两者之间的变通,即书院可以在名称不变的情况下,实现其实质内容从古代到近现代的转变。应该说,书院改制是晚清在特殊背景下的非常之举,难称符合教育发展的规律。

三、学塾的改革与武训行乞办学

学塾是一种附设于乡村、宗族、家庭内部的民间传统教育机构,担负着儿童启蒙教育的任务。至清末,学塾设置可以说是遍及全国各地,其形式大致可以分为四种:一是村塾,或义塾、义学,由公款或民间好善人士捐款设置,专以教化贫寒子弟;二是族塾,设在义庄或宗祠内,专门教导本族子弟;三是私塾,由塾师自行设置,专门教化附近子弟;三是家塾,或称家学,聘请塾师在家设教,教学内容及方法依然是传统的老一套。

---

① 席裕福等辑:《皇朝政典类纂》卷二百二十七。

鸦片战争之后，随着西学东渐、教育改革的深入以及社会需求的多样化，学塾教育的局限性便日益显露出来了，如同科举及书院一样，必须从形式到内容进行全面改革。清廷在着力改革科举及书院的同时，也很重视对学塾的改革，并作为整个教育改革的一个重要组成部分而提到日程上来。尤其是在新学制改革后，欲兴办新式学校以普及教育，清廷所面临的最大难题就是经费严重不足，无法办理更多的学校来推行新的学制。于是，学塾如同书院一样被当作改良与改制的对象而加以整顿。

（一）对传统学塾的改革

对传统学塾的改革主要集中在课程设置、教学规程及管理体制等方面，先是在固守传统课程的前提下增设算术、地理等新式课程，同时反对死记硬背、体罚等有伤学童身心的教学方法，进而按照新式学堂的要求加以改制，使之学堂化。

早在道光二十七年（1847年），湖北学正、古文字学家龙启瑞就拟定有《家塾课程》，对每日生童的功课进行了规范，如"学生有不率教，不及格者，依科惩责，决不宽宥"，但教学内容基本上还是传统的诗词经文之类。同治九年（1870年）、同治十年（1871年）的《教会新报》上接连刊载了《小学义塾启（附规条十则）》和《杭州辅仁义塾序（附规条十则）》，也都是从管理的角度，对生童的起居作息、言行举止、待人接物等方面加以详细规定和规范，以教导学童"做人之道"。

语言学家王筠（1784～1854）在长期的文字学研究中，十分重视根据汉字的特点以及儿童的心理特征来探讨启蒙阶段的教学方法，并针对传统学塾教学中的弊端，在总结前人教学经验的基础上，于光绪二十二年（1896年）撰写出了《教童子法》[①]一书。他首先对当时的学塾教育提出批评，认为聘请无知之师教童子"只可谓之猎食"，主张"蒙养之时，识字为先，不必遽读书"，要在识字的基础上再引导儿童去读书。在教学上，王筠强调教师要不断改进教学方法，授课时以讲解为主，不必让学童死记硬背，因为"学生是人，不是猪狗。读书而不讲，是念藏经也，嚼木札也，钝者或俯首受驱使，敏者必不甘心；人皆寻乐，谁肯寻苦？读书虽不如嬉戏乐，然书中得有乐趣，亦相从矣"。强调要注意顺其自然，因材施教，他说："教弟子如植木，但培养浇灌之；令其参天蔽日；其大本，可为栋梁，即其小枝，亦可为小器具。"又"有小才而锋颖者，可以取快一时，终无大成就；有大才而汗漫者，需二十年功，学问既博，收拢起来，方能成就，此时则非常人所及矣，须耐烦。"教师还要注意启发诱导，不断培养儿童的兴趣，他说：

> 孔子善诱。孟子曰，教亦多术。故遇笨拙执拗之弟子，必多方以诱之。既得其机之所在，即从此鼓舞之，蔑不欢欣，而惟命是从矣。若日以夏楚为事，则其弟固苦，其师庸乐乎？故观其弟子欢欣鼓舞，侈谈学问者，即知是良师也。

关于识字教学，王筠根据汉字的特点，把文字分为象形、指事、会意和形声四类，主张先取象形指事的字教之，教学时要采用直观性原则，如"识日、月字，即以天上日、月告之。

[①] 舒新城编：《中国近代教育史资料》上册，人民教育出版社1985年版，第92～99页。

识上、下字,即以在上、在下之物告之,乃为切实"。待此类单体字认识后再教认合体字。关于作文教学,王筠主张"作诗文必须放,放之如野马,踶跳呛嗥,不受羁绊,久之必自厌而收束矣",这就是传统作文教学中"先放后收"的原则。《教童子法》可以说是中国最早的小学语文教学法专著,对于指导当时的学塾教育特别是语文教学,克服教学陋习和不合理的教学方法,应当说是有进步意义的,也值得今日语文教学所借鉴。但其引导教学追求传统的"功名、学问、德行",并囿于八股时文陋习,推崇汉经唐诗及宋明文章之事,与当时风起云涌的新式教育改革有些格格不入,显然是落后于时代的。

光绪三十一年(1905年),上海成立了上海私塾改良总会。次年公布了《私塾改良会章程》,指出依据现有国情要大力兴办学堂,"恐无此无量数之经费,亦无此无量数之教员,则莫如先就旧有之数百万私塾而改良之,因势利导,其事较易,其机较顺,此《劝学所章程》所为注重私塾改良也"①,力主"变旧习为新法,化私塾为学堂"。即要求按照新式学校的标准对私塾进行改良,并使之学堂化。是年,学部向各省转发了由江苏士绅提供的《私塾改良会章程》,支持民间组织私塾改良会以及对私塾的改良。

到宣统二年(1910年),清政府也颁布了《改良私塾章程》②,内容包括总则、调查、劝导、改良办法、认定办法、考试和附则七个部分。在"总则"中提出了私塾改良的宗旨是"改良私塾,以私塾教授渐期合法,并补助地方教育"。将私塾分为初、高两等,"以能合于初等小学教科程度者为改良初等私塾,合于高等小学教科程度者为改良高等私塾"。章程具体规定了私塾改良的要求及办法,尤其是要先期对私塾进行全面的调查,以为私塾改良提供依据。对塾师资格的调查事项,包括出身、年岁、有无嗜好、有无兼营事业及到塾年月等。对私塾情况的调查,包括学生之多寡及程度、教授所用书籍及教授方法、管理情形、师生每学期旷课之多寡以及私塾所在地等。在课程设置上,初等私塾要求至少开设修身、国文、读经讲经和算术四科,要求使用部定课本,提倡以讲解为主,反对体罚;高等私塾要求至少开设修身、国文、读经讲经、算术、历史和地理六科,并适当增加格致、体操等教学内容。要求改良后的私塾,经考查合格后,便可改为相应的私立初等小学和私立高等小学,学生经考试合格者可以升入公办的小学或中学继续学习。

自此之后,小学教育得以快速发展。宣统元年(1909年)全国小学(含初等、两等及高等小学)为50083所,在校生1481389人。至民国初年小学达到87239所,在校生为2924447人。比光绪三十一年(1905年)增加了37156所小学和1443058名在校生。

(二)发展新的学塾

为使广大农村失学儿童受到一定的教育,清廷在对传统学塾进行全面整顿及改革的同时,对发展新的学塾也给予鼓励和支持。如光绪二十八年(1902年),时任湖北巡抚的端方鉴于省城游民甚多,不安分者"为小窃,为流氓,为痞棍,甚且为盗贼,不保性命。其故

---

① 舒新城编:《中国近代教育史资料》上册,人民教育出版社1985年版,第101~102页。
② 舒新城编:《中国近代教育史资料》上册,人民教育出版社1985年版,第108~112页。

由于不识字,不明理,遂致不能谋生,其实由于地方官之无教"。于是,特设普及学塾30处,"专收街店户识字无多及不识字之人,按日到堂分门讲授。望其识字稍多,渐渐明理,能谋生计,不犯国法"。参加学塾者不收分文,年龄限在15~20周岁。可见,端方创建的学塾主要是针对年龄比较大的失学儿童,是基于对维护地方稳定与安全的需要来办理的,但也属于学塾发展的范畴,严格来说属于官方出资所建立的义塾。

在发展新学塾的过程中,出现了一件著名的教育事件,即"武训行乞办学"。

武训(1838~1896),字蒙正,自号义学症,谥号"义学正"。山东堂邑县(今聊城)柳林镇武家庄人,排行第七,人称武七。卒后,清廷号召人们以其为训,故名武训。中国近代群众办学的先驱者,享誉中外的贫民教育家、慈善家。

武训自小家境贫苦,7岁丧父,随母亲乞讨为生,上学堂对他来说只是一个遥不可及的梦。14岁后多次给人家当佣工,经常受到欺侮。尤其是在当地一位李秀才家辛辛苦苦干完三年活,到了领工钱的时候,却被李秀才的一本假账讹去全部工钱,还被诬为"讹赖"而遭到家丁的毒打。气得他口吐白沫,大病一场,在破庙里一连三天不食不语。思量之余,方悟出皆因吃了不识字的亏。他又想,周围像他这样的穷人还有很多,如果不念书,穷人永远没有出路。于是他萌发了兴办义学的念头。咸丰九年(1859年),他开始行乞办学。为办学,他整日过着非人的生活。为办学,他终身不娶,因为"有妻有子,将耗吾资,是义学终不得也"。为办学,他口中念念有词,说"扛活受人欺,不如讨饭随自己。别看我讨饭,早晚修个义学院"。"人生七十古来稀,五十三岁不娶妻。亲戚朋友断个净,临死落个义学症"。"我积钱,我买田,修个义学为贫寒"。经过多年的乞讨,他买田收租,存钱生息,终于在当地文人的帮助下办起了三所义学,分别是光绪十四年(1888年)的柳林镇崇贤义塾、光绪十五年(1889年)的馆陶县杨二庄义塾和光绪二十二年(1896年)的临清县御史巷义塾。也就在光绪二十二年(1896年),武训在琅琅读书声中含笑病逝于临清御史巷义塾内,终年59岁。

武训行乞办学的壮举,得到世人的充分肯定。山东巡抚张曜闻知其义行,特下示召见,并下令免征义学田钱粮和徭役,另捐银200两,还赐名武七为武训。同时奏请光绪帝颁以"乐善好施"的匾额,清廷授以"义学正"名号,赏穿黄马褂,从此武训声名大振。他病逝之后,光绪二十九年(1903年)堂邑县修建武训专祠,宣统元年(1909年)山东巡抚袁树勋奏请为武训立传,宣统二年(1910年)武训列入《清史稿·孝义》。同时,梁启超撰文《武训传》、蔡元培撰文《武训先生提醒了我们》、冯玉祥撰文《千古奇丐,武训生平》,对武训的办学之举大加赞赏。陶行知更是提倡新武训精神,1941年在给好友信中称:"武训为兴学而生,为兴学而死。一切为兴学,兴学为苦孩。鞠躬尽瘁,死而后已。"1944年,陶行知题武训画赞,称其:"朝朝暮暮,快快乐乐。一生一世,到处奔波。为了苦孩,甘为骆驼。于人有益,牛马也做。你无靠背,朋友无多。未受教育,博士盖过。当你跪下,谁奈你何。不置家产,不娶老婆。为着一件大事来,兴学,兴学,兴学。"武训办学之举不仅在国内有很高声誉,在国外也有一定的影响。他被收入《世界教育辞典》中,因其没有文化,故称之为"无声教育家"、"平民教育家"。

四、创办新型普通学校

在清廷着力改革传统教育之时,统治阶级内部一些开明人士,努力冲破旧的藩篱,按照西方的教育模式,开始了新教育制度确立之前的教育实践探索,创办了诸如天津中西学堂、上海南洋公学、上海经正女学及通州师范学校等一系列新型普通学校。

(一) 天津中西学堂

天津中西学堂亦称北洋西学堂、北洋大学堂,光绪二十一年(1895年)由时任直隶津海关道兼直隶津海关监督的盛宣怀创办,校址在天津大营门外的梁家园。光绪二十二年(1896年),学堂更名为北洋大学堂。盛宣怀亲自任督办兼名誉校长,以"科教救国,实业兴邦"为宗旨,以培养新式高级人才为办学目标。他在办学章程中,将学堂定位等同于国外本科大学,分头等和二等学堂进行教学。头等学堂相当于专科大学,学习四年,第一年学习基础课,如绘图、格致学、化学、微分学、英文等。后三年学习专门课,设有法律、土木工程、采矿冶金和机械工程四个专业,人各一门,毕业后可出国深造或委以官职。二等学堂为中学,相当于大学预科,招收13~15岁学生入学,同样学习四年,但不分科,按班次递升,主要课程有英文、数学、朗读、各国史鉴、地舆学、格物书、平面量地法等,毕业后升入头等学堂继续深造。同时规定,教学上不做八股试帖,专做策论,毕业论文也要围绕"实在学问经济"来作。为提升教育教学质量,学堂特别聘请美国传教士、曾获德国柏林大学硕士学位的丁家立出任总教习,还经常聘请国内外专家学者到堂演讲。诸如曾任美国总统的胡佛,是当时的采矿专家,曾在该校矿科演讲数次。

光绪二十六年(1900年),北洋大学堂成为八国联军德国兵营,教学因此中断。光绪二十八年(1902年),直隶总督袁世凯奏请将北洋大学堂在天津西沽武库旧址复校。光绪二十九年(1903年)复校后改名北洋大学,重新厘定课程,各专业功课又分为主修功课、辅修功课和选修功课三种。主修与辅修为必修功课,选修功课为学生自由选学。毕业时,要求撰写一篇论文或做毕业设计。1952年与河北工学院、南开大学工学院、津沽大学工学院合并改名为天津大学。

天津中西学堂可以说是中国最早的一所工科大学,或者说是中国近代第一所新型的公立普通大学,在中国近代高等教育史上有着重要的地位。

(二) 上海南洋公学

上海南洋公学同样由盛宣怀创立于光绪二十二年(1896年),并发动他所管辖的招商、电报两局,每年集捐10万两银拨充公学经费。盛宣怀亲自担任公学督办,另设学堂总理1人,聘请他的同乡何嗣焜担任;设监院1人,聘请美国传教士、前南京汇文书院(后改为金陵大学)院长福开森担任;还任用了前梅溪书院负责人张焕纶为总教习。

在教学上,分别设置四种新型的独立学院即师范院、外院、中院和上院来实施。师范院可以说是中国近代最早设置的一所公立普通高等师范学校,担负着为其他学院培养师资的重任,光绪二十三年(1897年)师范院率先招收师范生。至光绪二十九年(1903年)停办,先后毕业、肄业71人。师范院尽管存在时间不长,但其明确的教育宗旨、先进的管理方式,对中国近代师范教育的产生和发展具有开创性意义。外院实际上是一所小学堂,也是中国最早的一所公立普通小学。这是盛宣怀仿照日本师范学校有附属小学校的做法而设置的,首次招收120名10~18岁的幼童入读,并作为师范生实习基地,由师范生分班教学。中院属于中学性质,也可以说是中国最早的一所公立普通中学。上院属于大学本科,主要是培育内政、外交、经营管理人才。四院既相互独立,又相互衔接,形成了一个完整的新型教育体系。

光绪二十七年(1901年),南洋公学又设置一个特班,聘请蔡元培为特办总教习。所谓"特班",盛宣怀在上呈的奏折中解释为"变通原奏速成之意,专教中西政治、文学、法律、道德诸学,以储经济特科人才之用"。可见,特班是为清廷开设"经济特科"储备人才而设置的。因而,特班的入学选拔极为严格,入读者多是当时学界有一定影响的人物,诸如有邵名力、洪允祥、王世徵、胡仁源、殷祖同、谢无量、李叔同、黄炎培、项骧、贝寿同等。

南洋公学从管理结构、教学安排、课程设置、规章制度、教员配备以及待遇等,均打破了旧有的教育模式,为清廷学制改革提供了成功实例。光绪二十八年(1902年),清廷管学大臣张百熙在《奏办京师大学堂疏》中称:"查京外所设学堂,已历数年,办有成效者,以湖北自强学堂、上海南洋公学为最。"

1921年,南洋公学改名为交通大学,是为上海交通大学的前身。

(三)上海经正女学

光绪二十三年(1897年),上海电报局长经元善联络沪上人士严信厚、郑观应、梁启超、汪康年等一起筹议设置女子学堂。次年正式创办经正女学,这是中国人自办的第一所女学堂。梁启超亲自撰写《创设女学堂启》和《上海新设中国女学堂章程》,附设《女学堂试办略章》。章程中详细规定了学堂的办学宗旨、招生、课程、专业设置、管理及经费筹措等具体内容。关于办理女学堂宗旨,在于"欲复三代妇学宏规,为大开民智张本;必使妇人各得其自有之权,然后风气可开,名实相副"。主要是招收8~15岁的良家闺秀,提出"义主平等。虽不必严分流品,然此堂之设,为他日师范所自出,故必择良家闺秀,始足仪型海内,凡奴婢娼妓一切不收"。在课程安排上,规定"堂中功课,中文西文各半。皆先识字,次文法,次读各门学问启蒙粗浅之书,次读史志艺术治法性理之书"。关于专业设置,规定:"堂中设专门之学三科:一算学,二医学,三法学,学生每人必自占一门……于三科之外,别设师范科,专讲求教育童蒙之法……纺织、绘画等事,妇学所必需,俟经费扩充,陆续延请教习教以中外艺事。"①学校采用班级授课制,学堂管理人员全由女子担任,实行严格管理。为此,还聘请美国传教士林乐知的女儿林梅蕊任西文总教习。

经正女学的开办意义非常重大,对打破传统的女子教育观念,为女子获取教育权并参

---

① 舒新城编:《中国近代教育史资料》下册,人民教育出版社1985年版,第791页。

与社会政治生活树立了一个标杆,具有开风气之先,不仅得到沪上中外人士的支持,而且还得到全国各地进步官绅的响应和各种形式的赞助。随后苏州、松江、广东等沿海各地纷纷成立自办女学。

(四)通州师范学校

光绪二十八年(1902年),实业家、教育家张謇认为欲雪耻救亡唯有普及国民教育,普及教育的根本则在师范。于是,他邀集通州、如皋、泰州及上海士绅议设师范,决定由其所办实业即大生纱厂出资及亲友贤绅捐资来办理,两江总督刘坤一正式行文批准。是年五月,以通州城外千佛寺旧址为基,破土动工修建校舍;十月拟定学校各约及章程。张謇在其《通州师范学校议》中,对筹办通州师范及创建较完整的师范教育体系提出了完整而具体的设想。光绪二十九年(1903年)四月二十七日,通州师范学校正式开学,当时名为通州民立师范学校,后改称"私立通州师范学校"。张謇亲自书写"师范学校"四字镶在校门。当时,一般学校皆称"学堂",张謇率先称"学校",足见其远见卓识。张謇在开学典礼上说:"愿诸君开拓胸襟,立定志愿,求人之长,成己之用;不妄自菲薄,自然不妄自尊大,忠实不欺,坚苦自立,成我通州之学风。"并把"坚苦自立、忠实不欺"作为校训,勉励学生学会为人处世,学会为"经师"、为"人师"。

在教学管理上,学校设置四年的本科、一年的讲习科和二年的简易科三种教学班,分别培养不同层次的教师。凡就读的学生必"择举贡生监中性淑行端、文理素优者为入格",入学后根据年龄、财力、意愿分别编入上述各科学习。课程主要有国文、修身、教育、伦理、算术、物理、化学、历史、地理、博物、图画、手工、体操等。聘请国内知名人士如王国维、陈师曾(陈寅恪的兄长)到校执教,还聘请日籍教师木造高俊、吉泽嘉寿之丞、西谷虎二、远藤民次郎、木村忠治郎、宫本几次、照井喜三等人执教物理、化学、生物、心理等课程。除师范各科外,根据张謇发展实业的需要,通州师范学校还先后附设有测绘科、农科、土木工科和蚕科等专科。光绪三十二年(1906年)还在校内西北楼设附属小学,供师范生实习之用。

通州师范学校的创办,标志着中国师范学校独立设置的开始,也是中国第一所民办师范学校和私立中等师范学校。对此,张謇曾不无自豪地声称:"夫中国之有师范学校,自光绪二十八年始,民间之自立师范学校自通州始。"①

第三节　确立新的教育制度

19世纪末,西方列强变本加厉地对中国进行掠夺,封建帝制危在旦夕,在如此严酷的形势逼迫下,慈禧太后不得已于光绪二十七年(1901年)一月二十九日在西安,以光绪帝

---

① 舒新城编:《中国近代教育史资料》下册,人民教育出版社1985年版,第978页。

的名义颁布上谕,指出:

> 世有万古不变之常经,无一成不变之治法。
>
> 法令不更,锢习不破。欲求振作,当议更张。着军机大臣、大学士、六部九卿、出使各国大臣、各省督抚,各就现在情形,参酌中西政要,举凡朝章国故,吏治民生,学校科举,军政财政,当因当革,当省当并,或乙诸人,或求诸己,如何而国势始兴,如何而人才始出,如何而度支始裕,如何而武备始修,各举所知,各抒己见,通限两个月,详悉条议以闻。①

由此拉开了清末"新政"的序幕。在这次新政中,教育改革是重头戏,提到了前所未有的高度而备受重视,由此催生出新的学制、新的教育管理机构以及新的教育宗旨。

一、制定新学制

鸦片战争以后,面对中国教育的落后和弊病,诸多官员不断撰文、上书,要求向西方学习,改革传统的学校教育制度,包括前述对书院、私塾的改革。尤其是洋务运动时期,一些有识之士为解决办理洋务中的紧缺人才问题,纷纷创办学校,开始了近代新教育的实践探索。维新运动期间,以康有为、梁启超为代表的改革家们更是提出了不尽相同的学制改革方案,以盛宣怀、张焕纶为代表的开明官员还将西方的办学理念付诸于教育实践,此时此刻近代学制处在呼之欲出的境地,但因"百日维新"失败而止步不前。清末新政实施后,各地官绅又积极响应清廷的兴学诏书,极力仿效西方的做法,创办不少新式学校,但学校的程度、课程、修业年限以及管理模式差别较大,需要有一个全国统一的学制系统来加以规范和消除分歧,这也是所有办学者的共同心愿。与此同时,中国近代最早的教育类刊物《教育世界》也系统地介绍了日本的学制系统。这一切都为制定新学制提供了理论基础、实践经验和参照蓝本。

(一) 壬寅学制

光绪二十八年(1902年),时任官学大臣的张百熙拟定了一系列较为系统的学制改革文件,总称为《钦定学堂章程》,因是年的旧历为"壬寅"年,所以又称"壬寅学制",这是中国近代所颁布的第一个新学制。

该学堂章程包含《京师大学堂章程》、《考选入学章程》、《高等学堂章程》、《中学堂章程》、《小学堂章程》和《蒙学堂章程》6个文件。按章程所拟,将整个教育纵向分为三段七级:第一段为初等教育,分蒙学堂(6~9岁)、寻常小学堂(10~12岁)及高等小学堂(13~15岁)三级;第二段为中等教育,只有中学堂(16~19岁)一级;第三段为高等教育,分高等学堂或大学预科(19~22岁)、大学堂(23~25岁)及大学院(没有年龄限制)三级。与普通教育并行的还有师范教育和实业教育,师范教育分师范学堂及师范馆二级,实业教育分简

---

① 沈桐生辑:《光绪政要》卷二十六。

易实业学堂、中等实业学堂、高等实业学堂三级。

壬寅学制不同于旧有的学校系统,它更加注重国民教育。诸如《小学堂章程》中规定:"俟各处学堂办齐以后,无论各色人等,皆应受此七年教育,然后听其任为各项事业。"带有国民义务教育的思想。再就是注重实业教育,实业学堂的设立反映了人才培养已经开始注重工艺技术方面的能力需要。但不能忽视的是,新学制系统仍然没有涤荡封建落后的痕迹,比如女子教育仍然毫无地位,从高等小学堂开始以上的各级学堂毕业生仍给以科举出身等。壬寅学制虽曾经正式颁布,但因自身的不完善而未能实施。

(二) 癸卯学制

光绪二十九年(1903年),清政府授命张百熙、荣庆、张之洞三人,以日本学制为蓝本,重新拟定学堂章程即《奏定学堂章程》,因是年为旧历"癸卯"年,故称"癸卯学制"。学制于光绪三十年(1904年)一月公布实施,至1911年清朝覆灭为止,这是中国近代第一个经正式公布并实际实施的一个新学制。

该学堂章程包括《初等小学堂章程》、《高等小学堂章程》、《中学堂章程》、《高等学堂章程》、《大学堂章程》(附《通儒院章程》)《蒙养院及家庭教育法》、《初级师范学堂章程》、《优级师范学堂章程》、《初等农工商实业学堂章程》(附《实业补习普通学堂章程》及《艺徒学堂章程》)、《中等农工商实业学堂章程》、《高等农工商实业学堂章程》、《实业教员讲习所章程》、《译学馆章程》、《进士馆章程》,还有《学务纲要》、《各学堂管理通则》、《各学堂奖励章程》和《各学堂考试章程》等。

依照章程,学制依然将学校教育纵向分为三段七级:第一阶段为初等教育段,设蒙养院四年、初等小学堂五年、高等小学堂四年,共三级十三年。第二阶段为中等教育段,设中学堂五年,仅为一级五年;第三阶段为高等教育段,设高等学堂或大学预科三年、分科大学堂三或四年、通儒院五年,共计三级十一年。与普通教育并行的还有师范教育和实业教育两个系统。除此之外,还置有译学馆、进士馆、仕学馆以及方言学堂等,均属于高等教育阶段的特殊教育机构。

学制规定学堂的立学宗旨是"以忠孝为本,以中国经史文学为基,俾学生心术壹归于纯正,而后以西学瀹其知识,练其艺能,务期他日成才,各适实用"①。在此宗旨指导下,进而详细规定了各级各类学堂的性质、任务、入学条件、修业年限及相互衔接和关系。

1. 普通教育

普通教育从蒙养院到通儒院,分为三段七级。

蒙养院:《奏定学堂章程》规定蒙养院以"发育其身体,渐启其心知,使之远于浇薄之恶风,习于善良之轨范"②为宗旨。招收3~7岁的幼儿,规定每日授课不能超过4小时。学习内容以"儿童最易通晓之事情,最所喜好之事物"为限度。教学上强调要注意儿童"身体

---

① 舒新城编:《中国近代教育史资料》上册,人民教育出版社1985年版,第195页。
② 舒新城编:《中国近代教育史资料》中册,人民教育出版社1985年版,第384页。

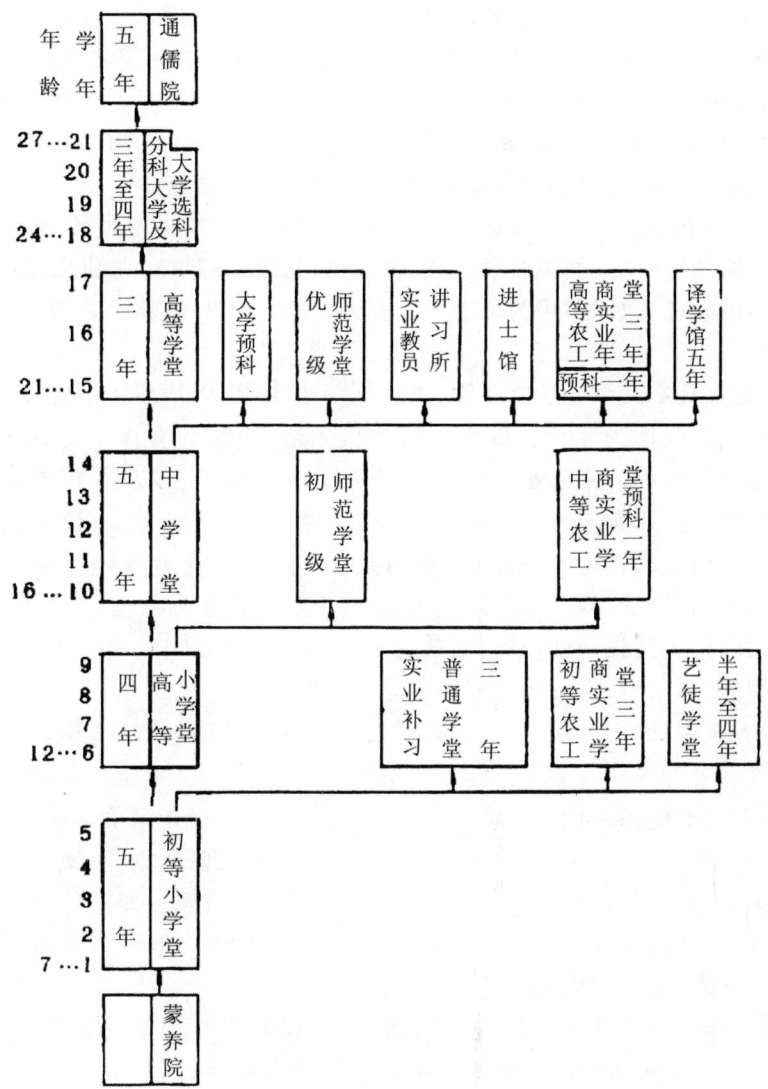

图 6—1 癸卯学制系统

气力之所能为,心力知觉之所能及"。最好是通过游戏、歌谣、谈话等方式来进行。由于当时中国没有女子学校,幼儿师范学校不能骤设,所以蒙养仍依赖家庭教育。为了适应保教人员的需要,章程要求各省府学堂,将《孝经》、《四书》、《列女传》、《女诫》、《女训》及《教女遗规》等,择其最切要而极明显者,分别次序浅深,明白解说,编成一书,并附以图,每家发一本。另外,选择外国家庭教育方面的书籍,"择其平正简易,与中国妇道妇职不相悖者,广为译书刊布",供各家庭学习。学堂章程颁布后,中国的学前教育机构有了一点发展,比如光绪二十九年(1903年)武昌模范小学建立了蒙养院,光绪三十年(1904年)上海务本女塾设幼稚舍及湖北创办了省立幼稚园等。

初等小学堂:《奏定初等小学堂章程》规定初等小学堂"以启其人生应有之知识,立其明伦理、爱国家之根基,并调护儿童身体,令其发育为宗旨,以识字之民日多为成效"①。招收7岁儿童入学,分为完全科和简易科两类。完全科五年毕业,必修学科为:修身、读经讲经、中国文学、算数、地理、历史、格致、体操八科。此外,视地方情形可加设图画、手工一科或两科,为随意科。简易科也是五年毕业,学习科目分为修身读经、中国文字、历史地理格致、算数、体操共五科。教学上普遍实施班级授课制,要求以讲解为最要,防止死记硬背的注入式教学,所谓"须尽其循循善诱之法,不宜操切以伤其身体,尤须晓以知耻之义。夏楚只可示威,不可轻施,尤以不用为最善"。初等小学堂毕业后,愿入高等小学堂时,可不用考试,直接升入。

高等小学堂:《奏定高等小学堂章程》规定高等小学堂"以培养国民之善性,扩充国民之知识,强壮国民之气体为宗旨。以童年皆知做人之正理,皆有谋生之计虑为成效"②。招收12岁儿童或初等小学堂毕业学生,但在开办之初,凡15岁以下,略能读经而资质聪颖的儿童也可以报考,四年毕业。学科为修身、读经讲经、中国文学、算数、中国历史、地理、格致、图画、体操九科。视地方情形,可加授手工、农业、商业等随意科。经学教材以《诗经》《书经》《易经》《仪礼》为必读之书,讲经以程朱传注为依据。教学方法除与初等小学堂相同之处外,尤其强调禁止体罚,认为"学童至十三岁以上,夏楚万不可用。有过只可罚以植立、禁假、禁出游、罚去体面诸事亦足示儆"。

中学堂:《奏定中学堂章程》规定中学堂"以施较深之普通教育,俾毕业后不仕者从事于各项实业、进取者升入各高等专门学堂均有根柢为宗旨。以实业日多,国力增长,即不习专门者亦不至暗陋偏谬为成效"③。中学堂仅有一级,招收高等小学毕业生,学习五年毕业,开设科目有修身、读经讲经、中国文学、外国语、历史、地理、算学、博物、物理及化学、法制及理财、图画、体操等。修身课教材为陈宏谋的《五种遗规》,即《养正遗规》《训俗遗规》《教女遗规》《从政遗规》和《在官法戒录》。经学教材以《诗经》《书经》《易经》《仪礼》之一篇,《春秋左氏传》《周礼》为必读之书。

高等学堂:《奏定高等学堂章程》规定高等学堂"以教大学预备科为宗旨,以各学皆有专长为成效"④。招收普通中学堂毕业生中愿意升学深造者,三年毕业。学科分为三类:第一类学科为预备入经学、政法、文字、商科等大学而准备的,开设有人伦道德、经学大义、中国文学、外国语、历史、地理、辩学、法学、理财学、体操十科,外国语除英语必修外,任选德语和法语;第二类学科为预备入格致、工科、农科等大学而准备的,开设有人伦道德、经学大义、中国文学、外国语、算学、物理、化学、地质、矿物、图画、体操十一科,外国语除英语必修外,任选德语和法语;第三类学科为预备入医科大学而准备的,开设有人伦道德、经学

---

① 舒新城编:《中国近代教育史资料》中册,人民教育出版社1985年版,第411页。
② 舒新城编:《中国近代教育史资料》中册,人民教育出版社1985年版,第427页。
③ 舒新城编:《中国近代教育史资料》中册,人民教育出版社1985年版,第501页。
④ 舒新城编:《中国近代教育史资料》中册,人民教育出版社1985年版,第561页。

大义、中国文学、外国语、拉丁语、算学、物理、化学、动物、植物、体操十一科,外国语除德语为必修外,任选英语或法语。高等学堂学生三年毕业后,通过考试可以升入分科大学堂。

大学堂:《奏定大学堂章程》将大学堂定位为以"端正趋向,造就通才为宗旨","以各项学术艺能之人才足供任用为成效"①。大学堂因分立经学、政治、文学、医科、格致、农科、工科、商科八科,因此又称分科大学堂,招收高等学堂或大学预科毕业生。由于当时条件有限,规定大学堂设在京师者须八科全备,地方所设至少须置三科。各分科大学修业年限,除政治科及医科中的医学专业各需四年外,其余各科均以三年为限。各科大学课程分为主课、辅助课及随意科三类,每门课程均以本门课程的研究法为主课,以与此门课程相关之学为辅助课。例如,经学科的《周易》课,主课为《周易》研究法,辅助课为《尔雅》、《说文》之类的内容。随意科则不拘科门,性质极其宽泛。各科学生毕业时,均须著论说一篇,连同毕业课艺,一律缮呈学堂当局,作为毕业成绩的参考。工科大学学生除了自著论说和毕业课艺外,还须设计规划图稿。

通儒院:通儒院为最高学府,蔡元培称之为"大学毕业生研究之所",可以说是中国最早的研究生院。通儒院设在大学堂内,分科大学毕业生或者具有相当学历,并且具有资质优秀又有研究能力者才能入院,以"能发明新理以著成书,能制造新器以利民用"为办学宗旨。通儒院以五年为限,院内不收学费,如果有学生为研究学术而必须出差时,经大学会议议决,可酌量支给旅费。结业时,将论著交大学堂教员会议审查,合格即可毕业。

2. 师范教育

师范教育是与普通教育并行的一个教育系统,通过初级、优级两级师范学堂来实施。

初级师范学堂:《奏定初级师范学堂章程》规定初级师范学堂"拟派充高等小学堂及初等小学堂二项教员者入焉;以习普通学外,并讲明教授管理之法为宗旨"②。主要招收高等小学堂毕业生,但在小学未发达之前,要求就现有的贡、廪、增、附生及文理优长的监生中考取。由于初级师范学堂为小学教育普及的基础,所以要求每州县必须设一所。省城初级师范学堂除完全科外,还要设简易科,以应急需。完全科五年毕业,入学年龄以18~25岁为合格。简易科入学年龄在25~30岁,一年毕业。学习科目与中学堂的区别,在于着重教育学科知识的学习,并将习字列为专科。初级师范学堂毕业者,有从事州县小学堂教员的义务。《章程》还具体规定了毕业生义务担任小学堂教员的最低年限,官费毕业生必须履行义务至少六年,简易科生至少三年。私费毕业生本科至少三年,简易科至少二年,在义务年限内不准应聘其他工作。义务年限期满后,初级师范生有愿入优级师范或高等学堂者,听其自便。

优级师范学堂:《奏定优级师范学堂章程》规定优级师范学堂"以造就初级师范学堂及中学堂之教员管理员为宗旨"③。招生对象,主要是初级师范学堂及普通中学堂毕业生,

---

① 舒新城编:《中国近代教育史资料》中册,人民教育出版社1985年版,第572页。
② 舒新城编:《中国近代教育史资料》中册,人民教育出版社1985年版,第665页。
③ 舒新城编:《中国近代教育史资料》中册,人民教育出版社1985年版,第682页。

同时也精选各省举贡生员确有根柢,年龄在18～25岁者。学习年限为三年,开设的科目有三种:第一种为公共科,是为初入学时学习的课程;第二种为分类科,为入学第二年后学习的课程,相当于专业课程;第三种为加习科,相当于选修课。优级师范学堂的设置,要求京师及各省城宜各设一所,并设附属中学堂和附属小学堂各一所,供学生教育实习之用。规定毕业生的义务服务年限为六年,义务年限期满可以报考大学堂肄业。

3. 实业教育

实业教育也是与普通教育并行的一种教育系统,由初等实业学堂、中等实业学堂、高等实业学堂及补习学堂、艺徒学堂和实业教员讲习所来实施。

初等实业学堂:《奏定初等农工商实业学堂章程》规定初等实业学堂"以教授农业(商业、商船)最浅近之知识技能,使毕业后实能从事简易农业(商业、商船之简易执务)为宗旨"①。初等实业学堂分为初等农业学堂、初等商业学堂、初等商船学堂,皆相当于高等小学堂的程度,招收年龄在13岁以上的初等小学堂毕业生,学制为三年。三类初等实业学堂均重视修身、中国文理和算数教学。

中等实业学堂:中等实业学堂分为中等农业学堂、中等工业学堂、中等商业学堂、中等商船学堂四类,相当于普通中学堂的程度,皆有本科生及预科生两种。本科生三年毕业,招收年龄在15岁以上,已经修完高等小学堂四年课程者;预科生两年毕业,招收13岁以上已经修完初等小学堂五年课程者。无论何等学堂,均以"授农业(工业、商业及商船)所必需之知识艺能,使将来实能从事农业(工业、商业及商船)"为宗旨。

高等实业学堂:高等实业学堂同样设置有高等农业学堂、高等工业学堂、高等商业学堂和高等商船学堂,相当于普通高等学堂的程度,招收18～22岁之普通中学的毕业生。各实业学堂内还可以酌情设置专攻科,供想继续做精深研究的毕业生之用。

实业补习普通学堂:近于中等学堂的程度,以"授实业所必需之知识技能,并补习小学普通教育"为宗旨。招收已经参加实业的各种儿童入学,学力程度规定为具有初等小学堂程度以上者为合格。学堂设置有实业科和普通科,普通科目有修身、中国文学、算数、体操四类,还可以酌量地方情形增加历史、地理、格致等科目;实业科的科目有农业科、工业科、商业科、水产科四科,各科内设专业课程,均三年毕业。

艺徒学堂:类似高等小学堂的程度,以"授平等程度之工业技术,使成为善良之工匠"为宗旨。招收12岁以上略知书算之儿童到校肄业,对于是否在初等小学堂毕业不做要求。课程设置有修身、中国文理、算学、体操、化学、物理、图画、几何,其中除一两门为必修外,其余均为选修。修业年限也不作具体规定,只限制在6个月以上4年以下。艺徒学堂主要是针对已有本业的青少年,用以补习普通和实业知识,因此授业时间也比较灵活,多于夜晚或者假日等闲暇时间开课。

实业教员讲习所:以"教成各实业学堂及实业补习普通学堂、艺徒学堂之教员"为宗旨。招收中学堂或初级师范学堂毕业生,修学的年限各科不一,农业、商业教员讲习所均

---

① 舒新城编:《中国近代教育史资料》中册,人民教育出版社1985年版,第745～747页。

修业两年；工业教员讲习所的完全科修业三年，其简易科修业两年。凡就学于实业教员讲习所的学生，在学的一切费用由官厅承担，毕业后必须在该行业服务至少六年。

"癸卯学制"颁布后至宣统三年(1911年)止的几年间，为应对实施中遇到的问题以及新的教育需求，清廷对学制也相应地做了一些修改和增删，主要是：(1) 改变初级小学堂的学制设计。宣统元年(1909年)，将初级小学堂分为二科三类：一为五年制完全科；二为四年制、三年制简易科。宣统二年(1910年)，又以五年的完全科过长，三年的简易科过短，且小学阶段分为三等过于混乱，于是将小学一律改为四年制，取消简易科。宣统三年(1911年)，中央教育会议议决以四年小学教育为义务教育，这是中国近代施行义务教育的开始。(2) 改变中等教育分科。宣统元年(1909年)，为了适应大学堂及高等学堂的分科，且考虑到中学生年龄已长，兴趣与志愿各不相同，原定中学堂课程过于繁重，易蹈博而不精之病，所以仿照德国的办法，将中学分为文、实两科。课程按照文、实的性质，各分为主课与通习两类。主课各门授课时间较多，通习各门授课时间较少，学生初入学时即行分科学习，皆以五年毕业。(3) 追加女子受教育学制。光绪三十三年(1907年)，清廷颁布了《女子小学堂章程》及《女子师范学堂章程》，规定女子小学堂以"养成女子之德操与必须之知识技能，并留意使身体发育"①为宗旨。女子小学堂分初、高两等，修业年限都是四年。初等小学堂招收 7~10 岁的儿童，高等小学入学年龄以 11~14 岁为合格。女子师范学堂的章程只有初级一种，以"养成女子小学堂教习，并讲习保育幼儿方法，期于裨补家计，有益家庭教育"②为宗旨。招收 15 岁以上，修完女子高等小学堂功课，身家清白、品行端淑之女孩，修业年限四年。女子教育在中国开始取得合法地位。(4) 补习教育。光绪三十一年(1905年)，通令设立半日学堂、平民补习学堂，意在普及教育于民间，使无力求学的贫寒子弟或年长失学的民众得到一个求学的机会。这种补习学校按要求，或设立于官立、公立、私立各学堂内，或租借祠庙及各地公所另行开办，毕业期限分两种，幼年贫寒子弟以三年为限，年长失学的民众自一年至三年，长短听便。上述的变化，仍然是在"癸卯学制"的框架内进行调整的。

总之，癸卯学制的颁布和实施改变了中国传统的学校教育形式，为中国现代学校制度奠定了基础。从历史角度来看，比起旧有的传统的学校制度无疑是历史的一大进步。但是，由于封建制度仍没有完结，"中体西用"思想指导下的癸卯学制，仍然只是清廷应对时事变迁的缓和之计，并没有从根本上改变教育的时代属性。

二、建立新的教育行政机构

清初没有设置专门管理教育的行政机构，教育由中央礼部兼管，而礼部是掌管五礼的主要机关，之所以由其掌管教育，是因为礼部掌管着科举考试。礼部下属的国子监虽然掌

---

① 舒新城编：《中国近代教育史资料》下册，人民教育出版社 1985 年版，第 792~793 页。
② 舒新城编：《中国近代教育史资料》下册，人民教育出版社 1985 年版，第 803 页。

管国学,但对科举毫无过问之权。

自同治元年(1862年)京师同文馆建立以后,新式学堂逐渐增多。光绪二十四年(1898年)开办京师大学堂,规定大学堂除了有最高学堂的性质外还具有管辖各省学堂的职能。光绪二十七年(1901年)特设管学大臣,管学大臣既是京师大学堂校长,又是全国教育行政机关的长官。一般认为,京师大学堂及管学大臣的设置实为中国新教育行政的开始。新学制颁布后,为了确保新学制的落实,清廷也相应地对教育行政机构做了些改革。光绪二十九年(1903年),张之洞奏请专设总理学务大臣来管理全国教育,京师大学堂另设总监督,学务大臣之下设立六处属官,分掌各项教育事宜。但地方上依循旧制,除了提督学政之外,没有另设专门的机关,因此学务大臣的设置也是临时的。

光绪三十一年(1905年),清廷取消了学务大臣的设置,于京师六部之外成立学部,作为管理全国教育事业的最高行政机关,国子监也随之并入学部。学部的最高长官称为尚书,尚书之下为左右侍郎。又设各项事务官,其中,左右丞各一员,协助尚书、侍郎管理全部工作,领导各司;左右参议各一员,协助尚书侍郎核定法令章程,审议各司重要事宜。组织机构分为五司十二科:一为总务司,内分机要、案牍、审定三科;二为专门司,内分专门政务、专门庶务两科;三为普通司,内分师范教育、中等教育、小学教育三科;四为实业司,内分实业教务、实业庶务;五为会计司,内分度支、建筑二科。每司设郎中一人,每科设员外郎一人,分掌本部事务及全国各项教育事宜。此外还设有视学官,轮流出京视察各省教育,没有定员,以部中人员或直辖学堂管理员教员职分相当者派充。当时全国分为十二个视学区,每区派视学官二人,按年分往各区视察,限三年以内视察一周。其他如编译图书、调查学制以及督理京师学务,皆设有专局,由部派员兼理。

光绪三十二年(1906年),将各省提督学政一律裁撤,另设提学使司专管全省教育事务,于是统辖全省的教育行政机关也产生了。提学使司设在省会,置提学使一员,统辖全省学务,位在布政使之次,按察使之前。组织结构设有学务公所,分设总务、专门、普通、实业、会计、图书六科。学务公所设议长一人,议绅四人,帮助提学使筹划学务,供督抚咨询。学务公所下设各科设课长一人,副课长一人,由提学使派充。此外,另设省视学六人,承担学使的命令,巡视本省各府厅州县的学务。同年,各府厅州县设置劝学所,管辖并监督各地教育的运转。每所设总管一人,由县视学兼任,受本地方官的监督。在总管之下,设劝学员若干人,由总管选择本地区品行端正、热心教育的绅衿充任,负责推动本学区的教育工作。

自此以后,全国形成了从中央学部到地方各个学区三级层层相属的教育行政管理系统。

三、颁布新的教育宗旨

中国正式确立新的教育宗旨是在新学制建立以后,光绪二十九年(1903年)的《奏定学堂章程》中明确了办学宗旨,即"无论何等学堂,均以忠孝为本,以中国经史之学为基俾学生心术壹归于纯正,而后以西学瀹其知识,练其艺能,务期他日成材,各适实用"。并要求各级学堂必"以端正趋向,造就通才为宗旨",体现出"中体西用"的办学指导思想。

中国近代教育宗旨的正式颁布是在光绪三十二年(1906年),当时科举制度已经废除,新的学制开始推行,新的教育行政机构业已建立,为形势所需,刚成立不久的学部便拟定并颁布了一个新的教育宗旨,即"忠君、尊孔、尚公、尚武、尚实"。

学部在《奏请宣示教育宗旨折》中对这一宗旨条目有明确的解释,认为"中国政教之所固有,而亟宜发明以距异说者有二:曰忠君,曰尊孔"①。所谓"忠君",就是要"务使全国学生每饭不忘忠义,仰先烈而思天地高厚之恩,睹时局而涤风雨飘摇之惧",如此可以使"一切犯名干义之邪说皆无自而萌";所谓"尊孔",则是要让学生在儒学的熏陶之中"使国教愈崇,斯民心愈固"。又认为"中国民质之所最缺,而亟宜针砭以图振起者有三:曰尚公,曰尚武,曰尚实"②。何况当时中国最大的弊病是"私、弱、虚",而欲"拔其根株,作其新机",则非提倡"尚公、尚武、尚实"不可。所谓"尚公",就是使人人皆能"视人犹己,爱国如家"。所谓"尚武",就是要"使全国学校隐寓军律,童稚之时已养成刚健耐苦之质地",使学生"守秩序,养威重,以造成完全之人格",使人人皆知"有当兵之义务"。所谓"尚实",就是要学以致用,使学生"人人有可农、可工、可商之才,斯下益民生,上裨国计"。"尚公、尚武、尚实"宗旨的提出,确实是对封建科举取士标准的一大颠覆,具有很强的时代性。

可见,这一宗旨同样体现出"中体西用"的指导思想,"忠君"、"尊孔"两条为中学所固有,"尚公"、"尚武"、"尚实"三条为西学所拥有,因此又被称为"两类五条"教育宗旨。

清末新教育制度的建立标志着中国两千多年封建传统教育的瓦解和资产阶级新教育制度在形式上的正式确立,中国从此有了统一的教育宗旨、完备的互相衔接的学校教育制度和从中央到地方一套完整的教育管理机构,对中国教育的现代化进程有着举足轻重的作用。

在新教育制度的推动下,全国各地掀起了办学热潮。据清廷统计,全国学校从1903年的719所,至1909年增加到58896所,是1903年的81.9倍。在校生总数从1902年的6943人,至1909年增加到1626720人,是1902年的234.3倍。女子教育自1907年开始办理以后,至1909年共办理女子学堂298所,在校生13489人。虽然这些数字对一个拥有4亿人口的大国来说还不成比例,但较之新教育制度确立之前的传统教育来说,发展势头和规模已经是非常迅猛了,使得中国教育上了一个新的台阶,步入了制度化、大众化和现代化发展的轨道。

但是,新教育制度是以"中体西用"思想为指导的,因而多是具有资本主义教育的形式,实质上仍然是一个半封建半殖民地性质的教育制度。说它具有半封建性,是因为:一是在学校管理上仍然受科举制度的影响,学生的毕业考试多是仿照科举的形式进行的,学生毕业还要给予科举出身。二是教育内容着重经学传授和旧礼教的陶冶。光绪二十九年

---

① 舒新城编:《中国近代教育史资料》上册,人民教育出版社1985年版,第217页。
② 舒新城编:《中国近代教育史资料》上册,人民教育出版社1985年版,第217页。

(1903年)的《学务纲要》宣称:

  中国之经书,即是中国之宗教。若学堂不读经书,则是尧舜禹汤文武周公孔子之道,所谓三纲五常者尽行废绝,中国必不能立国矣。学失其本则无学,政失其本则无政。其本既失,则爱国爱类之心亦随之改易矣。①

  因而,学校特别重视读经讲经,如初等小学、高等小学的每周读经讲经课达到12个学时,每天还有半个小时的自由温经时间。三是学制中没有女子受教育的地位,只是规定"以家庭教育包括女子"。

  说它具有半殖民地性,是因为:一是新学制是以日本学制为蓝本的,重视形式上的模仿,忽略本国国情,如学制年限过长,7岁入小学,27岁大学毕业,再加上通儒院5年,前后长达26年;二是教育内容增加诸多西学科目,尤其是重视外国语教学;三是留学教育快速发展,逐渐成为中国教育的灵魂。

  本章结语:近代传统教育的转型是近代中国社会变革的一部分。

  首先,鸦片战争之后的中国传统教育,依然是清朝前期教育的延续,但与近代社会发展的情形及社会需求又显得格格不入。

  其次,面对列强的入侵、西学东渐以及中国教育的实际情况、朝野上下求变的呼声,清廷做出了艰难而又明智的选择,在"中体西用"思想指导下,花大力气对科举、书院及学塾进行改革,还积极鼓励和支持办理新型学校。在改革的过程中,既固守教育传统,提倡尊孔读经,不断强化儒家思想在教育中的至尊地位,同时又积极引进西学,开设大量西学科目,体现出从传统中寻求应变的特点。虽然史学界对书院改制及废除科举存有异议,包括当年参与此事的清廷忠臣也心存一丝遗憾,但毕竟都是为了建立和推行新的教育制度。历史自然不能假设,更不会从头再来,但传统教育的转型换来的却是交口称赞的新教育制度的确立。

  最后,在清末"新政"的推动下,确立新的教育制度无疑是一件破天荒的事件,它让传统教育告别了昨天,又让新教育登上了历史的舞台,开辟了中国教育发展的新纪元,从此中国有了统一的教育宗旨、完善的学制系统和完备的教育管理机构,中国教育也从此开始步入制度化、大众化和现代化发展的历程。

【讨论与思考】

1. 清末传统教育式微主要表现在哪些方面?
2. 谈谈科举制度废除的过程及其意义。
3. 你对书院改制有何认识?
4. 如何评价癸卯学制?

---

① 舒新城编:《中国近代教育史资料》上册,人民教育出版社1985年版,第200页。

5. 如何认识和定位清末新教育制度？

【阅读导航】

1. 李国钧、王炳照总主编：《中国教育制度通史》第六卷，山东教育出版社 2000 年版。

本书第一章第一节"晚清教育制度的衰败"分析了清末教育式微的情形，主要表现为"官学名存实亡"、"书院积弊丛生"和"私塾步履维艰"。第五章专门论述"近代中国新教育制度的建立"，分为四节：第一节为"书院改学堂"，内容涉及书院改制及新政时期书院改学堂问题；第二节为"留日教育发展高潮"，谈到留日教育发展的历史背景、留日教育概况及留日教育的特点及影响；第三节为"近代新学制的建立"，涉及壬寅学制、癸卯学制的制定与实施、新式学堂的发展等问题；第四节为"废科举，设立学部，颁布教育宗旨"。

2. 毛礼锐、沈灌群主编：《中国教育通史》第四卷，山东教育出版社 1985 年版。

本书第十一章的第一节"社会的变迁与新教育的产生"，从两个方面谈到清末教育的基本概况：一是内忧外患的中国社会；二是"西学"的进一步传播和"新教育"的萌芽。第十四章的第三节"清末新教育制度的建立"，从废除科举制度、新教育制度的建立、厘定教育宗旨和改革教育行政机构四个方面，全面讨论了新教育制度建立的过程及其意义。

3. 孙培青主编：《中国教育史》，华东师大出版社 2000 年版。

本书第十章第一节"封建教育的衰败和改革派的文化教育主张"，主要从两个方面讨论了晚清教育的基本情况：一是明末清初西学的输入和早期"西学东渐"的中止；二是封建教育的病态发展。在第十二章第三节"清末新政下的教育改革"部分，阐述了四个方面的问题：一是清末学制的建立；二是废科举，兴学堂；三是改革教育行政体制，厘定教育宗旨；四是留学教育的勃兴。

4. 王炳照等编：《简明中国教育史》，北京师范大学出版社 2010 年版。

本书第九章第一节"清末教育的衰败"和第十章第二节"清末'新政'时期的教育改革"等，涉及清末教育转型问题，包括科举制度的废除及新教育制度的建立等。

5. 舒新城编：《中国近代教育史资料》（上中下），人民教育出版社 1985 年版。

本套丛书资料详尽，几乎涉及本章节的所有问题，值得参阅。上册第二章"中国沦为半殖民地半封建社会后统治阶级对封建教育的改良"部分汇集了有关科举、书院、学塾改革方面的文献资料，第四章"半殖民地半封建教育体系的形成和演变（上）"部分，汇集了教育宗旨、政策和制度以及教育行政（诸如教育行政机构、教育会议、教育观察、教员任用、教科书编审、教育会和教育统计等）方面的文献资料。中册第五章"半殖民地半封建教育体系的形成和演变（中）"部分，汇集了近代幼儿教育、初等教育、中学教育、高等教育、师范教育及实业教育制度方面的章程、学校令等文件。下册第六章"半殖民地半封建教育体系的形成和演变（下）"部分，汇集了近代女子教育、社会教育、满蒙藏教育、华侨教育等方面的各类文献资料。

第七章 新教育改革运动的嬗变

【内容提要】

鸦片战争后,中国由古代教育向近代教育转化,中国近代教育基本定型。在中国教育近代化的进程中,受"西学东渐"的影响,发生了一系列的教育改革运动。从鸦片战争时期地主阶级改革派发出改革的呼声后,经历了太平天国时期、洋务运动时期、维新运动时期、辛亥革命时期以及北洋政府执政时期的教育改革,期间,对西方先进教育理念的引入、新式学校的创设、公费留学教育的发展以及对新式学校制度的设想和阐释等,大大推进了清末新教育制度的改革和建立。同时,以张之洞、康有为、梁启超、孙中山、蔡元培等为代表的一大批政治家、思想家、教育家,在教育改革及政治生涯中形成了一些重要的教育思想,在中国教育近代化进程中也发挥了举足轻重的作用。"五四"时期所涌现出来的教育思潮与教育团体,对中国教育改革也产生了较大的影响。

【学习目标】

1. 理解新教育改革运动嬗变几个主要阶段教育改革的内容;
2. 了解洋务运动时期的教育改革以及洋务派创办的新式学校;
3. 了解"西学"观的演进,掌握"中体西用"思想及其在教育近代化过程中的作用;
4. 重点把握张之洞、康有为、梁启超、严复以及蔡元培的主要教育活动和教育观点;
5. 重点把握近代三次学制改革的主要内容及其特点;
6. 重点把握近代教育宗旨的演变及其内容。

【核心术语】

更法论 四洲志 师夷之长技以制夷 海国图志 礼拜堂 资政新篇 京师同文馆 天津武备学堂 北洋水师学堂 福州船政学堂 1872年赴美留学 劝学篇 中学为体西学为用 西学东渐 盛世危言 万木草堂 京师大学堂 大同书 变科举三策 开民智 爱国学社 壬子·癸丑学制 五育并举 学术自由兼容并包 教育独立 尚自然展个性 壬戌学制 收回教育权运动 南开大学 厦门大学

所谓"新教育改革运动",是相对于清末传统教育改革而言的。中国新教育运动有一个自然的历史发展过程,发轫于鸦片战争以后,兴盛于"五四"新文化运动前后,衰退于北洋政府和南京政府交接时期。处于社会变迁的时代,中国新教育改革运动既是思想启蒙与改革运动,又是教育变革运动,也是社会改革运动,既是革故与鼎新的运动,又是移植与创新的运动。中国新教育运动的改革对象是传统教育,改革目标是建设与中国国情相适应的现代资本主义新教育。中国新教育运动的兴起和发展,是中国近现代教育发展的内在需要,同时也深受20世纪初期国际教育思潮与运动的深刻影响。

第一节 鸦片战争时期改革派的教育主张

鸦片战争前夕,清王朝政治腐败,农民阶级同地主阶级之间的矛盾日益尖锐,社会危机深重,社会矛盾积聚,外国列强的坚船利炮更加剧了清王朝统治的危机。残酷的现实,使开明的爱国知识分子,对清政府的腐败无能更加不满,对封建制度产生了某些疑虑,其中一些人强烈要求改变现状。从地主阶级内部分化出一些主张改革社会、抵抗外侮的改革派,他们是中国近代最早主张向西方学习的知识分子,是探索救国救民真理的早期代表人物,也是中国近代放眼看世界的第一批先行觉醒的有识之士,龚自珍、林则徐、魏源等即是其中重要的代表。

一、龚自珍

龚自珍(1792～1841),字璱人,号定庵,浙江仁和(今杭州)人。父亲龚暗斋对汉学颇有研究,曾主讲过徽州紫阳书院。外祖父段玉裁是著名的汉学家。受家学的熏陶,龚自珍学业进步很快,但对当时流行的义理、考据毫无兴趣,且对现实不满,故屡试不第,直到道光九年(1829年)38岁时中进士,历任内阁中书、礼部主事等职。后被排挤辞官回家,晚年曾执教丹阳书院和紫阳书院,著作有《定庵文集》。学术界将龚自珍视为近代学术思想的开启者,如梁启超所言:

晚清思想之解放,自珍确与有功焉。光绪间所谓新学家者,大率人人皆经过崇拜龚氏之一时期。初读《定庵文集》,若受电然。①

(一)更法论

龚自珍察觉到当时的清王朝危机四伏,正处于"日之将夕,悲风骤至"的"昏时",将其形容为"瘠劳之症"、"将菱之华"。龚自珍对清朝封建专制制度下所出现的死气沉沉的政治局面表示强烈的不满,他认为当时的社会处于"大乱"将起的"衰世"。对此,他要求要更法,改革弊制,振兴国家。

龚自珍首先对历史加以考察和研究,认为自古及今,社会上的万事万物都是在不断发展变化的,总是由新事物替代旧事物,且这种变化是不以人们的意志为转移的,是历史发展的必然规律。进而,龚自珍忠告统治者社会制度改革也是如此,他在《上大学士书》中

---

① 梁启超:《清代学术概论》,上海古籍出版社1998年版,第122页。

说:"自古及今,法无不改,势无不积,事例无不变迁,风气无不移易。"封建专制已经到了"四海皆秋气,一室难为春"的境地了,改革旧制是拯救国家的唯一选择,所谓"穷则变,变则通,通则久"。至于如何改革,他指出:"一祖之法无不敝,千夫之议无不靡。与其赠来者以劲改革,孰若自改革?"①希望统治者能审时度势,自行改革一切旧的规章制度,以争取主动,不要等到迫不得已时再行动,那将会失去机遇,甚至会面临亡国的危险。龚自珍在鸦片战争尚未爆发前就强调改革已是大势所趋,是相当有眼光的。打破了"万马齐喑"的思想格局,开一代之新风。

(二) 育才论

以揭露封建"衰世"的黑暗腐朽著称的龚自珍,将人才问题作为批判现实社会各种弊端的出发点。在他看来,人才多寡是社会兴衰的重要标志,因为"天下事舍书生无可属"。然当时吏治腐败比较严重,其原因就自然归结于教育不良,教育内容陈旧、空疏,尤其是八股取士制度不仅戕害读书人,而且荼毒生灵,危害社会。他说:"今世科场之问,万啄相因,词可猎而取,貌可拟而肖。坊间刻本,如山如海。《四书》文禄士五百年矣,士禄于《四书》文数万辈矣,既穷既极。"②在他看来,科举制度和旧的教育是造成这种学治分离、学用脱节局面的根本原因。因为传统的性理之学、考据之学和科举之业在修身和治国上毫无用处,所以大多数看来是受过高深教育的官员,实际上可谓不学无术。所谓士人"疲精神、耗日力于无用之学,进身之始,言不由衷。及其既进也,使一旦弃其所为,而骤责以兵、刑、钱、谷之事"③。结果培养和选拔出来的人才大多胸无大志,甚至认为当时的社会简直就是一个"无才之世",即"左无才相,右无才史,阃无才将,庠序无才士,陇无才民,廛无才工,衢无才商"④。

那么如何解决人才少及人才品质不良问题,龚自珍首先主张要改革科举制度和旧的教育制度,提出废科举,讲求经世致用之学,以培养治国安邦之才。龚自珍认为,学用一致、学术与政务统一是中国教育的优良传统,所谓"自周而上,一代之治,即一代之学也……是道也,是学也,是治也,则一而已矣"⑤。但唐、宋、元、明以降,学用分离现象愈演愈烈,至清朝更为严重,清末盛行的空谈心性、专事考据的教育,培养出一批学用脱节、不通业务的书生,造成了"士不知耻,百官无能"的局面。他认为,随着时代的变化,儒学不应该再成为唯一独尊的思想,教育不应再以儒经为主要学习内容,应该学习"经世致用"的新知识,凡有关民生日用的知识都是士人应当学习和研究的,他说:"田夫、野老、驵卒之所习熟,今学士大夫谢之,以为不屑知,自珍获知之,而以为创闻。"⑥至于儒学,只不过是百家

---

① 《龚自珍全集》,人民出版社 1975 年版,第 5 页。
② 《龚自珍全集》,人民出版社 1975 年版,第 116 页。
③ 《龚自珍全集》,人民出版社 1975 年版,第 344 页。
④ 《龚自珍全集》,人民出版社 1975 年版,第 6 页。
⑤ 《龚自珍全集》,人民出版社 1975 年版,第 4 页。
⑥ 《龚自珍全集》,人民出版社 1975 年版,第 10 页。

中的一家,所谓"兰台序九流,儒家但居一,诸师自有真,未肯附儒术"。虽不能独尊独学,但也要随世变通,根据实际需求加以取舍,他说:"经史之言,譬方书也,施诸后世之孰缓、孰亟,譬用药也;""至夫展布有次第,取舍有异同,则不必泥乎经史。"①他的一句"落红不是无情物,化作春泥更护花",透露出自身对教育的责任感以及对后生的关爱和期待。龚自珍的经世致用的教育观开创了一代新的学风,影响深远。

另外是改革选才制度,龚自珍呼吁统治者要不拘一格地选拔经世致用之才,只有这样,才能使腐败黑暗的"衰世"变成一个有生气的"治世",为此他还写了一首脍炙人口的七言绝句:

> 九州生气恃风雷,万马齐喑究可哀。
> 我劝天公重抖擞,不拘一格降人才。

(三)主张学习西学

龚自珍是在鸦片战争后的第二年病逝的,诸多学术著作也都是之前完成的,故本应属于古代而非近代的一位学者,但其向西方学习的思想却更多地具有近代元素。他看到西方列强的科技先进、武器精良,更亲眼目睹清王朝的落后,为抵御外侮以强国家,他主张向西方学习,主要是学习制造"西洋奇器"。道光十九年(1839年),在《送钦差大臣侯官林公序》中,建议林则徐到广州后,效法西洋"修整军器"、"讲求火器",以武力抵抗外侮,如此才能销烟成功,也才能使中国成为一个"银价平、物力实、人心定"的国家。

二、林则徐

林则徐(1785~1850),字元抚,又字少穆、石麟,晚号俟村老人、瓶泉居士、栎社散人等,福建侯官(今福州)人。4岁入私塾读书,19岁中举。26岁时会试中榜,赐进士出身,入翰林院为编修,官至一品,曾任湖广总督、陕甘总督和云贵总督,两次受命钦差大臣。因其主张严禁鸦片、抵抗西方列强的侵略,"虎门销烟"尤称壮举,在中国有"民族英雄"之誉,亦被称为中国近代"开眼看世界的第一人"。

(一)揭露科举制度弊端

林则徐认为,清朝民族危机深重,国家积贫积弱,其原因很多,而科举制度埋没人才是其中一个重要原因。他揭露、批判科举制度"摧锄"人才的种种弊病,在《请定乡试同考官校阅章程并预防士子剿袭诸弊折》的奏章中,列举了科举考试的六大弊端:一是"考官年老,举人居多,不能振作精神","年老荒庸,滥行充数";二是考官极不负责任,评阅考卷时错漏百出,"误分段落者有之,误读破句者有之",甚至有未看完考卷就决定取舍的;三是士子"夹带"作弊,弄虚作假;四是抄袭他人,千篇"雷同";五是"剿袭幸售,肆无忌惮";六是考

---

① 《龚自珍全集》,人民出版社1975年版,第344页。

官写批改试卷评语"泛而不切",马虎应付。① 科举制度如此埋没良才,擢取庸愚,"于国于家无望"。林则徐建议制定一个乡试同考官校阅章程,"择文理优长、精神振作之员"担任考官,严惩失职之考官。同时,对作弊之考生也要根据情节,分别予以严肃处分。

(二) 教育旨在培养扶植良才、真才

在揭露、批判科举制度的同时,林则徐针对当时培育、使用人才中存在的问题,提出了合理"培养"、"扶植"良才和真才的主张。首先,林则徐意识到人才对于救国、治国的重要价值,提出要把培养爱国救国"真才"放在治国安邦的首要位置上,所谓"夫为国,首以人才为重"。其次,林则徐强调必须合理"用才"以"尽其才"。他在《复邵蕙西书》中说:"然人之才地各异,亦因用之者为转移。有才而不用与无才同,用之而不使之尽其才与不用同。且当其未用之先,犹有所冀也,及用之而不能尽其才,或以文法绳之,猜忌谴之,则其人之志困而不能自伸,而天下之有才者,闻之亦多自阻。"最后,林则徐敦请清政府为国育才,为反击侵略、保卫国家而擢用"真才","培养之、扶植之,使天下之才皆足以为我所用"。他尤其着重养育军事人才,所谓"唯水师人才难得"、"陆师、武备将才难得",希望国家多培养出关天培那样热爱祖国、善于"剿夷"的将才。

(三) 主张学习西学,改革教育内容

鸦片战争的炮火硝烟造成了深重的民族危机。"制夷"成为举国注意的焦点,"经世致用"思想也沿着制夷、悉夷、师夷的路径发展,其中"制夷"始终作为目标贯穿在发展过程之中。林则徐认为"制夷"首先要"知夷"、"知敌"。因此,他打破以"天朝"自居的妄自尊大和闭关锁国的保守思想,十分注意了解西夷各方面的情况,掌握西方国家的军事、经济、科学技术的新信息。在他看来,"彼夷之长技,正乃吾国之短缺",西学是"奇技而非淫巧",要欲"制敌",必先"师敌之长技"。因此,他在给皇帝的奏折中提出了"师敌之长技以制敌"的主张。"制敌"是目的,"师敌之长技"是途径和手段。

基于对"夷技"的认识,林则徐在广州一边积极备战,增设西洋大炮,一边积极了解西方资本主义国家的政治、军事、经济情况。道光十九年(1839年),林则徐在广州设立翻译馆,翻译外文书报、律例、军事技术等著作。他还把译馆翻译的、1836年伦敦出版的慕瑞(Hugh Murray)所著《世界地理大全》中有关西洋各国地理、政治、经济、文化、教育、科技、风俗等资料,汇集起来,编成《四洲志》一书草稿,这是中国近代介绍西洋各国概况最早的著作之一。林则徐至少通晓英、葡两种外语,着力翻译、搜集了不少外国书籍,如《华事夷言》、《滑达尔各国律例》、《在中国做鸦片贸易罪过论》等,成为中国近代最早介绍外国的文献。其中不少情报信息对开展禁烟运动、了解国际法例、保护民族自主权、进行正常贸易都有很大的帮助。此外,他还是第一个了解国际法,运用国际法与英国人作斗争的中国人。

林则徐在同夷人打交道、抗击英国侵略者的斗争中,痛感外国"船坚炮利"和"器良物

---

① 《林则徐诗文选注》,上海古籍出版社1978年版,第1~10页。

巧",也深感"弓箭、大刀、长矛敌不过洋枪大炮"。从夷敌在军事上的优势,反思中国传统教育内容之空洞僵化,把中国教育置于国际教育的大背景中,比较中外教育得失,主张效法外国之长技,提出要学习外夷的"船坚炮利"。他说:"量为防夷之用,从此制炮必求极利,造船必求极坚,似经费可以酌筹,即裨益实非浅鲜矣。"①因此,他多次向道光皇帝提出创办新式国防工业,制造新式船炮,使中国国防工业技术逐步实现近代化。同时,还要学习西方先进国家的历史、地理、法制、农业技术、商业工贸、鸦片生产的知识技巧,提倡书院和官学教官、生徒都要学"西技西文西艺",习"切实有用之学",还组织师生翻译西书。林则徐在奏稿、日记和公牍中,多次主张创办新式水师学堂,依照西式课程,兼学传统中学,严格督导教训,培养水师将弁。可以说,在教育内容上打破了传统教育由《四书》、《五经》垄断的局面,输入了西学的新鲜内容,开启了中国近代学习西学的先声。

（四）教育子女要"笃实做人"和"报国利国"

林则徐很重视对子女的家庭教育,在戎马倥偬的军旅生活和繁忙的政务中,他通过家书和写诗等形式,对儿女和其他家庭成员进行"笃实做人"、"报国利国"教育。他对儿子说:

> 尔辈唯有努力报国,以上答君恩耳。官虽不做,人不可不做。在家时应闭户读书,以期奋发。一旦用世,不致上负高厚,下玷祖宗。②

第一,要求子女必须具备孝亲、友弟、和戚、敬师等良好的品德,他在《训次子聪彝》中说:"惟尔奉母与弟妹居家,责任綦重,所当谨守者有五:一须勤读敬师,二须孝顺奉母,三须友于爱弟,四须和睦亲戚,五须爱惜光阴。"

第二,要求子女不可吸食鸦片。在鸦片横流之时,林则徐严于自律,教诲儿子"切戒之"。他对长子汝舟说:"嗜此者,大率因夜眠不足,精神困顿","卒之越弄越僵,不至毙命不止","此举破财欠息","家破人亡","吾儿须牢记之,慎勿堕入也"。不仅如此,还教育民众不吸食鸦片,对学生,要求学校以禁烟为题进行讨论和讲解;对士子要晓之以理,称"士为四民之首,品行为先,一溺其中,直成废物";对鸦片贩子,不忍"不教而殊",而是从天理、国法、人情和时势四个方面加以引导之;对吸食者,强调既革心又革瘾,称"须知无不可断之瘾,而贵有必断之心"。

第三,教育子女须以耕稼为归,他在《训次子聪彝》中说:

> 余固不望尔成名,但望尔成一拘谨笃实子弟。尔若堪弃文学稼,是余所最欣喜者。盖农居四民之首,为世界第一等高贵之人,所以余在江苏时,即嘱尔母购置北郭隙地,建筑别野,并收买四围粮田四十亩,自行雇工耕种,即为尔与拱儿预为学稼之谋。

第四,教育子女要戒骄戒躁。长子汝舟少年勤奋,进德修业,年28而登士第,供职京

---

① 《林则徐奏稿》,中山大学出版社1985年版,第24页。
② 《林则徐奏稿》,中山大学出版社1985年版,第78页。

官。林则徐教育长子在成绩面前,"切不可自满"。他在《训长子汝舟》家书中说:"宜守三戒:一戒傲慢,二戒奢华,三戒浮躁。尔既奉母弟居京华,务宜体我寸心,常持勤敬与和睦。"还教诲儿子在政事之余,继续博览群籍,力学诗文,成就事业。

第五,教育子女进退、祸福皆以是否有利国家为取舍标准。林则徐时常告诫儿子,大丈夫须时时报国,以国家民族利益为重。他在给汝舟的信中写道:

> 唯有一言嘱汝:服官时应时时作归计,勿贪利禄,勿恋权位;而一旦归家,则又应时时作用世计,勿儿女情长,勿荒弃学业,须磨励自修,以为一旦之用。是则用舍行藏,无施不可矣。吾儿其牢记之。

三、魏源

魏源(1794～1857),原名远达,字默深,号良图,湖南邵阳人。嘉庆末年,魏源曾在京向刘逢禄学习公羊学,后与龚自珍齐名,为经世致用之学的代表人物,时人并称"龚魏"。鸦片战争时,魏源在两江总督幕府任职,经历了抗英斗争。52岁考中进士,任过知县、知州,晚年弃官归隐。著作有《圣武记》《海国图志》等。魏源是中国最早提出要了解西方、学习西方的思想家之一,在教育方面也开辟了一个全新的领域,成为近代教育改革的先导。

(一)主张改革科举及经世致用之教育

魏源同龚自珍一样,用辩证的思想和发展的观念,对大量的历史和自然事实,诸如星辰变化、河泽变迁以及婚丧习俗、饮食衣着、战争方式、赋税制度、选士制度等古今差异,来论证历史的变化是必然的,社会只能是越变越好,即便是有复古圣人出现,社会也不可能倒退回去。因此,他主张变古,即改变旧观念旧制度,以适应历史潮流的发展。他在《筹鹾篇》中说:"天下无数百年不弊之法,无穷极不变之法,无不除弊而能兴利之法,无不易简而能变通之法。"针对当时外强入侵、吏治腐败的严峻形势,魏源认为唯一的出路在于社会变革,只有变革才能结束危机四伏的局面,才能出现"天日昌"、"风雷行"的新局面。并且提出"小变则小革,大变则大革;小革则小治,大革则大治"的社会变革思路。在他看来,变古的目的在于"便民",所谓"变古愈尽,便民愈甚"。他要求统治者顺乎潮流而进,而不能"执古"。

至于教育上如何变古,魏源根据在地方为官多年的经历,对社会弊端有更多的切身体会,并目睹清政府屈服于西方的坚船利炮之下,因此他毫不留情地对科举制度及旧的教育予以揭露,认为由科举仕进而又把持朝政的大官僚,"除富贵而外不知国计民生为何事,除私党而外不知人才为何物",明哲保身,贻害国家。又抨击当时的学者虽然"毕生治经",却"无一言益己,无一事可验诸治者"[①]。既然"不识兵、农、礼、乐、工、虞、士、师为何事",又

---

① 《魏源集》上册,中华书局1976年版,第24页。

让他们充任各级官职,国家怎能治理得好?

因此,魏源首先希望通过改革科举制度,以选拔精通西洋军事技术的人才,建议福建、广东两省武试,增加水师一科,"有能制造西洋战舰、火轮舟、造飞炮、火箭、水雷、奇器者为科甲出身。能驾驶飓涛,能熟风云沙线,能枪炮有准者,为行伍出身"。这已经表现出将对"夷之长技"的学习纳入封建教育制度的趋向。

进而,魏源着眼于教育改革,提倡经世致用的实学教育,要求培养真才实学、明德亲民的人才。所谓"实学",其内涵指"实体达用之学",是中国文化实用理性的体现。"经世"的核心精神在于作用社会政治,关注国计民生,而经之"世"是不断变化的。因而,不同的时空背景下的"经世"也会表现出不同的形态。魏源主张学习必须济于实用,批评死守书本的教育,强调要恢复古代"以经术为治术"的"通经致用"的经学教育传统,倡导"经世致用"的学风。魏源同龚自珍一起,以经世致用为宗旨,开学人议政之风,倡朝政变法之议,引导着一代士子走向经世实学之路。尤其是魏源受江苏布政使贺长龄延请主持编写的《皇朝经世文编》,通过对心与事、人与法、古与今、我与物的关系的理论阐述,将"经世致用"之"用"确立在现实与事功的层面上。魏源还从"经世致用"的观点出发,指出当时"所用非所养,所养非所用"的科举教育是:"其造之试之也,专以无益之画饼,无用之雕虫,不识兵农礼乐工虞士师为何事;及一旦用之也,则又一人而遍责以六官之职,或一岁而遍历四方民夷之风俗。"①他认为,这种完全不从治事出发的教育,必然导致士人对政事的轻视,缺乏事功能力,入仕后也不能给治国安民带来实际的功效。

再就是要关注选才用才。在魏源看来,鸦片战争之所以失败,关键在于内政不修,而内政不修的根由则在于缺乏经邦治国的人才,所谓"人才进则军政修"。因而,统治者应该选拔和任用有实学、能治国的人才。他说:"官无不才,则国为桢富;境无废令,则国柄强。桢富柄强,则以之诘奸奸不处,以之治财财不蠹,以之搜器器不窳,以之练士士无虚伍。如是何患于四夷,何忧乎御侮!"②而魏源所理想的人才,必须革虚就实,能够"以实事程实功,以实功程实事"。无论在军事、外交、理财、实业各方面,都要有实际的知识和技能。如此才能改变当时"人心之寐"和"人才之虚"的弊病。

(二)"师夷之长技以制夷"主张

在近代先驱思想家之中,魏源继承了林则徐学习西学的主张。道光二十一年(1842年),魏源受林则徐的委托,把林则徐主持翻译的西方史地资料《四洲志》以及《华事夷言》、《各国律例》等介绍西方各国情况的书目加以充实和扩展,编成一部具有划时代意义的《海国图志》一书,全面系统地介绍了近代世界各国的概况,为中国人了解西方、学习西方指明了方向。在介绍世界主要国家的地理、历史概况和社会现状的同时,魏源把林则徐"师敌之长技以制敌"的主张概括成为"师夷之长技以制夷"的口号。魏源在《海国图志·叙》中

---

① 《魏源集》上册,中华书局1976年版,第37页。
② 《圣武记》序,上海中华书局(古微堂原刻本)。

明确指出编著此书的目的:"是书何以作?曰:为以夷攻夷而作,为以夷款夷而作,为师夷之长技以制夷而作。"又说:"善师四夷者,能制四夷;不善师外夷者,外夷制之。"出于"制夷"的目的,军事技术成为首先被重视的内容。因此,所谓"师夷"主要是指学习西方资本主义各国在军事技术上的长处。魏源说:"夷之长技三:一战舰,二火器,三养兵练兵之法。"①所谓"制夷",是指抵抗侵略,克敌制胜。魏源从反侵略立场出发,以师夷为手段,以制夷为目的,明确地把是否学习西方国家"长技"提高到能否战胜外国侵略者的高度来认识。他强调指出,不善师外夷者,外夷制之。只有把外国之长技转为中国之长技,才能富国强兵,抵御侵略。对此,魏源不仅主张从西洋购买船炮,而且更强调引进西方的先进工业技术,由自己制造船炮。除向西方学习船、炮、军器等物质方面的长处外,魏源还注意到组织、纪律等人事制度方面。他将学习军事技术引申到学习民用技术方面,设想将来中国造军舰的工厂也可以造商船,军火工厂也可以造民用器械,如"量天尺、千里镜、龙尾车、风锯、水锯、火轮机、火轮舟、自来火、自转碓、千斤秤之属……皆可于此造之"②。

"师夷之长技以制夷"的主张,虽然要求向西方学习的只是某些"长技",其目的也只是为了"制夷"而已,并不涉及中国自身的变革,有一定的限定性,但"师夷"的观点恰恰与传统儒家规定只能"以夏变夷"、而不能"变于夷"的观点相对立,以极其简练的语言概括了封建统治者中的先进人物对西方现代文明的认识、态度和行动纲领,这一主张突破了以"四书"、"五经"为中心的传统教育内容,迈出了学习西方的第一步。

第二节 太平天国时期的教育改革

清政府的黑暗统治和沉重的封建剥削以及外国侵略势力所造成的灾难,逼迫人民群众走上反抗的道路,各地农民起义接连不断。据统计,从1841~1850年,全国各地大大小小的农民起义达100多次。咸丰元年(1851年),爆发了中国近代史上最大的一次农民起义,席卷全国17个省,600多个城市,同清王朝抗衡长达15年之久,这就是太平天国革命运动。期间,教育被当作发动群众、推翻清王朝统治的一种有力武器而发挥出了巨大的作用,形成了具有鲜明特色的太平天国教育。

一、制定教育方针与政策

太平天国有一套理想化的社会政治理论,即由基督教改造而来的"拜上帝教"的教义。正是因为有这种宗教信仰的指导,太平天国革命一开始就表现出极其鲜明的反封建传统

---

① 《海国图志》卷二《大西洋欧罗巴各国总叙》。
② 《海国图志》卷三十七《筹海篇·议战》。

思想的倾向。太平天国在意识形态领域,对作为封建统治精神支柱的孔孟之道展开了猛烈的抨击,太平天国的教育方针与文教政策是以反儒学而到头来又离不开儒学基础为特征的。

咸丰元年(1851年),太平军在金田起义后,实行了激烈的反儒政策。定都天京后,即宣布"四书五经"为"妖书邪说",明确规定一切孔孟诸子百家妖书邪说者尽行焚除。所到之处往往毁学宫,拆孔庙,砸偶像,查禁孔孟"妖书"。太平天国定都天京后,曾明令规定,"凡一切妖书如有敢念诵教习者,一概皆斩"。在太平军管辖地区,出现了"敢将孔孟横称妖,经史文章尽日烧"的惨烈场面,更有诗歌形象生动地描绘当时的情况说:

搜得藏书论担挑,行过厕溷随手抛。

抛之不及以火烧,烧之不及以水浇。

读者斩,收者斩,买者卖者一同斩。①

曾国藩在《讨粤匪檄》中惊呼:"举中国数千年礼义人伦,诗书典则,一旦扫地荡尽,此岂独我大清之变,乃开辟以来名教之奇变!我孔子、孟子之所以痛哭于九泉。"可见,太平天国对儒家典籍的讨伐是异常猛烈和严厉的,这是农民革命运动深入的表现。

太平天国虽然猛烈地冲击了以儒学为中心的封建文化,但是并没有也不可能真正批判和彻底清除这种封建意识形态。这种反孔斗争不但不能彻底,并且很快改变了对儒家文化的政策,历经反儒到容儒的过程。他们刚把反封建文化的斗争推向高潮,就连出三示,宣布孔孟非"妖书",只是需要进行删改。于咸丰四年(1854年)设立"删书衙",删改儒家经典,要将其中所谓的"一切鬼话、怪话、妖话、邪话,一概删除净尽",在酌情进行一些删改后印行,并准允民间阅读。咸丰十一年(1861年),太平天国在《劝戒士子文》中声称:"孔孟之书不必废,其中合于天情道理亦多。"于是,就将包括儒学在内的中国传统文化纳入了教育内容。

在反儒反孔的同时,太平天国对封建迷信也予以严厉打击,将一切偶像、鬼神等都视之为"妖",诸如玉皇大帝、太上老君、关帝、菩萨、灶君等。把一切卜筮、祷告、术数等都视之为"妖法",明令禁止崇拜和使用。太平军所到之处,寺院、庙观等一概烧毁,佛像及神位通通被打碎,此举在一定程度上是为了配合革命的形势,与反孔反儒一样起到发动群众爱太平天国、憎恨清王朝的作用。

根据太平天国革命的目的,在教育上也力图建立一种平等的、普及性的民众教育,受教育的对象是全民性的,凡天国平民,不论男女,不分年龄,不分民族,都享有平等的教育权利。这种平等的教育政策,在实施过程中首先表现为妇女的教育平等权得到了承认。在《天朝田亩制度》中明文规定:凡是天国内的妇女,在礼拜日时,必须与男子一道到礼拜堂内"讲听道理"和"听讲圣书",并可以与男子平等地同排列在一行。清人马寿龄在记载太平天国的妇女教育状况时说:"听者已倦讲未已,男子命退女子,女子痴憨笑相语",都乐

---

① 中国史学会主编:《中国近代史资料丛刊·太平天国》第三册,神州国光社1952年版,第735页。

于参加天国"讲道理"的活动。① 其次,实行平等的儿童教育政策。为了让儿童接受太平天国的文化教育,太平天国专门请人为少年儿童编写了蒙学读物,如《幼学诗》、《三字经》、《御制千字诏》等。这些儿童教育读本在采用了中国古代传统蒙学教材形式的基础上,着眼点在向儿童灌输反对清朝、崇敬上帝、"敬耶稣"、"顺内亲"等,以从小培养他们"敬上帝"、"战胜妖",敢于反抗封建传统,立志推翻清王朝的思想。虽然太平天国的儿童教育由于缺乏和平的生活环境及足够的师资,系统的文化知识教育不可能实现,但是,由于太平天国采取了比较切合实际的教育政策,在京城天京和太平天国控制的地方设育才书院或类似的教育机构,延师教导各级官吏子弟读书,在各地开办"义学",特别是在太平天国各级官员中推行的"带徒弟"教育措施,取得了一定的效果。

二、全面实施文教改革

咸丰三年(1853年),太平天国定都南京后,在所占领区内废除了清王朝的教育制度,并进行了一系列文教改革。

(一)实行军政教合一

军政教合一是太平天国教育行政制度的一个重要特点,即地方上负责军政事务的官员,同时又是地方教育行政的主持者。当时,太平天国地方行政按军事编制为军、师、旅、卒、两、伍、家。五家为一伍,五伍为一两。两为基层行政组织,可以设置学校,由两的长官两司马来主持。这样,两司马就集军、政、教三权于一身,将教育纳入政教合一的轨道。

(二)创办教育机构

太平天国政权存在十余年间,管辖区域不定,和清王朝相比,虽然没有建立起完整的教育制度,但创办了一套能有效为革命运动服务的、非正规的教育机构,确切地说称之为教育组织形式。主要有:

礼拜堂。咸丰三年(1953年)颁布的《天朝田亩制度》规定,每两都设立一座礼拜堂,凡25家的儿童每天都要到礼拜堂去听两司马教读《旧遗诏圣书》、《新遗诏圣书》和《真命诏旨书》等宗教性读物。成年人"凡礼拜日,伍长各率男女至礼拜堂,分男女行听讲道理"。这种不分地点、不分场所的教育形式,自然使得太平天国的文化教育简单易行,使平等教育的政策能够得到真正的实施。

聚会讲道理。这是一种常用而又重要的教育组织形式,每逢重大活动或事项,均要设置讲坛,进行动员和宣传,或总结经验教训,在当时受众甚广,曾出现"堂下万人来听讲"的盛况。为配合聚会活动,还编写有歌谣、诏书、规约、标语及口号等。

带徒制。太平天国规定各级干部,要认养一些儿童作为自己的义子,进行言传身教。

---

① 中国史学会主编:《中国近代史资料丛刊·太平天国》第三册,神州国光社1952年版,第266页。

要求这些义子整日不离左右,出则全副武装,在实践中学习军事技术。居家则侍奉左右,学习政治及宗教知识。

试兵制。将各家壮劳动力组织起来,实行军事编制,农忙时节从事耕作,农闲之季则进行军事训练,遇有战事则要参与战斗。

除此之外,还设置"义学"、"育才馆"、"育才书院"等临时性儿童教育机构。在天京城区,太平天国"设育才书院,延师教各官子弟读书",教师称之为"育才官",有正、副之分,可谓太平天国一种比较正规且主要面向将官子弟的学校。当时在太平天国控制的其他一些城市,也有类似天京"育才书院"的教育机构,如育才馆和义学,由育才官主持对儿童实施教育。据《枭林小史》记载,太平军在上海等地设有供平民子弟入学的"义学"。"义学"聘请识字的文化人做老师,分班进行教学。尤其是,还设置有姊妹馆,专以教育女子,培养出许多女性人才。如军队中,女兵英勇善战,"赤足裹头,攀援岩谷,勇健过于男子"。另据《太平天国亲历记》中记载:"太平妇女中,有很多热心与受人欢迎的宗教教师和宣传师。"

(三) 改革教育内容与教材

太平天国废除了四书五经等封建教育内容,而极力提倡宗教和政治教育,旨在通过教义的宣传达到动员和组织群众,使群众信仰上帝教,拥护以洪秀全为首的太平天国。因此,太平天国非常重视宗教和政治教育,并以"上帝教"的名义,以宗教教义的形式,把政治思想、道德教育融汇到宗教教育与宣传之中,无论儿童教育、妇女教育或士兵及群众教育,都以宗教和政治教育作为教育的中心内容,同时也可达到初步读写和文化知识教育的目的。

依据教育的目的和内容,太平天国组织编写了一些新的教材,大致可以分为两类:一是群众性宗教、政治思想教育读物。主要有《天条书》、《旧遗诏圣书》、《新遗诏圣书》、《真命诏旨书》等。其中《天条书》或《十款天条》,是道光二十七年(1847年),洪秀全、冯云山亲自制定的拜上帝会的宗教仪式和会众的10条行为准则。内容为:

第一,崇拜皇上帝;第二,不好拜邪神;第三,不好妄题皇上帝之名;第四,七日礼拜,颂赞皇上帝恩德;第五,孝顺父母;第六,不好杀人害人;第七,不好奸邪淫乱;第八,不好偷窃劫抢;第九,不好讲谎话;第十,不好起贪心。

前四条属于宗教信仰,后六条是《原道救世歌》所举六不正的内容,平时当作拜上帝会会员的生活守则,战时则为军事纪律,违犯者重则立即处决,轻者枷杖,在太平天国运动中起了很大作用。《旧遗诏圣书》和《新遗诏圣书》是基督教《旧约圣经》和《新约圣经》的编译本,但对其中不符合太平天国革命利益的部分进行了修改与删订。《真命诏旨书》是咸丰三年(1853年)以前所谓"天父、天兄下凡诏旨"和"天王诏旨"的汇集。二是儿童启蒙性读物。在蒙学教材的编写上,采用了中国传统的蒙学教材形式,主要有太平天国自己编订的《三字经》、《御制千字诏》和《幼学诗》等。如:太平天国编印的《三字经》,除沿用三字一句、押韵顺口的表现形式外,还使用了旧《三字经》的一些词句,如"商有汤,周有文"等。《御制千字诏》总计1104字,四字一句,基本上沿袭了《千字文》的表现手法,对儿童进行太平天国的思想道德教育、识字教育以及生活知识方面的教育。

太平天国定都天京后,出于策略的考虑,不再一概反对孔孟之道。于是,采取改定"四书五经"的做法,经过删改之后允许作为学校和科举所用之书。咸丰九年(1859年),熟悉西学的洪仁玕从香港来到天京,被封为干王总理朝政,并任主持文教工作的文衡正总裁。他大力提倡学习西方科技知识,主张凡外国人技艺精巧者,只要不干涉天国的内政,都准其"教导我民",表现出对西学的开放态度,西学知识也自然被纳入教育内容之列。

(四)改革文字和文风

太平天国运动的主体是贫苦农民和手工业者,文化程度普遍不高。对文字、文风的改革表现为简易、通俗化,目的是有利于广大群众掌握文化、理解和接受革命道理,主要措施有:

第一,吸收民间常用的简体字作为官方用字,便于书写。主要是简化汉字,如改"國"为"国",改"繫"为"系",改"響"为"响"等等。但还根据两广方言,创造了一些字词,例如将广东粤语的"不可能"改作"不好",将"少有的"改为"少何"等。尤其是为了避天王的讳,太平天国沿袭了历代皇帝的避讳方法,如洪、秀、全三字,必须用宏、锈、泉三字来代用。甚至是要求书写时,将"汉人"改为"天人",借以抬高汉人的地位,将"清"改写为"妖",以引发民众对清王朝的憎恨,体现出农民运动对传统文化的短视和愚昧。

第二,在书写、印刷时引入标点符号,主要是顿号、句号、分辨号(人名右边为单线,地名、国名和朝代名右边为双线),便于识读。

第三,改革文风。针对封建文学主要是吟花咏柳之句、八股六韵之词,内容空洞无物的情况,太平天国提倡浅明文体,要求内容纪实从心,能反映现实生活又能宣传革命道理,行文时要用"俗语",即大众化的语言。咸丰十一年(1861年),太平天国还专门颁布了《戒浮文巧语谕》,要求一切奏章文告"总须切实明透,使人一目了然"。反对浮文巧语,所谓龙德、龙颜、龟年等奉承颂德之词一概禁止使用。这些改革无疑有利于文化教育的平民化发展。

(五)改革科举制度

太平天国吸纳人才的方式主要有两种,即出榜招贤和科举考试。出榜招贤主要用于招收各行各业的能工巧匠和有某方面实用技能的人才。相比较而言,太平天国更重视利用科举制度来选拔人才。但对封建科举制度没有照样因袭,而是仿其形式,在内容上则进行了一些改革,目的是选拔"德才兼备"之才,为农民政权服务,应试者不限门第出身。

太平天国攻下第一个州城永安以后,即宣布开科取士,洪秀全在此举行万寿诗联考试。咸丰三年(1853年)初,太平天国在武昌再次开科取士。同年定都南京以后,正式开始科举考试,并对传统的科举考试制度进行了改革,分文武两科。其中,文科用以选拔有一定文化程度的知识分子,最初考试的程序基本沿用明清旧制,分为县试、省试、京试三级,分别录取秀才、举人、进士,但改为每年举行一次。对考试的内容、对象做了重大改革,废除从"四书五经"中出题,而根据太平天国所颁发的《旧遗诏圣书》、《新遗诏圣书》和《真命诏旨书》来命题,并突出"策论",以选择经邦济世的人才。在试题的拟定上,太平天国极力通过试题来宣扬上帝教教义。例如,咸丰四年(1854年)八月,湖北省乡试试题中就有"真神独一皇上帝"、"皇上帝乃真皇帝"、"真命天子福命将"等。在诗词试题中,也有"天父下凡事因谁,耶稣舍命待何为"等。咸丰十年(1860年)八月,在苏福省(今苏州一带)的乡试中,出现有"同顶天父天兄纲常"、"禾王作主救人善"等试题。同年五月,常熟县等地的试题中亦有"天父有主张,天兄有担当","诛残妖以安良善策"等试题。① 在考试对象上,废除了门第、出身、籍贯等方面的限制,咸丰三年(1853年)还曾开设女科,突破了中国古代科举考试对女性的限制。

咸丰十一年(1861年)颁布的《钦定士阶条例》,对考试程序、日期、场次、科名及对应试者的要求等都作了更加具体严格的规定,是太平天国科举制度完备化的标志。如:科举考试分为乡试、县试、郡试、省试和京试,分别录取信、秀、贤、俊、约、国士等,其中乡试、县试、郡试、省试均为一年一次。又如,更改了科举考试的功名,秀才改为秀士、举人改为博士、进士改为达士等,武举则分别称为猛士、威士和壮士。

太平天国科举考试改革以京试最为奇特。一年设天试、东试、北试和翼试共四次。试期分四次,以天王、东王、北王和翼王四人生日为期,各自开科取士,各自出金榜。天试初定在天王生日(每年十二月初十)举行,后改为幼天王生日(每年十月初一)举行。东试定为每年八月初十日。北试定为每年六月二十日。翼试定为每年二月初一日。

三、《资政新篇》中的教育主张

天京事变后,太平天国干王洪仁玕总理朝政,他向洪秀全提出一个带有资本主义色彩的统筹全局的改革方案即《资政新篇》,建议仿效资本主义国家的政治、经济、文化教育各项制度和政策,把中国建设成为独立的资本主义国家。在教育方面《资政新篇》提出了以下几方面的主张。

第一,改革内政首先应该注意对人的教育,即改变人的思想面貌和道德行为。洪仁玕针对当时存在分散、离心的倾向,指出"兄弟不和外人欺,国人不和外帮欺",反对"结党联盟",强调要"自大至小,由上而下,权归于一"。要求领导者"亲身以倡之,真心以践之",以改变当时存在的"骄奢之习",就是要用新的道德观念来教育人民,规范人民的行动,改造人的精神面貌。

第二,学习西方先进的科学技术知识,改变当时"不务实学,专事浮文"的落后教育状况。《资政新编》中包含了"用人"和"设法"两个部分。在"用人"方面,主张"禁朋党之弊"。在"设法"方面,提出"一以风风之;一以法法之;一以刑刑之"的主张,主题即是向西方学习,以求"自强",要求凡"火船、火车、钟表、电火表、寒暑表、风雨表、千里镜、量天尺、连环枪、天球、地球"等"正正堂堂之技"必须学习,用近代科学成就去"开人之蒙蔽以慰其心","以个人之智慧以善其行",企图把近代科学技术知识引进学校。

---

① 罗尔纲著:《太平天国史》第二册,中华书局1991年版,第1310页。

第三，建立新的教育机构，改革旧教育制度。主张立牧司和教导官以教化民众，鼓励人民开设"学馆"，以教育青年一代；设"士民公会"，以兴办教育；建立"跛盲聋哑院"，"教以鼓乐书数杂技，不致为废人"；办"鳏寡孤独院"，"生则教以诗书各法，死则怜而葬之"。另外，还主张"凡外国人技艺精巧"者，在不干涉中国内政的条件下，准许传授科学知识，"教导我民"。

总之，《资政新篇》是近代中国第一个比较完整的具有鲜明的资本主义色彩的建设方案，具有明显的进步意义。但《资政新篇》不是农民战争实践的产物，仅代表少数接受西方资本主义思想影响的知识分子对社会发展的规划。由于当时新的生产力和生产关系尚未形成，客观上缺乏实施的物质基础和阶级基础，加以战争环境的限制，戎马倥偬，没有力量致力于教育建设，所以多是停留在理论层面。

专栏 7—1：关于太平天国时期文化教育改革的探讨

目前存在着两种争论：一是太平天国时期在文化教育方面进行了一系列改革，并且与中国传统的文化教育背离，由于受阶级和时代局限，带有很大的盲目性、落后性，并没有也不可能创立一套完整的、科学的教育体系；二是太平天国时期文化教育改革既继承了传统，又有所创新。在文化和教育方面进行了一系列的改革，对作为封建统治精神支柱的孔孟之道展开了猛烈的抨击，对封建旧文化旧教育进行了一次大扫荡，制定并推行了一系列新的文化与教育政策和措施，具有鲜明的时代特色。对此，两种观点孰是孰非，需要作进一步辩证地思考和探索。

第三节　洋务运动时期的教育改革

经过两次鸦片战争的沉重打击，中国处于强敌环伺、民族危亡的危险局面。所谓"华夷混一局势已成"，闭关锁国，孤立于世界之外的时代已不复存在。在这种历史条件下，中国封建统治阶级内部一些官僚面对"数千年来未有之变局"和"数千年未有之强敌"，被迫认真对待中国胜败存亡的问题。以李鸿章、曾国藩、左宗棠、张之洞等为代表的政治集团，为了维持清朝的封建统治，提倡所谓"自强"、"求富"的洋务活动，在不触动封建专制制度的前提下进行某些带有资本主义倾向的改革，以适应变化了的新形势，史称洋务运动。

在洋务运动中，洋务派为了"自强"，大力兴办军事工业，如曾国藩设军械所于安庆（1861年）、李鸿章设江南制造总局于上海（1865年）、左宗棠设船政局于福州（1866年）以及李鸿章筹办北洋、南洋海军（1875年）等。为了"求富"，洋务派又大力发展经济，诸如办理铁路、纺织、煤矿等民用工业。他们在办理各项洋务过程中，面临的最大难题就是人才不足,之前国内没有专门学校来培养,也不可能都靠引进外国人才来支撑这些洋务事业,于是,办教育培养洋务人才便成为备受关注的一项重要活动内容,洋务教育便得以迅猛兴起。

一、洋务学堂的创办

在"中学为体,西学为用"思想指导下,洋务派先后创办了一系列新型学校,旨在培养洋务活动所需要的翻译、外交、工程技术、水陆军事等多方面的专门人才,教学内容以所谓"西文"与"西艺"为主。从同治元年(1862年),洋务派开办第一所近代新式学堂京师同文馆后,近40年间共创办新式学堂30余所,包括7所外国语学堂、13所技术学堂和10所军事学堂。① 由此,洋务学堂大致可以分为三种类型(见表7-1):一类是语言类学堂,主要是培养外交和翻译人才,使得中国从依赖雇用"中国通"并遭受耻辱的外交活动,到开始有了自己的外交人才;一类是军事类学堂,培养了一批近代军事技术人才,增强了清政府的军事实力;一类是技术类学堂,培养了大批的轮船制造、航海、电讯、医学、矿务等领域的专门人才,为中国早期的工业近代化奠定了基础。

表7-1 洋务派创办新型学校的类型

类型	名称	时间	地点	创办者	备注
语言类	京师同文馆	1862年	北京	清政府	近代第一所外国语学校
	上海广方言馆	1863年	上海	李鸿章	
	广州同文馆	1864年	广州	李鸿章	
	湖北自强学堂	1893年	武昌	张之洞	
军事类	北洋水师学堂	1880年	天津	李鸿章	近代第一所海军学校
	天津武备学堂	1885年	天津	李鸿章	近代第一所陆军学校
	广东水陆师学堂	1887年	广州	张之洞	
技术类	福州船政学堂	1866年	福州	左宗棠	近代第一所技术学校
	江南机械学堂	1867年	上海	李鸿章	

(一)京师同文馆

鸦片战争后,随着与英法不断的交涉,在签订和修改一个又一个条约中,不懂英文的满汉要员不得不雇佣在华传教士中的"中国通"充当翻译,而这些"中国通"在谈判或交涉前,往往向本国代表提供大量的中国政治、军事情报,甚至在谈判时竭尽恐吓与欺骗伎俩,利用中方不通外语,在外交条约中弄虚作假,使中方利益遭受到极大的损失,而中方代表也因此吃尽不少苦头。恭亲王奕䜣对此深有感触地说:"查与外国交涉事件,必先识其性

---

① 杨益茂:《洋务运动时期的新式教育》,载《北京社会科学》1996年第1期。

情。今语言不通,文字不辩,一切隔膜,安望其能妥协!"①奕䜣等在《奏请设立同文馆折》中又指出:"欲悉各国情形,必先谙其语言文字,方不受人欺蒙。"②

在洋务派的上书请求下,同治元年(1862年)七月,清政府在北京设立中国第一所新式学堂——京师同文馆。它最初是一所外国语专门学校,隶属于清政府新建立的外交机构,即总理各国事务衙门,目的是培养清政府所需要的外事专业人才。馆中初设英文馆,根据需要次年又设立法文馆和俄文馆,各馆学生均为10名。后来又开设了德文和东文(即日文)馆,逐渐发展成为语种较为全面并有一定规模的外国语学校。但在同治五年(1866年),奕䜣奏请设立天文算学馆,致使同文馆不再是单一的外国语性质的学校,而是一所名副其实的近代学校。

同文馆学生入学途径主要有三种:咨传、招考和咨送。初创时以咨传为主,学生最初限于八旗子弟,由各旗推荐,再由总理各国事务衙门择优录取,年龄一般在15岁以内。后来招考范围扩大,凡15岁以上、20岁以下文理通顺者,不分满汉,皆可报考。对于举贡生、监生,具备一定天文、算学和外文基础者,不限年龄。在同治九年(1870年)、光绪四年(1878年)和光绪十一年(1885年)举行过三次招考,每次准考对象和招生人数不一。咨送生由上海广方言馆和广东同文馆从本馆优秀生中选送,他们多成为京师同文馆毕业生中的佼佼者。在同文馆早期,因生员不足,由有关官僚、馆内教习甚至资深学生引荐直接入馆。京师同文馆的学生要轮流到总理衙门当差,担任口头或书面翻译,清政府官方最早派出国考察的就是同文馆人员。在学生待遇和出路方面,体现了奕䜣当初"厚给薪水以期专政","优加奖叙以资鼓励"的思想。京师同文馆原为培养外语人才而设,所以毕业生中从事涉外工作,如就职海关、担任翻译和出任外交使节者不少。但随着洋务事业的发展和同文馆培养目标的调整,学生的出路非常广阔,其中在政府机构、军事部门、新式教育和实业部门任职者占大多数,也有一些参加科举而获取功名,或被送往国外进一步深造。

同文馆教师(教习)有外国人也有中国人,按职责可分为总教习、教习和副教习。至光绪二十四年(1898年)底,同文馆先后共聘请中外教习86名,其中外国教习50余名,大多从传教士中聘请,担任外语、天文、化学、格致、医学、万国公法等方面的教学任务;中国学者30余名,担任汉文、算学等方面的教习。副教习协助教习的教学工作,一般都是从优秀的高年级学生中挑选,他们仍不脱离学生的身份,需在馆学习、考试,每门课程设1~4人不等。同文馆最初由总理各国事务衙门直接管理,没有设置专任长官总教习。直到同治八年(1869年),才聘美国传教士丁韪良为总教习,总揽全馆教务。光绪二十年(1894年)由英国人欧礼斐接任总教习。

尤其是在光绪二年(1876年),按八年制和五年制的构想,分别拟订了分年课程计划。八年课程计划内容为:

  第一年认字写字,浅解辞句,讲解浅书;

---

① 舒新城编:《中国近代教育史资料》上册,人民教育出版社1981版,第119页。
② 陈学恂编:《中国近代教育史教学参考资料》上册,人民教育出版社1986年版,第26页。

第二年讲解浅书,练习文法,翻译条子;

第三年讲各国地图,读各国史略,翻译选编;

第四年数理启蒙,代数学,翻译公文;

第五年讲求格物,几何原本,平三角,弧三角,练习译书;

第六年讲求机器,微分积分,航海测算,练习译书;

第七年讲求化学,天文测算,万国公法,练习译书;

第八年天文测算,地理金石,富国策,练习译书。

五年课程计划内容为:

第一年数理启蒙,九章算法,代数学;

第二年学四元解,几何原本,平三角,弧三角;

第三年格物入门,兼讲化学,重学测算;

第四年微分积分,航海测算,天文测算,讲求机器;

第五年万国公法,富国策,天文测算,地理金石。

上述两类规划中,八年制计划作为常规安排,可望那些"汉文熟谙,资质聪慧者"有所成就。其主要特点是:一是以外语为主,前三年重基础,后五年重翻译;二是重科学技术传授,前四年为科学启蒙,后四年为实用技术的学习和应用;三是没有四书五经之类的内容。从此,同文馆有了统一的课程设置及章程。至光绪二十二年(1896年),同文馆重新修订课程计划,前五年近似中学,后三年近似大专程度;前三年侧重外语学习,后五年侧重科学知识的传授。至于五年制计划,则是专门为那些年岁较大、不再有精力学习洋文、只能借助译本来学习西艺的人安排的。

同文馆对学生的学业考核十分严格,分为月课、季考、岁考和大考,月课规定每月初一日举行,季考规定二、五、八、十一月的初一日举行,岁考规定每年十月初十日前完成,大考则每三年举行一次,由总理各国事务衙门主持,其成绩作为授官或降革的依据。

光绪二十八年(1902年),京师同文馆并入京师大学堂,成为大学堂的译学馆。在中国近代教育史上,它被视为最早的新式学堂,是中国近代新教育的开端。京师同文馆的创立,是中国教育发展史上的一座里程碑,是中国传统教育迈向教育近代化的重要标志。

(二) 天津武备学堂

光绪十一年(1885年),李鸿章仿照德国陆军学校("武备书院")开办天津武备学堂,招生对象为各军营精健聪颖、略通文义的士兵,教习为从德国聘请来华协助练兵的军官,并选派通习中外文字的人员充当翻译,如德国军官李宝、崔发禄、哲宁、那珀、博郎等曾担任教习。课程分学科和术科两种,学科主要学习理论,诸如西洋新式战术及枪炮知识,开设有天文、舆地、格致、绘图、测量、算学、防御工事的建筑以及步兵、骑兵、大炮的训练等;术科是指实际操作,包括实战等。学生每天按时进入学堂,"左图右书,口讲指画",学习"西洋行军新法",而且每个月之中,"每间三五日"都要由教师监督并率领学生,"赴营演式枪炮阵式及建筑台垒之法"。学习年限原定为一年,实际上两年结业。光绪十六年(1890年),学校又增加了一个工程科。因校舍在义和团运动中被毁,学堂停办。

天津武备学堂是中国近代最早的一所陆军学校,为近代中国培养了大量的陆军人才,如段祺瑞、冯国璋、王士珍、段芝贵、曹锟、吴佩孚等。

(三) 北洋水师学堂

光绪六年(1880年),经直隶总督兼北洋大臣李鸿章奏请朝廷而设立的北洋水师学堂,校址在天津城东八里、大直沽东北的东机器局之旁。创办初期由吴赞诚奉旨就任学堂总办,后由吴仲翔继任。著名启蒙思想家严复应李鸿章之招,自福建船政局调津任水师学堂总教习。

学堂创设伊始,拟定了详细而严格的章程,对招考条件、学习期限、待遇奖惩等均做了具体规定。原定学制为5年,分为驾驶和管轮(制造)两科进行教学。光绪十九年(1893年)改为7年,即课堂课4年,船课3年。由中、外籍教习授课,开设的课程有英文、地理、代数、几何、水学、热学、天文学、气候学、绘图、测量及枪炮操演、鱼雷、机械仪器使用等。每星期两天学习中文经籍,目的是"教之经俾明大义,课以文俾知论人,沦其灵明,即以培养其根本"。课程修满后,学生要上船实习。学堂还将体育列为正式课程,有"击剑、刺棍、木棒、哑铃、足球、跳栏、算术竞走、三足竞走、羹匙托物竞走、跳远、跳高、爬桅等项,此外还有游泳、滑冰、木马、单双杠及爬山运动等"①。

北洋水师学堂是中国第一所海军学校,毕业生中很多成为北洋海军的骨干,不少人在甲午海战中为国捐躯。还有的成为后世名人,如冰心之父谢葆璋、民国总统黎元洪、南开大学创始人张伯苓等。李鸿章为此很自豪地说:"臣于天津创设水师学堂,将以开北方风气之先,立中国兵船之本。"

(四) 福州船政学堂

闽浙总督左宗棠在筹建福州船政局的同时,认为还必须培养造船、驾驶等方面的人才,乃于同治五年(1866年)底,制定章程,开始筹办福州船政学堂。学堂初建时称为"求是堂艺局",是福州船政局的下属机构,设在福州马尾的福州船政局造船厂,培养造船和驾驶人才。沈葆桢任船政大臣后,将求是堂艺局分为前学堂、后学堂两部,实为两个专业。

前学堂又称制造学堂或法国学堂,学习蒸汽船的制造,旨在培养船舶制造和设计人才,主设有造船专业。同时还开设有法语、基础数学、解析几何、微积分、物理、机械学、船体制造、蒸汽机制造等课程。优等生后被派往法国学习深造。同治七年(1868年),沈葆桢为了培养技术工人,又在前学堂内增设一所技工学校即艺徒学堂(又称"绘事院"、"艺圃"),培训技工、绘图员和机器维修人员。学员是从船政局各生产部门招收的15至18岁"有膂力悟性"的青年工人,名曰"艺徒"。实行半工半读,学习期限3年,毕业后择其优者随前学堂学生赴法国各大船厂实习,其余分配于船政各厂。艺圃实际上是一所在职培训学校,学习年限为3年。这种通过工读结合形式有计划地培养生产和技术骨干的做法,实

---

① 王思溥:《谈谈六十三年前的体育活动》,载《中国体育史参考资料》第三辑,人民体育出版社1958年版。

开中国近代职工在职教育的先声。

后学堂又称驾驶学堂或英国学堂,分驾驶和管轮两班,旨在培养海上航行驾驶人员和海军船长,主要专业为驾驶专业,后增设了轮机专业。课程分别设有数学(几何、三角、代数)、物理、化学、机械学、地理、天文气象、法语和英语,并规定《圣谕广训》、《孝经》以及策论为共同必修课。

福州船政学堂招生对象多是贫寒学生或华侨子弟,年龄在15岁左右,前学堂修业8年,后学堂修业5年。光绪二十三年(1897年),船政学堂扩大招生,学制定为6年。前学堂除保留初期的基础课外,又增设高等代数等。艺圃分为艺徒学堂、匠首学堂,学制均为3年,课程设置进一步正规化。学生称为艺童,堂长称为监督。教学人员基本上聘自英、法两国,其中有专职教师,不少聘来担任船政局指导工作的技术人员也兼任教师。除教授书本知识外,强调实习,造船专业深入车间从事体力劳动,实习船体的设计,装配蒸汽机;驾驶专业配有专用的练船,让学生上船训练驾驶与演炮,并远航南北洋。尤其是自光绪元年(1875年)开始向欧洲派遣留学生,而后于光绪二年(1876年)、光绪七年(1881年)、光绪十一年(1885年)、光绪二十二年(1896年)又派出四批学生,分别到英国和法国学习驾驶、制造技术,开启了中国近代公费留学欧洲的先例。

1913年,福州船政学堂从船政局中析出,改组为三个独立的学校:前学堂改组为福州制造学校;后学堂改组为福州海军学校,直属民国政府海军部;"艺圃"改组为艺术学校。

福州船政学堂从开办到改组,历时近半个世纪,可以说是洋务学堂中持续时间最久的一所学校。期间,共毕业学生510名,其中前学堂造船专业毕业8届计143人;后学堂驾驶专业毕业19届计241人,轮机专业毕业11届计126人。船政学堂培养出了诸如邓世昌、刘步蟾、林泰曾以及严复等中国第一批近代海军军官和第一批工程技术人才,由船政毕业的学生成为中国近代海军和近代工业的中坚,在近代中国各项科技事业中发挥了重要作用。福建船政学堂是中国最早的近代技术学校,是中国近代海军教学的发源地,被誉为"近代中国海军人才摇篮"。

二、公费留学教育

留学教育是洋务运动时期教育的重要组成部分。19世纪五六十年代,中国形势发生了巨大变化。两次鸦片战争的失败以及南京城下之盟,清政府与英国签订了第一个不平等条约《南京条约》。与此同时,全国各地农民运动风起云涌。在内忧外患接连发生之际,迫使清政府中某些有识之士试图从西方国家那里学习先进的科学技术,以维护封建统治。洋务派认识到,要全面深入地学习西方的先进技术,仅仅在国内兴办洋务学堂还不够,需要派学生到外国去耳闻目见。洋务运动时期,出于对外交人才、加强海防和洋务事业的需要,通过有识之士的不懈努力,克服重重困难,向美、英、法、德、日等国派出留学生,开始了近代中国的留学教育实践,形成了中国近代最早的官派留学生制度。

派遣公费留学生主要是留学美国、英法等欧洲国家和留学日本,留学生对于西学东渐和近代中国的变革产生了深远影响,同时也从欧美日的教育制度中吸取了直接经验,对促进中国近代教育改革发挥了重要作用。

(一) 赴美留学

同治十年(1871年),曾国藩、李鸿章等根据容闳拟订的留学教育计划,联合上奏《选派幼童赴美肄业酌议章程折》,并附有《挑选幼童前赴泰西肄业章程》十二款,清廷获准。派遣幼童留美的目的是"学习军政、船政、步算、制造诸学,约计十二余年业成而归,使西人擅长之计,中国皆能谙悉,然后可以渐图自强"①。在"上海设局经理挑选幼童、派送出洋等事",计划每年选送"志趣远大,品质朴实,不牵于家累、不役于纷华"的聪颖子弟30名,4年计120名,15年后每年回国30名。学习的科目主要是军政、船政、步操、制造之学。

清政府准命刘翰清总理沪局(又称上海西学局,是幼童留美预备学校)事宜,并在沿海各地挑选聪颖幼童;准命陈兰彬、容闳为赴美留学正、副监督,驻美国负责管理留学幼童工作。同治十一年(1872年),容闳先行至美国做留学幼童的安置,并在斯不林非尔设立了中国留学事务所。同年8月11日,第一批赴美留学幼童詹天佑、容尚谦等30人,经过上海预备学校培训后,由陈兰彬带领赴美。这些幼童先分配至美国教师家里学习英文,合格者可进入美国学校,不合格者留在教师家里继续学习。第二、三、四批幼童也分别于同治十二年(1873年)、同治十三年(1874年)和光绪元年(1875年)顺利赴美。

留学教育作为推进中国教育近代化的全新事业,在发展过程中遇到了传统教育观念及代表旧势力的当权人物的重重阻挠。从容闳向曾国藩提出留学计划,到肄业章程的拟订,监督人选的任命,以至幼童课程安排、生活方式管理等,整个过程始终充满矛盾和斗争。陈兰彬任监督时,对幼童随美国教师家庭去教堂瞻礼、祈祷以及平时的游戏、运动、改装等问题上,与容闳"时有摩擦"。当时因幼童私剪辫子等原因,而被取消留学资格遣送回国的就有9人。为避免幼童被洋化,规定在外国学校学习"西学"之外,还须在留学监督领导下"随时课以中国文义",如《孝经》、《五经》、《国朝律例》及《小学》等。遇有节日,则由监督"传集各童宣讲《圣谕广训》",甚至早晚要拜孔子神位,唯恐幼童因"腹少儒书,德性未坚,尚未究彼技能,已先沾其恶习"。光绪七年(1881年),新任留美学生监督吴子登指责留学生"专好学美国人为运动游戏之事,读书时少而游戏时多","绝无敬师之礼,对于新监督之训言,若东风之过耳","学生已多半入耶稣教"。他断言留美幼童"放浪淫佚",都已"美国化","此等学生,若更令其久居美国,必致全失其爱国之心,他日纵能学成回国,非特无益于国家,亦且有害于社会"②。于是,他建议解散留美事务所,撤回留美学生。国内守旧派与之遥相呼应,"士大夫议者纷纷",认为"幼童出洋一事,靡费滋弊,终鲜实效"。于是,清政府于光绪七年(1881年)下令,撤回留美幼童,关闭留学事务所。这样,留美120名幼童,除先已撤回、病故及少数不愿回国的26人外,余下的94人分三批撤召回国。其中詹

---

① 舒新城编:《中国近代教育史资料》上册,人民教育出版社1981版,第161页。
② 容闳:《西学东渐记》,湖南人民出版社1981年版,第104页。

天佑、欧阳赓两人获学士学位,60人进入专业学习阶段,其他都还是中、小学生。此外,幼童留美夭折也有国际背景。虽然同治七年(1868年)签订的《中美天津条约续增条款》(也称《蒲安臣条约》)第七条规定:"嗣后中国人欲入美国大小官学,学习各等文艺,须照相待最优国人民一体优待。"但在19世纪80年代,美国掀起反对华工的风潮,国会还通过了禁止华工的议案。光绪四年(1878年),容闳向美国政府提出,选送一部分中学毕业生进入美国陆海军学校学习,而遭到美国政府的拒绝。这样,留美学生既不可能学到洋务派所期望的军政、船政之学,又所谓"沾染洋习",再加上顽固派背着容闳"日通消息于北京",从中破坏,留学事务所"于是告终,更无术可以挽回矣"。

第一批撤回的21名均送电局学传电报;第二、三批学生,由福州船政局、上海机器局留用23名外,其余50名分拨天津水师、机器、鱼雷、水雷、电报、医馆等处学习当差。李鸿章对归国留美学生们"屡次亲临考校,试以所习各艺,均能融会贯通,各有心得",认为这些学生确实"造诣深得,足供任使"。他们在铁路、电报等实业界任工程师、经理等职位的有44人,外交官和翻译官16人,海军、海关官员、学校教员、医生等方面工作者20余人,成为近代中国科技、实业和管理等领域的一支重要力量。

总之,派遣幼童赴美留学,从第一批出洋起至回国,共经历十个年头,尽管筚路蓝缕,半途夭折,但毕竟是中国近代公费留学教育的先声,在中国近代教育史上具有十分重要的地位。

(二) 赴欧留学

留欧学生的派遣始于船政大臣沈葆桢的建议,始于福州船政学堂并以福州船政学堂的学生为主。同治十二年(1873年)秋,左宗棠在《上总理各国事务衙门》中建议:"遣人赴泰西游历各处,藉资学习,互相考证,精益求精",可使"我之神智日开,以防外侮,以利民用"。并指出:出游不必限于英法美诸国,无论何国,只要轮船、枪炮、水雷制造最精,"尽可随时斟酌资遣"①。是年12月,福州船政学堂的外国技术人员和教师按合同即将期满回国,船政大臣沈葆桢奏请派福州船政学堂前学堂优秀学生"赴法国深究其造船之方,及其推陈出新之理";选择后学堂优秀学生"赴英国深究其驶船之方,及其练兵制胜之理"。这一建议经总理衙门征求李鸿章、左宗棠等意见后,同意施行。但由于种种原因,计划被暂时搁置。

光绪元年(1875年)初,船政学堂法国监督日意格回国为船政局购买设备,沈葆桢趁此机会呈奏派遣学生出国留学,此次奏准选派前学堂学生魏瀚、陈兆翱、陈季同3人,后学堂学生刘步蟾、林泰曾2人,随同日意格"前往游历英国、法国等处",以便"涉历欧洲,开扩耳目,既可以印证旧学,又可以增长心思"。此次"游历"虽不属于正规的留学,但成为近代中国官派留欧学生的前导。光绪二年(1876年),李鸿章借洋员李劢协任满回国之机,派天津武弁卞长胜等7人,随同赴德国军营学习兵技,期限3年,这是最早的陆军留欧学生。

---

① 中国史学会主编:《洋务运动》第二册,上海人民出版社1961年版,第157页。

同年,沈葆桢、李鸿章又请求派学生到欧洲留学。他们在《闽广学生出洋学习折》中提出:"清于闽广前后堂选派学生,分赴英、法两国,学制造驾驶之方及推陈出新、练兵制胜之理。"按照规划派 30 名学生去法国学造船、英国学驾驶,学习 3 年,期满回国任用。

光绪三年(1877 年),李鸿章又奏遣派福州船政学堂学生赴欧留学事宜,并制定出洋留学章程,拟遣派前学堂生赴法国学习制造,遣派后学堂生去英国学习驾驶、水战,此奏得到清政府批准。于是挑选前学堂制造生郑清濂、罗臻禄等 12 人,艺徒裘国安、陈可会等 9 人去法国学习制造专业,期限是 5 年,前三年学习理论知识,后两年参加实习;后学堂驾驶生刘步蟾、林泰曾、严宗光(严复)等 12 人,分赴英国、西班牙等学习驾驶专业,期限为 2 年。连同先前派遣留法的魏瀚等,这些船政学堂的第一批留学生由监督李凤苞、日意格等带领,于是年 3 月 31 日启程横渡重洋留学。

光绪七年(1881 年),李鸿章又奏准选派福州船政学堂学生李鼎新、王福昌等 10 人出洋赴英法肄业。光绪十二年(1886 年),船政大臣裴荫森奏准,又选派 34 人出国留学,其中船政学堂 24 人(制造生郑守箴、王寿昌等 14 人,驾驶生黄鸣球、罗忠尧等 10 人),北洋水师学生刘冠雄、陈恩焘等 10 人,由监督周懋绮带领,分赴英、法两国学习制造和驾驶。光绪二十二年(1896 年),张之洞奏准仿造曾国藩选派幼童赴美留学、福州船政学堂属派学生赴欧留学成案,选派江南陆军学堂、铁路学堂及储才学堂中已通西文学生出洋肄业,要求在史册、地志、富国、交涉、格致、农事、商务、武备各科中选习数门,期限是 6 年(预定中学和大学各 3 年),选派 40 人。光绪十三年(1897 年),兼管船政的福州将军裕禄奏准,选派船政学堂前学堂学生施恩孚、丁平澜等 6 人赴法国"练习制造新法",留学年限是 6 年。

洋务派派遣的留欧学生,重洋负笈,到英、法、德等欧洲国家学习驾驶、制造等专业,学业有成,回国后为各类新式实业部门所争相罗致,对近代中国社会发展产生了重要的影响,如魏瀚、郑清濂的造船技术"由熟生巧,出图自造,克尽快船之能事"。又如,甲午海战前北洋舰队 12 艘主力舰的官带,一半以上是留欧学生,有的后来还出任舰队统领、海军副大臣、海军总长等职位。还有不少留学生担任了各种学堂的教习、总办,或成为杰出的翻译家、启蒙思想家,如严复等。

(三)赴日留学

从 19 世纪末到 20 世纪初,出现了大批中国青年涌向日本留学的热潮。中日甲午之战,中国被迫签订丧权辱国的《马关条约》。日本的强盛震惊了中国,其改革成功的经验更被清政府有识之士所重视。张之洞是留日教育的积极提倡者,他在《劝学篇》中指出:"出洋一年,胜于读西书五年。""入外国学堂一年,胜于中国学堂三年"。他列举古今中外留学生归国后的创举事实,说明留学教育事业关系到国家的兴衰成败,并主张中国的留学教育应当重点学习东邻日本,因为它有"路近省费"、"易考察"、"东文近于中文易通晓"和西学经日本"已删节而酌改之",且"风俗相近,易仿行,事半功倍",总之留学日本比留学西洋有许多便捷之处。

于是,光绪二十二年(1896 年),清政府开始派遣留学生赴日本留学。自第一批 13 名官派赴日本留学生后,清政府将各省选派学生赴日本留学作为一项固定的事务,并采取诸多措施,诸如吸取留美教训,不再派遣留学监督,而是由出使大臣来负责;把留学作为任用和提升的条件,即在日本留学归国后,根据学历和学习成绩而加以提拔重用。凡是在日本大学堂三年毕业,有学士文凭的,给予翰林出身。在大学堂专科毕业,有选科文凭的,给予进士出身等。到光绪三十三年(1907年),加上私人自费留学,赴日留学生达到15000余人,远超过赴欧美留学生的总和,形成中国留学史上空前的第一次留日高潮。

在留日学生中,有许多是抱有救国救民之志的学子,他们一面学习,一面积极翻译西学书籍,介绍西方先进文化和科学技术。如光绪二十六年(1900年),留日学生创办的《译书汇编》杂志刊载有卢梭的《民约论》、缪勒的《自由原理》和孟德斯鸠的《万法精理》等资产阶级启蒙著作。据光绪三十年(1904年)统计,当时中国翻译世界各国的书籍533种,其中留日学生翻译的占321种。可以说,留日学生在西方文化的传播及思想启蒙方面有着特殊的贡献。

三、洋务派代表人物的教育思想

史学界将主张办理洋务的人士称之为洋务派,洋务运动前期以李鸿章、曾国藩、左宗棠为代表,后期则以张之洞为代表。他们在办理洋务事业的同时,深感人才之缺及人才之重要,于是就着力举办洋务学堂,大力发展洋务教育事业。在长期从政及办理洋务教育的过程中,逐渐形成了他们独具特色的教育理论。

(一)曾国藩

洋务运动的主要倡导者之一,创立晚清散文"湘乡派",且与李鸿章、左宗棠、张之洞并称"同光中兴四大名臣"。中国历史上最有影响的人物之一,有称自朱熹之后的又一位"儒学大师",近人对其甚是推崇,梁启超称"吾谓曾文正集,不可不日三复也"。毛泽东称"予于近人,独服曾文正"。蒋介石认为曾国藩的为人之道"足为吾人之师资"。

1. 生平及教育活动

曾国藩(1811~1872),字伯涵,号涤生,谥文正,湖南湘乡人。父亲曾麟书身为塾师,开馆授徒。曾国藩幼从父学,6岁入塾读书。8岁读八股、诵五经,14岁读《周礼》、《史记》、《文选》,同年参加长沙的童子试,成绩列为优等。道光十四年(1834年)就读于长沙岳麓书院,同年中举人。道光十八年(1848年)赐同进士出身,自此供职京师,成为军机大臣穆彰阿的得意门生,任翰林院庶吉士,累迁侍读、侍讲学士、内阁学士、礼部侍郎等要职。

咸丰三年(1853年),丁母忧在家的曾国藩响应清廷号召,为镇压太平军而建立了一支地方团练,称为湘勇。次年,他在《讨粤匪檄》中声称太平天国农民战争是"荼毒生灵","举中国数千年礼义人伦诗书典则,一旦扫地荡尽",接着号召读书人积极参与对太平军的斗争,"凡读书识字者,又乌可袖手安坐,不思一为之所也"。他治军严明,湘军所到之处,"以不扰民为本",百姓皆各行其是。因镇压太平军有功,被封为一等毅勇侯,成为清代以文人而封武侯的第一人,后历任两江总督、直隶总督,官居一品。同治九年(1870年)因办理天津教案,使其声誉大损。

曾国藩一生修身律己,以德求官,礼治为先,以忠谋政,在政治上获得了巨大的成功,对清王朝的政治、军事、文化、经济等方面都产生了深远的影响。尤其是在文化教育方面,在其倡议下建立了第一所兵工学堂,印刷翻译了第一批西方书籍,安排了第一批赴美留学生等,可以说是中国文化教育现代化的开拓者。

曾国藩一生著述颇多,有《求阙斋文集》、《诗集》、《读书录》、《日记》、《奏议》、《家书》、《家训》及《经史百家杂钞》、《十八家诗钞》等。均被辑为《曾文正公全集》或《曾国藩全集》传世,是研究其教育思想的主要参考文献。

2. 提倡"经世致用"之教育

曾国藩一生信奉程朱理学,在中国出现"数千年未有之大变局"的时代背景下,潜心钻研经世之学,主张学以致用,形成了一套完整的"经世致用"教育主张。曾国藩首先大力提倡"以礼经世"。他说:"古之君子之所以尽其心、养其性者,不可得而见;其修身、齐家、治国、平天下,则一秉乎礼。自内焉者言之,舍礼无所谓道德;自外焉者言之,舍礼无所谓政事。"① 为此,他将"隆礼"作为培养人才的出发点和归宿。他认为,在封建礼教日趋淡化、晚清政权腐败不堪的现实情况下,就必须通过"隆礼"的教育方式,使人人养成一种良好的习惯。进而,曾国藩将教育看作通过"隆礼"达到"复性"的有效途径。他认为,只有通过教育的方式,才能恢复人心中固有的仁、义、礼、智、信等伦理道德观念,促使人们自觉遵守封建的纲常礼教,维护以宗法等级制度为核心的封建统治,最终实现"以礼自治,以礼治人"的目的。为了更好地推行封建的"礼治"方略,曾国藩在吸取前代理学大师"礼"的思想基础上,将理学家奉为世界本原的抽象的"礼"具体化为具有实践意义的"礼",提倡"经世致用",推崇"经济之学"。曾国藩不同于直接着力于"外在事功"的经世派,而是主张通过"内圣"的途径来达到经世致用的功效。

3. 教育子女"克勤克俭"

曾国藩在家中是长子,他的教育思想对其兄弟及子女都有很深的影响。曾国藩认为持家教子应注意以下十事:勤理家事,严明家规;尽孝悌,除骄逸;以习劳苦为第一要义;居家之道,不可有余财;联姻不必定富室名门;家事忌奢华,尚俭;治家八字:考、宝、早、扫、书、疏、鱼、猪;亲戚交往宜重情轻物;不可厌倦家常琐事;择良师以求教。归纳起来,曾国藩教子的内容主要有六项,即"勤、孝、俭、仁、恒、谦"六字,并通过训教、信教、言教、身教、事教、师教等六种方法,全面深入地传授到子女身上,灌输到子女心中,融化到子女的血液里。

曾国藩特别注重道德教育,在曾国藩家书中关于道德教育的篇幅很大,内容涉及生活中的方方面面。以他教育其子弟要勤俭为例,曾国藩以"克勤克俭"身行终身,还以此教育子女要勤俭节约。他在写给年仅9岁的小儿子曾纪鸿的书信书中提到:"见宦室之家,由俭入奢易,由奢入俭难。尔尚幼,切不可贪爱奢华,不可惯习懒惰。无论大家小家,士农工

---

① 《曾国藩全集》第14卷,岳麓书社1995年版,第358页。

商,勤苦节俭未有不兴,骄奢倦怠未有不败。"在给其长子曾纪泽的家书中说:"凡世家子弟,衣食起居无一不与寒士相同,庶可以成大器;若沾染富贵习气,则难望有成。吾虽为将相,而所有衣服不值三百余。愿尔等常守此俭朴之风,亦惜福之道也。"①此外,他还要求其家庭成员在生活习性上要不骄不馁,注重自身修养,修身进德,乐施好善。

曾国藩的家庭教育是成功的,其影响也是深远的。从其家族看,曾国藩的几个弟弟都是立功、立业有成,是当时叱咤风云的人物,诸子侄乃至后世子孙也颇多有成就。长子曾纪泽成为清末著名爱国外交家,次子曾纪鸿则是一位数学人才,他爱自然科学,精通天文、地理,最精代数,曾著有《对数详解》、《圆率考真图解》等,还计算出一百位的圆周率。曾国藩的家庭教育思想超越了他的家庭和时代,在中国近代教育史上占有极其重要的地位。

4. "师夷智"的教育理念

曾国藩以卫道士自居,把中国传统的儒学看作立国、为学和做人的不二法门,但同时又提出要学习西方先进的科学技术,甚至是不顾个人成败得失和性命安危,力排众议,坚持己见,并亲自参与洋务运动。曾国藩主张"师夷智以造炮制船",即要学习西方的长技,制造船炮。咸丰十年(1860年),他在《议覆俄法助战及代运南漕折》中首次向清廷表达了其"制洋器"的思想,他说:"此次款议虽成,中国岂可一日而忘备……无论目前资夷力以助剿济运,得纾一时之尤;将来师夷智以造炮制船,尤可期永远之利。"次年,他便创设了安庆军械所,潜心研制洋枪洋炮,揭开了洋务自强运动的序幕。同治七年(1868年),他又支持容闳在江南机械制造总局内设立机械学校,培训技术工人,使他们掌握西方近代先进的科学技术。曾国藩还主张设立翻译馆,培养翻译人才,提出"始以洋人教华人,继以华人教华人",以求达到不受制于外人的目的。

尤其是,曾国藩联袂李鸿章等大臣奏请清政府派幼童赴欧美留学,他在上奏清廷的奏折中写道:"选聪颖幼童,送赴泰西各国书院学习军政、船政、步算、制造诸书,计十余年,业成而归,使西人擅长之技,中国皆能谙悉,然后可以渐图自强。"②促使清政府下定决心在同治十一年(1872年),派出了首批官费留美学生,近代中国的公费留学运动由此而兴。

(二) 张之洞

洋务派主要代表人物之一,与曾国藩、李鸿章、左宗棠并称晚清"同光中兴四大名臣"。毛泽东对其在推动中国民族工业发展方面所作的贡献评价甚高,曾说过"提起中国民族工业,重工业不能忘记张之洞"。但其一生所为,最为后人称道的是其在中国教育由封建传统向现代化迈进过程中所作出的历史性贡献。美国学者威廉·艾尔斯在其《张之洞与中国教育改革》一书中称:"在张之洞的一生中,中国教育的形态发生了根本性变化,对此,他的努力具有决定性意义。"

1. 生平及教育实践活动

张之洞(1837～1909),字孝达,号香涛,谥文襄,晚年号抱冰老人,直隶南皮(今属河北

---

① 杨帆著:《曾国藩家训一日一省》,哈尔滨出版社2006年版,第223页。
② 《曾国藩全集》第30卷,岳麓书社1996年版,第38页。

交河县)人。生于贵筑县(今贵阳市),7岁时随父到兴义府城就读,13岁始回河北原籍应试,考取秀才。15岁时赴顺天府乡试中举人第一名,成"解元"。

同治二年(1863年),张之洞考取进士第三名,成为"探花",授翰林院编修,从此开始其政治生涯。历任翰林院侍讲学士、内阁学士、湖北学政、四川学政、山西巡抚、两广总督、湖广总督、署理两江总督及军机大臣等要职。尤其是在地方任职时,大力兴学办学。因为在他看来,"人皆知外洋各国之强由于兵,而不知外洋之强由于学"。因此,中国欲转贫弱为富强"舍学校更无下手之处"。在这一兴学理念指导下,他每为官一处,总要兴学一方。

同治八年(1869年),张之洞在湖北学政任上,商请湖广总督兼署湖北巡抚李鸿章,在武昌三道街学署别建精舍课士之所,后改为经心书院。同治十三年(1874年)张之洞任四川学政,为了矫正学界不良风气,在成都南校场石犀寺附近修建了尊经书院,以"通经学古课蜀士",亲自为书院制定了18条章程,亦即书院学规。张之洞还慷慨捐出薪俸,为书院购买了1000多卷书籍,并撰写《輶轩语》《书目答问》,专门为尊经书院的学生"提示治学门径"。光绪九年(1883年),张之洞任山西巡抚时,又针对山西"士气衰微而废其学"、"此时为苦人才不足"的情况,与学使王学庄商议,于太原府署西宝贤堂旧址,仿阮元学海堂、诂经精舍例,设"令德堂",即令德书院。

光绪九年(1883年)张之洞出任两广总督后,办学范围进一步扩大,先后创办了黄埔鱼雷学堂、电报学堂、广东水陆师学堂及广雅书院等;光绪十五年(1889年),张之洞调任湖广总督,并多次署理两江总督,期间又创办了江南陆军学堂、湖北武备学堂、湖北方言学堂、江南铁路学堂、武昌自强学堂(今武汉大学前身)、湖北农务学堂(今华中农业大学前身)及湖北工艺学堂等一系列洋务学堂。在署理两江总督时,对师范教育给予高度重视,认为"师范学堂为教育造端之地,关系至重"。于是,分别于光绪二十八年(1902年)、光绪二十九年(1903年)创办了湖北师范学堂和三江师范学(今南京大学前身)。在督鄂期间,张之洞还大力提倡留学教育。据统计,至光绪三十二年(1906年),全国派往日本的留学生5400人,其中张之洞执政的湖北省就有1300人。

尤其是张之洞参与了中国近代第一次重大学制改革活动。光绪二十八年(1902年),他上《筹定学堂规模次第兴办折》,提出兴办各类学堂,包括蒙学、小学、中学、师范、高等学堂、方言学堂、仕学院等。次年,张之洞奉旨入京,与张百熙、荣庆等厘定《奏定学堂章程》,即"癸卯学制",这是中国近代第一个以法令形式公布的在全国范围推行的学制。光绪三十一年(1905年)九月,张之洞与袁世凯等朝廷重臣奏请停止科举,以兴学校,结束了实施长达1300多年的科举制度。

光绪三十三年(1907年),张之洞调任军机大臣,掌管学部,总揽全国教育大权。次年,以顾命重臣晋太子太保。在其临终遗折中,还念念不忘平生所推崇的教育事业,称:"用人养才,尤为国家根本之计。"

2. "中学为体,西学为用"思想的集大成者

在中国近代教育史上,"中学"与"西学"之争,自鸦片战争开始就提出来了,但在不同时期,不同政治派别对"西学"的态度各不相同。保守派极力反对西学,认为学习西学会

"变夏从夷";维新派则极力反对中学,要求全盘西化。对此问题,张之洞在《劝学篇》一书中明确提出了"中学为体、西学为用"的教育主张。

《劝学篇》写于光绪二十四年(1898),全书共4万余字,分内篇与外篇,各有主旨。内篇又置"同心"、"教忠"、"明纲"、"知类"、"宗经"、"正权"、"循序"、"守约"和"去毒"九目,专讲中学或内学、旧学,"皆求仁之事",即中国传统的经史之学。学习中学的目的在于"务本以正人心",即主张教导天下臣民坚持传统的纲常名教。不通中学犹如"不知其姓之人、无辔之骑、无舵之舟"。在"中学"中,张之洞最为强调的是"明纲",认为"三纲"为"五伦之要,百行之原,相传数千年更无异议,圣人所以为圣人,中国所以为中国,实在于此",以此来反对维新派的君主立宪,"故知君臣之纲,则民权之说不可行也;知父子之纲,则父子同罪、免丧废祀之说不可行也;知夫妇之纲,则男女平权之说不可行也"。

外篇又置"益智"、"游学"、"设学"、"学制"、"广译"、"阅报"、"变法"、"变科举"、"农工商学"、"兵学"、"矿学"、"铁路"、"会通"、"非弭兵"和"非攻教"十五目,专讲西学或外学、新学,即西史、西艺和西政,认为学西学目的在于"务通以开风气",主张在不触动中国传统的纲常名教和统治秩序的前提下,兴办工商、学校、铁路等,以达到救亡图强的目的。在如何学习西学问题上,张之洞提出要知耻、知变、知要、知惧、知本。所谓知耻、知惧,就是要以明晓中国所处的恶劣的国际环境为忧惧,发愤自励,以防止中国亡国灭种丧教。所谓知变,即要知道"不变其习,不能变法;不变其法,不能变器"。所谓知要,即"中学考古非要,致用为要;西学亦有别,西艺非要,西政为要"。所谓知本,就是"在海外不忘国,见异俗不忘亲,多智巧不忘圣"。以为"无学、无力、无耻,则愚且柔;有学、有力、有耻,则明且强"。

张之洞认为,维新派提倡"西学"反对"中学",守旧派反对"西学"只要"中学",两者都有片面性。在他看来,只有"中学为体,西学为用"才是不偏不倚的正确思想。他认为,"中学"为内学,是根本,是一切学问的基础,必须放在学习的首位,中学治身心,任何时候都不能改变。"西学"为外学,是末节,西学应世事,可以用来充当维护封建统治的工具和手段。因而,"中学"为主,"西学"是从。在通"中学"的基础上,才能学"西学"以补"中学"之不足。张之洞指出:"今欲强中国,存中学,则不得不讲西学。然不以中学固其根柢,端其识趣,则强者为乱首,弱者为人奴,其祸更烈于不通西学者矣。"这就是说,学者"必先通经以明我国先圣先师立教之旨;考史以志我中国历代之治乱,九州之风土;涉猎子集以通我中国之学术文章"。然后学西学才有益无害。因此,他主张"旧学为体,新学为用"。

张之洞的《劝学篇》对"中体西用"从理论上作了系统论述,并使之成为完整的思想体系,对中国近代改良派和洋务派发起的"中体西用"教育思潮作了一个具有相当深度的比较全面的理论总结,为中国教育思想发展由近代转向现代起了承前启后的历史作用,同时也反映了清末教育革新思潮的时代特征和历史趋归的必然性,且对清末以至民国初年的教育,包括教育宗旨、培养目标、学校制度、课程设置和教材、教法诸方面产生了深远的影响,成为近代新教育制度建立的政策基础和理论根据。

3. 改革旧式教育以培养"明体达用"之才

张之洞鉴于当时清王朝的政治和教育腐败,在"中体西用"思想指导下,着力对旧式教育进行整顿和改革。首先是提倡办学,他认为"国家欲用人才,则取之于学堂"。于是曾在他先后管辖的地方,开办了多所学习四书五经、伦理纲常的书院,如在湖北、四川、山西所建的经心书院、尊经书院、令德书院以及光绪十四年(1888年)在广州创设的广雅书院和光绪十六年(1890年)在武昌建立的两湖书院等。他创办这些书院的目的,旨在培养"明体达用之士",以"羽翼圣道"、"匡济时艰"。他还对各类教学内容提出了具体的要求,即"经义以通大义为主,不取琐屑;史学以贯通古今为主,不取空论;性理之学以践履笃实为主,不取矫伪;经济之学以知今切用为主,不取泛滥"。

光绪二十四年(1898年)正当维新派提出改革旧书院为新学堂之时,张之洞上书清廷的《轧两湖、经心、汉江三书院改定课程》中,提出将经心、两湖书院改为学堂,"酌照学堂办法,严立学规,改定课程,一洗帖括词章之习,惟以造真才、济时用为要归"①。改造后的两湖书院分设经学、史学、地舆学、算学四门;经心书院分设外政、天文、格致、制造四门,并以算学为公共必修课。不久,他又提出:"书院之设,原以讲求实学,非尚训诂词章,凡天文、舆地、兵法、算学等经世之务,皆儒生分内之事。"因此,在书院又增加实用科目,汰减经史内容。

在改革书院的同时,张之洞提出"非天下广设学堂不可"。他在《劝学篇》中专置"设学"一目,倡议"各省各道各府各州县皆宜有学,京师、省会为大学堂,道、府为中学堂,州、县为小学堂。中小学以备升入大学堂之选,府、县有人文盛物力充者,府能设大学,县能设中学,尤善。小学堂习《四书》、通中国地理、中国史事之大略,算术、绘图、格致之粗浅者。中学堂各事,较小学堂加深。而益以习《五经》,习通鉴,习政治之学,习外国语言文字。大学堂又加深加博焉"。同时,还提出"学堂之法"六条,即"新旧兼学"、"政艺兼学"、"宜教少年"、"不课时文"、"不令争利"和"师不苛求"。

张之洞有鉴于国家财政匮乏,要求兴办新学堂的经费从多渠道解决,如改书院为学堂则取经费于原有学田,或取资于赛会演戏之款、祠堂之费,或寺观田产等。他还规定要取消助学费用,把节省下来的费用用于办更多的学校。还要求学生在学习期间,不准参加科举考试,不专以温习八股文,毕业时可以给予科举出身。

第四节　维新运动时期的教育改革

伴随着"西学东渐"以及洋务运动的发展,在中国的思想界涌动着一股资产阶级启蒙思潮,即早期的改良主义思潮,亦有称之为"北洋幕府的洋务思潮"。但中日甲午之战,李鸿章苦心经营的北洋海军全军覆没,洋务运动宣告破产。尤其是《马关条约》的签订,加深了中国的半殖民地化过程。在民族危机进一步加深的情况下,改良主义思潮迅速演变为

---

① 舒新城编:《中国近代教育史资料》上册,人民教育出版社1981年版,第76页。

一场要求维新变法的政治运动,即维新运动。维新运动肇始于光绪二十一年(1895年)的"公车上书"而辉煌于光绪二十四年(1898年)的"百日维新",是一场救亡图存的爱国政治运动,更是一场思想启蒙与解放运动。在这场运动中,教育始终是一种有力的武器,被当作变法的第一步来实施,发挥出了巨大的助推作用。

一、早期资产阶级改良主义教育思潮

鸦片战争后,随着资本主义的逐步发展,从官僚、地主和商人中转化出民族资产阶级,自19世纪70年代开始出现早期资产阶级改良主义者。资产阶级早期改良派所受教育和生活经历各不相同,有的是长期生活在外国或港澳,直接受资本主义文化熏陶的知识分子,如王韬、容闳等;有的是从小饱读四书五经,后来通过书本或其他途径间接接受资本主义文化,逐渐背离传统思想的激进士大夫,如陈虬、汤震等;有的是在思想上对洋务派有所超越的洋务幕僚,如薛福成、郑观应、马建忠等。早期改良派对西方政治、经济、文化以及中国社会的危机和洋务运动的局限有较深的认识,他们的社会观念和治国方略带有明显的资产阶级意识。他们认识到,改革的关键在于人才,人才的基础在于教育。正是有早期改良派的教育思想启蒙,才会导致甲午战争后维新教育思潮的一触即发,并迅速转化为维新教育运动的动力。

(一) 容闳与《西学东渐记》

容闳(1828～1912),字达萌,号纯甫,广东香山(今珠海)南屏镇人,生于澳门彼多罗岛。中国近代史上第一个美国耶鲁大学毕业的中国留学生,也是中国最早接受美国高等教育的知识分子。归国后,他以科教救国为己任,创办工厂、革新教育、参与维新,推动共和,成为中国近代化的卓越先驱。宣统元年(1909年),容闳用英文撰写了一本自传性的书,题名《西学东渐记》。该书共22章,回顾了容闳以"西学东渐"之志,寻"维新中国"之路,却屡遭曲折磨难的生命历程,饱含着他对祖国前途和命运的忧心瞩望。尤其是,他在书中所提出的要建立近代学校教育制度的理想和计划以及"教育兴国"的口号,打破了中国传统的教育模式,具有进步意义。

1. 积极倡导建立各种近代化新式学校

清末教育基本上是沿袭旧制,将科举与学校结合起来,学的是四书五经,做的是"八股文"。容闳认为,八股取士制度只能束缚人,让人看不到大千世界,只会做一些教条的文章,不了解大自然,不了解人类社会,所谓"国人夜郎自大,顽固成性"。而新式学校抛开了这些陈腐的东西,向大自然、向整个社会学习,学习自然科学和社会科学。同时,为了教育救国,就要建立各种近代化的新式学校,普及教育,让西学之士来教育国人,从而使国人觉醒、自强、自立,不再受外辱。

第一,倡导建立各种军事学校,进行军事技术教育。近代的中国在军事上远远落后于西方,军备废弛,没有战斗力。对此,容闳建议"设立一所武备学堂,以训练有能力的军官;为海军建立一所水师学堂",通过军事学校的办理来培养军事技术人才。

第二,积极倡导面向广大民众的教育。针对中国教育的不普及和国民的不觉悟,容闳提出了普及教育的思想,建议面向广大民众进行西式教育,"设立面向民众的学校"。他认为只有普及教育,让广大民众都有机会受教育,才能让他们明白更多的真理,成为对社会和国家有用之才。可以说,在中国历史上容闳是首次提出大众教育的教育家,在当时具有极深远的意义。

2. 主张派遣留学生接受西方先进科学文化教育

容闳被誉为"留学生之父",是因为他在中国历史上,第一次提出并实施了派遣留学生的思想。他认为,只学习西方的科学文化是不够的,中国创建的新式学校也远远不能满足栋梁之才的需求,主张利用外国先进的教育体制培养一批爱国报国的知识分子。为此,容闳向清政府递交了奏报折,明确提出由清政府以官费形式选派幼童留学,在美国设立留学生事务所,管理学生的日常学习和生活。建议"政府宜选派颖秀青年,送之出洋留学,以为国家储蓄人才。派遣之法,初次可先定一百二十名学额以试行之……至学生在外国膳宿入学等事,当另设留学生监督二人以管理之。此项留学经费,可与上海关税项下,提拔数成以充之"①。在这个方案中,对留学生的管理、膳宿、入学、经费等事项都做了详尽的规定。可见,容闳为了实现他的教育计划费尽心思。在这之后的几年,清政府还选派了许多学生前往英法德等学习军事、造船、驾驶、法律等不同学科。后来的事实证明,归国留学生中有不少人作出了很大贡献。

3. 关于发展职业教育的思想

容闳的教育思想中,最闪光的是他的职业教育思想。他在中国历史上第一次提出培养职业人才,突破了以前把西方先进的工程机械视为"奇巧之物"的传统观念。在美期间,容闳就亲眼目睹了美国的职业教育。容闳回国以后,对全国各地,对太平军所及区域进行了细致的考察。容闳看出,中国还是一个小农经济的国家,没有自己的实业,而要创办实业,则需要技术人才,而技术人才则需要创办一些西式的学校来培养。所以,他才向太平天国提出了"设立各类实业学校"的建议。而且,他向太平天国保证:"此其大略,至若何实行,自非立谈所能罄。倘不以为于缓,而采纳予言,愿为马前走卒。"②同治三年(1864年),容闳在去美国的途中经过欧洲,他到欧洲各地参观游览,了解了工业社会的状况,更加希望中国有自己的工业,有自己的工人,有自己的技术人员,能为中国的独立富强做贡献。

容闳认为,要给中国工人传授一些先进的机械原理,并给他们实习的机会,以便中国将来能够有自己的工人,自己完全独立自主管理自己的工厂,制造自己的机器,不再仰仗外国工程师来为中国培养熟练工人和工程技术人员。这些建议,不仅表明容闳意识到了引进西方先进技术设备的重要性,而且更认识到培养自己的技术人员、实施职业技术教育的重要性。洋务运动时期,洋务派官员接受容闳的建议,实施职业技术教育,在江南制造

---

① 《西学东渐记》,湖南人民出版社 1981 年版,第 57 页。
② 《西学东渐记》,湖南人民出版社 1981 年版,第 56~57 页。

总局附设了一所机械学校,传授机械工程原理、制造技术等,以培养中国自己的工程技术人员。

(二) 郑观应与《盛世危言》

郑观应(1842～1922),原名官应,字正翔,号陶斋,别号杞忧生、慕雍山人、待鹤山人。广东香山(今中山)人。清末维新派代表人物,近现代改良主义者。光绪二十年(1894年),郑观应完成了体现他成熟而完整的维新思想体系的《盛世危言》并正式出版。《盛世危言》共5卷本,包括57篇文章,贯穿着"富强救国"的主题,对政治、经济、军事、外交、文化诸方面的改革提出了切实可行的方案,给甲午战败以后沮丧、迷茫的晚清末世开出了一帖拯危于安的良药。《盛世危言》直接涉及教育的有《学校》、《西学》、《女教》、《考试上》、《考试下》、《藏书》、《教养》、《弭兵》等。在教育上,郑观应的《盛世危言》从基础教育到高等教育都有新的见解。

1. 勾画出中国近代学制的轮廓

郑观应对旧的教育制度提出尖锐批评,称"学校之制度,人各延师以课其子弟。穷民之无力者荒嬉颓废,目不识丁,竟惘知天地古今为何物,而蔑伦悖理之事,因之层出不穷。此皆学校不讲之故也"①。于是,他提出要仿照西方学制设立小学、中学、大学三级学制系统,"设于各州县者为小学,设于各府省会者为中学,设于京师者为大学"。大、中、小学均采取班级授课的形式,规定学习年限各为三年,以考试的结果为升学的标准。鉴于当时的现实,他提出了"变通"的方法,即将科举制的进士、举人、秀才三级科名与大、中、小三级学校相配合,并将各省、府、县的书院改为学堂。他是最早倡导改书院为学堂的人,也是较早提出建立三级教育系统的教育家。而"各乡亦分设家塾、公塾",类似于幼儿阶段的教育,未纳入正式学制系统,不规定学习年限,学生通过考试才能进入"小学"。从入"小学"开始实行分科教育,分文、武科两大类,文科类设有六科:文学、政事、言语、格致、艺学、杂学;武科类只有陆军和海军两科。

2. 重视西学,改革科举制度

郑观应主张学西学,认为西学"皆有益于国计民生,非奇技淫巧之谓也"。他在《盛世危言·西学》一文中痛斥"自命正人者"动以不谈洋务为高,见有讲求西学者,则斥之为名教罪人,士林败类,实是误国误民。他认为,西方教育是"士有格致之学,工有制造之学,农有种植之学,商有商务之学。无事不学,无人不学"的。进而,郑观应将西学分为天学、地学、人学三个部分,所谓天学,包括"一切算法、历法、电学、光学诸艺";所谓地学,包括"一切测量、经纬、种植、车舟、兵阵诸艺";所谓人学,包括"一切政教、刑法、食货、制造、商贾、工技诸艺"。这就将西方科学技术和政治体制等都包括在内,都列入应该学习的范围。这是因为,西学有一个根本性特点,即"皆实征诸事,非虚测其理",值得中国师法。他说:"西法各种,西人藉以富强,已收实效,皆有程式。我步趋其后,较易见功。由西文译作中文,

---

① 《郑观应集》上册,上海人民出版社1982年版,第245页。

以西学化为中学,不及十年,中国人才无难与泰西相领顽。"①

为选用精通西学的人才,郑观应主张改革科举制度。他在《盛世危言》中,专置"考试上"、"考试下"来探讨考试制度改革问题。他指出,以时文取士有两大弊害,一是"所学非所用,所用非所学",埋没了大量人才;二是"锢蔽天下之人材",扼杀了人们的智慧。因此,郑观应主张文试废时文,武试废弓矢,并且在文、武岁科之外,另立一科,专考西学。他设计西学有三试:一试格致、化学、电学、重学、矿学新法;二试天文、舆地、水陆形势;三试内外医科配药及农家植物新法。他规定录取时,"论其艺而不论其文,量其才而不拘资格,精其选而不必定额数",而且要求"如制艺之外一无所长,虽文字极优,亦置孙山之外"。

3. 主张大力发展学校及社会教育

基于对西方教育的认识以及对当时教育的担忧,郑观应认为应广建学校。他在《盛世危言·学校》中说:"学校者,造就人才之地,治天下之大本也。"要求像德国那样,"学之大小,各有次第"。首先要解决普及初等义务教育问题,即"乡塾散置民间,为贫家子弟而设,由地方官集资经理。无论贵贱男女,自五岁以后皆须入学,不入学者罪其父母"。然后,通过通商院、实学院、技艺院深造,杰出者再入太学院学习。郑观应在《盛世危言·西学》又指出:"学校者,人才所由出。人才者,国势所由强。故泰西之强强于学,非强于人也。我则欲与之争强,非徒在枪炮战舰也,强在学中国之学,而又学其所学也。"在这里,郑观应提出了办学的指导思想,即中体西用、中西兼学。所谓"合而言之,则中学其本也,西学其末也,主以中学,辅以西学。知其缓急,审其变通,操纵刚柔,洞达政体,教学之效,其在兹乎!"为此,他建议:

> 中国亟宜参酌中、外成法……聘中外专门名家,选译各国有用之书,编定蒙学普通专门课本,颁行各省。并通饬吏督同地方绅商就地筹款,及慨捐矩款,相助者报部奖励。务使各州、县遍设小学、中学,各省设高等大学,一体认真,由浅入深,不容躐等。②

除发展学校教育外,还需大力发展社会教育。郑观应指出:"大抵泰西各国教育人才之道,计一有三事:曰学校,曰新闻报馆,曰书籍馆。"③广设日报旨在"通民隐,达民情",主张各省创办日报,以使"民心无不惬,民志无不伸",同时,通过报纸,使读者不逾户庭而周知天下事。郑观应还在《藏书》篇中,专论各省应于各厅、州、县分设书院即图书馆,"购中外有用之书藏贮其中,派员专管。无论寒儒博士,领凭入院,即可遍读群书"。

二、维新运动期间的教育改革

洋务运动历经30余年,以中日甲午战争的失败而告终。在民族危机日益加深的情况

---

① 《郑观应集》上册,上海人民出版社1982年版,第301页。
② 《郑观应集》上册,上海人民出版社1982年版,第267页。
③ 《郑观应集》上册,上海人民出版社1982年版,第247页。

下，以康有为、梁启超、严复等为代表的维新派乘机发起了维新运动。光绪二十四年（1898年）6月11日，支持变法的光绪皇帝发布《明定国是诏书》，宣布维新变法。9月21日，慈禧太后发动政变，软禁光绪皇帝，变法宣告夭折。在这被称为"百日维新"的103天中，光绪皇帝颁布了一系列改革法令，使甲午战争以后维新人士的变法要求一变而为朝廷的施政措施，维新运动被推向高潮，其中维新运动期间的教育改革是维新变法一项重要内容。

（一）维新派的教育活动

教育改革是维新运动的重要内容，办学堂、开民智是维新派的重要教育活动。据梁启超《戊戌政变记》的不完全统计，光绪二十一年（1895年）后的两三年间，各省设立的维新活动机构有51处，其中学会24处、学堂19所、报社8所。这些学会、学堂、报馆，在介绍西学、传播维新变法思想以及唤起人们起来参与改革社会方面发挥了重大作用，出现了举国士民"家务言时务，人人读西学"的情景，使人们开始从封建思想的桎梏中解放出来，为维新变法运动进行了思想和人才准备。

1. 与顽固派和洋务派展开论战

维新派以康有为、梁启超为代表的改良主张，遭到了顽固派及洋务派的抵制，且围绕着教育上的诸多问题展开了激烈的论战，主要表现在以下三个方面。

在要不要反对以"三纲五常"为教育中心的封建伦理道德的问题上，维新派以资产阶级的"天赋人权"说，认为"三纲五常"束缚了人的自由发展，是违背天理，是毁家亡国的谬论。洋务派则认为"三纲五常"是立国立教的根本，舍此而提倡"民权"，必然会引起天下大乱。顽固派厮守"天不变道亦不变"的观念，称"祖宗之法不可变"，"宁可亡国，不可变法"。

在要不要提倡西学、批判中学的问题上，维新派认为中学无实无用，只能培养庸俗无能之辈，应该革除，因而极力提倡西学，包括学习西方的自然科学和资产阶级的政治学说，诸如君主立宪、自由、博爱、平等。顽固派认为传习西学等于"变夏从夷"，结果必然是"正气为之不伸，邪气因而弥炽"，还咒骂西学是不要父母，不要君上，"奇技淫巧"。甚至是将提倡西学之人视之为"名教罪人，士林败类"，当处以"脔割寸磔"。洋务派则提出"中体西用"，但西学中不包含资产阶级的政治学说。

在要不要废八股变科举，改革封建主义教育制度问题上，维新派认为欲救中国，必须兴学育才，首在废八股、变科举及建立资本主义教育制度。康有为在光绪二十四年（1998年）的《请废八股试贴楷法试士改用策论折》中，把中国的积贫积弱、备受凌辱都跟科举和八股联系起来。他说："然则中国之割地败兵也，非他为之，而八股致之也"；"惟今变法之道万千，而莫急于得人才，得才之道多端，而莫先于改科举。今学校未成，科举之法未能骤废，则莫先于废弃八股矣"①。梁启超则主张："变法之本在育才，人才之兴在开学校"。"欲兴学校、养人才以强中国，惟变科举为第一义。大变则大效，小变则小效"②。严复更

---

① 舒新城编：《中国近代教育史资料》上册，人民教育出版社1981年版，第36页。
② 舒新城编：《中国近代教育史资料》下册，人民教育出版社1981年版，第923页。

是罗列了科举制度的三大罪状,即锢智慧、坏心术和滋游手。顽固派则极力维护科举制度,反对废八股变科举。洋务派则主张改革科举考试内容,甚至提出要增加西学科目等。

2. 举办学校

为了培养变法人才和传播变法思想,维新派将办学校作为变法的重要一步来实施,先后举办了万木草堂、时务学堂、通艺学堂、时敏学堂、浏阳算学馆、务本女学以及经正女学等。但影响较大的是万木草堂、时务学堂和通艺学堂。

万木草堂。光绪十七年(1891年)康有为于广州长兴里(位于今广州市中山四路)设立讲堂,称"长兴学舍",自任堂长。光绪十九年(1893年)冬,选定仰高祠(位于今广州市文明路)为正式讲舍,定名为"万木草堂"。课程有内、外课之分,内课为理论学习,涉及义理、考据、经世和文字学四种课程。义理之学包括孔学、佛学、周秦诸子学、宋明学、泰西哲学;考据之学包括中国经学、史学、万国史学、地理学、数学、格致学;经世之学包括政治原理学、中国政治沿革得失、万国政治沿革得失、政治应用学、群学;文字之学包括中国词章学、外国语言文字学。外课为校内演说和校外游历。除外,还设置有体育课,康有为将体育与习礼结合起来,寓体育于礼仪音乐之中,并举行兵操和射击练习。在教学组织方面,康有为任总教授,另从学生中选出若干名高才生作为"学长",领导学生读书。学生除了听讲外,主要靠自己读书、写笔记、记功课簿,功课簿要求每半月呈交一次。

万木草堂实际上是康有为培养变法人才和宣传维新理论的基地。当时的学生有陈千秋、梁启超、麦孟华、徐勤等100余人,后来大多成为戊戌变法运动的重要人物。尤其是在弟子们的帮助下,康有为完成了《新学伪经考》和《孔子改制考》两部巨著,托古改制,宣传今文经说,鼓吹维新变法。光绪二十年(1894年)康有为赴北京参加会试,草堂一度停办。光绪二十二年(1896年)后又有短期讲学活动。

时务学堂。光绪二十三年(1897年)初,由岳麓书院山长王先谦领衔正式呈报立案、湖南巡抚陈宝箴批准在长沙创办的一所新式学校,委派湖南维新人士黄遵宪、熊希龄具体负责学堂筹备事宜,任命熊希龄为提调(即校长),主持一切行政事务。聘请李维格为西文总教习,聘请梁启超为中文总教习。梁启超为学堂拟定了《湖南时务学堂学约》十条,即立志、养志、治身、读书、穷理、学文、乐群、摄生、经世、传教。课程分为普通学和专门学:普通学学习经学、公理学和诸子学,专门学学习公法学、掌故学和格算学。旨在使学生有变法思想和广博的知识,培养出了蔡锷、范源濂等著名弟子。光绪二十四年(1898年)戊戌变法失败后,时务学堂被迫停办。

通艺学堂。光绪二十三年(1897年)正月,刑部主事张元济联合京官陈昭常、张荫棠、何藻翔、曾习经、周汝钧、夏偕复等,呈文总理各国事务衙门,在北京宣武门租赁民房而办,初名"西学堂",后更名为通艺学堂,旨在"专讲泰西诸种实学",培养维新人才。所设课程,先习英文及天算舆地,待学生英文精熟以后,再各就性之所近,分门专习兵、农、商、矿、格致、制造等。严复曾在这里讲学,"宣读西学源流旨趣,并中西政教之大原","京官之好学者,相约听讲,不期而集者数十人"。戊戌变法期间,光绪帝召见张元济,曾询问通艺学堂情形,勉励学生"要好好地学,将来可以替国家做点事"。不久,戊戌政变失败,张元济被革职,通艺学堂也被迫停办。

3. 创设学会

维新运动领导人把建学会作为组织人力的重要手段。他们认为,欧美各国所以能称雄于世,就是由于"群心"。梁启超说:"道莫善于群","欲振中国,在广人才。欲广人才,在兴学会。"他要求全国各地广立学会,这样才能有实现"雪仇耻"、"修庶政"的可能。在康、梁的影响下,全国各地分别成立了北京强学会、上海强学会、北京保国会以及湘学会、桂学会、浙学会、陕学会、苏学会、闽学会以及学术研究性质的农学会、算学会、女学会、禁烟会和不缠足会等。维新派通过学会广泛宣传西方资产阶级的进化论和民主政治,对变法救亡运动起了积极推动作用。在当时影响较大的学会主要有以下几个:

北京强学会。光绪二十一年(1895年)康有为在北京创办,又称译书局或强学书局,以中国自强为宗旨。列名会籍的有康有为、梁启超、沈曾植、文廷式、陈炽、丁立钧、杨锐等,李鸿藻、翁同和等也予支持,成为改革派和帝党相结合的政治团体,更是最早的资产阶级维新派政治团体。强学会成立后"先以报事为主",改《万国公报》为《中外纪闻》,于12月16日出版,双日刊,有阁抄、新闻及"译印西国格致有用之书"诸栏,译印后有附论,专论不多。光绪二十二年(1896年)初,御史杨崇伊上疏弹劾强学会,请饬严禁。学会遂被改为官书局,专欲"译刻各国书籍",不准议论时政,不准臧否人物,分学务、选书、局务、报务四门。"专为中国自强而立"的强学会便违失原旨。遂之,北京强学会遭封禁。

上海强学会。北京强学会成立不久,康有为又南下南京游说两江总督张之洞,拟在"南北之汇"的上海组织学会。光绪二十一年(1895年)秋,上海强学会成立,且"专为中国自强而立",以通声气、聚图书、讲专门、成人才、成"圣教"。光绪二十二年(1896年)创刊《强学报》为会报,以孔子纪年,"托古以改今制",倡导维新变法,还提出开议院的政治主张。列名会籍的有康有为、梁鼎芬、汪康年、张謇、黄遵宪等。北京强学会遭封禁,上海强学会也随之解散。

北京保国会。光绪二十三年(1897年),德国强占胶州湾事起,瓜分危机严重,康有为"既上书求变法于上,复思开会振士气于下"。他结合各省旅京人士立会,遂决再"成一大会,以伸国愤"。光绪二十四年(1898年)三月,保国会在北京成立,并拟定《保国会章程》30条,设会宗旨是"保国、保种、保教",即保国家政权、领土不丧失,保民族种类能自立,保圣教不失。还规定入会的手续、会员的权利和义务等,初具政党规模。在北京、上海设总会,各省、府、县设分会,意在合群策、群智、群力,发愤救亡,推动维新运动。顽固派极力反对,不久停止活动。

湖南南学会。光绪二十四年(1898年),谭嗣同、唐才常等在长沙创办有学会,得到湖南巡抚陈宝箴等开明官吏的支持。南学会先后发布三个章程,即《南学会大概章程十二条》、《南学会总会章程二十八条》、《南学会入会章程十二条》。学会的宗旨是:专以开浚知识,恢张能力,拓充公益为主义;以同心合力,振兴中国为务。主要活动是讲演,它既与时务学堂相表里,又有《湘报》配合宣传,思想甚为活跃,影响也相当广泛,对促进湖南推行新政,转变社会风气,起了重要作用。湖南南学会在长沙设总会,湖南各府县州纷纷响应,竞相成立各色学会,诸如长沙的"湖南不缠足总会"、"延年会"、"积益学会"、"学战会"、"公法学会"、"法律学会",浏阳的"群萌学会",衡州的"任学会",郴州的"舆算学会",龙南的"致用学会",常德的"明达学会",等等。

4. 发行报刊

从鸦片战争到甲午战争前,外国人在中国创办了约180种中外文报刊,外报在宣称办报目的时,大多谈其以公众通信息、广见闻为宗旨。外报的出现激发了国人办报的积极性和中国近代报刊的产生。对维新派来讲,对于西方文明的接纳不能不注意到报纸的巨大作用。维新派自觉利用报刊的功用,使其成为推进维新改革运动的有力工具,在思想启蒙、倡导民权及配合新政的实施等方面发挥了重要作用。除了上述学会的会报以外,影响较大的还有:

《时务报》。光绪二十二年(1896年)由黄遵宪、汪康年、梁启超等在上海创刊,梁启超为主编,以宣传变法、救亡图存为宗旨。分设论说、谕折、京外近事、域外报译等栏目。连载梁启超所著《变法通议》,猛烈抨击封建顽固派的因循保守。由于议论新颖,文字通俗,数月之内,销行万余份,对推动维新运动起了很大作用。在"百日维新"中,光绪帝下谕改《时务报》为官报,派康有为督办其事。这是维新派所办理的最重要的、影响最大的机关报,也是国人所办的第一份杂志。

《国闻报》。光绪二十三年(1897年)由严复等创刊于天津,刊登国内各省要闻,同时译载重要政论及名著,如连载严复所翻译的《天演论》等。在维新运动中影响很大,成为维新派的重要宣传工具,与上海《时务报》分掌南北舆论界的引领地位。戊戌变法后遭清政府查办,事后,正式卖与日本人。光绪二十六年(1900年)曾一度复刊,次年改名为《天津日日新闻》。

《蒙学报》。中日甲午战争后,汪康年受维新思想影响创立爱国组织中国公会,后应康有为之邀赴上海加入上海强学会,并在上海创设蒙学会。光绪二十三年(1897年),汪康年在上海创办《蒙学报》,这是第一份由国人自己创办的儿童教育报刊,也是中国第一个专门研究儿童教育问题的爱国团体蒙学公会的机关刊物。在发行了72期后,由于时局动荡以及资金短缺等问题,于光绪二十五年(1899年)停刊。

(二)百日维新中的教育改革

在"百日维新"中,清帝连续发布了110道除旧布新的命令,内容涉及政治、经济、军事及文教诸方面,其中对教育的改革成为此后清末教育新政的先声。教育改革的主要内容为废八股和兴学堂。

1. 废八股改革科举制度

是年6月23日,光绪帝下令废八股,改试策论。7月23日,光绪皇帝下诏催立经济特科,以选拔维新人才。经济特科是贵州学政严修于光绪二十三年(1897年)奏请设立的,区别于明清的进士科,拟分为内政、外交、理财、经武、格物、考工六项,并强调科举考试要以实学实政为主,不讲求楷法。戊戌政变后,虽然恢复了八股考试,罢经济特科,但人们开始向往富有朝气的新式教育。

2. 广设学堂

兴办学堂是戊戌变法的主要"新政"措施之一。首先是创办了近代第一所国立大学，即京师大学堂。在光绪帝的严令督促下，总理衙门委托梁启超起草了《京师大学堂章程》，并于是年7月3日上报，光绪皇帝当即批准设立京师大学堂，吏部尚书孙家鼐为管学大臣管理大学堂事务，许景澄任中学总教习，丁韪良为西学总教习。《京师大学堂章程》计8章52条，对大学堂的性质、办学宗旨、课程、入学条件、学成出身、教习聘用、机构设置、经费筹措及使用都作了详细规定。提出办学宗旨为"广育人才、讲求时务"，指导思想是中体西用、中西并用。课程设置分为普通学和专门学两种：普通学为必修课，亦即基础课程，包括经学、理学、掌故学、诸子学、逐级算学、初级格致学、初级政治学、初级地理学、文学、体操学10门，学习年限为3年，要求学生年龄在20岁以下者必须从英、法、俄、德、日五国语言文字中认习一种。普通学课程卒业后，方可进入专门学的学习。专门学分高等数学、高等格致学、高等政治学（包括法律学）、高等地理学（包括测绘学）、农学、矿学、工程学、商学、兵学、卫生学（包括医学）共10门，学生从中选学1～2门，学习年限也是3年。在这6年课程规划中，西学比重高于中学。京师大学堂不但为施行学校教育之机关，同时亦为全国之最高教育行政机关，各省学堂均统归大学堂管辖。光绪二十六年（1900年）八国联军入侵北京，京师大学堂遭到破坏，校务停顿。次年恢复开办，京师同文馆亦并入京师大学堂，成为大学堂的译学馆，并被纳入清末学制系统，规模逐步扩大。至宣统二年（1910年），京师大学堂发展为设有经、法、文、格致、农、工、商七科的综合性大学。1912年更名为北京大学。

与此同时，还筹办了高等、中等、初等各级学堂和专门学堂。光绪帝令各省督抚督饬地方官将各省府厅州县之大小书院，一律改为兼习中学、西学的新式学堂。以省会之大书院为高等学堂，郡城之书院为中学堂，州县之书院为小学堂，地方自行捐资办理的社学、义学等一律中西学兼习。凡民间祠庙不在祀典者，也一律改为学堂，并鼓励绅民捐资兴学，对独立创办学堂者给予重赏。

除废八股、兴学堂外，还有派员出国游学、设译书局和编译学堂以及改《时务报》为官报等重要举措。变法失败后，除京师大学堂继续筹办外，其余教育措施宣告废止。但其影响是深远的，"在维新浪潮的冲击下，科举制度已走向末路，建立新式学堂成为不可阻挡之势，西方知识在课程中逐步确定并不断扩大范围。维新运动中的教育改革为中国近代新学制的产生做了舆论准备，打下了实践的基础。中国第一个近代学制，在维新运动教育改革的推动下，呼之欲出"①。

三、维新派代表人物的教育思想

在维新运动中，以康有为、梁启超、严复等为代表的维新派，把教育作为改变中国落后

---

① 王炳照等编：《简明中国教育史》，北京师范大学出版社2010年版，第288页。

状况的出发点,呼吁改革科举制度,建立新的学校制度,并在教育改革活动中形成了比较系统的维新教育理论,对清末教育新政产生了深远的影响。

(一) 康有为

康有为是维新运动的主要代表人物,近代杰出的政治家、思想家和社会改革家,也是19世纪末向西方寻求真理的先进中国人之一。

1. 生平及教育活动

康有为(1858~1927),字广厦,号长素,广东南海人,人称南海先生。出生于封建官僚家庭,祖父康赞修是道光年间的举人,父亲康达初做过江西补用知县,故其自幼接受儒学及程朱理学熏陶,还曾潜心于陆王学及佛学。

自光绪五年(1879年),康有为到香港大开眼界,后又阅读《海国图志》、《瀛环志略》等,开始接触西方文化,自称"购地球图,渐收西学之书,为讲西学之基矣"。光绪八年(1882年),康有为到北京参加顺天乡试,南归时途经上海,购买了大量西方书籍,吸取了西方的进化论及政治观点,初步形成了维新变法的思想体系。光绪十四年(1888年)再一次到北京参加顺天乡试,借机第一次上书光绪帝请求变法,提出了"变成法,通下情,慎左右"三条纲领性的主张,因受阻未果。

光绪十七年(1891年),康有为在广州设立万木草堂,开始培养变法人才和宣传变法思想,期间完成了他的《新学伪经考》和《孔子改制考》两部专著,其变法理论基本成熟。光绪二十一年(1895年),康有为到北京参加会试,得知《马关条约》签订,便联合1300多名举人签名上万言书,即著名的"公车上书"。康有为从爱国的立场出发,强烈主张"拒和、迁都、变法",建议皇帝"下诏鼓天下之气,迁都定天下之本,练兵强天下之势,变法成天下之治"。虽仍未上达,却会试中进士,被任命为工部主事。当年5月底,他第三次上书,从政治、经济、文化教育等几个方面系统地阐述了自己的变法思想,政治上提出了变君主专制为君主立宪的要求,经济方面上提出了发展工业、振兴商业、保护民族资产阶级利益的主张,文化教育上提出了"开民智"、"兴学校"、"废八股"的主张,得到了光绪帝的赞许。7月,他与弟子梁启超等创办了《中外纪闻》,不久又在北京组织强学会。

光绪二十四年(1898年),光绪帝下令康有为条陈变法意见,于是他呈上《应诏统筹全局折》及所著《日本明治变政考》、《俄罗斯大彼得变政记》。是年4月,和梁启超一起组织保国会,号召救国图强。6月16日,光绪帝在颐和园勤政殿召见康有为,任命他为总理衙门章京,准其专折奏事,筹备变法事宜。后因慈禧太后的干预,维新运动失败,他出逃法国。为获得国际支持,他曾游历列国,会见欧洲各国君主。辛亥革命后,康有为回国主编《不忍》杂志,宣扬尊孔复辟,反对共和制,甚至还曾与北洋军阀张勋发动复辟,拥立溥仪登基,成为一名地地道道的保皇派。梁启超在《康有为传》中评价他说:"吾以为谓之政治家,不如谓之教育家。谓之实行者,不如谓之理想者。"

1. 教育乃安邦治国之本

康有为对教育改革的迫切愿望源于对教育作用的认识。维新运动中,他无论上书还是呈折,都将"兴学育才"作为维新救国的基本保障加以强调。在《公车上书》中,康有为通过比较不同国家的强弱形势和人才状况,认为教育是安邦治国之本,一个国家的强弱关键是看国民的智慧,所谓"才智之民多则国强,才智之士少则国弱"。他指出:"尝考泰西之所以富强,不在炮械军器,而在穷理劝学。"反过来,中国之所以贫弱,从根子上说还是因为教育不良。因此,变法的首要任务在于发展教育,"欲任天下之事,开中国之新世界,莫亟于教育"。

当然,教育对个人的发展也有非常重要的作用,可以改变人的善恶智愚,所谓"人与人相去之远……则全视习"。这是对孔子人性论思想的继承和发展。

2. 变科举、兴学校的主张

康有为认为,要改良教育,首先要改革科举,而改科举又首在废八股,先以切近时务的策论取士,等学校普遍开设后,再进一步谋求彻底变革科举之事。光绪二十四年(1898年),他在上书中说:"变法之道万千,而莫急于得人才。得才之道多端,而莫先于改科举。"①这是因为"台辽之割,不割于朝廷,而割于八股。二万万之款,不赔于朝廷,而赔于八股。胶州、旅大、威海、广州湾之割,不割于朝廷,而割于八股"。因此,他建议光绪帝立即下诏废八股,改试策论,"以其体裁,能通古证今,会文切理,本经原史,明中通外,犹可救空疏之宿弊,专有用之问学。然后宏开校舍,教以科学,俟学校尽开,徐废科举"②。

在主张变科举的同时,康有为积极提倡普建学校,改变传统的教育内容,传授科学技术,培养新型人才。他在变法时上奏的《请开学校折》中,呼吁"今者,广开学校为最要矣"。他具体介绍了欧、美、日兴学的情况,提议"远法德国,近法日本,以为学制"。他在《请开学校折》中设计了一个学校系统:乡立小学(7岁入学),教文史、算数、舆地、物理、歌乐,8年毕业,是为强迫(义务)教育阶段,"其不入学者,罚其父母"。县立中学(14岁入学),加深各科教学,并学外国语,重视实用学科。省、府立专门高等学校或大学,京师设立大学堂作为中央设立的最高学府。他还提到设师范、分学科、撰课本、定章程等各项兴学的具体事务,在百日维新时多被采纳。

3. 《大同书》中的理想教育体制

《大同书》是康有为构思理想社会的著作,完成于光绪十年(1884年),初名《人类公理》,光绪二十八年(1902年)完稿时改名为《大同书》。康有为根据公羊三世说、《礼运篇》中的大同小康说、佛家的慈悲平等说、卢梭的天赋人权说、耶稣的博爱平等说以及欧洲的空想社会主义学说,加上自己的想象,创造性地描绘出了一幅"大同"社会的蓝图。在这个理想社会里,"无邦国,无帝王,人人平等,天下为公",根除了愚昧和无知,教育昌盛,文化繁荣,语言统一,教化相同。因为消灭了家庭,"人人皆无家累"。儿童是整个社会的儿童,不再是某个家庭或个人的子女,对儿童的抚养和教育均由社会来承担。

《大同书》中还描绘出了一个完整而系统的理想教育体制的蓝图,体现大同世界人人平等,教育普及,施教合理,使人健康发展的远景。设计出了一个前后衔接的完整的教育

---

① 舒新城编:《中国近代教育史资料》上册,人民教育出版社1981年版,第36页。
② 舒新城编:《中国近代教育史资料》上册,人民教育出版社1981年版,第39页。

体系,包括四个部分:一是人本院和育婴院,属于学前教育。妇女怀孕后入人本院实施"胎教",并对孕妇实施性格、情绪、道德及美育教育。儿童出生后转入育婴院,脱离母亲实施"公育"。育婴院招收半岁至3岁儿童受教,再置慈幼院,招收3至5岁儿童受教,内容为保健和知识启蒙。二是小学院,儿童6岁入学,"养体为主,而开智次之",所以功课宜少,而游戏宜多,同时又要"以德育为先"。三是中学院,学生11岁入学,由于中学为"一生之学根本",学问之通否,德行之成否,全是在这个时期定型的,所以体育、智育、德育均不可偏废,但仍以德育为重。四是大学院,招收16岁以上中学毕业生。大学是专门之学,故"于育德强体之后,专以开智为主",学习什么专业,可由个人自由选择,人尽其才。大学应特别重视实验,因此必须有自己的工厂、农场、商店、医院等。大学校址的选择,也应视专业而定,不应都设在城市里。

《大同书》中的教育体制是儒家教育理想与借鉴西方学制结合的产物,是中国历史上第一个全面系统且富有资产阶级性质的教育制度,其重视学前教育、提倡人人平等、主张德智体全面发展以及重视学校体育卫生工作等,至今仍具有重要的借鉴价值。

(二) 梁启超

梁启超为维新运动领导者之一,被公认为清朝最优秀的学者,民初清华大学国学院四大教授之一,更是一位能在退出政治舞台后仍在学术研究上取得巨大成就的少有人物。"中华民族"一词也是其最早提出来的。尤其是,梁启超在维新变法和清末新政前期提出的许多教育改革建议,汲取了西方教育的新知学理,措施具体而观点新颖,在中国教育近代化发展的许多方面起到了思想先导的作用。

1. 生平及教育活动

梁启超(1873～1929),字卓如,一字任甫,号任公,又号饮冰室主人、饮冰子、哀时客、中国之新民、自由斋主人,广东新会人。祖父梁镜泉、父亲梁莲涧均为秀才,以教书为生。

梁启超自幼在家中接受传统教育,"八岁学为文,九岁能缀千言"。光绪十五年(1889年)中举。光绪十六年(1890年)赴京会试未中,回粤路经上海,看到介绍世界地理的《瀛环志略》和上海机器局所译西书,眼界大开。同年结识康有为,投其门下,后入读康有为创办的万木草堂,协助康有为编著《新学伪经考》和《孔子改制考》。

光绪二十一年(1895年)开始积极参与维新运动,与康有为一起联合各省举人发动"公车上书"运动,并参与领导北京强学会和上海强学会。光绪二十二年(1896年)任《时务报》主编,使该报成为当时影响最大、发行量最多的一份报纸。光绪二十三年(1897年)任长沙时务学堂主讲,积极宣传变法维新,这时学界开始将"康梁"并称。光绪二十四年(1898年)清廷赏六品官衔,办理京师大学堂译书局事务,协助康有为推行新政。变法失败后,与康有为一起流亡日本,坠为保皇派,与资产阶级革命派分庭抗礼。

1920年以后,梁启超专门从事著述讲学活动,先后在南开和清华大学任教,著述达1500万言,主要有《中国近三百年学术史》、《中国历史研究法》、《清代学术概论》,教育代表作有《变法通议》、《湖南时务学堂学约》、《教育政策私议》、《论教育当定宗旨》等,均收入《饮冰室合集》一书,是研究梁启超教育思想的主要参考文献。

2. 教育旨在开"民智"和培养"新民"

梁启超从救亡图存的角度出发,对教育作用高度重视。他认为国家的强弱是以教育为转移的,变法维新也是靠教育来实现的。然当时中国的现状是"缺乏人才",是"教之未善",是"民智未开"。他在《上陈宝箴书论湖南应办之事》中说:"今日中国之大患,苦于人才之不足,而人才不足由学校不兴也。"因此,他把兴学校,办教育作为关系到国家强弱,民族盛衰的头等大事来看,所谓"欲求新政,必兴学校,可谓知本矣"。兴学的目的在于"开民智","智恶乎开,开于学;学恶乎立,立于教",故自强之道必"以开民智为第一义"。

鉴于教育的周期长、见效慢,因而教育在"开民智"方面必须有明确的方向和目的。光绪二十八年(1902年),梁启超在所撰《论教育当定宗旨》一文中,对教育目的进行了专题论述。首先,他认为教育必须有目的。人与动物、文明人与野蛮人最大的不同点,就是人的活动是有目的、有意识的。教育又是人类一种非常重要而又复杂的活动,更不能没有目的,所谓"他事无宗旨犹可以苟且迁就,教育无宗旨,则寸毫不能有成"。其次,他主张教育必须有正确的目的,他认为,教育目的的正确与否至关重大,封建教育之所以腐朽,洋务教育之所以收效甚微,主要在于教育目的上的错误。中国传统教育最大的缺点,是培养出来的人缺乏国家、公共和自治观念,只求个人完善,或者只想升官发财,奴性、作伪、自私、怯懦、麻木是人们的通病,"可以为一个人的资格","而独无可以为一国国民之资格"。进而,梁启超认为教育旨在培养有特色的国民或新民,他所说的新民与旧时代的人迥然不同,这种新民的精神是进取的,思想是自由的,行动是自立的,团体生活是有组织的,是重公德的,是爱国家的,是有毅力尽义务的,是勇敢尚武的,实际上就是资产阶级新一代。国民教育的任务就是要"养成一种特色之国民"。在《新民说》一文中,还强调培养新民为"今日中国第一急务"。

为培养有特色的"新民",梁启超特别重视对青年一代的教育,强调铸造青年的独立精神、权利思想和公德意识,旨在教育青年"学做现代人","学做现代的整个人","一切教育事项虽然很复杂,目的总是归到学做人这一点"。

在中国教育史上,梁启超是最早专题论述教育必须有正确目的的教育家。

3. 变科举、兴学校主张

甲午战争后不久,梁启超即提出了变科举、兴学校的系统主张。他指出:"变法之本在育人才,人才之兴,在开学校,学校之立,在变科举。"①又"兴学校养人才,以强中国,惟变科举为第一义。大变则大效,小变则小效"。然而变科举的关键是改革八股取士制度,他认为八股取士制度是"兴学校"的一大障碍,是中国锢塞文明之一大根源。八股取士不仅造成官不能治国,农不会种田,工不知生产,兵不能御敌,妇女不能理家的局面,且外强交逼,割地赔款等"皆由科第不变致之也"。因此,他向光绪帝建议"将下科乡会试,及此后岁科制,停止八股试帖,推行经济六科,以育人才以御外侮"。

在《论科举》一文中,梁启超还提出了改革科举制的上策、中策、下策三种模式。上策是取消科举,由国家厘定学制,按照西方模式兴办小学、中学、大学,大学毕业之后还可以

---

① 《梁启超全集》第一卷,北京出版社1999年版,第15页。

择优送到外国留学。这些学子的社会地位和待遇可以比照进士、举人、秀才的等序厘定。这是对中国教育制度和官吏制度全面改革的举措。学制既经改造,科举自然不再存在,教育资源自然也不再限于四书五经,而可以将中学西学烩于一炉。如此,中国文化和中国教育都将从灭亡的深渊中振拔起来,中国也将巍然挺立于世界。

所谓中策,即放弃对学校制度的改变,但要对科举考试制度进行重大调整。在通常考试科目帖括之外,增加既照顾传统、又适用于时务的考试科目,如经学、算学、外语、法学、外交和国际关系、礼学、技艺、医学、教育学、兵法等。这些学科,远比传统的科举丰富。如果说帖括一科只能选拔一些腐儒,其他各科所选则都具有较多文化、学术、科学、技艺含量,充分体现了经世致用精神,可致富国强兵之效果。除此之外,还可以广开思路,多途径取士。或特诏举试,或按省附考,给予出身,示以荣途。"著书可以入翰林,上策可以蒙召见"。倘若如此,"则岩穴之间,乡邑之内,与夫西学诸馆,及出洋学习之学生,皆可因此以自达。其未有成就者,亦可以益厉于实学,以为天下用,则其事甚顺,而其效亦甚捷"①。

所谓下策,"一仍今日取士之法,而略变其取士之具"。也就是学校制度和考试制度不变,但是考试内容有新的要求。童子试必须增加"中外政治得失、时务要事、算法、格致"等考试内容。"乡、会试必三场并重,第一场试四书文、五经文、试帖各一首;第二场试中外史学三首,专问历代、五洲治乱存亡之故;第三场试天算、地舆、声光、化电、农、矿、商、兵等专门,听人自择一门,分题试之,各三首。殿试一依汉策贤良故事,专问当世之务,对策者不拘格式,不论楷法"②。

这里的上中下三策,并不相互排斥,而是相互补充。若行上策,全面变革教育制度、课程设置、教育资源配置,那就必定会涉及中策、下策的内容。倘若推行下策,光绪三十一年(1905年)清王朝终于废除了科举制,这项改革的实施离《变法通议》的诞生仅仅9年,庶几接近梁启超所提出的"上策"。他认为,"由上策者强,由中策者安,由下策者存"。如果仍一成不变的话,国将不保。

在变科举的同时,梁启超主张要兴办学校,把学校视为立国之本,认为变法图强之道有千万条,但一切皆归于学校。对此,他主张根据日本的学校制度来兴办学校,分为四个阶段来实施:幼儿期0～5岁接受家庭及幼稚园教育;儿童期6～13岁接受小学教育;少年期14～21岁接受中学、师范或实业教育;成人期22～25岁接受大学教育,包括文、理、工、农、商、医、法及师范等。

4."人生百年,立于幼学"的儿童教育论

梁启超特别重视儿童教育,光绪二十二年(1896年)撰写的《论幼学》一文中,明确提出"人生百年,立于幼学"的主张。他认为,旧的儿童教育内容和方法,对儿童个性来说是一种束缚,造成儿童视学校如囚狱,视教师如仇敌,视读书为苦差事。因此,他提倡为孩子创办新式小学,实施8年制义务教育,如父母不送孩子上学,要给予惩罚。在这新式学校

---

① 《梁启超全集》第一卷,北京出版社1999年版,第25页。
② 《梁启超全集》第一卷,北京出版社1999年版,第25页。

里,教育内容要丰富多彩,充分开展有益于儿童身心发展的课外活动,如参观、游戏、体育、音乐等。教育方法要适合儿童年龄特征,强调减少课时,每天学习时间不应超过3个小时,"使无太劳"。他反对体罚,认为这是一种"亡国灭种"的教育方法,强调对儿童要"导之以理,扶之以术"。

尤其是,梁启超对小学教育的内容和方法都有具体论述,建议从编写儿童教学用书入手,对儿童教育进行改革,应编的书包括:(1)识字书,要求选择实用的字,采用合理的方法进行编排,让儿童尽快识得约2000个常用字。(2)文法书,即教儿童联字成句,联句成篇的方法。(3)歌诀书。将当前各种知识,选择切用者,借鉴中国古代的经验,编成韵语。(4)问答书,可与歌诀书相配合。歌诀助记忆,问答通过设问以发明之,引导学生理解。(5)说部书。文言合一,采用俚语俗话,广著群书,包括圣教史事等,让儿童阅读。(6)门径书,即开列儿童应读书目。(7)名物书,即字典。梁启超还为上述七类书各应包括的学科内容以及教学方法作了说明。诸如识字书,要求根据字的结构和内在联系组织教学,他把2000个通用字分为三类:第一类以形为主,先教单体字后教合体字;第二类以声为主,先教字母后教拼音;第三类以意为主,给与解释。他相信,不用一个月就可教会2000个通用字。在教学上,他要求循序渐进,做到先识字、次辨训、次造句、次成文。因而,梁启超也是中国近代最早提倡各科教材教法的教育家。

5. 中国积弱"必自妇人不学始"

梁启超是中国近代史上较早提倡女学的教育家之一,他从"男女平权"的立场出发,积极提倡兴办女学。光绪二十一年(1896年),他在《时务报》上发表《论女学》一文,阐发了发展女子教育的重要意义。他认为中国女子教育的落后是导致中国贫弱的重要原因之一,他说:"我推极天下积弱之本,则必自妇人不学始。"认为"女子无才便是德"是"祸天下之道"。进而,梁启超开展女子教育,既可以增加社会生产,又可以和睦家庭,"上可相夫,下可教子,近可宜家,远可善种",所以开展女子教育意义重大。因此,他极力主张废缠足,提倡妇女解放,女子教育应与男子教育权平等,凡"农商医律格致制造等事,国人无男无女,皆可各执一业以自养,而无能或不能之别,故女学与男学必相合"。光绪二十三年(1897年),梁启超拟定《倡设女学堂启》,并附《女学堂试办略章》,计划在上海开办女学一所,招收8~15岁的良家闺秀40人,学习中西文,设置算学、医学和法学三科,并计划推行到各州县。次年,便在上海积极参与了中国第一所女学"经正女学"的筹办。

6. 师范学校乃"群学之基"

光绪二十二年(1896年),他在《论师范》一文中专门论述了师范教育问题,也是中国近代教育史上首次专文论述师范教育的问题。文章对新、旧学堂教师状况进行了分析,指出当时府州县学、书院和蒙馆等传统学校的教师都是一些不通六艺、不读四史的人,更不了解西学最基本的常识,让他们做学校的教习,"是欲开民智而适以愚之,欲使民强而适以弱之也"。而新式学堂中聘请的外国教习,又存在诸多弊端,如言语不通,转译费时,效率低下;聘金昂贵;学问粗陋,滥竽充数等。他认为,中国急需普遍设立中、西学兼习的新式学堂,但不能依靠上述两类人,根本的解决办法是设立师范学校,培养符合时代要求的教师。"夫师也者,学子之根核也","故师范学校立,而群学之基悉定"。又"欲革旧习,兴智学,必以立师范学堂为第一义"。他将师范教育看作整个教育质量提高的基础与保证,必须首先办理,以保证小学有合格的师资。基于此,他力倡师范教育,在设计教育体制的时候,增加了师范教育。他还详细介绍了日本师范学校的课程设置,设置中等师范、专科师范和师范大学三级师范网,作为中国办师范学堂的参考。并强调师范学校的课程要突出师范性,要重视教育类课程的设置,使师范生能充分把握"教术"。另外,梁启超还主张要设置附属小学作为师范生实习基地,"以师范学堂之生徒,为小学之教习……以小学堂生徒之成就,验师范学堂生徒之成就"。总之,梁启超希望通过广设师范学校,培养一批在知识结构和思想观念上都符合维新要求的新教师,以推动维新教育活动的全面开展。

（三）严复

严复是清末颇有影响的资产阶级启蒙思想家、翻译家和教育家,中国近代史上向西方国家寻找真理的"先进的中国人"之一,首次将西方的进化论思想传入中国,提倡"物竞天择","适者生存","优胜劣汰"。人称"六十年来治西学者,无其比也"。

1. 生平及教育活动

严复(1854~1921),字又陵,又字幾道,福建侯官(今闽侯)人。出生于名医世家。同治五年(1866年)考入福州船政学堂后学堂,主要学习驾驶专业。同治十年(1871年)以优等成绩毕业,先后在"建威"、"扬武"两舰实习5年。

光绪三年(1877年)严复被公派到英国留学,先入普茨茅斯大学,后转到格林威治海军学院。留学期间,严复对英国的社会政治发生兴趣,涉猎了大量资产阶级政治及学术理论,尤为赞赏达尔文的进化论观点。光绪五年(1879年)毕业回国,到母校福州船政学堂担任教习。次年调任天津北洋水师学堂总教习(教务长),后任会办、总办(校长)。光绪二十二年(1896年)创办天津俄文馆,为中国最早的俄语学校。同时还协助张元济办理北京通艺学堂。光绪二十八年(1902年)赴北京任京师大学堂附设译书局总办。光绪三十一年(1905年)从英国回到上海,协助马相伯创办复旦公学,积极倡导西学的启蒙教育。次年,任复旦公学校长,不久又被安徽巡抚恩铭聘去安庆任安徽师范学堂监督。光绪三十四年(1908年)赴京出任学部审定名词馆总纂,期间,清廷赐予文科进士出身。宣统三年(1911年)创作大清国歌歌词《巩金瓯》:"巩金瓯,承天帱,民物欣凫藻,喜同袍,清时幸遭。真熙皞,帝国苍穹保,天高高,海滔滔。"由溥侗改写为新式乐谱,是为中国第一首法定的国歌。

辛亥革命后,京师大学堂更名为北京大学,受袁世凯之命担任北京大学首任校长,兼任文科学长。不久,出任总统府外交法律顾问,发起组织孔教会,支持袁世凯复辟帝制。

严复著述甚丰,尤其是他所翻译的《天演论》、《原富》、《群学肄言》、《群己权界论》、《社会通诠》、《穆勒名学》、《名学浅说》、《法意》、《美术通论》等西洋学术名著,成为近代中国开启民智的一代。1986年中华书局出版《严复集》,是研究其教育思想的主要参考文献。

2. 教育旨在"开民智"

从进化论的观点出发,严复认为一个国家兴衰存亡的主要原因在于自身状况,怨天尤人无济于事。中国之弱,就是因为民智闭塞,学术空疏,缺乏竞争的总体实力,救国的唯一良方"开民智",即全面提高国民素质。他对当时变法维新的政治改革持低调估价,认为"民智不开,不变亡,即变亦亡"①。以国人素质之低下,即使搞改革,也只能是除去一弊害又会表现为另一弊害,终究没有希望。所以,"为今之计,惟急从教育上著手,庶几逐渐更新乎"②。严复把教育视为强国之本是正确的,但如果不消除政治上的阻碍,教育也难以改革和发展。

3. 救亡自强之道在学"西学"

严复早期对西方文明极为推崇。他在《论世变之亟》中对比中西之学的一系列差别,基本上都是颂扬西学而贬抑中国传统的。例如,"中国最重三纲,而西人首明平等;中国亲亲,西人尚贤;中国以孝治天下,而西人以公治天下;中国尊主,西人隆民。其为学者,中国夸多识,西人尊新知。其于祸灾也,中国委天数,而西人恃人力"等等。他的结论是要想富强,"非讲西学不可"。且"西学"对中国而言,"救亡之道在此,自强之谋亦在此"。严复反对"中学为体,西学为用",认为中西之学各有其体用,就西学而言,是以自由为体,以民主为用。出于这个立场,他也不赞成争论"西政"和"西艺"哪个更重要,认为"艺政二者乃并出于科学,若左右手"③。严复过于美化西学是片面的,有全盘西化的倾向。但他强调要从整体上来看待和学习西学,抓住其民主和科学的实质,而不是取其皮毛,这又是他高出一般人的见解。

4. 德、智、体三育并重论

严复是中国最早论述三育并重的教育家,是中国近代从德、智、体三要素出发构建教育目标模式的第一人。严复的德、智、体"三育论"源于近代英国实证主义哲学家斯宾塞的教育著作《教育论》。严复认为,一国的政治经济状况、参与国际竞争的能力,取决于国民德、智、体三方面的发展水平,所谓"国之强弱、贫富、治乱者,其民力、民智、民德三者之征验也"④。进而,他说:"讲教育者,其事常分三宗:曰体育,曰智育,曰德育,三者并重。"⑤必须从提高国民这三方面素质着手,"是以今日要政统于三端:一曰鼓民力,二曰开民智,三曰新民德"。"是三者备,而后可以为真国民"。所谓"鼓民力",就是提倡体育,包括禁止吸鸦片和女子缠足等陋习,使国民有强健的身体。他认为体育和智育是相辅相成的,"形神相资,志气相动,有最胜之精神而后有最胜之智略";所谓"开民智",就是要全面开发民众的智慧,提高民众的文化教育水平,但实际牵涉对传统教育体制、教育内容、学风和教学方法的改革,其核心是改革科举制度,废除八股取士和训诂词章之学,讲求西学;所谓"新民德",主要是改变传统德育内容,用西方的民主自由平等取代封建伦理道德,培养人民忠

---

① 《严复集》,中华书局1986年版,第539页。
② 王蘧常:《严几道年谱》,台北商务印书馆1977年版,第74~75页。
③ 《严复集》,中华书局1986年版,第559页。
④ 《严复集》,中华书局1986年版,第16页。
⑤ 《严复集》,中华书局1986年版,第167页。

爱国家的观念意识。"新民德"要从改变民众的奴隶地位开始,如"设议院于京师,而令天下郡县各公举其守宰"。因为"新民德"涉及上层建筑的意识形态领域,故严复认为尤为三者之最难。在严复的德、智、体三育体系中,智育处于基础地位。他认为,中国所面临的愚、贫、弱三方面的问题中,"愚"是最基本的问题。"开民智"直接可以治愚,间接可以"鼓民力"和"新民德",因此是救亡图存的突破口和当务之急。严复提出的德、智、体三育兼备的教育目标体系,无论就其结构要素,还是各育的内容而言,都基本确立了中国教育目标体系的近代化模式。

5."痛除八股"论

严复从文化战略的高度,对中国教育资源的守旧、单一和科举的陈腐进行了激烈的批评。认为在八股考试主导下的封建教育,不仅不能启迪人的智慧,反"适足以破坏人才"。尤其是在《救亡决论》一文中,他进一步批判八股之制,说:

> 八股取士,使天下消磨岁月于无用之地,堕坏志节于冥昧之中,长人虚骄,昏人神智,上不足以辅国家,下不足以资事畜。破坏人才,国随贫弱。此之不除,徒补苴罅漏,张皇幽渺,无益也。虽练军实,讲通商,亦无益也。何则?无人才,则之数事者,虽举亦废故也。舐糠及米,终致危亡而已。然则救之之道当何如?曰:痛除八股而大讲西学,则庶乎其有鸠耳。东海可以回流,吾言必不可易也。①

严复详细地分析了八股式教育的三大弊端,其一是"锢智慧",八股式教育违反了由浅入深、由简到繁、循序渐进的学习规律;其二是"坏心术",主要是科举试场作弊之风盛行,污染了青年人的良知;其三是"滋游手",八股教育目标单一,与生产严重脱离,导致士人与农工商壁垒分明,积累了一支庞大的官僚后备军,成为衣食仰赖于社会的游民。因此,他大声疾呼"痛除八股而大讲西学"。

6.体用一致的教育观

在确立中国未来文化教育发展的基本原则上,严复以强调"体用一致"而独树一帜。他指出,社会犹如完整的有机体,"一群之成,其体用功能,无异生物之一体",间接地对"中学为体,西学为用"观加以否定。他认为,体和用本不可分,中学与西学各不相同,他指出:"中学有中学之体用,西学有西学之体用,分之则两立,合之则两亡。"

严复主张全面学习西方的自然科学与社会政治学说,他认为洋务派讲的西学只不过是学习西方的皮毛,真正的西学要包括西方的"民主"、"政体"、"科学"。严复的"体用一致",还包括对西学整体性和发展性的认识。他把近代科学按从基础到应用的层次划分为三类:第一类称"玄学",即名学(逻辑学)和数学,属思维和工具学科;第二类是"玄著学",如物理学、化学等,属基础理论学科,提供应用学科的一般原理;第三类是"著学",如天学、地学、人学、动植之学、生理之学、心理之学、群学等,属应用学科。各类学科联成一体,相资为用,交叉发明,特别是名学、数学和各种基础理论学科更渗透到近代学术的方方面面。他认为,西学还是一个发展的体系,运用考察、实验、归纳等方法创造新知和验证学理,要

---

① 《严复集》,中华书局1986年版,第43页。

不断更新、改进和发展。据此,他批评洋务教育只是急功近利地、孤立地学习西方的某些技术,或仅是抄袭西学的现成结论,忽视了西学的整体性和发展性。

第五节 资产阶级革命时期的教育改革

光绪二十六年(1900年)义和团运动失败之后,资产阶级内部逐渐分化成两大派,即改良派和革命派。以孙中山为首的革命派积极宣传革命思想,组建革命团体,发行革命报刊,创办革命学校,掀起了资产阶级民主主义的革命运动。宣统三年(1911年)武昌起义爆发,推翻了封建专制制度。1912年1月1日,中华民国临时政府宣告成立,奠定了教育民主化改革的政治基础,开辟了中国资产阶级教育发展的新时代。

一、资产阶级革命派的教育活动

在辛亥革命的准备时期和革命过程中,以孙中山为代表的资产阶级革命派十分重视发挥教育的作用。在革命准备时期,资产阶级革命派利用教育这块阵地来宣传革命思想、组织革命力量、培养革命骨干,推动了革命形势的发展。在革命进程中,资产阶级革命派又通过举办革命学校,培养革命人才,为革命的胜利奠定了思想和人才基础。

1. 创办报刊,宣传革命思想

当时许多革命派知识分子感受到国家危亡的严重形势,他们热爱祖国,立志报国,很快走上了民主革命的道路。从光绪二十七年(1901年)起,资产阶级革命派在国内外创办革命报刊,发行革命书籍,出版了大批书报杂志,宣传反清革命思想和西方民主主义思想。冯自由在《辛亥革命前海内外革命报一览》中,罗列有报纸67种、杂志49种、图书115种。其中,影响较大的有《民报》、《苏报》、《国民报》、《民呼报》、《中国女报》、《醒狮》、《新湖南》、《湖北学生界》、《浙江潮》、《游学译编》以及邹容的《革命军》,陈天华的《猛回头》、《警世钟》和《狮子吼》等。孙中山在《〈民报〉发刊词》中,正式提出民族、民权、民生三大主义,揭示了革命的方向。

资产阶级革命派在探讨革命与教育的关系时,认为应分清轻重缓急,先革命后教育。在革命未获成功之前,教育要为革命服务,与革命并行,进行革命的教育。革命派以《民报》等报刊为阵地,与改良派的"教育救国论"等思想展开论战。这些宣传革命思想的报纸杂志的出版和发行,对批判封建意识、传播民主思想起了重大作用,为辛亥革命做了重要的舆论准备和思想准备。辛亥革命之所以能推翻帝制,建立南京民国临时政府,很重要的一点就是得力于这种革命思想的传播。

2. 组建革命团体,掀起革命高潮

资产阶级革命派在大力开展革命宣传的同时,还积极组建革命团体,以积蓄革命力量。如:光绪二十年(1894年),孙中山在檀香山成立了"兴中会",提出要"驱除鞑虏,恢复中华,创立合众政府",这是资产阶级革命派最早成立的革命组织。在"兴中会"的影响下,随着知识界革命思潮的发展,出现了许多以知识分子为主体的革命团体,比较著名的有章太炎、蔡元培和陶成章等在上海成立的光复会,黄兴、宋教仁在长沙成立的华兴会等。光绪三十一年(1905年)孙中山在日本东京,将兴中会、光复会和华兴会三会合并成立同盟会,提出"驱除鞑虏,恢复中华,建立民国,平均地权"口号,推举孙中山为总理,并在国内外许多地方设立支部。这是中国近代史上第一个有明确纲领、有组织机构的、完全意义上的资产阶级政党,它的成立极大地推动了资产阶级爱国热潮及革命形势的迅速发展,标志着资产阶级领导的民主革命的高潮已经到来。

3. 创建学校,培养革命骨干

资产阶级革命派为了培养敢于"宣战君主"、"内修战事、外御强邻"的"革命之健儿,建国之豪杰,流血之巨子",先后创办了许多为资产阶级革命服务的学校,影响较大的有爱国学社、爱国女校和大通师范学堂。

爱国学社。光绪二十八年(1902年),上海南洋公学200余名学生因反对学校当局禁止言论自由、不许谈论国事及开除学生而罢课退学。刚刚成立的中国教育会,支持南洋公学学生的正义斗争,并为他们创办了一所学校,取名为爱国学社,蔡元培任总理,吴稚晖任学监,章太炎为教员。学校实行学生自治,鼓励学生进行革命活动。学校不开设读经课,各科教学都十分重视思想陶冶和军事训练,以适应革命的需要。为了扩大宣传和影响,学校还创办有刊物,如《童子世界》、《学生世界》等。光绪二十九年(1903年)还接办了《苏报》,发表许多鼓吹革命的文章,诸如章太炎的《驳康有为论革命书》。还介绍过邹容的《革命军》,称其为"国民教育之第一教科书"。为此也遭到清政府的忌恨,章太炎和邹容被逮捕,《苏报》被查封,爱国学社也被迫解散,这就是轰动全国的"苏报案"。

爱国女校。光绪二十八年(1902年),蔡元培等在上海创办,蔡元培为校长。设此校的目的有两个:一是提倡男女平等、妇女独立,在妇女中宣传革命,充分发挥妇女在革命中的作用;二是培养女刺客,像俄国无政府主义者那样,把暗杀作为革命的重要手段。诚如蔡元培在《我在教育界的经验》一文中所说:"觉得革命止有两途,一是暴动,一是暗杀。在爱国学社竭力助成军事训练,算是播下暴动的种子。又以暗杀以女子更为相宜,于爱国女学预备下暗杀的种子。"爱国女校为辛亥革命培养了一批妇女骨干,"辛亥革命时,本校学生多有从事于南京之役者,不可谓非教育之成效也"①。

大通师范学堂。光绪三十一年(1905年),光复会领导人陶成章、徐锡麟等在浙江绍兴创办,原名为大通学堂,后改为大通师范学堂。设有体育专修科,学期为6个月,名义上是培养小学体育教师的,实际上是浙江革命党人的一个重要据点和军事干部的训练阵地,学生大部分是来自各地会党的头目。光绪三十三年(1907年)改名为大通体育学堂,聘请秋瑾主持校务,学校声誉日隆。但因与徐锡麟约定的起义时间泄密,清政府派兵血洗学

---

① 《东方杂志》第14卷1号,1917年1月。

堂,秋瑾亦被捕就义。

除外,资产阶级革命派还创办有中国公学、福建侯官两等小学堂、芜湖安徽公学、安徽崇实学堂、江苏丽泽书院、贵州的光懿小学等。值得一提的是,有"南秋瑾,北青霞"之称的刘青霞,除出巨资资助革命活动外,还出资创办了中州女子学堂附小(今开封市二师附小)以及尉氏县华英女子学校(河南省第一所女校)、蚕桑学校等。这些学校都起到了宣传革命思想、播撒革命种子、掩护革命活动的作用。

二、南京临时政府的教育改革

1912年1月1日南京临时政府宣告成立后,1月9日成立中央教育部,蔡元培任教育总长,立即着手进行资产阶级性质的教育改革,在中国初步建立起了资产阶级新教育体制,把中国教育向前推进了一大步。

(一)颁布教育改革令

1912年1月19日,教育部颁布了两项改造封建教育的法令,即《普通教育暂行办法》和《普通教育暂行课程之标准》,这是资产阶级首次以中央政府名义发布的教育文件。

《普通教育暂行办法》共14条,除敦促各地学校在农历新年后如期开学、按原学期计划正常教学外,还规定:清末各种学堂一律改称学校,监督、堂长一律改称校长;初等小学可以男女同校;各种教科书务必合于共和民国宗旨,禁用清学部颁行的教科书;民间流行的教科书凡内容与形式具有封建性而不符合共和民国宗旨者,即予改正;废止小学读经;注重小学手工科;高等小学以上体操科应注重兵式;初等小学算术科自第三学年起应兼课珠算;中学为普通教育,不必分文科与实科;中学和初级师范学校学制改为4年;废止奖励科举出身,从某级某类学校毕业者即称某级某类学校毕业生。《暂行办法》体现了清除封建性、强调男女平等、注重实用技能等原则立场,比较充分地反映了资产阶级的教育要求。

《普通教育暂行课程之标准》共11条,规定初等小学的课程为修身、国文、算术、游戏、体操,视地方情形可加设图画、手工、唱歌、裁缝(女子)之一科或数科;高等小学课程为修身、国文、算术、中华历史地理、博物、理化、图画、手工、体操(兼游戏)、裁缝(女子),视地方情形可加设唱歌、外国语、农工商业之一科或数科;中学校的课程为修身、国文、外国语、历史、地理、数学、博物、理化、图画、手工、法制、经济、音乐、体操,女子加家政、裁缝;初级师范学堂课程为修身、教育、国文、外国语、历史、地理、博物、理化、法制、经济、习字、图画、手工、音乐、体操,女子加家政、裁缝,视地方情形可加设农、工、商业之一科目。上述外国语科限从英、法、德、俄四种语种中选择,各级学校都配发有各种课程的学年分布和周教学时数表。《普通教育暂行课程标准》反映了《暂行办法》的有关原则,成为以后"壬子·癸丑学制"关于小学、中学、初级师范课程设置的蓝本。

1912年3月,教育部又颁布《民国教育部官职令》,规定教育部下设普通、专门、实业、社会、礼教、蒙藏六个教育司分管各项教育事宜。除外,对于高等教育、师范教育及社会教育等,都有相应的规定出台,保证了各项教育事业的稳定和稳步发展。

（二）颁行新的教育宗旨

南京临时政府教育部的一项重要任务,就是为新生的资产阶级共和国的教育发展规划蓝图,其中具有战略意义的是确立民国教育宗旨。为此,蔡元培曾于1912年2月在《教育杂志》、《民立报》上发表《对于新教育之意见》一文,率先对民国教育方针的整体构想从理论上进行系统探讨,引起关心教育的人士对这一问题的重视,纷纷参与讨论。是年4月,蔡元培又以《对于教育方针之意见》为题,重新在《东方杂志》上发表,征求各方意见。针对清末教育宗旨中"忠君"、"尊孔"问题,他响亮地宣布:"忠君与共和政体不合,尊孔与信教自由相违",予以取消。而对"尚公"、"尚武"、"尚实"三项则加以改造,使其符合资产阶级民主主义的要求,重新表述为公民道德教育、军国民教育和实利主义教育,又增添世界观教育和美感教育,提出了"五育并举"的教育方针。在这之后,蔡元培还就普通教育和专门教育的不同特点,发表了对于教育方针的意见。他认为:"在普通教育,务顺应时势,养成共和国民健全之人格。在专门教育,务养成学问神圣之风习。"

1912年7月10日至8月10日,全国临时教育会议召开,其间提出的议案近百件,许多涉及重大的教育政策与措施,如教育宗旨、学校系统、各级各类学校令、采用注音字母统一汉语读音、小学教员薪俸规程、废除学校祀孔等。1912年9月2日,教育部正式公布"注重道德教育,以实利主义教育、军国民教育辅之,更以美感教育完成其道德"的民国教育方针。这是中国近代第一个实行了的资产阶级国民教育宗旨,完全否定了清末"忠君"、"尊孔"、"尚公"、"尚实"、"尚武"的封建教育宗旨,体现了资产阶级使受教育者德、智、体、美和谐发展的教育思想。民国教育方针包含有德、智、体、美四育因素,以道德教育为核心,将培养受教育者具有共和国国民的健全人格作为首要任务。以军国民教育和实利教育引导体育和智育,寄希望于教育能在捍卫国家主权、抑制武人政治、振兴民族经济方面发挥基础作用。

（三）制定壬子·癸丑学制

民国成立,政体变更,彻底改革清末学制已势在必行。在1912年7月10日的临时教育会议上,讨论了学制改革的问题。会议决定改革旧学制,并拟定了一个《学制系统案》。9月3日,教育部正式颁布《学校系统令》,是年旧历年为"壬子"年,故称"壬子学制"。到1913年8月,又陆续公布了《小学校令》、《中学校令》、《师范教育令》、《专门学校令》、《大学令》、《小学教则及课程表》、《中学校令施行规则》、《师范学校规程》、《高等师范学校规程》、《公私立专门学校规程》、《大学规程》、《实业学校令》等,形成一个新的学制系统,是年为"癸丑"年,故称之为"癸丑学制"。因是在"壬子学制"基础上进一步完善的,故统称为"壬子·癸丑学制"。

从学制纵向构成来看,初等教育段分初等小学校和高等小学校两级共7年,不分设男校、女校。初等小学校4年,为义务教育,法定入学年龄为6周岁;高等小学校3年,均设补习科。中等教育段设中学校4年,不分级,但专为女子设立女子中学校。大学预科3年(附设于大学),本科3年,分为文、理、法、商、医、农、工7科,其中法科和医科4年。小学之下有蒙养园,大学之上有大学院。

从学制横向构成来看,除普通教育外,还有师范教育与实业教育。师范教育分师范学校和高等师范学校两级,分别相当于中等教育与高等教育阶段。实业教育分乙种实业学校和甲种实业学校,相当于高小和中等教育阶段。还有专门学校,相当于高等教育阶段,专门学校分预科、本科、研究科三个层次,预科1年,本科2~3年或酌情确定。

"壬子·癸丑学制"是中国近代第一个资产阶级性质的学制,以法定形式集中表达了资产阶级改革教育的构想。与清末"癸卯学制"相比,"壬子·癸丑学制"有明显进步。第一,缩短了学制期限,共缩短3~4年,有利于增加劳动人民受教育的机会。第二,取消了专门为贵族设立的各类学校,废除了封建特权和等级限制。第三,女子教育取得了很大的进展,初等小学已可以男女同学,普通中学、甲级实业学校、师范学校、高等师范学校都设立了女校。第四,从课程改革与教学方法看,取消了忠君尊孔的课程,增加了自然科学课程和劳动生活技能的训练,反对体罚,要求教育适合儿童身心发展的特点。当然,"壬子·癸丑学制"学制系统各阶段划分年限不是很适当,中等教育阶段存在缺陷,课程设置不够灵活,大学预科还有弊端,等等。

三、资产阶级革命派的教育思想

资产阶级革命派以西方资产阶级的天赋人权、自由平等学说作为革命的思想武器,结合中国国情,提出了三民主义的理论纲领,表达了资产阶级在政治上和经济上的利益和要求,反映了中国人民要求民族独立和民主权利的共同愿望。同时,在教育上,他们也将西方的先进教育理念植入中国的传统教育,并对传统教育进行了一系列资产阶级性质的改革。他们在长期的革命及教育活动中所形成的教育思想,对20世纪初的中国教育产生了深远的影响。

(一)孙中山

孙中山是中华民国和中国国民党的主要创始人,三民主义的倡导者。国民党尊称其为"中华民国国父",共产党称之为"中国近代民主革命的伟大先行者"。

1. 生平及教育活动

孙中山(1866~1925),名文,字逸仙,广东香山人。出身于农民家庭,7岁入私塾,接受国学启蒙教育。时而听太平军老兵讲太平天国故事,发誓不做皇帝,要做"洪秀全第二"。光绪四年(1878年),受兄长孙眉的资助,赴檀香山先后入读意奥兰尼书院、奥阿厚书院学习西学课程。光绪九年(1883年),在香港接受基督教洗礼,先后入读拔萃书室、中央书院学习。光绪十二年(1886年)入读广州博济医院附设的医学堂学习医学,不久又转入香港西医书院。在接受西式教育期间,孙中山结识许多对其革命活动帮助甚多的友人,包括其恩师康德黎、陈少白和杨鹤龄。其后在澳门及广州等地行医。

光绪二十年(1894年),孙中山到天津上书李鸿章,提出"人能尽其才,地能尽其利,物能尽其用,货能畅其流"的改革主张,被置之不理。他遂后赴檀香山,在华侨中宣传革命。

并于当年11月24日,在檀香山建立兴中会,提出了"驱逐鞑虏,恢复中华,创立合众政府"的主张。光绪三十一年(1905年)又在东京组建中国第一个资产阶级民主革命政党"中国同盟会",被一致推举为总理,在同盟会机关报《民报》的发刊词里,孙中山首次提出了"民族、民权、民生"三大主义,即"三民主义"的政治纲领。宣统三年(1911年)武昌起义之后,孙中山被推举为中华民国临时大总统。

1914年7月,孙中山在东京成立中华革命党,被推举为总理。为了建立一支真正的革命力量,1919年10月孙中山把中华革命党改组为中国国民党,不久便接受中国共产党和苏俄的帮助,提出联俄、联共、扶助农工的三大政策。1924年1月在广州召开了中国国民党第一次全国代表大会,通过党纲、党章,重新解释了三民主义,同时创办黄埔军官学校,训练革命武装干部。

孙中山一贯重视教育,以三民主义为理论基础,吸取了中国传统教育的精彩部分和西方国家的先进教育思想及其经验,进行了理论性的总结创造。在有关论著和讲演中,结合自己的民主革命实践,阐述了教育理论与实践的诸多问题,形成了进步的教育思想体系。1986年中华书局出版的11卷本《孙中山全集》,是研究其教育思想的主要参考文献。

2. 主张先革命后教育

孙中山对教育的重视是从他的民主革命思想出发的,认为用三民主义教育士民,"唤起民众",是革命成功最重要的因素。在其长期的政治生涯中,教育始终占着重要的地位,把教育看作中国革命的一个条件,提出"教育便是宣传",强调"用主义去征服人"。

孙中山认为,革命时需要教育,革命成功后进行民主建设事业更需要教育,教育青年一代继承革命未竟之功业乃是当前紧急的任务。但针对改良主义的"教育救国论",他极力主张先革命后教育。他认为,教育受着政治经济限制,没有政治的改革、经济的发展,教育的彻底改革和发展都是不可能的。教育为改造中国的一个条件,但不能视为改造中国之第一步;没有革命的胜利,教育事业和后果不能保证。他在《改造中国之第一步》中说:

> 现在中国政治非常腐败。至于改造方法,应从何处着手?有人说,教育是立国的要素。但我们若致力于教育事业,一般官吏非特不能提倡,且将设法摧残。假设我们培养一个青年,费巨额金钱,俾受一种完全教育,官吏有时竟因嫉视新人物的心理,置诸死地。①

只有政治经济问题首先得到解决之后,"文化及教育等问题,至此方不落后空谈。俾经济之发展使知识能力之需要日增,而国家富力之增值,可使文化事业及教育之经费易于筹措;一切知识阶级之失学问题、失业问题,方有解决之端绪"②。

3. 教育当以培养"富国强兵"之才为宗旨

孙中山从批判封建教育入手,倡导教育改革。他指出,中国封建社会以文为尚,废弃百艺,这种"弃艺尚文"的传统教育是"国势所以衰,而民事所以不进"的重要原因。要改变

---

① 舒新城编:《中国近代教育史资料》下册,人民教育出版社1981年版,第1012页。
② 《孙中山全集》第十一卷,中华书局1985年版,第77页。

这种状况,必须善于学习西方的"语言文字"、"政治礼俗"、"天算地舆"、"格物化学"等各种有益的学问,注意探究西方资本主义国家的"富国强兵之道,化民成俗之规"。为此,他提出要借鉴欧美国家教育成功的经验,按照培养目标设置不同专业,做到学以致用,使文官"其途必由仕学院",武官"其途必由武学堂","文学渊博者为士师,农学熟悉者为农长,工程达练者为监工,商情谙习者为商董"。只有这样,才能为社会培养出文官、武将、文学家、农艺师、工程师、企业家,用他们的智慧和才能为振兴中华服务。

孙中山批判旧教育是为了培养效忠封建统治者的、骑在百姓头上的官老爷,而新的教育要能培养出建设国家的有用之才,并做到"人尽其才能"。因此,必须对中国传统的教育制度加以改革,废除旧式私塾、书院,创办各类新式学校,做到"教养有道"。他还要求学生当以"用其学问,为平民谋幸福,为国家图富强"作为求学方针,而不应"为一己攫利权"。

4. "教育之道,首贵普及"

孙中山以三民主义学说为指针,倡导人格平等、人权平等的国民教育,主张"凡为中华民国之人民均有平等自由之权",认为"今日欲回复其人格,第一件须从教育始"。在他亲订的《中国国民党第一次全国代表大会宣言》中规定:"庚子赔款当完全划作教育经费,""厉行教育之普及,以全力发展儿童本位之教育。"

孙中山多次强调,建设民国"非从事于普及教育,使全国人民皆有科学知识不可"。他认为"教育之道,首贵普及",受教育的对象不应当是少数人,而应当是全体国民。针对当时的实际情况,他认为必须解决贫苦儿童无力上学的问题,主张"凡社会之人,无论贫贱,皆可入公共学校,不特不取学膳等费,即衣履、书籍,公家任其费用"。此前,孙中山就于《社会主义之派别及方法》一文中赞同社会主义学说之教育平等的主张。他说:"同为社会之人,生于富贵之家,即能受教育,生于贫贱之家,即不能受教育,此不平之甚也。"在他所定的《地方自治开始实行法》中,更有明确规定:

> 凡在自治区之内少年男女,皆有受教育之权利。学费、书籍,以及学童之衣食,当由公家供给。学校之等级,由幼稚园,而小学,而中学,当陆续按级而登,而至大学而后已。教育少年之外,当设公共学堂、书库、夜校,为年长者养育知识之所。①

孙中山还强调要普及女子教育,他一向赞同男女平等,主张"振兴女学"。他认为教育是回复人格的起点,"教育即兴,然后男女可望平权,女界平权,然后可成此共和民国",而"处于今日,自应以提倡女子教育为最要之事"。

在孙中山看来,办好师范学校,是实行普及教育必不可少的条件,只有解决了师资队伍问题,普及教育才能出成效。他在《女子教育之重要》讲话中指出:"然欲四万万人皆得受教育,必倚重师范,此师范学校所宜急办者也。"且对女子师范学校给予厚望,认为"女子师范尤为重要"。进而,孙中山还提出了教师的职责和要求:"惟必有学识,方可担任教育。盖学生之学识,恒视教师以为进退,故教师之责任甚大。"②

---

① 《孙中山全集》第五卷,中华书局1985年版,第225页。
② 《孙中山全集》第二卷,中华书局1982年版,第358页。

5. "学而后知"的教学观

孙中山从先有"行"后有"知"的哲学观点出发,反对生而知之,强调"学而后知",认为人的知识是通过后天学习得来的,教育对人的知识的形成和智力的发展有着重要的决定性作用。他说:"夫人不能生而知之,必待学而后知,人不能皆好学,必待教而后学,故作之君,作之师,所以教养之也。"①孙中山虽然承认人的天赋资质或智力各有不同的客观事实,但他认为起决定作用的,不在于人的天赋而在于人的主观努力。他说:"甲乙二人,甲聪明而不好学,乙聪明虽不如甲,而好学过之。其结果,乙之所得,必多于甲,此则由于力学也。"②

孙中山赞赏西方的教学方法,要求教师采用启发式、直观式教学,认为只有这样,才能收到好的效果。他说:"有专师,津津启导,虽理至幽微,事至奥妙,皆能有法以晓喻之,有器以窥视之。其所学由浅而深,自简及繁,故人之灵明日廓,智慧日积也。"③他还强调学生的学习要注意科学和客观实际的考察,要刻苦钻研,开动脑筋,认真思考;要有恒心,努力不倦,爱惜光阴,发奋读书;中途不要喜新厌旧,见异思迁。

此外,孙中山非常重视青年学生的"立志"问题,所谓"立志是读书人最要紧的一件事",青年学生要立志"为大家谋福利"。他认为,青年人如果没有报效国家,造福人民的志向,纵然学识渊博,实属庸碌之辈。

(二)蔡元培

蔡元培是中国近现代著名的民主革命家、教育家、科学家。他先后经历了清政府、南京临时政府、北洋政府和国民党政府时代,始终信守爱国和民主的政治理念,致力于废除封建主义的教育制度,奠定了中国新式教育制度的基础,为中国教育、文化、科学事业的发展作出了富有开创性的贡献。

1. 生平及教育活动

蔡元培(1868~1940),字鹤卿,号孑民,浙江绍兴人。6岁时入家塾接受传统教育,六叔蔡铭恩曾指导其学习《史记》、《汉书》、《文史通义》等。光绪十年(1884年)考取秀才,开始博览群书,次年设馆教书。光绪十五年(1889年)中举人。光绪十八年(1892年)中进士,授翰林院庶吉士,两年后补翰林院编修。

光绪二十四年(1898年)戊戌变法的失败,使其深感清廷政治改革"无可希望",断然离开翰林院南下,任绍兴中西学堂监督,提倡新学。光绪二十七年(1901年)奔赴上海,出任南洋公学特班总教习。光绪二十八年(1902年),与蒋观云等组织中国教育会,任会长。并在上海创设爱国学社及爱国女校,任总理。还以《晨报》为阵地,提倡民权,宣传排满革命。光绪三十三年(1907年)在驻德公使孙宝琦帮助下前往德国,入莱比锡大学学习哲学、文学、心理学和民族学。

---

① 《孙中山全集》第二卷,中华书局1982年版,第8~9页。
② 《中山丛书·演讲》第三卷,新文化书社1929年版,第219页。
③ 《孙中山全集》第一卷,中华书局1981年版,第9页。

辛亥革命后,蔡元培出任南京临时政府和北京政府唐绍仪内阁教育总长,主张教育应从造成现世幸福出发,提出废除读经、实行男女同校等改革措施,确立了资产阶级民主教育体制。1915年与李石曾等组织留法勤工俭学活动,次年与吴玉章等在法国巴黎成立华法教育会,具体负责中国青年到法国去勤工俭学。

1917年出任北京大学校长,对北京大学进行了一系列改革,提倡学术研究,主张"思想自由,兼容并包",实行教授治校。"五四"运动中支持学生爱国行动,还多方营救被捕学生。1927年蒋介石改组国民政府,他倡议成立大学院作为全国最高学术及教育行政机关,被任为大学院院长,后改任中央研究院院长。是年11月27日,与有"中国近代音乐教育之父"之称的萧友梅一起,在上海创办国立音乐院(今即上海音乐学院),为中国最早建立的高等音乐院校。1928年又于杭州西子湖畔创立国立艺术院(即现中国美术学院)。

九·一八事变后,蔡元培奔走呼号,倡导抗日。1936年,与陶玄、张静江、李石曾等在上海创办世界学校(今即上海世界小学),实行教育救国和科学救国。次年移居到香港。病逝后,教育部及北京大学在诔词中称:"当中西文化交接之际,先生应运而生,集中西文化于一身;其量足以容之!其德足以化之!其学足以当之!其才足以择之!呜呼!此先生所以成一代大师欤?"周恩来送挽联:"从排满到抗日战争,先生之志在民族革命;从五四到人权同盟,先生之行在民主自由。"毛泽东特发唁电,称其为"学界泰斗,人世楷模"。

2. 论"五育"并举教育方针

1912年初,蔡元培就任教育总长时发表《对于教育方针之意见》一文,系统阐述了"五育"各自的内涵、作用和相互关系。从"民国教育应以养成共和健全人格为根本方针"的观点出发,蔡元培提出完全人格的养成,需要通过实施公民道德教育、实利主义教育、军国民教育、美感教和世界观教育来实现,成为制定民国元年教育方针的理论基础。

公民道德教育,即德育。蔡元培将其视之为一切教育的根本,"五者以公民道德为中坚,盖世界观及美育皆所以完成道德,而军国民教育及实利主义,则必以道德为根本"。这是因为,"若无德,则虽体魄智力发达,适足助其为恶"。公民道德教育的基本内容,不外法国资产阶级革命所标榜的自由、平等、博爱等,显然和封建道德是极不相容的,但他也明确指出中国传统伦理特别是儒家伦理的一些基本范畴,其内涵和自由、平等、博爱的精神是相通的。他主张公民道德教育在各科教学中占20%。

实利主义教育,即智育。其社会意义是"富国",即"以人民生计为普通教育之中坚",密切教育与国民经济生活的关系,加强职业技能的培训,使教育能发挥提高国家经济能力和改善人民生活水平的作用。蔡元培指出,世界各国的竞争不仅在军事,更在经济,因为武力需要财力的支持。然中国丰富的自然资源未得到开发利用,"实业界之组织尚幼稚",人民失业,国家贫穷,发展实利主义教育实为当务之急。实利主义教育的具体目标是:传授科学知识和技术,指导科学研究,培养发展智力,造就国家有用之才。可以开设诸如物理、化学、算学、地理、金工、木工等课程,主张占各科教学的40%。

军国民教育,即体育。其社会意义是"强兵"。蔡元培认为,身体是德育、智育的物质基础。他说:"今经科学发明,人之智慧学术,皆由人之脑质运用之力而出,故脑力盛则智力富,身体弱则脑力衰,新教育之所以注意运动实基于此。""夫完全人格,首在体育。"因此,蔡元培主张将军事教育引入到学校和社会教育之中,让学生和民众受到一定的军事教育和训练。在学校教育中,强调学生生活的军事化,特别是体育的军事化等,主张占各科教学的10%。

美感教育,即美育。"美育"一词是蔡元培从德文中翻译过来的,在中国把美育列为教育方针的组成部分,则是蔡元培的首创。1930年,蔡元培给美育下了一个明确的定义:"美育者,应用美学之理论于教育,以陶养感情为目的者也。"①蔡元培认为,美育介乎现象世界和实体世界之间,可以起桥梁的作用,美育可以陶养感情,可以发展人们的个性。他任教育总长时,曾通令全国中小学开设美育课程,有意识地提高中小学美育的地位,还主张大学开设美学课。他认为,美感教育具有与宗教相同的性质和功用,可以避免宗教和宗派之见,甚至提出了"以美育代宗教"的思想,主张美育应占各科教学的25%。

世界观教育。受康德二元论的影响,蔡元培把世界分为相对的现象世界和绝对的实体世界。同样把教育分为现象世界的教育(体育、智育、德育)和实体世界的教育(世界观教育),美育介于二者之间,成为由现象世界进入实体世界的一个桥梁。蔡元培认为,世界观教育是教育的终极目的,是培养人超乎现世之观念的最高层次的教育,主张教育者"立于现象世界,而有事于实体世界者也。故以实体世界之观念为其究竟之大目的,而以现象世界之幸福为其达于实体观念之作用"②。即要立足于现象世界,而对实体世界的绝对自由产生追求的欲望,从而获得人性的最大自由和发展。他主张世界观教育应占各科教学的5%。

蔡元培认为,五育尽管各自的作用不同,但均是"养成共和国民健全之人格"所必需的,是统一整体中不可分割的有机部分,因而是不可偏废的。但由于蔡元培的世界观是唯心主义的,因而也使得其"五育"并举的教育方针蒙上了一层神秘的唯心主义色彩。1920年,蔡元培在新加坡南洋华侨中学演说时,谈到普通教育的目的是"养成健全的人格",且需要通过体育、智育、德育和美育来实施,即要"四育"并举,平均发展,而不再谈"世界观教育"。

3. "思想自由、兼容并包"的大学教育理念

1917年1月,蔡元培赴任北京大学校长后,对北京大学进行了全面实质性的改革,使北京大学由一所痼弊缠绵的旧式学堂一变而为生机勃勃的近代新型大学。

蔡元培就任北大校长之后第一次演讲时说:"大学者,研究高深学问者也。""大学学生,当以研究学术为天职,不当以大学为升官发财之阶梯。"从大学是研究高深学问的机关这一角度出发,蔡元培提出了"思想自由,兼容并包"的主张。蔡元培正是依据这一主张对北京大学实施改革的,主要体现在以下几个方面。

在教学和学术研究上,蔡元培反对封建主义的学术专制,规定大学里允许研究古今中

---

① 《蔡元培教育文选》,人民教育出版社1980年版,第195页。
② 《蔡元培教育文选》,人民教育出版社1980年版,第3页。

外之学术,允许不同学派或同一学派不同观点的存在和发展,允许自由讲学。诚如他在《我在教育界的经验》一文中说:"我对于各家学说,依各国大学通例,循思想自由原则,兼容并包。无论何种学派,苟其言之成理,持之有故,尚不达自然淘汰之运命,即使彼此相反,也听他们自由发展。"①这样,在他任北京大学校长时,新旧学派共处一校,各讲其学,形成新旧学派对峙、争鸣的局势,使北京大学真正成为"囊括大典,网罗众家"之学府也。

在学校管理上,蔡元培按照德国大学的管理办法,从学校层面上组织评议会,每五名教授选举评议员一名,校长担任评议长,凡学校重大事务都必须经过评议会审核通过,诸如制定和审核学校各种章程条令、决定学科的废立、审核教师学衔以及提出学校经费的预决算等。组建后的北京大学教授评议会成员有19人,其中没有行政职务的教授为14人,这就意味着没有行政职务的教授具有真正的决策权。从学科层面上组织教授会,各系共11个学科教授会,系主任由各学科教授公举,由各门的教授公举教授会主任,任期两年,其职责是分管各学科的教务和教学工作,以实施教授治校。曾在北京大学任教,后担任过新中国第一任教育部和高等教育部部长的马叙伦回忆说:"凡是学校的大事,都得经过评议会,尤其是聘任教授和预算两项。聘任教授有一个聘任委员会,经委员会审查,评议会通过,校长也无法干涉,教授治校的精神就在这里。"②

在教师的聘任上,蔡元培坚持以"学诣为主",只要在学术上有较深造诣的,无论国籍、思想、学科、学派、学历、年龄等一概聘任。这样,在他所聘任的北京大学教授中,有信仰马列主义的李大钊、陈独秀,有实用主义的拥护者胡适,有主张文学革命的钱玄同、刘半农,有反对革新的复古主义者刘师培、辜鸿铭,有新文化运动主将鲁迅,还有学术上卓有成就的马叙伦、马寅初和李四光等。尤其是对梁漱溟的聘用颇具传奇色彩,梁漱溟的学历也仅是中学毕业,曾想投考北京大学却未能如愿,但他对印度哲学和儒学造诣极深,蔡元培得知其学术成就,于是就聘为北京大学讲师,后晋升为教授。这些学术精英们组成一个强大的学术群体,使得北京大学很快成为全国首屈一指的学术研究中心。另外,蔡元培还邀请到英国的罗素、美国的杜威等世界重量级学术大师到北京大学讲学,为北京大学走向世界搭建了一个理想的平台。

在学生管理上,蔡元培提倡学生自治,允许成立各种学术团体、创办刊物、举办各种形式的学术活动等,不干预学生参加政治活动。尤其是蔡元培开中国公立大学招收女生之先例,实行旁听生制度。1920年1月,蔡元培公开表示:"大学之开女禁问题,则予以为不必有所表示。因教育部所定规程,对于大学学生,本无限于男子之规定。""故予以为,无开女禁与否之问题,即如北京大学明年招生时,倘有程度相合之女学生,尽可投考。如程度及格,亦可录取。"③随后,江苏籍女学生王兰首先向北京大学教务长陶孟和提出到哲学系

---

① 《蔡元培教育文选》,人民教育出版社1980年版,第244页。
② 马叙伦:《我在六十岁以前》,上海生活书店1947年版,第71页。
③ 中华全国妇女联合会妇女运动历史研究室编:《五四时期妇女问题文选》,上海三联书店1981年版,第26页。

听课的请求,得到允许。随即陆续又有女生要求旁听,至当年寒假后开学,北京大学一次招收9名旁听女生。

4. 教育应摆脱政治和宗教而独立

"教育独立"作为一种思潮,萌发于"五四"之前,蔡元培是教育独立的积极倡导和支持者。1922年3月蔡元培在《新教育》上发表《教育独立议》,4月又在《觉悟》上发表《非宗教运动》,阐明其教育独立的基本观点。

蔡元培首先认为教育应该摆脱政治而独立。他认为,教育是一种发展个性、培养人才的工作,有自己的规律,必须通过长期的积累才能见"远效",政党则是讲群性,"求近功的"。他说:

> 教育是要个性与群性平均发达的,政党是要制造一种特别的群性,抹杀个性……教育是求远效的;政党的政策是求近功的。中国古书说:"一年之计树谷,十年之计树木,百年之计树人。"可见教育的成效,不是一时能达到的。政党不能掌握政权,往往不出数年,便要更迭。若把教育权也交与政党,两党更迭的时候,教育方针也要跟着改变,教育就没有成效了。所以,教育事业不可不超然于各派政党以外。①

其次蔡元培主张教育应该摆脱宗教的影响而独立。蔡元培认为,各种宗教利用荒唐的手段,"诡诞的仪式,夸张的宣传,引起无知识人的盲目的信仰",这是侵犯人权的行为。尤其是"用种种暗示,来诱惑未成年的学生,去信仰他们的基督教"。因此,"教育事业不可不超然于各派教会以外"。

蔡元培认为,教育应该由教育家来办,他说:

> 教育是帮助被教育的人,给他们能发展自己的能力,完成他的人格,于人类文化上能尽一分子的责任。不是把被教育的人造成一种特别器具,给抱有他种目的的人去应用的。所以,教育事业当完全交与教育家,保有独立的资格,毫不受各派政党或各派教会的影响。②

具体来说,应该做到以下几点:一是教育行政独立,主张实行大学院、大学区制。教育部为大学院,统辖全国的学术和教育。将全国分为若干个大学区,大学区就是一个独立的教育行政单位,区设立大学一所,区内的高等专门教育、中小学教育、社会教育、文化学术事宜均由该区大学组织办理。政府不得干预大学院及大学区事务。二是教育经费独立,政府指定款项,不能移做他用,建立独立的学校教育会计制度。三是教育学术和内容独立,教育方针应稳定,不受政治干扰,能自由编辑、出版、选用教科书。四是教育脱离宗教独立,主张不设神学科,也不能有宣传教义之类的课程或祈祷仪式,"以传教为业的人,不必参与教育事业"。

5. "尚自然"、"展个性"主张

1918年5月,蔡元培发表《新教育与旧教育之歧点》一文,指出:"教育者,与其守成

---

① 《蔡元培教育文选》,人民教育出版社1980年版,第145页。
② 《蔡元培教育文选》,人民教育出版社1980年版,第145页。

法,毋宁尚自然;与其求划一,毋宁展个性。"①认为新旧教育的分歧点,就在于能否让人的个性得以充分自由地发展。

蔡元培首先对旧的儿童教育进行批判,认为旧教育是束缚摧残儿童个性的教育,他说:

> 教者预定一目的,而强受教者以就之。故不问其性质之动静,资禀之锐钝,而教之止有一法,能者奖之,不能者罚之,如吾人之处置无机物然,石之凸者平之,铁之脆者煅之。

如此将教育者的意志强加给儿童,会阻碍儿童的发展,违背了人自然发展的规律。

进而,蔡元培认为新教育则不然,新教育是以儿童为中心的教育。他说:

> 新教育则否,在深知儿童身心发达之程序,而择种种适当之方法以助之。如农学家之于植物焉,干则灌溉之,弱则支持之,畏寒则置之温室,需食则资以肥料,好光则覆以有色之玻璃;其间种类之别、多寡之量,皆几经实验之结果,而后选定之;且随时试验,随时改良,决不敢挟成见以事焉。故治新教育者,必以实验教育学为根柢。

那么,如何实施新的教育,做到"尚自然"、"展个性"呢?蔡元培提出三点建议:一是学校要设置"实验教育之研究所",不断研究探索新的教育方法和解决教育中所出现的新问题;二是提倡教师要不断地学习,以有"充分之知识",尤其是要认真研究教育科学,尤其是儿童心理学、教育心理学和教材教法等,不断提高自己的教学水平;三是在教学上,提倡直观性教学,尽可能运用"种种参考之图画和仪器"。尤其是要充分发挥学生学习的主动性和自觉性,提倡让学生自动、自学、自助、自己研究。

第六节 北洋政府执政时期的教育改革

北洋政府(1912~1928)是指中华民国建国初期以北京为首都的中央政府与政治时期,有时也称北京政府。自1912年3月,中华民国政府从南京北迁至前清故都北京,临时政府进入北京时期,北洋派领袖袁世凯及其后继者先后担任国家元首与政府首脑,直到1928年北伐战争结束后被国民政府替代为止。北洋政府是当时被世界各国承认的中华民国合法中央政府,以五色旗为国旗,以《卿云歌》为国歌,作为协约国参与第一次世界大战,并以战胜国的身份出席巴黎和会,尤其是在维护国家主权和领土完整上作出过重要贡献。袁世凯猝逝后,北洋派遂形成皖系、直系、奉系三大派系,北洋政府与各派系的兴衰关系很密切,因此以时间划分,北洋政府执政时期大致可分为袁世凯统治时期、皖系统治时期、直系统治时期和奉系统治时期四个阶段。教育政策的调整与教育改革,成为这一时期教育发展的主题。

---

① 《蔡元培教育文选》,人民教育出版社1980年版,第49页。

一、北洋政府初期教育政策的调整

自1912年2月袁世凯取得中华民国临时大总统一职后,为了推行君主立宪制,特别重视利用教育这块阵地宣传推行他的帝制主张,致使教育领域一度出现封建教育回潮现象,辛亥革命以来的教育改革成果几乎丧失殆尽。直接促成封建教育回潮或复古的是教育政策的调整,主要表现为以下几点。

(一)颁行"七项"教育宗旨

光绪三十二年(1906年),清政府颁布了中国历史上第一项教育宗旨,内容为"忠君、尊孔、尚公、尚武、尚实",凸显"中体西用"原则。到民国初年,在教育总长蔡元培主持下公布的德智体美全面发展教育宗旨,凸显"西化"倾向。袁世凯执政后,视"兴学为立国要图",把教育纳入到君主立宪制的轨道。1913年10月,《天坛宪法草案》规定"国民教育以孔子之道为修身大本",在法律上使封建教育获得合法性地位。1914年12月,教育部发布的《整理教育方案草案》,从根本上否定南京临时政府颁行的教育宗旨,另立北洋政府的"今日之教育方针",提出要"变通以前管治的教育,注重自治的教育";"力避从前形式的教育,注重精神的教育";"摈弃从前枝节的教育,企图全部的教育"。1915年1月和2月,袁世凯发布了《颁定教育要旨》和《特定教育纲要》,明确提出了新的教育宗旨:爱国、尚武、崇实、法孔孟、重自治、戒贪争、戒躁进。

袁世凯所提倡的"爱国",实际上就是清末"忠君"的翻版,他在"爱国"一条中附注"诚心爱国勿破坏",实质乃在于要求青年学生诚心拥戴袁氏朝或"中华帝国","勿破坏"其帝制统治。所提倡的"尚武",是要求学生自幼在学校,"已习闻忠勇爱国之训",长大步入社会,才能"卫其国"。所谓"崇实",可"分两项言之:一曰物质之实,若数学科、理化科等,皆国民知识技能必需之学科也……一曰精神之实,若政治学、法律学、教育学等,皆立国之大本大原也"[①]。至于"重自治"、"戒贪争"、"戒躁进",无非是要求学生"尊秩序"、"各尽心责任"、"勿肆意妄行",这是针对当时资产阶级革命运动而提出的。教育要旨的核心是"法孔孟"。在袁世凯看来,"法孔孟"就是要求"吾国民诵习孔孟之言,苟于其所谓居仁由义而求得共和法,治国为人之真谛",如果大家都"法孔孟","将见朝野一心,共图上理,由是扬国粹而跻富强,其道又奚待外求哉"[②]。袁世凯的主导思想,是以孔孟之道统一全国民众的思想,使"朝野一心",安服于"洪宪帝制"的统治。

(二)恢复尊孔读经政策

辛亥革命后,很多学校都废除了尊孔读经教育。然袁世凯执政后,又极力推行尊孔读经。1912年9月,袁世凯下令"尊崇伦常",提倡孔教,认为"中华立国,以孝悌忠信礼义廉

---

① 舒新城编:《中国近代教育史资料》上册,人民教育出版社1981年版,第248页。
② 舒新城编:《中国近代教育史资料》上册,人民教育出版社1981年版,第250页。

耻为人道之大经,政体虽更,民彝无改"。袁世凯还发出《尊崇伦常文》,表白对孔子的爱慕,且支持成立孔教会。之后,相继出现了孔教会、孔社、尊孔会、孔圣会等尊孔团体以及《不忍》、《孔教会杂志》、《经世报》等尊孔报纸杂志,甚至还出现了一个孔教大学。1913年6月,袁世凯发布《尊孔祀孔令》,宣称"天生孔子为万世师表",决定恢复祀孔典礼;9月,北洋政府教育部通电各省,内称"旧历8月27日为孔子生日,应定是日为圣节,令各学校放假一日,并在该校行礼"。在1913年10月的《天坛宪法草案》里第19条规定:"国民教育,以孔子之道为修身大本。"1914年又通过《祀孔案》,下令全国一律恢复祀孔典礼,并由袁世凯亲率百官,进行民国首次官方祭孔活动。1915年的《国民学校令》中,要求编纂修身及国文教科书,所采取的经训皆以孔学为标准。在《特定教育纲要》中更进一步规定:"中小学校均加读经一科,按照经书及学校程度分别讲读,由教育部编入课程",并详细规定了中小学必读经书的目录。至此,官方倡导的"尊孔读经"活动初步体制化。

(三)国民教育实行双轨制

1915年2月,袁世凯在《特定教育纲要》中,首先提出要"改初等小学校为二种:一名国民学校,以符义务教育之义;一名预备学校,专为升学之预备。中学校分为文科、实科,以期专精深造"①。之后,北洋政府相继颁布《国民学校令》、《高等小学令》、《预备学校令》,规定小学实行双轨制:一轨是实行义务教育的"国民学校",以"只求识字之平民子弟"为对象,学制4年,授以国民道德之基础及国民生活所必要之普通知识技能为本旨;一轨是为升学做准备的"预备学校",以"有志深造之士族子弟"为对象,学制7年。分前后两期,前期4年为义务教育,后期3年为专精教育,附设于中学校,"施以初等普通教育,预备升入中学为本旨"。对于一般劳动者子弟而言,入国民学校后,既无实力也无精力再上更高层次的学校,于是他们受的教育基本上定格,实际上被剥夺了接受充分教育的机会。1914年教育部推出《整理教育方案草案》,其中要求中央政府明确义务教育年限,并将推行义务教育的重点置之于地方,强令其于一定期限内设置学校,这对教育的普及还是有一定推动作用的。

(四)女子教育进中有退

光绪三十三年(1907)清政府颁布了《女子小学堂章程》和《女子师范学堂章程》,承认民办女学合法,并正式开办官立女学堂,约建有女学堂428所。各类女学的创建,初步体现了男女教育平等的原则。1912年中华民国的建立,为争取男女教育平等创造了条件,各省相继设立了一些女子小学、中学、师范学校及女子法政学校等。

袁世凯提倡尊孔复古,把"七项"教育宗旨中的"戒贪争"解释为"女子勉为贤妻良母,以竞争于家政",突出其"贤妻良母"的宗旨。1914年夏,新任教育总长汤化龙发表讲话说:"余对于女子教育方针,则务在使其将来足为良妻贤母,可以维持家庭而已。"②同年

---

① 舒新城编:《中国近代教育史资料》上册,人民教育出版社1981年版,第255页。
② 陈学恂主编:《中国近代教育大事记》,上海教育出版社1981年版,第257页。

12月,教育部发布《整理教育方案草案》,明确规定"女子教育注重师范及职业,并保持严肃之风纪"。与晚清时期以"为女、为妇、为母之道","以贞静、顺良、慈淑、端俭诸美德……不背中国向来之礼教,与懿微之风俗"①的女子教育宗旨如出一辙。在他们看来,"使知从事于教养,此于女子师范学校养成之"。要求"女子师范学校每省须设一所,严定管理规定,修养其心身";"所谓职业者,以家政为重"。只有如此,才能"育成贤妻良母主义,以挽其委琐龌龊或放任不羁之陋习"。

1915年,北洋政府颁布的《国民学校令》对男女同校问题作出新的规定:只允许小学一、二年级学生男女同班(比之于民国初年只可同校不可同班来说,还是进步了不少),三年级以上男女学生只可同校不可同班,到中学后男女学生不可同校,女子只可进入女子中学。教育部并且通令各省女学,严定五条惩戒规则:"一不准剪发,违者斥退;二不准缠足,违者斥退;三不准无故请假、结伴游行,违者记过二次;四通校女生不得过14岁,如有隐匿冒混者,记过;五不准自由结婚,违者斥退,罪及校长。"②在课程设置方面,"家事要项"成为女学生的必修课。特别是在女子中学,家事、园艺、缝纫安排了较多课时,而国文、数学、外语等主要学科,学时少于男校,程度也低于男校。

二、新文化运动时期的教育改革

随着复辟帝制活动的公开化,封建教育回潮现象受到激进民主主义者的反击,进而在文化思想领域爆发了一场批判旧文化,倡导新文化的"新文化运动"。一场以民主和科学为旗帜的具有划时代意义的新文化运动在全社会,尤其是在教育领域引起巨大反响。在新文化运动的影响和推动下,北洋政府与时俱进地对教育进行了一系列的改革,伴随改革而生的则是呈现出教育思潮的活跃、教育团体的出现、学校教学法实验以及收回教育权等新的教育气象。

(一)恢复民国元年的教育宗旨

迫于日益高涨的民主呼声,1917年5月,宪法审议会议否决了"定孔教为国教"的提案,并撤销了1913年《宪法草案》中规定的"国民教育以孔子之道为修身大本"的有关条文。1919年4月,由范源濂、蔡元培、陈宝泉等组成的教育部教育调查会提出了"养成健全人格,发展共和精神"的国民教育宗旨。同年9月,撤销了袁世凯政府所颁布的教育纲要以及根据纲要而制定的"七项"教育要旨。同年10月,第五次全国教育会联合会通过了"养成健全人格,发展共各精神"的国民教育宗旨。"所谓健全人格者,当具下列条件:一私德为立身之本,公德为服务社会之本;二人生所必需之知识技能;三强健活泼之体格;四优美和乐之感情。所谓共和精神者:一发挥平民主义,俾人人知民治为立国根本;二养成公

---

① 琚鑫圭、唐良炎编:《中国近代教育史资料汇编》,上海人民出版社1991年版,第576页。
② 陈学恂主编:《中国近代教育大事记》,上海教育出版社1981年版,第282页。

民自治习惯,俾人人能负社会国家之责任"①。这一教育宗旨留下了新文化运动的鲜明烙印,如人的德智体美协调发展、个性发展与社会责任相结合、平民主义、民主精神、公民的养成等,体现了民国元年教育宗旨的精神,更明显地表现出资产阶级的要求。

(二) 学校教学采用国语和白话文

国语,即中国各民族在政治、文化方面所使用的共同语言。推广国语需要有标准的注音方式,注音字母的推行起着关键作用。1917年10月,第三届全国教育会联合会议决《推行注音字母以期语言统一案》,恳请"教育部速定国语标准,并设法将注音字母推行各省区,以为将来小学国文科改国语科之准备"。次年11月,教育部正式公布注音字母,供各地推广。1919年10月,全国教育会联合会提出改中小学国文科为国语科。

白话文改革是新文化运动的一个重要组成部分。教育领域内以白话文取代文言文教学,不仅仅是书面语言和口头语言的统一问题,更反映了文化教育普及化、大众化的要求,也是民主、平等观念的发展在教育上的反映。1920年,北洋政府教育部发布通令:1922年为止,国民学校停止使用文言文编的教科书。此后,大、中、小学各科逐渐采用白话文教材,在教学中普遍以白话代替文言。至此,国语教学和白话文教材在学校教学中的位置得以确立,这是"五四"新文化运动中文化教育的一项重大改革,为教育的普及、文化科学知识的传授、现代思想观念的传播扫除了语言文字方面的障碍。

(三) 确立男女教育权平等

新文化运动对教育观念的又一改变,是男女教育平等和教育平民化观念的形成与确立。新文化运动以及五四运动对封建礼教的批判为女子教育打开了方便之门,在学校向女子开放的同时,女子教育在观念上也逐渐由"贤妻良母主义"向"男女平等"过渡。1917年全国教育会联合会第三届会议向教育部提出了扩大女子教育的议案,1918年取得教育部批准,规定"无论中学大学,男女同校,使他们受同等的预备,使他们有共同的生活"。1919年后,高等小学可以同学同班,1920年北京大学正式首次招收女生,各高校纷纷效仿,一些进步的中学开始男女合校,甚至同班。全面开放女子受教育权利成为时代潮流。以女子中等教育为例,1912年至1914年,全国中等女子学校为130余所,女学生为1000多人;而到1923年,中等女子学校增至170余所,女学生增至19000多人。② 截至1925年,全国各类大学的女生人数上升到973人。

(四) 制定"新学制"

新文化运动使中国教育界出现了全新的局面,原有的学制体系越来越不适应新的形势,改革势在必行。1921年,全国教育会联合会第七届年会在广州召开,以学制为主要议题,广东、浙江等10个省均提出了各自的学制改革案,最后决议以广东的提案为基础,征

---

① 朱有瓛主编:《中国近代学制史料》第三辑(上册),华东师范大学出版社1990年版,第106～107页。
② 《中国教育年鉴》丁编,上海开明书店1936年版,第137、135、138页。

求全国意见。1922年9月,北洋政府召开全国学制会议,对提案稍作修改后,提交全国教育会联合会第八届年会再征求意见。在此基础上制定了《学制改革案》,于同年11月1日以大总统的名义颁布,这就是有别于以前旧学制的"新学制",因是年旧历年为"壬戌"年,所以又称"壬戌学制"。

"新学制"以七项标准作为改革的指导思想,即:适应社会进化之需要;发挥平民教育精神;谋个性之发展;注意国民经济力;注意生活教育;使教育易于普及;多留各地方伸缩余地。新学制仍把学校教育分为普通、师范和职业教育三类。在普通教育方面采用美国的"六三三四"单轨制形式,这一主体架构经受了历史的长期校验而延续至今,体现出旺盛的生命力和强大的适应力。

"新学制"系统规定:儿童满6周岁入小学,小学教育6年。初级小学4年,为义务教育,可以单独设立。高级小学2年,可以根据地方的具体情况,增加职业准备的课程。中学教育年限是6年,分初中和高中两级,一般情况下初中3年,高中3年,因为高中实行分科制,也可以根据分科的情况调整为初中2年,高中4年,或者是初中4年,高中2年。初级中学属于普通教育,可以单独设立。高级中学实行分科制,设普通科、农、工、商、师范、家事等,普通科又分为文科和理科,主要目标是升学。倡导"综合中学"模式,方便学生根据个性和家庭情况选择升学或职业预备。高等教育分专门学校和大学两种,专门学校的最低修业年限是3年,取消"壬子·癸丑学制"的大学预科制。大学的修业年限是4~6年,其中规定医科和法科大学至少5年。

"新学制"的主要特点表现在:一是缩短了小学教育年限1年,有利于初等教育的普及;二是延长了中学教育年限2年,且实施"三三"分制,取消了大学预科,既保证了中等教育的质量,又减轻了高等教育的负担;三是大中学校课程采用学分制和选科制,有利于学生个性及能力的发展;四是职业教育替代实业教育,且建立了比较完善的职业教育系统。在"新学制"的促进下,全国各级各类学校教育活力迸发,呈现出蓬勃发展的新气象,构筑了多样化、生机蓬勃的教育格局。

"新学制"的颁布施行,标志着中国现代教育制度的正式确立,昭示着中国近代以后的学制体系建设以及自清末以后的教育近代化改革的基本完成。由于这个学制比较符合当时中国的实际情况,后来经1928年、1932年、1940年多次修补,除了在某些方面有所改动外,总体框架一直延续了下来,基本上沿用到中华人民共和国成立,是中国近代史上实施时间最长、影响最大的一个学制。

(五)学校教学法改革与实验

中国对传统教学方法的改革,自辛亥革命后便提上了议事日程。"五四"新文化运动思想解放潮流的激荡,受杜威的实用主义教育思潮以及科学教育等教育思想的影响,在学制、课程与教材改革的推动下,一场教学法改革与实验的运动20世纪20年代在全国各地开展起来,并逐渐形成高潮。

1. 中国新式教学法的起源

中国采用新式教学法始于清末新学制建立时期,光绪二十八年(1902年)的"壬寅学制",要求改变流行的体罚、背诵及教学不卫生等私塾教学方法。光绪二十九年(1903年)的"癸卯学制",对"教授法"有所提倡,要求教学以"讲解"为最善,反对死记硬背。1918年在南京高等师范学校一次校务会议上,陶行知提议将"教授法"改称为"教学法"。他认为这样不仅概念科学,且更能反映教学的实质。但当时被认为是"哗众取宠"、"标新立异",不被认可。之后,陶行知不断发表文章,指出"好的先生不是教书,不是教学生,乃是教学生学";"教的法子必须根据于学的法子"。五四运动之后,伴随各种教育思潮的纷至沓来,陶行知便将南京高等师范学校课程中的"教授法"全部改称为"教学法"。从此,"教学法"便开始流行起来。

西方教学法最先传入中国的是赫尔巴特的"四段教学法",即将教学过程分为明了、联想、系统和方法四个阶段。后由他的学生发展为"五段教学法",即预备、提示、联想、总结和应用。由日本传入中国后,曾风行一时。辛亥革命后,杜威的实用主义教育思想开始在中国传播,要求以儿童为中心。于是,部分学校开始引入自学辅导法,由教师讲转向学生主动学习,先让学生自学教材,有问题时再由教师辅导解决。后又输入分团教学法,将同年级学生按学习能力分成若干团组,由教师分别给予指导,对不同能力的学生施以不同程度的教育。

2. 试行教育测验和智力测验

教育测验,又称之为学力测验,用以测量学生的学习能力和学习成绩,盛行于美国。测验的种类较多,按学科可分为历史、地理、阅读等;按性质可分为速度、难易、练习及诊断测验等。智力测验,是心理学上用以测量人的智力水平的一种方法,通过智力量表计算出智力年龄,再通过"智力年龄÷生理年龄×100"计算出智力商数(Intelligence Quotient),简称为"智商"。一般认为,智商在120以上的为超常,80以下的为低常,90~110之间的为正常。当时世界上最著名的智力量表,是1905年法国心理学家比纳、西蒙所编制出的"比纳-西蒙量表",以语言、文字、图画及物品等形式编制而成。

这两种实验于1917年先后传入中国。1917年《京师教育报》第28期刊载《智力测定法》为之开端。1920年廖世承、陈鹤琴率先在南京高等师范用于招生和教学,并在教育系讲授心理测验课。1921年,廖世承、陈鹤琴合著《智力测验法》一书。此后,北京大学、北京高等师范等都开设了心理测验课。中华心理学会还出版《心理杂志》,积极推行两种测验法。

1922年秋,中华教育改进社邀请美国哥伦比亚大学教育心理学教授、心理学家麦柯尔来华进行量表编制,成立有编制测验委员会,由陶行知主持,共编出教育及智力测验量表30多种,并在各地进行实验。随后,中国心理学家陆志伟,对"比纳-西蒙量表"加以修订,计有65个测验项目。1923年中华教育改进社成立"施行教育心理测验讲习会",负责培训心理测验人员。1931年又成立"中国测验学会",主要是普及测验知识和推广测验方法。30年代以后,此类实验逐渐销声匿迹。

3. 推行设计教学法和道尔顿制

设计教学法是由杜威的学生、美国哥伦比亚大学师范教育哲学系主任克伯屈,以杜威的"从做中学"的理论为出发点创立的一种教学制度,主张废除班级授课制度,打破学科界限,摈弃传统的教科书,把教学分成若干个单元,由学生自发地决定学习目的和内容,在自己设计、自己负责的单元活动中获得有关知识和解决问题的能力。实施的基本程序是:确定目的、制订计划、实施计划、检查结果。

设计教学法自1917年传入中国,由俞子夷主持的南京高师附小首先正式开始研究和试验。其教室称为"杜威院",有游戏室、音乐谈话室、读书室和工作室,造成特别的环境和风气,由学生自己决定教学目的,拟订教学计划,自由选择、自由支配上课时间。南京高师附小的实验引起了广泛的关注,反响强烈,前来参观者络绎不绝,教育界出版物上也源源不断地发表评论,不断有学校起而效之。1921年全国教育会联合会通过了《推行小学校设计教学法案》,倡议此法为"教学良法",号召全国各地小学推行设计教学法。于是,上海、南京、苏州、北京等城市中一些条件好的小学纷纷学习推行,有关设计教学法的出版物也大量涌现。1927年中华教育改进社邀请克伯屈赴北京、上海讲学,并参观晓庄师范学校附小的实验,于是其试验一时颇为风行,设计教学法也成为师范学校必教内容。

道尔顿制是由美国进步主义女教育家帕克赫斯特,于1920年在马萨诸塞州道尔顿中学所创造的一种教学制度,也是以儿童自主学习为原则,具体做法是:设置各科作业室,陈列参考用书和实验仪器;将各科学习内容编成分月的作业大纲,规定每月应完成的各项作业;学生与老师订立公约,随时进入作业室学习;各作业室配备专业教师一人,具体指导学生学习。

道尔顿制于1922年传入中国,《教育杂志》发行了宣传道尔顿制的专号。同年10月,舒新城率先在上海吴淞中国公学中学部试行,基本上采用其原来方法。一些教育家纷纷著文、著书大力宣传,一些学校也纷纷仿行。1923年,舒新城出版《道尔顿制概观》,指出道尔顿制不宜照搬,应抱试验态度。同年,全国教育会联合会第九次年会通过《新制中学及师范学校宜研究试行道尔顿制案》,要求在研究基础上逐渐推广试行。1924年,廖世承等人在东南大学附中曾就道尔顿制与班级授课制进行了比较实验,其成果《东大附中道尔顿制实验报告》由商务印书馆于同年出版。1925年中华教育改进社邀请柏克赫斯特来华讲学,将道尔顿制的宣传和试行推向高潮,一时影响很大。据舒新城1925年统计,全国实验道尔顿制的中小学有57所,其中小学49所,中学8所。

值得一提的是文纳特卡制,这是1919年美国教育家华虚朋在芝加哥文纳特卡镇公立中学创建的一种教学组织形式,是一种设计教学法和道尔顿制的混合教学制度。课程被分为两部分:一部分按照学科进行,由学生个人自学读、写、算和历史、地理等方面的知识、技能;另一部分通过音乐、艺术、运动、集会以及开办商店、组织自治会等来培养和发展学生的"社会意识"。前者通过个别教学进行,后者通过团体活动进行。1928年传入中国,开始引起人们的兴趣;在陈鹤琴主持下的工部局小学开始试行。1931年,华虚朋来中国讲学,做过一系列讲座。文纳特卡制在中国并没有像设计教学法和道尔顿制那样产生广泛的影响,只在1933~1935年间,厦门、福州、开封、上海等做过一些实验研究。

（六）教育思潮与教育团体的兴起

五四时期是中国社会急剧变革的时期，教育界思想十分活跃。期间，以美国为代表的西方教育思想大量传入中国，激发起中国知识分子的教育改革热情。在短短的十余年时间里，各种教育思潮、教育运动和教育实验层出不穷，大大地促进了中国近现代教育的发展。除了教育部所属的教育调查会等有关教育改革的组织外，先后出现了很多民间性质的教育社团，影响较大的有全国教育会联合会、中华职业教育社、中华教育改进社、中国科学社等。

1. 平民教育思潮与平民教育社、平民教育会

倡导平民教育，是新文化运动中民主思潮在教育领域里的反映，目的是要打破统治阶级对教育的垄断，给民众以教育权，实施平民教育。1916年10月全国教育会联合会通过《注意贫民教育案》，1919年10月又通过《失学人民补习法》，平民教育问题开始引起教育界和社会的重视。主张平民教育的人很多，成分也很复杂。以陈独秀、李大钊、邓中夏为代表的初步具有共产主义思想的知识分子，站在"庶民"的立场上，为广大"劳工阶级"争取教育权利。但他们认为，要真正解决平民教育问题，必须先解决经济和政治制度问题。一些资产阶级和小资产阶级知识分子，则把平民教育视为救国和改良社会的主要手段，希望通过平民教育来实现民主政治。

为实现平民教育，1919年10月，北京高等师范学校的教职员和学生组织了平民教育社。1922年，从法国归来的晏阳初，主编出版了平民教育教材《平民千字课》，深受民众的欢迎。1923年，朱其慧、陶行知、晏阳初等发起成立了中华平民教育促进会，在"除文盲，作新民"的旗帜下，在劳动群众聚集的地区和单位设立平民学校、平民读书处、问字处等机构，大规模地推行平民教育。1925年后平民教育促进会工作中心由城市逐渐向农村转移，1927年全国自行组织的乡村平民教育会已有150多个。

2. 工读主义教育思潮与工学会

又称工学思潮，提倡做工与读书相结合，做工与求学相结合，以工助学，与当时流行的实利主义和实用主义教育思潮、职业教育思潮、平民教育思潮等有广泛的联系。萌发于第一次世界大战期间，蔡元培、吴玉章、李石曾等发起的留法勤工俭学运动。后受国际工人运动和"劳工神圣"思想的影响以及"五四"新文化运动的激荡，逐渐形成颇具声势的工读主义思潮。受此影响，天津、上海、武汉、广州、扬州等地都成立了工读互助组织。

尤其是，由1919年2月匡互生、周予同等北京高师学生发起组织了工学会，倡导"工学主义"，认为工学会是"要把工和学并立，作工的人一定要读书，读书的人一定要作工。绝对反对作工的人可以'目不识丁、蠢如鹿豕'，读书的人可以'高其身价、坐享福禄'；一心想把我国数千年来'贵学贱工'的一种谬见一扫而空之"①。希望通过工读建立一个人人劳动、手脑并用、没有剥削的社会。为了宣传、研究和实验工学主义，工学会出刊《工学》杂

---

① 《工学会旨趣书一》，载《工学月刊》，1卷1号。

志,办起了石印、照相、打字、雕刻等小组,曾设想每周授课、做工、自修的课时数。与此同时,少年中国学会会员、无政府主义者王光祈在蔡元培、陈独秀、李大钊及胡适的帮助下,在北京成立"工读互助团",实行半工半读,在北京大学举办有"素菜食堂"和从事洗衣、装订及制造小工艺品活动,同时分别在各高校听课,他们认为这是"各尽所能,各取所需"的社会,希望由此不断扩大,使社会上人人做工,人人读书,实行小团体大联合,最终实现理想的、无政府的共产主义社会制度。

3. 职业教育思潮与中华职业教育社

职业教育思潮是由清末民初的实利主义和实用主义教育思想发展演变而来的。蔡元培曾将实利主义列入资产阶级的教育宗旨。陆费逵曾指出,中国教育需要在国民教育、职业教育、人才教育三个方面加以改进,他更强调职业教育,认为"职业教育则以一技之长可谋生活为主",这是中国学者对"职业教育"的最早阐述。从 1915 年起,早期主张实用主义教育的人士大多转而提倡职业教育。陈独秀在《今日之教育方针》一文中明确指出,新的教育方针之一应是"职业主义"。职业教育思潮逐步形成,且对 1922 年的新学制影响甚大。

中华职业教育社由教育家黄炎培先生联合社会知名人士梁启超、蔡元培、范源濂、王正廷、郭秉文等 40 余人联名发起的,于 1917 年 5 月 6 日在上海创立,黄炎培为办事部主任,这是中国近代第一个研究、倡导、实验和推行职业教育的专门机构。办社宗旨在于:"方今吾国最重要、最困难问题,无过于生计。根本解决,唯有沟通教育与职业。同人认此为救国家、救社会唯一方法。"办理职业教育的目的是:"为个人谋生之准备,为个人服务社会之准备,为国家及世界增进生产力之准备。"主要活动:一是通过调查、讲演、出版、通讯等宣传手段研究职业教育。除在国内调查外,还到英、美、德、法等考察职业教育。定期出版的刊物有《教育与职业》、《生活周刊》等。还出版有《职业教育丛书》、《职业修养丛书》、《平民职业教育丛书》等。二是进行职业教育实验,创办有中华职业学校、中华职业补习学校、农村改进实验区及职业指导所等。1918 年全国职业教育机构有 531 个,1926 年达到 1695 个,增长速度高于其他各类教育。中华职业教育社的成立开启了中国职业教育的端绪。

4. 科学教育思潮与中国科学社

科学教育思潮是在新文化运动期间形成的,以任鸿隽为代表的中国科学社和《科学》杂志,批判清末教育"新政"以后学校有科学课程而无科学方法、科学态度和科学精神,倡导以科学内容尤其是科学方法、科学精神渗透、充实社会各项事业,尤其是教育。以陈独秀为代表的激进民主主义者,通过文化反思倡导科学启蒙,主张以理性的态度看待中国传统教育、建设未来教育。以胡适为代表的实证主义,将科学的方法理解成"大胆的假设,小心的求证",以之为解决一切学术和社会问题的有效方法,这是一种较为具体的科学教育主张,对教育的科学研究有所启示。①

---

① 孙培青主编:《中国教育史》,华东师范大学出版社 2000 年版,第 389 页。

中国科学社是 1915 年 10 月 25 日,任鸿隽与赵元任、胡明复等留美学者在美国发起组织成立的,以研究学术、传播科学知识、谋中国科学与实业之发达为宗旨,刊发《科学》杂志,向国内宣传其主张。倡导科学教育,主张将科学内容与方法渗入各项社会事业。1918 年迁回国内,蔡元培被选为中国科学社董事长,选出竺可桢、丁文江等科学家为理事,张謇、马相伯等社会名流为董事。在上海、南京设有事务所,通过发行刊物、翻译书籍、编订科学名词、设立图书馆、博物馆和各种科学研究所,传播科学知识和科学思想,促进中国社会和教育界在"五四"以后形成颇具声势的教育实验运动。

5. 国家主义教育思潮与国家主义青年团

国家主义教育思潮兴起于 20 世纪初,清末教育宗旨中的"尚公"、"尚武"及民初蔡元培所提教育宗旨中的"军国民教育",均反映了国家主义教育精神。1922 年以后,提倡国家主义教育的多为从欧美归来的留学生,如曾琦、左舜生、李璜、余家菊、陈启天等。李璜在其《用社会学的眼光谈教育的意义及其作用》一文中指出:"教育是社会需要的产物,不是个人理想的产物。大凡一个社会要想保着他的生存,必须这个社会内的分子有共同的情感、共同的信仰,然后才能聚散沙于一盘,以共同扶持这个社会生存于不坠。"由此可以看出,国家主义教育思潮的基本主张:一是以教育为国家的工具,目的在于保持国家安宁和谋求国家进步,在于抵抗侵略、延存国脉;二是教育为国家的任务,应完全由国家负责经营办理,而不能采取放任态度。其主旨在于以国家为中心,通过加强国家观念的教育来实现国家的统一与独立,实质上在当时还是一种"教育救国论"。

国家主义青年团是 1923 年,由曾琦、李璜等在法国巴黎发起成立的,开始有组织地宣传国家主义。同年,余家菊、李璜合著的《国家主义的教育》一书出版,标志着国家主义教育思想的重振。1924 年,曾琦、李璜等回国后,于上海发展组织"中国国家主义青年团",后定名为中国青年党。

6. 全国教育会联合会

1915 年 5 月,由直隶教育学会及江苏教育会代表沈恩孚、黄炎培、杨宝恒和浙江教育会代表经亨颐等人在天津发起成立的。规定每年举行一次大会,每次由各省区教育会提出各种教育改革方案,供大会交流讨论,所通过的议案呈交教育部参考。从 1915 年正式成立到 1925 年解散,一共召开了 11 次会议,先后讨论的提案,从义务教育、实业教育、师范教育到教育宗旨、教育制度、教育行政、教育方法等,无所不包。尤其是 1921 年的第七次会议和 1922 年的第八次会议,对"新学制"的制定和颁布发挥了极为关键的作用,成为当时影响最大的一个教育团体。

7. 中华教育改进社

1921 年 12 月,由实际教育调查社、新教育共进社、新教育编辑社合并成立于北京,以"教育的科学研究"与"科学教育的改善"为口号,以"调查教育实况,研究教育学术,力谋教育改进"为宗旨。推举蔡元培、范源廉、郭秉文等 9 名学者为理事,孟禄与杜威为名誉理事,陶行知为总干事。主要活动是宣传美国的教育制度和实用主义教育思想,推行过智力测验和教育测验。成立之初,成员就超过 500 名,是当时中国最大的教育研究团体,有效地推进了新教育的研究与实践。

(七) 收回教育权运动

教育权是国家的重要主权之一。在近代中国人民反抗侵略、维护国家主权的斗争中,收回教育权也是其中的一项重要内容。特别是在20世纪20年代中后期,中国社会爆发了以反对教会教育、收回教会学校管理权为主旨的收回教育权运动。

随着西方列强对华政治、经济侵略的进一步加深,文化教育渗透也日益加剧,教会教育在各教会和传教士们的"苦心经营"下,在中华大地上迅速膨胀,表现在:一是规模日渐扩大。20世纪初西方在华学校中的学生数占中国学校学生总数的32%。1920年全国基督教学校学生数为245049人,比1912年翻了一番;天主教学校学生数也有113690人。到1926年,全国已有基督教小学5000余所,中学200所,大学16所,学生30万名;天主教小学和神学约9000所,中学200余所,大学3所,学生50万名。两者合计,共有学生约80万名。其中,教会学校大学生8400多人,占全国大学生总数的19.5%。教会学校几乎遍及中国各地,尤以山东、福建、广东、江苏、四川等为最多,外国在华教会教育已形成一种不受中国约束的庞大势力。二是教会学校形成一个完整独立的办学体系,有自己的政策,学制与中国迥然不同,彼此缺乏沟通。三是许多教会学校精心发展附属学校和预备学校,吸收和扩大生源。四是教会学校不在中国政府立案,中国政府无法进行监督。这种发展趋势,严重地侵犯了中国教育的主权。

受国家主义、实用主义等教育思潮的影响,中国学术界、教育界的知识分子普遍认为教育是拯救中国的手段,教育应当为国家培养具有民族意识的公民。1921年教育总长范源濂在山西基督教教育会上公开声明,教会学校强迫学生做礼拜和读圣经违背中国宪法,教会学校的学生普遍缺乏国学知识,不具备作为领袖人物和参与国民生活的资格。1922年蔡元培发表《教育独立议》,提出教育要与宗教分离。1923年"少年中国学会"领导人之一的余家菊,在其《教会教育问题》一文中,明确提出"收回教育权"口号。

收回教育权运动的导火线是广州圣三一学校事件,圣三一学校为英国圣公会所办。1924年4月,因学校反对组织学生会,还开除学生,宣称"不许中国人自由"。于是,学生进行罢课斗争,提出"反对奴隶式教育"、"争回教育主权"口号。此举得到广州学生联合会、共产党的《中国青年》和国民党《民国日报》的舆论支持。6月,"广州学生收回教育权运动委员会"宣告成立,并发表《宣言》,提出四项要求:一是外国人在中国所办学校必须向中国政府注册与核准;二是中国教育机关有权支配与取缔教会学校课程设置;三是不许正式编入宗教课程;四是学生应享有集会、结社、言论、出版等方面的自由。教育界也给予积极回应和支持,规定教会学校毕业生不给予本国学校毕业生同等待遇,不承认有相应的升学资格,不能参加国家安排的留学考试等。经过社会各界的共同努力,收回教育权运动取得明显成效:传教士开始承认中国政府有权监督中国境内的一切学校;多数学校向中国政府申请注册;开始重新组织课程,向中国部定课程标准靠拢;开始吸收中国人士来从事行政管理等。

三、民初知名人士的办学活动

五四新文化运动时期,不仅教育思想异常活跃,持有新的教育理念而投身于办学实践的志士仁人层出不穷,最有代表性的人物当推张伯苓和陈嘉庚。

(一) 张伯苓

张伯苓(1876~1951),原名寿春,字伯苓。天津人,杰出的爱国教育家。先后创办了南开中学、南开大学、南开女子中学、南开小学和重庆南开中学等私立南开系列学校,被誉为"中国现代教育的一位创造者"。他任南开校长40余年,不仅独创性地探索出中国近代私立教育办学的成功之路,而且还在近代教育史上,颇具匠心地提出了一整套教育思想、教育方针和教育方法。

1. 从私塾到西式中学堂,再到私立大学

光绪二十四年(1898年),刚刚从北洋水师学堂毕业、正在"通济"轮上服役的张伯苓毅然中断了海军生涯,发誓献身教育的"自强之路"。他说:

> 念国家积弱至此,苟不自强,奚以图存,而自强之道,端在教育。创办新教育,造就新人才,及苓将终身从事教育之救国志愿,即肇始于此时。①

是年11月,应天津名绅严修的聘请,在严氏家塾任教师,教授英文、算学、理化等"西学"课程。这个看似像封建社会颇为普遍的"私塾"家馆,奠定了后来南开学校的最初基础。光绪三十年(1904年)赴日本考察教育,感慨道:"知彼邦之富强,实由于教育之振兴,益信欲救中国,须从教育入手。"于是,在严家的一所小偏院里,张伯苓和严修共同创办私立"敬业中学堂"。光绪三十三年(1907年)又在天津"南开洼"得到天津著名士绅郑菊如捐助的土地,在此建筑新校舍,改名为"南开中学堂",民国初年又改名为"南开学校"。尤其是在1919年,他按照"理以救国,文以治国,商以富国"的设想,创办了南开大学,亲定校训"允公允能"。此后,又接连创办了南开女中(1923年)、南开中学(1926年)和南开小学(1928年)等学校,形成并培育了独具特色的南开教育体系。

2. 办学目的和培养方针

张伯苓在《四十年南开学校之回顾》中说,中华民族之大病约有五端,即愚、弱、贫、散、私。"实为民族衰弱招侮之主因,苓有见及此,深感国家缺乏积极奋发、振作有为之人才,故追随严范孙先生,倡导教育救国,创办南开学校。其消极目的,在矫正上述民族之病,其积极目的,为培养救国建国人才,以雪国耻,以图自强"。又"南开学校系因国难而产生,故其办学目的,旨在痛矫时弊,育才救国"。可见,如何"医治"五大病症,实乃张伯苓确定教育目标和方针的立足点。1934年,他在《南开的目的与南开精神》的演说中说:

> 要救国,救法是教育。救国须改造中国,改造中国先改造人,这是总方针……中

---

① 《张伯苓教育言论选集》,南开大学出版社1984年版,第243页。

国人道德坏、智识陋、身体弱,以这样的民族,处这样的时局,如何能存在?

方法是以教育来改造中国,改造什么?改造他的道德,改造他的知识,改造他的体魄。最终达到"为社会谋进步,为公共谋幸福"的总目的。

张伯苓对教育目的的认识也有一个发展的过程,在早期,他服膺"学以至大,学以易愚,学以救国救世界,学能求真理,又能善人格"的真理,认为教育的目的是传授近代科学知识,培养个人能力,学以致用。他在《熏陶人格是根本》中说:"南开大学教育的目的,简单地说,是在研究学问和练习做事。"①随着"南开学校"的不断发展,他对教育理念的认识也随之日臻成熟,对现代教育内涵的理解更加深刻。

1928年2月,张伯苓亲自主持和制订了《南开大学发展方案》,对以往的教育方式方法进行了重大调整,反对"洋货"教育,提出以"土货化"为南开日后发展的根本方针。更强调个体之间的团结互助,强调精神气质的培养,认为教育之目的在"为己为群"。他说:"我们现在一方面是要使人民有组织的能力,合作的精神,负责任肯牺牲,没有名利之思,不做意气之事,什么事都以国家为前提。如此人才,将来组织政府才能使政途清明,政治巩固。这正是我们训练的目标,也正是我们南开的新使命。"②照此等理念,张伯苓认为南开教育的宗旨应"使学生自动自觉,自负责任,以求上进"。

3. 德智体三育并重的教育举措

为实现上述目标和方针,张伯苓提出了德智体三育并重的教育举措:"一是注重体育,锻炼强健之国民;二是注重科学,培养丰富之现代化知识;三是注意精神的修养,向深处培,向厚处培,整理中国固有之文化,择其适合于现代潮流者,阐扬广大,奉为国魂,并推而广之,以求贡献于世界。"③

首先是体育。张伯苓认为,"强国必先强种,强种必先强身"。然而在"德智体三育之中,我中国人所最缺乏者为体育"。因此,他主张学校应该把体育放在十分重要的位置上去,甚至说"不懂体育的人,不应该当校长"。张伯苓还认为,提倡体育不仅在于培养少数选手,而在于全体学生的发展;不在于学校体育活动,尤重全社会体育活动的普遍开展;不在于技术之长,尤要体德兼进,体与育并重。由于张伯苓的大力提倡,南开学校的篮球队、足球队在华北乃至全国都享有盛誉。

其次是智育,即"科学"教育。张伯苓认为,科学不发达则物质文明不如人,创办南开学校的主要目的就是要提倡科学、开发民智,以促进国家物质文明的发展。在筹办南开其间,他从日本购置了实验所需的全套科学仪器和设备,开风气之先。南开大学成立后,为了更好适应中国经济与社会的发展,张伯苓在科学技术教育方面,果断采取了两个方针:一是努力建设校园环境,多方筹集资金,完善各种设施,聘请优良的师资;二是选择对社会经济发展实用性强的学科加以扶持,推动其优先发展。南开大学成立时,设文、理、商三

---

① 《张伯苓教育言论选集》,南开大学出版社1984年版,第146页。
② 《张伯苓教育言论选集》,南开大学出版社1984年版,第62页。
③ 《张伯苓教育言论选集》,南开大学出版社1984年版,第155页。

科,后增设矿科。学校还确定重点发展经济学和应用化学。抗日战争前夕,南开大学已经成为拥有3个学院、12个系和2个研究所的高等学府。

最后是德育,即"精神的修养"。张伯苓非常重视人格的培养和训练,制定了非常严格的校规校纪,将饮酒、赌博、冶游、吸烟、早婚等悬为厉禁,犯者退学。考试作弊,当场抓卷,当天挂牌开除。两门功课不及格要留级。为了培养学生的文明行为,他在校门口高悬一面大镜,镌刻镜箴,"仪表"上要求"面必净、发必理、衣必整、纽必结、头必正、肩必平、胸容宽、背容直"。"气象"上要求"勿傲、勿暴、勿怠"。"颜色"上要求"宜和、宜静、宜庄"。同时,他还强调"诚信"教育,称"诚之一字,为一切道德事业之本源,吾人前途进取应是为标准。事出于诚,既无不成,偶败亦必有恢复之一日"①。他特别对"虚伪欺诈"、"投机取巧"等不良品行深恶痛绝,认为这些东西在国人中很有"市场",必须予以彻底的根除。他提倡"欲成事者须带三分傻气"、"生于忧患,死于安乐"的奋斗精神,鼓励学生发扬"南开精神",即"硬干精神"、"不自私"、"肯为公"、"持之以恒"、"继之以勇"。

张伯苓认为,体育、科学及德育彼此不是孤立的,而是相互促进的,要"造成完全人格",必须做到"三育并进而不偏废"。

4. "允公允能"的南开校训

1934年在南开创办30周年校庆纪念会上,张伯苓正式宣布"允公允能"为南开校训。所谓"公"者,便是无私无我,是指培养人的公共意识和公共道德,也就是张伯苓特别强调的"国民之自觉心"、"公德心"、"爱国心"。他说"惟'公'故能化私,化散,爱护团体,有为公牺牲之精神"。所谓"能"者,便是实干苦干,是指培养人为适应社会政治经济文化发展之需要的各项能力,既包括科学技术和科学方法的培养,也包括身体心理素质的锻炼,同时还包括团体的组织协调能力。"惟'能'故能去愚,去弱,团结合作,有为公服务之能力"。只有按照"公"、"能"二字去培养和熏陶学生,人的素质才能提高,民族之病症方可治愈。其中,他最重视的就是"公"的教育。他指出中国人最大的毛病是一个"私"字,"此为中华民族之最大病根。国人自私心太重,公德心太弱。所见所谋,短小浅近。只顾眼前,忽视将来,知有个人,不知团体。流弊所及,遂至民族思想缺乏,国家观念薄弱,良可慨也"②。因而,中国人最需要的就是一个"公"字。"公"的含义就是"为公众,摒除自私自利",他强调通过培养"爱国心"、"自觉心"及"合作"、"诚信"、"公平"、"负责任"、"有毅力"、"专注"等精神气质,才能根治"民族之大病",使人人成为现代意识的"公民"。

(二)陈嘉庚

陈嘉庚(1874~1961),又名甲庚,字科次,福建集美人。著名的爱国华侨领袖、实业家、慈善家和社会活动家,也是一位毕生热诚为国兴学育才的教育家。他利用办实业所得,在家乡乃至海外创办了一系列学校,厦门大学、集美大学两校都尊称其为"校主"。毛

---

① 《张伯苓教育言论选集》,南开大学出版社1984年版,第15页。
② 《张伯苓教育言论选集》,南开大学出版社1984年版,第247页。

泽东誉其为"华侨旗帜,民族光辉"。

1. 毕生倾资为国兴学

陈嘉庚认为,在"民智不开,民心不齐"的情况下,"启迪民智,有助于革命,有助于救国,其理甚明"。那么如何"启迪民智",唯有教育,因为"教育是千秋万代的事业,是提高国民文化水平的根本措施,不管什么时候都需要"。他说:"国家之富强,全在于国民,国民之发展,全在于教育,教育是立国之本。"

基于对教育的认识,陈嘉庚在实业有成之后,首先想到的是兴学报国。早在光绪二十年(1894年),他就捐献2000银元,在家乡创办惕斋学塾。民国之后,办学范围逐渐扩大。自1913年在家乡创办了集美高初两等小学校,以后陆续办起师范、小学、中学、水产、航海、商业、农林等校(部)共10所;另设幼稚园、医院、图书馆、科学馆、教育推广部,形成"集美学村",也称"集美学校"。在办学经费紧张之时,他依然决定"宁使企业收盘,也绝不停办学校"。

尤其在1921年,陈嘉庚认捐开办费100万元,常年费分12年付款共300万元,创办了厦门大学,有文、理、法、商、教育,5个院17个系。在当时,这是一所华侨创办的唯一大学,也是全国唯一独资创办的大学,独力维持了16年之久。后来,世界经济不景气严重打击华侨企业,陈嘉庚面对艰难境遇,态度仍很坚定地说:"宁可变卖大厦,也要支持厦大"。他把自己三座大厦卖了,作为维持厦门大学的经费。在承担家乡已建学校庞大经费开支的同时,陈嘉庚还联络新加坡华侨组织同安教育会,支持家乡同安县创办40多所小学,并提供办学方面的指导。1924年,陈嘉庚把同安教育会改为集美学校教育推广部,至1935年先后补助本省28个县市的73所中小学,补助总额达193227银元,全部由陈嘉庚承担。陈嘉庚一生倾资兴学,约计款项达美金一亿元以上。在陈嘉庚热心兴学的影响和带动下,捐资兴学蔚然成风,近代华侨学校迅速发展也与陈嘉庚精神的影响是分不开的。

2. 支持侨居地华侨教育

陈嘉庚对于侨居地新加坡华侨子女的教育也非常热心,竭力倡办华文学校,曾任新加坡道南学校总理。1912年,他在新加坡参与创办福建会馆所属的爱同小学。1915年捐资创办会馆所属的崇福女校。1919年捐资3万元创建新加坡南洋华侨中学,后来又捐40多万元作为该校基金,使该校成为当时南洋地区华侨的最高学府。1947年创办南洋女子中学。他还资助过英华英文中学,帮助其他一些华侨学校。当时有教会请陈嘉庚捐款10万元创办一所大学,陈嘉庚慨然答应,但提出要以兼设中文课程为条件。澳大利亚华人史学家颜清湟曾高度评价陈嘉庚的兴学贡献,称办学"固然是符合华文教育客观发展的需要,但也反映出华侨社会领袖高瞻远瞩的超卓见识,这批远见之士的领袖就是陈嘉庚"[①]。

3. 办学实践中的教育思想

陈嘉庚不仅是一个教育事业家,而且还是一个教育家。在长期办学的实践中,形成了

---

① 颜清湟:《战前新马闽人教育》,见《海外华人史研究》,新加坡亚洲研究学会1992年版,第298页。

他独特的教育思想。"陈嘉庚教育思想,是在一定历史条件下,继承中华民族传统中的精华,兼采现代西方文明思想而形成的"①。他的教育言论散见于其60余年办学历程中的演讲、函电、文稿和谈话之中,其教育思想可归纳为以下几点。

第一,提倡女子教育,反对重男轻女。陈嘉庚大力倡办女子学校,如建立战时妇女学校等,让女子能上学,这在当时的历史条件下,开了风气之先,是难能可贵的。

第二,重视教师质量,强调要确立教师在学校的主导地位。他认为,要办好学校,第一要务是教师,"没有好教师,就没有好学校",因此,他广聘名师到校任教,"不惜重金罗致"。当然,作为一校之长也很重要,所谓"千军易得,一将难求"。

第三,讲究教学质量,注意全面发展。陈嘉庚从办学开始,就一直注意"德、智、体三育并重",强调全面发展。陈嘉庚主张把爱国、诚毅作为德育的主要内容,期望学生具有高尚的品德、坚强的意志,在生活与行为上为社会做表率、立规范。他所创办的集美学村把"诚毅"作为校训,培养学生忠诚祖国、诚以待人,刚毅顽强、毅以处事的品格。在学生智能的培养上,陈嘉庚不仅重视让学生学习有用的专业知识,而且还很注重学生的实际历练。他认为,培养人才急需的是培养出企业家型、有实际本领的人才、而不是学究型的、会说不会做的书生。在体育方面,陈嘉庚认为体育不但能增强人的身体素质,提高运动技术,而且可以雪国之耻,扫除民族之讥。

第四,提倡有教无类。陈嘉庚关心广大民众接受教育,早在1914年,他就在集美大祖祠开办通俗夜学校,对成年人进行扫盲教育。他要求普及教育,并订下同安"十年普及教育计划",设立同安教育会和教育推广部。陈嘉庚还倡议集美学校专门成立了民众教育委员会,兴办各种民众学校,对于扫除成年文盲,提高人们的文化知识水平起到了积极的作用。

本章结语: 纵观近代新教育改革历程,每个时期的改革各具特色。

第一,来自地主阶级内部的知识分子龚自珍、林则徐、魏源等开启近代新教育改革的先声。他们抨击封建主义的传统教育,反对空疏无实的"理学",主张"经世致用",提倡学习西方的科学技术,批评八股取士制度,试图通过科学文化教育来挽救"日之将夕"的清王朝。

第二,太平天国对传统教育予以剧烈冲击。太平天国制定出反儒反封建的教育方针与政策,全面实施文教改革,封建传统教育受到来自以太平天国为主体的农民革命的冲击,对儒学独尊地位的否定,对普及平等教育的向往,都蕴含近代教育的因素。

第三,洋务运动期间开启近代新教育的实践。为适应洋务事业发展的需要,在洋务派的倡导和推动下,从1862年设立京师同文馆开始,在30余年的时间里,举办了外国语、军事、技术等类型的洋务学堂。与此同时,洋务派组织实施了几次较大规模的留学教育计划,向美国、日本和欧洲派遣留学生。他们有机会亲身体验近代资本主义的文化教育环境

---

① 《陈嘉庚教育文集·序》,福建教育出版社1989年版,第1页。

和社会生活,部分人完成了系统的近代高等教育,不少人成为清末民初活跃在科技、实业、外交、军事和文化等领域的风云人物。洋务教育实际启动了中国传统教育向近代教育过渡的进程,李鸿章、曾国藩、左宗棠、张之洞等洋务派代表人物将魏源等人"师夷长技"的思想付诸实践,传播了近代资本主义文化和教育观念。

第四,维新运动期间更是将西方资产阶级的教育理念与中国教育改革相结合。随着维新教育的渐次推进,容闳、郑观应等对西方政治、经济、文化以及中国社会的危机和洋务运动的局限有较深的认识,他们的社会观念和治国方略带有明显的资产阶级意识。维新运动中,以康有为、梁启超等为代表的资产阶级改良派比较具体地提出了改革科举、系统学习西学、建立新式学校制度、发展女子教育、普及全民教育的设想,隐约地勾画出中国近代教育的轮廓。这些设想部分地体现在"百日维新"颁布的教育改革措施中。同时,对西方的教育思想学说有了初步的介绍,严复从比较角度对中西文化教育特点进行总结概括,开辟了教育理论探索的新境界。

第五,中华民国的成立奠定了教育民主化改革的政治基础,开辟了中国资产阶级教育发展的新时代。南京临时政府进行了卓有成效的工作,基本维持了政体变更阶段教育的正常进行,在较短的时间内完成了学制方案和各级学校法令规程的草拟工作。筹备召开了全国临时教育会议,通过了民国教育方针,颁布教育改革令,颁行新的教育宗旨,初步建立了资产阶级民主主义教育制度体系,完成了资产阶级依法改革封建教育的法定程序。

第六,北洋政府承袭了民主共和政体的外衣,为了君主立宪,在思想上、教育上掀起了复古的逆流,使封建教育出现短暂的回潮。作为"五四"新文化运动的重要组成部分,在教育领域里兴起了反思和改革封建传统教育,学习和引进西方近代教育,倡导和建设民主、科学、实用的中国新教育的热潮,教育思想空前活跃,形成各种各样的教育思潮和教育运动,极大地提高了当时中国的教育认识和实践水平,推动了中国教育的前进步伐,创造了中国教育历史上一个前所未有的百花齐放、百家争鸣的辉煌时期。

【讨论与思考】

1. 简述早期地主阶级改革派的教育主张。
2. 太平天国时期的教育改革主要有哪些措施?
3. 洋务派办的新式学校有什么主要特点?试举例说明。
4. 评述张之洞"中学为体,西学为用"的教育思想。
5. 蔡元培教育思想和实践对中国近代教育的发展有哪些贡献?
6. 新文化运动推动下的教育改革包括哪几个方面?
7. 评1922年学制产生的背景、主要内容和历史地位。

【阅读导航】

1. 毛礼锐主编:《中国教育通史》第四卷、第五卷,山东教育出版社2005年版。

第四卷第十一章"鸦片战争时期的教育"第二节探讨了龚自珍的教育思想,第三节探讨了魏源的教育思想。第十二章"太平天国的教育"分三节论述了太平天国教育的指导思想、太平天国教育的方针政策、太平天国教育的组织形式和教育内容。在第十三章"洋务运动时期的教育",第一节探讨了洋务运动中资本主义教育的萌芽,第二节介绍了张之洞的教育思想。第十四章"维新运动时期的教育",第一节论述了早期资产阶级改良主义者的基本教育主张、容闳及其《予之教育计划》、郑观应及其《盛世危言》,第二节专门探讨了维新运动中的教育改革,第四至第六节介绍了康有为、梁启超和严复的教育思想。第十五章"辛亥革命时期的教育",第一节涉及辛亥革命前后的教育活动,第二节述及南京临时政府的教育改革,第三节论述北洋政府时期的教育情况,主要是复古教育与反复古教育的斗争,第四节探讨的是蔡元培的教育思想。

第五卷的第十七章"五四时期的教育",第二节谈到北洋政府时期的学校教育改革,第三、四节分别介绍平民教育运动和平民教育思潮、工读运动和工读思潮。第十八章"第一次国共合作时期的教育",第一节涉及1922年的学制改革,第二节谈及北洋政府时期的师范教育改革,第三节涉及收回教育权运动。

2. 李国钧、王炳照总主编:《中国教育制度通史》第六卷、第七卷,山东教育出版社2000年版。

第六卷在第八编"清代教育制度"中分别设置"晚晴封建教育制度"、"太平天国的教育制度"、"近代中国新教育的产生"、"近代中国新教育的发展"和"近代中国新教育制度的建立"等章节,涉及太平天国的教育改革,近代新式学堂的兴起,百日维新中的教育改革,等等。虽然是制度史,也阐述了一些教育思想,比如地主阶级改革派的主张。

第七卷在第九编"民国时期教育制度"中,第一章第一节谈及民国初年的教育改革,第二节谈到新文化运动与1922年学制问题。

3. 孙培青主编:《中国教育史》,华东师大出版社2000年版。

本书第十章"鸦片战争时期的教育",探讨了改革派的文化教育主张以及太平天国的教育。第十一章谈论"洋务运动时期的教育",第一节介绍了洋务学堂的创立和发展,第二节论述了洋务留学教育,分别介绍了幼童留学美国和留欧学生的派遣,第三节详细论述了"中体西用"的演变及张之洞的《劝学篇》。第十二章介绍了"维新运动到清末新政时期的教育"。第十三章介绍"民国成立初期的教育",分三节分别介绍民国教育方针和政策、"壬子·癸丑学制"和蔡元培的教育思想。第十四章论述"新文化运动和大革命时期的教育",涉及新教育改革运动发展进程中的一些问题。

4. 陈元晖主编:《中国近代教育史资料汇编》共10种,上海教育出版社2007年版。

这是中国第一部大型的比较完整的近代教育专题史资料汇编。全套书包括:《鸦片战争时期教育》、《洋务运动时期教育》、《戊戌时期教育》、《学制演变》、《留学教育》、《高等教育》、《普通教育》、《实业教育——师范教育》、《教育思想》、《教育行政机构及教育团体》。

第八章 教会文教的渗透与扩张

【内容提要】

西方列强对中国的文教侵略早在明代就已经开始了,伴随着葡萄牙、西班牙以及荷兰殖民者的军事与经济入侵,利玛窦等传教士也开始在中国从事传教活动。鸦片战争后,清政府与西方列强签订了一系列的不平等条约,其中有诸多关于教育的约定,诸如办教堂、办学校、办医院、办新闻事业以及吸引留学生等,正是靠这些条约的保护,传教士们深入中国内地,开始全方位的文教渗透活动,其中办学校是最为直接的文教渗透方式,目的在于培养为他们服务的牧师和顺民。早期教会学校以小学为主,到后期则大力发展教会大学,通过组建教会学校联合组织,来统一领导和规划教会学校的发展,同时还通过建立基督教青年会、选派总教习等方式来控制中国新式学校教育的发展。针对西方列强的文教渗透以及部分传教士在中国境内的恶劣行径,中国人民也高举反洋教斗争的旗帜,对教会、传教士以及教会教育予以顽强地反击,表现出可歌可泣的爱国主义精神。

【学习目标】

1. 理解不平等条约中关于文教方面的规定及其目的;
2. 了解教会文教渗透的基本途径;
3. 把握早期教会学校的基本特点;
4. 重点把握后期教会教育扩展的主要手段。

【核心术语】

南京条约　望厦条约　黄埔条约　北京条约　天津条约　弛教　英华学校　马礼逊学堂　宁波女塾　徐汇公学　学校教科书委员会　庚款兴学　基督教青年会　酉阳教案　天津教案　成都教案

法兰西帝国的缔造者拿破仑曾经说过:中国是一头沉睡的雄狮,一旦醒来,世界都会为之震颤。就在这头雄狮还没有觉醒的时候,西方列强就开始了对中国的掠夺,其目的就是要把中国变成他们的殖民地。为此,他们一方面采取"形而下"手段,即通过军事打击和经济入侵来制伏中国;另一方面采取"形而上"手段,即通过文教渗透,来改变中国人的思想观念和精神信仰,以培养为其服务的知识干部和顺民,诚如毛泽东在《中国革命与中国共产党》一文中所言,帝国主义"对于麻醉中国人民的精神的一个方面也不放松,这就是他们的文化侵略政策。传教、办医院、办学校、办报纸和吸引留学生等,就是这个侵略政策的实施。其目的,在于造就服从它们的知识干部和愚弄广大的中国人民"。鲁迅也把西方列强的武力入侵比做钢刀子,把文教入侵比做软刀子,认为软刀子杀人比钢刀子还要厉害。他在《老调子已经唱完》一文中说:"中国人倘被别人用钢刀来割,是觉得痛的,还有法子想;倘是软刀子,那可真是割头不觉死,一定要完。"

第一节 教会文教渗透的法律约定

自道光二十二年(1842年)起,清政府先后同西方国家签订了南京条约、望厦条约、黄埔条约、北京条约和天津条约等一系列不平等条约,除割地赔款、开放港口等内容外,还有诸多教育方面的约定,正是这些不平等的法律约定,才开辟了对中国进行文教渗透的道路。

一、南京条约

南京条约又称江宁条约,是清政府与外国,也是与英国签订的第一个不平等条约。道光二十二年(1842年),清政府委派钦差大臣耆英、伊里布等,与英国在泊于南京下关江面的英军旗舰康华丽号上签署的,主要内容有割让香港岛给英国,开放广州、厦门、福州、宁波、上海等五处为通商口岸,准许英商及其家属在此自由居住,向英国赔款2100万银元,另外在附件《中英五口通商章程》及《虎门条约》中还规定有关税自主权、领事裁判权、片面最惠国待遇等许多特权,从此中国开始沦为半殖民地半封建社会。

与教育相关的规定,主要是释放被囚禁的传教士,自此之后,凡有传教者来至中国传教的,中国政府"须一体保护"。由此取得了在中国传教的特权,并受到法律的保护。

二、望厦条约

望厦条约又称"中美五口通商章程",为清政府与美国签订的第一个不平等条约。南京条约签订后,美国总统约翰·泰勒即刻咨会国会,要求派遣代表来华商谈建立新的经济关系。道光二十四年(1844年),美国政府代表顾盛(Caleb Cushing,1880~1889)到达澳门,清政府派钦差大臣兼两广总督耆英与顾盛在澳门附近的望厦村进行会谈,双方正式签订了望厦条约。其内容比南京条约及其附件更细致、更完备,美国也因此获得了比英国更多的权益。

关于教育的条款,主要规定美国人可在通商口岸"自行建楼,并设立医馆、礼拜堂及殡葬","倘坟墓或被中国民人毁掘,中国地方官严拿照例治罪"。还规定美国人"延请中国各方士民人等教习各方语音,并帮办文墨事件,不论所延请者系何等样人,中国地方官民等均不得稍有阻挠、陷害等情;并准其采买中国各项书籍"等。尤其是可以自行设置礼拜堂,这就为传教士及教民提供了活动场所的保障。

三、黄埔条约

黄埔条约又称《五口贸易章程：海关税则》，为清政府与法国签订的第一个不平等条约。法国看到英国、美国通过签约在中国攫取了一系列特权，便起而效尤。道光二十四年(1844年)，法国公使拉萼尼(Lagrene，1800～1862)来到澳门与钦差大臣兼两广总督耆英会谈，并在广州黄埔的一艘法国兵船"阿吉默特"号上签订了中法黄埔条约，法国也因此从中国获取了更多的司法、关税和领海自主权。

尤其是教育方面的约定较多，诸如法国人在通商口岸可以自行"建造礼拜堂、医人院、周急院、学房、坟地各项"，"倘有中国人将佛兰西礼拜堂、坟地触犯毁坏，地方官照例严拘重惩"。还规定凡是法国人"如有犯此例禁，或越界，或远入内地，听凭中国官查拿，但应解送近口佛兰西领事馆收管；中国官民均不得殴打、伤害、虐待所获佛兰西人"。"佛兰西人在五口地方如有犯大小等罪，均照佛兰西例办理"。这样就为传教士自由或非法深入中国内地传教打开了缺口，于是全国各地到处都有传教士的足迹。正因为这样，咸丰三年(1853年)，法国天主教神甫马赖(Auguste Chapdelaine，1814～1856)非法从广州潜入广西西林县，勾结官府，包庇教徒马子农、林八等抢掳奸淫，激起民愤。咸丰六年(1856年)，新任知县张鸣凤将马赖等不法之徒26人逮捕，马赖被处死，史学界称之为"西林教案"，与英国"亚罗号事件"一起成为英法对中国发动第二次鸦片战争的借口。

四、天津条约和北京条约

天津条约是在咸丰八年(1858年)，英法联军侵入天津，并扬言进攻北京。清政府派大学士桂良、吏部尚书花沙纳为钦差大臣，赴天津议和，并分别与英、法两国签订不平等条约。关于教育方面的规定，除重复以往条约中的有关内容外，中英天津条约还指出："耶稣基督圣教，又名天主教，原为劝人行善，凡欲人施诸己者亦如是施于人。嗣后所有安分传教习教之人，当一体矜恤保护，不可欺侮凌虐。凡有遵照教规安分传习者，他人毋得骚扰。"也就是说，耶稣教、天主教教士应该有传教的自由。中法天津条约则规定："天主教原以劝人行善为本，凡奉教之人，皆全获保佑身家，其会同礼拜诵经等事概听其便，凡按第八款备有盖印执照安然入内地传教之人，地方官务必厚待保护。凡中国人愿信崇天主教而循规蹈矩者，毫无查禁，皆免惩治。向来所有或写、或刻奉禁天主教各明文，无论何处，概行宽免。"也就是说，天主教教士有深入内地自由传教的权利。

北京条约是咸丰十年(1860年)英法联军攻进北京后，英、法、俄强迫清政府分别签订的结束第二次鸦片战争的不平等条约。关于教育问题，如中法北京条约规定，清政府应"晓示天下黎民，任各处军民人等传习天主教、会合讲道、建堂礼拜，且将滥行查拿者，予以应得处分。又将前谋害奉天主教者之时所充之天主堂、学堂、茔坟、田土、房廊等件应赔还,交法国驻扎京师之钦差大臣,转交该处奉教之人,并任法国传教士在各省租买田地,建造自便"。至此,外国人可以在居住处自由设置学校,传教士可以自由深入中国内地,无论西洋还是中国教徒,地方官均一体保护。

五、"弛教"

所谓"弛教",即相对于"教禁"而言。西方列强对中国的文教渗透早在明代就已经开始了,伴随着葡萄牙、西班牙以及荷兰殖民者的军事与经济入侵,利玛窦(Matteo Ricci,1552~1610)、罗明坚(Michele Ruggieri,1543~1607)等传教士也开始在中国从事传教活动。利玛窦还在肇庆、韶州、南昌和南京等地,分别建立了多个传教基地,与明朝高官多有来往,晚年还享受朝廷俸禄。但在来华的传教士中,有一部分人无视中国法律,随意干涉中国内政,甚至是从事一些破坏活动,引起朝野人士的不满。尤其是在康熙四十三年(1704年),罗马教皇订出"禁约",禁止中国教徒遵守中国的政令和习俗,还派使节来华游说,要求康熙皇帝下令中国教徒遵守"禁约"。康熙帝俨然拒绝,并下令驱逐使团,没收教堂,视耶稣教为邪教,禁止在中国各地传播,这便是"教禁"政策。

鸦片战争后,基于形势的压力及各种不平等条约的签订,道光二十六年(1846年)清廷下令"弛教",停止"教禁",没收的天主教堂通通归还,此后不许再行查禁。这样,清政府过去将耶稣教视之为邪教而严加打击,到现在却成为耶稣教的守护神,为耶稣教在中国的传播扫除了一大障碍。

值得一提的是,上述不平等条约的签订多是在传教士的策划下进行的,裨治文(Elijah Coleman Bridgman,1801~1861)所主编的《中国丛报》(The Chinese Repository)曾发文声称:"采用低声下气的请求,我们必将一无所获。倘若我们希望同中国缔造一切条约,就必须在刺刀尖下命令他这样做,用大炮口来增强辩论。"传教士在多个条约中都扮演着重要的角色,如《南京条约》的起草人是第一个来华的英国传教士马礼逊(Robert Morrison,1782~1834)的儿子,中文草稿则是出自德国传教士郭实腊(Karl Gützlaff,1803~1851)之手。《望厦条约》条文出自美国最早来华的两个传教士裨治文和伯驾(PeterParker,1804~1888)之手,《天津条约》是由美国传教士丁韪良(William Alexander Parsons Martin,1827~1916)和威廉士(S. W. Williams)起草的。

第二节 教会文教渗透的基本途径

受上述不平等条约的保护,西方各国传教士开始利用各种途径,诸如传教、办学校、办医院、办新闻事业以及吸引留学生等,对中国实施全方位的文教渗透。

一、传教

传教士来到华后,主要任务就是传教,就是宣扬教义,发展教徒和神职人员。由于基督教是一种神教,具有强烈的排他意识,因而在中国传教就是要改变中国人的信仰,从精神上彻底征服中国,最终目的是要把中国变成基督教国家。曾任中国青年会第一任总干事的巴乐满(Fletches S. Brockman,1867~1944)回忆说:"我为什么去中国?原因之一是在那辽阔的土地上,每个月都有一百万人在不信仰上帝的状态中死亡……另一个理由是因为中国生活着三亿不信仰上帝的人。啊!兄弟姐妹们,你们能想象活着不信仰上帝吗?你们想到过不论对将来还是对现在都没有一点希望的生活吗?"①英国伦敦会传教士杨格非(Griffith John,1831~1912)更明确地说:"我们来到中国并不是为了开发其资源,促进其商业,也不仅仅是为推动文明的发展,我们在这里是为了同黑暗势力进行斗争,拯救世人于罪恶之中,为基督教征服中国。"②美国长老会传教士狄考文(Calvin Wilson Mateer,1836~1908)更是露骨地说:"要使所有国家都基督教化,其含意不仅指要争取信徒,更重要的是要使所有国家都成为基督教国家,消灭异端邪教,使基督教的信仰和伦理观渗透到整个社会结构中去。"③

为此,传教士来华后的首要工作就是布设教会和教堂。所谓教会,指基督教各派组织形式的统称,亦即基督教各教派的信徒组织,诸如天主教会、东正教会、新教各宗派的教会等。教堂,则是教徒举行宗教仪式及传教活动的处所。据统计,到光绪二十四年(1898年),仅美国传教士在中国就建有 155 个教会,849 个分会,招收教徒 40027 名。截至光绪二十六年(1900 年),仅华北四省(河北、河南、山东、山西)就建有天主教会 2423 个,教堂 1535 所,招收教徒 15 万多人。

二、办学校

在各教会的指使下,传教士或在教堂附近,或在自己家里来办理教会学校,这是教会文教渗透的最主要的一种手段。

办教会学校的目的有两点:一是培养牧师;二是培养教会学校教师。上海圣约翰大学校长卜舫济(Francis Lister Hawks Pott,1864~1947)曾将教会学校比做美国的西点军校,认为学校的主要任务就是培养为教会服务的牧师和教师,通过他们影响和控制中国的未来。他说:"在我们学校内,我们训练中国未来的教师和传教士……使他们成为中国未

---

① 何晓夏、史静寰著:《教会学校与中国教育近代化》,广东教育出版社 1996 年版,第 25 页。
② 何晓夏、史静寰著:《教会学校与中国教育近代化》,广东教育出版社 1996 年版,第 25~26 页。
③ 转引自李国钧、王炳照总主编:《中国教育制度通史》第六卷,山东教育出版社 2000 年版,第 380 页。

来的领袖和指挥者,给未来的中国施加最强有力的影响。"①厦门鼓浪屿中学校长腓力(Philips Pitcher)报告说:"本校最注意的是学生灵性的发展,所以《圣经》是学校最重要的课本,每天学习它的时间比学任何其他的书都多……学校希望大多数的学生毕业后,都能入神学院准备将来当牧师……最令人满意的是:百分之八十的学生都当上了牧师。"②光绪十六年(1890年)在上海召开的第二次基督教传教士大会上,狄考文在其《如何使教育工作最有效地在中国推进基督教事业》的演讲中更是强调,真正的基督教学校,其作用不在于单纯地教授宗教,而是使受教育者为"在社会上及在教会中有势力的人物,成为一般人民之导师和领袖"。至于所办女教会学校的目的,除上述之外,还要为中国教徒培养"贤妻良母"。

教会学校的课程主要有两种:一是宗教课;二是科学课。宗教课是教会学校最主要的课程,是一切学科的中心,核心科目是《圣经》。科学课包括社会科学和自然科学,社会科学课有四书、历史、地理、语言(先期为中文,后期逐渐过渡到英文)等,自然科学课有生物、数学、科学初步等。除外,还会涉及中国传统的一些科目,诸如四书五经等。根据光绪二十一年(1895年)《中国教育名录》记载,贝满女校是北京最早成立的一所教会学校,所开设的课程有四书、女儿经、算术、地理、历史、科学初步、生物及生理学等,但"最主要的中心科目是《圣经》,一切其他学科都是围绕着这个中心来进行教学"。光绪二十二年(1896年),狄考文在中华教育会第二届大会上作了一个《什么是中国教会学校最好的课程》的报告,将教会学校课程列为语言、地理、历史、数学、自然科学和宗教。

教会学校为何重视科学教育,尤其是自然科学教育,时任登州大学校长的狄考文认为有三点理由:一是因为科学是基督教怀抱中孕育出来的合法子孙,理应帮助基督教战胜异教,也就是孔教,从而替代孔教;二是在教会学校传播科学知识,可以扩大生源;三是可以使毕业生有能力控制科学在中国的发展,并利用科学为基督教辩护。事实上,西方的教会学校里也开设一系列科学课,这是社会与科技进步所然,是对人的素质所提出的新要求。在中国开办教会学校,自然要把西方的模式照搬过来,但又附加一些政治色彩,以至才有狄考文之论。

根据教会学校课程,光绪三年(1877年)专门成立了"学校教科书委员会"(School and Textbook Series Committee),具体负责教科书的编辑、审定、出版和发行事宜。至光绪十六年(1890年),共出版教科书50余种,3万多册。宗教课教材主要有初等小学用的《教会三字经》、《耶稣事略五字经》、《圣道问答》;高等小学用的《福音史记课本》、《旧约史记课本》。科学课教材主要有狄考文的《笔算数学》、《代数备旨》,傅兰雅的《三角数理》、《格致须知》、《代数术》等。

---

① 转引自陈景磐著:《中国近代教育史》,人民教育出版社1983年版,第55页。
② 转引自陈景磐著:《中国近代教育史》,人民教育出版社1983年版,第56页。

三、办医院

教会在中国也办有大量的慈善事业,主要有医院、孤儿院、育婴院、盲哑学校以及社会救济等,比较普遍的是医院。

办医院也是为了传教,据《在华基督教传教士1877年大会记录》记载:医生的工作和目的,既不是为介绍医学,也不是为慈善而慈善,他们无非是用治病作为传教的手段而已。因而,教会医院内的宗教色彩也是很浓重的。他们利用病人迫切需要求医的心情,每日门诊前,先由传教士宣讲教义,劝诱病人信教,然后开始挂号。有传教士声称:"治好一个病人,就等于多了一个义务宣传员。"参与《望厦条约》签订的美国传教士伯驾,到达广州后开了一家眼科医院,声称"要用刀针来开放中国"。

四、办新闻事业

举办新闻事业是文教渗透的主要手段之一,包括办书馆、报纸和杂志等。

书馆,即出版机构,职责在于出版教会学校所使用的教材和其他出版物。如:道光二十三年(1843年)英国传教士麦都思(Walter Henry Medhurst,1796~1857)等在上海创办的"墨海书馆",由麦都思主持,采用西式汉文铅印活字印刷术,印刷机为铁制,以牛车带动。前后存在20多年,培养了如王韬、李善兰等一批通晓西学的学者。所出版的书籍主要有裨治文的《大美联邦志略》(1851年)、合信的《博物新编》(1855年)、韦廉臣的《植物学》(1858年)、罗密士的《代微积拾级》(李善兰译,1859年)、麦都思的《新约全书》(王韬译,1861年)以及摩根的《代数学》等。还有美国传教士创办的"美华书馆",前身为澳门的花华圣经书房,道光二十五年(1845年)迁到宁波,咸丰十年(1860年)又迁往上海。尤其是咸丰八年(1858年)威廉·姜别利(William Gamble)任美华书馆主管后,在印刷技术上做了较大改进:一是用电镀法制造汉字字模,字模形象完美清晰,可谓中国印刷史上的一次革命。所制成的大小7种宋体铅字(即1~7号字),大量生产和销售,成为流行几十年的"美华字"。二是设计了元宝式排字架,将汉字铅字按使用频率分为常用、备用和罕用三大类,在木架的正面安置常用、备用铅字,两旁安置罕用铅字,每类字依据部首检字法排列,加快了排版取字的速度,以后各印刷厂多采用这种排字架。由于技术的改进,大大提高了印刷的质量和效率,迅速发展成为当时上海规模最大、最先进的活字排版、机械化印刷的印刷机构,并取代了墨海书馆的地位,成为基督教在中国的最主要的出版印刷机构。所出版的书籍,除宗教书刊以及供教会学校用的教科书外,还有几十种自然科学书籍,诸如介绍西洋医药的《万国药方》(1886年),史砥尔的《格物质学》(潘慎文、谢洪赉合译,1898年),罗密士的《代形合参》、《八线备旨》(潘慎文、谢洪赉合译,1898年)等。除墨海书馆、美华书馆外,还有同治十三年(1874年)由上海徐家汇天主教堂创办的"土山湾印书馆";英国商人美查(ErnestMajor,1830~1908)于光绪五年(1879年)在上海创办的,也是中国最早用石印印书的出版机构"点石斋石印书局";光绪十三年(1887年)英、美基督教新教传教士和外交人员、商人等在中国上海创立的"广学会"等。

所办理的报纸主要有《申报》、《时报》。《申报》是英国商人美查于同治十一年(1872年)在上海创办的,1949年宣布停刊,前后总计经营了78年,共出版25600期,为近代中国发行时间最久、具有广泛社会影响的一份报纸,也是中国现代报纸的开端和标志。《时报》是在光绪十二年(1886年),德璀琳(Gustav Detring,1842~1913)与怡和洋行总理笙臣等集资创建的时报馆出版发行的,日出八版,星期日无报,设有上谕恭录、论说性文章、京津新闻、外洋新闻等栏目,具有鲜明的地方特色,并得到直隶总督李鸿章的支持。光绪十六年(1890年)应李鸿章之邀,英国传教士李提摩太(Timothy Richard,1845~1919)出任主笔,每日著论一篇,宣传中国应仿照西方实行"新法",在中国政界和知识界引起巨大反响,并对洋务运动有一定的推动促进作用,成为当时在华外人主办的最有影响的政论性报刊。

所办理的杂志主要有《教会新报》及后来更名的《万国公报》。《教会新报》于同治七年(1868年)在上海创刊,早期为周刊,主办人是美国监理会传教士林乐知(Young John Allen,1836~1907),以林华书院的名义出版,由上海美华书馆负责印刷。起初为宗教性质刊物,着重刊登阐释教义的文章以及沟通教徒教友情况的"各地教友来信"等。同治十三年(1874年)出至第301期时改名为《万国公报》,仍为周刊,每刊10余页,主要内容为国内外新闻,按国别分栏编排。还长篇连载韦廉臣的《格物探源》、花之安的《自西徂东》和中国人写的短论。卷末还附有上海、伦敦等地的货价行情和银洋市价。至光绪九年(1883年)第750期时,因经费困难停刊。光绪十五年(1889年)《万国公报》复刊,改为月刊,报刊内容开始演变为非宗教性质,仍由林乐知主编,李提摩太和丁韪良等外籍传教士也积极参与编撰工作,售量约为4000份,至光绪二十九年(1903年)发展到5万余份,成为当时中国境内发行量最大的报刊。光绪三十三年(1907年)林乐知在上海病逝后,《万国公报》也于是年7月终刊。其持续出版时间之长,影响之大,为外国传教士所办报刊所罕见。尤其是在光绪二十五年(1899年),李提摩太在《万国公报》上发表文章,最早把马克思以及他的《资本论》介绍到中国来。

五、吸收留学生

同治七年(1868年),美国卸任驻华公使蒲安臣(Anson Burlingame,1820~1870)代表清政府与美国订立《中美续增条约》,又称《蒲安臣条约》或《中美天津条约续增条款》,其中有互派留学生的规定,称:"嗣后中国人欲入美国大小官学学习各等文艺,须照相等最优国之人民一体优待。美国人欲入中国大小官学学习各等文艺,亦照相等最优国之人民一体优待。"这一规定,为中国派遣留学生赴美学习提供了法律根据,同治十一年(1872年)由容闳发起的赴美留学正是依据这一规定进行的。

第三节 教会教育的发展与扩张

纵观教会教育办理的历程,大致可以分为早期和后期两个阶段。早期的教会教育自嘉庆二十三年(1818年)第一所教会学校的创办,到光绪三年(1877年)教会学校联合组织"学校教科书委员会"的创办,以办理初、中等教育为主,且规模小,比较分散。后期的教会教育自教会学校联合组织的创办,到1951年全部被接管改造,在着力发展初、中等教育的基础上,大力发展高等教育,以培养"高等华人"。

一、早期教会教育的发展

早在鸦片战争之前,外国传教士就开始了办学活动。嘉庆二十三年(1818年),英国伦敦传道会传教士马礼逊自捐1500英镑,在东南亚的马剌甲(即马六甲)创办了英华书院,目的在于"为宣传基督教而学习英文和中文"。面向当地华人教学,并于次年完成了《圣经》新、旧约全书的中文翻译工作。伦敦传道会拨款500英镑以为响应,东印度公司也确定每年捐款1200英镑作为办学费用。传教士米怜(William Milne,1785～1822)为第一任院长,道光二年(1822年)米怜病逝后,由曾在英华书院修业的宏富礼(James Humphreys)接任。道光十九年(1839年),英国传教士、汉学家理雅各(James Legge,1815～1897)接任院长,并于道光二十三年(1843年)将书院和附属印刷厂迁至香港,更名为英华神学院,直到咸丰六年(1856年)停办。虽然英华书院不在中国本土办理,但却是为华人所办的第一所教会学校。

道光十四年(1834年)马礼逊去世后,广州、香港等地的传教士及商人发起成立了"马礼逊教育协会",筹备成立马礼逊学校,规定设置奖学金,凡6～10岁的中国男女儿童均可获得,按需供给食宿衣物等费用,如果家长同意,还可保送到马来西亚、印度或欧美去深造。并先期招生男童2人,附读于伦敦会女传教士在澳门创办的女塾,容闳便是其中之一。道光十九年(1839人),美国传教士布朗(Samuel Brown,1810～1880)夫妇抵达澳门,受马礼逊教育协会的委托,立即着手创办独立的马礼逊学堂。是年11月,学堂在澳门正式成立,珠海人黄宽、黄胜及唐廷枢、唐廷植、唐廷庚等数人先后进入该校学习。道光二十二年(1842年),香港割让给英国后,布朗便将学堂迁往香港,成为香港开埠后的第一所学校。随校迁港的学生有11名,至道光二十四年(1844年)发展至32名。与中国传统的儒学教育不同的是,学堂教学充满宗教和近代化气氛,学生按程度分第一、二、三、四班,课程包括中文科和英文科,英文科计有天文学、历史、地理、算术、代数、几何、初等机械学、生理学、化学、音乐、作文等课目,中文科计有《四书》《易经》《诗经》《书经》等课目。中文科由华人任教,英文科由英美人任教。这是传教士在华本土所创办的中国近代第一所传播西学的洋学堂。尤其是,它还开启了中国近代自费留学教育的先声。道光二十六年(1946年),布朗因夫人身体欠佳,打算回国,临行前"极愿携三五旧徒,同赴新大陆,俾受完全之教育"。于是,容闳和和黄宽、黄胜三人一道,随布朗夫妇一同前往美国留学。其中,容闳在布朗的影响和支持下,先在芒松学校学习,后入耶鲁大学,并获得耶鲁大学文学学士学位。黄宽从芒松学校毕业后,赴英国入爱丁堡大学攻读医科,成为中国近代第一位西医学博士。学成归国后从事临床与教学,医术精深,尤擅外科,成功进行中国首例胚胎截开术。

鸦片战争后,各国及各教会传教士,在条约的保护下纷纷开办学校。至咸丰十年(1860年),仅江南一带的天主教小学达90所,设于"五口通商口岸"的基督教小学达50所。比较著名的有:道光二十四年(1844年),英国"东方女子教育协进社"传教士爱尔德赛(Mary Ann Aldersey)在宁波创办的女塾,课程有《圣经》以及国文、算术等,还要学习缝纫、刺绣。这是传教士在中国创办的第一所教会女学,也是中国教育史上第一所女子学校,实开中国"女学先声"。还有道光三十年(1850年),传教士南格禄(Claudius Gotteland,1803~1856)在上海创办的圣依纳爵公学,吸收中国贫家子弟入学,后改为徐汇公学,这是天主教会在中国开办的最早的教会学校。

根据早期教会学校的发展情况,凸显了以下几个方面的特点:

一是规模小,招生困难。据统计,1842~1877年间,基督教会在华办有学校350所,在校学生总计5975人,校均17人左右,且普遍存在招生困难问题。传教士普兰姆(N. J. Plumb)在一份报告中提到:道光三十年(1850年)福州开办的第一所教会学校,开始只有3个学生,不久因家庭反对又退学2个学生;同时所创办的一所女寄宿学校,开学那天原答应上学的女生一个都没有去,学校通过当地教徒的帮助又招来几个学生,不久又全部逃跑。

二是层次低,以小学为主,中学约占7%,尚未涉足高等教育。

三是女教会学校比例大,在基督教会所办理的350所学校中,有121所是专门为女子创办的,约占34%。

四是中西兼学,课程以西学为主,主要是宗教课,唱经、礼拜、赞美等也都是必须参与的教学活动,还要学习大量的自然科学和社会科学,诸如开设有算术、地理、生物、天文、体操、音乐、英语等课程。在学西学的同时,对中国传统的经史之学也有所重视,比如习字、国文、四书以及《三字经》、《百家姓》、《千字文》等。

总之,早期教会学校的办理"是对中国传统教育的巨大挑战,它的全新的办学形式,新颖的教育内容和方法等,都包含着反映近代社会教育的某些特点,给中国封建传统旧教育输进了一点新的因素,是中国土地上出现的新教育,它是刺激和影响中国传统教育向近代教育转型的重要因素之一"[①]。

---

① 王炳照等编:《简明中国教育史》,北京师范大学出版社2010年版,第257页。

二、后期教会教育的扩张

为改变早期教会学校的散乱状态,提升教会教育的规模效应,19世纪70年代后,教会开始通过成立教会学校联合组织、创办高等学校以及控制中国新教育的发展等途径,以实施文教的急剧扩张和全面渗透。

(一)建立教会学校联合组织

光绪三年(1877年),在华基督教传教士第一次大会在上海召开,126名与会者不论是属于哪个宗派,在文化教育活动中都面临着诸多共同的问题,其中最突出的就是学制的规范和教科书的编写、新学译名的确定等,这些都需要统一考虑。于是,大会决定成立了由丁韪良、韦廉臣、狄考文、林乐知、利启勒(R Lechler)、傅兰雅(John Fryer,1839~1928)等7名传教士组成的"学校教科书委员会"(又译为"益智书会")。委员会的成立,对教会学校办学方向指导、教材的编写和规范起到了极大的推动作用,也促进了传教士、教会与学校之间的联系和交流。同时,也可以说这是中国近代最早编辑出版教科书的专门机构,它编写出版的中小学教科书,对中国教科书的近代化,对传播西方科学文化起到了积极的促进作用。

光绪十六年(1890年),在华基督教传教士第二次大会在上海召开,改组"学校教科书委员会"为"中华教育会",标榜"以提高对中国教育之兴趣,促进教学人员友好合作为宗旨",皆在对在华基督教教育进行全面规划和指导,推举狄考文为首任会长,决定三年举办一次会议。光绪十九年(1893年)第三次大会如期在上海举行,大会主席潘慎文(Alvin Pierson Parker,1850~1924)在致辞中说,必须在中国大力推行基督教教育,以"打破中国人的傲慢和除去中国人的惰性"。

1912年,中华教育会再次改组为"全国基督教教育会",并在福建、华西(包括四川、云南和贵州)、广东(包括广东和广西)、华东(包括浙江、江苏和安徽)、华中(包括湖北和江西)、满洲、华北(包括直隶、山西、陕西、甘肃)及山东与河南8省区设立8个教育分会。1915年在第二届全国基督教教育会董事会上,经过激烈争辩后,又改名为"中华基督教教育协会",推举美国传教士贾腓力(Frank. D. Game well)、路义思(R. E. Lewis)为正副总干事。

(二)创办高等学校

到19世纪末,各派教会及传教士都意识到在华办理高等教育的重要性。光绪十六年(1890年),美传教士狄考文在召开的在华基督教传教士第二次大会上曾指出:"不论在哪个社会,凡是受过高等教育的人,都是有影响的人。他们会控制社会的情感和意见。"甚至是宣称:

> 一个受高等教育的人是一支燃着的蜡烛,别人就要跟着他的光走……作为儒学思想的支柱者,是受着高等教育的士大夫阶级。如果我们要取儒学的地位而代之,我

们就要准备好自己的人,用基督教和科学教育他们,使他们能够胜过中国的旧士大夫,因而取得旧士大夫阶级所占有的统治地位。

于是,基于培养"高等华人"的需要,各国教会在前期办理中初等教育的基础上开始办理高等学校,特别是一些知名的教会大学都是在20世纪初办理起来的,诸如东吴大学(1901年)、圣约翰大学(1905年)、华北协和女子大学(1905年)、之江大学(1910年)、金陵大学(1913年)、金陵女子大学(1913年)、沪江大学(1915年)、岭南大学(1916年)、齐鲁大学(1917年)以及燕京大学(1919年)等。值得注意的是,截至1921年,中国自己办理的大学仅有8所,其中国立大学只有北京大学一所,省立大学有山西大学、北洋大学2所,私立大学有武昌中华大学、北京中国大学、北京朝阳大学、天津南开大学和厦门大学5所。而基督教教会所创办的大学就有16所。中国当时全国仅有3所女子大学,即北京华北协和女子大学、南京金陵女子大学和福州华南女子大学(1907年),都是美国人办理的基督教女子大学。

(三) 参与中国新教育的发展

各派教会及传教士不只是通过自己创办教会学校来实施文教渗透,而且还积极参与中国人所办理的新式学校的教学与管理,甚至是通过"庚款兴学"来培养"高等华人"。

1. 把持学校政务

主要是派遣传教士担任学校教学及行政职务,直接参与中国新式学校的管理。诸如丁韪良任京师同文馆总教习长达25年(1869~1894)之久。他在《同文馆记》中,谈到自己为何不去传教而担任总教习时说:"之所以留任,是因为同文馆将来的影响要比北京道旁教堂的力量大。通过它,影响了中国的高级官吏,又影响了中国的教育制度。"即便是担任总教习,他也从未忘记过向学生灌输基督精神,还把教室内曾经张贴的一张禁止传授《圣经》的布告去掉,业余时间经常与学生谈论宗教问题,还要求别的老师也这样做。后来,他又担任湖北集美学堂的总教习。林乐知掌教于上海广方言馆长达18年(1863~1881)。福开森(John Calvin Ferguson,1866~1945)做过上海南洋公学的总教习,他说:"中国政府开设的每一个大的书院里,都有基督教传教士担任首长。"光绪二十八年(1902年)山西大学创办时,李提摩太就任总理等。

2. 布设"基督教青年会"

咸丰五年(1855年)成立于法国的"基督教青年会"(Young Men's Christian Association,简称为YMCA),全称为"基督教青年会世界协会"(The Word Alliance of YMCAS),其宗旨为:发扬基督精神,团结青年组织,养成完全人格,建设完美社会。

光绪十一年(1885年),中国第一个学生青年会在福州英华书院成立,这是最早由美国传入中国的青年会。次年,杭州育英书院(即后来的之江大学)青年会成立。此后各地学校青年会纷纷成立,但都是各自开展活动,彼此间并没有联系。光绪二十一年(1895年),青年会干事来会理(D. Willard Lyon)来到中国,选择在天津建立了一个公立学校校际性的基督教青年会。之所以选择在天津,是因为当时的天津是中国新式教育的中心,"如果能在这班学生中提倡青年会工作,就是在对新中国未来的伟大人物做一些感化工作"。由于学校青年会越来越多,各学校青年会迫切需要一个协调、指导的机构。于是,光绪二十二年(1896年),在上海召开了大学青年会的第一次全国大会,成立了第一个全国性组织"中华基督教学塾青年会",中外委员各半,会长由潘慎文担任,来会理担任"书启"(即总干事),当时全国学校青年会有27处。

1912年12月,中国基督教青年会第六次全国大会在北京举行,决定在上海建立总部,定名为"中华基督教青年会全国协会组合",推举美国人巴乐满为第一任全国协会总干事。当时全国青年会有市会25处,校会105处。1915年,在中华基督教青年会第七次全国大会上,又更名为"中华基督教青年会全国协会",并决定协会总干事由中国人来担任,第一位中国籍总干事是王正廷,一年后改由余日章代理,并一直连任到1935年。

3. 庚款兴学

庚款,即庚子赔款,是光绪二十九年(1901年)签订的《辛丑条约》中所规定的赔款,赔偿金额为四亿五千万,加上利息为九亿八千万。由于是针对光绪二十八年(1900年)的战争赔款,是年为庚子年,故为庚子赔款。由于赔款金额过于庞大,加剧了中国社会的阶级和民族矛盾。受益国为了保护在华已经获得的种种利益和特权,同时也想利用这笔赔款来为自己培养高等华人,于是就有了庚款兴学事件的发生。

最先提出利用庚子赔款来办理教育的是美国。光绪三十二年(1906年)初,伊利诺大学校长詹姆斯(Edmund J. James)在送呈总统罗斯福的一份《关于派遣教育考察团去中国的备忘录》中,最先提出要求美国政府加速吸引中国留学生到美国去留学,并应将退还之款用于中国的教育事业。他说:"中国正面临一次革命……哪里一个国家能够做到教育这一代中国青年,哪里一个国家就能够由于这方面所支付的努力,而在精神、知识及商业的影响上取回最大的收获……这就是说,要使用那种从知识上与精神上支配中国的领袖的方式。"①是年3月,美国传教士斯密士(A. H. Smith)回国后面谒总统罗斯福,亦力陈以庚款培养中国留学生的好处,他说:"随着每年大批的中国学生从美国各大学毕业,美国将最终赢得一批既熟悉美国又与美国精神相一致的朋友和伙伴。没有任何其他方式能如此有效地把中国与美国在经济上、政治上联系在一起。"光绪三十三年(1907年),罗斯福决定减免赔款,用以培养留学生。他在谘文中说:"我国宜实力帮助中国厉行教育,使此巨数之国民能以渐融洽于近世之境地。援助之法,宜招导学生来美,入我国大学及其他高等社,使修业成器,伟然成才,谅我国教育界必能体此美意,同力合德,赞助国家成斯盛举。"光绪三十四年(1908年),美国向中国政府正式声明,将偿付美国庚子赔款所得的半数,共计1160余万美元退还给中国,作为遣送留学生赴美之用,每年派100名学生赴美留学,直到赔款退清为止。要求被派遣的学生,必须是"身体强壮,性情纯正,相貌完全,身家清白,恰当年龄",中文程度须能作文及有文学和历史知识,英文程度能直接入美国大学和专门学校听讲。还规定他们之中,须80%学农业、机械工程、矿业、物理、化学、铁路工程、银行等,其余20%学法律、政治、财经、师范等。为了培训赴美留学人员,清政府于宣统元年

---

① 陈学恂主编:《中国近代教育史教学参考资料》下册,人民教育出版社1987年版,第252页。

(1909年)专设游美学务处(清华大学的雏形)负责考选学生出国留学,并于宣统三年(1911年)在北京创办了清华留美预备校,这所学校从开办到1929年结束,共计派遣留美生1279人,培育出了胡适、华罗庚、陈省身、梅贻琦、钱学森、钱伟长、杨振宁、竺可桢、梁思成、侯德榜、叶企孙、高士其等诸多杰出人才。

美国的退款兴学产生了很大的国际影响,加上第一次世界大战后,中国也涉足于战胜国的地位,各国都表示愿与中国"友好",以便用和平的办法维护和扩张其在华利益。所以,其余赔款受益国都紧步美国的后尘,纷起退款,在中国办起了大、中、小学,甚至是幼儿园。

教会的文教渗透对西学东渐、对近代中国社会的演变有着不可低估的作用。尤其是对近代中国教育的发展与变革,其影响至深至广,直接把中国教育推进近代化。

专栏8—1:关于教会学校的作用与影响

教会学校作为外国列强文教渗透的一种主要手段,是带有一定政治色彩的,是为其使中国殖民地化这一最终目的服务的,尤其是不在中国备案,侵犯了中国的教育主权。但对中国社会又产生了巨大影响,从小学到大学,从普通学校到专业学校,从课程设置到教学方式,从在中国本土办学到吸引留学生到他国就读,无不给中国的传统教育注入了新的因素和活力,并且为中国培养了一大批杰出人才。这就使得教会学校不可避免地具有二重性和矛盾性。

三、中国人民的反洋教斗争

鸦片战争后,在一系列不平等条约的保护下,部分肩负政治使命的传教士深入中国内地,纠集一些地痞为教徒,强占民田,欺压百姓,为所欲为。甚至是干预地方事务,如山东一位德国传教士自称巡抚,要求地方官服从教堂的指示;贵州一位传教士保举媚外官员,要求撤换不顺从教会的官员,甚至是出示谕令,末尾注明督抚已阅字样。四川彭县白鹿场天主教堂占地一万亩,对当地百姓进行残酷剥削。因而,传教士的恶劣行径一开始就遭到中国人民的强烈反抗,矛头直对教会、教堂和传教士。1840~1900年间,由传教士引起的教案多达400件,如同治元年(1862年)贵州的"开州教案",是因法国传教士文乃耳(M. E. P)鼓动当地教民张天申、易贞美、吴学圣、陈显恒等捣毁当地民众的传统习俗"祭龙神"而引发的;光绪十三年(1887年),山东济南教案由传教士李佳白(Gilbert Reid,1857~1927)大批盗卖土地而引起;光绪十七年(1891年),湖北宜昌教案系教士拐卖儿童,枪击家长而导致。其中,影响比较大的有酉阳教案、天津教案和成都教案。

(一)酉阳教案

早在同治元年(1862年),法国天主教传教士邓司铎(司铎即神父)到酉阳州办理教务,建立教堂"公信堂"。一些不法教徒借教会势力,为非作歹,还经常逼迫附近群众信教。当地团防首领张佩超与土匪结仇,遂暗中支持民众反对教会。同治四年(1865年),教徒张添兴等到刘胜超家中,再次逼迫刘胜超入教,甚至斥骂刘胜超"不信教就不得好死。"刘胜超忍无可忍,便与同被欺凌的好友张玉、宋文选等,以木棒、柴块为武器,一举将公信堂及张添兴家的门窗、器物打坏。是年9月,土家族头人冉从之将传教士玛弼罗殴毙,于是造成酉阳第一次教案。教案发生后,法国公使派兵入川施加压力。清政府被迫将候补知府董贻清、试用知州邓清涛撤职,命川东道尹锡佩接办此案。同治六年(1867年)十二月中法双方议结教案:冉从之处斩;刘胜超、张佩超父子等杖责充军,赔偿教会白银8万两,另罚由张佩超给教会白银2万两。

同治七年(1868)十月,教徒张添兴到张佩超家索取上次教案所欠罚款时,强奸妇女,抢劫财物、杀害家人等。同时又发生教徒龙秀元逼迫群众朱永泰退婚,掠夺家财,烧毁民房,一时激起公愤。于是,由团首何彩聚众焚毁了火石垭教堂,继而捣毁州城教堂,杀死法国传教士李国。第二次教案发生后,法国公使派员来川,以动用武力相威胁。清政府派李鸿章为钦差大臣到重庆查办,将酉阳知州曾传道革职调任,何彩斩决,赔偿教会白银3万两。

(二)天津教案

天津教案是在同治九年(1870年)发生的一场最大的、震惊中外的教案。是年,天津发生多起儿童失踪绑架的事件。6月初,因天气炎热,疫病流行,法国天主教堂的育婴堂中有三四十名孤儿患病而死。同时民间开始传言,怀疑儿童失踪及死亡,与修女以育婴堂为幌子,实则绑架杀死孩童作为药材之用有关。6月20日,一名儿童拐骗犯武兰珍口供系天主教堂所指使,又牵连到教民王三及望海楼天主堂。于是民情激愤,士绅集会,书院停课,反洋教情绪十分高涨。6月21日清晨,天津知县刘杰带人犯武兰珍去教堂对质,发现该教堂并无王三其人,"遍传堂中之人,该犯并不认识,无从指证"。

谢福音神父与三口通商大臣崇厚协商育婴堂善后处理办法,但当时已经有数千群众包围了教堂,并与教堂人员发生口角,引起抛砖互殴。法国驻天津领事丰大业要求崇厚派兵镇压,没有得到满意的结果。在前往教堂的路上,与知县刘杰相理论,怒而开枪,打伤了知县的仆人高升,民众激愤之下先杀死了丰大业及其秘书西蒙,之后又杀死了10名修女、2名神父及另外2名法国领事馆人员、2名法国侨民、3名俄国侨民,还有30多名中国信徒,焚毁了望海楼天主堂、仁慈堂、法国领事馆以及当地英美传教士开办的其他4座基督教堂。

教案发生后,法、英、美等七国联合抗议,集结军舰于天津、烟台一代示威。清政府派直隶总督曾国藩前去调查并与法国交涉。曾国藩考量当时局势,不愿与法国开战,首先对英国、美国、俄国做出赔偿以使最后能单独与法国交涉。在法国的要求下,商议决定最后处死为首杀人的20人、充军流放25人,将天津知府张光藻、知县刘杰革职充军,赔偿外国人的损失497285万两银,并由崇厚出使法国道歉。这个交涉结果,朝廷人士及民众舆论均甚为不满,"诟詈之声大作,卖国贼之徽号竟加于国藩。京师湖南同乡尤引为乡人之大耻",使曾国藩的声誉大受影响。由于民怨沸腾,朝廷让李鸿章接替曾国藩继续处理此事,最后判决将原来20名死刑改为16名死刑、4名缓刑,其余不变。曾国藩因被痛骂,"外惭清议,内疚神明",一年后即去世。

(三)成都教案

光绪二十一年(1895年)五月,成都民众过端午节举行掷果会,英美传教士将掷果小孩捕入教堂,民众派3人到教堂交涉,亦被扣押,激起众怒,当晚即将英美传教士住宅及教会医院焚毁,并将天主堂内埋藏的尸首送官府检验。其他数十州县纷纷响应,总计焚毁耶稣教堂30处,天主教堂40处。事发后,法、英、美各国派军舰在长江示威,各国公使联合向清政府施压。清政府被迫将四川总督刘秉璋,乐山、灌县、大邑、冕宁及新津等各县知县撤职,又将朱瑞亭等6人杀死,其他17人充军,并赔成都各教堂银70万两、川南各教堂银20万余两及四川其他英、美各教堂10万余两。

本章结语:教会教育自介入中国领土,在不平等条约的保护下发展非常迅速,有两点值得注意:

第一,西方列强通过传教士对中国进行文教渗透,与其政治目的是一致的,就是要把中国变成他们的殖民地,变成一个基督教国家。为此,他们通过武力威胁等种种卑劣手段,强迫清政府与其签订了一系列不平等条约,从中获取了在中国自由办学、自由传教的全部特权。然后,又通过办教会、办学校、办医院、办新闻事业以及吸引留学生等手段,进行全方位的文教渗透。到19世纪末20世纪初,他们又通过创办教会学校联合组织、兴办高等教育以及控制中国新式教育等手段,使教会教育的范围和影响力得以进一步扩张,在中国近代教育进程中扮演着一个重要的角色。

第二,传教士在文教渗透中发挥着不可替代的作用。他们办教会、办学校、办报纸以及编写教科书、翻译学术著作等,在给中国带来宗教文化的同时,更带来了西方先进的科学技术,成为"西学东渐"的先行者。于是,受"西学"启蒙的中国思想家们,或走出国门去领略西方的智慧,或在国内到处奔走呼号,要求按照西方模式进行除旧革新,在一定程度上助推了中国社会的近代化进程。当然还有一些披着宗教外衣的传教士,他们肩负着政治使命,在条约的保护下无视中国的法律,处处为非作歹,由此也激起了中国人民的强烈愤慨,各地不断举起反洋教斗争的大旗,在百余起教案中表现出了可歌可泣的爱国精神,在中国近代史上写下了光辉的一页。

【讨论与思考】

1. 西方列强是如何开辟对中国进行文教渗透道路的?
2. 西方列强对中国文教渗透的基本途径有哪些?
3. 早期教会学校的基本特点有哪些?
4. 何谓"庚款兴学"?

【阅读导航】

1. 李国钧、王炳照总主编:《中国教育制度通史》第六卷,山东教育出版社 2000 年版。

本书第六章"教会教育制度"分为三节:第一节"教会学校的萌芽"谈到传教士来华办学的开始、利用不平等条约获取办教育特权、早期教会学校特点三个方面的问题;第二节和第三节谈到"教会学校的发展",分别从教会学校发展的缘由以及教会小学、教会中学、教会大学、教会职业教育、教会女子教育等方面加以论述。

2. 毛礼锐、沈灌群主编:《中国教育通史》第四卷,山东教育出版社 1985 年版。

本书第十六章"帝国主义的文化教育侵略",分三节来探讨教会教育问题,第一节"资本主义列强对中国文化教育侵略的开始"涉及不平等条约的签订及早期教会学校,第二节"帝国主义文化教育侵略的扩张与深入"涉及教会学校联合组织、办理高等教育及庚款兴学等问题,第三节论及"中国人民反对帝国主义文化教育侵略的斗争"。

3. 孙培青主编:《中国教育史》,华东师大出版社 2000 年版。

本书第十章第三节论及"早期的教会学校",谈到英华书院、马礼逊学校及教会学校设置情况。第十一章第四节论及"教会教育的扩张",谈到教会学校的发展、教会学校的联合组织、教会学校课程以及教会学校的性质和影响等。

4. 王炳照等编:《简明中国教育史》,北京师范大学出版社 2010 年版。

本书第九章第一节论及"教会教育的开端",第十章第四节论及"教会教育的新阶段",第十四章第一节论及"反对教会教育的斗争"等。

5. 舒新城编:《中国近代教育史资料》(下),人民教育出版社 1985 年版。

本书第八章"帝国主义对中国的文化侵略",分为"办学校"和"庚子赔款"两节,汇集了 12 篇文献资料,值得参考。

6. 何晓夏、史静寰著:《教会学校与中国教育近代化》,广东教育出版社 1996 年版。

本书分为八章,分别从早期教会学校的出现、教会学校的发展以及教会学校与中国近代初等教育、中等教育、高等教育、女子教育、师资培养、校园文化等方面加以系统阐释,内容丰富,资料翔实。

下编　现代教育

按照史学界的共识，将五四运动看作旧民主主义革命与新民主主义革命的分界线，自然也就是旧民主主义教育与新民主主义教育的分界线。那么本编也就自然从1919年开始算起，直到1949年中华人民共和国成立，期间所发生的教育问题都应该归属于现代教育。但也不会那么绝对，因为新旧教育之间在时间上是有交叉的。比如，北洋政府统治时期的教育，俨然是传统教育的延续，直到1927年新的国民政府成立，因而在内容安排上则归属于近代教育部分。又比如马克思主义教育理论在中国的传播，也不是从1919年开始的，肯定是早于1919年的，因而时间会有所提前，但与传统教育又有质的不同，自然就归属于现代教育部分。

值得一提的是，近代有三种教育并存，那么现代也存在三种教育并存的情况，姑且称之为新的三种教育：一是革命根据地的教育，是无产阶级领导的一种全新的教育，也就是取旧民主主义教育而代之的新民主主义教育；二是国统区的教育，严格来说是传统教育的继续，但又赋予新的内容，即提倡民族独立、民权普遍、民生发展的三民主义教育，且最能代表当时中国教育发展的水平；三是日伪占领区的奴化教育，历时14年之久，几乎占据现代时程的一半，对中国社会发展的影响也是不容忽视的。基于此，现代教育部分分为三个章节，即新民主主义教育的开端、革命根据地的教育改革、国统区的教育变革（含日伪占领区的教育）。

第九章 新民主主义教育的开端

【内容提要】

伴随着"西学东渐",马克思主义最初是作为一种学术思潮被介绍到中国的。俄国十月革命之后,一批早期的马克思主义者在积极宣传马克思主义的同时,也在传播着马克思主义的教育理论,并通过到法国勤工俭学和办理劳动补习学校来践行马克思主义的教育理论。尤其是在国共合作时期,国共两党先后制定了新民主主义的教育纲领,确立了工农教育的基本方向,且创办了许多培养革命干部的学校,这在中国现代教育史上可以说是大放异彩的。在这一时期,还出现了陈独秀、胡适、恽代英等诸多先进学人,他们用最初学到的马克思主义原理及西方先进的教育理念,对中国的教育向何处走进行了深刻的反思。

【学习目标】

1. 了解马克思主义教育理论在中国传播的基本情况;
2. 熟悉早期马克思主义者的教育实践活动;
3. 重点把握国共合作时期办理的革命干部学校;
4. 理解陈独秀、胡适及恽代英教育思想的基本内涵。

【核心术语】

留法勤工俭学运动　长辛店劳动补习学校　安源路矿工人补习学校　湖南自修大学　平民女学　上海大学　农民运动讲习所　黄埔军校

五四运动既是一场反帝反封的爱国运动,又是一场新文化运动,它高举"民主"和"科学"大旗,提倡民主,反对封建专制,提倡科学,反对封建迷信和宗教,由此拉开了新民主主义革命的序幕。期间,伴随着西方社会思潮的传入,马克思主义及其教育思想也开始在中国传播,并与中国的社会改造及工农运动相结合,通过确立新民主主义教育的基本纲领,并从工农教育及培养革命干部入手,开启了新民主主义的教育实践。与此同时,以陈独秀、胡适和恽代英为代表的志士仁人,也将西方的教育理念与中国的教育实际结合起来,形成了自己独特的教育理论体系,对新民主主义初期的中国教育产生了重要影响和积极的促进作用。

第一节 马克思主义教育思想在中国的传播及实践

以李大钊为代表的一批早期马克思主义者，充分利用《新青年》、《每周评论》、《湘江评论》、《觉悟》等宣传阵地，积极撰文介绍马克思主义的教育理论及俄国的教育经验。同时，通过组织青年到法国勤工俭学、开展工人教育及创办干部学校等，积极践行马克思主义的教育理论。

一、马克思主义教育思想在中国的传播

五四运动是一场名副其实的思想解放运动，受西学东进的影响，中国传统的思想壁垒被打破，西方各种思潮和学说纷纷传入，马克思主义也随之被介绍到中国。

其实，早在光绪二十五年（1899年），英国传教士李提摩太在《万国公报》第121期上发表一篇译文《大同学》，首次提到马克思的名字，译为"马克偲"。如该文第一章《今世景象》中写道："其以百工领袖著名者，英人马克偲也。马克偲之言曰：纠股办事之人，其权笼罩五洲，突过于君相之范围一国。吾侪若不早为之所，任其蔓延日广，诚恐遍地球之财币，必将尽入其手。然万一到此时势，当即系富家权尽之时。"这是马克思的名字第一次出现在中文报刊上。而文中关于"马克思之言曰"后的文字，则是对《共产党宣言》中的"资产者与无产者"一节的内容意译（今译"资产阶级"）。按李提摩太的本意，是想告知清政府全世界资本主义发展的趋势，闭关锁国是行不通的，同时还规劝清廷当权者接受新潮和改良，就在这无意之中将马克思主义介绍到了中国。第八章《今世养民策》中，又提到马克思、恩格斯的名字："德国讲求养民学者，有名人焉：一曰马克思；一曰恩格斯。"光绪二十八年（1902年），梁启超在《新民丛报》第18号上发表《进化论革命者颉德之学说》一文，附带提及马克思，译为"麦喀士"，称马克思为"社会主义之泰斗"，又说："今之德国有最占势力之二大思想：一曰麦喀士之社会主义；二曰尼志埃（即尼采）之个人主义。麦喀士谓：今日社会之弊，在多数之弱者为少数之强者所压伏。"光绪三十二年（1906年），朱执信写了《德意志社会革命家小传》一文，介绍了马克思（译为"马尔克"）、恩格斯（译为"非力特力嫣及尔"）的革命活动并翻译了《共产党宣言》、《资本论》的片段。他不但客观介绍、主观认同马克思主义，他还尝试着用马克思主义观察和研究中国社会，解答中国革命的具体问题。但只是作为一种学术思潮或流派加以介绍的。

俄国十月革命胜利以后，李大钊在《新青年》杂志上接连发表了《法俄革命之比较观》、《庶民的胜利》、《布尔什维主义的胜利》等文章，比较全面地介绍了马克思主义学说，为马克思主义在中国的传播奠定了思想理论基础。除《新青年》外，积极宣传马克思主义的进步刊物还有1918年12月陈独秀、李大钊在北京创办的《每周评论》，旨在"主张公理，反对

强权",所刊文章内容以及时反映迫切的政治问题为主,并初步介绍社会主义思想,与《新青年》侧重理论的特点互补充,为五四运动做了重要的思想准备。1919 年 7 月毛泽东在长沙创办的《湘江评论》,以引导民众放眼世界、改造中国为宗旨,以宣传反帝、反封建、反军阀统治的思想和歌颂十月革命、宣传马克思主义为内容。毛泽东在创刊宣言中指出:世界什么问题最大?吃饭问题最大。什么力量最强?民众联合的力量最强。还有,1920 年 1 月周恩来在天津创办的《觉悟》杂志等。

无论是早期的马克思主义者抑或是进步刊物,在介绍和宣传马克思主义的同时,也在传播者马克思主义的教育思想,主要内容有:

一是教育受政治经济所制约。针对当时资产阶级学者所倡导的教育救国、实业救国、科学救国等改良主义教育理论,马克思主义者用最初学到的马克思主义理论对这些教育改良主张进行了批判。如 1920 年 12 月,毛泽东写给在法国的新民学会会员的一封信中,回答了教育应该走什么样的道路及教育权问题。他认为,办教育得有三个条件:

> 一要有钱,二要有人,三要有机关。现在世界钱尽在资本家的手,主持教育的人尽是一些资本家,或资本家的奴隶。现在世界的学校及报馆两种最重要的教育机关,又尽在资本家的掌握中。总言之,现在世界的教育是一种资本主义的教育。①

教育之所以为资本家所把持,是因为他们有议会、政府、法律、军队和警察,无产阶级如不夺取政权,就不可能获取真正的教育权。这就说明,教育是为一定的政治经济服务的。

二是劳动人民应有受教育的权利和机会。早期马克思主义者站在劳苦大众的立场上,认识到改革中国教育的核心是劳动人民争取教育权的问题,主张人人受教育机会均等,劳动者必须有受教育的权利和机会。如:1919 年李大钊在《新生活》杂志上以《工读》为题,提出了"工不误读,读不误工,工读打成一片"的教育设想,并认为工人阶级争取教育权的斗争必须与自身的政治解放相联系。

三是知识分子应与工农大众相结合。李大钊在《青年与农村》一文中认为,"要想把现代的新文明,从根底输到社会里面,非把知识阶级与劳工阶级打成一气不可"。并与其他知识分子一起倡导和发动"到民间去"的运动。在《"少年中国"的"少年运动"》中再次呼吁青年到农村去,拥抱工农群众,不应漂泊在都市上,只要知识阶级加入了劳工团体,那劳工团体就有了光明;只要青年回到农村,那农村的生活就有了改进的希望。毛泽东则提出"民众大联合"的口号,鼓励知识分子到工农群众中去,走与工农大众相结合的道路。

四是介绍苏联的教育经验。如:《新青年》杂志开辟有"俄罗斯专栏",刊登有《苏维埃的平民教育》、《俄罗斯的教育状况》、《俄罗斯的社会教育》以及《俄罗斯的学校和学生》等文章,对俄罗斯的教育实践及经验进行了比较全面的介绍和总结,为根据地教育的起步和发展提供了诸多启示。

---

① 魏宏运等编:《中国现代史资料选编》第一集,黑龙江人民出版社 1981 年版,第 242 页。

> 专栏 9-1：教育能否"救国"？
>
> 提起"教育救国"，人们自然就会联想到改良主义，既然是改良，那就是说"教育救国"是行不通的。资产阶级学者多持此主张，马克思主义者对此则持否定及批判态度。之所以这样，在于对"教育"的理解不同，理解不同又在于所处的政治立场不同。资产阶级学者所倡导的"教育"，是政府所主导的传统精英教育，是为统治者培养治理人才的教育，以求传统政体的长久稳固。马克思主义者所倡导的"教育"，是一种新的教育，是以劳苦大众为主体的教育，这种教育是统治者所不能给与的，只能靠自己来争取，且必须通过革命的手段来争取教育权。他们都看到了教育的重要性，但都带有强烈的阶级色彩。可以说，"教育救国"是一个特定时期的教育理念，有其一定的合理性。时至今日，教育是完全可以"救国"的，正因为这样，我们才提出"科教兴国"、"教育优先发展"等口号。

二、早期马克思主义者的教育实践

早期的马克思主义者不仅在传播着马克思主义的教育理论，还结合中国社会和中国革命的实际情况，用最初学到的教育基本理论来探讨中国教育的出路，并付诸实践，主要是组织和参与赴法国勤工俭学以及组织劳动补习学校对工人进行教育等。

（一）留法勤工俭学运动

中国青年在五四运动时期，接受新文化运动和反帝爱国斗争的影响，为寻求救国救民的知识和真理，大批赴法国开展勤工俭学运动。

早在 1912 年，李石曾、吴玉章、吴稚晖、张继等在北京发起组织"留法俭学会"，并成立留法预备学校，时任教育总长的蔡元培力赞此事。吴玉章也在四川组织成立留法俭学会及预备学校。他们提出"改良社会首重教育"，故发起组织青年到民主民智先进的法国去学习，旨在兴苦学之风，留学泰西，输世界文明于国内，造成新社会、新国民。得到诸多青年的响应，是年 12 月 20 日第一批学员 80 多人赴法勤工俭学。1914 年受袁世凯政府的阻止，被迫停办。

不久，在工读思潮的影响下，留法勤工俭学运动再次兴起。当时，李石曾等在巴黎华工中试验工余求学，并发起组织勤工俭学会，1916 年 3 月在巴黎成立华工学校，蔡元培等还亲自讲授课程。基于华工教育的经验，进而又提倡国内青年学生赴法勤工俭学。是年 3 月，中法两国人士蔡元培、吴玉章、李石曾、欧乐、穆岱等，在巴黎发起成立了华法教育会，作为负责留法勤工俭学事宜的总机构，蔡元培为会长，汪精卫为副会长，李石曾为书记，吴玉章担任会计。1917 年在国内也成立了华法教育会，总会在北京，上海及广东设有分会。同时，在长辛店、河北高阳县布里村、保定育德中学及成都先后成立各种各样的预备学校，为赴法勤工俭学运动的发展准备了必要的条件。

"五四"运动以后,由于一批早期共产主义者的加入,使得留法勤工俭学运动的规模进一步扩大。当时,湖南新民学会积极赞助,组织会员和湖南青年参加,蔡和森、毛泽东等曾为此奔走联络。中国少年学会和天津觉悟社也都有成员参加。据统计,1919~1920年间,先后共20批1600多人到达法国。他们基本上都是16~30岁的青年,来自全国18个省区,其中四川有378人,湖南有346人,河北有147人。其中,有已过不惑之年的徐特立,有蔡和森、蔡畅和他们的母亲葛健豪一家,有向警予等近20名女青年。他们到法国后,有的先工后学,有的先学后工,有的边工边读,并受到法国工人、青年、友好人士的欢迎和关切。同时,诸如蔡和森、赵世炎、周恩来等,还广泛地接触了解资本主义社会的生活实际,研究工人运动,研究社会主义思潮和马克思主义。

1921年,留法勤工俭学运动逐渐走向衰落。由于法国在第一次世界大战结束后自身面临的经济危机日益尖锐,工厂歇工,工人失业,工潮迭起,勤工俭学学生处于勤工困难、俭学不易的境地。华法教育会也发出通知,宣告与勤工俭学学生脱离经济关系。在学生多方呼援无果的情况下,于2月28日发生了"争生存权、争求学权"的"二·二八"运动。9月21日,又爆发了125位留法勤工俭学学生联合一致占领里昂中法大学的斗争,但却遭到中法当局的镇压,多数被武装押送回国。

1922年6月,赵世炎、周恩来、李维汉等在巴黎成立了旅欧中国少年共产党(团组织性质)。次年,大批俭学生转往莫斯科东方大学学习。1924年第一次国内革命战争开始,大批青年奉调回国,成为中国革命的一支重要力量。

(二)长辛店劳动补习学校

为使马克思主义同中国工人运动相结合,1921年1月北京共产主义小组委托邓中夏,在北京长辛店铁路工场创办了长辛店劳动补习学校。

京汉铁路北段的修车厂设在长辛店,有3000余名工人,张国焘了解到工人们最担心的一件事情就是孩子没地方念书,由此得到启发,认为开办学校是接近工人群众、发动工人运动的最佳方式。北京共产主义小组接受了他的建议,决定创办劳动补习学校,让工人及其子弟接受教育。学校教员由北京共产主义小组以北京大学学生会的名义派出,分日夜两班,白天教工人子弟,晚上教工人。夜班课程有国文、法文、科学常识、铁路常识及社会常识,课本自编,不收学费,主要是向工人讲解"劳工神圣"的道理,讲什么是剥削,什么是压迫,什么是阶级斗争,什么是帝国主义侵略,如何同资本家开展斗争等。

开办初期,张国焘、邓中夏、罗章龙等轮流担任教员,李大钊也到学校讲课。张国焘在给工人讲课时,提出许多能够启发工人思考的问题,诸如"我们工人终日辛苦做工,为什么得不到饱暖?那些官僚、政客、资本家不出一分力,为什么能够住高楼大厦,穿绫罗绸缎,吃山珍海味?他们的衣食住所从哪里来的?""为什么我们以前不明白这个道理呢?因为我们没有上学,没有知识"。进而,他说:"教育是平等的,人人都有享受的权利,难道我们工人就不应当享受吗?亚当—斯密说得好,'人类生来本是平等'。所以,我们要知道,工人与资本家是一样的地位,应当享受同等的教育和幸福。"还有的教员经常到工人家里去谈心,并把自己编的歌谣念给工人听,如"五人团结一只虎,十人团结一条龙,百人团结成泰山,谁也搬不动"。1921年"五一"前夕,补习学校工人大唱由教员及北京大学进步学生共同编写的《五一纪念歌》,其歌词是:"美哉自由,世界明星,拼吾热血,为他牺牲。要把强权制度一切扫除净,记取五月一日之良辰。红旗飞舞,走光明路,各尽所能,各取所需,不分贫富贵贱,责任唯互助,愿大家努力齐进取。"五一劳动节当天,在北京支部的精心组织下,1000多名工人在长辛店集会,宣布成立长辛店工人俱乐部。会后,举行示威游行,工人们第一次手举写满各种标语的小旗,高呼着"增加工资"、"缩短工时"等口号。游行见诸报刊,引起社会各界的关注。上海《共产党》月刊称其"不愧乎北方劳动界的一颗明星"。

第二节 新民主主义教育纲领的确立及实践

在第一次国共合作时期,在共产国际的协助下,国共两党在先后召开的全国代表大会上,分别制定了新民主主义革命时期的政治和教育纲领。为贯彻各自提出的教育纲领,共产党开始派遣党员深入工矿农村,积极开展工农教育,国共两党还多次合作,办理了许多培养革命干部的学校,使得中国的教育呈现出新的发展态势和趋向。

一、新民主主义教育纲领的确立

1921年7月,中国共产党第一次全国代表大会在上海召开,主要讨论了如何建党问题。不过,在《关于中国共产党任务的第一个决议》中,也提出了党的奋斗目标,即领导工人农民士兵进行社会革命,武装夺取政权,建立无产阶级专政,消灭资本家私有制,直到消灭阶级,实现共产主义。关于教育问题,也明确提出"党应向工会灌输阶级斗争精神"。具体要求有两点:一是要求各行业成立劳工补习学校,旨在以马列主义学说"唤醒劳工觉悟","明了组织工会的必要"。由工人担任学校董事会董事,参与学校事务管理,党聘请教师组织教学。二是各行业工会组成劳工组织讲习所,"讲习所应由各行业领导者、有阶级觉悟的工人和党员同志组成"。主要讲授组织产业工会的方法,旨在训练和培养工会干部。

1922年5月,社会主义青年团第一次全国代表大会在广州召开,时任党的总书记陈独秀在会上做了《马克思主义两大精神》的演讲,大会讨论通过了《中国社会主义青年团纲领》、《中国社会主义青年团章程》、《青年工人农人生活状况改良的议决案》、《关于政治宣传运动的议决案》、《关于教育运动的议决案》等决议案。团的纲领确定中国社会主义青年团是"中国无产阶级的组织",其最终奋斗目标是在中国建立"一切生产工具收归公有和禁止不劳而食的初期共产主义社会"。尤其是在《关于教育运动的议决案》中,提出要开展六种教育运动:一是"青年工人和农人特殊教育的运动",唤起青年工人及乡村青年农民的阶级觉悟和争斗能力,使之"为争得教育权利而奋斗";二是"普遍的义务教育和免除学费的运动",为无产者子女争取受教育的机会;三是"男女教育平等运动",以解决"几万万女青年的教育问题";四是"学生参加校务运动",以打破"官僚式或牢狱式的学校制度",使学校的设施及课程"合于学生的需要和愿望";五是"非基督教学生在基督教学校内的平等待遇运动"旨在"使教会学校威胁利诱的假面具尽情毕露,而排除其势力于教育范围之外";六是"统一国语和推行注音字母的运动",至于促进方法,"或加入国语读音统一会和注音字母传习所,或在各地方鼓吹广设这类传习机关,及在各学校中增加这门功课"等。

1922年7月,中国共产党在上海召开了第二次全国代表大会,明确提出了党的奋斗纲领。党在民主革命阶段的最低纲领,即消除内乱,打倒军阀,建设国内和平;推翻国际帝国主义的压迫,达到中华民族完全独立;统一中国为真正的民主共和国。党的最高纲领是:组织无产阶级,用阶级斗争的手段,建立劳农专政的政治,铲除私有财产制度,渐次达到一个共产主义社会。为了实现这一反帝反封建的民主革命纲领,党还提出了具体的奋斗目标。有关教育的内容,主要有:一是女子同男子一样有教育权,规定"废除一切束缚女子的法律,女子在政治上、经济上、社会上、教育上一律享受平等权利";二是"保护女工和童工",减轻他们的劳动负担,使之接受相当的职业训练和教育;三是"改良教育制度,实行普及教育"。

1924年1月,国民党第一次全国代表大会在广州召开,《中国国民党第一次全国代表大会宣言》中,也制定有新民主主义时期的教育纲领:一是确立男女教育平等之原则,以助女权之发展;二是厉行普及教育,以全力发展儿童本位之教育;三是整理学制,提高教育经费,保障教育独立;四是在军队中实施农业及职业教育,以培养军地两用人才。

新民主主义教育纲领的确立,为国共合作时期工农教育及干部教育的开展奠定了理论基础,同时也提供了实践指导。

二、工农教育运动的开展

中国共产党成立后,派党员深入工矿及农村,集中领导工农运动。随着工农运动的普遍开展,工农教育运动也得以快速发展。

(一)工人教育运动

为了贯彻党在"一大"上提出的组织工人阶级、加强对工人运动的领导这一精神,1921年8月,党在中国产业的中心上海,成立了中国劳动组合书记部,作为领导工人运动的总机关,张国焘为总主任,毛泽东为湖南部主任。出版有指导工人运动的刊物《劳动周刊》,在发表的《中国劳动组合书记部宣言》中,提出"要发达劳动组合,向劳动者宣传组合之必要,要联合或改组已成的劳动团体,使劳动者有阶级的自觉,并要建立中国工人们与外国工人们的密切关系";"相信将来的世界一定是工人们的世界"。1922年中国劳动组合书记部由上海迁到北京,邓中夏任主任,以《工人周刊》为机关刊物,并在上海、汉口、湖南、广东、济南等地设有分部,主要活动是对工人进行宣传教育,组织工会,领导工人开展罢工斗争。1922年5月,中国劳动组合书记部在广州召开了第一次全国劳动大会,会议通过了

"打倒帝国主义"、"打倒军阀"的口号和罢工援助等事项。1925年5月,中国劳动组合书记部又在广州召开了第二次全国劳动大会,通过了工人阶级与政治斗争、经济斗争、组织问题、工农联合等30个决议案。其中在《工人教育决议案》中,明确提出了工人教育的目的和方法,教育的目的有两个:一是促进阶级觉悟,被视为无产阶级教育的生命,也是工人教育的最终目的;二是训练斗争能力,即如何同旧的势力进行斗争,以求得自身解放。关于开展工人教育的方法,主要有补习学校、工人弟子学校、工人阅书报社、化妆演讲以及游艺活动等。会议还成立了中华全国总工会,至此,中国劳动组合书记部也就完成了自己的历史使命。

在中国劳动组合书记部的领导下,许多共产党员纷纷深入工矿企业,主要通过创办劳动补习学校来开展工人教育,安源路矿工人补习学校就是当时影响较大的一所补习学校。

安源路矿(萍乡至株洲的铁路和煤矿)是工人运动开展得比较早的地区之一。1921年冬,奉中共湖南党组织委派,毛泽东偕李立三等来安源开展工人运动,为了取得合法地位和公开活动的条件,以便广泛接触工人群众,决定从办平民教育入手,来发动和组织工人。于是,李立三就在老后街五福巷租借了三间楼房做校舍,办起了平民小学,免费招收工人子弟入学,李立三还经常以访问学生家长名义广泛接触工人。经过思想教育和实践考察,于1922年1月在安源创办了第一所工人补习学校,白天小学生上课,晚上工人上课,所以补习学校也称之为夜校。工人夜校经费,先由湖南和上海方面热心工人教育的人士募集而来,后由工人俱乐部拨给。夜校教材,先是采用粤汉铁路工人学校的讲义,后由夜校教员自己编写了《补习教科书》、《小学国语教科书》及《工人读本》等。如《工人读本》讲:

  资本家不做工,穿的好,吃的好。他的衣食哪儿来的?劳动者的血和汗。

  独木不能防屋倒,片瓦不能把屋造。个人人力很有限,团结起来力量好。有事大家帮忙做,有害大家相劝告。万人一条心,仇人都打倒。

  现在我们中国人民一面要打倒帝国主义,一面要打倒军阀才能得到解放,这种革命的运动叫做国民革命,又叫民族革命。

可以说,教材内容生动形象,简单明了,有的还配有插图,再加上李立三绘声绘色的解说,工人深受教育和启发。通过启发式教学,提高了工人的文化水平和阶级觉悟,培养了工人运动骨干。办学仅4个月,就把工人组织起来了。是年5月1日成立了工人俱乐部,9月举行了一次工人大罢工,并取得了胜利。这时,补习学校学员由最初的60余人增加到200多人,补习学校扩展为三校,每期5个月,课程设有国语、常识、政治、笔算,还设有珠算、英文和习字三门课程。每周都有一次讲演会,讲演主题诸如个人与团体之关系、阶级制度之罪恶、工人怎样去夺取政权等。学员按文化程度分为高、低两班,每晚凭听讲证进课堂上课,结业后还发给毕业证书,是一所比较正规的补习学校。在办理补习学校的同时,还重视工人子弟教育,办有三处工人子弟学校,即四年制的国民学校。

1925年第二次全国劳动大会之后,工人教育在全国各地更广泛、更大规模地开展了起来。各级工会都设有宣传部和教育部,具体策划和领导工人教育运动。有的工会还把工人子弟组织起来,成立劳动童子团,吸收16岁以下劳动者子女参加,把工人教育与工人阶级新一代的教育紧密地结合起来,从而形成了中国教育史上从未有的工人教育运动。

(二)农民教育运动

在着力发展工人教育运动的同时,共产党也意识到占人口绝大多数的农民教育的重要性。自1922年以后,开始委派党员深入农村,由教育入手,通过建立农会和农民夜校,来教育和发动群众,同地主阶级展开斗争。

广东是农民教育运动开展的最早地区之一,领导者是被毛泽东称之为"中国农民运动大王"的彭湃。1921年10月,彭湃从日本早稻田大学留学回国,任海丰县劝学所长。1922年5月因组织了一次海丰教育界纪念"五一"大游行,宣传"劳工神圣"而被撤职。于是,彭湃决定"单枪匹马"深入农民之中,启发农民觉悟。1923年1月海丰农民总会成立,旨在以"图农民生活之改造,图农业之发展,图农民之自治,图农民教育之普及"。彭湃被选为会长,下设农业、宣传、教育等部。农会教育部决定建立农民学校,彭湃要求"专教农民会计数,不为地主所骗,会写信,会珠算,会写食料及农具的名字,会出来办农会,便够了"。且学校免费,"请便宜教员,指定校舍,读书不用钱",因切合农民的实际情况和需求,所以很受农民的欢迎。为解决办学经费问题,彭湃要求凡是建有农民学校的乡村,由学校向地主批地作为学田,种子和肥料由农会出钱解决,农具、牛耕及人工由学生的父兄分担。需要除草时,则由先生率学生去做,"把学生分为甲、乙、丙、丁四队,田草也分甲、乙、丙、丁四段,每队刈一段来竞争"。到成熟季节,再由学生父兄收割,除还地租外,剩余的就充作学校经费。这样,既解决了教育经费问题,又使学生学到了耕作技术。由于措施到位,不到1个月,海丰就成立了10多所农民学校,并有数处夜校。到1923年春,海丰农民教育普及到全县,建有夜校34所,学生千余人。

1926年5月,广东省召开了第二次农民代表大会,对开展农民教育的意义给予充分的肯定,认为占人口最大多数和经济地位最重要的农民如果不起来,中国的国民革命绝对不会有成功的希望。如果只是组织而不加以相当的教育和训练,组织也只能是一种形式。会议通过的《农村教育决议案》中,对农民教育的方法和内容作了具体的规定,有力地推动了农民教育运动的普遍开展。

除广东外,湖南也是农民教育运动开展较早的地区之一。1922年长沙"农村补习教育社"成立,在附近农村办理了17所农民补习学校。1924年,毛泽东、杨开慧等在韶山地区领导农民运动,建立了20多个农民协会,且办起了农民夜校。1926年,湖南省第一次农民代表大会召开,会议决议案中提出了农民教育实施的具体办法,如学校应"分为日班、夜班。日班教农民子弟,夜班教成年农民","应尽可能地设立妇女班"等。至1926年年底,湖南已有农民协会6867个,农民夜校6000多所。毛泽东在《湖南农民运动考察报告》中谈到农民夜校的情况时说:

> 农民学校平均每乡有一所。他们非常热心开办这种学校,认为这样的学校才是他们自己的。夜学经费,提取迷信公款、祠堂公款及其他闲公闲产。这些公款,县教育局要提了办国民学校即是那不合农民需要的"洋学堂",农民要提了办农民学校,争

议结果,各得若干,有些地方是农民全得了。农民运动发展的结果,农民的文化程度迅速地提高了。不久的时间内,全省当有几万所学校在乡村中涌出来,不若知识阶级和所谓"教育家"者流,空唤普及教育,唤来唤去还是一句废话。

三、革命干部学校的办理

在第一次国共合作时期,为了适应革命形势发展的需要,建立革命武装,进行北伐战争,在国共两党人士的积极参与与合作下,先后创办了多所培养革命干部的学校,比较著名的有湖南自修大学、平民女校、上海大学、农民运动讲习所和黄埔军校。

(一)湖南自修大学

1921年8月,毛泽东与何叔衡、易礼容等,利用长沙船山学社的社址和经费创办了湖南自修大学("自修大学"的取名来自胡适),毛泽东手书校名贴在木牌上,悬于船山学社大门口,标志着中国共产党第一所培养革命干部学校的诞生。原船山学社的社长贺民范为校长,毛泽东任教务长。1922年11月,李达受邀担任校长。

毛泽东亲自拟定《湖南自修大学组织大纲》和《湖南自修大学创立宣言》。在《组织大纲》中明确提出了办学的指导思想,称:"本大学鉴于现代制度之缺失,采取中国古代书院与现代学校二者之长,取自动的方法,研究各种学术,以期发明真理,造就人才,使文化普及于平民,学术周流于社会。"在《创立宣言》中要求"自修大学学生不但修学,还要有向上的意思,养成健全的人格,煎涤不良的习惯,为革新社会的准备"。可见,办自修大学的目的在于培养人才,以改良社会。

在招生问题上,湖南自修大学冲破了学阀对学术的垄断,实行平民主义,使无钱的贫民能够入学就读。但也明确了报考条件,要求中等学校以上毕业生或同等学力者,有自修能力,自愿用自修办法研究高深学术者,无论男女老少,经考试合格均可入学。入学考试主要是回答《入学须知》中所提出的六个方面的问题:

(1)以前进过什么学校?做过什么事情?家庭和个人的经济情形如何?(2)要研究哪几科?为什么要研究这几科?(3)以前学过什么学科?(4)愿来研究几个学期?以后再作什么打算?(5)对于人生观的主张。(6)对于社会的批评。

要求考生就上述问题详细写出来,转寄给校长评阅,还要进行面试,再决定是否被录取。学生入校不收学费,寄宿只收膳费。取录学员计24人,毛泽东本人和校内工作人员最初也是学员。由于招生条件较高,为满足知识青年和青年工人的学习要求,于1922年9月又开办了补习学校,放宽了入学条件,但更注意求学的目的和对人生的态度。设置国文、英文、数学、历史、地理等科目,分成三班教授,学生100多人。何叔衡任主事,毛泽东任指导主任,易礼容任事务主任,夏明翰任教务主任,教员中大部分由自修大学学生担任,其中有毛泽民、罗学瓒等。

根据《组织大纲》中规定,湖南自修大学"暂设文、法两科",文科设有中国文学、西洋文学、英文、伦理学、心理学、教育学、社会学、历史学、地理学、新闻学、哲学等课程;法科设有法律学、政治学、经济学等课程。每个学员选修其中一个科目。此外，还非常注意劳动教育，以"破除文弱之习惯，图脑力与体力之平均发展，并求知识与劳力两阶段之接近"。在教学上，注重学员自学，反对用灌注食物方式施教。学习方法上强调，"自己看书，自己思索"，"共同讨论，共同研究"。为促进学术研究，学校组织有哲学研究会、心理学研究会、中国文学研究会、经济学研究会等。时常还组织有座谈会、讲演会、辩论会等。而教师的职责是解答问题，订正笔记，修改作文。学员每人每日作读书笔录及填写作业表一件，每月作文一篇，皆由学长考阅，以定成绩良否。修业年限无定，以修习一科完毕，成绩及格给予修业证书。为给学员提供一个良好的自学环境，学校还设有一个藏书丰富的图书馆，收藏有进步书刊和报纸，诸如有《共产党宣言》、《哥达纲领批判》等经典著作。学校还创办了校刊《新时代》，虽只出四期，却刊载了不少关于研究马克思列宁主义理论和解决中国革命实际问题的重要文章，如毛泽东的《外力、军阀与革命》和李达的《何谓帝国主义》等。

1923年10月，湖南省长赵恒惕以"所倡学说不正，有碍治安"的罪名，派驻军队强行关闭。随后，毛泽东、李维汉、何叔衡、易礼容、罗宗翰等又创办了一所湘江学校，原自修大学及补习学校的学员大都转入该校学习，采用班级授课制，表面上与普通中学无异，实际上仍然是宣传革命、培养干部的一个阵地。1927年3月，湖南自修大学完成了历史使命，自动停办。何叔衡在结业典礼上说："所有学生和教职员正好比是酒药子"，号召他们"到各处发酵"，把革命的火种播向四面八方。

湖南自修大学和补习学校为中国共产党培养了许多优秀的干部，如何叔衡、毛泽民、郭亮、夏羲、夏明翰、陈佑魁、姜梦周、陈昌、罗学瓒等。

（二）平民女校

这是中国共产党创办的第一所培养妇女干部的学校。1921年10月，经党的早期领导人陈独秀和李达商议，借用上海中华女界联合会的名义，开始在上海筹办平民女学校，也称为平民女校，以期养成妇运人才，开展妇女工作。校舍在辅德里632号，由李达夫人王会悟出面租赁，课桌椅都是上海中华女界联合会负责人徐宗汉（黄兴夫人）捐助的。

1922年2月10日，平民女校正式开学，由李达任校长，王会悟负责行政管理工作。女校设有高等、初等两班，高级班授课内容有国文、数学、英文、经济学、教育学、社会学、讲演术、物理学等，星期二至星期日上课，星期一休假（因教师都是义务来校任教）。除在课堂听课外，还经常到工厂做工，调查女工生活状况，接受实际的革命锻炼。初级班开设有国文、英文、算术等课程，实行半工半读，每天上午上课，下午做工（缝纫、织袜等），晚间自习。皆在从劳动与学习的结合上改革旧教育，为新教育树立一个方向。共有学生20多人，年龄12~30岁，多是冲破家庭束缚或被学校开除出来的进步女青年，诸如高君曼、王剑虹、丁玲、王一知、钱希钧等纷纷投奔女校学习。教员大多为共产党员和社会名流，如陈独秀、李达、张太雷、恽代英、张秋人、刘少奇、施存统、陈望道、沈泽民、邵力子、沈雁冰等都在女校任课或作过专题报告。如：陈独秀教社会学，高语罕、邵力子教语文，陈望道教作文，张守白教国语文法，沈雁冰、沈泽民和美籍教员安立斯女士教英文，李达教数学，商务印书馆的物理编辑周昌寿教物理、化学，李希贤教经济学，范寿康教教育学。陈独秀和李达在《妇女声》杂志上发表文章,热情赞扬平民女校是"到新社会的第一步"。

1922年秋,李达及其夫人王会悟要去长沙湖南自修大学任教,学校由蔡和森、向警予接办。同年年底,因许多兼职的革命活动家无暇顾及和经费不足等原因而停办,部分学生转入上海大学继续学习。

（三）上海大学

1922年春,牧师王理堂以提倡新文化为号召,在上海闸北创办一所东南高等师范专科学校,设置文学与美术两科。是年10月,经时任中共中央总书记陈独秀的斡旋,改建为上海大学,设社会科学院、文学院和附中三个部分,邀请于右任出任校长,邵力子为副校长,邓中夏任总务长,瞿秋白任教务长兼社会学系主任,蔡元培、汪精卫、章太炎、张静江等担任校董。邓中夏参考中外学校有关材料,拟定了《上海大学章程》。瞿秋白撰写发表了《现代中国所当有的"上海大学"》,为上海大学的发展制定了宏伟规划。1923年8月,学校评议会决定"聘请有名人物充当教授",很多国共两党领袖、著名学者和社会精英曾在该校任教,如蔡和森、张太雷、恽代英、沈雁冰、任弼时、杨贤江、萧楚女、田汉、郑振铎、周建人、俞平伯、朱光潜、朱自清、丰子恺、章太炎、胡适、郭沫若、吴玉章、叶圣陶等。孙中山、李大钊、廖仲恺、汪精卫、胡汉民、戴季陶等也曾来校演讲,在国内学界引起不小的轰动。教学上采取教师讲、学生自学相结合的办法,学生有充分阅读参考书的时间,还按年级组织有学习会及各种研究团体。1924年1月,国民党第一次全国代表大会决议,每月补助上海大学1000银元为办学经费,学生从160人增加到400人。

1925年,上海大学成为五卅运动的先锋队,学生何秉彝在参加罢工、罢课、罢市的斗争中壮烈牺牲。不久,学校被英国军队占领,驱逐学生,学校被迫迁址,暂租民房为校舍,当时学生已增加到800人,还附设有平民学校和青云学校。1927年2月,军阀搜查上海大学,留校学生50余人被捕。4月,通过募捐和借款的办法,新校舍在江湾镇西端奎照路落成,新学期开学。5月又遭国民党当局查封,部分师生转入国立武昌中山大学。李硕勋、关向应、杨尚昆、丁玲、张治中、王稼祥、秦邦宪、康生、陈伯达、饶漱石、阳翰笙、匡亚明等知名人士均出自该校。

（四）农民运动讲习所

农民运动讲习所是在第一次国共合作时期,为培养农民运动干部而创办的,采用短训班的形式,先后办有广州农民运动讲习所和武汉的中央农民运动讲习所。

1924年7月,广州农民运动讲习所创立。共举办了六期,前五期主要是培养广东及广西农民运动干部,校址设在惠州会馆,彭湃为主任,招收革命知识青年,学习期限一个月,边学习理论边做农村运动和军事训练。第六期扩大为培养全国农民运动干部,校址迁往禺学宫,由毛泽东为所长,萧楚女任教务长,周恩来、瞿秋白、吴玉章、彭湃、邓中夏、恽代英、赵自选等担任教员,招生对象是决心从事农民运动、富于勇敢奋斗精神、具有中学程度、文理通顺的、身体健康的18~25岁的男性青年,招收来自全国各地的学员318人,开设课程25门之多,发给讲义31种,如毛泽东讲授中国农民问题、农村教育和地理,周恩来讲授农民运动和军事运动,恽代英讲中国史概要等。还聘请有社会知名人士,如郭沫若、何香凝等做专题演讲。学员除在所内学习革命理论、进行军事训练外,还到海丰、曲江等农村考察农民运动,毕业后分赴全国各地从事农民运动。

1927年1月,广州革命政府迁往武汉,在毛泽东的倡议下,又创办了中央农民运动讲习所于武昌红巷13号,全称为"国民党中央农民运动讲习所",以邓演达、毛泽东、陈克文为常务委员,学制4个月。3月7日正式上课,学生来自全国17个省,共700余人。课程29门之多,恽代英、瞿秋白、彭湃、方志敏、李汉俊、李达等分别讲授主要课程。毛泽东亲自作了《湖南农民运动考察报告》的专题报告。6月18日举行毕业典礼,大多数学生被委任为农民协会特派员,深入农村开展农民运动。

（五）黄埔军校

1924年5月,在共产国际和中国共产党的支持与帮助下,孙中山视"教育为神圣事业,人才为立国大本",在广州亲手创办了一文一武两所学堂即国立广东大学(中山大学的前身)和黄埔军校。黄埔军校建校时全称为"中国国民党陆军军官学校",因其校址设在广州东南的黄埔岛上,故称为黄埔军校。孙中山任总理,任命蒋介石为校长,廖仲恺为国民党党代表。随后,任命李济深、邓演达为教练部正、副主任,王柏龄、叶剑英为教授部正、副主任,戴季陶、周恩来为政治部正、副主任,何应钦为总教官。此外还有熊雄、恽代英、萧楚女、聂荣臻、张秋人等共产党人担任教官。6月16日,举行开学典礼,孙中山在讲话中要求学员"从今天起,立一个志愿,一生一世,都不存在升官发财的心理,只知道做救国救民的事业"。并亲自题写校训"亲爱精诚",还宣布训词:"三民主义,吾党所宗。以建民国,以进大同。咨尔多士,为民前锋。夙夜匪懈,主义是从。矢勤矢勇,必信必忠。一心一德,贯彻始终。"此后,训词由陈祖康谱曲,成为国民党党歌及军校校歌。

作为中国现代史上第一所培养革命干部的新型军事政治学校,其目的是为国民革命训练军官,以挽救中国的危亡。军校采用军事与政治并重、理论与实践结合的教学方针,课程分为军事和政治两类,军事课有战术、兵器、地形、炮台、工兵及通讯等,政治课有三民主义学说、中国国民运动、中国政治经济状况、帝国主义侵略中国史、社会主义原理以及中国农民运动等。

黄埔军校自1924年5月在广州创办到1949年年底迁往台湾的高雄县凤山市,在大陆总共办了23期,包括各分校、训练班在内,毕业生计有41386人,为中国革命培养了大批军事政治人才,在中国教育史上写下光辉的一页。

第三节 新教育改革家的教育思想

在新民主主义初期,许多较早接受马克思主义及西方先进教育理念的知识分子,在探讨中国革命出路的同时,也在思考着中国教育的出路,并与中国社会和教育实际结合起来进行探讨和实践,在实践中形成并提出了许多具有前瞻性的、合乎中国时代特点的,且足以指引中国教育改革发展方向的教育主张,陈独秀、胡适、恽代英便是这批中国新教育先行者的代表。

一、陈独秀

陈独秀是中国近现代杰出的政治家,中国共产党的主要创始人和早期领导人,他还是新文化运动的发起者,第一个举起了民主、科学两面大旗,对于中国近现代历史的发展产生了巨大影响。他所创办的《新青年》杂志,教育引导了整整一代人。尤其是,他在教育问题上的前瞻性和卓越见解,可称得上是一位杰出的教育理论家。

(一)生平及教育活动

陈独秀(1879~1942),字仲甫,号实庵,安徽怀宁人。6岁开始接受四书五经启蒙教育,17岁考中秀才。因目睹科场的黑暗,他遂抛弃科考,转习西学。

1898年考入杭州求是书院,开始接受近代西方思想文化,积极参加反清宣传活动。1901年因反清被通缉,逃亡日本,入东京高等师范学校速成科学习。1903年回国后,在上海协助章士钊主编《国民日报》,又在芜湖创办《安徽俗话报》宣传革命思想。1907年再次到日本,入东京正则英语学校,后转入早稻田大学,开始与同盟会接触。1909年前往浙江陆军学堂任教。1914年又前往日本,参加黄兴组织的"欧事研究会",帮助章士钊创办《甲寅》杂志,并发文《爱国心与自觉心》,洋溢着强烈的爱国主义情感。1915年在上海创办并主编《青年》杂志,后改名《新青年》,高举民主、科学大旗,倡导新文化运动。1917年应蔡元培之请,受聘为北京大学文科学长,协助蔡元培进行了一系列改革。1918年与李大钊等创办《每周评论》。这期间,他以《新青年》、《每周评论》和北京大学为主阵地,积极提倡民主与科学,提倡文学革命,反对封建旧思想、旧文化、旧礼教,成为新文化运动的倡导者和主要领导人。1920年,应陈炯明的邀请,南下担任广东教育委员会委员长,着力进行对未成年教育、成年教育及专门教育的革新,成就斐然。

尤其是五四运动以后,陈独秀开始接受和宣传马克思主义,并在共产国际的帮助下,积极参与中国共产党的创立,成为党的创始人和早期主要负责人。但因其右倾主义路线,导致中国革命严重受挫,被撤销总书记职务,不久又被开除党籍。1942年在贫病交加中逝世于四川江津。其主要著作收入《独秀文存》、《陈独秀文章选编》、《陈独秀思想论稿》、《陈独秀著作选编》等,也是研究陈独秀教育思想的主要参考文献。

(二)教育是属于上层建筑的

陈独秀认为,教育是有广义和狭义之分的,"自狭义言之,乃学校师弟之所授受;自广义言之,凡伟人大哲之所遗传,书籍报章之所论列,家庭之所教导,交游娱乐之所观感,皆教育也"①。可见,狭义的教育仅指学校教育而言,广义的教育还应该包括社会教育和家庭教育,但无论是狭义的还是广义的教育,都与知识、思想等一样是"经济的儿子",而不是"经济的兄弟"。他在《答适之》信中明确指出,教育与思想、文化、宗教、道德等均属于"心的现象即精神现象","都是经济的基础上面之建筑物,而非基础之本身"。这就告诉我们,教育是属于上层建筑的,揭示了教育的本质属性。

进而,陈独秀认为作为上层建筑之一的教育,又具有三个方面的特性:

一是教育的发展决定于经济的发展。他认为,教育的发展必定要受制于经济的发展水平,因而在封建社会的经济组织之下不可能实现资本主义的教育制度,在资本主义制度之下也不可能"使人人都有受教育的机会",即使在趋向社会主义的俄罗斯,并非不极力推重教育,而是由于受到物质条件的限制。他指出:"欧美资本社会教育进步,完全是工业发达的结果,工业家不但需学术精巧的技师,并且需要手艺熟练的工人,资本阶级为发财计不得不发达教育,家庭农业、家庭手工业社会自不需此。"②

二是教育不能脱离政治,且受制于政治。他认为,只有政治进化到一定水平,"然后教育实业始有发展之余地"。或者说,只有"全力解决政治问题",才有可能发展教育与实业,"倘不以全力解决政治问题,则必无教育实业之可言"。可见,教育是不可能脱离政治而独立的。针对当时学术界流行的"教育独立"论,陈独秀很不以为然,甚至是责问道:"所谓教育独立,是不是离开社会把教育界搬到空中去独立或是大洋中去独立?""若只是主张教育经费独立,在这种军阀横行的政治下,政府指定之独立的教育经费,有何力量可以保证不被军阀拿去?"

三是教育"是社会进步的重要工具"。他认为,教育虽然受制于经济和政治,但教育还有反作用,会大大促进社会经济的发展和政治的进步。他说:"教育虽然没有万能的作用,但总算是改造社会底重要工具之一,而且为改造社会最后的唯一工具,这是我们应该承认的。"③教育同知识、思想、言论一样"都是社会进步的重要工具"。那么,在陈独秀看来,教育对社会的促进作用又主要体现在:(1)教育为社会培养各种人才,"教育是智慧的源泉","舍教育以外,不足以培成社会上经营各项事业之人才"。(2)教育有助于社会文化的发展。他在一次演讲中说:"教育和社会的关系是很大的。社会要是离了教育,那人类的知识必定不能发展,人类知识一不发展,那国的文化就不堪问了。"(3)教育可以唤起民众,启发其革命觉悟和积极性,从而促进社会的进步与变革。

虽然李大钊率先运用马克思主义的观点来阐述过教育的本质特性,但没有陈独秀认识得那么明确、那么深刻。另外,杨贤江在《新教育大纲》一书,对教育的本质论述得更全面、更深刻,但陈独秀的开创之功却不可忽视。

---

① 《陈独秀文章选编》上,三联书店1984年版,第84页。
② 《陈独秀文章选编》中,三联书店1984年版,第378~379页。
③ 《陈独秀文章选编》中,三联书店1984年版,第238页。

（三）教育必须"与社会密接"

既然社会对教育有一定制约作用，教育对社会也有巨大的促进作用，那么教育与社会之间应该是不可分离的，教育必须"与社会密接"。陈独秀认为，新旧教育的区别，主要在于两者的主义和方法的不同。"旧教育的主义，是要受教育者依照教育者的理想，做成伟大的个人，为圣贤，为仙佛，为豪杰，为大学者"。但这种教育是脱离社会的，"把教育与社会分为两件事，社会自社会，教育自教育"。如此"社会与教育分离，其弊之最大者莫如减少教育的效力"。而新教育则不同，"注重在改良社会，不存在造成个人的伟大"。为避免旧教育的弊病，同时也使教育更好地为改良社会服务，他强调"必须使教育与社会密接"，"社会与教育打成一片"①。

那么，教育如何才能"与社会密接"，陈独秀经过认真思考和研究之后认为：

第一，要根据社会的需要办教育，即所谓"一切教育都建设在社会底需要上面，不建设在造成个人的伟大底上面，无论设立农工何项学校以及农工学校何种科目，都必须适应学校所在地社会底需要以及产业、交通、原料各种状况"。比如，广州附近丝业颇为发达，即应设立蚕桑学校；潮州、惠州富于海物及渔业，即应设置水产学校等。在他看来，教育是社会的必需品，而不是奢侈品，所以办教育应以社会需要为原则，要适应当地的实际状况，从而揭示了教育发展所必须遵循的外部规律。

第二，教育必须联系实际。陈独秀认为，教育不能停留在书本上或局限在讲堂内，如果教育不与实际相联系，也就"无裨实用"，做出来的学术也是"死学术"。旧教育的最大弊端就是严重脱离实际，比如农学生只知道读讲义，未曾种一亩地给农民看，结果"其所学得之学问，反不如老农"；学工学的只知道在讲堂上画图，未曾在机械上、应用化学上供给实业界的需要，结果"其成绩反不如一小匠"等。这种脱离实际的教育，造成学生普遍缺乏实际操作能力，一旦走出校门踏上社会，便不能适应社会及经济发展的需要，甚至是会个人主义的膨胀而走向邪路，"成为一无希望之恶人"，这是教育者的一大悲哀。因此，只有"教育与社会打成一片，教育效力才会宏博；学术与社会结合，学术才是活学术，否则便是死学术"②。

第三，学校应该向社会开放。陈独秀认为，旧的学校走的是贵族式的、闭关主义的办学路线，门口总是挂着"学校重地闲人免进"的牌子，致使学校资源不能得到充分利用，也就"减少了文化普及的效力"。而新的学校"都是为社会设立的，不是仅仅为一部分学生设立的"，自然要破除闭关主义，实行"开放主义"。他提出，各级各类学校以及社会性教育机构都要向社会开放，也只有这样，才能使教育与社会打成一片。他说：

> 自大学以至幼稚园，凡属图书馆、试验场、博物院，都应该公开，使社会上人人都能够享用，必如此才能够将教育与社会打成一片，必如此才能够使教育与社会打成一

---

① 《陈独秀文章选编》中，三联书店1984年版，第78页。
② 《陈独秀文章选编》中，三联书店1984年版，第101页。

片,才能够造成社会化的学校,学校化的社会。①

(四)中国教育"必须取法西洋"

近代以后,诸多学者都在探索中国教育的出路问题,且都提出了向西方学习的主张。陈独秀基于对中国传统教育的认识和对西方教育的了解,同样提出了"必须取法西洋"的主张。他说:"我们中国教育必须取法西洋的缘故,不是势力的大小问题,正是道理的是非问题。西洋的种种文明制度,都非中国所及。"在他看来,近代西洋教育比中国教育的"优胜"之处很多,最重要的有三点:

第一,"是自动的而非被动的,是启发的而非灌输的"。陈独秀认为,西方"自动"、"启发"式的教育,可以让"人类固有的智能得以自由发展"。而"被动"、"灌输"式的教育,所培养出来的学生犹如"人做的模型,能言的鹦鹉一般,依人作解,自家决没有真实见地、自动能力"。为此,他建议采用蒙台梭利的"极端自动启发主义教授法",还要"用种种游戏法,启发儿童的性灵,养成儿童的自动能力。教师立于旁观地位,除恶劣害人之事以外,无一不任儿童的自动自由"。

第二,"是世俗的而非神圣的,是直观的而非幻想的"。陈独秀认为,西洋教育抛弃一切"宗教的迷信,虚幻的理想",追求"科学实证","注重职业"。因而所教功课无非是日常生活的知识和技能,在学校教育之外的"童子军(BoyScout,类似于夏令营)"里,一切煮饭、烧菜、洗衣、缝衣、救火、救溺、驾车、驶船等事无一不实地练习。而中国传统教育着重"神圣无用的幻想"、"记忆先贤先圣的遗文",以至连吃饭、穿衣、走路的基本生存技能都不具备。对此,他建议中国教育应该"弃神而重人,弃神圣的经典与幻想而重自然科学的知识和日常生活的技能"。

第三,"是全身的,而非单独脑部的"。陈独秀认为,西方着重"训练全身的教育",注意用体操、图画以及各种游戏来发展全身的力量。中国传统教育则不然,着重"前脑的思索"和"后脑的记忆",结果培养了一批批身体懦弱的"书酸子",他们"一天只知道咿咿唔唔摇头摆脑的读书,走到人前,痴痴呆呆的歪着头,弓着背,勾着腰,斜着肩膀,面孔又黄又瘦,耳目手脚,无一件灵动中用。这种人虽有手脚耳目,却和那跛聋盲哑残废无用的人,好得多少呢?"对此,他建议要像西洋教育那样,"全身皆有训练,不单独注重脑部。既有体操发展全身的力量,又有图画和各种游戏,练习耳目手脚的活动能力"。只有这样,所培养出来的学生"做起事来,走起路来,莫不精神夺人,仪表堂堂"。

(五)论人的全面发展教育方针及实施

陈独秀在《今日之教育方针》、《近代西洋教育》以及《新教育是什么》等文章中,多次谈到人的发展与教育方针问题。他在分析比较了各国的做法之后,认为"现今欧美各国之教育,罔不智德力三者并重而不偏倚,此其共通之原理也"。这里的"智德力",其实就是智育、德育和体育三个方面,有德智体全面发展的倾向。那么如何来确立中国的教育方针,

---

① 《陈独秀文章选编》中,三联书店1984年版,第79页。

他认为应该根据国内外形势的需要来加以取舍,即"以适时为兴废,吾人所需于教育者,亦去其不适以求其适而已。盖教育之道无他,乃以发展人间身心之所长而去其短"。可见,确定教育方针的最终目的,在于"发展人间身心"。

至于"教育之方针者,应采何主义以为归宿也",他在《今日之教育方针》一文中提出了四大主义,即他所解读的"现实主义"、"唯民主义"、"职业主义"和"兽性主义",且主张"准此以定今日教育之方针",并要求学校以此四大主义来对学生进行全面训练,所谓的"教于斯,学于斯"。具体来说,实行"现实主义",旨在让学生了解"人生之真相",明白人生之价值,既要树立积极的人生观,又要能够解决现实中的人生问题。实行"唯民主义",旨在使学生"了解国家之意义",增强以民主为前提的国家观念,同时还要有独立平等的人格和"自觉自重之精神"。实行"职业主义",旨在使学生"了解个人与社会经济之关系"。他指出:"今日之社会,植产兴业之社会也,分工合力之社会也。尊重个人生产力,以谋公共安宁幸福之社会也。一人失其生产力,则社会失其一部分之安宁幸福。"因此,他极力提倡"职业主义",强调学校要对学生进行职业技能和职业道德的训练,如此才能使社会经济不至"陷于不克自存之悲境"。实行"兽性主义",旨在使学生"了解未来责任之艰巨"。他认为兽性的特点在于"曰意志顽狠,善斗不屈也;曰体魄强健,力抗自然也;曰信赖本能,不依他为活也;曰顺性率真,不饰伪自文也"。西方国家倡导"兽性",所以才会称霸世界。反观中国青年,"手无搏鸡之力,心无一夫之雄。白面纤腰,妩媚若处子。畏寒祛热,柔弱若病夫。以如此心身薄弱之国民,将何以任重而致远乎"。鉴于此,陈独秀十分推崇日本思想家福泽谕吉的教育理念,即"十岁以前,当以兽性主义。十岁以后,方以人性主义"。也就是说,10岁以前着重身体训练,10岁以后着重智力和品德的培养。总而言之,陈独秀要求用这四大主义来对学生进行全面训练,即所谓"教于斯,学于斯"。

二、胡适

胡适既是中国古典文化的研究大家,又提倡文学革命,掀起了新文化运动,同时还接受了西方文明的洗礼,蒋介石称其"新文化中旧道德的楷模,旧伦理中新思想的师表",可谓一语中的。他一生获得过35个荣誉博士学位,是一位了不起的人文学科全才型大师,更是一位有卓越见解的教育家。

(一)生平及教育活动

胡适(1891~1962),原名嗣穈,后改名胡适,取"物竞天择,适者生存"之意,安徽绩溪人。他5岁开始发蒙,9岁开始阅读《水浒》、《三国演义》、《红楼梦》、《儒林外史》、《聊斋志异》等古典名著,同时也攻读"程朱之学"。14岁时开始外出求学,在上海的梅溪学堂、澄衷学堂及中国公学,初步接触了西方的思想文化。

1910年他考取"庚子赔款"第二期官费生赴美国留学,于康乃尔大学先读农科,后改读文科。后入哥伦比亚大学研究院,师从哲学家杜威,接受了杜威的实用主义哲学,并一生服膺。1917年回国后,任北京大学教授,主讲中国哲学史,还加入《新青年》编辑部,撰文反对封建主义,宣传个性自由、民主和科学,积极提倡"文学改良"和白话文学,成为当时新文化运动的重要人物。五四时期,与李大钊等展开"问题与主义"辩难,还陪同来华讲学的杜威,任杜威的翻译逾两年。1922年,胡适参加教育部召开的全国学制会议,且是学制起草人之一,在放弃日本学制而采用美国学制的决策中发挥了巨大作用。1928年出任上海中国公学校长,招聘了一批青年才俊,诸如沈从文、罗尔纲等来校任教。1931年出任北京大学文学院院长,兼中国文学系主任,与校长蒋梦麟合作,对北京大学进行了多方面的改革。针对1935年发生的"一·二九"爱国学生运动,他先后发表《为学生运动进一言》、《告北平各大学同学书》、《再论学生运动》等文章,一方面批评政府对待学生的野蛮行为,一方面规劝学生复课学习,不支持罢课活动。在抗日战争时期,胡适支持国民政府关于高校的内迁政策,作为北京大学的代表,对西南联合大学的初创和搬迁发挥了积极作用。1938年出任国民党政府驻美国特命全权大使。1945年被任命为北京大学校长,他提出要保持当年蔡元培时期的自由精神,扩建并对北京大学进行了多方面的改革。1949年以后,曾担任台湾"光复大陆设计委员会"副主任委员、台湾"中华民国"中央研究院院长等职。

胡适一生在史学、考据学、教育学、伦理学、红学等诸多领域都有深入的研究,著述颇丰,诸如《中国哲学史大纲》、《胡适文存》、《戴东原的哲学》、《胡适文选》、《胡适论学近著》、《藏晖室札记》以及《先秦名学史》等。今人编著的《胡适教育论著选》、《胡适学术文集·教育》是研究其教育思想的主要参考文献。

(二)大学当为一国创造"文化、学术及思想"之中心

海外的留学经历及常年的大学教育实践,使胡适对大学教育的地位和作用有了深刻的认识,认为大学应该是一个国家的"教育学问"、"学术文明"和"文学思想"之中心。他说:"盖国内大学,乃一国教育学问之中心。无大学,则一国之学问无所折中,无所附丽,无所继长增高。""盖国内之大学,乃一国学术文明之中心。无大学,则输入之文明,皆如舶来之入口货,一入口立即销售无余,终无继长增高之望。""如中国欲保全固有之文明而创造新文明,非有国家的大学不可,一国之大学,乃一国文学思想之中心。无之,则所谓新文学、新知识皆无所附丽。"①并且能够创造出"文化、学术及思想"。

对此,他提出要首先大力发展高等教育,并将高等学校分为四种类型:国家大学、省立大学、私立大学、专科学校(或官立或私立)。他对国立大学期待最高,希望能办成学科门类齐全的世界"第一流的大学"。他说:"吾他日能见中国有一国家的大学可比此邦之哈佛,英国之康桥、牛津,德之柏林,法之巴黎,吾死瞑目矣。"

其次是反对政治对大学教育的干预,提倡大学教育独立。他认为,大学应该有独立的经济来源,有独立的管理机构,有独立的管理制度。否则,大学教育不独立,自然就会受制于一党一派,必为一些党派所利用,进而成为政治牺牲品。中国古代的太学之所以没有传

---

① 《胡适教育论著选》,人民教育出版社1994年版,第39页。

承下来,而西方数百年的大学则琳琳琅琅,都是因为教育能否独立的结果。对此,他主张政府只管分拨经费和任免行政人员,其他的事都应该由大学自主管理。进而,他主张要实施"教授治校",这样做不仅能增加教务人员对学校的兴趣与情谊,充分发挥各自的聪明才智,且不至于因为校长或学长的变动而使各项工作受到影响。

最后是主张大学里应该思想自由,学术自由,言论自由,信仰自由。在这一理念的支配下,他聘请教授时原则上是不分派别和资格的,只注重学术水平的高低。对此,罗尔纲称其"聘请教授,有蔡元培的作风,不限资格,不分派别。以中国文学系来说,有王运的学生马宗霍教先秦文学、许慎《说文》,有左派作家白薇教戏剧,有陆侃如和冯玩君教古典诗、词的考释,有青年作家沈丛文教小说创作,郑振铎教西洋文学史等等"①。出任北京大学校长后,更是恪守思想自由理念,容许文科各系讲授种学派的思想。他虽不太赞成马列主义思想,但还是容许马克思主义课程的开设,如经济学系开设有"马克思经济学说"、政治系开设有"马克思和社会主义思想"等课程。

(三) 治学旨在"寻求事实,寻求真理"及"大胆的假设,小心的求证"

胡适是非常推崇"学术救国"论的,他曾对学生说"救国不是摇旗呐喊能够行的,是要多少多少的人投身于学术事业,苦心孤诣、实事求是的去努力才行"。因而,在学术研究上他"着重学问思想的方法",反对单纯地钻入"故纸堆"进行研究的倾向,认为这样做无疑会导致理论与现实的脱离。在他看来,治学没有什么秘诀,有的话就是"思想和研究都得要注意证据"。为此,胡适极力强调"寻求事实,寻求真理"的治学精神,强调"撇开成见,搁起感情,只认得事实,只跟证据走"的治学态度,强调"大胆的假设,小心的求证"的治学方法。他认为,"凡是有价值的思想,都是从这个那个的具体问题下手的"。因而,他要求学生必须从问题开始进行研究,要找出问题所在,再寻求解决办法。他的思想不仅成就了他自己,还使罗尔纲、吴晗等许多学生受益匪浅,尤其是物理学家吴健雄所证明的"对等律",所使用的"便是胡老师的治学方法"。

为引导大学生读书治学,胡适还从人生观的角度,提出大学生必须具有"少年中国的精神":"第一须有批评的精神;第二须有冒险进取的精神;第三须有社会协进的观念。"在他看来,大学生不能成为"势利之徒"或"古怪的人",也"不容许偏见和个人的利益来影响他的判断和左右他的观点"。教育学生要树立"科学的人生观",对社会、对国家要有责任心,如此做出的学问才有价值。

(四) 论中国文字与中学教学改革

在新文化运动中,胡适对中国的文字改革给予较多的关注。当时教科书中都是文言文,使用的全是旧式标点。胡适在《如何可使吾国文言易于教授》一文中认为,旧式标点符号有三大弊端:一是"常人不能'断句',书报便都成无用,教育便不能普及";二是"意思有时不能明确表示,容易使人误解";三是"没有标点符号,决不能教授文法"。于是,胡适与

---

① 黄书光著:《胡适教育思想研究》,辽宁教育出版社1994年版,第114页。

周作人、钱玄同等一起,合作研究标点符号改革问题。他们参照西方文字的做法,制定出中国新式标点十二种的议案,并在1920年颁行全国,这对文化教育的普及影响甚大。同时,胡适还极力推动白话文运动。他认为,"文言是一种半死的语言,白话是活的语言,相应的,文言是一种死的文字,白话文才是活的文字"。可见,只有活文字才能产生活知识,也才能为个人的进步与发展、文化的普及产生动力。因此,胡适提出要以白话文为中小学的"教育工具"。

胡适曾在中国公学任校长,且对文字有较多的研究,因而在中学如何实施文字教学方面,他有自己的独到见解。他在《如何可使吾国文言易于教授》一文中指出:"他日欲求教育之普及,有统系之文法,则事半功倍,自可断言。"而当时中学教作文的人大都不懂得文法,批改作文时也没有什么标准,"读的顺口便是,不顺口便不是"。于是,他对中学国文的教学提出了许多建议,诸如教师应鼓励学生多写长信,多做系统的笔记,能自由地发表自己的观点;要让学生多做翻译,把古文翻译成白话文或把白话文翻译成古文,以熟悉文法的运用;如果是出题作文,最好是让学生自己出题做文章;批改学生作文时,要依据文法,只有合乎文法才是通顺的,教师如有改动,要指明是根据哪一条文法通则而改。同时,胡适还要求教师要注意培养学生的自修能力。他在《我们对于学生的希望》一文中指出:"灌进去的知识学问,没有多大用处的。真正可靠的学问,都是从自修得来。自修的能力,是求学问的唯一条件。不养成自修的能力,决不能求学问。"①

除外,胡适对家庭教育及女子教育也有自己的看法。针对家庭教育中的一些弊端,提出"要改良家庭教育,第一步便是广开女学堂"。这是因为,女学堂"是制造好母亲的大制造厂"。只有培养出"好母亲",才能把孩子"铸造成器"。1919年9月,他在《大学开女禁的问题》一文中,更是为女子接受高等教育而大声疾呼,提出大学应该延聘有学问的女教授、招收女子旁听生以及女学界应该研究女子学制等主张。次年,北京大学就招收了2位女旁听生,实开中国高校男女同校之先例。虽是大势所趋,但胡适的呼吁功不可没。还有,关于义务教育问题,鉴于其具有强制性、免费性、普及性的特点,胡适主张"义务教育是国家的事,应该由政府经费去办",这一政府主导办教育的理念是很值得探究的。

三、恽代英

恽代英是中国共产党早期的活动家和革命家,中国青年运动的先驱,他同时又是"一位杰出的青年教育家,是一位既有教育理论修养,又有教育实践经验的教育家。他对于教育理论研究之深,对于教育问题了解之透,尤其是他对中学教育方面的研究,在20年代的众多革命家、教育家中是不多见的"②。

---

① 《胡适教育论著选》,人民教育出版社1994年版,112~113页。
② 陈景磐主编:《中国近现代教育家传》,北京师范大学出版社1987年版,第450页。

（一）生平及教育活动

恽代英（1895～1931），江苏武进人，生于湖北武昌。自幼受父亲教诲，阅读过《纲鉴易知录》、《战国策》、《古文观止》、《饮冰室文集》等，还涉及康德、孟德斯鸠的学术著作。1915年考入中华大学文科专攻哲学，期间阅读了大量的中西方书籍，还写有针对社会及教育问题的文稿40多篇，开始对教育问题感兴趣，并积极参加革命活动。1918年留校在中学部任职，"以研究教育为第一事"，"每日决以一小时读有系统之书，属于教育类者"，并把自己对教育问题的思考用于实践。1919年加入少年中国学会，在湖北先后创办"利群"书社和"共存社"，以团结进步青年，传播新思想、新文化和马克思主义。1921年加入中国共产党，先后到川南联合师范学校、成都高等师范学校、西南公学任教，期间曾提出"经济公开"、"选择良师"等民主管理口号。1923年应邓中夏之邀，就任上海大学教授，主讲国际问题和国内政治。他白天上课，晚上编辑《中国青年》，亲自撰写文稿100多篇及大量的通讯，为引导青年走上革命道路，解决青年中所存在的人生观、价值观、工作、恋爱、婚姻等问题，可以说是呕心沥血，鞠躬尽瘁，培养和影响了整整一代青年。

1926年，恽代英在国民党第二次全国代表大会上被选为中央执行委员，随后即担任黄埔军校政治总教官，同时还在广州农民运动讲习所任教。1927年初，他奉令回到武汉，主持中央军事政治学校武汉分校工作，公开身份是政治总教官。不久，他参加了八一南昌起义、广州起义，担任中央中华组织部秘书长和宣传部秘书长、上海沪东行动会员会书记等。1930年5月被捕入狱，次年，蒋介石亲自下处决令，遂在南京慷慨就义。

1991年，中央教育科学研究所将恽代英1915～1927年间撰写的论文、书信、答问等共74篇，编辑出版了《恽代英教育文选》一书，这是研究恽代英教育思想的主要参考文献。

（二）论教育与社会、与人的发展

恽代英对教育与社会之间关系的认识，经历了一个变化的过程。最初受到当时流行的教育救国论、教育万能论的影响，认为救亡图存主要是靠教育，"教育是改造世界的唯一有力工具"，"要改正社会，不可不改正教育。要改正教育，不可不改正教育者的人生观"。他只是看到了教育对社会发展的重要性，但尚未意识到教育是受制于政治经济的。随着对马克思主义理论的学习与研究以及对西方和中国社会现实的深入理解，恽代英逐渐认识到教育只是改造社会的一种力量，而不是唯一的力量。他说："旧社会的罪恶，全是不良的经济制度的构成，舍改造经济制度，无由改造社会。"①当时，有位青年致信《中国青年》，要求回答"什么地方有好的学校"，他回信告知："除了根本改造社会，什么人可供给较好的学校给这般青年？""学校又因为受社会各方面的压迫牵制，决不能给学生预备很多的好教师与好课程。"他劝告青年学生最先要做的是"尽力促进革命，以根本改造这种社会，只有在较好的社会中间，才会有较好的学校"。他在《答刘仁静信》中，还一再告诫青年，"没有好环境，不能有好教育"，"教育家必须同时是社会改造家"。

---

① 《恽代英文集》上，人民出版社1984年版，第365～366页。

恽代英对心理学科有一定的研究,认为人的求知欲望在"学龄以前早已发达",多数人因为没有受到很好的教育而被"虚掷"掉了。因此,他主张人的教育不应该以法律上所规定的受教育年龄为起点,"儿童一坠地便使得受合宜的教育",只有这样才能"用力少而成功大"。恽代英还认为天赋即"天分"在个人成长中的重要作用,但又进一步指出,"虽无天分人",只要得到适宜的教育,一样可以成为"有天分"的人。

（三）中学教育旨在"养成完满的中等国民"

恽代英对中学教育情有独钟,曾"想一生做中学事业"。针对当时中学毕业后,"每因学业不见信于人,辄变节以求容于社会"的社会现实,他认为一个很重要的原因在于中学教育的目的不明确,诸如教英文的"盼望学生成就一个莎士比亚",教数学的"盼望学生成就一个温德华士",教理化的"盼望学生成就一个牛顿、爱迪生"等。可以说,各科教师"只着重高深"而忽略了学生的整体发展。对此,恽代英对中学教育的目的进行了认真的思考,认为中学教育是"养成一般中等国民应有的品格、知识、能力的教育";"是以养成完满的中等国民为目的"的,中学乃是"养成一般国民必需的最低限度的独立生活的知识和技能的学校"。换句话说,中学教育应该使中学生"升学就业两均利"。

进而,恽代英提出要改革中学课程体系,并拟定了一个"理想之中学的课程"计划。第一学年开设训话、国文、英文、算术、生物学、国史、音乐、图画、手工、演说等课程,但着重课外实践,旨在"使未来的青年,能担负更多的事业,能享受更丰富的生活",改变以往"今日上课便如入狱,下课则如释罪"的状况。第二学年算术变为数学,生物学变为卫生学,侧重于基本知识和技能的学习,强调自学能力的培养。第三学年分甲、乙组教学,共同课程有数学、西洋史、物理、化学及训话、乐歌。甲组单独开设国文、英文、心理学和演说。乙组单独开设化学制造、手工、工业大意、农业大意等课程。分组目的在于使学生"有时间自由发展"。第四学年功课,"按照职业的需要,单刀直入的为学生预备"。

为达成中学教育的目的,恽代英对中学教师也提出了明确要求:一是要具有"对受教育者的爱感";二是对中学的实际情况要"懂透","要从大处、难处、根本处下手",对教学进行有效改革,做"教育革命的健儿"。同时,他也敬告师范学校的学生,要打好基础,"预备做教育家","预备做中学的教育家","预备做改进的中学教育家"。

（四）提倡培养学生自动、自治精神和独立思考习惯

恽代英认为旧的教育方法存在诸多弊病,"只能教学生成一个无意识承受知识的器皿,脑筋中不能有一点创造力"。这样的学生,一旦离开了学校和老师,"便求不成学问"。之所以这样,是因为"吾人所谓学问只限于在学校之功课,功课以外无学问,学校以外无学问,此所以不能成一任何之学者也"。对此,恽代英强调要培养学生的自动、自治和独立的精神。自动相对于被动而言,强调自主学习、自由研究,"自由研究可得实学,其效用较学课百倍也"。自治相对于它治而言,强调自己管理自己,"养成学生自尊心和独立精神"。恽代英还很重视学生独立思考习惯的培养,主张"读书重思想","对于贤哲之言取怀疑态度,凡有所疑,须彻底考究之","凡于矛盾之处或不明白处,必潜心研究"。

另外,对于教会教育,恽代英在《我们为什么要反对基督教》《打倒教会教育》《耶稣、孔子与革命青年》等文章中提出了自己的看法。他认为,教会学校"既不向教育部注册备案,亦不受中国教育团体的干涉",这是对中国教育主权的侵犯,也妨害着"中国人民的民族精神",是必须坚决反对的,甚至提出"要封闭一切教会学校,要驱逐一切教会教育家"。同时,他又指出:我并不是说在中国办学校的外国先生都不是好人,无论他的本意是怎样的好,这种学校对于中国青年的民族精神总是有绝大妨害的。因此"我们决不可以抛弃了教会学校的青年。他们是受欺骗的,他们是受压迫的,我们应当去接近他们,在他们群众中间去活动,把他们联合起来,与我们里应外合,扑灭教会教育的毒焰"①。

本章结语:五四时期是思想大解放的时期,面对西方各种社会思潮的涌入,一批先进的知识分子经过慎思之后开始选择马克思主义,不仅积极传播马克思主义的教育理论,还开始结合中国革命的实际情况进行着教育实践,主要体现在以下几个方面:

一是着重自身理论水平的提升,通过勤工俭学走出国门,去寻求中国社会及中国教育改革的出路。

二是初步探索出新民主主义时期教育发展的思路,那就是厉行普及教育,提倡男女教育平等。

三是积极办理劳动补习学校及农民夜校,来提高工人和农民的文化水平,启发他们的革命觉悟和训练他们的斗争能力。

四是重视革命干部的培养,国共两党合作办理了多所影响较大的干部学校,积累了一定的教育经验。

五是一批早期的先进知识分子,在传播马克思主义教育理论及所从事的教育实践活动中,也形成了自己独到的教育见解,从而构成新民主主义教育的重要组成部分。

【讨论与思考】

1. 试述留法勤工俭学运动的流变及其意义。
2. 新民主主义教育纲领的基本内容是什么?
3. 简述国共合作时期革命干部学校的办理情况。
4. 试析陈独秀、胡适、恽代英教育思想的时代意义。

【阅读导航】

1. 李国钧、王炳照总主编:《中国教育制度通史》第七卷,山东教育出版社2000年版。本书第五章"新民主主义教育制度(上)"第一节论及"新民主主义教育制度的萌芽",

---

① 华东师范大学教育系编:《中国现代教育文选》,人民出版社1989年版,第449页。

谈到两个问题:一是早期中国马克思主义者的教育思想;二是中国共产党早期的工农教育实践活动。

2. 毛礼锐、沈灌群主编:《中国教育通史》第一卷,山东教育出版社1985年版。

本书第十七章"五四时期的教育"中第一节论及五四以后马克思主义在中国传播的问题,第五节主要探讨"新民主主义教育的萌芽"。第十八章"第一次国共合作时期的教育"中的第四节论及工农群众教育,第五节论及革命干部教育,对湖南自修大学、上海大学、农民运动讲习所及黄埔军校等进行介绍。

3. 孙培青主编:《中国教育史》,华东师大出版社2000年版。

本书第十四章第五节"新民主主义教育的发端",论及马克思主义教育思想在中国的传播、新民主主义教育纲领的提出、中国共产党领导下的工农教育及早期创办的干部学校、李大钊和恽代英的教育思想等问题。

4. 王炳照等编:《简明中国教育史》,北京师范大学出版社2010年版。

本书第十二章第三节论及"马克思主义教育理论的传入和实践",第四节论及"第一次国共合作下的革命教育"。

5. 华东师范大学教育系编:《中国现代教育文选》,人民教育出版社1989年版。

本书收录有陈独秀的"教育缺点"、"新教育是什么"、"收回教育权"、"教育界能不问政治吗"等5篇论文;胡适的"杜威的教育哲学"、"我们对于学生的希望"等4篇论文;恽代英的"学术与救国"、"民治的教育"、"打倒教会教育"等5篇论文。这是研究几位学人教育思想的基本参考文献。

第十章 革命根据地的教育改革

【内容提要】

第二次国内革命战争时期,以中央苏区为代表的农村革命根据地,在紧紧围绕革命战争的中心任务进行土地革命和经济建设的同时,根据党的教育方针和革命战争的需要,创立了一个完全有别于国民党南京政府的新型教育体制,文化教育建设取得了较大发展。抗日战争时期,以陕甘宁边区为中心的抗日民主根据地和抗日民主政权,积极执行文化工作中的统一战线政策,教育为抗战服务,教育与生产劳动紧密结合,促进了新民主主义教育的大发展。解放区教育除继承了抗日根据地的教育政策外,为适应革命胜利后的政权建设和发展生产、文化教育的需要,中国共产党提出了扩大教育界的统一战线,实行由战时教育向正规教育转变的教育工作政策。解放战争时期,解放区的教育获得快速发展,并大量接管国民党留下来的教育产业。总之,根据地各个时期的教育政策、教育制度、教育内容和教育任务,以紧密服务于当时的革命斗争和根据地建设为宗旨,在充分发动群众、依靠群众,坚持中国共产党对教育事业的领导下,干部教育、群众教育和儿童教育等取得了明显进步和长足发展,为新中国的教育事业积累了宝贵的经验。

【学习目标】

1. 了解新民主主义教育方针的形成过程和具体内容;
2. 把握革命根据地各个阶段的教育政策及各类教育发展概况;
3. 汲取革命根据地教育的有益经验,为当代教育发展和改革提供借鉴。

【核心术语】

苏维埃文化教育总方针 红军学校 红军大学 全民识字运动 新民主主义教育方针 抗日军政大学 陕北公学 延安大学 根据地教育的基本经验

1927年4月12日和7月15日,蒋介石、汪精卫先后在上海、武汉发动革命政变,大肆屠杀革命党人。至1928年上半年,共产党员由近6万人下降到1万人,工会会员由近300万人下降到3万人,农民基本上成了一盘散沙,第一次国内革命战争时期的革命成果几乎毁于一旦。在中国革命的紧急关头,中国共产党人勇敢地挑起独立领导中国革命的重担,先后发动了武装反抗国民党的南昌起义、秋收起义和广州起义。1928年,朱德、陈毅率领的南昌起义部分队伍与毛泽东领导的工农革命军在井冈山胜利会师,组成工农革命军第四军,创建了第一块革命根据地,中国革命开始走工农武装割据、农村包围城市的道路。1929年,毛泽东、朱德、陈毅率领红四军主力挥师赣南闽西,与当地武装力量一起共同创建了赣南闽西革命根据地,即中央革命根据地,或称中央苏区。此后所创办的其他根据地,也称之为苏区。1931年11月7日,中国共产党在瑞金召开第一次全国工农兵代表大会,成立了中华苏维埃共和国临时中央政府,即中央工农民主政府,以瑞金为首都,毛泽东为主席。至此,中国革命史上开始出现两种政权并存的局面,相应地也就出现了两种不同性质的教育:一是革命根据地的教育,一是国统区的教育。前者是全新的、进步的、为新民主主义革命服务的教育,后者是传统的、保守的、为国民党专制统治服务的教育。在抗日战争和解放战争时期,由于革命的对象和任务不同,农村革命根据地又逐渐发展为抗日民主根据地和解放区,这样,革命根据地的教育可以分为三个时期:苏区的教育(1927~1937)、抗日民主根据地的教育(1937~1945)和解放区的教育(1946~1949)。这三个时期的教育改革,不仅是第一次国内革命战争时期新民主主义教育成果的继承和发展,而且不断日益成熟和完善,并为革命根据地各项工作的顺利开展发挥了巨大作用。

第一节 中央苏区的教育

在第二次国内革命战争时期,中国共产党所创建的革命根据地,除中央革命根据地即中央苏区外,还有分布于湘、鄂、赣、豫、皖、闽、浙、陕、甘、川、黔、桂、粤以及琼崖等地的根据地,均简称为苏区。但相对来说,中央苏区的教育是发展最好的,也是最有代表性的。

一、苏区教育的方针、任务与政策

为巩固和发展红色政权,共产党人在根据地建立伊始就着手开展了文化教育的建设工作,相继提出了发展革命教育的方针政策,如"实行普及义务教育及职业教育";"注意工农成年补习教育及职业教育";"发展农村教育,提高乡村文化";"发展社会教育,提高普通文化程度"①等等。1931年11月,中华苏维埃共和国第一次全国工农兵代表大会在瑞金召开,大会宣言表述了苏区文化教育方面的方针和政策:"工农劳苦群众,不论男子和女子,在社会、经济、政治和教育上,完全享有同等的权利和义务";"一切工农劳苦群众及其子弟,有享受国家免费教育之权,教育事业之权归苏维埃掌管,取消一切麻醉人民的、封建的、宗教的和国民党的三民主义的教育。"②大会在肯定和总结各个根据地的教育实践经验的基础上,讨论通过了《中华苏维埃共和国宪法大纲》,其中第十二条规定从法律上肯定了革命时期苏区教育的方针政策:"中华苏维埃政权以保证工农劳苦民众有受教育的权利为目的。在进行国内革命战争所能做到的范围内,应开始施行完全免费的普及教育,首先

---

① 江西省档案馆编:《中央革命根据地史料选编》下册,江西人民出版社1982年版,第14页。
② 中央教育科学研究所编:《老解放区教育资料》(一),教育科学出版社1981年版,第27页。

应在青年劳动群众中施行并保障青年劳动群众的一切权利,积极地引导他们参加政治和文化的革命生活,以发展新的社会力量。"①从法律上确立了苏区教育的目的和方向。中央政府教育人民委员部第一号训令规定:"苏区当前文化教育的任务,是要用教育与学习的方法,启发群众的阶级觉悟,提高群众的文化水平与政治水平,打破旧社会思想习惯的传统,以深入思想斗争,能更有力的动员起来,加入战争,深入阶级斗争,和参加苏维埃各方面的建设。"②从以上规定不难看出,苏维埃政权领导下的教育是为工农大众服务的,广大劳动人民及其子女享有受教育的权利,是提倡科学反对迷信的教育,是提高广大人民的阶级觉悟、政治水平和文化水平的教育,是引领大众参加阶级斗争和政权建设的文化教育。

1934年1月,第二次全国苏维埃代表大会顺利召开,毛泽东在会上对几年来苏区的教育方针和任务进行了科学总结和明确阐述。他指出:

> 苏维埃文化教育的总方针在什么地方呢?在于以共产主义的精神来教育广大的劳苦民众,在于使文化教育为革命战争与阶级斗争服务,在于使教育与劳动联系起来,在于使广大中国民众都成为享受文明幸福的人。
>
> 苏维埃文化建设的中心任务是什么?是厉行全部的义务教育,是发展广泛的社会教育,是努力扫除文盲,是创造大批领导斗争的高级干部。③

毛泽东关于苏维埃文化教育的总方针和中心任务的表述,是共产党最初较为明确的新民主主义教育方针的系统表述,它不仅是当时苏区教育实践的概括总结,而且为以后抗日民主根据地的教育和解放战争时期的文化教育奠定了理论基础。

二、苏区教育制度

1931年,苏区临时中央人民政府在瑞金成立。为推动革命战争的开展,更好地促进根据地经济、文化、军事等事业的进步,临时中央人民政府适时设立教育人民委员部为苏区最高教育行政机构,全面负责苏区的教育工作。瞿秋白担任部长,但因他长期不在苏区,由徐特立任代部长,沙可夫任副部长。1934年《教育行政纲要》规定了教育人民委员部的职能,即"在教育方针及政策上领导全国学校教育(普通教育)及社会教育"④。该部下设初等教育、高等教育、社会教育和艺术四个局。初等及高等教育两局协同管理普通教育,社会教育局和艺术局协同管理社会教育。此外,另设编审局负责编审教材事宜,设巡视委员会领导巡视教育工作。

教育部则是设立在省、区、县的地方教育行政机构,行政系统上直接隶属中央教育人

---

① 中央教育科学研究所编:《老解放区教育资料》(一),教育科学出版社1981年版,第28页。
② 中央教育科学研究所编:《老解放区教育资料》(一),教育科学出版社1981年版,第29页。
③ 中央教育科学研究所编:《老解放区教育资料》(一),教育科学出版社1981年版,第20页。
④ 江西省教育学会编:《苏区教育资料选编》,江西人民出版社1981年版,第237页。

民委员部及相应的上级教育部。同时受同级执行委员会及主席团的指导与监督。城市苏维埃下设教育科,乡苏维埃下设教育委员会。由上可见,苏维埃地区的教育行政组织还是比较严密和完整的。这在时局动荡、形势严峻的战争环境下实属不易,充分体现了苏区对教育的高度重视。

囿于战争环境和具体条件所限,苏区当时的学校系统不可能是正规、成体系、门类齐全和相互之间的有机衔接,尽管如此,但它是建立在适应革命根据地的具体条件和实际需要而设立的教育制度,因地制宜,因而适应并推动了苏区教育的稳步发展。

苏维埃教育制度最本质的特点在于广大劳苦大众受教育权的平等性。苏维埃学制是统一的学校制,没有等级,对于一切民众施以平等的教育。结合当时根据地的实际和革命的需要,苏区的教育有两大方面的建设任务,一是"需要普遍的消灭文盲,普遍地进行义务教育";二是需要培养"政治、军事、工业和文化教育人才"。

三、苏区各级各类教育的实施

依据苏区教育的方针的任务,苏区教育分为干部教育、群众教育和儿童教育三部分:干部教育以专业和政治训练为主,学制年限以几个月到一年不等;群众教育,主要是工农业余教育,以扫盲为主;儿童教育由小学来实施。此外,还设置有短期师范和短期职业学校。

（一）干部教育

革命战争和苏区建设的顺利开展,离不开广大干部的宣传发动和指导引领。然而由于党的各级干部主要是工农出身,贫农出身占绝大多数,他们的文化理论、思想政治水平、组织纪律、军事技能等诸方面如果不及时进行培训学习,就不能应对复杂的革命形势和建设工作的迫切需要。为此,苏区以干部教育为重点,兼以实施群众教育和儿童教育。

苏区的干部教育在1931年瑞金临时中央政府成立之前,以各个根据地举办的短期培训班为主,军队则以随营学校为主要培训形式。临时中央政府成立之后,苏区干部的教育培训由地方举办发展为中央、地方共同举办,以干部学校教育和在职干部教育为两种主要组织形式,从而形成了富有成效和特色的苏区干部教育系统。其中,干部学校教育进行比较全面系统的学习,在职干部教育主要是专项训练的培训。

1. 干部学校教育

苏区的干部学校教育是在1931年苏区逐步稳定后开始举办的,并在借鉴之前军队在职干部教育培训的基础上逐渐发展并趋向正规化的。其中影响较大的干部学校有:

(1)红军学校。1931年10月,红一方面军将当时的红一军团和红三军团的随营学校合并,组建成中央军事政治学校,校址在瑞金县城的钟氏宗祠、刘氏宗祠和同善社等。不久将校名改为"中国工农红军学校",简称为"红军学校"或"红校"。任命肖劲光为校长,但未到职。随后,由叶剑英、刘伯承、何长工、周昆等先后接任校长,黄火青、周以粟、欧阳钦先后担任过政治部主任,邓萍任教育长,杨至诚任校务部长。开始时,学校开设了步兵科、政治科和特科(包括机枪、炮兵、工兵等特种连队)。后来,随着革命战争的需要和学校规模的扩大,又开办了政治营和军事营等训练班。学制一般为3~5个月。

学校于1931年11月开始招收第一期学员,至1933年改制,一共办理6期,培养出11500多名军政干部。毛泽东曾提出要像"黄埔"那样,把红军学校办成"红埔"。

(2)红军大学。全称"中国工农红军大学",简称"红大",是1933年11月7日由原红军学校与苏维埃大学军事政治部合并正式成立的,校址设在江西瑞金,由中共中央直接领导,旨在培养较高级的军事政治干部,是当时最大的军事干部教育大学。何长工任首任校长,徐梦秋任政治部主任。

红军大学分为政治科、指挥科和参谋科三个科,设有教导队、高射队和测绘队三个大队,主要培养营团级以上的军政干部。另设一个高级班,培训军级以上干部。学员根据中央军委与总政治部的命令从各个战场抽调久经战争锻炼、有实践作战经验、并可堪造就的营以上军事政治干部来校学习,学习期限一般为8个月。高级班班长为彭雪枫,学员有宋任穷、程子华、李天柱等。政治科学员有韦国清、谢扶民、刘道生、邱创成、唐亮等。教员则多为中央领导同志,如刘伯承、王稼祥、邓小平等。毛泽东、周恩来、任弼时、董必武等常到"红大"给学员做报告。"红大"的教学原则是理论联系实际、理论与实际并重、前方与后方结合。除在课堂上讲授军事理论知识外,还注重总结作战经验和军事演习。如前线战事需要,可先派学员行使指挥职责,然后再回校继续学习。同时,也采取轮流分派学员参加战事的方式。

"红大"校舍都是学员自己动手建造的,还经常帮助群众劳动。凡根据地的重要活动,如扩充红军、民主选举、生产节约运动等,都有"红大"学员的参与。红军大学培养了一大批英勇善战的军事指挥干部,为当时的革命斗争作出了重要贡献。

1934年9月,"红大"学员全部毕业。10月,"红大"大部分教职员与其他学校一起组成干部团参加长征。红军大学后来发展成为"中国人民抗日军事政治大学"。

(3)苏维埃大学。1933年8月,为了适应革命战争和苏区建设中各级各类干部的急需而由中央人民委员会决定创办的,以造就苏维埃建设的各项高级干部为任务,校址在瑞金沙洲坝。以毛泽东、沙可夫、林伯渠、梁柏台(博古)和潘汉年为苏维埃大学委员会委员,毛泽东任校长,沙可夫任副校长。学员须有半年以上工作经验及能看普通文件的文化程度,年龄在16岁以上。学校计划招收1500人,实际上只有200人。分普通班和特别班(专业班)。普通班属预科性质,主要为文化水平不高的学员补习文化知识,学习期限视学生入学时的文化程度而定,没有硬性的规定。特别班分为土地、国民经济、财政、工农检察、教育、内务、劳动、司法8个专业班,学制半年;次年春又增设外交、粮食两个专业班,学制不少于6个月。学校课程包括苏维埃工作理论、实际问题和实习三项。教员分为正、副教员,其中正教员负责各科教学,副教员帮助正教员搜集教材、编写提纲、解答学生提问和检查学生学习等。全校工作人员及学生均得加入赤卫军,进行经常性的军事训练。

1934年春,为了纪念沈泽民,学校改名为"国立沈泽民苏维埃大学",瞿秋白任校长,徐特立任副校长。1934年7月,经中央人民委员会决定,苏维埃大学并入马克思共产主义大学。不久,与其他红军学校一起组成干部团参加长征。

(4)马克思共产主义大学。即苏维埃党校,1933年3月创建于瑞金洋溪,首任校长任弼时。学校以培养领导前线和后方革命政治工作的干部为主要教育任务。共设有三个班,一是高级训练班,主要是培养省委高级干部,由省委、省苏维埃、省工会选送学员,实际的学习时间为9个月;二是党、团、苏维埃和工会干部训练班,培训一般党团干部,修业4个月,实际的学习时间为5个月;三是新苏区工作人员训练班,是随着根据地的扩大,为新苏区和白区培养工作干部而设立的教学班,实际的学习时间为3个月。学校主要讲授马克思列宁主义基本原理、党的建设、苏维埃建设、工人运动、自然常识等课程。只办了一期,三个班实际毕业学员仅260人。

此外,培养干部的军事学校还有:培养红军基层干部的彭杨步兵学校(为纪念彭湃、杨殷命名)和红军公略步兵学校(为纪念黄公略命名)、训练炮兵和工兵等部队干部的特科学校、训练地方革命武装干部的游击队干部学校、训练前方通讯技术干部的红色通讯学校、培养军队医护人才的红色医务学校和护士学校。培养地方党政干部的学校还有:中央农业学校、中央列宁师范学校、高尔基戏剧学校等。

2. 在职干部教育

在职干部教育是中国共产党提高培养干部素养和能力的重要环节,是党在苏区开展最早的干部教育形式。

1931年之前,在职干部教育在红军部队中主要是以随营学校、教导队、训练班等形式进行的,在地方则基本上由各级苏维埃政府举办,无论是军队还是地方,都以短期训练班为主。其中军队的在职干部教育以政治教育、军事指挥技术及文化教育为主要内容,地方上则以政治形势、农民问题、文化教育为训练内容。

临时中央政府成立之后,在职干部教育培训发展为中央、地方共同举办,其中干部训练班仍然是承担在职干部教育的主要形式,是经常性有组织的教育工作。1933年8月10日,中央组织局发出《关于党内教育计划致各级党部的信》,指出目前最迫切的教育任务是提高党内政治理论水平,以马克思列宁主义武装新老同志的头脑。特别指出教育的方式除日常会议、工作和各种斗争的培养提高外,要成立各种训练班。依据按系统、分层次举办的原则,中央和省一级的训练班培训县一级干部、县训练班的教员及区一级的主要干部;县办训练班培训区一级干部。除省、县级训练班外,各基层组织还开设有支部流动训练班和新党员流动训练班,利用晚上开展教学活动。各级党、政、工会及革命团体都成立有"马克思主义研究会",组织机关干部进行理论学习和理论研究。"苏维埃工作人员训练班"对象都是基层苏维埃干部,期限为1个月,学习内容都是有关苏维埃政权建设的。小学教员训练班主要利用寒暑假培训小学教员,如瑞金县1932年办理的训练班,学习政治常识、科学常识、体操、游戏、唱歌等。各业务部门开办的专业训练班有土地税训练班、合作社及会计工作训练班、银行专修训练班等。

在职干部教育的开展把广大干部的工作、作战和学习紧密地结合起来,迅速有效地提高了在职干部的水平和素养,适应了当时革命战争和苏维埃政权建设对干部的迫切需要。

(二) 群众教育

由于革命根据地都处于经济文化落后的偏僻地区,所以群众中文盲数量大,占总人口的90%以上。为了革命斗争的顺利开展,苏区把发展群众的文化教育事业视为争取革命战争和建设的有力武器。为此,苏区党和政府除将干部教育放在首位外,还将群众教育工作"视为首务",放在了比儿童教育更为优先发展的地位。毛泽东在第二次全国苏维埃代表大会的报告中指出:"苏维埃政府用一切方法来提高工农的文化水平。为了这个目的,给予群众政治上与物质条件上的一切可能的帮助。"①

各根据地的群众教育在苏区政府的领导下,得到了蓬勃开展。群众教育的内容:一是以扫除文盲为任务的识字教育,要求初学识字的人,平均每人每日至少要记住五个生字;二是在识字基础上的文化知识、生产知识和思想政治教育,要求一般的青年和成年男女,必须普遍地能做报告,能看各种文件,最低限度也要能看路标和路条。苏区工农群众在苏维埃政府的领导下,创造发展了丰富多样的教育形式,有夜校、半日学校、补习学校、识字班(组)、读报组、识字牌、俱乐部、墙报、戏剧、报刊、列宁室等。其中最为普遍的是夜校、识字班和俱乐部等。

大力开展识字运动,扫除文盲,是根据地群众教育建设的首要任务。1933年10月苏区文化教育建设大会召开,通过了《消灭文盲决议案》。并通过各种命令、决定、办法的制定,来保证和督促识字运动的开展,如《消灭文盲协会章程》、《消灭文盲协会组织纲要》、《夜校办法大纲》、《夜学校及半日、业余补习学校办法》、《识字班工作》、《俱乐部纲要》、《怎样去领导俱乐部列宁室工作》等。在中央苏区建立有乡、村两级消灭文盲协会。乡设夜校、半日学校、识字短训班等,以集中识字、培养识字骨干。村设若干识字组,作为扫盲的基本组织。在城镇中则既有集中扫盲的组织,也有各单位设立的夜校和识字组。在城市工人中,则以建立补习班、夜校为主。不少工厂也有自己办的夜校和补习班。在苏区各级政府的领导下,在广大工农群众的积极参与下,苏区工农群众的文化教育活动得到了蓬勃发展。根据江西、福建、赣粤三省的统计,在2932个乡中,有补习夜校5426所,学生94517人;江西、赣粤两省有识字组32288个,组员155371人;江西、福建、赣粤三省有俱乐部1656个,工作人员49668人。在兴国县有3337个识字班,参加学习的群众有22529人,夜校学生有15740人,其中女生占60%。

各地结合一定时期政治斗争的任务和地方的实际情况,编写了大量识字课本和辅助教材,对于配合识字运动和进一步开展群众教育,提高群众文化知识、生产知识和政治思想水平,启发群众的阶级觉悟和革命积极性发挥了重要作用。当时中央教育人民委员会编有《成人课本》三册、《妇女课本》等;地方编的有《平民读本》(永新)、《群众读本》(永定)、《工农读本》(赣西南)、《初级课本》等。这些教材大都具有浓郁的思想性和战斗性,贯穿着阶级斗争精神。例如,从1930年开始在根据地广泛流传的《工农兵三字经》写道:

---

① 《毛泽东同志论教育工作》,人民教育出版社1992年版,第5页。

天地间,人最灵。创造者,工农兵。工人们,劳不停,苦做工,晨到昏……稍不是,棍棒吃……若反抗,死得成……农人苦,写不清,租税重,难生存……入共党,组红军,打土豪,除劣绅。废军阀,莫容情,阶级敌,一扫清。①

它用通俗生动的语言,揭露了工农大众受剥削、受压迫的悲惨遭遇,对群众进行了鲜明坚定的革命教育。

苏区还广泛利用报刊对工农群众进行文化教育工作。苏区有各类报刊30余种。《红色中华》、《青年实话》、《斗争》、《红星》等的发行量都超过万份以上,充分说明苏区文化运动的蓬勃发展。

革命根据地的群众教育具有参加人员多、群众热情高、教育形式广等特点,这种大规模的、卓有成效的群众教育在中国历史上尚属首次,是改良主义者的"平民教育"所不可比拟的,是中国教育史上的首创。由于广大妇女热情高涨地参加文化教育活动,因此它为促进妇女解放、走出家门、投身革命工作,发挥半边天作用具有不可磨灭的重大意义。

(三) 儿童教育

苏区积极发展儿童教育。各根据地在当时经济十分困难的条件下,仍克服经费、师资等重重困难,普遍地创办劳动小学(后统称列宁小学),使苏区大部分学龄儿童得以入学,促进了苏区小学教育的蓬勃发展。

苏区明令禁止帝国主义、封建主义和国民党政府的教育。1934年2月16日,临时中央政府人民委员会颁布的《中华苏维埃共和国小学校制度暂行条例》,阐释小学教育的目的为:"在工农民主专政下的小学教育,是要训练参加苏维埃革命斗争的新后代,并在苏维埃革命斗争中训练将来共产主义的建设者。"《小学课程教则大纲》也指出:"小学的一切科目都应当使学习与生产劳动及政治斗争联系起来。"要使学生成为"识得字,耕得田,又会革命"的人。为此,苏区小学教科书的课文富有鲜明的革命观点和阶级意识,不仅紧密联系实际,还采用生动活泼的韵语形式,既便于儿童记忆,又易引起儿童学习的兴趣。如《国语读本》第三册第14课课文为:"日光光,月光光,小孩子,上操场。土炸弹,木壳枪,开步走,瞄准放。大家时刻准备着,准备打倒国民党。"读起来朗朗上口,又富有启迪和教育意义。

1934年2月16日,临时中央政府人民委员会颁布的《中华苏维埃共和国小学校制度暂行条例》,规定小学采用年级制,秋季始业;确立了初小、高小"三·二"分段的原则,并统一了课程和学时。要求小学教育必须遵循三原则:"小学教育与政治斗争相联系"、"小学教育与生产劳动相联系"和"小学教育要有利于儿童创造性的发展"。关于课程设置,初小设国语、算术、游艺三门课程,每周上课18学时;课外教学(劳作实习及社会工作)每周12学时。高小设国语、算术、社会常识、自然常识、游艺5门课程,每周24~26学时,课外教学(劳作实习及社会工作)每周12~16学时。学习成绩的考核以儿童自动能力和创造性

---

① 转引自华东师大教育系、教科所编:《中国现代教育史》,华东师大出版社1983年版,第175页。

的发展为标准。考试的方法不是背书、默书,而是用革命竞赛的方法,组织儿童活泼地表演、演讲、自动的写作和口头的答问。苏区小学课程与国民党统治区的小学相比,课程少,课时少,而劳作实习和社会工作成为教学计划的重要组成部分,这是符合当时苏区实际的。苏区小学五年制的原则,是新中国成立后小学采用"五年一贯制"的渊源。

由于苏区文化基础十分落后,大部分小学只办到初小。根据农村生产需要,苏区小学采用全日制和半日制两种方式,半日制主要是针对年龄较大的、需要承担劳动任务的儿童,使他们能够半农(工)半读。为适应农业季节的需要,规定农忙放假(全年 30 天)。这些规定都有利于农民子弟入学,从而保证了小学的入学率。据 1934 年赣闽粤三省苏区统计,在 2932 个乡中,有列宁小学 3052 所,学生 89710 人,平均达到了乡乡有小学的局面。据 1932 年 8 月儿童入学率的统计数字:兴国县为 59%,胜利县为 46.5%,公略县为 43%,万泰县为 36%,永丰县虽然最低只有 21%,但也比国民党统治时期高出一倍。苏区小学教育在发展规模上是空前的,在十分困难的条件下,培养了一代新人,在中国小学教育发展史上写下了光辉的一页。

苏区除利用列宁小学对儿童进行教育外,还设立有儿童团(也叫童子团)组织。儿童团是苏区广大儿童的半军事化组织,以乡为单位设立,在各村建立分团,8~15 岁的儿童可以加入。儿童团的目的是为保护儿童切身利益,养成儿童团体生活的习惯,了解列宁主义,造就英勇的工农战士。

专栏 10-1:关于苏区教育方针所引发的思考

苏区教育是中国共产党独立领导教育的开端,奠定了中国新民主主义教育的基础。但在制定教育方针时曾受到"左"倾机会主义路线的干扰,过于强调要以"共产主义精神"教育广大的劳苦大众,甚至是把苏区根据地当时新民主主义的教育误认为是"共产主义的教育"。在这种情况下,对于旧知识分子采取"左"倾打击政策,不许利用或监督使用,还无视苏区经济状况,不切实际地提出完全免费义务教育、消灭文盲等激进口号。这在一定时期一定程度上影响了苏区教育的正常发展。之所以会出现这种情况,主要是办教育经验不足所造成的,对苏联的教育制度及根据地的实际情况缺乏理性分析,以致盲目照搬。当然,主观上想办好根据地的教育,以使教育更好地为根据地建设服务,这种愿望是好的。

第二节 抗日民主根据地与解放区的教育

1937年7月7日,抗日战争全面爆发,中国革命进入一个非常时期。中国共产党高瞻远瞩、审时度势,积极促成了抗日民族统一战线的建立。在艰苦卓绝的抗日环境下,中国共产党积极领导革命武装,在敌后建立起了以陕甘宁边区为中心的抗日民主根据地和抗日民主政权,积极开展抗日教育工作,促进了抗日民主根据地教育的大发展,为抗日战争的胜利作出了巨大贡献。抗日战争之后,中国革命进入为期四年多的解放战争时期,或称之为第三次国内革命战争时期,革命根据地连同从国统区"解放"出来的地区,一并称之为解放区。随着革命形势的日益高涨,解放区日益扩大,各类教育事业也朝着正规化和制度化方向获得快速发展,与国统区教育的快速破溃形成鲜明的对比。

一、抗战教育方针和政策

教育为长期抗战服务,教育与生产劳动结合,是中国共产党执行的抗战时期的教育方针。这个方针是中国共产党根据抗日战争的形势需要,结合当时中国社会的现实状况而提出来的,是苏区文化教育总方针的继承和发展。

1937年7月8日,中国共产党发表抗战宣言,提出教育应服务于抗战。7月23日,毛泽东发表了《反对日本进攻的方针、办法和前途》一文,提出要建立"国防教育",主张"根本改革过去的教育方针和教育制度。不急之务和不合理的办法,一概废弃"[①]。同年8月,中国共产党提出了抗日救国十大纲领,其中明确指出抗战的教育应该改变教育的旧制度、旧课程,实行以抗日救国为目标的新制度、新课程。为此,1938年10月,毛泽东在中国共产党六届六中全会《论新阶段》的报告中,进一步提出党的抗战教育方针,即"在一切为着战争的原则下,一切文教事业均应使之适合战争的需要"。还明确阐述了抗战的文化教育政策:"第一,改订学制,废除不急需与不必要的课程,改变管理制度,以教授战争所必需之课程及发扬学生的学习积极性为原则。第二,创设并扩大各种干部学校,培养大批的抗日干部。第三,广泛发展民众教育,组织各种补习学校、识字运动、戏剧运动、歌咏运动、体育运动,创办敌前敌后各种地方通俗报纸,提高人民的民族文化与民族觉悟。第四,办理义务的小学教育,以民族精神教育新后代。"由中国共产党在这个时期制定的教育方针和政策可以看出,党的教育是为着全面、持久的抗日战争服务的,并以培养大批的革命干部、提高广大人民的民族文化与民族觉悟、以民族精神教育新后代为旨归的。

[①] 《毛泽东选集》第二卷,人民出版社1991年版,第348页。

二、新民主主义教育方针的确立

抗日战争时期,中国共产党在文化教育思想领域最具重要历史意义的一项建设,就是确立了新民主主义的文化教育方针。

从"五四"运动到 1940 年初,虽然中国的新民主主义革命和新民主主义文化运动已经开展了 20 余年,但是对于当时中国的革命性质和文化性质,一直存在着不同的认识。人们没有正确认识到"五四"以后的中国革命和文化已经属于无产阶级领导下的新民主主义的革命和文化范畴。中国共产党内部存在的"左"、"右"倾路线争论,也为当时的教育实践和教育认识带来了混乱,不利于教育的发展。

毛泽东同志在深入考察和思考了中国革命文化的特点后,指出:"现阶段上中国新的国民文化的内容,既不是资产阶级的文化专制主义,又不是单纯的无产阶级的社会主义,而是以无产阶级社会主义文化思想为领导的人民大众反帝反封建的新民主主义。"①1940 年 1 月,毛泽东发表了著名的《新民主主义论》,明确而又系统地论述了新民主主义的文化教育问题:"民族的科学的大众的文化,就是人民大众反帝反封建的文化,就是新民主主义的文化,就是中华民族的新文化。"②简言之,就是民族的、科学的、大众的文化教育,既是新民主主义的文化方针,也是新民主主义的教育方针。

所谓"民族的"教育,在于反对帝国主义压迫及维护中华民族的尊严和独立,绝不和其他民族的帝国主义文化教育相妥协、相结合;在于具有中华民族自身的特性和形式,中华各个民族相互吸收和融合发展;在于不是狭隘的民族主义和闭关自守,而是与其他民族的社会主义文化教育相联系,同时还要批判地吸收一切外来的进步文化,取其精华,弃其糟粕。

所谓"科学的"教育,在于反对一切封建和迷信思想、坚持实事求是,主张客观真理,恪守理论和实践相统一。

所谓"大众的"教育,在于是由共产党所代表的无产阶级来领导的,为 95% 以上的工农大众服务的,因而又是民主的文化教育。

新民主主义教育方针的确立,在一定程度上纠正了以往盲目反对资产阶级及其文化的思想倾向,在事实上否定了以共产主义教育为新民主主义阶段教育方针的"左"的指导思想,成为抗日根据地和此后中国整个新民主主义阶段文化教育的基本方针,对于抗日民主根据地和之后新民主主义革命时期的教育产生了实际的影响作用。

---

① 《毛泽东选集》第二卷,人民出版社 1991 年版,第 706 页。
② 《毛泽东选集》第二卷,人民出版社 1991 年版,708~709 页。

三、抗日民主根据地各级各类教育的实施

抗日民主根据地的教育在共产党的领导下,学校的数量和规模都迅速发展,各类教育蓬勃开展,极大地服务了抗日战争。

(一) 干部教育

随着抗日根据地的扩大以及军队和政权建设任务的加强,对干部的需求更为急迫。1938年,毛泽东在中共六届六中全会报告中指出:"政治路线确定之后,干部就是决定的因素。因此,有计划地培养大批的新干部,就是我们的战斗任务。"[①]1940年12月,毛泽东在《论政策》中进一步明确强调干部教育:"每个根据地都要尽可能地开办大规模的干部学校,越大越多越好。"[②]在党中央的干部教育精神指示下,抗日根据地的各类干部学校、干部在职补习学校蓬勃发展。抗日根据地主要的干部学校有中国人民抗日军政大学、陕北公学、鲁迅艺术文学院、延安大学及华北联合大学等。

1. 中国人民抗日军政大学

简称"抗大"。它的前身是随长征到陕北的红军大学。1937年1月,从陕北瓦窑堡迁址延安,并改名为中国人民抗日军事政治大学。首任校长林彪,具体主持校务工作的是教务长、后任副校长的罗瑞卿。抗大第一批学员300人,都是红军干部。从第二期起,抗大除继续担负红军干部进修任务外,更多的是培养投奔革命的知识分子和青年学生。学习期限由6个月到15个月不等。八年抗战中,抗大总校共办了8期,在晋东南、晋察冀、华中、苏北、苏中、鄂豫皖、太行、太岳等根据地办了12所分校,有的分校又办有分校。抗大先后培养了诸如杨成武、张爱萍、苏振华等20多万军政干部,为抗日战争胜利作出了巨大贡献。1945年抗战胜利后挺进东北,组成东北军政大学。

抗大的教育方针是"坚定不移的政治方向,艰苦奋斗的工作作风,灵活机动的战略战术"。这是毛泽东于1938年3月为抗大题写的,为抗大的办理指明了方向。抗大的教育方针所蕴含的三项内容是抗日的革命军人所不可或缺的重要素养,无论是抗大的职员、教员还是学生,都是根据这三项去进行教育和从事学习的。抗大的教育方针既高度概括又内涵明确。"坚定不移的政治方向"一语道出了办好抗大的首要问题是要坚持正确的政治方向,坚持在中国共产党的领导下,以人民战争的形式,打败日本帝国主义,建立人民民主的新中国。抗大不是统一战线的学校,而是中国共产党领导下的八路军的干部学校;"艰苦奋斗的工作作风"则要求大家生活上艰苦朴素,以刻苦勤奋的工作态度,理论联系实际,密切联系群众,做好革命工作;"灵活机动的战略战术"是指采用游击的作战策略,与日本侵略者展开人民战争的持久战,最后取得战争的胜利。1938年8月毛泽东为抗大的题词

---

① 《毛泽东选集》第二卷,人民出版社1991年版,第526页。
② 《毛泽东选集》第二卷,人民出版社1991年版,第769页。

是"团结、紧张、严肃、活泼",后来被确立为抗大校训而广为流传。抗大的教育方针和校训激励和鼓舞着广大的抗日干部积极投身到抗日斗争的洪流中去,尤其是"三句话"方针和"八字"校训,就构成了党和军队的传家宝"三八作风"。

抗大的课程分为政治、军事和文化三类,均以战争为主要内容:政治类课程包括马列主义概论、中国问题、哲学、政治经济学、统一战线、民运工作、日本问题、时事政策等;军事类课程包括战略学、游击战术、步兵战术、军事地形学、战术动作以及队列、射击、投弹等技术训练。文化类课程包括地理常识、自然常识、算术、日文等。对于工农出身的文化程度较低的学员,则把读书、识字、作文等增加到全部教学时间的四分之一或三分之一。当时党和军队的高级领导人毛泽东等时常到校讲演或上课。抗大教学的主要原则是"少而精"、"理论与实际联系"、"军事与政治并重"。学习方法有"集体研究"、"自动学习"、"互相帮助"等。

由于学员多,校舍不足,生活亦很困难。对此,抗大坚持贯彻自力更生、勤俭办学的原则。抗大的学员边学习、边从事各种劳动,新生入学的第一课往往就是劳动建校。例如,抗大第三期的学员,不到半年就开出170多条窑洞,解决了全校近2000人的上课和住宿问题,因而抗大又有"窑洞大学"之称,还修出一条3千米的"抗大公路"。抗大师生还积极垦荒。1939年一年的时间里,开垦荒地1万7千余亩,生产粮食100多万斤。这对于粉碎敌人的封锁,克服经济困难,磨砺青年学生的革命意志起到了不可估量的作用。

为适应战时需要,抗大学员一律按照军事编制,往往以临战的姿态进行严格的军事训练。学员甚至每天打起背包,随时准备参加战斗,学习经常是在激烈战斗的间隙进行的。

2. 陕北公学

陕北公学,简称"陕公",是陕甘宁边区以培养行政、民运和文化工作干部为主的学校。1937年8月在延安成立,因蒋介石不同意在陕北建立抗大以后的第二所大学,故改称公学。成仿吾任校长。陕北公学的教育方针是:"坚持抗战,坚持持久战,坚持统一战线,实现国防教育,培养抗战干部。"①陕北公学初期为短训班性质,学习期限2～3个月,最长1年。课程按照三分军事七分政治的原则安排,有社会科学概论、抗日民族统一战线与民众工作、游击战与军事常识、时事讲演等教学科目。1939年7月,中央决定将陕北公学与鲁迅艺术学院等四所学校合并组成华北联合大学,由校长成仿吾率领开赴华北抗日根据地。1940年9月,留在延安的陕北公学继续招生,李维汉任校长。学校改制成立师范部和社会科学部,学制两年。1941年,延安陕北公学与女子大学等合并成为延安大学。

3. 鲁迅艺术文学院

又称鲁迅艺术学院,简称"鲁艺",1938年在延安成立。办学宗旨为:"培养抗战艺术干部,研究正确的艺术理论,整理中国艺术遗产,建立中国新的艺术。"②学制最初定为9个月,入校学习3个月后,赴各个根据地实习3个月,然后再回校理论提高3个月。后来

---

① 邵式平:《陕北公学一年来教学的点滴经验》,载《解放》第63期,1939年2月。
② 《鲁迅艺术访问记》,载《新华日报》,1938年4月19日。

学制延长为三年,设戏剧、美术、音乐、文学等系,分必修、专修和选修三类课程。1942年延安文艺座谈会后,鲁艺师生深入社会,创作和演出了许多深受民众欢迎的作品,如秧歌剧《兄妹开荒》、歌剧《白毛女》等。鲁艺从成立到1943年4月并入延安大学,共办了四期,为党培养了大量优秀文艺干部,为抗战作出了特有的贡献。

4. 延安大学

简称"延大"。1941年,中共中央决定将陕北公学、中国女子大学、泽东青年干部学校合并成立延安大学,下设师范学院、社会科学院和法学院三个学院,以"培养与提高新民主主义即革命三民主义的政治、经济、文化建设的实际工作干部为目的",表现出了抗日战争与边区建设、革命要求与建设目标的紧密结合。1944年又将行政学院、民族学院、自然科学院及鲁艺等校也一起并入,合并之后的延安大学是解放区第一所规模最大、学制正规的综合性大学。下设有行政学院、艺术文学院、自然科学院3个学院12个系。行政学院含行政、财政、教育、司法等系,学制2年;艺术文学院含文学、戏剧、美术、音乐等系,学制2年;自然科学院含工学、农学、化学等系,学制3年。医药学系独立设置,学制1~2年。延大的教学方法有三个特点:"学与用的一致"、"自学为主、教授为辅,在自学的基础上实行集体互助"、"在教学上发扬民主精神"。

5. 华北联合大学

简称"华北联大"。1939年7月,陕北公学、战时青年训练班(泽东青年干部学校)、工人学校和鲁艺等校的师生在延安组建成立了"华北联合大学",师生1700余人。华北联大成立伊始,就以战斗编制东渡黄河,突破敌人的重重封锁线,向华北敌后的晋东南根据地挺进。根据中共中央的指示,于10月留驻晋察冀根据地首府阜平县办学。华北联大的任务是训练各种干部,坚持华北敌后抗战。校训是团结、前进、刻苦、坚定。教育方针和教育目的是:第一,为革命实际斗争需要而培养干部;第二,注意理论同实际相结合;第三,贯彻少而精和通俗化原则。

华北联大初期设有社会科学部、文艺部、工人部、青年部,部下设队,以适应战斗环境的需要。1940年7月,又增设师范部。同年10月,学校提出向正规化发展,改部为系,学制调整为1~2年。1941年2月,晋察冀边区的抗战建国学院、群众干部学校并入联大。7月间,又设有高中部。至此,学校已发展成拥有法政、教育、文艺三个学院和群众工作、中学两个部,4000多名学员的规模。反扫荡胜利后,响应党中央精兵简政的号召,学校规模缩小,主要办教育学院:设师范班,学制1年半,培养小学教师;中学班,学制2年,任务是提高现任党政军干部的素养;政治班,训练改造城市来的知识分子。此外还有不定期开办的卫生、经济、合作、生产技术、教育等干部训练班。1945年8月,华北联大在张家口复校。至此的六年间,先后在华北联合大学毕业的共80余个队(班),培养了8000余名抗日干部,对坚持敌后抗战作出了重大贡献。1948年8月,华北联大与北方大学合并为华北大学。

除了陕甘宁边区外,各抗日民主根据地也创办了一批培养军政干部的学校。例如,在晋察冀边区有抗战建国学院,白求恩卫生学校。在华中、晋冀鲁豫、山东等根据地,也都办有抗大分校、鲁艺分院和军政干部学校以及各种短训班。

抗日民主根据地的各中学、师范学校等中等教育侧重于培养地方干部和教师,也隶属于干部教育范畴。学生来源一是敌占区或国统区的年龄较小不适于进抗大或陕公等干校学习的知识青年,另外就是地方上的基层干部。陕甘宁边区几所中等学校的教师大都是抗大或陕公等干校的毕业学员。教师和学生一样享受供给制待遇,师生共同劳动的收获也补助一部分伙食。课程设置则精简、集中、密切联系根据地的建设实际。根据抗战时期党的方针政策和当时中等教育的性质和任务,各中等学校也和高一级的干校一样,学生的班级编制和生活管理,大都是军事化的。学生除了课堂学习外,都有较多的时间进行生产劳动和从事群众工作。在学习上也和高校一样,课内课外并重,自学与集体学习相结合。边区的中学一度有错误地向普通教育发展的倾向,这和当时的环境和形势是不相符合的。因为当时急需的是有一定文化的从事革命斗争的干部,过长的学制不能满足急需。另外,当时的师资、教学设备等办学条件也难以满足正规中学的需要。再加上根据地工农业生产落后,也没有多少中等层次的就业需求,中学生的出路无法解决。1943年边区中等教育会议批评了这种"旧型正规化"的办学倾向,强调中学和师范担负着提高现任干部与培养未来干部的教育任务。中等教育的这一界定一直延续到解放战争后期。

(二) 群众教育

或称之为社会教育。抗日战争时期,各个抗日民主根据地继承苏区的群众教育传统,根据广大农民群众的生产和生活实际,开展了形式多样而又生动活泼的群众教育。按照1939年8月颁布的《陕甘宁边区各县社会教育组织暂行条例》,群众教育的组织形式主要包括识字组、识字班、夜校、半日校、冬学和民众教育馆等。群众教育强调"明理第一,识字第二"。不仅要教群众识字,提高群众的文化素养,更重要的还要启发群众的政治觉悟,向广大群众进行形势与任务的宣传教育,鼓舞他们积极投入革命斗争。

识字班组除分为地头组、放羊组、民兵组等灵活多样的教学单位外,还采用夫教妻、子教父等家庭成员互教的方式进行学习。由于农民的空余时间主要在冬季,各个抗日根据地都开展了大规模的冬学运动。有些冬学则保留下来成为常年民校。根据1944年在各区县召开的文教大会上明确的成人教育重于儿童教育的方针和"民办公助"的政策与自愿的原则,群众办学的积极性进一步提高,从而使得冬学和民校的数量有了更大的发展。例如,1944年冬季,陕甘宁边区大部分青壮年都参加了冬学,村村几乎都设有冬学。敌后根据地的阜平县村村都有民校,曲阳游击区大约96%的行政村都建立了民校。夜校、半日校、冬学在识字的基础上学习国语、算术、常识等课程。民众教育馆为综合性教育机构,包括书报部(阅览室)、美工部(墙报)、学校部(夜校、半日校)、文艺部(歌咏队、剧社)和体育卫生部。这些形式多样的教育形式深受群众欢迎,广大农村妇女也积极参加学习。由于边区政府的重视,群众积极性的高涨,群众教育在各个抗日民主根据地广泛开展起来,取得了显著的成效。

(三) 普通教育

抗日民主根据地的普通教育主要指小学教育。学制五年,三二分段,前三年为初等小学教育,后三年为高等小学教育。抗战初期,由于各方面条件的限制,根据地高小数量较少;随着各地民主政权的逐步建立,陕甘宁边区政府的大力支持和提倡,群众办学积极性的日益提高,初小和高小的数量及规模都有了较大发展。

根据1938年颁布的《边区小学法》,小学教育宗旨为"发展儿童身心,培养民族意识、革命精神及抗战建国所必需的知识技能"。边区初小的课程有国语、算术、常识、美术、音乐、体育、劳作等。高小增加政治、自然、历史、地理等。劳作课以生产劳动为主,体育以军事为主,社会活动列入教学计划,包括宣传、优属、放哨及参与成人扫盲教育等。学校普遍采用民主管理,使学生在集体生活中自我锻炼、自我教育,培养了学生的主动性、创造性以及集体主义精神。根据地小学非常注重激发儿童和小学生的民族觉悟和爱国热情,并组织儿童参与抗日斗争。

由于战争环境的严峻,根据地的小学教育除了陕甘宁边区有比较长期的稳定环境外,其余大部分根据地的课程教学不可能像陕甘宁边区那样正常有序。尽管如此,根据地的教育工作者同敌伪斗智斗勇,坚持积极有效地开展小学教育工作。例如,"游击小学"多处在游击区和接近敌占区地带,根据敌情随时变更和转移上课地点,敌来放学、敌去上学,教学形式也灵活多样。在敌伪政权势力达到的地区,小学则为抗日的"两面学校",即表面上是敌伪的"新民小学"或私塾,处在敌人监视下的时候,按照敌伪规定的教学内容来应对;只要敌伪不在,就教抗日的教学内容,从而保障了教育的健康有效开展。

抗战伊始,大批知识分子来到根据地,为根据地的教育补充了新鲜血液。但由于他们缺乏对农村的了解和相应工作经验,再加之党领导根据地小学教育经验不足等种种原因,使得抗战时期根据地的小学教育经历了曲折的发展历程。根据地曾不切实际地提出实施普及教育和义务教育的口号,还盲目照搬国外"强迫教育"的理论思潮,以"边区老百姓落后,不强迫便不能普及"为由,规定:"不论贫富,凡学龄儿童(8～14岁),一律入学,否则予以处罚。"①这些举措显然是与当时根据地的实际相脱节的。此外,由于受"旧型正规化"的思潮影响,曾错误地提出"宁可取消十个普小,也一定要办好一个集中完小"的口号,反映在具体行动上是精简合并学校、重质不重量,结果使得有些地方一个乡甚至一个区才有一所学校,不少学生要脱离生产住校学习,给家庭造成不必要的负担,也引起群众的不满情绪。这种脱离实际的或左或右的错误办学思潮和举动,随着党对根据地教育工作的正确认识,到整风和整学运动中逐渐得到了纠正。尤其是1944年边区文教大会之后,民办公助教育政策得到普遍推行,人民群众办学积极性的极大提高,使抗日民主根据地的小学教育不仅得以迅速发展,而且更加适应群众的需要。

四、解放区教育的大发展

随着解放战争的深入开展,解放区的数量和面积迅速增加。除了广大的农村地区,广

---

① 延安《解放日报》,1944年11月5日。

大城市也相继得到解放。中国共产党领导下的解放区教育,除了延续抗日根据地的方针外,适时提出了扩大教育界的统一战线,颁布实施由农村向城市转移、由战时向平时过渡的教育工作政策。高等教育一方面继续造就了大批新解放区急用的管理干部,另一方面共产党根据形势发展需要,适时作出了高等教育从干部教育向普通教育转轨的整顿与建设的战略决策。为适应革命胜利后发展生产和文化教育的需要,教育尤其是中小学教育的"新型正规化"迫切地提上了日程。随着城市的不断解放,针对工人开展政治知识与文化教育也成为解放区教育的一项重要内容。

(一) 高等教育

随着全国胜利的临近,对干部的需求更加紧迫。1948年,《中共中央关于九月会议的通知》指出:

> 夺取全国政权的任务,要求我党迅速地有计划地训练大批的能够管理军事、政治、经济、党务、文化教育等项工作的干部。战争的第三年内,必须准备好三万至四万下级、中级和高级干部,以便第四年内军队前进的时候,这些干部能够随军前进,能够有秩序地管理大约五千万至一万万人口的新开辟的解放区。中国地方甚大,人口甚多,革命战争发展甚快,而我们的干部供应甚感不足,这是一个很大的困难。第三年内干部的准备,虽然大部分应当依靠老的解放区,但是必须同时注意到从国民党统治的大城市中去吸收。国民党经济、财政、文化、教育机构中的工作人员,除去反动分子外,我们应当大批地利用。

可见,大量造就管理干部是中共中央作出的一项重要的战略部署。

对知识分子进行高等教育的培养是造就管理干部的重要途径。中共中央主要通过以下三种方式开展这一方面的工作。首先,办抗大式的训练班。1948年7月中共中央指出:办抗大式训练班,逐批对知识青年进行短期政治教育,训练班规模必须逐步扩大,争取大多数知识分子都能接受一切政治训练。训练以后因材适用,在工作岗位中经受锻炼。为此,一些大行政区,如华北、华东都设立了以改造知识分子思想为目的的人民革命大学。1949年一年,就有20多万人入校接受学习培训。经过唯物史观的学习和劳动锻炼,使学员初步掌握了革命理论和为人民服务的思想,结业后分配到各个工作岗位。其次,解放区原有的大学进一步正规化。随着全国胜利指日可待,教育必须着眼于向将来的经济文化建设转轨。1948年到1949年,一些解放区分别召开了教育工作会议,就高等教育的正规化做出了决议。1949年8月,中共中央东北局、东北行政委员会做出了《关于整顿高等教育的决定》:确定高校学制为工、农、医等学院4年,社会科学及文艺学院3~4年,专修科2年。取消高校学生一律享受公费的制度,实行助学金制;整顿和充实教师队伍;改进教育管理,取消学校编制的军事化与机关化等。高等教育政策的制定,不仅从制度上促进了高等教育的正规化进程,而且也体现了高等教育从干部教育向普通教育的转轨。最后,创办新大学。从最先成为稳固后方的东北解放区到全国其他解放区,通过对原有大学的调整、合并以及新建等措施,陆续成立了培养国家建设需要人才的新大学。

解放区风起云涌的高等教育整顿与建设,为适应革命战争教育向和平建设教育转变奠定了基础,开启了革命胜利后高等教育的新篇章。

(二) 中小学教育

解放战争后期,随着全国胜利指日可待,教育必须着眼于向经济文化建设服务转轨,中小学教育的新型正规化问题日益凸显。1948年8月,华北召开中等教育会议、东北召开第三次教育会议,着重讨论中等教育正规化问题。会议一致认为,随着全国的解放进程,仅靠根据地斗争时期通过短训班培养干部的形式,已经远远不能适应建设的需要,必须改变中学干部训练班的性质,通过办正规学校,建正规制度,注重文化科学知识的系统学习。中共中央9月16日发表的《恢复和发展中等教育是当前的重大政治任务》的新华社社论,对中学教育正规化予以了明确肯定。指出:中等教育的性质是普通教育,任务是为国家培养具有中等文化水平和科学知识的人才,培养大量具有中等文化水平的知识分子是当前头等重要的政治任务,要办好中等教育必须正规化。确定中学学制一般采用"三三"制,要求建立入学、毕业考试制度和各种教学制度,加强文化课学习,重视课堂教学等。

建设新中国,小学教育也必须要有新的发展。随着中学教育正规化进入议事日程,小学教育的正规化也进入了酝酿探索阶段。1948~1949年,一些解放区参照中等教育改革精神,分别召开小学教育工作会议。1949年5~6月间,华北人民政府在北平召开了小学教育会议,提出建立小学的正规制度问题,强调小学教育是新民主主义国家公民的基础教育,应以学习文化为主,即以读写算及社会、自然、卫生等科学知识教育儿童,培养生活智能,并打下升级的基础。同时,也要培养儿童爱国思想及爱劳动、守纪律的习惯。会议对小学教育的制度、办法、师资、课本、经费、领导体制等问题进行了讨论,拟定了《小学教育暂行实施办法》和《小学教师暂行服务规程》等文件。中共中央及时发表社论,肯定了华北小学教育会议的方向,指出应该把小学教育从现在的基础上提高一步,于是小学教育开始走向正规化。

经过解放区中小学教育的正规化进程,中小学校数量和学生人数大幅度增加,为培养新民主主义国家的建设者和接班人贡献了力量。

(三) 工农群众教育

解放战争时期,各解放区都继续坚持开办了各种形式的冬学、民校、识字班等,广泛进行群众教育。1946年9月,东北行政委员会发布的《关于改造学校教育与开展冬学运动的指示》指出:

> 秋收后在群众已发动起来、情况较好的地区,可以配合着群众运动,与各地工作团合办冬学,吸收农工会和自卫队中的积极分子、活动分子入学,进行冬训。主要是时事与政策教育,讲土地改革,武装自卫,改造政权,组织起来发展生产等问题,籍以提高其政治觉悟,同时就顺带着进行识字教育,籍以提高其文化。①

各种宣传队也利用板报、标语、漫画、广播、演出、宣讲等多种形式,控诉国民党及地主

---

① 东北教育社:《东北四年来教育文件汇编》,东北新华书店1949年版,第5页。

阶级的罪恶,宣传土改、支前、发展生产等。政权改造、土地改革、发展生产等活动与政治教育的紧密融合,极大地提高了群众的觉悟水平。群众教育文化素质和政治觉悟的全面提高,是党取得民主革命伟大胜利的重要条件之一。

解放战争后期,随着许多大中城市的相继解放,工人数量大大增加。提高城市工人群众的阶级觉悟与政治文化技术水平,从而为大规模的经济建设服务,是摆在中共中央面前的一项重大工程。东北解放区、华北解放区等大中城市审时度势,将工人阶级的教育提上议事日程。各地先后通过成立工人补习学校、业余技术补习班、识字班以及建立人民文化馆等措施,不仅使这些地方成为组织城市人民生活的领导核心,也在逐步提高工人的政治、文化、技术水平的同时,通过广泛的宣传教育工作,大大提高了工人阶级的政治思想水平。

第三节 革命根据地教育的基本经验

革命根据地教育是中国共产党领导下的、无产阶级和人民大众性质的、为革命战争和阶级斗争服务的新民主主义革命教育。在残酷的战争环境下,中国共产党在经济文化落后薄弱的偏远地区,通过确立与当时革命战争环境相适应的新型教育体制、多种形式的办学途径、别具一格的教学内容等教育措施,使得根据地教育取得了不同寻常的成绩。干部教育、成人教育和儿童教育为中国共产党夺取全国政权斗争胜利培养了数量巨大的领导干部和服务革命战争的军民及儿童。因此,根据地教育在中国教育史上有着十分重要的地位,它的宝贵经验值得我们认真研究和汲取。

一、教育必须为革命战争和阶级斗争服务

革命根据地时期,革命战争的胜利或者失败,是居于首位的关键问题。只有通过武装斗争夺取了胜利,才可以保证革命根据地和解放区的存在与发展壮大,并进一步发展到夺取全国胜利。因此,革命根据地的教育首先必须着眼和服务于革命战争和阶级斗争的需要,为革命战争与阶级斗争服务。一方面,要培养大批干部作为武装斗争的领导和骨干,以保证军队和地方建设的需要;另一方面,革命战争是人民战争,最大限度地发动群众,教育群众,提高军民的政治觉悟、文化水平和生产建设热情,动员他们积极支持并投入到革命战争和阶级斗争中去。

为此,革命根据地的干部教育、群众教育和儿童教育等各类教育,密切配合国内外形势、根据地的中心任务而开展相应的教育。根据战争环境下教育事业的物质力量有限的实际,中共中央清醒地认识到,必须坚持有所为有所不为的原则。《解放日报》1944 年 5 月 27 日社论指出:"农村中的成人是目前紧张的战争与生产任务的首要担负者,他们的教

育虽不免有种种困难,但他们提高一步,战争与生产即可提高一步。不像儿童受了教育,其应用尚有若干限制。"即在整个教育体制中,成人教育重于儿童教育;在成人教育中,干部教育重于一般群众教育;在干部教育中,对现职干部的培训又重于对未来干部的培养。因为成人受到教育后,其效果能立即体现到革命和生产中去,而干部又是一切工作(包括成人教育和儿童教育)的领导和骨干,重要性更加显著,尤其是现职干部的培训,更具有突出的迫切性。由此可见,革命根据地教育重在实效上,强调立竿见影,这正是当时严酷的战争环境的需要。在教学内容上,包括扫盲教育在内的文化知识学习,尽可能多地渗透政治思想教育的内容,做到"明理第一,识字第二",把明白革命道理放在首位,从而使得教育为革命战争和阶级斗争服务。

二、教育必须与生产劳动相结合

苏维埃政府曾提出:"要消灭离开生产劳动的寄生阶级的教育,同时要用教育来提高生产劳动的知识和技术,使教育与劳动统一起来。"①延安文教大会也指出,教育与生产劳动相结合是培养新公民、新知识分子的必由之路。因此,建立在新型生产关系之上的、与农村生产生活实际紧密联系的、旨在提高生产者劳动知识和技能,同时为维持根据地的生存和支援前线为需要的革命根据地教育,具有鲜明的与生产劳动相结合的时代特征。

革命根据地的教育与生产劳动相结合,较好地处理好了以下几个方面的关系和问题:一是对农民的教育,力求教学的组织形式、时间与生产不冲突。在当时的历史条件下,教育必须以不影响生产为出发点和归宿。因此教学时间的安排,根据不同的季节而采取灵活多样的方式,有夜晚教学、雨天教学、冬闲冬学、农忙分散教学等。二是对儿童的教育,则结合儿童家庭、劳动和站岗放哨的特点,采取轮学或巡回教学、教员到各村巡回教学等方式进行,有全日班、半日班、早午班等,既有分班分组教学,又有个别教学等。三是根据地的干部教育和青年学生教育,在学习文化政治课程的同时,也积极加入到根据地的生产建设中去,不仅自力更生创造了物质财富,减轻了政府和群众的负担,为发展教育提供了有力保证,更重要的是培养了师生的劳动观点、群众观点、艰苦奋斗和团结协作的精神,对于造就革命斗争的坚定战士具有重要作用。

教育与生产劳动的紧密结合,有力地支援了革命斗争和根据地建设,有着特定的历史价值和意义。

三、积极发动群众,坚持勤俭办学

革命根据地的经济基础比较薄弱,文化教育也比较落后。在当时的环境和条件下,如果只靠政府办学,是难以满足群众扫盲、政治教育和文化普及等艰巨任务的。中国共产党

---

① 中央教育科学研究所编:《老解放区教育资料》(一),教育科学出版社1981年版,第308页。

审时度势,在艰困的条件下因陋就简,积极发动群众、依靠群众,实行群众教育的"以民教民"、"民办公助"等措施。所谓"以民教民",就是在群众的自愿和需要的基础上,由识字的群众教不识字的群众,主要的学习组织形式是办夜校、识字班组等。所谓"民办公助",就是由群众集资、出力自己办学,主要是家长和学生通过劳动来解决资金和人力问题,也采用集资、提取结余、开学田等方式来筹集办学资金,政府则给予方针上的指导、物质上的补助和师资上的支援。这种发动群众,坚持勤俭办学的群众教育形式,在多样性、灵活性中有其统一性和原则性,即在中共中央的教育方针和政策的指引下,统一在教育与生产劳动相结合的原则上来。

毛泽东曾高度概括了教育工作中的群众路线,并归纳为两条原则:"一条是群众的实际上的需要,而不是我们脑子里头幻想出来的需要;一条是群众的自愿,由群众自己下决心,而不是由我们代替群众下决心。"①既然要结合群众的需要和群众的自愿,那么教学内容也必须满足群众的需要。例如,群众要求学会记账、写信、打算盘,民办学校及各种文化学习班组就要教会他们这些技能。除了教学内容,教学方式上也因地制宜、因人制宜,尤其是成人教育更要切合生产和生活的实际等。1944年4月陕甘宁边区政府发出《关于提倡研究范例,试行民办小学的指示》中指出,民办小学的学制和教学内容均尊重群众的意见,根据群众的需要,不求一律,废除一些暂时不急需的科目,教材也可以与群众商量自编。原则上希望能教些联系日常生活实际的政治常识和生产常识。由于教育内容实用,形式多样,因此效果很好,受到群众的欢迎。同时强调民办不能与公助分离,不能听其自流。民办公助学校迅速发展,到抗战后期,已占根据地学校的大多数。陕甘宁边区到1945年,有公办小学340所,民办小学则有1957所,占小学总数的85.2%。至于群众补习学校和识字班组,基本上都是民办的,这是根据地教育高度发展的一个重要原因。

中国共产党通过积极发动群众,勤俭办学,不仅使群众、儿童通过党的宣传教育,及时了解党的任务,掌握党的政策,更好地投入各项斗争和工作生活中去,而且又使得中共中央有了坚定的群众基础,是中共中央领导全国人民取得战争胜利的根本保证。

四、发展教育事业必须坚持党的领导

除了夺取全国政权的胜利前夕外,革命根据地大都地处偏远,经济贫困、交通不便、教育落后是其明显特点。边区政府建立后,中国共产党率领广大人民,在经济文化极端落后的基础上,紧密联系根据地实际,采取各种切合实用的教学制度和教学方式,提高了军民的政治文化水平。这些形式多样、蓬蓬勃勃的文化教育事业运动,正是由于坚持了党领导下的正确教育路线,才取得了举世瞩目的巨大进步和成就。尽管发展教育事业的过程中,曾出现过教条主义、"正规化"、"三查"等错误的教育倾向,短时间内影响了教育的发展进程,但是中国共产党很快能够认识错误,修正错误,并及时转变到正确的教育路线上,从而

---

① 《毛泽东选集》第三卷,人民出版社1991年版,第1013页。

保证了根据地教育事业沿着正确的道路发展和进步。因此,坚持党的领导,执行党的正确教育路线,是发展教育事业的关键。

五、建设一支高素质的教师队伍是办好教育的重要条件

办教育自然离不开知识分子——教师这一团体,教师的素质如何则直接影响到教育的成效。革命根据地的教育,无论是干部教育、群众教育或者儿童教育,之所以取得如此巨大的成就,确实与一支高素质的教师队伍是分不开的。当时,根据地教师队伍的主要特点:一是忠诚教育事业,不计较个人得失,甚至是为了保护学生和掩护群众,在同敌人斗争中以身殉职;二是密切联系群众,和群众打成一片,不仅要交给群众文化知识,还要指导群众耕种和如何开展对敌斗争,承担着大量的社会教育工作;三是有高度的责任感和创造性,在生活环境极其复杂,教学条件极其艰苦的情况下,以其对教育事业高度负责的精神,不断改革教育内容,不断创新教学方式,总能顺利地完成各项教学任务。对此,毛泽东给予高度的评价,1939年他在《大量吸收知识分子的决定》一文中指出:"在长期的和残酷的民族解放战争中,在建立新中国的伟大斗争中,共产党必须善于吸收知识分子,才能组织伟大的抗战力量,组织千百万群众,发展革命的文化运动和发展革命的统一战线。没有知识分子的参加,革命的胜利是不可能的。"1945年在《论联合政府》一文中又说:"广大革命知识分子对中国人民解放事业所起的作用是很大的。在今后的斗争中,他们将起更大的作用。"

本章结语:中国共产党领导下的革命根据地教育,从国共合作时期到解放战争时期,都是围绕着夺取全国胜利这一政治主题展开的。

第一,革命根据地的教育在中国教育史上具有特殊的地位和意义。在为革命斗争和根据地建设服务的宗旨下,中国共产党根据不同的历史环境特点和工作重心,先后制定了不同时期的教育方针和政策。这些新型的教育方针、政策、制度、教育的内容与方式紧密结合了根据地和解放区的需要。大批坚强的革命干部无疑是夺取革命胜利的重要保证,但由于革命战争是人民战争,最大限度地发动群众、教育群众,使广大民众具有较高的阶级觉悟和文化知识,也是中国共产党取得革命战争和阶级斗争胜利的重要因素。为此,中国共产党建立起来了包括干部教育、群众教育和儿童教育等为一体的新型教育体制:干部教育的任务是培养和训练干部,群众教育的任务是提高群众的革命觉悟和文化水平,儿童教育则着眼于造就未来的革命接班人。这种新型的教育体制一方面极大地促进了文化教育事业的巨大进步和发展,另一方面有力地配合、支援了革命战争,促进了各个时期的政治、经济、文化建设事业。

第二,基于战争环境下的特殊需要,在对待干部教育、群众教育和儿童教育等几种教育之间的关系上,采取了同时并举但又有轻重缓急的措施:干部教育重于一般群众教育、成人教育重于儿童教育、现职干部培训重于未来干部培养。这是因为在当时的战争环境

下,基于教育事业的物质力量有限的实际情况而制定的。干部不仅是武装斗争的领导和骨干,而且是包括成人教育和儿童教育的领航者,重要性显著;而成人通过教育后,可以提高政治觉悟、文化水平和生产建设热情,对战争与生产的促进更为直接,作用较儿童相比更为显著;现职干部培训后马上就可以投身到军队和地方建设的需要,产生立竿见影的效果。

第三,新民主主义教育方针的确立,是中国共产党在文化教育思想领域最具重要历史意义的一项建设。民族的、科学的、大众的文化,既是新民主主义的文化方针,也是新民主主义的教育方针。新民主主义文化教育方针确立后,对抗日民主根据地和之后新民主主义革命时期的教育产生了实际的指导和影响作用。

【讨论与思考】

1. 概述革命根据地各个时期的教育方针及各级各类教育的实施情况。
2. 评述新民主主义的教育方针。
3. 试述抗日军政大学的办理情况及历史意义。
4. 中国共产党领导下的革命根据地教育有哪些基本经验?

【阅读导航】

1. 李国钧、王炳照总主编:《中国教育制度通史》第七卷,山东教育出版社2000年版。

本书在第九编"民国时期教育制度"中设置了三个章节来专门探讨新民主主义教育制度,分别是第五章的"新民主主义教育制度(上)"、第六章的"新民主主义教育制度(中)"、第七章的"新民主主义教育制度(下)"。该三章就新民主主义教育方针的确立进行了探讨。还对苏区、抗日根据地和解放区的教育方针政策、学制体系、教育行政与学校管理、教育经费等教育问题进行了分门别类的探究。

2. 毛礼锐、沈灌群主编:《中国教育通史》第五卷,山东教育出版社1988年版。

本书在第十九章"中国共产党领导下革命根据地的教育"中设置了三节来阐述该项内容。分别是第一节"土地革命时期苏维埃地区的教育"、第二节"抗日民主根据地的教育"、第三节"解放区教育的发展与改革"。该三节对革命根据地的教育方针政策、教育改革和各级各类教育进行了论述。

3. 孙培青主编:《中国教育史》,华东师大出版社2000年版。

本书第十六章探讨"中国共产党领导下的革命根据地教育",分为五节:第一节论述"新民主主义教育方针的形成和确立",涉及苏维埃文化教育总方针的提出、抗日战争时期中国共产党的教育方针政策、新民主主义教育方针的确立、解放战争时期的教育方针政策等。第二节论述"苏维埃根据地的教育"。第三节、第四节探讨"抗日民主根据地教育的发展"和"解放区新民主主义教育建设",分别阐述了各级各类的教育。第五节总结了"革命根据地教育的基本经验",包含"教育为政治服务"、"教育与生产劳动相结合"、"依靠群众办学"等。

4. 王炳照等编:《简明中国教育史》,北京师范大学出版社2010年版。

本书第十五章专门论述"革命根据地教育",分为三节,即"农村革命根据地的教育"、"抗日民主根据地的教育"和"解放区的教育建设"。

第十一章　国统区的教育变革

【内容提要】

随着三民主义教育宗旨的颁行和国民政府教育行政制度的确立,国统区各级各类教育都进入了一个快速发展的时期。即使在抗日战争的困难时期,通过确立"战时需作平时看"的抗战教育方针,实施学校内迁和国立化等措施,也为中华民族文化教育命脉的延续与发展保留了宝贵的有生力量。为进一步规范教育的发展,国民政府通过整顿学风、建立训育制度和军训制度、颁行课程标准、实行教科书审查制度和毕业会考制度,加强了对教育的管理和控制。与此同时,在杨贤江、晏阳初、梁漱溟、陶行知、黄炎培、陈鹤琴等众多教育家的努力下,中国涌现出了各种各样的教育实验活动,如黄炎培主持的中华职业教育社的农村改进实验、陶行知的乡村教育改造实验、晏阳初主持的中华平民教育促进会的定县试验、梁漱溟的乡村建设实验等,这些实验大都与乡村教育和乡村建设有着密切的联系,形成了一场声势浩大、影响深远的乡村教育运动。这场乡村教育运动又进一步滋养了这些教育家的教育思想,使之日益成熟完善,共同构成了中国教育积极谋求现代化的探索。与国统区传统教育相伴而行的还有日伪占领区的教育,虽然也进行了一系列的教育改革,但其奴化性质是非常显著的。

【学习目标】

1. 了解国统区的教育方针和教育制度及其演变;
2. 理解国民政府加强教育控制的措施及其影响;
3. 重点把握国统区的各种乡村教育实验活动的主要特点;
4. 掌握并思考杨贤江、晏阳初、梁漱溟、陶行知、黄炎培、陈鹤琴等众多教育家的教育思想及其当代价值。

【核心术语】

党化教育　三民主义教育宗旨　大学院制　训育制度　军训制度　教科书审查制度　毕业生会考制度　特种区域教育　乡村教育运动　农村改进实验　乡村教育改造实验　乡村建设实验　新教育大纲　教育史ABC　全人生指导　晓庄师范　山海工学团　生活教育理论　活教育理论　农民化与化农民　河南村治学院　社会学校化　大职业主义教育

1927年国民党在南京改组国民政府,在对中国共产党及其革命政权进行军事围剿的同时,也从各个方面加强了对国家和民众的管理和控制。在教育上,主要表现为通过确立新的教育方针,改革教育管理制度,加强教育立法等措施,使各级各类教育都取得了长足的发展,教育投入有所增加,各项教育规章制度日益完备,确定了中国现代教育的基本模式。与此同时,在陶行知、黄炎培、梁漱溟、晏阳初等一大批教育家的努力下,各项教育改革试验也蓬勃开展起来,并且把重心从城市转向了乡村,形成了中国教育发展史上规模空前的一场乡村教育运动。抗日战争爆发后,国民政府为保存教育火种,积极采取学校内迁、并校、国立化等措施,在极其艰难的条件下取得了一些令人鼓舞的教育成就,为抗战胜利后的国家建设积累了宝贵的人力资源。抗战胜利后,全国民众期盼"和平建国"的愿望十分强烈,1946年国民政府召开了制宪国民大会,在所定《中华民国宪法》中的很多条款都涉及了教育。但随着其军事溃败、经济破产、政治失势,教育也逐渐没落,直至在大陆终结。

第一节 国统区教育方针和政策

自民国政府建立以后,随着政局的变换,国家教育方针也先后历经多次调整。先是提出"党化教育",后又用三民主义教育取代党化教育。抗日战争爆发后又提出"战时须作平时看"的教育方针。抗战胜利后,国民政府为安抚社会各界人士,提出教育问题是国家的基本问题,即所谓"教育第一",在《中华民国宪法》中对教育做了非常详细的规定。

一、三民主义教育方针的制定

早在1924年国民党第一次全国代表大会召开之时,孙中山就提出要效仿苏联"以党治国"的模式,强调国家的一切事务都要依据国民党的党纲来运作。1926年,广东国民革命政府教育行政委员会成立后,也曾明确提出过"党化教育"的口号。不过,直到1927年7月南京国民政府教育行政委员会通过了《国民政府教育方针草案》,党化教育才真正得到推行。该草案明确了党化教育的内涵,即在国民党指导下,寻求教育的革命化、民众化、科学化和社会化,要求按照国民党的党义和政策精神改造教育。为了推行国民党的党义,国民党中央还要求在学校中设立有关的专职教师,并制定了《各级学校党义教师检定委员会组织条例》、《检定各级学校党义教师条例》,强化国民党对学校教育的控制。但这些政策遭到了进步人士的抨击,而国民党内部对党化教育的解释也不统一。在这种情况下,1928年召开的第一次全国教育会议,正式用"三民主义教育"取代"党化教育"。不过,只是强调"三民主义教育,就是以实现三民主义为目的的教育",并未对三民主义教育的内涵加以阐释。

1929年4月,国民政府在国民党第三次全国代表大会通过的教育方针及实施原则的基础上,正式公布了《中华民国教育宗旨及其实施方针》,明确提出:

中华民国之教育，根据三民主义，以充实人民生活，扶植社会生存，发展国民生计，延续民族生命为目的；务期民族独立，民权普遍，民生发展，以促进世界大同。①

随后，为了进一步落实和强化三民主义教育，1931年南京国民政府公布的《中华民国训政时期约法》，还把三民主义教育方针提高到国家根本法的高度。同年9月和11月，国民党中央执行委员会和国民党第四次全国代表大会也先后两次对1929年提出的三民主义教育方针进行了修订。至此，三民主义教育方针已经完备。抗日战争爆发后，国民政府虽然根据时局对教育方针做了一些调整，但该三民主义教育方针始终是国民政府实施教育的法律基础。

三民主义教育方针的颁布，使得国家各级各类教育的发展变得有法可依，特别是对消除民初各种教育思潮盛行所带来的实践中的混乱起到了很大的作用，对教育的稳定、有序发展提供了政策上的支持。

二、抗战教育方针与政策

抗日战争爆发后，为应付战争环境下的教育局势，国民党政府先后颁布了一系列的教育法令，如《总动员时督导教育工作办法纲领》、《中国国民党抗战建国纲领》、《战时各级教育实施方案纲要》等，对战时教育的方针和政策作了一定的调整。

1937年8月，抗日战争刚刚爆发后一个月，国民政府就提出了"战时须作平时看"的教育方针，颁布了"一切仍以维持正常教育"为主旨的《总动员时督导教育工作办法纲领》。该纲领一方面强调维持正常的教育和管理秩序，即"战时须作平时看"；另一方面也采取了一些应急措施以符合战时环境，适应抗战的需要。

1938年4月，国民党临时全国代表大会通过了《中国国民党抗战建国纲领》，其中谈到，要"改订教育制度及教材，推行战时教程"，并提出要训练各种专门技术人员、青年、妇女以适应抗战需要，增加抗战力量。国民政府还在《战时各级教育实施方案纲要》中规定了战时教育的九大方针和十七项要求。这九大方针是：

(一)三育并进。(二)文武合一。(三)农村需要与工业需要并重。(四)教育目的与政治目的一贯。(五)家庭教育与学校教育密切联系。(六)对于吾国固有文化精神所寄之文学哲艺，以科学方法加以整理发扬，以立民族之自信。(七)对于自然科学，依据需要，迎头赶上，以应国防及生产之急需。(八)对于社会科学，取人之长，补己之短，对其原则应加整理，对于制度应谋创造，以求一切适合于国情。(九)对于各级学校教育，力求目标明显，并谋各地平均发展；对于义务教育，依照原定期限以达普及；对于社会教育与家庭教育，力求有计划之实施。②

其中心是"为在德智体各方面培养健全之公民，使其分负建国之艰巨责任"。

---

① 《第一次中国教育年鉴》甲编，开明书店1934年版，第8页。
② 《中华民国史教育志》，台北国史馆1990年版，第4～5页。

1939年3月,在第三次全国教育会议上,蒋介石作了《今后教育的基本方针》的讲话,认为教育、经济、军事是构成国家生命力的三个要素,其中教育是基本,是经济和军事的总枢纽。并且指出,战后国家的建设需要无数专家学者、技工技师,因此,他说:

  切不可忘记战时应作平时看,切勿为应急之故,而丢却了基本。我们这一战,一方面是争取民族生存,一方面就要于此时期中改造我们的民族,复兴我们的国家,所以我们教育上的着眼点,不仅在战时,还应当看到战后。①

为遵循战时教育方针,国民政府采取了一些有力的措施:第一,通过学校的迁移、重组、国立化,保障部分学校的正常办学。由于战局的剧烈变动,国民政府对部分中学和高校采取国立化的措施,并予以经费保障,集中保护了一大批学校、教师和学生,保证了教育的延续和发展。特别是由清华、北大、南开三校组成的国立西南联合大学,更是奏出了中国教育史上的一个华彩乐章。第二,成立各种战时教育机构,实施战区教育。为了安置、培训流亡失学失业的青年,国民政府专门设立了战区教育指导委员会,建立了战地失学青年招致训练委员会,尽可能地为广大青年提供接受教育和训练的机会。

国民政府以"战时须作平时看"为核心的抗战教育方针政策,是基于对战争持久性的抗战形势的估计,着眼于国家民族的长远利益而做出的,它坚持"抗战与建国兼顾"的原则,既考虑到了教育为抗战服务的近期任务,也考虑到了教育为战后国家重建和发展的远期目标。因而,它所采取的一些具体措施和做法,有助于维持教育的连续性,为国家建设培养、储备了宝贵的人才。特别是诸多学校的内迁、西迁,在一定程度上也带动了西部等教育落后地区文化教育水平的提升。

当然,由于三民主义教育的方针并未真正废除,国民政府借助学校国立化等措施,也在一定程度上加强了对教育的规范和控制。比如1938年,国民政府教育部公布实施了统一的大学科目表,还颁布了《国立各院校统一招生办法大纲》,规定:"民国二十七年度国立各大学及独立学院一年级新生,除上海各院校外,均照本办法统一招考。录取后由教育部分发各院校。"②可是说是开始实行大学入学统一考试制度,并订立了大学录取的最低要求。

三、《中华民国宪法》中的教育设想

抗战胜利后,面对全国高涨的和平建国呼声,蒋介石向教育界允诺将教育问题作为国家的基本问题,并说"抗战时期,军事第一;建国时期,教育第一"③。1946年1月召开了由国民党、共产党、中国民主同盟、青年党和社会开明人士参加的中国政治协商会议,对1936年的《中华民国宪法草案》作了修订。同年11月,国民政府在南京召开国民大会,12

---

① 《第二次中国教育年鉴》第二编,商务印书馆1948年版,第54页。
② 《教育法令汇编》第四辑,正中书局1939年版,第61页。
③ 《第二次中国教育年鉴》第二编,商务印书馆1948年版,第74页。

月25日通过了《中华民国宪法》,并于1947年元旦这一天公布,当年12月25日开始生效实施。

作为国家的根本大法,《中华民国宪法》中有关教育的条款内容较多,涉及了民众的受教育权、国家的责任和义务、教育经费的保障等基本内容,其具体规定也颇有前瞻性和吸引力。如:第二章"人民之权利义务"中规定"人民有言论、讲学、著作及出版之自由";"人民有受国民教育之权利与义务"。第十三章"基本国策"中涉及教育的条款有10条,如教育应发展国民的民族精神、自治精神、国民道德、健全体格、科学及生活智能;国民受教育机会一律平等;6~12岁学龄儿童一律享受免费的基本教育,逾龄未受教育者一律免费学习;各级政府广设奖学金资助品学兼优无力升学之学生;全国公私立文化教育机构均受国家监督;国家注重各地区教育的平衡发展,边远及贫困地区教育经费由国库补助;教育科学文化经费,中央不低于总预算的15%,省不低于25%,市县不低于35%;国家保障教育科学文化艺术工作者的生活,并随经济发展随时提高待遇;国家奖励科学发明创造,保护文物古迹;国家对从事私立教育和侨民教育成绩优良者,有学术和技术贡献者,长期从事教育而有贡献者,予以奖励和补助等等。①

这些对未来教育的设想基本反映了广大人民,特别是教育界人士的愿望。可惜,在宪法实际生效之日来临前,国民政府已经在1947年7月通过了《戡乱总动员令》,发起了全面内战。因此,宪法所规定的一切自然也就成为一纸空文。

第二节　国统区的教育制度

南京国民政府成立之初就着手整顿教育秩序,不仅对教育行政制度进行了相应的改革,还建立了一套相对完备的教育行政系统和学校教育制度,为这一时期各级各类教育的蓬勃发展提供了制度上的保障。

一、教育行政制度

南京国民政府建立后,根据蔡元培的建议,仿照法国模式改革了教育行政制度,中央设中华民国大学院,地方试行大学区制,取代民国以后中央政府教育部和省级教育厅设置。

1927年7月4日,国民政府公布了《中华民国大学院组织法》。10月,大学院正式在南京成立,蔡元培被推为大学院院长。《大学院组织法》就大学院的性质、组织、机构、职能等作了具体的规定。大学院为全国最高学术机关,总揽全国学术与教育行政事宜;大学院

---

① 《第二次中国教育年鉴》第一编,商务印书馆1948年版,第20~21页。

设院长一人,总理全院事务;下设秘书处、教育行政处、国立学术机关及各种专门委员会等。还规定,大学院实行院长制与委员制并用,以院长负行政全责,以大学委员会负议事及计划之责,为最高评议机构,有权推荐大学院院长及审议全国教育、学术一切重大方案。

与此同时,为配合大学院制度的推行,国民政府决定在全国试行大学区制,并于1928年公布了《修正大学区组织条例》。该条例第一条规定全国依各地之教育、经济及交通状况,定为若干大学区,每大学区设大学一所,大学校长一人,总理大学区内一切学术与教育行政事项。第五条规定大学区设高等教育处、普通教育处、扩充教育处(后改为社会教育处)等机构,分别管理区内的高等教育、普通教育、扩充教育一切事宜。最后第七条规定,经国民政府核准后,暂在浙江、江苏等省试行之(1928年暑期,增加北平大学区)。在试行的过程中,由于未能很好地处理教育与政治、中央与地方、高等教育与基础教育等众多的复杂关系,大学区制遭到了社会各界的普遍批评和质疑。1928年8月,大学院院长蔡元培辞职。10月,国民政府正式下令取消大学院,改设教育部,所有原大学院的一切事宜均由教育部办理,并任命蒋梦麟为国民政府第一任教育部长。大学院取消后,大学区制虽仍在试行,但社会舆论普遍认为皮之不存毛将焉附,其被取消是迟早的事。1929年6月,国民政府行政院决定浙江、北京两个大学区于暑假内停止试行,从7月起一律恢复教育厅制度。至此,试行仅两年时间的大学区制被彻底废除。

大学院和大学区制,是蔡元培追求教育独立思想的一次现实尝试。它强调学术和教育的独立,要求改革教育行政体制,这对于克服当时教育环境的恶化、保障教育发展所必要的稳定环境具有积极的意义。在试行的近两年时间里,大学院在革除旧制、废止春秋祀孔典礼、提倡新的语体文、推行教育家办学和倡导设立研究机构方面也做出了一些成绩。然而,从总体上看,大学院和大学区制从一开始就遭到了来自社会各方面的压力,实际实施的效果并不理想。一方面,国民党内部有很多人反对大学院制,认为它将造成行政管理体系的混乱。实际上,随着自身实力的增强,国民政府也逐渐在各个方面加强控制,而大学院制明显不利于党化教育和三民主义教育宗旨的推行。所以,《大学院组织法》先后经过四次修改,而修改的趋势是不断缩小大学院的权力。另一方面,即使是在教育内部,大学院制度也遭到了中小学界直至高等教育界的反对。

大学院和大学区制被废除后,国民政府的教育行政管理体系在统一性和完整性方面受到了削弱,特别是中央和地方教育行政体系之间的联系被大大地弱化了。1928年12月,国民政府教育部公布了《教育部组织法》,规定教育部设总务司、高等教育司、普通教育司、社会教育司和编审处,并设大学委员会策划全国教育及学术重要事务。1930年国民政府修正公布《县组织法》,规定教育局为县政府下设的一个部门,负责一县的教育事务。1931年国民政府颁布《修正省政府组织法》,教育厅作为省政府的一个部门,负责一省之教育事务。这样,从中央到地方,就建立了教育部、教育厅和教育局三级教育行政机构。不过,各级教育主管部门都隶属于同级政府,彼此之间并不存在直接的隶属关系。虽然后来随着国民政府各级组织体系的变化,各级教育部门的名称和职权有所变化,但国民政府逐步加强中央集权、强化中央政府对教育集中统一领导的前提下,实行分层逐级管理的趋势并没有根本的变化。

二、学校教育制度

南京国民政府出于推行党化教育和三民主义教育的需要,开始着手修订学制系统。1928年5月,大学院在南京召开第一次全国教育会议,以1922年公布的学制为基础,通过了《整理中华民国学校系统案》,即"戊辰学制"。该学制分组织和系统两部分,第一部分提出了修订学制的七项原则,即:根据本国国情;适应民生需要;增高教育效率;提高学科标准;谋个性之发展;使教育易于普及;留地方伸缩之可能等。第二部分为学校系统。

相对于1922年新学制,1928年的学校系统案在中学部分变化较大,不仅废除了1922年的综合中学制,以年级制代替选科制,分别规定了中学、师范和职业学校各自独立的任务和目标,而且把普通中学原来升学与就职兼顾的培养目标,改为以升学为主的单一培养目标。其他方面则与1922年学制大同小异,各级学校的年限也没有改变。在新学制的推动下,国民政府决定厉行国民义务教育。从1929年起至1932年,国民党政府先后颁布了一系列教育法令,如:《大学组织法》、《专科学校组织法》、《小学法》、《中学法》、《师范学校法》、《职业学校法》、《国外留学法》等教育法令,作为政府规范各级各类学校教育的法定文件。紧跟其后,教育部相应地颁布了各级各类学校规程,如《大学规程》、《专科学校规程》、《小学规程》、《中学规程》、《国外留学规程》等,并针对部分类别的学校颁布了课程标准,如《小学课程标准》、《中学课程标准》等。以这些法令、规程、标准为基础,形成了一套完整的学校教育制度。自颁布之日起直至抗战胜利,该学制曾根据实施过程中的问题或形势发展的需要,进行过适当的调整,但基本框架没有大的变化。

(一)初等教育

1928年2月,国民党二届四中全会就曾提出要"普及国民教育",提高民众知识,以造就健全国民。同年5月,第一次全国教育会议决议中也提出,根据三民主义的教育方针,厉行全国的义务教育,要求各地均须设立义务教育委员会。1930年4月,第二次全国教育会议把义务教育的完成期限定为1930年到1950年,并在全国指定了一些县市作为第一期先行实验区,要求它们从1932年8月到1935年7月完成义务教育。1935年8月,国民政府行政院批准并颁布了教育部制定的《实施义务教育暂行办法大纲》及实施细则,计划以五年为段,分三期在全国实现一年、两年和四年制义务教育的普及。后因抗日战争爆发,该计划被迫中断。

为了配合义务教育的实施,国民政府也通过和颁布了一系列法令法规,比如1932年10月颁布的《小学课程标准》、1932年12月颁布的《小学法》和1933年3月颁布的《小学规程》,使初等教育的发展有法可依。依据《三民主义教育实施原则》,初等教育的目标是:

> 第一,使儿童整个身心,融育于三民主义教育中;第二,使儿童个性、群性在三民主义教育指导下平均发展;第三,使儿童于三民主义教导下具有适合于实际之初步的智能。

后来颁布的《小学规程》又规定要"发展儿童身心,并培养儿童民族意识、国民道德基础及生活所必需的基本知识技能"①。在修订的《小学课程标准》中对其也有具体阐述,并一直沿用到1949年。

在学制方面,1928年的学制沿袭了1922年学制的规定,明确规定小学是实施国民教育的场所,可以采取市立、县立、区立、坊立、乡镇立、联立和私立等多种形式。修业年限为六年,前四年为初级小学,后两年为高级小学。设置类型包括完全小学、初级小学等。入学年龄为6周岁,但遇有特殊情况也可延缓到9周岁,9周岁以后就不能进入六年制正式小学读书。但为推行义务教育,让错过小学入学年龄儿童有受教育的机会,在学制中规定设立简易小学和短期小学,入学年龄上限可放宽到16周岁。

抗日战争爆发后,为符合战时需要,国民政府采取了一些应变措施。1940年3月,教育部公布了《国民教育实施纲领》,推行儿童义务教育和实行民众补习教育合一的新国民教育制度,并将小学改为国民学校和国民中心学校,还把国民教育制度纳入到"新县制"当中,把乡镇所设置的国民中心学校同时作为政府实行"管、教、养、卫"的活动中心,以实现地方上的政、教、军合一。

抗战胜利后,国民政府在教育复员的基础上,也提出了全面普及国民教育的方案,但由于内战的爆发而未能实施。

(二) 中等教育

《三民主义教育实施原则》规定的中等教育的目标是:

> 第一,确定青年三民主义之信仰并切实陶冶其忠孝、仁爱、信义、和平之国民道德;第二,注意青年个性及其身心发育状态而予以适当的指导及训练;第三,对于青年应予以职业指导,并养成其从事职业所必具之知能。②

在1932年颁布的《中学法》中,则进一步明确了中学教育应该"继续小学之基础训练,以发展青年身心、培养健全国民,并为研究高深学术及从事各种职业之预备"③。在1933年公布的《中学规程》中,又更具体地提出了对中学教育的要求:"锻炼强健体格;陶融公民道德;培育民族文化;充实生活知能;培植科学基础;养成劳动习惯;启发艺术兴趣"。④

相对于1922年学制,1928年新学制虽沿用了"三三"制的初、高两级划分,但对中等教育的结构进行了较大的调整:第一,提出师范学校、职业学校可单独设立,不过高中仍分设普通、师范、职业等科。1932年,教育部认为中学系统混杂,目标分歧较大,对中学普通教育、师范教育和职业教育的发展都不利。因此,教育部相继公布了《中学法》、《师范法》、《职业学校法》,规定了这三种类型的学校有各自独立的任务和目标,三者不能混设。这就实际上废除了1922年的综合中学制。第二,在取消分科制的前提下,规定普通中学由原

---

① 《第二次中国教育年鉴》第一编,商务印书馆1948年版,第3页。
② 《第二次中国教育年鉴》第三编,商务印书馆1948年版,第6页。
③ 《第一次中国教育年鉴》甲编,商务印书馆1948年版,第18页。
④ 《第一次中国教育年鉴》乙编,商务印书馆1948年版,第34~35页。

来升学与就业兼顾的培养目标,改为以升学为主的单一培养目标。同时,还以年级制代替选科制。这一改革使中学教育的目标、结构与线索更为清晰,更有利于发挥各种教育的功能,适应中国教育发展的实际需要。不过,改革后由于职业准备的课程被排除在普通高中之外,在加强基础文化知识教学的同时,也在实际上加重了学生的负担。比如,高级中学规定每周要上满34小时的课,而且要在校自习27小时,学生平均每天在校时间超过10小时。针对这种情况,1936年又适当降低了授课时数,并增加了少量的职业课程。

抗日战争爆发后,国民政府依据"抗战建国"的国策,对中学教育也采取了一些调整措施,其中最值得一提的就是国立中学的创办。九·一八事变后,日军强行关闭了东北各级各类学校。为救济撤退到关内的东北失学青年,国民政府教育部专门设立了"东北青年教育救济处",并于1934年在北平创设了国立东北中山中学,拉开了抗日时期中学国立化的序幕。1938年,国民政府教育部先后颁发了《教育部处理由战区退出之各级学校学生办法大纲》、《教育部处理战区中小学办法实施要点》、《国立中学暂行规程》、《国立中学课程纲要》等法令,把国立中学的发展纳入到法制的轨道。国民政府先后创办了30余所国立中学,改写了"中央向不直接办理国立中学"的历史。这些中学的创办,既抢救了战区大批中等教育人才,使东部地区中等教育现代化进程不致中断,又促进了西部地区中等教育的开发和发展;既推动了战时各级各类教育的整体进步,又充实了民族有生力量,从而支持了抗战大业。

抗日战争胜利后,随着教育部在1946年开展国立中学复员工作,中学教育的秩序逐渐恢复正常,中等教育一度得到短暂发展。

(三)高等教育

在高等教育方面,国民政府非常注重规范、引导和控制,推动了高等教育的稳定发展。即便在抗战时期,国民政府也采取了一些较为积极有力的措施,保存了高等教育的实力。

1929年4月,国民政府公布的《中华民国教育宗旨及其实施方针》,就对大学教育的目标进行了规定:

> 大学及专门教育,必须注重实用科学,充实科学内容,养成专门知识技能,并切实陶融为国家社会服务之健全品格。①

随后,国民政府和教育部又先后颁布了《大学组织法》、《大学规程》及《专科学校组织法》、《专科学校规程》等法律法规,对包括专科院校在内的高等教育的目标、学制、办学、课程等内容都作了详细的规定。根据这些法律法规,高等教育的办学主体可以为国家、省、市、私人或团体。全国的高等教育机关分大学、独立学院、专科学校三种,大学本科分文、理、法、农、工、商、医、教育8个学院,如果一所高校具备3个学院以上,而且其中包括理、农、工、医学院之一可以称为大学。不具备这个条件就只能称为学院。相对于1922年新学制对大学的规定,这些规定是对大学标准的提升。大学修业年限医学院为五年,其他学

---

① 《中华民国教育法规选编》,江苏教育出版社1990年版,第46页。

院为四年,采用学年兼学分制,但实际上最后流于学年制。为保证大学的研究特性,提升大学的学术水平,大学和独立学院还应设立研究院或研究所。同时,把专门学校改为专科学校,采取分类管理,共分为甲类(工业)、乙类(农业)、丙类(商业)、丁类(医药、艺术、音乐、体育、市政、图书馆、商船等),学制一般为2~3年。

进入20世纪30年代,国民政府在高等教育方面的措施主要集中在两个方面:

一是加强控制。1931年颁布的《三民主义教育实施原则》明确规定高等教育的目标是:

> 第一,学生应切实理解三民主义之真谛,并具有实用科学的智能,俾克实现三民主义之使命;第二,学校应发挥学术机关之机能,俾成为文化的中心;第三,课程应视国家建设之需要为依归,以收为国储才之效;第四,训育应以三民主义为中心,养成德智体群美兼备之人格;第五,设备应力求充实,并与课程训育相关联。①

在课程的统一化和标准化上也有诸多作为。1938年,教育部召开了第一次大学课程会议,公布了《文理法三学院各学系课程整理办法草案》,提出规定统一标准、注重基本训练、突出精要科目三条课程整理原则。还明确提出,党义、军训、体育为大学共同(公共)必修科目,其中党义包括三民主义、建国大纲、孙文学说、民权初步、实业计划、国民党历届宣言、唯生论、民生史观、国民党史、抗战建国纲领等。同时,国民政府还对大学院系的名称也作出了统一规定,并在1939年公布了《大学及独立学院各学系名称》。

二是调整高等教育的学科结构,重理工抑文法。1930年,国民政府颁布了《确立教育设施趋向案》,确立了"大学教育以注重自然科学及实用科学为原则"的办学方针,要求对文、法科进行严格审查和限制,采取归并、停年招生或分年结束的方式,用节余经费去充实理、工、农、医等科,并通过对各科招生人数的限制,从根本上去限制文科的发展。这些措施,对传统的重文轻实思想起到了很好的纠偏作用,有助于高等教育内部各学科专业结构的平衡发展,使高等教育更好地适应社会发展和国家建设的需要。同时,也是对三民主义教育宗旨的一个有力支持。

抗日战争爆发后,国民政府积极采取应变措施,通过内迁、合并、改组、国立化等措施,在保存国家教育实力、加强国家对高校的管理和规范的同时,也借机对教育的布局结构进行了一次优化调整。

抗战之前全国有高等院校(包括专科学校)108所,大多分布在东南沿海、沿江地区。至1938年10月,有91所高校遭到重创,其中25所被迫停办,只有少数院校迁往上海租界,托庇于外人势力之下。为了保存自身实力以求生存,为了战争时期高等教育事业的继续发展,中国社会出现了史无前例的高等教育机构流移迁徙大行动,从1937年至1939年,中国东北、华北、上海、江苏、浙江等地区高校陆续迁往陕、川、滇、黔、桂等地继续办学。

最先内迁的是东北大学。该校于1923年春创建于辽宁省沈阳,至1931年已发展为拥有文、法、理、工、教育五个学院的综合性大学。九·一八事变后,沈阳陷入日寇铁蹄之

---

① 《第二次中国教育年鉴》第一编,商务印书馆1948年版,第6页。

下,于是该校被迫迁入关内,于1931年11月在北平复课。1936年2月,该校工学院和补习班因政局变动而迁往西安,成立西安分校。1937年初,受"西安事变"影响,国民政府教育部将东北大学改组,移迁开封,由河南大学安排相关事宜,5月改为国立,6月又令其迁往西安,以其分校为新校址。七七事变后,日寇飞机叠袭西安,于是该校被迫再度流亡,于1938年3月迁往四川三台,至5月方始复课。其工学院因战时教育需要并入国立西北工学院。自此以后,东北大学在僻远的川北之地滞留8年,直到1946年春才迁返自己的诞生之地沈阳。

在高校内迁的过程中,国民政府对部分大学进行了整合、改组和国立化。七七事变后,国民政府教育部命北京大学、清华大学、南开大学三所高校迁至湖南长沙合组新校,定名为"长沙临时大学",后又迁至云南昆明,更名为"西南联合大学"。西南联大自1938年立校,1946年结束,前后历时9年。该校大师云集,人才辈出,写就了中国教育史上的一段佳话。1937年9月,国民政府教育部令"以北平大学、北师大、北洋工学院和北平研究院等为基干,设立西安临时大学"。1938年4月3日,国民政府教育部令西安临时大学改名为"国立西北联合大学"。1939年8月,教育部又令西北联合大学改名为"国立西北大学",原属师范学院独立设置,改名"国立西北师范学院"。西北大学将原文理学院分为文、理两院,连同法商学院共3院12系,继承了西北联大的教学体制。

在努力发挥内迁及对迁入地的积极影响方面,浙江大学更为自觉。1937年11月,日军在距杭州100多公里的全公亭登陆,浙江大学决定搬迁。竺可桢校长明确提出,不要迁到内迁大学过于集中的大城市,而要搬到那些从未接触大学生活的城镇或农村,使大学的内迁与中国内地的开发得到结合。自1937年,浙江大学先后四次迁校,经浙西、赣中、桂北,最后抵达贵州。

与其他大学辗转长途迁徙不同,抗战时期还有一类高校在迁移途中,始终不愿远离故土,而是在省内四处避难,河南大学即为一例。1937年12月,日寇铁蹄践踏黄河流域,豫东、豫北沦陷,省城开封危在旦夕。教育部、河南省政府决定河南大学南迁,将文、理、法三学院迁往豫南鸡公山,农、医两学院迁至豫西南镇平。不久,豫南战事紧张,河南大学又于1939年5月下旬迁至嵩县潭头。1942年在动荡中艰难生存的河南大学升格为"国立河南大学"。1944年5月13日,日寇血洗潭头,那些逃出日寇魔爪的河南大学师生在纯朴善良的山区人民的帮助下,陆续到达淅川县荆紫关。1945年3月,日寇发动了豫南鄂北战役,河南大学在荆紫关难以存留,决定西迁陕西。直至抗战胜利后的1945年12月底,河南大学才从宝鸡迁回开封,结束了8年的流亡生活。

正是这些措施的保障,中国的高等教育除战争初期遭到了严重的破坏外,反而呈现出一种稳步发展的势头。根据史料显示,1937年高校数由战前的108所降为91所,高校学生也由战前的41922人降为31188人。1938年,这种状况有所改变,高校数回升到97所,在校学生也增加到36180人。此后高校数和学生数每年都在递增,至1945年,全国已有高校 141 所,在校学生达到 80646 人。① 抗战胜利后,高等教育也进行了复原工作。通过西迁大学的回迁复原、改设、停办大学的恢复、内地新大学的开设、对敌伪区大学的接收改造等方式,高等教育在短期内取得了较大的发展。到 1947 年,全国高等教育在规模上达到了国民政府时期的最高点,高等学校发展到 207 所,学生 155036 人。

第三节 国民政府强化对教育的调控

在三民主义教育方针业已确立,各种配套教育政策和法规也已经颁行后,国民政府还努力通过各种具体的管理制度,强化其对学校教育的调控和制约。

一、整顿学风及训育制度

南京国民政府为推行三民主义教育,率先对学风加以整顿,严令禁止学生参加政治和社会活动。1930 年 4 月,蒋介石以国民政府主席的身份在第二次全国教育会议上发表演说,提出"改革教育当用革命手段整顿学风",因此必须着重党义教育,以"三民主义"统一青年学生的思想。同年 12 月,蒋介石以国民政府行政院院长兼教育部长的名义,颁发《整顿学风令》,要求学生"惟当一意力学……奉总理三民主义为依归,不得干涉行政",认为"破坏法纪之学潮,自与反革命无异,政府将以治反动派者治之"。同时,蒋介石还发布行政院令《告诫全国学生书》,指责各地学校学风败坏,学潮蜂起,危及国家前途,与反革命无异,政府将严厉禁止,依法惩办。教育部和各地政府闻风而动,教育部随后发布了《奉行政院训令整顿学风》。1932 年 7 月,国民政府行政院院长汪精卫与教育部长朱家骅联合签署了《整顿教育令》。依据这些政令,各地纷纷以"整饬学风"为名,对学校的教师和学生严加控制。

抗战时期,为了阻止学生以抗战名义组织民主运动,蒋介石强调军人、学生"各安本职",校园内也流行有"读书勿问抗战,抗战勿来读书"等口号。有些高校的教师和管理人员甚至公开声称功课越多越好,教授法越严越好,考试越多越好,及格、升学、毕业的标准越严越好等。

训育制度是国民党政府在学校里进行常规政治思想教育及管理的基本组织形式。1929 年,国民政府教育部通令全国实行《中小学训育主任办法》,要求所有学校都要设立训育处或训导处,由训导长或训育主任一人负责,他们必须是国民党员,他们在训育员的辅助下,对学生进行思想政治工作。在训育的内容方面,除了国民党的党义,国民党政府还强调中国传统文化,进行传统伦理道德的教育。他们把传统的伦理道德归结为"四维"、

---

① 参见余子侠:《抗战时期高校内迁及其意义》,载《近代史研究》1995 年第 6 期。

"八德","四维"是指礼、义、廉、耻,"八德"是指忠孝、仁爱、信义、和平。1931 年国民政府行政院命令教育部执行《确立教育设施趋向案》,其中关于学校训育的规定是:"各级学校之训育,必须根据总理恢复民族精神之遗训,加紧实施,特别注重于刻苦勤劳习惯之养成与严格的规律性之培养。"同年 7 月,教育部还通令全国各学校悬挂"忠孝仁爱信义和平"横匾,以启迪道德,涵养品性。甚至还要求各校依其精神制定本校的校训、校歌。1939 年 5 月,教育部遵照蒋介石的建议,将"礼义廉耻"作为各级各类学校的校训。

自 1929 年训育制度实施以后,国民政府每年都会出台很多关于训育的法令法规,详细规定和指导训育的实施。比如,1931 年 8 月,教育部公布《各级学校党义教师及训育主任工作大纲》,明确规定了党义教师和训育主任的工作内容和职责;1932 年 6 月,教育部又颁布《今后中小学训育上应特别注重之事项》,明确提出"中小学各教员均须切实同负训育责任,破除从前教学训育分裂之积习",进一步扩大了训育的实施范围。1938 年 9 月公布《青年训练大纲》,要求学生"时时刻刻心领袖之心,行领袖之行"。要依据蒋介石所亲定的国民党员"十二守则"体会力行,即:

一忠勇为爱国之本,二孝顺为齐家之本,三仁爱为接物之本,四信义为立业之本,五和平为处世之本,六礼节为治事之本,七服从为负责之本,八勤俭为服务之本,九整洁为强身之本,十助人为快乐之本,十一学问为济世之本,十二有恒为成功之本。

1939 年 9 月,教育部颁布了《训育纲要》,从训育的意义、内容、目标、实施等各方面规定了学校训育,是对前一阶段各种训育政策的集中概括,也是国民党实施训育的纲领性文件。

二、童子军及军训制度

在实施训育的同时,国民政府把军事训练作为教育的重要组成部分予以特别的重视。结合学生的年龄特点,要求对小学及初中阶段的学生实施童子军训练,对高中以上学生实施军事教育和训练,从而把学校教育纳入到军事化管理的轨道上,旨在让学生养成绝对服从的意识、整齐划一的行动习惯、团体主义的精神和军事知识技能。

童子军是近代兴起的一种对少年儿童进行军事化教育和训练的一种组织形式,最先由英国一位军官贝登堡于 1907 年建立。1912 年,严家麟将之引入中国,在武昌文华书院成立了"中国童子军"第一支队,并借助辛亥革命的影响迅速在全国传播。1914 年,中华全国童子军协会在上海成立。1926 年 3 月,国民党中央青年部创办"中国国民党童子军",同时成立"中国国民党童子军委员会",把童子军作为"青年运动最好的工具"。1928 年 5 月,国民党中央常务会议通过《中国国民党童子军总章》,规定以"三民主义"培养青少年,凡 12~18 岁之青少年皆须入伍受童子军训练;未满 12 岁之幼童,愿受训者可组织党幼童子军。当时,大部分小学都组织了"童幼军"。1929 年童子军正式更名为中国童子军。1933 年,中国童子军总会筹备处公布了《中国童子军总章》,共 9 章 150 条。其中规定:中国童子军以"忠孝、仁爱、信义、和平"为训练之最高原则,以"智仁勇"为教育目标。

1934年11月,中国童子军总会正式成立,蒋介石亲任会长。1937年1月颁发《初级中学童子军管理办法》,规定:学生起居上课均以号音为准;早晚举行国旗升降典礼;以校为单位组织童子军团,校长任团长,下设中队、小队,按年级编制;对童子军服装、请假、外出、食堂、寝室、教室、操场、野外、风纪、守卫等有严格规定。

抗日战争爆发后,1937年7月31日,中国童子军总部颁发《童子军战时服务大纲》,规定组织中国童子军战时服务团,施以进一步训练,以适应战时服务之需要。11月,教育部颁行《中国童子军战时后方服务训练办法大纲》,规定各童子军团要组织侦察、交通、宣传、工程、募集、救护、消防等战时服务组,每天进行1小时的分组训练。1939年7月,教育部又公布了《中国童子军兼办社会童子军暂行办法》,要求各校童子军团招收学校附近12~18岁失学青少年组成社会童子军,从而将童子军组织扩大到社会范围。

在重视童子军训练的同时,国民政府也很关注高中以上学校的军事教育。1927年7月通过的《国民政府教育方针草案》中,就曾提出"各学校要增设军事训练"。1928年5月第一次全国教育会议通过了《中等以上学校实施军事训练案》,1929年经国民政府修正后改名为《高中以上学校军事教育方案》,规定:"凡大学、高级中学及专门学校、大学预科并其他高等以上学校,除女生外均应以军事教育为必修科目。"从此"军事训练"成为高中的必修课程。该方案还规定:高中以上军训每学年3学分,共两年6学分。1934年5月规定:每一高中及同等学校一律称军训团,校长为团长,下设中队、小队。专科以上学校称军训队,院(校)长为大队长,下设中队、区队、分队。军训教学科目分为学科、术科两类,训练方式分为平时训练、集中训练两种。平时训练时间的安排是,高中前2年每周3学时(学科1,术科2);大学或独立学院均第一学年进行,每周3学时(学科2,术科1)。集中训练为每年暑假安排3周时间。每年军训成绩不及格者不得升级和投考大学,经补习或留级一次仍不及格,应令其退学,进一步把军训作为完成学业和升学的必要条件。

抗战胜利后,出于为内战备战的考虑,国民党也加紧了对学生的军事训练。1946年,国民政府国防部成立,把学生军训改由国防部领导。1947年国防部规定:大学毕业生受训半年,作为中尉预备军官任用;高中毕业生受训一年,作为少尉预备军官任用;初中毕业生受训一年,作为预备军士任用。

在国难当头之际,出于抗击侵略、维护国家安全的考虑,对广大学生进行国防教育和一定的军事训练,是非常必要的,它对于增强学生的爱国情感、民族责任心都具有较好的教育意义。不过,国民党统治者妄图借机把它变为控制大中学校和学生的手段,一直受到师生的非议和抱怨,最后反而为自己培养了掘墓人。

三、课程标准及教科书审查制度

为更好地贯彻党化教育和三民主义的教育宗旨,南京国民政府通过教育部制定和颁布了一系列的教育法令法规,对全国各级各类学校的课程和教科书进行了严格的规范和统一。

1927年国民政府要求重组学校课程,使之既不违背且能发扬"党义和党的政策",也能体现教育学和科学原则。1928年12月,教育部公布《中小学课程标准起草委员会规程》,着手制定中小学的课程科目、课程目标、教授时间、教学方法和学分标准等要点。1929年8月,教育部公布幼儿园、小学、中学三个课程暂行标准。试行3年后,于1932年10月正式由教育部颁发《小学课程标准》,分别就小学的初级、高级两段的课程目标和内容进行了规定,要求将"党义"课教材融入国语、自然、社会等科目中。另设"公民训练课",以实施训育。11月又颁布《中学课程标准》,规定初中和高中各自开设的课程,还取消了学分制和选修科目,实行学时制,每周学时为31~34小时。并规定这些课程都是国家为了严格训练学生身心、培养健全国民,按起码要求设置的,各级学校不能擅自增减。1936年,教育部又公布了《修订中学课程标准》,减少了总学时,修订了劳作课程,并增减了职业科目。

为了落实和加强小学公民训练课程,1933年2月,教育部公布了《小学公民训练标准》,从公民的体格训练、德性训练、经济训练、政治训练等方面,按小学六学年逐年规定了训练要求。

为统一全国公私立大学的课程,从1938年至1948年的10年间,教育部召开了三次全国大学课程会议,先后颁布了文、理、法、医、农、工、商、师范8个学院的共同必修科目,强调基础训练、基本要求和扩大知识面。

与课程标准相配套的,是对各级学校教科书的审查。早在民国成立之初,为了肃清封建专制主义的影响,确立民主共和精神,南京临时政府教育部就曾采取过一些措施,禁止使用清廷学部颁行的教科书,要求各书局删改其中不合规定的内容,还曾于1912年5月颁布了《审定教科图书暂行章程》。

1927年南京国民政府为贯彻党化教育,规定从速审查和编写教科书,以求与"党义"相合,并通过了《组织教科书审查会章程》。大学院时期,政府设立专门编审机构,还公布了《教科图书审查条例》,规定非经大学院审定,所有教科书不得发行和采用,明确强调以国民党的党纲、党义和"三民主义"为审查教科书的标准。1929年国民政府教育部先后公布了《教科图书审查规程》和《审查教科图书共同标准》,明确规定各级各类学校采用的教科书必须经过教育部审查,否则不得发行和采用,并提出了教科书审查的政治标准、内容标准、组织形式标准、语文文字标准和印刷装帧标准,其中政治标准为"适合党义,适合国情,适合时代"。这些规定除了强调教科书的政治思想性外,也对教科书编撰的合理、实用提出了明确的要求。

1932年6月,国民政府设立国立编译馆,会同教育部普通教育司代表政府办理中小学教科书的编纂审定事宜。这实际上剥夺了中华书局、商务印书馆等大型教科书出版机构出版教科书的权利。1933年4月公布《国立编译馆组织条例》和办事细则,详细规定了工作内容和教科书审定程序,重申学校教科书编纂的国定制和审定制,明确了教科图书的初审、复审、终审的三审制以及初审、复审发生争议时的特审制等。

抗日胜利后,国民政府除继续由国立编译馆编纂教育部部编教材外,还通过选择各书局、出版社的优秀课本,指定实验学校优秀实验教材和向社会征求的形式,经严格审查修改后,确定教育部部编教科书,使学校教科书更为严格地纳入国民政府的控制之下。

国民政府建立和完善教科书审查制度的过程,贯穿了思想控制的意图,是借助教科书审定贯彻国民党的党义和"三民主义"精神。但由于教科书审查制度的建立,也对全国教科书的编写、出版起到规范作用。尤其是在教育、出版界有关人士努力下,也的确出版了为数不少的优秀教科书。

四、毕业会考制度

20世纪30年代,各地学潮不断,教育界人士对教育经费的呼吁和教师薪金的争取,也使得国民政府大为忌惮。1932年,教育部开始整顿全国教育,重点在中等教育。其中一个重要措施就是实行中学毕业会考制度。

1932年国民政府教育部公布《中小学毕业会考暂行规定》,以求整齐小学、初级中学、高级中学学生的毕业程度和增进教学效率。该制度规定,所有公私立中小学应届毕业生,都需要参加会考,各科成绩合格方能毕业;一科或两科不及格者,可复试一次,复试仍不及格者,可补习一年再参加该科考试一次;会考三科以上不及格者,应令其留级,亦以一次为限。由于该制度的出台未经专家讨论和局部实验,令各地学校措手不及,加上全国各地学校差异较大,教学质量参差不齐,致使当年会考不及格率过高。各地先后出现很多请愿、罢课等活动,抵制会考。教育部虽然坚持认为会考不及格恰恰说明学生程度不齐,教学不良,要求会考成绩不良的学校要改善教学与训育,并对抵制会考的学校校长和师生采取高压打击,但也对会考制度作了适当修改和调整,在继续保留中学会考的同时,废除了小学会考。

1933年12月,教育部公布了《中学学生毕业会考规程》,并开始施行。该《规程》规定:参加会考的学校应在会考前两周结束毕业考试;取消体育会考;会考成绩的计算,取毕业生所在学校的毕业考试成绩的40%和毕业生所在教育行政机关会考成绩的60%之和,各科成绩都能及格才发给毕业文凭,并准许参加升学考试。如一科或两科不及格,允许参加该科的补习,来年补考,可以补考两次。三科不及格允许留级,留级也不能超过两次。抗日战争爆发后,因战事频仍,举行会考的现实困难较多,在经过适当调整后,终于在1945年终止实施。

在实施中学毕业会考的同时,国民政府还进一步把毕业会考制度向其他教育领域推广。1935年,教育部公布了《师范学校学生毕业会考规程》,明确规定了各级各类师范毕业学生参加会考的科目、时间、合格评定标准等。并且强调,师范学生必须通过各科会考,方能获得毕业证书,也才能获得正式服务教职之资格。

1940年教育部又颁布了《专科以上学校学业成绩考核办法要点》,规定从1941年起,专科以上学校将毕业考试改为"总考制",除了考试最后一学期所学课程的4~5门外,还须指定统考以前各年级所学专门科目3种,不及格者不得毕业。

国民政府实行中学和师范学生的毕业会考制度和大专学生的毕业总考制度,用意和效果都十分复杂。统一的考试制度,在一定程度上对各地教学水平和质量起到了一个监督、统一的作用,这也是它能够得到包括学生家长在内的部分国民支持的原因。但是,国民政府希望通过考试来管理和控制学校和学生的意图也非常明显,尤其是毕业会考制度的出台过程过于突兀,在贯彻中又态度强硬,不能听取合理的建议和呼声,未能与校内毕业考试制度和升学考试制度做到很好地衔接,陡然增加了学生的学习负担,因此,遭到了学生和很多进步人士的坚决抵制。鲁迅曾经写过《智识过剩》,陶行知写过《杀人的会考》等文章,来反对会考。

五、特种区域实施特种教育

所谓特种区域,是指曾经为共产党领导的根据地或周边地区,后来经过国民党的围剿,红军暂时退出的地方。而特种教育,就是指在特种区域推行的社会教育的简称,是国民政府为配合对共产党领导的赣鄂豫皖闽农村根据地的军事围剿而实施的一种教育,或者说是为消除共产党的影响而实施的一种"文化围剿"。

1933年3月,国民党第四届中央执行委员会第六十三次常务会议通过《特种区域暂行社会教育实施办法》,要求各省对受共产党影响的地区实行社会教育,"使民众彻底悔悟,不受赤匪的扰害和胁迫;使民众信仰三民主义,并拥护中国国民党"[①]。这是特种教育的开端。后来,在南昌行营成立赣、闽、皖、鄂、豫五省特种教育委员会,制定了《赣闽皖鄂豫五省特种教育计划》,认为"赣闽皖鄂豫五省,横受赤祸,匪区民众多受煽惑,更有所谓列宁小学,一县多至数百所,以为麻醉青年之利器,此种思想上之流毒,实较有形之匪患为尤甚",因而,在"收复"后,"不得不有教养兼施之特种教育,予以感化的、公民的、职业的、自卫的训练,以正确其思想,健全其人格,发展其生计,扶植其生存",期望能"谋匪区收复后之救济,纠正民众错误思想,增加农村生产,而谋教、养、卫兼施之实现"[②]。"教"就是要提倡"忠孝、仁爱、信义、和平"的三民主义道德教育来抵制所谓的"共党邪说",养、卫就是要发展生产、训练武装来解决这些地区的生活和"防共"问题。由此可见,国民政府在这些地区实际上是采用了军、政、教合一的治理方法。

特种教育的实施,首先要解决的是师资问题。因此,在开展初期,主要是积极筹办特种教育师资训练机构,作为推行特种教育的主要机构。1936年3月,五省特种教育委员会由南昌行营转归行政院管辖;同年4月,又由行政院归并于教育部;5月,教育部设立赣、闽、皖、鄂、豫五省特种教育委员会。同时,教育部在南京召开五省特种教育委员会谈话会,会议通过了由江西省提出的今后特种教育的新动向,即:第一,以纠正阶级斗争思想、培植民族意识为重要目标;第二,尽量协助地方实施壮丁训练;第三,注意生产能力之

[①] 江西省教育厅特种教育股编:《江西省特种教育概览》,1936年10月,第3页。
[②] 中国第二历史档案馆编:《中华民国史档案资料汇编》第5辑第1编,第1143页。

培养与卫生事业之辅导;第四,尽先在沿海、沿江、沿铁路交通要道易受侵害之地方设立学校;第五,各种小学及民众学校,应采取特种教育之精神及方法。自此之后,特种教育中心工作就以此为依据而推行。

抗日战争爆发后,特种教育的目标转为抗日救国,在宣传抗日意识、培养抗战力量方面作出了积极的贡献。1940 年,国民党中央颁行新县制,实施国民教育,特种教育也于1941 年并入国民教育之中。

第四节　国统区的乡村教育运动

20 世纪 20 年代末、30 年代初,中国农村经济出现了严重衰落。随着衰落程度的日益加深,人们开始关注农村问题的严峻性。一时间"乡村建设"、"农村复兴"的口号弥漫于全国,各种建设农村的机构纷纷设立,风起云涌,桴鼓相应,可谓盛极一时,由此形成了中国历史上一次大规模的"乡村建设运动"。在这场运动中,众多的教育家也参与其中,他们认为中国农村经济的衰蔽和农民的愚昧无知,是造成中国乡村衰败乃至国家衰弱的根本原因,试图从教育农民入手,以改变乡村生活,推进乡村建设。据《第二次中国教育年鉴》的统计,在 1925~1935 年的 10 年间,我国涌现的各种农村教育试验区多达 193 处。而且,从事乡村建设事业的人士为了相互沟通,交流经验,促进工作的开展,分别于 1933 年 7 月、1934 年 10 月、1935 年 10 月在山东邹平、河北定县和江苏无锡举办过三次全国规模的乡村工作讨论会,后由于乡村实验所遇到的各种实际困难,特别是由于抗战爆发,讨论会终止。尽管各个教育实验参与者的政治态度各不相同,活动方式互有差异,关于乡村教育的主张也各有特点,但他们彼此之间也相互联系、相互学习,共同构成了中国教育史上第一次大规模的乡村教育实验运动。其中,比较有影响的有:黄炎培主持的中华职业教育社的农村改进实验、陶行知的乡村教育改造实验、晏阳初主持的中华平民教育促进会的定县试验、梁漱溟的乡村建设实验以及王拱璧的新村教育实验、雷沛鸿的国民教育实验、李廉方领导的开封教育实验、俞庆棠的民众教育实验等。

一、黄炎培主持的中华职业教育社的农村改进实验

作为中国近代历史上第一个民间职业教育团体,中华职业教育社是由著名教育家黄炎培先生联合教育界、实业界及政界知名人士蔡元培、梁启超、张謇、宋汉章、蒋梦麟等 48 人于 1917 年 5 月 6 日在上海创立的。1925 年 8 月,黄炎培为山西省拟定了《山西划区试办乡村职业教育计划》,提出"乡村职业教育之设施,不宜以职业教育为限",要求选择一个交通便利之地,"先调查其地方农产及原有工艺种类、教育及职业状况",然后为之计划:

如何可使男女学童一律就学;如何可使年长失学者得补习知能之机会;如何养成

人人有就职业之知能,而并使之得业;如何使有志深造者得升学之准备与指导,职业余间如何使之快乐;其年老或残废者如何使之得所养,疾病如何使之得所治;如何使人人有卫生之知识;如何使人人有自卫之能力。①

在山西地方当局的支持下,该计划迅速付诸实践。然而,由于"兵祸纷起",山西的实验最终归于失败。

1925年年底,黄炎培写成《提出大职业教育主义征求同志意见书》一文,提出"大职业教育主义"。在此思想指导下,中华职业教育社又提出了一项《试验农村改进计划》。该计划谈到:

> 鉴于今年教育事业大都偏向大城市,又其设施限于学校,不获使社会成为教育化,拟从农村入手,划定区域,从事实验,期以教育之力,改进农村一般生活,以立全社会革新之基。②

1926年中华职业教育社联合中华教育改进社等多个民间组织,在江苏昆山徐公桥建立了第一个乡村改进区。在当地行政机关和县立小学的协助下,还成立了乡村改进会,设总办、建设、农艺、宣传、娱乐、教育、卫生7个部,试验期为6年。期间,中华职业教育社一共建立4所公立小学,2所私立小学,2个流动教室,通过开办农民夜校,教农民识字,讲授农民常识、公民常识和《村民信条》,建立图书室,立识字牌和格言牌,举行露天识字和演讲等,对当地的社会教育起到了极大的推动作用,在全国产生很大的影响。1933年中华职业教育社又创办了徐公桥讲习所,培养改进农村工作人才。1934年试验完毕后交地方办理。

此外,中华职业教育社还先后主持了镇江的黄墟农村改进实验区,吴县的善人桥农村改进实验区、泰县的顾高庄农村改进实验区、镇江的丁卯乡村小学、浙江绍兴的善庆农村学校、余姚的诸家桥农村试验学校、鄞县的白沙实验区以及上海的沪郊农村改进实验区等,成为民国乡村教育实验运动大潮中的重要一员。

中华职业教育社主张通过职业教育振兴中国农村,发展农村生产,改善农民生活,其愿望和用意是非常好的,尤其是把发展生产、发展农村经济放在首位,采取"富教合一"的方针,在一定程度上也确实给农村带去了新的希望,具有它的独特之处。但它对中国社会的认识有很大局限,希望通过教育去解决中国农村的所有问题,最终也只能沦为改良主义的幻想。

二、陶行知的乡村教育改造实验

1921年初,陶行知陪同美国教育家孟禄赴各地城乡进行教育调查。之后,陶行知对师范教育提出了严厉的批评,并提出办理师范学校的设想,他说:

---

① 《黄炎培教育文选》,上海教育出版社1985年版,第152页。
② 《黄炎培教育文集》第二卷,中国文史出版社1994年版,第431页。

现在师范多设在城市,因而乡村受益少。因乡下学生入师范后,都不愿在乡下做事而愿在城市做事。我以为好多师范学校,应当设在小的镇上,一方面宜可与乡下的环境相接近,一方面有实地教学的机会。中国的农民占85%,设立师范学校,宜顾全农家子弟。①

1922年陶行知被聘为"中华教育改进社"主任干事。1923年他与晏阳初等在北京发起组织"中华平民教育促进会",积极提倡平民教育。在推行平民教育的过程中,他更强烈地认识到,中国教育的根本问题在乡村。1925年在中华教育改进社第四届年会上,陶行知首次提出了师范教育下乡的问题,认为"应设实验乡村师范学校以实验之"。会议一结束,陶行知就开始"到乡村去"的具体准备工作,筹办改进社特约乡村试验学校。

1926年陶行知起草发表了《中华教育改进社改造全国乡村教育宣言书》,称:

本社的乡村教育政策是要乡村学校做改造乡村生活的中心,乡村教师做改造乡村生活的灵魂。我们主张由乡村实际生活产生乡村中心学校,由乡村中心学校产生乡村师范。乡村师范之主旨在造就有农夫身手、科学头脑、改造社会精神的教师。这种教师必能用最少的金钱,办最好的学校,培植最有生活力的农民。我们深信,他们能够依据教学合一的原则,领导学生去学习那征服自然、改造社会的本领。

我们的新使命,是要征集一百万个同志,创设一百万所学校,改造一百万个乡村,合起来造成中华民国的伟大的新生命。②

1926年12月,陶行知又在《新教育评论》上发表了《中华教育改进社设立实验乡村师范学校第一院招生简章(草案)》,对试验乡村师范的创办宗旨、培养目标、组织管理制度、学习科目作了详细的规定。试验乡村师范学校的培养目标是:农夫的身手、科学的头脑和改造社会的精神。按乡村学校教师教育学生、改造乡村生活所必修的知识、技能而设置课程,分六大类32科,每门学科都冠以教、学、做三字。采用学分制,修满60学分即可毕业。修业年限暂定1年,学完各类教、学、做课程,成绩合格者,先发给修业证明书,经乡村学校实际工作半年,经考核确能依据试验学校精神办学者,再发给毕业证书。毕业证书分为三等四种:初级中学程度的学生给予初小教师证书,高级中学程度的学生给予高小教师证书,大学程度的学生给予师范学校教师证书。各级教师证书之外,须依据特殊才能之表现,加给各级校长及乡村教育辅导员证书。试验学校不收学费,只收膳宿费。不放假,除星期日放假半天,寒假放半个月外,其余节假日均作为"有教育价值之活动"。

经过认真筹备,1927年陶行知在南京晓庄创办了试验乡村师范学校,1929年3月改名晓庄学校。1930年晓庄学校的师生因为反对英、日军舰侵入长江和支援下关工厂工人反帝大罢工,被国民政府下令查封,陶行知受到通缉而流亡日本。1931年春,陶行知从日本回国后,提倡"科学下嫁运动"。1932年陶行知草拟了《乡村工学团试验初步计划说明书》,提出工学团要把工场、学校、社会打成一片;实施六大训练,即普通的军事训练、生产

---

① 《陶行知全集》第一卷,湖南教育出版社1984年版,第172页。
② 《陶行知全集》第一卷,湖南教育出版社1984年版,第646页。

训练、科学训练、识字训练、民权训练和生活训练。同年,他在上海与宝山之间筹办了山海工学团,下设包括青年工学团(即青年夜校,后改为共和茶园)、儿童工学团(儿童识字班)、妇女工学团、棉花工学团、养鱼工学团等。儿童工学团采取小先生制,把失学儿童组织起来,采取大的教小的,会的教不会的办法,故又叫自动工学团。学习内容主要是陶行知编写的《平民千字课》和《老少通千字课》。此外,工学团还修路、筑鱼池堤、办红庙信用兼营合作社等。1937年由于抗日战争,试验停止。

与黄炎培强调职业教育不同,陶行知所提倡和实验的乡村教育,虽然提出了六大训练,但实际上他的着重点在于普及识字教育,而且他注重通过教育培养出更多愿意献身教育的人,实现教育的滚动发展,所以他注重乡村师范教育。他所办的晓庄师范影响很大,开全国乡村师范教育办理之风。

三、晏阳初主持的中华平民教育促进会的定县试验

1923年晏阳初与陶行知等在京发起成立中华平民教育促进会,晏阳初任总干事,开始在城市里推行平民教育。随着工作的开展,晏阳初认识到,中国的文盲大部分不是在都市里,而是在广大的农村,因此应到农村办平民教育。1924年中华平民教育促进总会到河北定县提倡平民教育,在各村陆续开办了平民学校。1926年中华平民教育促进会选定翟城村为平民教育实验区。1929年晏阳初把"平教会"总部迁到定县。1930年将翟城村的计划推广到全县,开始了以县为单位的乡村改造实验,并提出了他的乡村建设理论。

在普及教育方面,平教会在定县的十年里,开办平民学校、平民职业学校、平民教育讲习所等机构,编写有教材《平民千字课》,开展扫盲、作新民的教育活动,把小学教育和平民教育打成了一片,还进行了大量的社会调查,取得了一定的成绩。1933年平民学校的高、初两级毕业生达7644人。在生计教育方面,平教会帮助农民兴办农场果园,引进和推广粮、棉、禽畜良种,成立消费合作社,改良猪种、鸡种、棉花等,在改进农村经济、改善农民生活方面取得了很大的成绩。在卫生保健方面,平教会在定县全县设立了保健员网,建立了农村保健站,开办了保健院,建立了巡回医疗,推行了节制生育,在县城设立了广播站,将无线电收音机输入农村,在集市前一日预报物价等。

晏阳初在定县的实验,引起了蒋介石的注意,称赞他的公民训练是贯彻三民主义的好办法。1932年晏阳初为蒋介石拟定了《县政改革方案》,平教会的乡村教育实验被纳入到了国民党的"政教合一"、"三分军事、七分政治"的轨道。1933年河北省政府将定县作为县政建设实验区,并设县政建设研究院,晏阳初任院长,兼实验县县长。1935年平教会在湖南衡山建立南方实验基地。1940年晏阳初又在四川巴县歇马场创办了乡村建设育才院,下设农田水利、农学、乡村教育、社会、卫生5个系。按晏阳初的计划,这5个系的毕业生可以组成一个实验县的管理团队,从而为国民政府推行的"管教养卫"的新县制服务。

虽然实验取得了一些成绩,但定县大多数民众的经济生活并没有发生根本的变革。事实上,在平教会开展实验后,定县依然继续贫困,全县欠债之家数占总户数的67%,因

借债破产的家数从 1931 年的 50 家左右,增加到 1933 年的 2000 多家。无法生活而到外地谋生的从 1924 年的 400 多人,增加到 1933 年的 7800 多人。乞丐也在增加。全县吃不上盐的人口占 20%。[①]

晏阳初也感到平教运动的困难及前途可畏。他在乡村工作讨论会第二次年会上报告中华平民教育促进会的实验区工作时说:

> 定县的全部实验工作,起始于民国十九年,经过五年,其成功究竟到了什么程度,实难断言。因为第一是人才问题,这种改造生活的实验,关系的方面太多,无处供给所需要的各种人才。第二是经费问题,在这民穷财尽的时候,很难筹措这百年大计的实验费。第三是社会环境的问题,现在全国方在一个天灾人祸、内忧外患的环境中,困难如此严重,大家容易误认这种工作为不急之务。第四是时间问题,这种改造民族生活的大计划,决不会一刹那间就能成功。有此四种困难,平教运动的前途,殊可悚悚危惧。[②]

四、梁漱溟的乡村建设实验

梁漱溟,中国近现代新儒家代表。和其他教育家相比,他更多地把中国社会的问题归结为文化问题,并着力从传统文化的复兴及其与西方文化的融合去思考中国问题的解决,这也使得他的乡村建设实验具有非常鲜明的特色。从 1928 年在广州办乡治讲习所、1929 年在河南创办河南村治学院,到 1931 年在山东邹平创办山东乡村建设研究院,并兼任邹平实验县县长,梁漱溟广泛进行了乡村建设理论试验,一直持续到 1937 年抗战爆发。

1931 年在山东省政府主席韩复榘的支持下,梁漱溟到山东邹平开办了山东乡村建设研究院,研究乡村建设问题,培养乡村建设人员,规划和指导实验区的乡农教育,为寻求民族自救自强之路作出了艰难的探索。

梁漱溟把乡村教育作为乡村建设的重要组成部分和主要组织形式。1933 年山东省政府把邹平、菏泽划为县政建设实验区后,对实验区的行政体制加以改革,由乡村建设研究院提名县长人选,使整个行政系统与各级教育机构合一,希望能以教育的力量代替行政的力量。而乡村教育的实施,主要是通过乡村教育机构"乡农学校"来实现的。实验区把全县分为若干个区,每个区成立乡农学校校董会,开办乡农学校。每个乡农学校都由学长、学董、教员、学众组成。学长和学董是乡村的领袖,学董均为各乡村中德高望重者出任,他们组成学董会,构成乡村的办事机构,并推举出一位学长,作为一村一乡的师长;教员一般由乡村建设研究院专门训练过的乡村建设者出任,他们是乡农学校的教师和乡村建设的指导者;学众则是乡村中的所有人,主要是成年的农民。

乡农学校分村学和乡学两级。无论从教育程度上还是从行政功能上,二者都有层次

---

① 引自杨雅彬著:《近代中国社会学》上册,中国社会科学出版社 2001 年版。
② 孙本文著:《现代中国社会问题》第三册,商务印书馆 1946 年版,第 91 页。

上的差异,是基础与上层的关系,所谓"村学是乡学的基础,乡学是村学的上层"①。乡农学校的组织结构,是按农村的自然村落及其行政级别形成的。其组织原则:一是"政教养卫合一","以教统政",使教育机关化;二是学校式教育与社会式教育"融合归一",乡农学校有儿童部、成人部、妇女部和高级部,儿童部以实施学校式的普通教育为主,成人部、妇女部以社会式教育为主,多在农闲时进行,高级部主要是为了培养乡村建设的骨干人员。其中,以成人的社会教育为主。梁漱溟还认为,"乡农学校不是一个零碎设置的,此乡校与彼乡校是要有联络的;更重要的是乡校之上须有一个大的团体或机关来指导提携他们进行"②。可见,在梁漱溟的实验里,村学乡学不仅是个机关,而且是个团体。

乡农学校仿效北宋吕和叔提出的"吕氏乡约",参照清代陆桴亭的社学规制,加以修改补充,将乡约、社学、保甲等加以融合起来,是梁漱溟创造性地继承古人智慧的结果。梁漱溟还编订了《村学乡学须知》,立足重振中国的民族精神,激励农民"齐心学好,向上求进步"③,把社会的政治、法律问题都纳入道德教育范围之内,以使乡村人际关系建立于"柔性的习惯之上",达以"推动社会,组织乡村"的目的。

梁漱溟对乡村教育的目的作了精心的设计。在个人方面,包括:增进学识,扶持健康,学习技能,启发心灵,引导乡农参与并改进社会及文化生活。在国家方面,包括:加速普及教育,培养健全国民,实现民本政治,扶植民族生命。在乡村社会方面,包括:改良农业,提倡合作,充实农村经济;扫除文盲,化民成俗,刷新乡村文明;倡导自卫,除暴安良,奠定太平基础;减去乡建之阻力,增大乡建之势力,使乡建事业之推行,无阻亦无弊,可大亦可久。具体到乡农学校,在促成乡村建设,以使村无游民、野无旷土、人无不学、事无不举的长期目标下,梁漱溟提出了三个短期目标:一是对于一般民众,在于提倡民族固有精神,共图乡村生活之向上改进;二是对于当地自然领袖,在于使其晓然有悟乡村建设的意义,肯于负责,有助于乡建勃兴,成为乡村建设人才;三是对于教育设施,在于制订方案,开展实验,使乡村建设的学理和方法随时得到修正和进步。

为了实现上述目标,梁漱溟也给乡农学校规定了较为广泛的教育内容,涵盖了精神教育、语文教育、健康军事教育、生计教育、公民教育、休闲教育等多个方面。具体到乡农学校的课程,主要包括恒常的与特殊的两类。恒常的课程是各乡农学校所共有的,在高级部设有:党义、精神陶炼、国学、史地、自卫、农业问题等;在初级部设有:党义、精神陶炼、识字、史地、歌乐、国术等。所谓"精神陶炼","包括合理人生态度的指点,中国历史文化的分析,人生实际问题的讨论……三者皆'以中国民族精神'为核心"④,旨在使公民建立道德共识,增强思想凝聚力,以重振民族精神,建设乡村社会。特殊的课程是按当地的需要和问题而设的课程,因时因地制宜,例如有匪患出没的乡村,征得乡民赞同后,成立自卫组

---

① 《梁漱溟教育文集》,江苏教育出版社 1987 年版,第 117 页。
② 《梁漱溟教育文集》,江苏教育出版社 1987 年版,第 142 页。
③ 《梁漱溟教育文集》,江苏教育出版社 1987 年版,第 120 页。
④ 《梁漱溟教育文集》,江苏教育出版社 1987 年版,第 141 页。

织,进行武装训练,维护地方治安;在山地乡村,组织乡民共同造林,共同防护;在产棉区域,则帮助乡民选种,指导种植方法,建立运销合作社。另外还根据各乡村生产需要,组织职业补习班或讲习班,讲解种棉、织布、造林、养蚕、烘茧等农技知识。

乡农学校中的教育内容,注重从农村生产生活的实际需要出发,强调为乡村建设服务,它所进行的农业改良、倡导合作事业、建立乡建金融、风俗善导等,具有一定的民主性与科学性。但他力图通过文化教育、伦理道德等精神领域的活动达到中国社会的重建,而不能真正认清中国社会的问题及其解决之道,在很大程度上也影响了其乡村建设实验的成就。

五、其他乡村教育实验

二三十年代的乡村教育实验除上述之外,还有王拱璧在自己家乡进行的新农村教育实验、雷沛鸿在广西举办的国民教育实验、李廉方领导的开封教育实验以及俞庆棠领导的江苏省立教育学院的民众教育实验等,均取得较大成绩。

(一) 王拱璧的新村教育实验

王拱璧(1886~1976),名璋,字拱璧,河南西华县孝武营村人。出生在一个乡村塾师之家,自幼聪慧,17岁中秀才。1904年入河南高等学堂,1907年赴上海入中国公学,由万初千介绍,参加同盟会,自此"以身许国"。1917年冬,他只身渡海到东京,入早稻田大学研究生院攻读教育。半年后,王拱璧被选为河南留日学生会会长,并被聘为中国留日学生总会干事。

留日期间,日本的自然主义作家武者小路实笃正在提倡新村主义理论和运动,王拱璧曾亲自拜访过武者小路实笃,受其影响至深。王拱璧认为,当时中国的教育既不符合国情民意,又不能解决实际问题,学校和人才都集中在城市,而广大农村则缺学少教,这对"社会前途危害实大"。而在一个以农立国的国度里,当务之急应先普及农村教育,为农村的改造和建设培养各种有用人才。

1920年王拱璧从日本回国后,立下"宁到农村走绝路,不进都会求显通"的誓言,径直自觉地选择了到农村去的人生道路,去实践他早已成竹在胸的"铲除封建主义,提高农民文化,发展农村教育,开拓农村经济文化新面貌"的新村建设。①

1920年10月,他在村自治会的支持下,将其父王际泰于1913年创办的本村"崇实小学堂"改名为"青年公学",实行"农教合一"的新教育体制,探索新村建设和普及农村教育的具体道路。青年公学创建伊始,条件简陋,规模不大,只设小学部,招生3个班,学生140人,教师6人,成立了董事会,实行民主管理,王拱璧被推选为校长。1921年增设农民补习部和职业高等补习部。前者是将不识字的农村青年组成农民夜校识字班,进行扫除

---

① 《王拱璧文集》,河南大学出版社1991年版,第7页。

文盲教育,听课农民常有五六十人;后者招收农村知识青年及塾师50人,为期半年,培养农村初级小学的教师、校长和新村干部。1923～1924年,为适应新村建设的实际需要,又增设夏令学校和中学部。夏令学校招体育、音乐师资短训班,为期半年,两期共培训70余人,毕业后分任各村小学体育、音乐教师;中学部招收初中班50人,成为河南省最早的农村中学之一。1925年8月,又增设五年制师范班一个,学生40余人。经过几年呕心沥血的经营,青年公学成效卓著:"学校设有幼儿园、小学部、中学部、妇女部、职业高等补习部、农民补习部、师范部等,办起20余班,学生逐步增加到700余人。"①

正当王拱璧踌躇满志,实现其改造农村、建设农村的蓝图时,青年村和青年公学于1926年9月遭大股土匪的烧杀劫掠,使他改良中国的幻想破灭了。

(二) 雷沛鸿的国民教育实验

雷沛鸿(1887～1967),字宾南,广西南宁市津头村人。1906年加入孙中山领导的中国革命同盟会。1911年10月武昌起义爆发时,回南宁争取陆荣廷响应起义,宣布广西独立。民国成立后,任左江师范及南宁府中学校长,1913年获公费资送赴英国留学,1914年转道美国学习,1919年就读于美国哈佛大学,获博士学位。1921年学成回国,曾任广西省公署教育科长、广东甲种工业学校校长、上海法政大学经济系主任。1927年任广西省政府委员兼教育厅厅长。不久,便赴英、法、德等考察教育。1929年7月复出任广西省教育厅厅长,11月任江苏省教育学院教授兼研究实验部主任。1933年9月,第三次出任广西省教育厅厅长,大力推行国民基础教育运动,并创建广西普及国民基础教育研究院。

长期的考察研究和对国情的透彻了解,使得雷沛鸿能够把孔子"有教无类"的思想与西方的"庶民教育"有机地融合起来。1916年他在留美期间就呼吁"普及教育,无可辞之义,亦无旁贷之责也"。回国后他极力主张"教育权利人人平等"、"教育为民众所共享",就是要所有的民众不分贫富、贵贱、老少、性别,都享有读书的权利和机会。20世纪30年代,他利用担任广西教育厅厅长的机会,倡导和推行国民基础教育。他的计划是把"初等教育与成人教育"合并办理,构成"国民基础教育",实现"大众共办的教育,大共众有的教育,大众共享的教育"的理想目标。

1933年9月13日,根据雷沛鸿的提议,广西省政府颁布了《广西普及国民基础教育五年计划大纲》(不久改为六年计划大纲),以教育大众化为目的的广西普及国民基础教育运动拉开了序幕。

雷沛鸿推行的国民基础教育,具有两大目的:一是抗日救国,抵御日本侵略;二是教导生产知识与爱国精神,发展经济。雷沛鸿认为,国民基础教育是现实社会的一个教育阶段。他把义务教育与民众教育、儿童教育与成人教育、学校教育与社会教育熔为一炉,构筑了他的国民基础教育的整体内涵。《五年计划大纲》规定:每村(街)设立一所国民基础学校,每乡(镇)设立一所中心国民基础学校,由乡(镇)村(街)长兼任校长。国民中学是国

---

① 《王拱璧文集》,河南大学出版社1991年版,第9页。

民基础教育的继续和延伸,它继续贯彻国民基础教育的主张,即有教无类。雷沛鸿要求开展大众化的教育,把国民中学变成一县文化的中心,以提高地方民族文化水平,培养一批适应地方建设的基层干部。国民大学是建立在国民基础教育体系"国民中学"的基础上,它肩负着培养学术研究和地方建设人才的重任,肩负着创建现代民主、文明、和平的新社会所需新文化的重任,肩负培育民众的民族意识和责任心的重任。

为此,该计划要求:所有适龄男女儿童和16岁以上45岁以下的失学男女成人,一律入学接受教育。该计划不但得到广西军政当局的支持,拨予许多教育经费,而且得到全省民众的热烈响应。再加上省政府对地方官员推行国民教育工作实行严格的考核,又依靠政府的行政力量来强制推行,致使广西全省造就了"无地不学,无人不学,无时不学"的良好局面,形成了全省性的兴办教育的风尚,不仅为广西的开发提供了一大批有一定素质的人才,也使得该省成为普及国民基础教育的榜样而誉满全国,各省纷纷派人前来观摩。

在教育落后的广西,雷沛鸿通过普及国民基础教育,科学地构筑以学前教育为开端,进而由国民基础教育、国民中学到国民大学完整的民族教育体系,从而形成一场广西现代史上规模宏大、有地方特色、有创新精神的教育普及运动。

(三) 李廉方领导的开封教育实验

李廉方(1879～1959),原名步青,字福廷,号莲舫,湖北京山人。15岁中秀才。1896年入湖北经心书院读书。1902年留学日本弘文书院速成师范科,参与创办《湖北学生界》、《汉声》等杂志,提倡社会改革。次年被清政府取消学籍,勒令回国,寓居武昌花园山孙森茂花园。1903年底,李廉方被调至湖南,历任湖南学务处主办,长沙明德、经政学堂堂长,长沙中路师范学堂教员等职。1906年回武昌,先后任湖北师范学堂堂长和两湖师范学堂、安陆府师范学堂教员。

自1916年起,李廉方先后任教育部视学主任,河南省教育厅厅长,武昌高等师范学校事务处主任、教授,河南大学文学院院长兼教育学系主任。1931年9月,经李廉方提议,河南省教育厅成立小学教育实验指导部,由他任主任主持实验:一是"整个实验",主要在低年级中进行以儿童为中心、联系儿童生活的设计教学;二是"部分实验",又分"小问题实验"和"课程改进"两类。

为全身心实验其教育设想,创造新的教学体系,他于1933年夏辞去河南大学文学院院长之职,专职开封教育实验区。虽然后来面对经费、人员、机构裁减等困难,但他顶住各种压力,在两处"极贫穷"的农村和小手工业区集中的地方脚踏实地地搞实验,并提出了《改造小学国语初步课程方案》,即著名的"廉方教学法",通过改进小学语文识字教学法,帮助家境贫苦的儿童识字,精减原来使用的教材的不合理之处,增加阅读教学,使实验学校的小学生在两年半的时间里学完原本四年的部颁课程。该实验大获成功,在当时影响很大,全国各地来参观取经者络绎不绝。黄炎培及当时的教育部长王世杰等都给予了高度评价。他的实验不仅造福于学子,当初参与实验的大学生、年轻教师,终身受其务实作风的影响,有的日后也成长为著名的教育家。如:中国第一批教学论博士生导师、曾任西北师范学院院长的李秉德,就曾在他的实验区中充当实验教员,亲历实验的全程。时至今日,"廉方教学法"在台湾、在海外都有人在关注和研究。

(四)俞庆棠的民众教育实验

俞庆棠(1897~1949),女,江苏太仓人。1914年毕业于上海务本女校,两年后入中西女塾,其后入圣玛利亚女校。她自幼活泼、勇敢,并娴于辞令,尤其善于演讲。五四运动之前,二十出头的她已在校刊《凤藻》上发表文章,提出"立国于物竞剧烈之时代",必须"普及教育"。之后,她更认识到"单靠学生的力量是不够的",要以"教育唤醒民众"。因此,她决心到"新大陆"去探索教育的真谛。1919年8月,俞庆棠典卖了准备结婚用的金饰,在兄长的资助下赴美留学。先后进哈佛大学、哥伦比亚大学研究社会学和教育学,受业于杜威博士和克伯屈博士。她勤奋学习,用两年时间修完大学课程,取得哥伦比亚大学师范学院学士学位。留美期间,她担任了大学中国学生会会长,常和中国留学生一起议论中国的大事,还曾经发表过如《毋忘山东问题》一类的政论文章。

1922年4月,俞庆棠和未婚夫唐庆诒(教育家、国学大师唐文治的长子)一起回国,在江苏无锡结婚。婚后,俞庆棠任江苏省第二师范教师和上海大夏大学教授。执教之初,她就发现旧中国教育的弊端:

> 中国的教育,只顾到一部分学龄儿童,踏进学校大门的,在城市都是中产以上的子弟,在乡村大都是地主的子弟。至于劳苦大众和他们的子女,绝大多数被拒于学校大门之外。①

这位洋溢着"五四"精神的有志者,由此下定了要为民众办教育的决心。在以后的教育实践中,俞庆棠发展了杜威的理论,她说:"学校生活不过是生活的一个阶段"、"现行学校教育,绝不能代表终身的过程。教育的最大功能,只有将整个生活,继续的予以指导。"

1927年6月,俞庆棠被聘为第四中山大学(后改中央大学)教授兼扩充教育处处长,受命规划江苏省社会教育事业。她提出大力推行民众教育的主张,说"民众教育是失学的儿童、青年、成人的基础教育,也是已受基础教育的继续教育和进修",是全民"前进和向上"的教育。

1928年3月,为了培养民众教育师资,她在苏州创立了中央大学区民众教育学校(1930年改为江苏省立教育学院),亲自拟订学校章程并兼任校长。为了供师生实习研究,她在无锡先后创设民众教育实验区、工人教育实验区、民众图书馆、农民教育馆、民众教育学院等实验单位。在俞庆棠的积极规划、统筹组织下,江苏的民众教育一时间声势很大,成效卓著。至1929年,全省竟办了1341所民众学校,310所民众教育馆,82所农民教育馆。1932年,她联合全国社会教育人员,成立中国社会教育社,有1000多名社员,分布于国内外。她被选为常务理事兼总干事。在俞庆棠的倡导下,民众教育由江苏省向全国推行,她随之也被誉为"民众教育的保姆"。

俞庆棠领导的民众教育实验,强调乡村教育与城市教育的结合、社会教育与学校教育

---

① 《俞庆棠教育论著选》,人民教育出版社1992年版,"本卷前言"第1页。

的共建,还注重把民众教育实验与民众教育研究结合起来,对民国时期民众教育思潮及其运动的形成起到了明显的推动作用。

总之,这次发生在20世纪二三十年代的乡村教育实验运动,主要是围绕着解决农村和农民问题来展开的,希望通过教育的力量来改善农民生活和提升农民的文化素质,最终实现稳定社会的目的,无论从其动机抑或实施效果来看,都是值得肯定的。后来,由于战争的原因而被迫中断,但其影响却是深远和长久的。

第五节 日伪占领区的教育

作为中国的近邻,相对于其他列强国家,日本对中国的觊觎由来已久。随着国力的强盛,日本也逐渐加快了侵略中国的步伐,通过甲午战争、日俄战争、九一八事变、七七事变等一系列侵略战争,日本先后占领了中国的台湾、旅顺和大连、东北三省,直至中国大部,并在四个沦陷区建立了殖民地或半殖民地的伪政权,并分别采取各种措施,在占领区实施奴化教育,旨在通过教育,破坏中国人民原有的一切民俗、习惯与信仰,消除占领区人民对日本侵略者的仇恨,让占领区人民接受日本侵略者的生活方式,从而掩盖其侵略行为的真相,为其长期的侵略服务。这实际上是日本侵略者对占领区人民进行精神控制的一种手段,是其以华治华侵略政策的重要组成部分。

一、教育目的

伪"满洲国"成立不久就规定"以王道为教育之方针",大谈"首重博爱",企图从根本上铲除中国人的"种族观念"。不过,这里的"王道"是对中国传统思想的歪曲,是要借中华民族的一些优良传统来模糊侵略者与被侵略者之间的对立。按照这种所谓的"王道立国"精神,伪满政府颁布了一系列"通令"、"院令",规定把"重仁义、讲礼让,发扬王道主义,对于人民生活方面力谋其独立安全,交谊方面崇尚自重节义,而对于世界民族,以亲仁善邻共存共荣,以达于大同"作为教育方针,并提出"日满一体","共存共荣"。1937年的伪满《学制纲要》也明确规定:

> 遵照建国精神及访日宣诏之趣旨,以咸使体会日满一德一心不可分之关系及民族协和之精神,阐明东方道德,尤致意于忠孝之大义,涵养旺盛之国民精神,陶冶德性,并置重于国民生活安定上所必需之实学,授与知识技能,更图保护增进身体之健康,养成忠良之国民为教育之方针。①

---

① 辽宁教育史志编纂委员会编:《辽宁教育史志资料》第三集,辽宁大学出版社1990年版,第333页。

这个方针要求学生必须崇拜天皇和伪满皇帝,赞颂"日满亲善"、"万邦协和",为"大东亚圣战"效劳。1940年伪满又再次宣布:

> 我国之教育本旨,奉体《国本奠定诏书》之趣旨,底彻于诏书所示之惟神之道,涵养振作忠孝仁爱、协和奉公之精神,训育忠良之国民,更使练成之。①

在此之前的1938年7月,日伪政府曾制定了一个《从内部指导中国政权大纲》,后来又秘密制定了《对支宣传策略纲要》,这个《纲要》规定教育方面的基本方针是:消灭民族意识;制造奴隶"文化";提倡复古;强调反共。这一赤裸裸的主张,充分暴露了日本侵略者企图运用教育手段,利用日本的侵略文化和中国旧有的封建文化,向受教育者灌输奴化思想的不良企图。

二、教育制度

日伪政府在各占领区,一方面大肆破坏其原有的学校教育,封闭许多所学校,逮捕和屠杀大批爱国师生;另一方面也加紧奴化教育体系的建立和实施。在伪满洲国成立的同一年,日本就在东北设立了伪文教部,开始改造沦陷区的原有教育。1937年5月,伪满颁布了所谓的《新学制》,从制度上破坏了东北原有的教育体系,建立了以日语为国语的强制实施的奴化教育体系,这标志着奴化教育制度的确立。

《新学制》规定,伪满的学校体系包括初等教育、中等教育、高等教育三个阶段和师道教育、实业教育两个部门。初等教育仍为四二制,但加添了1～3年单级制的国民学舍和国民义塾。中等教育修业年限缩短为4年,包括国民高等学校、女子国民高等学校两类,性质均改为实业学校,以加强实业训练。前者分农、工、商、水产、商船五科,后者分家事、裁缝等科。普通高等教育则由四年制改为三年制,其程度仅相当于原中学水平。整个学程13年,比七七事变前缩短3年,比当时日本国内的学制少5年。这样短的学制,中、高等教育完全职业化,明显是要通过限制中国人接受高层次的教育,进而限制中国人进入较高的社会层次。

与此同时,日伪政府也办有为数极少的特殊学校,专门接受一些受奴化思想影响较深的青年,以培养他们统治中国的代理人,如日伪政府在华北创办了新民学院,作为培养伪政府官员的场所。日伪政府还组织一些汉奸训练班的学员在毕业时去日本参观和实习,后来又派遣大量中学毕业生赴日留学,妄图以优厚的待遇笼络留日学生,使他们死心塌地地为日本侵略者卖命。1937年12月,华北派遣军军部和特务机关还仿照伪满协和会的模式成立新民会,运用《新民报》、《武德报》等报纸杂志和电影、广播、讲演、传单、歌曲、展览等手段,并举办"新民教育馆"、"新民阅览室"、"新民图书馆"等机构,大肆散布"中日亲善"、"共存共荣"、"和平反共"、"王道乐土"等奴化言论,对占领区的广大民众进行奴化宣传,以培养亲近日本侵略者的"顺民"。

---

① 转引自王鸿宾等主编:《东北教育通史》,辽宁教育出版社1992年版,第558页。

三、课程与教材

在调整学制的同时,日伪政府也对各级各类学校的课程设置做出了新的规定。其主要特点表现为:

第一,突出日语教学。日伪政府把推广日语教育当作进行奴化教育的重要举措,非常重视日语教学。1937年颁布的《各级学校规程》明确把日语定为"国语",把原来的国语即汉语改为"满语",而且要求所有城乡学校,从小学一年级即开设日语,在教学时间表中所占课时数通常在每周6学时以上。到中学阶段,日语教学时数是汉语教学时数的两倍多。为了培养日语教师,日伪政府还在占领区开办了许多日语学校,并派遣了一批日籍教师到占领区的学校里专门讲授日语。同时,各级伪政府的人员也需要参加日语讲习班学习,在社会上也提倡和奖励各界人士学习日语,还经常举行日语考试、日语讲演比赛,企图在占领区造成学习日语的风气。

第二,重视"道德教育"。为了便于控制占领区的人民,日伪政府非常重视"道德教育",常采取歪曲、捏造事实等方法,企图消除沦陷区人民的国家观念,抹杀民族意识,实质上是不道德的。如:1937年颁布的《各级学校规程》曾规定:把小学原来的国民道德、历史、地理、自然等课,"行以有机的统合",变为综合性的"国民科",蓄意宣传东北非中国领土、满族非中华民族、日本和满洲是父子的从属关系等殖民观念。中学和大学把原来的经学、修身课合并,改为宣传"日满不可分"的国民道德课。

为了配合这种奴化的道德教育的实施,日伪政府还改编了各科教科书。如:伪满政权统治下的学校里虽然也设有国语、数学、历史、地理等普通课程和一些专业课程,但原有的教材都被禁止使用,都必须使用由日伪政权组织编辑的教科书。在这些教科书中,大量充斥的都是一些宣传日本的国家如何神圣,日本的人民如何仁义,日本如何援助中国,中国的孔孟思想如何可贵,"满洲国"(即中国东北)人民在日本的统治下如何安居乐业以及所谓"中日亲善"、建立"大东亚新秩序"的说教,毫不掩饰地向学生灌输奴化思想,如在语文课中,就有《靖国神社》、《仁德天皇》、《佐久间大佐事略》等介绍日本历史文化的内容。同时,许多学校还要求学生读《三字经》、《论语》、《孟子》等古书,宣扬要"恢复东方固有的文化道德",企图借用旧的封建道德来抵制进步的、爱国抗日的新思想。在中学和师范,课程表上还规定每周要上一节"团体训话"课。这是一门专门进行"和平反共"、"中日提携,共存共荣"等奴化教育的课程,其教材也是由日本特务机关编写的。

第三,简化文化知识教育。除了把普通中学改为实业学校外,日伪政府还极大地减少了学校中的普通文化课程的学习,把物理、化学、生物合并为一个理科,中小学数学课每周也只开3~4节。同时,还取消了实业课中系统知识、基本理论的讲授,代之以实际操作和训练,以便培养普通技工。

1941年后,为适应扩大侵略战争的需要,日伪政府又在大中学校普遍实行"日满共学制",减少各级学校的全年授业日数,增设"终日实习"、"终日训练"、"勤劳奉仕"等课,强迫学生进行大量体力劳动。1944年日伪政府对大学宣布"决战体制",强化军事教育,推行彻底的勤劳奉仕制度,加强防卫机能,减少课程时数,缩短毕业年限。如:大同师范的学生,半年内只演算了12道算学题,讲了4课国文,余下的时间都做了挖沟、挖煤、修垒的苦力。在抗日战争接近尾声时,日伪政府还强令占领区教育界开展"捐纳兵器"等活动,把侵略战争的负担转嫁到学校师生身上。

总之,日伪政府在中国各地所实施的各级各类教育,在思想上、理论上都没有超出殖民主义教育思想和制度的范围,它是日本侵略军标榜"东亚共存共荣",强化其法西斯统治的重要手段,是为其侵略政策和战争政策服务的。它一方面破坏了中国原有的教育体系,阻碍了中国教育的独立发展;另一方面也给占领区人民在思想上、精神上、感情上造成了难以弥补的伤害。

四、中国人民反日伪奴化教育的斗争

日本的殖民入侵和奴化教育,同样激起了中国人民的强烈反抗,无论是沦陷区、国统区还是敌后抗日根据地,都以不同的方式同日伪的奴化教育进行了不懈的斗争。

(一)举办多种形式的教育机构

日伪政府虽然建立了比较完整的奴化教育体系,但是很多有良知的中国教师和学生宁愿失业失学,也不去日伪控制的学校里教书和读书。很多地方纷纷设立各种各样的私立教育机构来对抗日伪的奴化教育,如举办抗日的两面学校、"里红外白"的私塾和抗日隐蔽学校等。

抗日两面学校和"里红外白"的私塾一般都设在日伪据点附近的村庄。它接受抗日政府的领导,教员和学生都心向祖国。由于日伪人员经常来这些学校视察,所以学校表面的布置,包括教室里的标语口号,都按日伪的规定,从外表看与伪小学和其他私塾没有两样。但实际上,学生书包里装着两种课本。日伪人员来了,学生在书桌上摆出伪课本或私塾教材;日伪人员走了,就念抗日课本。教师也准备了两种,一种是"应敌教师"(多由略识字的老年人担任),当日伪人员来校时,"应敌教师"就摆出私塾老先生的架子站在讲台上,胡乱教几个字,编一些假话支应一下。但实际上教课的是抗日教师。这种学校和私塾在华北日占区和游击区里占了很大比例。

抗日隐蔽小学也称抗日地下小学。在华北的日伪占领区和游击区里,当两面小学由于日伪残酷镇压不能存在时,便转入地下,成为抗日隐蔽小学。在这类学校里,有的把学生划分为若干小组,由学习优秀的学生作"导生"(即小先生),教师给"导生"讲课,再由"导生"向其他学生传达传授;有的教师把自己化装成卖货郎,在没有敌情的时候沿街叫卖梆梆,集合学生上课;还有的把学校伪装成杂货铺,学生假装卖油打醋,由教师进行个别教学;还有的学校实行"洞口教学",学生在有地洞的屋子里上课,一遇敌情,大家就钻进了地洞;还有的建立了地下教室,学生干脆在地下教室里进行一切教学活动。

事实证明,在华北日伪占领区里出现的抗日两面小学和抗日隐蔽小学保证了入学儿童不受奴化教育的毒害,团结和锻炼了一大批爱国教师,同时也扩大了抗日宣传教育的阵地。

(二) 充分利用日伪学校进行抗日教育

许多被迫进入日伪学校教书的教师和读书的学生,在学校里也进行了抵制奴化教育的种种活动。如:在上日语课时故意旷课,不参加日伪举办的各项活动,不穿日伪学校的制服,对日籍教师和汉奸教师用各种恶作剧的形式予以报复和惩罚;采用各种办法给日伪实施奴化教育制造障碍。

在日伪占领区的学校里,日伪政府对教师的控制十分严格,但是一些具有爱国思想的教师仍然在极其艰难的条件下向学生进行抗日爱国教育。当时,北平的爱国教师秘密组织了一个"华北文教协会"的团体。团体成员分布在各大学和部分中学,其主要工作之一,就是要求本团体的成员在课内、课外向学生宣传不畏强暴、不受利诱、不向日本侵略者投降、不当亡国奴的民族意识和爱国思想,向青年学生讲述抗战必胜、日本侵略者必败的思想。还有的教师在课堂上以中国古代民族英雄岳飞、文天祥的事迹激发学生的爱国热情。这对消除奴化教育的影响是起了很大作用的。

特别需要指出的是,日伪占领区许多小学结合对敌斗争的实际,创造了许多机巧多变的教学方法,其中主要有"事实教学法"和"反驳教学法"两种。

"事实教学法"就是教师抓住每一个时期当地发生的事情,对学生进行事实教育。如:教师在课内课外给学生讲述当地军民英勇抗日的斗争故事;组织学生参加被日伪杀害人员的出殡活动,察看被日军烧毁的房屋等。通过这些活动,以事实揭露日本侵略者的残暴面目,达到激发学生仇恨和反抗日本侵略者的目的。

"反驳教学法"就是在日伪控制很严的城镇和据点里的学校,教师在讲日伪课本时加以正确的反驳。如:河北定县一所学校在讲《中日亲善》的课文时,教师即问:"咱们村里这半年里死了十几个人,这些人是谁杀死的?"学生答:"是日本鬼子。"教师问:"日本鬼子杀的是什么人?"学生答:"中国人。"教师说:"这就是课本中讲的'中日亲善',你们赞成不赞成这种'亲善'?"学生答:"我们反对这种'亲善'"。山西繁峙、灵丘的一些日伪占领区的学校,针对日伪编写的修身课本,还编写了一本"反驳课本",揭露了日伪利用课本欺骗麻醉儿童的阴谋。如:在《修身》中讲所谓的《王道乐土》时,就把日军捉住中国人灌凉水、灌辣椒水、喂洋狗、指甲上插竹签以及制造无人区等惨刑毒计都介绍出来,像这样的教材不但教育了学生,也教育了教师自己。

(三) 积极开展社会抗日教育

为了争取和教育日伪占领区的群众,各地的抗日团体和个人采取多种办法,开展社会教育工作。其中,晋察冀边区各县区,根据边区行政委员会在1939年7月颁布的《敌区教育计划实施纲要》的规定,在日伪占领区有条件的村镇都要设置学习站。学习站设教育工作员(即民众教员),由他把各村的成年男女都组织进学习小组里,根据抗日政府布置的教育内容,在街头巷尾、村外田间等场所,抓紧中午、晚上的时机,灵活机动地进行抗日教育和揭露日本侵略者的奴化宣传。这种学习站的设立,对于提高广大群众的民族自尊心和自信心,提高其抗战必胜的决心,抵制日伪政府利用新民会进行的奴化教育是有推动作用的。

此外,抗日革命根据地还开展了大规模的"公民誓约"和儿童"五不誓约"运动。"公民誓约"要求根据地的每一个人都成为抗日爱国,拥护共产党和抗日政府,踊跃参加八路军,爱护根据地,坚决不当汉奸,誓死不当亡国奴的忠实公民。晋冀鲁豫边区把"公民誓约"中的内容编进了冬学课本;许多村乡把"公民誓约"的全文写在街头,让村里的群众天天念诵,使"不做汉奸顺民、不当敌伪官兵、不参加伪组织维持会、不卖给敌人汉奸货物、不给敌人汉奸粮食、不用汉奸钞票、爱护抗日军队、保守军事资财秘密、服从抗日民主政府"这些誓言深入人心,甚至许多识字很少的妇女都能把"公民誓约"背得烂熟。同时,各村各乡都举行了庄严的宣誓仪式。这个大规模的"公民誓约"宣誓运动也是一个普及性的爱国宣传教育运动。

在开展"公民誓约"运动的基础上,1942年华北抗日根据地的小学又向学生进行了"不告诉敌人一句实话、不报告干部和八路军、不报告洞子和粮食、不要敌人的东西、不上敌人的当"的"五不誓约"教育。无论是课上还是课下,把"五不誓约"渗透进了每个教学环节,在坚定学生的抗日立场、抵制奴化宣传方面起了很大作用。

通过举办反奴化教育的学校和建立各种文化教育设施,正面开展针锋相对的宣传和教育活动,广大沦陷区的军民不仅认清了日伪政府的本质,增强了民族意识和情感,也掌握了一定的文化科学知识、对敌斗争的经验和生产建设的本领,提高了沦陷区人民的民族自尊心和抗战必胜的信心,也为抗日战争的胜利作出了应有的贡献。

第六节 民国学人的教育思想

进入20世纪后,中国社会虽然一直动荡,但教育在各个方面都取得了不菲的成就。随着中国与国外文化教育交流的日益加深,特别是随着中国留学教育的蓬勃发展,广大留学生成为新世纪中国社会发展的生力军,在各个领域都居于主导地位。而随着民族和文化危机的加重,教育被看作挽救民族危亡,振兴民族发展的重要途径。许多教育家均怀抱教育救国、教育强国的理想,扎根中国社会现实,在积累宝贵实践经验的同时,通过积极的思考和探索,在教育理论中国化、本土化方面作出了卓越的贡献,涌现了一大批诸如杨贤江、晏阳初、梁漱溟、陈鹤琴、黄炎培等立足中国、影响深远、具有一定国际声誉的教育家。

一、杨贤江

杨贤江是中国早期马克思主义教育理论家的代表人物,杰出的青年运动领导人之一,为马克思主义理论在中国的传播和创立中国无产阶级教育理论体系作出了重要贡献。

（一）生平及教育活动

杨贤江(1895~1931)，字英父(英甫)，笔名李浩吾，出生于浙江余姚县(现属慈溪市)一个裁缝家庭。1917年杨贤江以优异的成绩毕业于浙江省立第一师范学校，随后到南京高等师范学校担任学监处的学监，后任陶行知为主任的教育科助理员。他一边工作一边进修教育学、心理学等课程，还参加了商务印书馆附设的函授英文科的学习，并开始翻译国外教育论著，发表有关青年问题的论文。1919年参加了李大钊等发起的"少年中国学会"，开始在教育界和青年界崭露头角。1920年应邀赴广东肇庆县，任该县国民师范补习所教务主任。

1921年初，杨贤江经人推荐，担任上海商务印书馆《学生杂志》编辑长达6年之久。在他的努力下，《学生杂志》基本上从一般性的学生生活杂志转变成一份指导青年和学生运动的杂志，成为青年"生活道路上的指路明灯"，他本人也被誉为"青年一代最好的指导者"。1922年杨贤江经沈雁冰等介绍加入中国共产党。1923年，协助恽代英编辑《中国青年》，向青年学生介绍马克思主义。1924年杨贤江在上海大学附中兼课，还担任浙江上虞春晖中学教务主任。五卅运动爆发后，又与沈雁冰等组织"教职员救国同志会"。1926年国民革命发展到高潮，杨贤江离开《学生杂志》，直接参与工人和学生运动。1927年4月，蒋介石大量捕杀共产党人，杨贤江受到通缉，先是转移到武汉主编《革命军日报》，后又潜回上海，因形势险恶，避难日本，负责留日学生特别支部工作。

在日期间，杨贤江在从事革命工作的同时，开始进行教育和社会科学的研究和翻译工作。1928年撰写了《教育史ABC》一书，这是中国第一部运用历史唯物主义分析世界教育历史的著作。还翻译了恩格斯的《家庭、私有制和国家的起源》、《苏维埃共和国新教育》等著作。1929年从日本回国，并在1930年撰写了《新教育大纲》一书，这是中国第一部运用马克思主义论述教育原理的专著。《教育史ABC》和《新教育大纲》奠定了杨贤江作为马克思主义教育理论家的地位。

1931年杨贤江病逝于日本长崎，年仅36岁。在其短暂的一生里，杨贤江却给我们留下了300多万字的精神财富。1982年教育科学出版社出版了《杨贤江教育文集》，《杨贤江全集》也于1995年由河南教育出版社出版。

（二）论教育的本质与变质

在《新教育大纲》中，杨贤江开宗明义地指出："教育的本质是为支配阶级服务的，教育为'观念形态的劳动领域之一'，即社会的上层建筑之一。"[①]他认为教育与法律、宗教等观念形态的领域一样，建立于经济基础之上，它受政治、经济决定，但在一定程度上促进经济、政治的变革。在随后的很长一段时间里，这一观点始终被看作马克思主义关于教育本质问题的经典论断。

---

① 《杨贤江教育文集》，教育科学出版社1982年版，第412页。

不过，杨贤江也同时强调，教育作为上层建筑自有其特殊性。他认为，教育"不像别的精神生产各有各的内容"，而是"以其他的各项精神生产的内容为内容"的，所以，教育不仅"在旨趣及实施上受制于经济及政治"，而且"在资料与方法上受制于其他各项精神生产"，所以，从这个意义上来看，教育作为上层建筑的独立性不如上层建筑的其他构成部分。

专栏11-1：关于教育本质的讨论

20世纪50年代初，斯大林发表了《马克思主义与语言学问题》，引起苏联教育界对教育本质属性的讨论。《苏维埃教育学》杂志部在讨论总结中提出教育是社会上层建筑的观点，这一观点也被全面学习苏联的新中国所接受。但到了1978年，首先围绕教育是不是上层建筑，中国教育理论界也开展了一场轰轰烈烈的关于教育本质问题的大讨论。在这场讨论中，关于教育本质，学界先后提出了很多观点，主要有：上层建筑说（承认教育属于上层建筑）、生产力说（认为教育属于生产力）、双重属性说（认为教育具有上层建筑和生产力的双重属性）、社会实践活动说（主张教育是培养人的社会实践活动）等。尽管这场讨论最终并无定论，但它给中国教育的发展产生了全面而深刻的影响，它促使教育摆脱了政治的附庸地位，使教育在中国社会发展中的战略地位得以确立。遗憾的是，在这场大讨论中，很多人并没有意识到杨贤江在《教育史ABC》一书中提出的观点，更没有注意到他考察教育本质的思路与方法。

杨贤江还从历史的角度分析了教育本质的演变。首先是探讨了教育的起源问题，他认为教育的产生既非出于人性，也非教育者的先觉意识，更非天命使然，而是因为人类实际生活的需要，他说："教育的发生，就只根于当时当地的人民实际生活的需要，它是帮助人营社会生活的一种手段。"[①]所以，杨贤江认为，在原始社会，教育仅是"社会所需要的劳动领域之一"，体现出教育的本质。而私有制的产生导致了教育的变质，教育变成了"社会的上层建筑之一"，因为在阶级社会，教育也有了阶级性，从过去"全人类的、统一的"教育变成了"阶级的、对立的"教育了。这种阶级的、"变质的"教育具有五大基本特征，即：体力劳动与脑力劳动分离、教育与劳动分离；教育权跟着所有权走；教育专为支配阶级的利益服务；两种教育制度相互对立；男女教育不平等。而且，在资本主义社会，教育还趋向于"独占化和商品化"。所有这些，都可以说明教育与法律、宗教、哲学等一样，属于上层建筑和观念形态。

与此同时，杨贤江还认为，到了未来的社会主义社会，随着私有制和阶级的消失，教育将在更高层次上恢复其原有的本质，重新成为"社会所需要的劳动领域之一"。这种教育是与劳动结合在一起的，是真正普及的、平等的教育。

---

① 《杨贤江教育文集》，教育科学出版社1982年版，第413~414页。

杨贤江用历史唯物主义的辩证发展观,具体分析了教育的本质、变质及其发展演变过程,敏感地意识到了阶级社会中教育所具有的上层建筑属性,对中国当时流行的教育救国思潮有一定的警示作用。

(三)批判"三论"和"四说"

20世纪20年代,正是中国社会剧烈动荡和变革的时期,也是各种教育思潮风起云涌的时期。对于当时教育界流行的所谓"三论"、"四说",杨贤江运用马克思主义的相关理论,对其进行了较深入的分析和批判,对引导人们正确认识中国社会和中国教育起到了一定的作用。

"三论"指教育万能论、教育救国论、先教育后革命论,这是当时比较流行的关于教育与国家、政治发展关系的认识,或者说是对教育作用的认识。

"教育万能论"由来已久,最早可以追溯到古希腊教育家柏拉图、洛克、康德、爱尔维修、华生等人,他们的思想中也都含有教育万能论的色彩。它忽视或否定了遗传素质及人的主观能动性在人的发展中的作用,把社会环境和教育看作影响人的发展的决定性因素,认为人完全是教育的产物。据此认为,通过教育发展人的理性,可形成健全的道德,从而改变社会现状,建立合乎理性的社会制度。杨贤江对此进行了批判。他认为,教育固然有助于社会发展,但教育又受制于社会的政治制度和经济关系,不可能超越时代和环境条件而独立存在。在现代社会,"富"集中于少数人,这些人同时支配着政治,垄断着教育权。所以,如果政治不善,就会妨碍教育发展;"富"的问题不解决,教育不仅不会万能,而且只会变得"无能"。

教育救国论是当时中国最有影响的教育思潮之一,其内部又有道德教育救国、职业教育救国、军事教育救国等几种观点。对此,杨贤江认为,教育固然可以救国,但是必须具备一定的前提条件。因为只要中国社会未被改造,只要帝国主义和国内军阀未被打倒,中国的殖民地位不能摆脱,则教育救国无疑是空谈,这种学说不仅无助于救国,反而会因为误导民众,耽误真正的救国行动。因此,他提醒青年学生一定要研究中国社会现实需要的救国方法,并切实行动起来。

对于先教育后革命论,杨贤江指出,先通过教育培养民众的革命能力,然后才能进行革命的说法具有极大的欺骗性。因为统治阶级不可能允许自己所支配的教育为无产阶级培养革命人才,甚至不允许发生不利于统治的教育。"先教育后革命"的结果只能是不要革命,放弃革命。因此,不能把革命和教育对立起来,革命和教育并不矛盾,无论在革命前、革命中还是在革命后,都需要教育,而且教育是重要的"斗争武器之一"。

所谓"四说",是指当时教育界流行的四种关于教育本质属性的主张,即教育神圣说、教育清高说、教育独立说和教育中正说。杨贤江认为,这些学说和主张掩盖了教育的本来面目,同样具有欺骗性。

教育神圣说认为,教育是"觉世牖民"的崇高事业。对此,杨贤江指出,从对教育发展史的考察可以看出,在封建社会,教育被局限于道德规范的狭隘范围内,旨在让人安分守己,只是愚民而绝非牖民;资本主义社会虽然实施了义务教育,也只是为了培养适合资本主义经济所需要的劳动力而已。因此,空喊教育神圣只能会被统治阶级所利用。

教育清高说认为,教育者不涉及政治,也不为金钱,因而教育是一种很清苦高贵的事业。杨贤江指出,"教育清高说"将教育奉为"高贵"与"清苦"的事业,这明显是将教育与政治割裂了,言外之意在说政治是肮脏的,而教育是清廉的,从本质上将教育置于政治之外,超然于政治。同时,这种观点也把教育和劳动隔离了,教育者似乎成了只会空谈而无劳动能力的人。

教育独立说认为,教育是一种超然于政治的事业,因而应该摆脱政党的控制而独立。杨贤江认为,凡是阶级社会,所有事情都要受到政治制度的支配,教育作为一种工具,受支配的情况尤其严重。专讲教育而不问政治,不仅行不通,而且是缺乏常识的表现。作为正直的教育者,应该致力于推翻帝国主义、肃清封建势力的斗争。

教育中正说认为,教育对于主义派别,对于政治问题,对于各家学说的研究等均站在"公正"的立场上,采取中和的态度,不偏私,不极端。而且教育把教育机会平等地给予民众,使人人得受教育,因而教育再中正不过了。杨贤江认为,"教育中正说"也是一种欺蒙世人的说法。根据马克思主义的观点,阶级社会里教育是没有"中正"可言的,只能代表统治阶级的利益。因为不同阶级之间的教育机会极不均等,而且教育制度、经费、课程、教材乃至教师,都是由当权者审定的。提出这种说法的人实质上是不明是非,看似"中正",实则偏私。

杨贤江认为,这四种关于教育本质属性的学说,应该纠正为教育是凡俗的、平庸的、隶属的和阶级的。当然,杨贤江也并不是一味盲目地批判当时流行的这些观点。他更多的是在提醒民众,应该注意时代背景和环境,应该注意社会性质。他告诫民众,在当时混乱的时局中阶级矛盾、民族矛盾空前激烈,社会动荡不安,民众应该保持清醒的认识,理智地分清肩负的首要任务。

(四)论对青年的"全人生指导"

杨贤江发表的300多篇教育文章,大多是关于青年问题的。尤其是在他做《学生杂志》编辑的时候,写了数百封给青年学生的信,回答了上千个青年的提问,对青年的理想、修养、健康、求学、择友、社交、婚恋等各方面给予指导。1925年,教育界通过各种形式对青年学生,特别是中学生的教育问题开展过一次大讨论,杨贤江积极参与这次讨论,明确地提出了"全人生指导"的观点。

所谓"全人生指导",就是指教育者要对学生进行全面的关心和指导,不但关心学生的学习、品德,还要关心他们的生活起居、恋爱婚姻、社交择友、兴趣爱好、职业选择和规划等诸多方面。不但要对学生的今天负责,而且要对他们今后步入社会的发展负责,指导他们的工作和生活。最终要使青年学生在德智体各方面都得以健康成长,成为一个完整的人,以适应社会改进的需要。

指导青年树立正确的人生观,是杨贤江青年教育思想的核心。他认为,人生观影响着一个人的成长和社会行为,非常重要,而青年正处于人生观形成之初,对此必须高度重视。但是在当时的中国社会,由于社会动荡,各种势力和影响交错纠缠,是非难辨,很容易导致各种青年问题,特别是青年人在人生观方面的困惑。他指出,当时中国青年中普遍存在三种消极的人生观:一是缺乏明确生活目的,随波逐流;二是虽不满于社会现状,却对社会未来发展悲观失望;三是虽有改造社会的愿望,却缺乏勇气和信心,也不能找到正确的方法和道路。对此,他主张应该把青年的需要、时代的趋势和中国社会的实际结合起来,去思考人生的目的,通过对人类社会的贡献实现自我价值。他鼓励青年要有反抗强暴的魄力,有献身平民的精神。他还旗帜鲜明地要求青年投身革命,认为这既是中国社会的出路,也是青年的出路。

对于青年学生的学习,杨贤江认为这既是权利也是义务。他还专门谈到求学的目的要端正。他从人类进步和国家强盛的高度出发,立足于青年健康发展的需要,主张求学的目的应是为人类谋进步、谋幸福。在《求学与救国》一文中指出:"求学不忘救国,救国不忘求学。"①此外,杨贤江也曾明确指出:求学的目的就是"在学做人,在学做一个更有效能的人",即"做个有用的人"。另外,由于广大劳动人民子弟缺乏受教育的机会,杨贤江还特别倡导青年的自学,并要求青年把读书、观察和实践与社会发展结合起来,注重学校与社会的联系。

对于青年学生的生活,杨贤江也提出了很多指导性的建议。他认为,教育要指导学生过正常而全面的生活,包括健康生活、劳动生活、公民生活和文化生活四大类。其中,健康是生活的根本,生活的根源;劳动生活或称为职业生活,是维持生活、促进文明的要素;公民生活就是社会生活,个人不能离开人群而存在,良好而符合现代社会准则的群己关系是个人人生幸福的保障;文化生活或谓"学艺生活",包括科学、文艺、语言、常识、游历等方面的研究和欣赏活动。因此,"全人生指导",不仅要对学生的在校生活进行指导,也要对学生的校外生活进行指导,对学生的求学、起居、健康、兴趣爱好、社交、恋爱、择业等要予以全方位的关心和指导。

着眼于"全人生指导",教育的视野就不会局限于狭隘的书本,学校工作就可扩张到青年生活的各个方面。在这样一个广泛的视野上就更容易唤起青年对社会的责任,引导青年对革命的向往。可以说,杨贤江的"全人生指导"思想,实际上是以"革命的人生观"为核心的,其出发点是引导学生参加革命,过革命的人生。

与同时代的其他教育家相比,杨贤江的教育思想具有独特性,他致力于用马克思主义理论来分析教育问题,创造性地阐述了教育的本质,对当时流行的各种教育主张进行了深入的分析和批判;他致力于中国的青年教育,提出了全人生指导的青年教育思想,不仅对当时青年的健康成长有积极的引导作用,对今天的教育也有一定的启发意义。

二、晏阳初

晏阳初是中国近现代卓越的教育家,世界平民教育运动与乡村改造运动的倡导者,被

---

① 《杨贤江全集》第二卷,河南教育出版社1995年版,第30页。

誉为"世界平民教育之父"。

(一) 生平及教育活动

晏阳初(1893~1990),原名兴复,又名遇春,字阳初。出生于四川省巴中县一个书香世家,幼年接受了中国传统私塾教育,13岁赴阆中县一所教会所办的西式学堂求学,并接受了基督教洗礼。17岁入省城美以美会所办的华美高等学校,结业后任中学英语教师。23岁赴香港圣史梯芬孙书院深造,1916年夏赴美国耶鲁大学留学,1918年毕业后赴法国为在战场上做苦力的华工服务,自编《千字课本》,创办《华工周报》,积极开展华工教育,收到明显效果,这是他从事平民教育工作的开端。

1923年晏阳初和朱其慧、陶行知等在北京成立了平民教育促进会,任总干事,并主持工作。1926年平教会选定河北定县作为实验区,开始了长达十年的平民教育实验。1936年河北定县的实验已近尾声,晏阳初准备把河北定县的经验大面积推广,但日本已蓄谋侵占华北,他决定到湖南、四川、广西等后方省区推行定县经验,1940年中国乡村建设育才院在重庆北碚开学,专门培养各地乡村建设人才。

1943年5月,哥白尼逝世四百周年纪念大会在美国的纽约举行,晏阳初应邀出席,并与爱因斯坦、杜威、莱特等一起被授予"当代世界具有革命贡献的伟人",晏阳初是唯一的一位东方人。1949年11月,晏阳初离开重庆到美国定居。从20世纪50年代开始,他致力于国际平民教育运动,曾受聘国际平民教育委员会主席、联合国教科文组织特别顾问,先后到几十个亚、非、拉国家去做平民教育的指导工作。1966年在菲律宾马尼拉成立了国际乡村建设学院,晏阳初担任首任院长,并在1967荣获菲律宾政府授予的最高平民奖章"金心勋章"。1987年10月,晏阳初荣获美国政府颁发的"终止饥饿终生成就奖"。1990年1月,晏阳初在纽约逝世,享年97岁。其著作先后被编成《晏阳初文集》、《晏阳初全集》。

(二) "化农民"必先"农民化"

晏阳初具有明显的"教育救国论"思想。他认为:"中国亡不亡全在教育界;教育界可以支配中国,支配前途,改造社会。"①在他看来,由于中国教育落后,导致了这样几个问题:第一,绝大部分国民不识字,不了解社会情形,对于社会的腐败看不出,或看得出但只能淡漠旁观,说不出来。他说这是患了瞎、聋、哑的病。第二,他认为人的人格生来是平等的,但由于教育机会的不平等,生来平等的人格显出了高低上下之分,教育是消除这种人格不平等的唯一方法,是实现民主政治的主要方法。第三,他认为中国有两种矿藏都没有开发,一个是"地矿",一个是"脑矿",因为"脑矿"得不到开发,也就没有办法开发"地矿"。

晏阳初认为,要改变上述状况,只有依靠教育,而平民教育特别是乡村教育更迫切、更重要。可以说,晏阳初的乡村建设理论就是从教育入手对乡村进行综合治理的理论。他在乡村建设中倾注了极大的热情和全部精力,表示要从农村出发实现"民族再造"。他号

---

① 《晏阳初全集》第一卷,湖南教育出版社1992年版,第51页。

召广大知识分子到乡村从事"化农民"的工作。同时,为了消除知识分子与农民之间的距离,他还提出了如欲"化农民",必先"农民化"的主张,号召知识分子们抛下东洋眼镜、西洋眼镜、都市眼镜,换上一副农民镜。不过,要做到农民化是非常不容易的,必须先明了农民生活的一切,要努力在农村做学徒,虚心给农民做学徒,给乡下佬办教育,向乡下佬学习。因为农民虽然不知科学的名词,未曾受过书本式的教育,却有实际生活的知识与技术,因而值得学习。那么怎么学?就必须彻底地与广大农民打成一片,唯有如此,才能深切了解农民,懂得他们的需要,才能实实在在地进行乡村改造。可以说"化农民"和"农民化"是他进行乡村建设实验的目标和途径。

(三)平民教育的四大内容

随着平民教育由城市向乡村的转移,特别是经过河北定县试验,对农村问题有了系统、全面的了解以后,晏阳初对中国乡村问题有了明显的看法。他简要地把农村问题概括为四大方面,即愚、穷、弱、私。所谓愚,是指绝大多数农民因失去教育而变得目不识丁。所谓穷,是指中国农民的生活大部分是在生与死的夹缝中挣扎的。所谓弱,是指身体素质极差,谈不上科学治疗和公共卫生。所谓私,是指人民之间不仅缺乏团结合作,更谈不上民族精神、国家和公民自治的观念。晏阳初认为,这些问题如果得不到解决,中国的建设事业根本无法开展。

在定县乡村平民教育实验的基础上,晏阳初总结了一套比较有效的实施乡村教育的经验,认为要从根本上解决中国农村存在的四大问题,就应该发展四种教育,即文艺教育、生计教育、卫生教育和公民教育。

第一,文艺教育,主要指文字及艺术教育。晏阳初认为,文艺教育是攻"愚"的利器,目的是要发扬"脑矿"中的"知识力"。通过文艺教育,特别是识字教育,可以帮助农民掌握获取知识的工具,引导农民过基本的文化生活,为他们更多地了解自然环境和社会生活提供可能。同时,文艺教育还能丰富人们的精神世界,使人们感受到知识和信息的力量,并将这种力量投入到对自然和社会的改造中去。在晏阳初看来,文艺教育涵盖的范围非常广泛,所有涉及文字研究、开办学校、编写教材、研究教育教学方法以及重建乡村教育制度等措施,都属于文艺教育的范畴。而文艺教育的首要工作就是识字教育,消除农村的文盲,特别是青年文盲,使这些青年成为农村建设的中坚力量,并为其他教育打下基础。

第二,生计教育,要开发"生产力",是攻"穷"、治"穷"的法宝。在他看来,教育的目的之一是为了根本提高农民的生活水平,因此,对农民有益的教育,最能直接给农民带来实惠的教育应该是生计教育。这种教育包括最基本的农、林、牧等方面的现代知识与技术,通过农村的农业、畜牧业、手工业等各方面的努力,加大现代科技知识在农村各产业中的应用,提高农民的生产效率,提高经济效益,提升生活水平。同时,通过教育农民建立自助社、合作社等经济组织形式,既可以提高生产效率,也可以加强农业经济的竞争力,促使农村经济的健康发展。

第三,卫生教育,目的在于防病治病,培养"健康力",是攻"弱"的良方。通过"普及卫生知识,训练卫生习惯,用公共的力量谋公共的卫生,以提高其健康生活,使人人成为强健的国民"。这种卫生教育注重大众的卫生和健康,强调在农民现有经济状况下尽可能增加他们科学就医的机会,保证农民最低程度的健康。实施卫生教育的具体措施:一是创建农村医药卫生保健制度,由村到县组成一个完整的系统:县设保健院,区设保健所,每村设一个保健员,经过训练后负责全村的医疗保健工作,使每一个农民都有接受科学医疗的机会。二是进行基本的健康卫生教育,使农民获得最基本的医药卫生常识。

第四,公民教育,主要是关于公民的责任和权利、国家和民族观念等方面的教育。其目的在于通过一定的公民训练,激起人民的道德观念,使他们有公共心、团结力,有最低限度的公民常识、政治道德,以立地方自治之基础。

晏阳初认为,通过这四种教育,足以培养新中国所需要的新民。其中,最根本的是公民教育。在他看来,"我们办教育,固然要注意文艺、生计、卫生,但是我们不要忘了根本的根本,就是人与人的问题"。而只有公民教育,才能帮助每个人更好地了解人与人之间、人与社会之间的关系,发扬人民的公共意识。

(四) 平民教育的三大方式

为了发挥教育的整体功能,针对过去教育与社会相脱节、与生活实际相割裂的弊端,晏阳初提出了在农村推行四大教育的三大方式,即学校式教育、社会式教育和家庭式教育。

首先是学校式教育,以青少年为主要教育对象,开办各种平民学校来进行,包括初级平民学校、高级平民学校、生计巡回学校等。初级平民学校以识字教育为主,努力提高学生读、写、说的能力,以《公民千字课》为教材,方法主要采取导生制,通过学生传授学生,如此最经济、最迅速地普及教育,以弥补教师不足的缺憾。高级平民学校是为部分初级平民学校的毕业生开设的,进一步传授更具体、更深入的知识,旨在把他们培养成为乡村建设的领导者和初级平民学校的教师。生计巡回学校主要是根据时令的变化,从实验区内各地农村的实际经济需要出发,分区加以巡回指导,传授生产技能。

其次是社会式教育,以成人为主,主要通过平民学校同学会开展各种各样的活动,如成立读书会、演说比赛会、演新剧、练习投稿、成立自助合作社、农业展览会等。根据成人的特点,社会式教育多采用讲演、戏剧、展览、电影等直观教育方法,还从农民的实际需要出发,以老百姓喜闻乐见的形式出版发行了多种平民读物和《农民周报》。除外,还创造了"表证农家","表证"就是由受过培训的农民公开表演,证明某一成功的实际效应,从而起到示范引导的作用,让更多的农民从中看到科学技术的力量,信服并要求效仿。

最后是家庭式教育,主要通过家庭会进行,用横向联系的方法把不同地位的家庭成员组织起来进行教育,如家主会、主妇会、少年会、闺女会等,目的是使"家庭社会化",使家庭中的每个成员都能得到相应的教育。教育内容仍然是四大教育,包括公民道德训练、卫生习惯、儿童保护、家庭预算、家庭管理、妇女保健、生育节制等,具体内容还可根据家庭需要和身份特点加以调整。

作为一代爱国教育家,晏阳初从自己的良好愿望出发,为解决中国农村问题付出自己巨大的努力,其精神值得称颂。不过,他所提出的中国农村的四大基本问题,只是看到了社会和教育现象的表面问题,而没有准确地找到造成这些问题的根本原因,而试图采取改良主义的办法去解决中国社会和中国农村的问题,因此也不可能从根本上解决旧中国的农村问题,无法达到复兴农村、拯救国家的目的。尽管如此,但它毕竟给试验区的农民带去了一些实用的技术知识,对他们的生活条件的改善、文化水平的提高,农业科技知识的掌握、农村合作事业和其他公益事业的发展都产生了积极的影响。晏阳初提出的四大教育和三大方式,打破了狭隘的传统的学校教育观,把乡村教育与乡村的经济、文化、卫生、道德生活联系起来去考察,符合系统论的基本精神,对今天三农问题的解决也有一定的现实意义。

三、梁漱溟

梁漱溟是中国现代杰出的思想家、教育家,现代新儒家的早期代表人物之一,还是一位卓越的社会活动家、爱国民主人士。尤其是,他又是一位社会改造实践家,对推动二三十年代的乡村建设不遗余力,成效斐然。

(一)生平及教育活动

梁漱溟(1893~1988),原名焕鼎,字寿铭,后改字漱溟,原籍广西桂林。出生于北京一个官宦之家,其父梁巨川做过几任小官,1918年因"痛心于传统文化之渐灭"而自杀,曾引起反响。梁漱溟6岁读书,但未读"四书五经"。1906年考入顺天府中学堂,毕业前夕加入京津同盟会。1911年中学毕业后任《民国报》记者,一度沉迷于社会主义。20岁开始醉心佛法,立志素食不婚,闭门研究佛经。1916年他发表《究元决疑论》一文,受到蔡元培的赏识,被聘为北京大学哲学教席,教授印度哲学和宗教,兼及东西方文化。梁漱溟在北京大学期间,正是新文化运动蓬勃开展的时候,在较深入地研习儒学经典后,梁漱溟反而开始逐渐信仰儒学,提出世界文化的未来在于中国文化,特别是寄希望于中国儒家文化的复兴,成为现代新儒家的代表人物。1924年,他辞去北京大学教职,赴山东主持曹州中学高中部。

1928年梁漱溟任国民党中央政治会议广州分会建设委员会代理主席,筹办乡村自治讲习所,欲从乡村自治入手改造中国。1929年秋,他又赴河南辉县创办河南村治学院,自任教务长。次年赴北平主编《村治》月刊,宣传村治理论。1931年至抗战前,梁漱溟主要在山东邹平、菏泽、济宁等地从事乡村建设的领导和指导工作,探索民族自救和农村复兴之路,并于1936年出版《乡村建设理论》一书。抗日战争和解放战争时期,致力于国共和作、民主运动和国内和平事业。

中华人民共和国成立后,梁漱溟历任全国政协委员、政协常委。由于在历次政治运动中坚持己见和客观评价儒家文化,几度受到冲击和批判。晚年参与创办中国文化书院。代表作有《印度哲学概论》、《东西文化及其哲学》、《乡村建设理论》、《人心与人生》、《中国文化要义》等。

(二)论"文化失调"与"社会学校化"

梁漱溟的乡村教育思想是其乡村建设理论的一个重要组成部分。所谓乡村建设,是在一种力图保存既有社会关系的基础上,通过乡村教育的方法,由乡村建设引发社会工商业发展,实现经济改造和社会改良。与晏阳初等乡村建设运动的领导人不同,梁漱溟的乡村建设和乡村教育理论主要是基于他对中国传统文化和社会现实的分析以及中西文化的比较而提出来的。

相对于晏阳初提出的愚、穷、弱、私这四大问题,梁漱溟认为这只是表面现象,实际上,中国近代社会所出现各种问题的根源是中国文化在西方文化冲击下的一种文化失调所引起的。梁漱溟是通过对西洋文化、印度文化、中国传统文化三种世界典型文化进行比较而得出这个结论的。在他看来,中国社会是一种"理性早启,文化早熟"的社会,形成了中国人一种遇事而安、知足、寡欲、摄生,趋向自身内求"调和持中"的有理智、有意识的态度。它既不同于西洋崇尚个性、科学、进取的人生态度,也不同于印度趋向人生解脱的出世态度。以其所见,在未来世界,人类将从人对物质问题的时代而进入人对人的问题时代,维系人际关系要依靠的将不再是法律等强制性力量,而是高水平的性情陶冶。这恰恰是中国文化所追求的"仁"的生活境界,因此,他认为未来世界应是中国文化复兴的世界,而中国问题的解决也必须从自身固有文化中去寻找出路。但是,由于西方资本主义的长期侵入和影响,致使中国社会的原有秩序遭到破坏,经济破产,生活困苦,礼俗蜕变,这种情况在农村尤其严重,所以,他说:"中国的问题并不是一种什么旁的问题,就是文化失调——极严重的文化失调。"①

既然中国社会的问题是文化失调,自然就要从整理和建设中国文化入手去解决,而教育本身就具有延续、发展文化的功能。所以,梁漱溟认为,解决中国问题的根本途径是要靠教育来进行文化调适,在中西文化之间找到一个"妥帖点"(即结合点),运用教育的力量使中国固有精神与西洋文化的长处在具体事实上得到沟通调和。在他看来,教育是比革命更为有效的社会改造手段。

而中国社会的改造,实质上就是如何以中国固有精神为主,吸收西方文化以求自身文化发展的过程,必须走乡村教育和乡村建设之路。这是因为,中国社会是乡村社会,80％以上的人生活在乡村;中国传统文化的根在乡村,理性的胚芽也只有慢慢从乡村培养出来;乡村经济是在近代工业经济冲击下尤其陷于破产的一块,因此亟须建设。只有乡村有办法,中国才算有办法,无论是经济上、政治上、教育上都是如此。他认为,乡村建设和乡村教育是一个问题的两个方面,二者不能分开,乡村建设是目标,乡村教育是方法、途径。他还强调,乡村建设不是仅仅建设乡村,而是通过这种乡村自救运动,重建我们民族和社会的新组织,因此可以把它看作一种建国运动。

那么如何建设乡村教育,在梁漱溟看来,主要是通过乡农学校来实施的。他在《乡农

---

① 《梁漱溟全集》第二卷,山东人民出版社1990年版,第164页。

学校的办法及其意义》一文中说:"我们的办法,是在相当大小范围的乡村社会——200户以上500户以下的村落自然成一范围者为最想当——以内,成立乡农学校……乡农学校即是以此小范围乡村社会而组织成的,同时乡农学校所作的工夫,还即以此乡村社会作对象。乡农学校的组织分子,就是此全村社会的人。我们的目的是要化社会为学校,可称之为曰'社会学校化'。"这一点,与陶行知的"社会即学校"主张颇为相似。

梁漱溟提出的乡村建设理论和乡村教育思想,并没有克服通过改造农村及其教育来改良中国社会的教育救国思路。他无视当时中国社会中存在的尖锐的阶级矛盾,认为中国是一个"伦理本位,职业分途"的社会,所以"形成阶级之机会最少","对立之势不成",从根本上决定了他的乡村建设实验的失败。但他认识到中国的问题是农村问题,并立足于文化传统来思考中国社会的改造,是有识之见。他身体力行地深入农村进行乡农建设,也取得了一定的效果。

四、陶行知

陶行知是中国现代杰出的人民教育家,坚定的民主战士。他毕生从事教育,不仅勇于批判和改革中国传统的旧教育,还敢于改造国外先进的教育理论,在中国教育现代化的道路上进行了不懈的探索,积累了丰富而宝贵的经验,为中国现代教育理论的发展奠定了坚实的基础。

(一) 生平及教育活动

陶行知(1891～1946),原名文濬,安徽歙县人。幼时家境贫寒,在当地一位私塾先生和他外祖父的帮助下,曾断断续续地接受了几年中国传统的旧式私塾教育。

1906年因为他父亲加入歙县耶稣教内地会,母亲有机会到一所教堂帮工,陶行知得以进入当地教会所办的学校崇一学堂读书,开始接受西式教育。1908年他抱着医学救国的思想进入杭州广济医学堂,后因不满学校歧视非信教学生而退学。1910年又考入南京汇文书院,也是一所教会学校。同年,因推崇明代王阳明的"知行合一"学说,他给自己改名为陶行知,并开始接受孙中山的三民主义和自由、平等思想。1911年汇文书院与其他教会学校合并为金陵大学,陶行知进入金陵大学文科学习,1914年取得了国家公费留美的资格。陶行知在美国先入伊利诺伊大学攻读市政学,并于1915年获政治学硕士学位;随后又转入哥伦比亚大学师范学院研究教育,师从美国著名的实用主义哲学家和教育家杜威、孟禄等,陶行知教育思想的形成和发展深受他们的影响。1917年陶行知获哥伦比亚大学"都市学务总监"资格文凭,随后接受南京高等师范学校(后改为东南大学)的聘请回国任教,历任教授、教务主任兼教育科主任,讲授教育学、教育行政、教育统计等课程,还主编《新教育》和《新教育评论》杂志,宣传、介绍实用主义教育理论。

1922年中华教育改进社成立,陶行知出任主任干事。1923年陶行知辞去东南大学教职,参与发起中华平民教育促进会,先后赴河南、浙江推行平民教育运动。1927年陶行知在南京创办晓庄学校,提出了"生活即教育"、"社会即学校"、"教学做合一"的主张,形成了他的生活教育理论体系。1930年晓庄学校的师生因为反对英、日军舰侵入长江和支援下关工厂工人反帝大罢工,被国民政府下令查封,陶行知遭到通缉,被迫流亡日本。1931年陶行知回到上海,继续从事平民教育运动和普及教育运动。他发起了"科学下嫁"运动,创办"自然科学园"、"儿童科学通讯学校",组织编写《儿童科学丛书》和《大众科学丛书》,向民众介绍通俗科学知识。1932年他在上海郊区与宝山之间的大场创办了山海工学团,提出"工以养生,学以明生,团以保生"的宗旨,力图把工场、学校和社会连成一体,实现教育的普及。1934年他创办了《生活教育》杂志,并于当年7月发表一篇文章《行知行》,专门讨论行知之间的关系,认为"行动是老子,知识是儿子,创造是孙子",自此以后,他正式更名为陶行知。

"一二·九运动"爆发后,陶行知积极从事抗日救亡运动。1936年1月,他发起组织国难教育社,提倡国难教育。7月,赴伦敦参加国际新教育会议,并受全国教育会联合会的委托,先后访问欧、美、亚、非等28个国家和地区。1938年回国后,"生活教育社"在桂林成立,陶行知被推为理事长,该社出版了《战时教育》杂志,开展战时教育运动。1939年为了收容在抗日战争中失去亲人的孤儿,培养有特殊才能的儿童,陶行知在重庆创办了"育才学校",他以"新武训"自勉,培养了一批人才。

1945年陶行知参加了中国民主同盟的首次代表大会,当选为民盟中央常务委员、教育委员会主任委员,主编《民主教育》杂志。1946年陶行知在重庆创办了社会大学,积极开展民主教育运动。同年4月,他回到南京、上海,为反对独裁统治、争取和平民主奔走呐喊,先后发表了一百多次反内战演讲。7月25日,陶行知因劳累过度突发脑溢血,在上海病逝。

陶行知一生对教育倾注了极大的理想和热情,他以"捧着一颗心来,不带半根草去"的精神,努力追求"千教万教教人求真,千学万学学做真人"的教育真谛,为贫苦人民和儿童的教育献出了毕生的心血。陶行知死后,毛泽东称他为"伟大的人民教育家"。

陶行知一生著述宏富,经后人整理,出版有近600万字的《陶行知全集》,其代表作有《中国教育改造》、《中国大众教育问题》、《普及现代生活教育之路及其方案》、《知行书信》、《行知诗歌集》等。

(二) 生活教育理论的内涵

生活教育理论是陶行知教育思想的精髓,是陶行知在借鉴吸收古今中外众多教育家的思想精华、批判旧式传统教育和新式洋化教育、总结自己丰富而宝贵的教育实践经验的基础上提出来的,有其复杂的社会和学术背景。

首先是对教育家教育思想,特别是杜威实用主义教育思想的借鉴。在教育思想史上,很多教育家都对教育与生活的联系非常重视,有很多精辟的阐述,陶行知的生活教育理论正是在吸取、借鉴这些前辈思想的基础上而形成的。不过,陶行知教育思想的直接来源,当属杜威的实用主义教育思想。杜威所提出的"教育即生活"、"学校即社会"、"从做中学"的理论,击中了传统教育与学生生活和社会生活相脱节的弊病,充分肯定了儿童,特别是儿童的主动活动在教育中的地位和作用,符合现代教育发展的方向。这对当时直接在哥伦比亚大学聆听杜威教诲的陶行知来说，无疑是最有吸引力的学说。因此，陶行知在回国后曾大力地提倡、宣传、实践实用主义教育理论。他曾表示："'教育即生活'是杜威先生的教育理论，也是现代教育思潮的中流，我从民国六年起便陪着这个思潮到中国来。"尽管他后来提出的主张背离了杜威的思想，但他还是承认，"没有'教育即生活'的理论在前，绝产生不了'教学做合一'的理论"。而"到了'教学做合一'理论形成的时候，整个教育便根本改变了方向。这个新方向是'生活即教育'"。

其次是对旧式传统教育和新式洋化教育的批判。陶行知回国以后，曾经花了很长的时间对当时中国的教育现状进行调查，结果发现，中国教育虽经历了近代几次大的变革，但教育的基本精神未变：教育严重脱离生活，在教育目标、教学内容和方法上都严重脱离生活实际。他概括这种教育是："读死书，死读书，读书死。"这更坚定了他从教育与生活的紧密结合出发去思考教育问题的信念。他认为，中国实行新教育30年，"不过是把'老八股'变成'洋八股'罢了。'老八股'与民众生活无关，'洋八股'依然与民众生活无关"。

最后是受教育救国思潮的影响。20世纪初，许多知识分子把教育看作挽救民族危亡的关键，将改革和发展教育视为救亡图存的要津，只有将教育作为突破口，才能使中国转贫为富，转弱为强。尽管他们对究竟通过哪种教育来救国的看法有分歧，但其热情和智慧都被空前激发出来。陶行知作为这股教育救国思潮的主要倡导者，也在这场影响深远的教育变革中努力试验，发展自己的教育主张，为其生活教育理论的形成奠定了坚实的基础。

尤其是陶行知从事平民教育、乡村教育等实践工作获得的经验。陶行知回国后不久就开始从事平民教育运动、乡村教育运动，但是他却发现，当时中国能够接受教育的人数占全国总人口的比例极低，单纯依靠学校教育并不能从根本上解决中国人的教育问题，必须把社会变成一所大学校，让广大平民能够在日常生活中，以较少的投入获得最基本的教育，这样的教育才是有效的，中国才有希望。正是基于这种认识，陶行知才创造性地提出了他的生活教育理论。

1919年，陶行知在题为《生活教育》的演讲中，给生活教育下的定义是：生活的教育，为生活而教育，为生活的提高、进步而教育。这已经不同于杜威的主张。同时，他还发表《教学合一》，主张把教授法改为教学法。1922年又将之进一步发展为教学做合一，由此构成了他的生活教育理论的方法论。1927年陶行知在晓庄师范先后作了一系列演讲，如《生活工具主义之教育》、《教学做合一》、《在劳力上劳心》、《生活即教育》等，正式提出了包括教学做合一、社会即学校、生活即教育在内的完整的生活教育理论。

第一，主张"生活即教育"。这是陶行知生活教育理论的核心内容。在其诸多论著中，都对生活教育的内涵做出过丰富的阐释：一是生活含有教育的含义。陶行知考察人类生活和教育的发展后认为，自从有了人类生活就有了生活教育，只要有社会生活的地方，就有教育的存在，便会产生教育的作用，生活在其中的人就会受到影响，即使这种影响不是有目的有意识的。二是要在生活中接受教育，即把现实生活作为教育的中心。在陶行知看来，生活与教育是一回事，是同一个过程。所以有什么样的生活就有什么样的教育，"是好的生活就是好的教育,是坏的生活就是坏的教育"。这表明了生活存在的范围就是教育活动的范围。三是在生活与教育的关系上,是生活决定教育。教育的目的、内容、原则、方法都是为了生活的需要,但教育不是被动地服从生活的。陶行知认为,"在同一社会中,有的人过着前进的生活,有的人过着落后的生活"①。生活中有前进的因素,也有落后的因素,真正的教育是以生活中的前进因素、合理的新因素引导落后的因素,借以提高生活的质量。因此,教育同时也是改造生活、推动生活进步的工具,是民族解放、大众解放、人类解放的武器。四是生活即教育是一种打破时空、物质、人员限制,拥有无限资源的大教育。他认为,生活教育包含有终生教育的意义,"与生俱来,与生同去。出世就是破蒙,进棺材才算毕业"。而且,由于生活无处不在,所以教育也无处不在。在社会这个伟大的学校里,人人都可以做老师,人人都可以做学生,事事处处都是学问、本领,到处是生活,到处也就是教育。

生活即教育强调的是教育以生活为中心,反对传统教育以书本为中心而脱离实际生活。尽管它在生活与教育的区别和系统的知识传授方面有所忽视,但在破除传统教育脱离民众、脱离社会生活的弊端方面,有其进步性。

第二,主张"社会即学校"。"社会即学校"是和"生活即教育"紧密相关的,是"生活即教育"思想在学校与社会关系上的具体化:一是强调革除学校教育脱离社会生活的弊病,把学校与社会打成一片,以整个社会作为学校教育的场所。陶行知说,整个的社会是生活的场所,即教育之场所,因此社会即学校。他认为杜威的"学校即社会"的思想,只不过是要把社会上的、生活中的东西搬到学校做点缀,好比给鸟笼里放了一两个树枝,但鸟笼依然是鸟笼,而社会即学校要求把笼中的小鸟放到大自然中任其翱翔。二是要求学校生活要引入社会生活的因素,使学校成为改造社会的中心。通过与社会生活结合,学校既可以用社会的力量促进学校自身的进步,又要动员学校的力量帮助社会进步,使学校真正成为社会生活不可缺少的组成部分。他还强调,如果学校不能运用社会的力量谋求进步,则社会也没法吸收学校的力量以图改造。三是要求对社会进行改造,使社会成为一所大学校,使社会具有教育的功能。如:贯彻"即知即传"以后,人人都是先生,人人都是学生,社会也就变成了一所大学校。这样一来,也就扩大了教育的对象和学习的内容,能让更多的人享受教育。陶行知说:

> 我们主张"社会即学校",是因为在"学校即社会"的主张下,学校里面的东西太少,不如反过来主张社会即学校,教育的材料、教育的方法、教育的工具、教育的环境都可以大量的增加,学生、先生都可以多起来。因为在这样办法下,不论校内校外的人,都可以做师生的。②

陶行知从生活即教育的根本观点出发,强调社会即学校,打破了学校与社会生活脱节的壁垒,尤其是强调学校和社会生活的相互结合、相互促进,主张既要"运用社会的力量,

---

① 《陶行知教育文集》,四川教育出版社2007年版,第465页。
② 《陶行知全集》第二卷,四川教育出版社2005年版,第506页。

使学校进步",又要"动员学校的力量,帮助社会进步"①。这无疑是一种进步,对社会和学校的发展也是一种推动。

第三,主张"教学做合一"。"教学做合一"是生活教育理论的教学论,是生活即教育在教学方法问题上的具体化,也是晓庄师范学校的校训。其含义包括:(1)教、学、做是生活的三个方面。陶行知认为,从生活本身去看的话,教、学、做是同一件事。因为,在生活里,对事来说是做,对自己进步来说是学,对他人之影响来说是教。(2)作为一种教学法,"教学做合一"要求教师的责任不在于传授知识,而在于教学生有效掌握知识的方法,即"先生的责任不在教,而在教学,教学生学"②。而做是教与学的中心,因为"做"是获得知识的源泉,只有做过事、动过手的学问才是真学问,只有通过"做"的方法才能够培养出一批"在劳心上劳力,在劳力上劳心"、"手脑并用"的人。否则就只能动口不动手。所以,"教的法子要根据学的法子,学的法子要根据做的法子"。事情怎样做,学生就应该怎样学;学生怎样学,教师就应该怎样教。

基于生活教育理论的基本主张,陶行知还对课程、教材提出了一系列的改革建议,认为一切课程都是生活,一切生活都是课程,并且要求教材的编写要破除以文字为中心的、学用脱节的缺陷,强调实学实用。

1936年陶行知在《生活教育之特质》中提出,生活教育有六大特点:生活的、行动的、大众的、前进的、世界的、有历史联系的。1946年陶行知又把生活教育的方针总结为民主的、大众的、科学的、创造的。虽然表述有所出入,但不可否认,陶行知的生活教育理论是一种真正平民的、大众的教育理论。他说:

> 中国是个穷国,必得用穷的方法去普及穷人所需要的粗茶淡饭的教育,不用浪费的方法去普及穷人所不要的少爷、小姐、书呆子的教育。③

> 旧中国的教育只不过是"有钱"、"有闲"、"有脸"的"小众教育",中国要普及的是劳苦大众所需的"粗茶淡饭的教育"。这种教育不是"摩登女郎之金钢钻戒指",而是"冰天雪地里的穷人的窝窝头和破棉袄"。④

不过,陶行知的生活教育理论也受到不少批评。人们认为:生活教育理论首先是淡化了教育的特殊性,有将教育低级化、原始化的倾向,夸大了社会生活本身的教育作用。其次生活教育理论提出"教学做合一"的观点,实际上也是把认识过程和教学过程等同起来,也忽视了教学活动的特殊性。最后陶行知本意是想通过提倡"社会即学校"、"生活即教育"等来扩大教育的对象和教育的范围,但同时也降低了教育的品次,简化了教育的内涵。

(三)论教育的普及

与生活教育相联系,陶行知还提出了普及教育的主张。在谈及生活教育的目的时,陶

---

① 《陶行知教育文集》,四川教育出版社2007年版,第747页。
② 《陶行知教育文集》,四川教育出版社2007年版,第232页。
③ 《陶行知教育文选》,教育科学出版社1981年版,第151页。
④ 《陶行知教育文选》,教育科学出版社1981年版,第170页。

行知说：

  我们的目的则在于教育的普及，生活的提高，自觉性之启发及创造力之培养。①

  这十几年来，我有时提倡平民教育，有时提倡乡村教育，有时提倡劳苦大众的教育，不知道的人以为我见异思迁，喜欢翻新花样，其实我心中有一个中心问题，这问题便是如何使教育普及，如何使没机会受到教育的人可以得到他们所需要的教育。②

为此，陶行知在1931~1935年发起了一场普及教育运动。他把普及教育与保卫祖国领土主权的完整，争取中华民族之自由平等联系起来。他说：

  我们要想建设一个真正的五族共和，最要紧的方法有两种：一是建筑四通八达的道路，二是实行四通八达的教育。道路可以沟通物质上的需求和供给；教育可以沟通精神上的贡献和缺乏。这两件事互相为因，互相为果，实在是要同时并进，才能充分达到五族共和的目的。③

关于普及教育之要义，陶行知认为有三，即：

  （甲）整个民族现代化，不仅是学龄儿童及失学成人之普遍入学。（乙）整个生活现代化，不仅是普遍识字，或文盲之普遍消除。（丙）整个寿命现代化，活到老，做到老，学到老。④

这实际上也是陶行知所提倡的生活教育的内容。

那么，如何普及教育？陶行知对传统的普及教育方法做了一些研究。他认为，"用传统办法，学龄儿童的教育要过一百年才能普及，失学成人之教育要过四百年才能普及"。在他看来，普及教育必须满足三个条件：一要省钱，二要省时间，三要通俗。为此，他创造出了"科学下嫁运动"、"空中学校"、"工学团"、"小先生制"等诸多行之有效的教育方法。尤其是"小先生制"，是陶行知在教育实践中依据"即知即传人"的原则，采取小孩教小孩、小孩教大人的一种教育组织形式。他认为："在小先生的手里，知识是变成空气，人人得而呼吸；知识是变成甘霖，处处得其润泽；知识是变成太阳，照着广大的群众向前进行。"⑤何谓"小先生"？陶行知先生说：

  生是生活。先过那一种生活的便是那一种生活的先生，后过那一种生活的便是那一种生活的后生，学生便是学过生活的人，先生的职务是教人过生活。小孩子先过了这种生活，又肯教导前辈和同辈的人去过同样的生活，是一名实相符的小先生了。⑥

  最好的先生，不是我，也不是你，是小孩子队伍里最进步的小孩子！⑦

---

① 《陶行知全集》第八卷，四川教育出版社2005年版，第540页。
② 《陶行知教育文选》，教育科学出版社1981年版，第150页。
③ 《陶行知全集》第一卷，四川教育出版社2005年版，第605页。
④ 《陶行知全集》第三卷，四川教育出版社2005年版，第280页。
⑤ 《陶行知全集》第三卷，四川教育出版社2005年版，第252页。
⑥ 《陶行知全集》第八卷，四川教育出版社2005年版，第296页。
⑦ 《陶行知全集》第八卷，四川教育出版社2005年版，第307页。

此外，陶行知还把普及教育与教育立法、女子教育等联系起来。他认为，"女子教育不解决，普及教育就无法解决"①。陶行知的普及教育思想，符合世界教育发展的潮流和中国教育发展的需要，他从中国经济贫困、师资匮乏的实际出发所创造出的教育方法，在推动中国教育普及方面作出了积极的贡献。

（四）论"创造的儿童教育"

陶行知非常重视儿童和儿童教育，但他很不满意当时的幼稚园教育，提出"创造的儿童教育"的主张。他说：

> 六岁以前是人格陶冶最重要的时期。这个时期培养得好，以后只须顺着他继长增高的培养上去，自然成为社会优良的分子；倘使培养得不好，那末，习惯成了不易改，倾向定了不易移，态度决了不易变。这些儿童升到学校里来，教师需费尽九牛二虎之力去纠正他们已成的坏习惯、坏倾向、坏态度，真可算为事倍功半。②

所以，陶行知强调教育人要从小教起：

> 幼儿比如幼苗，必须培养得宜，方能发芽滋长，否则幼年受了损伤，即不夭折，也难成材。小学教育是建国根本，幼稚教育尤为根本之根本。小学教育应当普及，幼稚教育也应当普及。③

针对当时国人忽视儿童教育的现状，他极力主张："我们必须唤醒国人，明白幼年的生活是最重要的生活，幼年的教育是最重要的教育。"④

进而，陶行知提出"创造的儿童教育"主张。他认为儿童有很强的创造力，而教育就是"要在儿童自身的基础上，过滤并运用环境的影响，以培养加强发挥这创造力，使他长得更有力量，以贡献于民族与人类"⑤。

首先，教育者要认识儿童的创造力。为了发挥儿童的创造力，陶行知要求教育工作者先要了解儿童，认识儿童的创造潜能。他曾举过一个例子来说明孩子的创造力。晓庄师范学校被关闭后，学生自行组织起来，推举同学做校长、教师，自己教，自己学，自己办，自称"自动学校"。陶行知知道后非常高兴，写了一首小诗祝贺他们："有个学校真奇怪，大孩自动教小孩。七十二行皆先生，先生不在学如在。"孩子们在回信中除了表示感谢外，还说这首诗有个字要改，大孩教小孩，难道小孩不能教小孩吗？大孩能自动，难道小孩不能自动吗？而且大孩教小孩有什么奇怪的？陶行知马上就改成了"小孩自动教小孩"，而且认为黄泥腿的农村小孩能改留学生的诗，充分说明了小孩子的创造力。

其次是要解放儿童的创造力。陶行知认为，创造的儿童教育并不是说教育可以创造儿童，而是强调教育"能启发解放儿童创造力以从事于创造之工作"。针对当时中国儿童

---

① 《陶行知全集》第三卷，四川教育出版社2005年版，第640页。
② 《陶行知全集》第一卷，四川教育出版社2005年版，第83页。
③ 《陶行知全集》第一卷，四川教育出版社2005年版，第136页。
④ 《陶行知全集》第一卷，四川教育出版社2005年版，第137页。
⑤ 戴自俺等主编：《陶行知幼儿教育的理论与实践》，四川教育出版社1987年版，第88页。

教育的现状,陶行知提出了六大解放,要求把学习的基本自由还给学生。这六大解放是:一是解放他的头脑,使他能想;二是解放他的双手,使他能干;三是解放他的眼睛,使他能看;四是解放他的嘴,使他能谈;五是解放他的空间,使他能到大自然大社会里去取得更丰富的学问;六是解放他的时间,不把他的功课表填满,不逼迫他赶考,不和家长联合起来在功课上夹攻,要给他一些空闲时间消化所学,并且学一点他自己渴望要学的学问,干一点他自己高兴干的事情。

最后是要努力培养儿童的创造力。陶行知认为,把小孩子的头脑、双手、嘴、空间、时间都解放出来后,还要对小孩子的创造力予以适当的培养。培养的主要措施:一是给孩子提供他身心发展所需要的充分的营养;二是帮助儿童养成良好的习惯;三是因材施教;四是发扬民主。陶行知认为,"创造力最能发挥的条件是民主"。

陶行知在批判中国传统儿童教育的基础上,逐渐形成并发展出了一套比较成熟的儿童创造教育理论,而这一教育理论又是和他的生活教育理论、普及教育思想密切联系在一起的,显示出其教育思想的丰富多样性。

五、黄炎培

黄炎培是近现代杰出的民主主义教育家,职业教育的积极倡导者和奠基者。他以毕生精力奉献于中国的职业教育事业,为改革脱离社会生活的传统教育,构建中国特色的职业教育作出了重要贡献。

(一) 生平及教育活动

黄炎培(1878~1965),号楚南,改号任之,江苏川沙(今上海市)人。出生于世代书香之家,早年父母双亡。9岁时随外祖父接受传统启蒙教育。后迫于生计,年未弱冠即在家乡一所学校任教。21岁时,黄炎培以松江府第一名考中秀才,三年后中举。期间,开始接触严复翻译的《天演论》等西方书籍。1901年黄炎培考入南洋公学特班,师从蔡元培,深受其影响。但不久,因南洋公学学潮案,黄炎培回乡创办川沙第一所新学堂即川沙小学堂及开群女学,希望通过"办学校来唤醒民众"。之后,黄炎培曾先后创办和主持广明小学和师范讲习所、浦东中学,在爱国学社、城东女学等新教育团体和学堂中任教,并参与发起了江苏学务总会。辛亥革命后,黄炎培出任江苏省咨议局常驻议员、教育总会常任调查干事、教育司长等职,全力以赴地改革地方教育。

黄炎培边研究西方教育理论,边筹划教育改革事宜,重视对社会的调查和实地考察。1913年他在《教育杂志》上发表了《学校教育采用实用主义之商榷》,对"癸卯学制"颁布以后的中国教育,特别是普通教育的发展进行了考察,认为学生在学校接受的教育在他们走上社会后毫无用处,强调要加强学校教育与个人生活和社会需要之间的联系,在教育界引起了强烈的反响。1914年在江苏省教育司长职位上卸任后,以《申报》记者的身份先后在数省做调查研究工作。1915年黄炎培又赴美国,先后访问美国25座城市52所学校。当时,美国政府颁布了一系列有关职业教育法案,促进了美国职业教育的蓬勃发展。从美国的教育实践中他找到了"职业教育救国"的理念,使其郁积其心头的中国教育出路问题找到了答案。他说:"观其职业教育之成绩,益觉我国教育之亟宜改革。"从此开始了他终生的事业追求,那就是发展职业教育。

1917年黄炎培联合教育界、实业界知名人士,在上海发起成立了中华职业教育社,并发表了《中华职业教育社宣言书》,这标志着以黄炎培为代表的职业教育思潮的形成。此后,黄炎培就一直通过中华职业教育社开展各种教育活动。为实践其职业教育思想,1918年黄炎培创建了中华职业学校。他还曾参与起草1922年新学制,进行乡村建设实验,筹办南京高等师范专科学校等。1946年在上海创办比乐中学,探索兼顾升学和就业双重准备的普通中学。

中华人民共和国建立后,黄炎培历任中央人民政府委员、政务院副总理兼轻工业部部长、全国人大常委会副委员长、全国政协副主席、中国民主建国会中央委员会主任委员等职位,并继续领导中华职业教育社。1965年12月病逝于北京。

(二) 论"使无业者有业,使有业者乐业"

在长期的职业教育实践中,黄炎培的职业教育主张不断地发展和成熟,形成了包括职业教育的目的、办学方针、教学原则和职业道德教育等在内的完整的职业教育思想体系。

黄炎培最初关注职业教育,主要是基于当时大量青年失学失业的社会现实,希望通过职业教育使人民获得生活技能,解决个人的生计。中华职业教育社成立后,黄炎培提出了职业教育的目的在于:

> 一为谋个性之发展;二为个人谋生之准备;三为个人服务社会之准备;四为国家及世界增进生产力之准备。①

> 最终使无业者有业,使有业者乐业。②

"使无业者有业",意思是指通过职业教育,既可以解决社会的失业问题,保障人民的生活,同时也可以为中国资本主义工商业发展培养所需要的各种技术人才。这是黄炎培兴办职业教育的出发点。"使有业者乐业",则强调通过职业教育,培养人们的知识、技能、道德,使受教育者在胜任本职工作的同时,还能够热爱自己的工作,在尽职尽责造福人民和社会的同时,获得个人的满足感和价值感。由此可见,黄炎培所提倡的职业教育,既强调个人谋生,也重视社会服务;既强调职业技能训练,也重视职业道德教育;既强调一技之长,也重视全面发展。在中国教育史上,黄炎培可以说是较早地看到了发展职业教育同发展生产之间的联系,揭示出职业教育具有促进生产力发展的功能,这是非常难能可贵的。

在如何办理职业教育方面,黄炎培特别强调社会性和科学性,即要依靠社会的力量,采取科学方法来办理职业教育。黄炎培认为,社会性主要是"着重在社会需要",并视之为"职业教育机关唯一的生命"。1925年12月,黄炎培明确提出了"大职业教育的观念",他

---

① 《黄炎培教育文选》,上海教育出版社1985年版,第273页。
② 《黄炎培教育文选》,上海教育出版社1985年版,第321页。

说:

  只从职业学校做工夫,不能发达职业教育;只从教育界做工夫,不能发达职业教育;只从农、工、商职业界做工夫,不能发达职业教育。

  办职业学校的,须同时和一切教育界、职业界努力沟通和联络;提倡职业教育的,同时须分一部分精神,参加全社会的运动。①

  这段话包含两层含义:一方面强调职业教育应与社会生活密切联系,因而必须打破就职业教育论职业教育的弊病,不能把职业教育局限于教育界,而应该与社会,特别是与社会生活中的各行各业密切联系,走社会化的道路;另一方面办职业教育也不能仅仅考虑经济发展的需要,还必须顾及到广大民众的利益,谋求大多数人的幸福。

  为此,黄炎培进一步提出了职业教育的社会化应体现在五个方面:一是办学宗旨社会化,以职业为目的,教育为方法;二是培养目标社会化,根据社会对人才的需求来培养,职业教育必须紧跟时代发展的趋势;三是学制社会化,职业学校的程度和年限,应该根据社会的需要和专业学习的需要;四是办学方式社会化,职业教育的师资,应该充分利用教育界和职业界的人才;五是过程社会化,在专业设科、课程设置、招生人数、教学组织、办学方式、职业教育道德标准等方面必须以社会化需要为依据。

  与此同时,黄炎培还特别注重职业教育中的教育规律和科学手段。在他看来,职业教育能否成功,关键是要按照科学的方法去管理和利用职业教育中的各个要素。他认为,职业和人都是有差异的,因此职业教育应该建立在职业心理和社会心理的基础之上。1921年他曾经领导中华职业教育社参考德国的方法,编制了7种职业心理测验题,并在该社学校的招生中试用,这在中国职业教育的发展史上是一个伟大的创举。此外,黄炎培还特别注重职业教育的调查、试验、总结、研究,并在中华职业社专门成立了研究科学管理的机构,即组织事务管理委员会,以求"将社会科学与自然科学合一炉而冶之"。

  关于职业教育的原则,黄炎培根据职业教育的特点和自己的实践经验,强调职业教育必须遵循手脑并用、做学合一的原则,做到理论与实际并行,知识与技能并重。为此,他批判过去中国实业教育重视书本理论学习、轻视实习操作,重视知识灌输,轻视能力培养的弊病,也批评了当时都市人只用脑不动手,做工人只用手不动脑的恶习,强调脑力劳动和体力劳动的结合,即"动手的读书和读书的动手"。他还要求所有职业学校都应该办工厂、农场、商店等,为学生提供实习场所。在课程和学时分配上,也要体现出理论和实习并重,教材的选编也应注重实践性。

  关于职业道德教育,黄炎培认为职业教育"不仅是为个人谋生的,并且是为社会服务的"。从这一目的出发,他在注重职业知识技能掌握的同时,也注重对学生进行职业道德情操的训练。他把职业道德教育的基本原则概括为"敬业乐群",并把它作为中华职业学校的校训,亲自书写成匾,挂在学校教工体育馆礼堂的讲台两侧。后来中华职业教育社还依据黄炎培的思想,制定了《职业道德教育标准》,把敬业乐群具体化、条例化。所谓敬业,

---

 ① 《黄炎培教育文选》,上海教育出版社1985年版,第154~155页。

是指对所学习的学业、所担任的事业具有责任心,尽职尽责;所谓乐群,要求具有优美和乐之情操及共同协作精神。敬业与乐群密切联系,应该贯穿在职业教育实践的每一个环节。

作为中国近现代职业教育的先行者,黄炎培及其职业教育思想开创和推进了中国的职业教育事业的发展,其平民化、实用化、科学化和社会化的特征,也丰富了中国的教育理论,并对20世纪30年代中国教育改革产生了巨大的影响。

六、陈鹤琴

陈鹤琴是中国现代幼儿教育事业的开拓者,儿童教育家。他建立并完善了中国化、科学化的现代儿童教育理论体系,被誉为"中国的福禄培尔"和"中国幼教之父"。他所倡导的"活教育"理论,为改革传统教育提出了极有价值的思路。

(一) 生平及教育活动

陈鹤琴(1892~1982),浙江上虞人。出生于一个逐渐败落的小商人家庭。他自幼丧父,但勤奋努力,且很聪慧。8岁入私塾读书,14岁进入杭州的蕙兰中学读书,这是一所教会学校,陈鹤琴在这里受到了新式教育。中学毕业后考入上海圣约翰大学,继又考入北京清华学堂高等科。在清华就读期间,就曾创办清华校役补习夜校以及与清华相邻的城府村义务小学。

1914年夏,陈鹤琴从清华毕业后留学美国,在医学和教育学两个专业间反复思量后,先入约翰霍普金斯大学获得文学学士,又进入哥伦比亚大学师范学院,师从克伯屈、桑代克等教育大家,1918年获教育学硕士学位后回国,初任南京高等师范学校教授。东南大学成立后,任教授兼教务主任。在此期间,他致力于研究儿童心理学、家庭教育学和幼儿教育学。通过对其长子陈一鸣的追踪研究,对中国儿童心理发展及其教育规律提出了宝贵的见解。1923年陈鹤琴创办了鼓楼幼稚园,作为理论研究的实验基地,这是中国第一所具有实验性质的幼儿教育机构。他通过长期实验,逐渐形成了自己比较系统的、带有鲜明民族特色的学前教育思想。

面对当时教育的因袭旧法、脱离生活、死读书本,他便立志改革旧教育、创造新教育。30年代末,陈鹤琴在总结自己以往教育实践和理论的基础上,明确提出了"活教育"的主张,提倡"教活书,活教书,教书活,读活书,活读书,读书活"。1940年春,他应江西省政府主席之邀,到江西筹建省立实验幼稚师范学校,并附设小学和幼稚园以及校办农场,开展活教育实验。1941年他创办《活教育》杂志,开始在全国形成一场活教育运动。到1943年,陈鹤琴的活教育实验学校包括托儿所、婴儿园、幼儿园和小学;在师资培养方面,创办了中等幼师和高等幼师专科在内的完整的师范教育体系。

1945年秋,陈鹤琴被任命为上海市教育局督导处主任督学,将其创办的幼师专科部改为国立幼稚师范专科学校,并迁到上海。同年底,他又创办了上海市立幼稚师范学校,后改为上海市立女子师范学校并附设附小、附属幼儿园,继续活教育实验。

中华人民共和国成立后,曾任南京师范学院院长,还兼任江苏省政协副主席、江苏省人大常委会副主任、中国教育学会名誉会长、全国幼儿教育研究会名誉理事长等职务。

陈鹤琴的一生著述颇丰,主要有:《儿童心理之研究》、《儿童心理学》、《家庭教育》、《活教育的教学原则》等。北京市教育科学研究所编的《陈鹤琴教育文集》,是我们研究陈鹤琴教育思想的重要资料。

自20世纪30年代末提出"活教育"的主张,经过十多年的探索和实践,特别是在江西开展的活教育试验,让陈鹤琴的"活教育"思想日趋完善。1947年陈鹤琴在上海逐步确立了其"活教育"理论的三大纲领:目的论、课程论、方法论。

(二)"活教育"的目的在"做人"

陈鹤琴基于做人的根本任务,把活教育的目的分成了三个层次。他说:"活教育的目的就是在做人,做中国人,做现代中国人。"①在他看来,教育是培养人的活动,必须把人作为教育的出发点和目的。做人,实际上就是要让人通过接受教育,明确自己人生的目的、意义和价值,把人从传统、麻木中解放出来,增强人生活的自觉性,这是活教育的第一层目的;作为一个人,总是生活在一定的社会中,归属于一定的民族、历史文化,因此还要做中国人,这就要求受教育者要热爱自己的民族、文化、国家,能够建设和保卫自己的家园,这是活教育的第二层目的。考虑到20世纪的发展大趋势,民主和科学是时代精神的集中体现,因此教育也必须能够培养具有民主精神和科学精神的现代中国人。

陈鹤琴认为,无论是做人、做中国人还是做一个现代中国人,都是有条件的。"活教育"的目的就是要使受教育者具备这些条件:一要具备健全的身体。他认为一个人身体的好坏,对于他的道德、学问及从事的事业有很大影响。中国人身体素质不好,一向被人讥笑为"东亚病夫",活教育就要帮助国民摘掉这个帽子,变重"心"的教育为身心并重的教育,以为知识追求、道德实现提供坚实的基础;二要有建设的能力。长期的社会动荡,给中国造成了严重的破坏,各项事业百废待兴。而教育就是要培养学生建设的观念和能力,增强他们建设国家的本领,从而满足国家建设的需要;三要有创造的能力。陈鹤琴认为,中国人本来有很强的创造能力,无论是文化或制度,在古代的中国就已很强盛,只是近几百年来因循苟且不知创造。"时至今日,我们亟须培养儿童这种创造能力",因为儿童本来就有很强的创造能力,只不过是因为过去如科举制度等造成的思想禁锢,压制了儿童的创造能力,只要善于启发诱导、教育和训练,创造能力是完全可以培养起来的;四要有合作的态度。陈鹤琴认为,中国人个性强,往往各自为政,在团体活动中,常缺乏合作的态度。"所以我们对于小朋友要从小就训练他们能合作团结,才能使他们配做一个新中国的主人翁"②。他还强调,团体的形成,不能依靠专制力量,而应该依靠民主的力量,依靠个体内在的自觉认同;五要有服务的精神。他说:"如果我们训练的儿童,熟识各种知识和技能,可是不知服务,不知如何去帮助人,那这种教育可以说全无意义。"③他认为"活教育"的目

---

① 《陈鹤琴教育论著选》,人民教育出版社1994年版,第340页。
② 《陈鹤琴教育论著选》,人民教育出版社1994年版,第343页。
③ 《陈鹤琴教育论著选》,人民教育出版社1994年版,第343页

的之一,就是要教育儿童知道应该帮助别人,知道为大众服务,具备服务的精神。否则,这种教育就是失败的。

抗战胜利之后,陈鹤琴进一步提出"做人,做中国人,做世界人",标准是"爱国家,爱人类,爱真理",体现了他的"世界眼光"。这种教育目的论,从普遍而抽象的人类理想出发,结合民族意识、国家观念、时代精神、现实需求等而逐步具体化,体现了他对教育、人与社会三者之间关系的深刻洞察。

(三)"活教育"的课程是"大自然,大社会"

陈鹤琴批评旧教育是"死教育",课程是固定的,教材是呆板的,不问儿童是否了解,不管与时令是否适合,只是一节一节课地教,这样的教育只能培养"书呆子"。"活教育"则反其道而行之,要向大自然、大社会学习。他说:"活教育的课程是把大自然、大社会做出发点,让学生直接对它们去学习。"①

陈鹤琴的"活教育"课程大致有五类,亦即所谓"五指活动":一是儿童健康活动,包括体育、卫生等学科;二是儿童社会活动,包括史地、公民、常识等学科;三是儿童自然活动,包括动、植、矿、理化、算术等学科;四是儿童艺术活动,包括音乐、图画、工艺等学科;五是儿童文学活动,包括读、作、写、说等学科。

"五指活动"的课程设计方案具有非常突出的特点,它以儿童为学习的主体,以活动为中心,打破了以科目为原则的传统课程观,符合儿童的年龄特点和现代课程原理。从这种活动课程观出发,陈鹤琴认为"大自然,大社会,都是活教材",是活的书,直接的书;而书本上的知识却是死的书,间接的书。活的书比死的书要好,直接的书比间接的书要好。间接的书本知识只能当作学习的副工具,国语、常识、算术都是副工具,它们只能作为"活的书"的一种补充。所以他说:"现在我们在这里主张大家去向大自然、大社会学习,就是希望大家能把过去'书本万能'的错误观念抛弃,去向活的直接的知识宝库探讨研究。"②

不过,陈鹤琴并未完全否定书本的作用。为了丰富儿童的知识,他还亲自编辑出版了不少儿童课外读物,如《中国历史故事丛书》、《小学自然故事丛书》等。

(四)"活教育"的方法在于"做中教,做中学,做中求进步"

根据儿童心理学和教育学的原理,受杜威的活动中心论和陶行知的教学做合一思想的启发,结合自身的教育经验,陈鹤琴提出了活教育的方法论,即"做中教,做中学,做中求进步"。在此基础上,陈鹤琴提出了17条"活教育"的教学原则,如:"凡是儿童自己能够做的,应当让他自己做";"凡是儿童自己能够想的,应当让他自己想";"你要儿童怎样做,就应当教儿童怎样学";"鼓励儿童去发现他自己的世界";"积极的鼓励胜于消极的制裁";"积极的暗示胜于消极的命令"等等。③ 这是中国现代儿童教育中颇有价值的思想。

---

① 《陈鹤琴教育论著选》,人民教育出版社1994年版,第347页。
② 《陈鹤琴教育论著选》,人民教育出版社1994年版,第347页。
③ 《陈鹤琴教育论著选》,人民教育出版社1994年版,第511页。

由于"活教育"强调的是活的课程,所以在教学上它不重视班级授课,而重视室外活动,"活教育"把直接经验当作人们进步的最大动力,着重于生活的体验,以实物为研究对象,以书籍为辅佐的参考,即注重直接经验,不重视间接知识。因此,他把"活教育"的教学过程分为四个步骤:第一是实验观察,第二是阅读参考,第三是发表创作,第四是批评研讨。要求每个学生备一个工作簿,在工作簿上编他自己的教材。教师的责任是引发、供给、指导和欣赏。通过师生共同检讨学生学习的成果,学生的知识技能就会逐步得以提高。

"活教育"虽然强调校外大自然、大社会是重要的活动场所,但也有校内组织"活教育"的方式,即根据儿童生活的需要及儿童的学习兴趣,组织儿童活动场所。在第一阶段是小动物园、小花园、小游艺场、小工场、小图书馆;在第二阶段是小动物园、小农场、小社会、小美术馆、小游戏场;在第三阶段是儿童工场、儿童科学馆、儿童世界、儿童艺术馆、儿童运动场、儿童服务团。为了配合儿童教育的需要,还创办了儿童玩具教具厂,根据儿童心理的发展程序,制作了多种形式的玩具与教具。

活教育的方法论重视儿童在学习中的主体地位,注意发挥儿童的自觉性、主动性、积极性,具有积极的价值。不过,它在一定程度上忽视了教师在教育中的主导地位,忽视了知识的系统性。

陈鹤琴的"活教育"理论是针对旧教育的弊病提出来的,他认为旧中国的教育制度是抄袭外国的,空谈理论,教学脱节,读死书,读书死,书本至上,不求进步,学生缺乏创造性,没有"动手"的能力。因此,他的"活教育"思想体系在当时是有进步意义的,至今在应试教育极端盛行的情况下也很值得我们去借鉴。

本章结语: 南京国民政府时期的教育,是中国现代资产阶级教育取得较大发展的时期,特别是在抗日战争爆发之前,中国教育无论是在制度上、实践上还是在思想上,都达到了一个发展高峰,在中国教育现代化的道路上都进行了宝贵的探索。

首先,在教育制度上,南京国民政府重新确定了教育宗旨,颁布了新的学制和大量教育法令法规,教育事业的发展变得有法可依,逐步走上了一条规范化的道路。据不完全统计,自1912年到1949年,中国正式发布的各种教育法令法规达1500个之多,其中大多是在南京国民政府时期颁布的。

其次,在教育实践上,各级各类学校的数量和质量在这一时期也都有明显的增长和提高。据《第二次中国教育年鉴》统计,到1936年,中国幼稚园、幼稚生的数量分别达到了1283所和8万人;小学增加到320080所,学生18364956人;中学增加到3264所,学生627246人;大学达到108所,学生增至41922人。虽然抗日战争的爆发,给教育带来了极大的破坏,但国民政府采取了较为明智的办学思路和积极的应对措施,最大限度地降低了战争给教育带来的损失,为中华民族文化传统的延续与发展积累了重要的力量。

最后,教育实验活动普遍展开。五四运动前兴起的各种教育思潮继续发展,并从早期的分散、随意、相互争论转入到后期的系统、完善、相互合作。政府、知识分子和广大民众共同努力,相互配合,怀着振兴国家的强烈愿望,从不同的角度入手,开展了许许多多各具特色的教育实验,并在这一过程中逐渐造就了陶行知、黄炎培等一大批具有国际影响的中国本土教育家及其教育理论,在教育从简单模仿、移植西方,到初步地立足国情、独立自主发展上迈出了可喜的一步。

此外,我们也不能忘记,抗日战争时期,日本侵略者在吞噬中国领土、蚕食中国物质财富的同时,还妄图毁灭整个中华民族的精神财富和文化传统,一方面极力破坏中国已有文化教育机构,特别是中国的高等教育;另一方面又积极推行奴化教育。面对日本侵略者的疯狂奴役和险恶用心,中国人民并没有屈服,而是采取各种手段,在教育战线上与其展开了艰难的较量,为中华民族最终战胜日本帝国主义乃至求得整个民族独立提供了一定的精神财富和人才储备。

【讨论与思考】

1. 试析国民政府的教育宗旨。
2. 国民政府是如何加强对各级学校的管理和控制的?
3. 试析中国20世纪二三十年代的乡村教育运动及其价值。
4. 评述杨贤江的教育理论及其当代价值。
5. 评述晏阳初教育思想的历史地位和贡献。
6. 试析黄炎培职业教育思想对当前中国职业教育发展的启示。
7. 试析陶行知的生活教育理论。
8. 评述梁漱溟的乡村教育理论及其现实意义。
9. 试析陈鹤琴的教育思想对当前中国发展幼儿教育的启示。

【阅读导航】

1. 毛礼锐、沈灌群主编:《中国教育通史》第五卷,山东教育出版社1988年版。

本书第二十章专门探讨"国民党统治区的教育",前三节分别探讨国民政府的教育方针与政策、教育行政与学制系统、控制学校的教育措施;第四、五、六、七节分别阐述了高等教育、师范教育、中等教育与职业技术教育、初等教育在这一时期的发展情况;最后还用两节的篇幅论述了华侨教育与留学生教育、教育界进步师生的爱国民主运动,有助于全面了解国民政府统治时期教育发展的概况。第二十一章则专门探讨了"日伪占领区的教育"。第二十二章主要是关于这一时期的教育家及其教育思想,其中第六、七、八、九、十一、十二节分别论述了黄炎培、晏阳初、梁漱溟、杨贤江、陶行知、陈鹤琴的教育思想。

2. 李国钧、王炳照总主编:《中国教育制度通史》第七卷,山东教育出版社2000年版。

全书关于历史分期的划分虽然不同于本教材,但前五章都在讲民国教育制度的变迁。自第二章起,该书用了三章的篇幅谈南京国民政府的三民主义教育制度,其内容不仅涉及我们教材中谈到的三民主义的教育宗旨、新学制和国民政府所采取的各种加强教育控制的制度和措施,还特别关注到了各项制度的实施情况。另外,书中也专门用两节的篇幅论述国民政府的教育经费制度和私立学校制度,有助于更全面地了解民国教育制度。

3. 王炳照、阎国华主编:《中国教育思想通史》第六卷、第七卷,湖南教育出版社1994年版。

第六卷主要涉及1911~1927年间中国兴起的教育思潮,其中第八章第三节专门阐述了晏阳初的平民教育理论及其在定县开展的乡村平民教育实验。第七卷主要涉及1927~1949年间中国涌现的教育思潮,第三章把乡村教育作为一种有影响的思潮加以专门探讨,有助于我们从整体上把握国民政府时期乡村教育运动的社会和思想背景及其共同特征。第四章"民众教育思潮"、第五章"生活教育思潮"、第八章"幼稚教育思潮"、第十二章"马克思主义教育学理论在中国的形成和发展"中的很多内容,都涉及了本章所讲的陶行知、陈鹤琴、杨贤江等教育家的教育思想,有助于体会这些教育家思想的丰富性和多样性。

4. 孙培青主编:《中国教育史》,华东师范大学出版社2009年版。

本书第十四章对国民政府时期的教育进行了较好的概括性介绍,内容涉及国民政府时期的教育政策,教育制度和管理措施,各级教育的发展情况,还特别介绍了杨贤江、晏阳初、梁漱溟、黄炎培、陈鹤琴、陶行知的教育思想。

5. 王炳照等编:《简明中国教育史》,北京师范大学出版社2010年版。

本书第十三章为"国民政府时期的教育",分为六节,即"国民政府时期的教育宗旨与政策"、"国民政府的教育改革与学校教育的发展"、"20世纪二三十年代的乡村教育运动"、"陶行知的教育活动与思想"、"黄炎培的职业教育思想"和"陈鹤琴的教育思想"等。第十四章的第二节涉及"反对日伪奴化教育的斗争"。

6. 人民教育出版社的"中国近代教育论著丛书"

《中国近代教育论著丛书》是由人民教育出版社推出的一套大型丛书,由教育史学界众多专家精选我国近代知名教育家的代表性论著编辑而成,诸如《陶行知教育论著选》(1991年)、《雷沛鸿教育论著选》(1992年)、《俞庆棠教育论著选》(1992年)、《黄炎培教育论著选》(1993年)、《晏阳初教育论著选》(1993年)及《梁漱溟教育论著选》(1994年)等,都将有助于我们更好地直接领会这些教育家的教育思想。

除外,还有教育科学出版社的《杨贤江教育文集》(1983年)、北京出版社的《陈鹤琴教育文选》(1985年)、河南大学出版社的《王拱璧文集》(1991年)以及人民教育出版社的《李廉方教育文存》(2005年)等。